Die Inspiration zu *Also sprach Zarathustra*, einem der einflussreichsten und meistdiskutierten philosophischen Texte der letzten hundert Jahre, dessen breite Rezeption selbst so etwas wie eine kleine Kulturgeschichte des 20. Jahrhunderts bildet, erhielt Friedrich Nietzsche nach eigener Aussage im Frühjahr 1883 während eines Aufenthaltes in Rapallo in der Nähe von Genua: Dort, so Nietzsche in *Ecce homo*, «fiel mir der ganze erste Zarathustra ein, vor Allem Zarathustra selber, als Typus: richtiger, er überfiel mich ...»

Damit nahm die Konzeption einer Lehrerfigur Gestalt an, die als Gegenmodell sowohl zum antiken (Sokrates) als auch zum christlichen (Jesus) Ideal gedacht war. Zarathustra sollte den Blick der Menschen aus der Fixierung auf ein Jenseits lösen und wieder auf das Hier und Jetzt lenken, in dem allein sich das Streben nach Sinn erfüllen muss.

Zur Zeit der ersten Niederschrift im Februar 1883 – Nietzsche spricht auch von «Niederkunft» und schildert deren Intensität als «eine Art Aderlaß, [...] etwas Plötzliches, die Sache von 10 Tagen» – dachte der Philosoph allerdings noch nicht an eine Fortsetzung seines «fünfte[n] ‹Evangelium[s]›». *Also sprach Zarathustra*, veröffentlicht im August 1883, wurde demnach erst durch die später erscheinenden Teile zwei bis vier zum «ersten» Teil. Ursprünglich war das Werk als ein in sich abgeschlossenes Ganzes angelegt und kann deshalb auch als eigenständiger Text gelesen und interpretiert werden.

In ihrem Kommentar folgt Annemarie Pieper den «Reden Zarathustra's» aus philosophischer Perspektive und versucht, deren bildreiche und mit Anspielungen gespickte Sprache vor dem Hintergrund der abendländisch-christlichen Metaphysik aufzuschlüsseln. Ihre kenntnisreichen Erläuterungen ermöglichen es aber nicht nur jenen, die *Also sprach Zarathustra* zum ersten Mal lesen, sondern auch Fachleuten, vertiefte und neue Einblicke in Nietzsches Gedanken, namentlich zum Übermenschen, zum Willen zur Macht und zur ewigen Wiederkunft des Gleichen zu gewinnen.

Annemarie Pieper war von 1981 bis 2001 ordentliche Professorin für Philosophie an der Universität Basel. In ihren Forschungsarbeiten, die sie in zahlreichen Publikationen veröffentlicht hat, setzt sie sich vor allem mit der Existenzphilosophie und der philosophischen Ethik auseinander. Seit ihrer Emeritierung hält sie zudem vermehrt Vorträge zu den Themenschwerpunkten Bildung, Alter, Politik sowie Sinn- und Wertfragen.

Annemarie Pieper ist Mitherausgeberin der *Kritischen Gesamtausgabe* der Briefe Friedrich Nietzsches (KGB), des Jahrbuches der Nietzsche-Gesellschaft *Nietzscheforschung* sowie Mitglied des Stiftungsrates der Stiftung Nietzsche-Haus in Sils Maria.

Annemarie Pieper

«Ein Seil, geknüpft zwischen Thier und Übermensch»

Philosophische Erläuterungen zu Nietzsches *Also sprach Zarathustra* von 1883

Schwabe Verlag Basel

Schwabe reflexe 7
Fotomechanischer Nachdruck der Erstausgabe (Stuttgart 1990)
mit Ergänzungen der Autorin
© 2010 Schwabe AG, Verlag, Basel
Kein Teil des vorliegenden Werkes darf in irgendeiner Form
ohne schriftliche Genehmigung des Verlages reproduziert oder
elektronisch verarbeitet, vervielfältigt oder verbreitet werden.
Gesamtherstellung: Schwabe AG, Druckerei, Muttenz/Basel
Printed in Switzerland
ISBN 978-3-7965-2682-4

www.schwabe.ch

INHALT

Vorwort	7
Einleitung	12

ZARATHUSTRAS VORREDE 29

Der Weg hinab: Zarathustras Untergang	31
Die Begegnung mit dem Heiligen: Gott ist tot	37
Die Vorstufen zum Übermenschen: Pflanze–Wurm–Affe–Mensch	45
Der Seiltänzer: Übermensch in Aktion	63
Der letzte Mensch: Genuß als Lebensform	69
Absturz eines Seiltänzers: der Sündenfall	73
Der Sinn der Erde: be-greifen mit den Sinnen	78
Das Kreuz: der gescheiterte Christus	81
Der Regenbogen: Überwindung des Dualismus	88
Adler und Schlange: der geschlossene Kreis	95

DIE REDEN ZARATHUSTRAS 109

„Von den drei Verwandlungen": eine Genealogie des Geistes	111
„Von den Lehrstühlen der Tugend": die Kunst des Einschlafens	126
„Von den Hinterweltlern": eine Gespensterlehre	132
„Von den Verächtern des Leibes": zur Selbst-Organisation der großen Vernunft	149
„Von den Freuden- und Leidenschaften": über die Triebnatur des Leibes	163
„Vom bleichen Verbrecher": das unschuldige Glück des Messers	170
„Vom Lesen und Schreiben": der tanzende Gott	182
„Vom Baum am Berge": das Problem des Bösen	193
„Von den Predigern des Todes": Psychogramm der Lebensverneiner	204
„Vom Krieg und Kriegsvolke": der Kampf des Löwen	209
„Vom neuen Götzen": Leviathan oder der Moloch Staat	218

„Von den Fliegen des Marktes": das gefährliche Gift
der Neider 231
„Von der Keuschheit": über die Unschuld der Sinne 244
„Vom Freunde": der Widerpart 251
„Von tausend und einem Ziele": über den Ursprung der
Moral(en) 263
„Von der Nächstenliebe": der schaffende Freund als
exemplarischer Über-mensch 277
„Vom Wege des Schaffenden": zur Emanzipation des Ich
aus dem Wir 287
„Von alten und jungen Weiblein": über das Kind im Manne 303
„Vom Biss der Natter": über Gerechtigkeit von Grund aus .. 313
„Von Kind und Ehe": sich fort- und hinauf-pflanzen 318
„Vom freien Tode": Sterben als heiliges Nein-sagen 326
„Von der schenkenden Tugend": Aufbruch
zum großen Mittag 340

SCHLUSS:
DIE EWIGE WIEDERKEHR DES GLEICHEN 371

Anmerkungen 384
Literatur 404
Register 407

Ergänzungen zur Neuausgabe 414

Vorwort

In einem Ende April 1884 verfaßten Briefentwurf weist Nietzsche das Ansinnen, Interpretationshilfen zum besseren Verständnis seines „Zarathustra" zu geben, aufgebracht als eine Zumutung zurück: „soll ich zu der absurden Rolle hinabsteigen, meinen Zarathustra (oder seine Thiere) *erklären* zu müssen? Dafür, denke ich, werden irgendwann einmal Lehrstühle und Professoren dasein. Einstweilen ist es noch lange nicht Zeit für Zarathustra – und ich will mich verwundern, wenn in dem Rest meines Lebens mir fünf, sechs Menschen begegnen, welche *Augen* für meine Ziele haben."[1] Nietzsche hat recht behalten. Zu seinen Lebzeiten stieß das Buch bei seinen Kritikern auf Ablehnung[2], und die wenigen, die es schätzten, hatten keine Augen für seine Ziele[3] und noch weniger Ohren, um das „Symphonische", „Musikalische" des Werks zu vernehmen.[4] Man braucht in jedem Fall seine Sinne, um diese „Bibel der Zukunft"[5] zu verstehen. Nietzsche läßt es offen, ob der „Zarathustra" mehr eine „Dichtung" oder mehr ein „fünftes ‚Evangelium'" ist oder vielmehr „Etwas, für das es noch keinen Namen giebt".[6] Ein guter Leser, wie Nietzsche ihn sich wünscht, müßte nicht nur Philosoph, sondern auch Psychologe und Philologe sein[7], vor allem aber einer, der imstande ist, „die letzte Quintessenz unsrer Weisheit *selber auszusprechen*".[8] Wer darüber hinaus noch tanzen kann, d. h. körperlich und geistig beweglich ist, bringt die besten Voraussetzungen für die Lektüre mit, denn Zarathustra, Nietzsches „verwegener Sohn"[9], dessen Name „Goldstern" bedeutet[10], ist ein Tänzer[11], eine Verkörperung des Gottes Dionysos. „Hat man mich verstanden? – *Dionysos gegen den Gekreuzigten* . . ."[12]

Der „Zarathustra" hat nicht nur für Nietzsche selbst eine Sonderstellung unter seinen Werken innegehabt[13], sondern auch für die Interpreten. Dies läßt sich schon an der Zahl der Zarathustra-Kommentare ablesen, von denen vier zwischen 1899 und 1922, die beiden letzten 1986 und 1989 erschienen sind.[14] Darüber hinaus gibt es in der gesamten Nietzsche-Literatur wohl kaum ein Buch, das nicht in irgendeiner Form Bezug auf den „Zarathustra" nimmt. In neuerer Zeit haben sich vor allem die französischen Poststrukturalisten und Postmodernisten eingehend mit Nietzsche, in dem sie einen Vorläufer ihres Verständnisses von Philosophie sehen, beschäftigt und sind dabei unter den denkbar verschiedensten Perspektiven auch auf Zarathustra eingegangen. *Pierre Klossowski* hat in Zarathustra den Stern gesehen, „zu dem Nietzsche bloß der Satellit ist"[15], und in seinem monumentalen Buch „Nietzsche und der Circulus vitiosus deus" heißt es: „in seiner dithyrambischen Entfaltung ist diese Dichtung im wesentlichen ein Buch von Aussprüchen und *Sentenzen,* in dem die deklamatorische Bewegung zwischen Rätseln und deren bildhafter Lösung schwankt: es handelt sich also um die Inszenierung des *Denkens* in Form von Wortspielen und Gleichnissen. Es wird sich später zeigen, daß Zarathustra ein Gaukler mit dem Gehabe eines falschen Propheten ist. Ein Betrüger, der eine Scheinlehre ... vorträgt."[16]

Gilles Deleuze bezeichnet Zarathustra als „Vater des Übermenschen und Ursache der ewigen Wiederkunft", insofern er „den bedingten Bräutigam Ariadnes, diese aber die bedingungslose Braut von Dionysos" darstelle.[17] Noch sibyllinischer drückt sich *Bernard Pautrat* aus: „Dies ist das Paradox von Nietzsches *Zarathustra:* der Kopf darin ist ein Loch, das hervorragendste Loch wenn man will, aber ein Loch. Ein eigentlich *geköpfter Text.*"[18]

Der deutschen Nietzsche-Rezeption wurde ebenso wie der französischen durch *Martin Heidegger* mit seinen Nietzsche-Arbeiten der Weg bereitet. Die Frage: „Wer ist Nietzsches Zarathustra?" beantwortet er folgendermaßen: „Zarathustra lehrt den Übermenschen, weil er der Lehrer der ewigen Wiederkunft des Gleichen ist. Aber auch umgekehrt: Zarathustra lehrt die ewige Wiederkunft des Gleichen, weil er der Lehrer des Übermenschen ist. Beide Lehren gehören in einem Kreis zusammen."[19] *Wolfgang Müller-Lauter* sieht in Zarathustra ebenfalls den Künder des Übermenschen und der ewigen Wiederkehr, hält jedoch beide Lehren für unvereinbar und unterscheidet entsprechend zwei Typen des Übermenschen: den herrschenden und den synthetisierenden Übermenschen.[20] „Zarathustra ist als das Gefäß der tragischen Weisheit der *wahre Gral,* aus dem nämlich nicht das Blut dessen fließt, der vor Mitleiden mit den Menschen gestorben ist, sondern das Wasser des Lebens" – so *Claus-Artur Scheier.*[21] *Reinhard Löw* schildert Zarathustra als einen Erzieher zur Selbsterziehung, der „nicht nur eine

Maske trägt, sondern eine Maske ist", um den Zögling auf sich selbst und sein eigenes Können zu stoßen.[22] Für *Henning Ottmann* ist der „Zarathustra" ein mythisches Werk, eine „Mythopoese", die eine anders nicht darstellbare „über-rationale Botschaft" vermitteln will.[23] *Volker Gerhardt* hält fest: „Es gibt beeindruckende Passagen in Zarathustras Reden, gewaltig dunkle Stellen und reizvolle Vieldeutigkeiten, insbesondere wenn man das Maskenspiel bedenkt, das Nietzsche hier betreibt. Doch alles in allem ist dieses Werk eine *Spätgeburt des 19. Jahrhunderts*."[24]

Der Amerikaner *Walter Kaufmann* hat darauf aufmerksam gemacht, „wie nahe Nietzsche selbst dem Weltbild des wirklichen Zarathustra gekommen war", jenes Propheten von Licht und Finsternis, Gut und Böse, der um 600 v. Chr. eine dualistische Religion begründet hat.[25] Als letztes schließlich sei noch der Italiener *Anacleto Verrecchia* erwähnt, der in seinem unsäglichen Buch „Zarathustras Ende" Zarathustra und Nietzsche durchgängig miteinander identifiziert; er sei ein pathologischer „Muezzin des eigenen Ich", ein Adler, der zur Höhe der Sonne fliegen wollte, aber „nur den niedrigen und schwerfälligen Flug einer Wachtel zustande gebracht" habe.[26]

Diese wenigen, mehr oder weniger zufällig aneinandergereihten Schlaglichter vermögen nur einen kleinen Ausschnitt aus der schier unübersehbaren Vielfalt der zeitgenössischen Nietzsche-Literatur und ihres Zarathustra-Bildes zu beleuchten. Wie umstritten Zarathustras Lehren im einzelnen auch sein mögen – ihre Aktualität ist unbestritten. Es fällt jedoch auf, daß die meisten Interpreten sich zum Beleg ihrer Thesen, manchmal auch nur als Gag, einzelne Zitate aus dem „Zarathustra" herauspicken, ohne den unmittelbaren Kontext miteinzubeziehen. Zahllose Mißverständnisse und Fehldeutungen sind die Folge; manche „Widersprüche" werden vorschnell konstatiert. Da es überdies die Lehren vom Übermenschen und von der ewigen Wiederkehr im ersten bzw. dritten „Zarathustra" sind, denen in der Regel das Hauptaugenmerk gilt, bleibt so mancher Gesichtspunkt unberücksichtigt, manche Thematik außer Betracht, die vielleicht geeignet wäre, das Spektrum zu erweitern oder als Korrektiv zu fungieren. Jedenfalls – und eigentlich ist dies eine Tatsache, die angesichts des nach wie vor ungebrochenen Interesses an „Zarathustra" verwundern muß – fehlt eine zeitgemäße philosophische Interpretation dieses Werks. Die bereits erwähnten Kommentare sind – ohne das Philologische geringschätzen zu wollen – mit einer Ausnahme philosophisch unergiebig und in mancher Hinsicht veraltet. Lediglich *August Messer* hat in seinen „Erläuterungen zu Nietzsches Zarathustra" „vor allem den philosophischen Gedankengehalt" herausarbeiten wollen[27], aber er hat – was bei der Kürze des Buchs auch gar nicht anders möglich war – darauf verzichtet, die Bilder, Gleichnisse und Analogien „in allen einzelnen Zügen" aufzuschlüsseln, eine „Künstelei", die er für verfehlt hält.[28]

Wir gehen davon aus, daß Nietzsche keineswegs „diese oder jene Einzelheiten ... der Anschaulichkeit halber hinzugedichtet" habe und es deshalb vergebliche Mühe sei, ihnen „einen symbolischen Sinn [zu] unterschieben".[29] Vielmehr sind wir der Ansicht, daß im „Zarathustra" jedes Detail etwas zu bedeuten hat, auch wenn der Sinngehalt nicht immer offen zutage liegt, sondern buchstäblich enträtselt werden muß.[30] Wir haben uns dieser Mühe, die nichts weniger als ein Vergnügen war, unterzogen, ohne den sowieso nicht erfüllbaren Anspruch zu erheben, eindeutige und die einzig richtigen Lösungen gefunden zu haben. Die vorgelegten Interpretationsvorschläge stellen lediglich den Versuch dar, Zarathustras Reden aus dem Geist der abendländisch-christlichen Moralphilosophie zu erhellen, wobei auf ausführlichere philosophiehistorische Erörterungen weitgehend verzichtet wurde. Darüber hinaus war noch eine weitere Beschränkung unumgänglich. Zwischen den beiden Möglichkeiten, entweder ausgewählte Reden aus allen vier Teilen[31] des „Zarathustra" oder einen Teil komplett zu erläutern, entschieden wir uns für die letztere, weil dadurch der immanente Zusammenhang und die Themenabfolge gewahrt blieben. So ergab es sich von selbst, daß wir mit „Zarathustras Vorrede" begonnen und den ersten Teil angeschlossen haben. Dies bot sich um so mehr an, als Vorrede und erster Teil ursprünglich das ganze Werk bildeten. Erst nachdem Nietzsche noch weitere, zunächst nicht geplante Fortsetzungen geschrieben hatte[32], wurde der erste „Zarathustra" nachträglich zum ersten Teil erklärt. Die Vorrede aber sollte für den gesamten „Zarathustra" gelten, wie Nietzsche nach Fertigstellung des dritten Teils seinem Verleger Ernst Wilhelm Fritzsch mitteilt: „Vielleicht könnten die drei Theile zusammengeheftet werden? denn die Vorrede im ersten Theile gilt für das ganze Werk." [33]

„Zarathustras Vorrede" und der erste Teil weisen eine innere Geschlossenheit und Vollendetheit auf. Alle großen Themen: die Lehren vom Übermenschen, von der Selbstüberwindung, vom Willen zur Macht und von der ewigen Wiederkehr klingen hier bereits an und lassen einen Zusammenhang erkennen, der für die späteren Teile wegweisend ist. Dies gilt in besonderem Maß für die Lehre von der ewigen Wiederkehr [34], die im dritten „Zarathustra" erst ausgeführt wird, aber im ersten Teil bereits angelegt ist, wie die Kreismetaphorik zeigen wird. Kurz und gut: Obwohl Zarathustra im Verlauf des gesamten Werks zweifellos eine Entwicklung durchmacht, läßt sich diese desto besser verfolgen, wenn der Einstieg in den Anfang und Ausgangspunkt dieser Entwicklung geglückt ist, denn auch dieser Ausgangspunkt wird ewig wiederkehren. „Dieses Werk steht durchaus für sich. Lassen wir die Dichter bei Seite: es ist vielleicht überhaupt nie Etwas aus einem gleichen Überfluss von Kraft heraus gethan worden. Mein Begriff ‚dionysisch' wurde hier *höchste That*; an ihr gemessen erscheint der ganze Rest von menschlichem Thun als arm und bedingt. Dass ein Goethe, ein Shakespeare nicht einen Augenblick in dieser ungeheuren Leidenschaft und Höhe zu athmen wissen würde, dass Dante, gegen Zarathustra gehalten, bloss ein Gläubiger ist und nicht Einer, der die Wahrheit erst *schafft,* ein *weltregierender* Geist, ein Schicksal –, dass die Dichter des Veda Priester sind und nicht einmal würdig, die Schuhsohlen eines Zarathustra zu lösen, das ist Alles das Wenigste und giebt keinen Begriff von der Distanz, von der *azurnen* Einsamkeit, in der dies Werk lebt. Zarathustra hat ein ewiges Recht zu sagen: ‚ich schliesse Kreise um mich und heilige Grenzen; immer Wenigere steigen mit mir auf immer höhere Berge, – ich baue ein Gebirge aus immer heiligeren Bergen.'" [35]

Einleitung

Nietzsches Werk „Also sprach Zarathustra", entstanden in den Jahren 1883/84/85, ist eines der meistgelesenen Werke deutscher Sprache. Bisher ist es jedoch erst wenigen Interpreten gelungen, die unglaubliche Faszinationskraft, die der „Zarathustra" auf den Leser ausübt, verständlich zu machen. Treffsicherheit des Ausdrucks, entlarvende und zugleich befremdende Bilder, ironisch gebrochene Alltagsredewendungen, parodistische Überzeichnung klassischer philosophischer Lehren und in ihrer Sinnperversion bestürzend aufschlußreiche Bibelzitate sind nur in einem äußerlichen Sinn Kennzeichen des Sprachkünstlers, ja Sprachgenies Nietzsche. In ihm verbanden sich dichterische Einbildungskraft und kritisches Reflexionsvermögen auf einzigartige Weise; dadurch gelang es ihm, abstraktbegriffliche Sachverhalte so zu transformieren, daß sie anschaulich, in einem ursprünglichen Sinn be-greifbar wurden – für denjenigen, der bereit ist, sich auf Nietzsches Anliegen nicht nur mit dem Kopf einzulassen, sondern auch mit Herz und Bauch, so daß in Konsequenz der Auseinandersetzung mit dem über den Text Mitgeteilten die eigene Lebensform *als ganze* revidiert wird. Dies ist die existentielle Komponente in Nietzsches Denken, die schon im Untertitel von „Also sprach Zarathustra" anklingt, der lautet: „Ein Buch für Alle und Keinen". Dies hört sich widersprüchlich an. Wer soll denn der Adressat des Buches sein? Es richtet sich an alle Menschen, der Anspruch ergeht an jeden einzelnen. Wieso kann es dann zugleich auch ein Buch für keinen sein? Logisch betrachtet schließen sich die quantitativen Begriffe „alle" und „keiner" aus. Soll der Untertitel einen Sinn ergeben, so muß der Bedeutungsumfang der Wörter „alle" und „keiner" eingeschränkt werden, damit sie miteinander verträglich werden. Das Buch richtet sich dann an alle diejenigen, die... (und hier wären jetzt die von Nietzsche als Leser Gemeinten einzusetzen); nicht jedoch an diejenigen, die... (von ihm nicht Gemeinten). Gemeint sind – vorgreifend gesagt – alle die, die imstande sind, Zarathustras Reden als Appell zu verstehen, aus eigener Kraft ihr eigenes Leben zu leben, sich selbst in jeweiliger individueller Besonderheit zu verwirklichen. Nicht gemeint dagegen sind alle die, die nicht fähig sind, sich Zarathustras Ausführungen existentiell anzueignen, sondern diese zu einer in sich geschlossenen Theorie, einem philosophischen System zu verfestigen suchen. Nicht gemeint sind aber auch diejenigen, die aus übergroßer Verehrung Zarathustras Lebensform unkritisch übernehmen, indem sie ihn weitestgehend zu imitieren trachten. Nun wird deutlich, was „Ein Buch für Alle und Keinen" in einem tieferen Sinn bedeutet: Es handelt sich um ein Buch, das jeden einzelnen angeht, sofern er noch auf der Suche nach sich selbst ist. Sobald er das Buch jedoch richtig verstanden hat, bedarf er seiner nicht mehr, denn er lebt dann das, was Zarathustra exemplarisch vorgelebt hat, aus sich selbst. Er verwirklicht sich selbständig aus eigener Kraft und ist auf das Buch nicht mehr angewiesen. Es wird überflüssig, ein Buch für keinen. Aber auch für den, der das Buch in seinem Anspruch nicht versteht oder mißversteht, ist es *kein* Buch, weil er es nicht als Aufforderung zur Selbsttätigkeit begreift.[1]

Nietzsche hat sich in „Ecce homo" (1888) – Untertitel: „Wie man wird, was man ist" – über sich selbst und seine bis 1886 erschienenen Werke geäußert.[2] „Ecce homo" ist eine unvollendet gebliebene Autobiographie, und so mancher Interpret hat das Pathos, die Exaltationen, die Aggressivität und Polemik, die dieses Werk zweifelsohne enthält, für bare Münze genommen. Man hat gemeint, darin bereits Anzeichen von Größenwahn, mindestens von Selbstüberheblichkeit entdecken zu können[3], z. B. in den Kapitelüberschriften: „Warum ich so weise bin", „Warum ich so klug bin", „Warum ich so gute Bücher schreibe", „Warum ich ein Schicksal bin". Wer daran Anstoß nimmt, wie Nietzsche hier über sich selbst urteilt, der hat die ihm eigene Ironie, in diesem Fall seine Selbstironie übersehen. Denn der „Zarathustra" erwies sich in einer ganz banalen Hinsicht als Buch für keinen: Es wurde zum Flop.[4] Bedeutsam ist auch, was Nietzsche im Anschluß an das Vorwort zu „Ecce homo" sagt: „An diesem vollkommnen Tage, wo Alles reift und nicht nur die Traube braun wird, fiel mir eben ein Sonnenblick auf mein Leben: ich sah rückwärts, ich sah hinaus, ich sah nie so viel und so gute Dinge auf einmal. Nicht umsonst begrub ich heute mein vierundvierzigstes Jahr [* 1844], ich *durfte* es begraben, – was in ihm Leben war, ist gerettet, ist unsterblich. Die *Umwerthung aller Werthe,* die *Dionysos-Dithyramben* und, zur Erholung, die *Götzen-Däm-*

merung – Alles Geschenke dieses Jahrs, sogar seines letzten Vierteljahrs! *Wie sollte ich nicht meinem ganzen Leben dankbar sein? – Und so erzähle ich mir mein Leben.*" [5] Dieser letzte Satz ist wichtig: so erzähle ich *mir* mein Leben, d. h. Nietzsche zieht für sich selbst Bilanz – in einer Stimmung der Dankbarkeit, des Glücks. Er empfindet seine Werke als ein Geschenk, ein Geschenk des Lebens an ihn, und wenn er seine Werke preist, so preist er eben damit auch und in erster Linie das Leben, das es ihm ermöglicht hat, etwas Unsterbliches hervorzubringen, etwas das über ein einzelnes Menschenleben hinweg seine Gültigkeit behält und eben damit auch dem, was am Leben unsterblich ist, eine Würde verleiht.

In „Ecce homo" bildet der „Zarathustra" einen Schwerpunkt, und an der Überschwenglichkeit, mit der Nietzsche bereits im Vorwort auf dieses Werk eingeht, könnte man zunächst wiederum Anstoß nehmen, wenn man vergißt, daß Nietzsche eigentlich nicht sich selbst über die Maßen lobt, sondern ausschließlich dieses Buch meint, in dem alles gesagt ist, was überhaupt an Wahrem über das Leben zu sagen ist. Nietzsche redet also nur vordergründig über *seine* Verdienste, denn er versteht sich ja gewissermaßen nur als Werkzeug, dessen sich das Leben bedient hat, um sich selbst darzustellen. Indem Nietzsche sich sein Leben erzählt, begreift er sich als Sprachrohr des Lebens schlechthin, das sich durch ihn und über ihn auf eine unüberbietbare Weise zum Ausdruck gebracht hat. In diesem Sinn muß man also die folgenden Textstellen aus dem Vorwort zu „Ecce homo" lesen: „– Innerhalb meiner Schriften steht für sich mein *Zarathustra*. Ich habe mit ihm der Menschheit das grösste Geschenk gemacht, das ihr bisher gemacht worden ist. Dies Buch, mit einer Stimme über Jahrtausende hinweg, ist nicht nur das höchste Buch, das es giebt, das eigentliche Höhenluft-Buch – die ganze Thatsache Mensch liegt in ungeheurer Ferne *unter* ihm –, es ist auch das *tiefste,* das aus dem innersten Reichthum der Wahrheit heraus geborene, ein unerschöpflicher Brunnen, in den kein Eimer hinabsteigt, ohne mit Gold und Güte gefüllt heraufzukommen. Hier redet kein ‚Prophet', keiner jener schauerlichen Zwitter von Krankheit und Willen zur Macht, die man Religionsstifter nennt. Man muss vor Allem den Ton, der aus diesem Munde kommt, diesen halkyonischen Ton richtig *hören,* um dem Sinn seiner Weisheit nicht erbarmungswürdig unrecht zu thun."[6] Versuchen wir dieses Zitat vom Ende her aufzuschlüsseln. Was ist der „halkyonische Ton", den es laut Nietzsche richtig zu hören gilt? Das Wort „halkyonisch" stammt aus dem Griechischen (ἀλκυονίς; lateinisch alcedo) und kommt dort in der Regel in der Wendung „halkyonische Tage" (ἀλκυονίδες ἡμέραι) vor. Dieser Ausdruck „halkyonische Tage" hat seinen Ursprung in der griechischen Mythologie. Alkyone war ein weibliches Meerwesen, dessen Gemahl eines Tages auf See umkam. Alkyone trauert um ihren toten Gatten, und ihr Vater, der Windgott Aiolos, verwandelte schließlich sie und ihren Gemahl in Eisvögel (ἀλκύονες) deren klagende Schreie Trauer signalisieren. Während der Brutzeit der Eisvögel ließ Aiolos für etwa zwei Wochen Windstille herrschen – und dies sind die halkyonischen Tage, an denen die Natur, befreit von der Gewalt der Stürme, aufatmen und sich regenerieren kann. Die eine Komponente dieser ursprünglichen Bedeutung des Wortes „halkyonisch", der gemäß der Eisvogel als Symbol des Klagens und der Trauer fungiert, verlor sich mit der Zeit. Bei Adalbert Stifter, den Nietzsche besonders geschätzt hat [7], taucht die andere Komponente der ursprünglichen Bedeutung auf: Er spricht von der „halkyonischen Stille" als „Windstille der Seele in weiter Landschaft unter lichtdurchflutetem blauem Himmel".[8] Hier wird kein Naturereignis beschrieben, sondern mit Naturmetaphern eine seelische Gestimmtheit angedeutet, die durchaus an das erinnert, was Seneca als „tranquillitas animi"[9] beschrieben hat. Bei Nietzsche schließlich verweist das Halkyonische auf eine Art seelische Hochstimmung, die er z. B. bei Wagner vermißt. In „Der Fall Wagner" heißt es: „was *wir Halkyonier* bei Wagner vermissen – la gaya scienza; die leichten Füße; Witz, Feuer, Anmuth, die grosse Logik; den Tanz der Sterne; die übermüthige Geistigkeit; die Lichtschauder des Südens; das *glatte* Meer – Vollkommenheit . . ."[10] Es gibt auch ein vierzeiliges Gedicht von Nietzsche, das überschrieben ist „Der Halkyonier". Es lautet: „So sprach ein Weib voll Schüchternheit / Zu mir im Morgenschein: / ,Bist schon du selig vor Nüchternheit, / Wie selig wirst du – trunken sein!'"[11] Das Halkyonische ist somit bei Nietzsche ein anderer Name für das Dionysische: die leichten Füße, der Tanz, das Trunkensein, die Seligkeit – all das ist ein Indiz für eine „übermütige Geistigkeit" oder luzide Nüchternheit, eine fröhliche Logik, die alles Starre, Formelhafte, Schwere, Gewichtige abgelegt hat und damit auf einen Zustand verweist, in dem der Mensch – eingefangen im Bild des tanzenden, singenden Individuums – ganz im Gleichgewicht ist, in einem Gleichklang von Leib und Seele. Wer den „Zarathustra" liest, versteht ihn nach Nietzsche somit nur dann richtig, wenn er den halkyonischen Ton vernimmt, und ob einer diesen Ton vernommen hat, läßt sich daran erkennen, ob er anschließend selber zu singen und zu tanzen beginnt, ob er imstande ist, Körper und Geist in eine vollkommene Einheit zu bringen.

Wenden wir uns noch einmal dem Zitat aus dem Vorwort von „Ecce homo" zu. Erinnern wir uns daran, daß Nietzsche zu sich selbst *über* dieses Buch „Also sprach Zarathustra" spricht, so als sei er nicht der Autor, sondern beurteile aus der Distanz des neutralen Beobachters ein großes Kunstwerk, von dem er in gleicher Weise betroffen und innerlich berührt ist wie der halkyonische Leser. Dieses Buch wird zunächst charakterisiert als „das höchste Buch", „das eigentliche Höhenluft-Buch".[12] Dieses räumliche Bild der Höhe, das sich in „Also sprach Zarathustra" im Bild des Berggipfels wiederholt, auf den Zarathustra sich von Zeit zu Zeit zurückzieht, um in der reinen Höhenluft wieder zu sich selbst zu finden, dieses Bild der Höhe ist aktivisch zu verstehen als die Bewegung des Sicherhebens – über „die ganze Thatsache Mensch" –; gemeint ist das Sicherheben des Geistes, aber nicht im Sinne einer Abstraktion, an deren Ende ein bloßer Begriff steht. Nicht die Trennung des Geistes vom Leib wird hier erstrebt, so als ob der Geist über der Materie schwebt und sie beherrscht – das sind die alten dualistischen Vorstellungen der traditionellen Metaphysik. Vielmehr ist ein Aufschwung gemeint, bei dem der Körper dem Geist *folgt,* so wie beim Tanzen und Springen und auch beim Bergsteigen der ganze Mensch sich erhebt, nicht bloß ein Teil von ihm. Der Bewegung nach oben steht in dialektischer Umkehr die Bewegung nach unten gegenüber. So wie auf den Sprung in die Höhe gemäß der Schwerkraft des Körpers die Abwärtsbewegung naturgesetzlich folgt, so folgt auf den Höhenflug des Geistes die Rückkehr in die Tiefe. Der Körper zieht den Geist hinab, was von Nietzsche jedoch nicht wie in der christlich-metaphysischen Tradition als Fall gewertet wird, sondern als die polare Gegenbewegung zur Aufstiegsbewegung des Geistes, der dem Körper vom erreichten Höhepunkt aus in die Tiefe folgt, um von dort bereichert wieder emporzusteigen, wie es das Bild des in den Brunnen herabgelassenen Eimers veranschaulicht, der „mit Gold und Güte gefüllt" wieder auftaucht. Der Geist, der sich in das Materielle der Empirie, der Erfahrung des Leibes versenkt hat, steigt mit Gold und Güte wieder auf; beides steht für etwas qualitativ Hochrangiges, etwas Edles – ein edles Metall, eine edle Gesinnung, einen Wert überhaupt. Die Dimensionen der Höhe und der Tiefe gehören also untrennbar zusammen: Ohne die Tiefe bliebe das Geistige leer, gehaltlos, unerfüllt. Ohne die Höhe blieben die materiellen Schätze im Verborgenen, unentdeckt, ihre Qualität existierte nicht als solche. In diesem Sinn ist das Werk „Also sprach Zarathustra" zugleich das höchste und das tiefste Buch, insofern Zarathustras Anstrengungen darauf abzielen, ein Gleichmaß zwischen Oben und Unten, gewissermaßen die halkyonische Mitte zwischen Geist und Leib zu finden, eine Mitte, die man nicht einmal für immer erreicht, sondern im ununterbrochenen Aufsteigen und Absteigen immer wieder durchläuft, eine Mitte also, die keinen Stillstand bedeutet, sondern höchste Bewegung und Aktivität, die ihr Ziel in sich selbst, nicht außerhalb ihrer selbst hat. Daher weist Nietzsche ausdrücklich darauf hin, daß Zarathustra nicht wie ein Prophet redet, er sei „keiner jener schauerlichen Zwitter von Krankheit und Willen zur Macht, die man Religionsstifter nennt". In einem gewissen Sinn, könnte man sagen, sind auch die Religionsstifter – allen voran Jesus Christus – Menschen, die eine Mitte gefunden haben, wie es das Bild vom doppelgeschlechtlichen Menschen andeutet. Aber das Negative dieser Mitte, für die der Zwitter steht, ist dies, daß sie sich als Mitte verfestigt, als unaufhebbare empirische Befindlichkeit objektiviert hat und damit aufhört, ein dynamischer Prozeß zu sein, der wie das Leben, das ein unaufhörliches Werden ist, nirgends stillsteht. Im Zwitter sind die beiden gegenstrebigen, sich wechselseitig herausfordernden Pole des Männlichen und des Weiblichen zu einem ununterschiedenen Ganzen zusammengewachsen, so wie in Jesus das Göttliche und das Menschliche eine feste Einheit bildeten; und das bedeutet für Nietzsche Stillstand, ein sich nicht mehr Entwickelnkönnen. Das Leben stirbt ab, geht zu Ende. Eben damit wird aber das Prinzip alles Lebendigen, das bei Nietzsche durchgängig terminologisch als Wille zur Macht bestimmt ist, negiert.

Wille zur Macht bedeutet zunächst nichts anderes als ein Streben, eine Bewegung auf etwas hin: die allem Lebendigen innewohnende Tendenz, sich am Leben und im Leben zu erhalten. Die Fähigkeit, sich am Leben zu erhalten, ist ein Können (im Sinne von lat. *potentia*) und damit eine Demonstration von Macht: Etwas zeigt sich als seiner selbst mächtig, d. h. es vermag das, was es will. Wer ohnmächtig ist, vermag gerade nicht das, was er will; er ist seiner selbst *nicht* mächtig. Wenn Nietzsche die Religionsstifter als Zwitter von Krankheit und Willen zur Macht bezeichnet, so liegt für ihn hier eine Perversion des Willens zur Macht vor, insofern Wille zur Macht sich als Kraft des Lebendigen im Vollzug des Lebens äußert und Leben das Hin- und Hergehen zwischen den Dimensionen der Höhe und der Tiefe ist. Das gelungene, geglückte Leben im Sinne des Willens zur Macht wird offenbar in der halkyonischen Mitte, in der die gegenstrebige Bewegung ihren dynamischen Focus hat. Nun haben die alten Religionsstifter ebenso wie die antiken Metaphysiker die Dimension der Tiefe, das Leiblich-Materielle abgewertet und einseitig die Dimension der Höhe, das Geistig-Seelische betont und entsprechend die Einübung in das Streben nach oben propagiert. Die Folge davon war, daß – um an Nietzsches Bild vom Brunnen und vom Eimer zu erinnern – der Eimer leer blieb, unfruchtbar, unerfüllt wie der Zwitter, ein nutzloses Gefäß, dem seine Funktion genommen wurde. Kraft des Willens zur Macht hat der Geist sich selber ohnmächtig gemacht. Er kann seine Selbstmächtigkeit ja nur in der Auseinandersetzung mit dem anderen seiner selbst, der Materie, unter Beweis stellen. Wird ihm dies verwehrt, hört er auf, Geist zu sein; er erstarrt in sich selbst – was Nietzsche als Krankheit diagnostiziert. Die Dynamik des Lebendigen entfaltet sich nur im Durchschreiten beider Dimensionen als Wille zur Macht. Wird eine dieser Dimensionen abgeschnürt, kommt die Bewegung zum Stehen und verfestigt sich zu einer Grundhaltung, zu jenem Zwitter, der das Unlebendige, den entmachteten, das Leben verleugnenden Willen zur Macht im Typus des Décadent repräsentiert.[13]

Am Ende des Vorworts von „Ecce homo" zitiert Nietzsche einen Passus aus der letzten Rede des 1. Teils von „Also sprach Zarathustra", und es ist bezeichnend, daß er gerade diese Stelle heranzieht, die das Verhältnis von Zarathustra zu seinen Jüngern bzw. seinen Lesern betrifft. Nietzsche will erneut das Mißverständnis abwehren, Zarathustras Reden seien als Predigten aufzufassen, die Vorschriften oder Rezepte für das richtige Leben enthielten. Nietzsche sagt: „Zarathustra redet nicht nur anders, er *ist* auch anders ..."[14] Man darf ihn nicht mit den Religionsstiftern verwechseln, die ein Vorbild, ein Idol sein sollten oder wollten. Wer ihnen nacheiferte, ja nachlebte – dem wurde die ewige Seligkeit verheißen. Um z. B. Christ zu werden, muß man sich darum bemühen, wie Christus zu werden. Zarathustra hingegen fordert von seinen Schülern das genaue Gegenteil: „Geht fort von mir und wehrt euch gegen Zarathustra! Und besser noch: schämt euch seiner! Vielleicht betrog er euch. ... Man vergilt einem Lehrer schlecht, wenn man immer nur der Schüler bleibt. Und warum wollt ihr nicht an meinem Kranze rupfen? ... Ihr verehrt mich: aber wie, wenn eure Verehrung eines Tages *umfällt*? Hütet euch, dass euch nicht eine Bildsäule erschlage! ... Ihr hattet euch noch nicht gesucht: da fandet ihr mich. So thun alle Gläubigen; darum ist es so wenig mit allem Glauben. Nun heisse ich euch, mich verlieren und euch finden; und erst, *wenn ihr mich Alle verleugnet habt,* will ich euch wiederkehren ..."[15] Zarathustra fordert nicht Gefolgschaft von seinen Schülern, sondern daß sie sich von ihm abwenden. Sie sollen ihn nicht glorifizieren, ihm nicht den Status eines Denkmals, einer Bildsäule verleihen, als Ausdruck ihrer Verehrung. Die Gefahr einer vollständigen und ausschließlichen Konzentration auf den Lehrer liegt auf der Hand: Wenn das Bild des Lehrers aus irgendwelchen Gründen in sich zusammenstürzt, wird auch der Schüler mit erschlagen, wenn er als der, der er ist, nur in und durch die Beziehung zum Lehrer existiert. Diese Abhängigkeit ist es, die Zarathustra dadurch aufheben will, daß er sich zurückzieht und seine Schüler damit zwingt, sich auf sich selbst zu besinnen und sich ihrer selbst zu vergewissern. Im Unterschied zu Christus, der – seine dreimalige Verleugnung durch Petrus voraussehend – dies gerade als eine Schwäche des Petrus, als den wiederholten Abfall von Gott beurteilt, ist es für Zarathustra ein Zeichen der Stärke, wenn es einem Schüler gelingt, ihn zu verleugnen und damit zu demonstrieren, daß er sich selbst gefunden hat und allein, aus eigener Kraft, d. h. autonom zu existieren vermag. Deshalb stößt Zarathustra seine Schüler geradezu von sich weg, fordert sie auf, an seinem Kranze zu rupfen, d. h. ihn mit kritischen Augen zu betrachten. Wer imstande ist, auch den verehrten Freund und Lehrer in Frage zu stellen, erweist sich eben damit als ebenbürtig. Er ist kein blind Gläubiger mehr, sondern einer, der selbständig und mündig geworden ist, der nicht zuschaut, wie Zarathustra tanzt, sondern selber tanzt. Und genauso wünscht sich Nietzsche seinen Leser. Zarathustra soll zuerst als Verführer wirksam werden – zweifellos eine Anspielung auf Sokrates. Der Leser muß in seinen Bann geraten und hingerissen werden. Zarathustras Zauber zieht ihn in seine nächste Nähe. Den zweiten Schritt aber muß der Leser ganz allein tun: Er muß den Zauber durchbrechen, um wieder zu sich selbst zurückzugelangen und die mit Zarathustra gewonnene Einsicht zum Fundament seiner eigenen Lebensform zu machen.

Was verband Nietzsche mit dem Namen Zarathustra? Warum hat er gerade diesen Namen gewählt? Nietzsches Antwort auf diese Frage findet sich in einem nachgelassenen Fragment vom Frühjahr 1884: „Ich mußte Zarathustra, einem *Perser,* die Ehre geben: Perser haben zuerst Geschichte im Ganzen Großen *gedacht.* Eine Abfolge von Entwicklungen, jeder präsidirt ein Prophet. Jeder Prophet hat seinen *Hazar,* sein Reich von tausend Jahren."[16] Im vierten und letzten Teil von „Also sprach Zarathustra" heißt es ergänzend in „Das Honig-Opfer": „Unser grosser Hazar, das ist unser grosses fernes Menschen-Reich, das Zarathustra-Reich von tausend Jahren."[17] Daraus geht hervor, daß Nietzsche in seiner Gestalt des Zarathustra nicht die historische Person des Zoroaster, der im 6. Jahrhundert vor Christus in Persien gelehrt hat, wieder auferstehen lassen wollte. Nietzsches Zarathustra ist eine Kunstfigur, deren Name einer historischen Gestalt entlehnt wurde, weil dieser Zoroaster nach Nietzsches Auskunft als erster geschichtlich dachte. Zoroaster sah den Fortgang der Geschichte als eine Entwicklung, in der das personifiziert gedachte ursprünglich Gute mit einem ebenfalls personifiziert gedachten Bösen sich in einem ständigen Kampf befindet, der abwechselnd zugunsten des einen und des anderen ausgeht und wieder von neuem beginnt. Der für Nietzsche entscheidende Gedanke ist die Abfolge von Hazars, von tausendjährigen Reichen, an deren Anfang jeweils ein Prophet steht, der die Heraufkunft des neuen Reichs verkündet. Was Zarathustra am Ende des 19. Jahrhunderts zum Beginn seines tausendjährigen Reichs verkündet, ist der Kampf der Selbstüberwindung des Menschen, der

Übermensch. Die Zahl 1000 sollte man wohl nicht exakt chronologisch auffassen, sondern mehr im Sinne eines Epochenbegriffs, der unterschiedlich lange Zeitabschnitte unter sich befaßt. Eine solche Epoche geht zu Ende, wenn sich das Prinzip, unter dem sie als ganze angetreten ist, überlebt hat, modern ausgedrückt: sobald ein Paradigmenwechsel stattfindet.

In der „Götzen-Dämmerung" hat Nietzsche auf einer Seite die knapp 2 1/2tausend Jahre umfassende Epoche dargelegt, die dem Hazar Zarathustras vorausgeht: „Wie die ‚wahre Welt' endlich zur Fabel wurde. Geschichte eines Irrthums."[18] „Die wahre Welt", das war das metaphysisch-christliche Prinzip – verkündet von Sokrates bzw. Platon und Jesus Christus –, unter dessen Herrschaft das abendländische Selbstverständnis stand. Nietzsche zeigt in sechs Schritten, wie sich diese Vorstellung einer wahren Welt im Verlauf der Zeit verändert hat, bis sie als Irrtum durchschaut wurde. 1. Schritt: „Die wahre Welt, erreichbar für den Weisen, den Frommen, den Tugendhaften, – er lebt in ihr, *er ist sie*. / (Älteste Form der Idee, relativ simpel, überzeugend. Umschreibung des Satzes ‚Ich, Plato, *bin* die Wahrheit!')" Für Platon war in der Tat die Welt der Ideen die eigentliche, wahre Welt, im Bild des Höhlengleichnisses gesprochen: die obere Erde außerhalb der Höhle. Wer sich philosophierend in die Haltung des Weisen und Tugendhaften einübt, vermag an der Ideenwelt teilzuhaben, er lebt in ihr, wie Nietzsche sagt. Allerdings müßte man hinzufügen: nur augenblicksweise und vorübergehend, da für den irdischen Menschen die Rückkehr in die Höhle, den Körper als dem empirischen Aufenthaltsort der Seele unvermeidlich ist. 2. Schritt: „Die wahre Welt, unerreichbar für jetzt, aber versprochen für den Weisen, den Frommen, den Tugendhaften (‚für den Sünder, der Busse thut'). / (Fortschritt der Idee; sie wird feiner, verfänglicher, unfasslicher – *sie wird Weib*, sie wird christlich ...)" Konnte der Mensch nach Platon, wenn auch nur augenblicksweise, an der wahren Welt partizipieren, so wird sie durch das Christentum gänzlich ins Jenseits gerückt und dem Zugriff des Menschen entzogen. Aber sie wird ihm im Diesseits versprochen als etwas, das er nach dem Tod erreichen kann, sofern er bereit ist, seine Getrenntheit von der wahren Welt als seine eigene Schuld anzuerkennen, da er sich aus eigenem Entschluß von ihr abgewandt hat, dies nachträglich bereut und sein hiesiges

Leben in der Hoffnung einrichtet, als Geläuterter dereinst wieder zur wahren Welt zugelassen zu werden. 3. Schritt: „Die wahre Welt, unerreichbar, unbeweisbar, unversprechbar, aber schon als gedacht ein Trost, eine Verpflichtung, ein Imperativ. / (Die alte Sonne im Grunde, aber durch Nebel und Skepsis hindurch; die Idee sublim geworden, bleich, nordisch, königsbergisch.)" Das Jenseits, in das Kant die wahre Welt verlegt hat, ist die intelligible Welt, ein „Reich der Zwecke", in dem alles vernünftig zugeht. Sie entzieht sich dem Erkennen, aber insofern Kant ihr als dem höchsten Gut den logischen Status eines Postulats zuerkennt, tritt sie dem handelnden Menschen in Form eines regulativen Prinzips entgegen, dessen Befolgung ihm Glückseligkeit verheißt, wenn nicht in diesem, so in einem anderen Leben. 4. Schritt: „Die wahre Welt – unerreichbar? Jedenfalls unerreicht. Und als unerreicht auch *unbekannt*. Folglich auch nicht tröstend, erlösend, verpflichtend: wozu könnte uns etwas Unbekanntes verpflichten? ... / (Grauer Morgen. Erstes Gähnen der Vernunft. Hahnenschrei des Positivismus.)" Die Vorstellung einer wahren Welt beginnt abzubröckeln. Sie erscheint mehr und mehr als ein bloßes metaphysisches Konstrukt, dem weder erkenntnis- noch handlungsbegründende Kraft zukommt. Mit dem Verschwinden der Erklärungskraft des Konzepts der wahren Welt tritt der Positivismus auf den Plan, dem nur noch das wahr und wirklich ist, was sich als gegebene Tatsache verifizieren läßt. Das „erste Gähnen der Vernunft" ist doppeldeutig. Nietzsche kann zum einen die alte Vernunft meinen, die sich überflüssig vorkommt und zu gähnen anfängt, bis sie sich schließlich schlafen legt. Er kann aber auch die neue Vernunft, die von ihm so genannte große Vernunft meinen, die mit einem ersten Gähnen kundtut, daß sie dabei ist, zu erwachen. 5. Schritt: „Die ‚wahre Welt' – eine Idee, die zu Nichts mehr nütz ist, nicht einmal mehr verpflichtend – eine unnütz, eine überflüssig gewordene Idee, *folglich* eine widerlegte Idee: schaffen wir sie ab! / (Heller Tag; Frühstück; Rückkehr des bon sens und der Heiterkeit; Schamröthe Plato's; Teufelslärm aller freien Geister.)" Die Idee der wahren Welt ist verzichtbar. Sie ist einfach dadurch widerlegt, daß es nichts gibt, wozu ihre Annahme nötig wäre. Der Mensch bedarf ihrer nicht, um sich und seine Welt zu verstehen; also kann er sich von ihr befreien. Dieser Akt der Befreiung aus der

Knechtschaft einer Idee setzt alle möglichen bisher unterdrückten Kräfte frei, die einen Höllenspektakel machen, um ihrer Freude über die abgeworfenen Fesseln Ausdruck zu verleihen. Und Platon wird schamrot, war er doch der Urheber der nunmehr als Irrtum entlarvten wahren Welt. 6. Schritt: „Die wahre Welt haben wir abgeschafft: welche Welt blieb übrig? die scheinbare vielleicht. ... Aber nein! *mit der wahren Welt haben wir auch die scheinbare abgeschafft!* / (Mittag; Augenblick des kürzesten Schattens; Ende des längsten Irrthums; Höhepunkt der Menschheit; INCIPIT ZARATHUSTRA.)" Solange die Vorstellung einer wahren, den Menschen vom Jenseitigen, Transzendenten her bestimmenden Welt vorherrschend war, mußte er korrelativ zu dieser wahren Welt eine unwahre Welt annehmen, eine Welt des nicht wirklich Seienden, der Erscheinungen: diese unsere Lebenswelt. Mit dem Begriff der wahren (jenseitigen) Welt wird somit auch der diesem korrelative Begriff einer bloß scheinbaren (diesseitigen) Welt aufgehoben; übrig bleibt die eine und einzige Wirklichkeit, die es für empirische Menschen gibt: unsere Welt, die wir vermittels der Sinne wahrnehmen und leibhaftig erfahren. Die Schritte 4–6 werden von Nietzsche als ein zunehmendes Hellwerden beschrieben: grauer Morgen, heller Tag, Mittag. Der Schatten als Bild für den Irrtum wird immer kleiner, bis alles licht und die Aufklärung vollendet ist: Der Irrtum wird als solcher vollständig durchschaut und verschwindet; die Dinge werden nun so sichtbar, wie sie wirklich sind. INCIPIT ZARATHUSTRA, und mit Zarathustra beginnt eine neue Epoche, ein neues tausendjähriges Reich. Obwohl Nietzsche vom Höhepunkt der Menschheit spricht, bedeutet dies nicht, daß mit der Heraufkunft von Zarathustras Reich das Werden, die Geschichte aufhören wird. Auch in Zarathustras Hazar wird eine Entwicklung durchlaufen, die eines Tages zu einem höheren Selbstverständnis des Menschen führen wird, für das sich die Lehre vom Übermenschen möglicherweise als überholbar herausstellen wird.[19] Ein neuer Prophet wird dann Zarathustra ablösen und eine neue Epoche einleiten. Doch bis dahin ist es noch weit, und es wäre müßig, sich jetzt schon Gedanken darüber zu machen, was nach Zarathustras Reich kommen könnte. Vielleicht wird sich herausstellen – und die Lehre von der ewigen Wiederkehr des Gleichen legt dies nahe –, daß die Idee des Übermenschen nicht mehr überschritten, sondern nur noch immanent vervollkommnet werden kann. Jetzt zieht erst einmal das Zeitalter herauf, dessen Ankunft Zarathustra prophezeit hat. An der Epochenschwelle, an der wir uns befinden, auf dem Übergang vom alten zum neuen Reich prallen die alte Idee der wahren Welt und die neue Lehre vom Übermenschen noch zusammen. Zarathustra muß also in erster Linie Aufklärungsarbeit leisten, um den Boden für seine Lehre zu bereiten. Dies gelingt ihm, indem er den halkyonischen Typus nicht nur lehrt, sondern selbst verkörpert. Nietzsche fügt in „Ecce homo" hinzu: „Mein Begriff ‚dionysisch' wurde hier *höchste That.*"[20] „Zarathustra ist ein Tänzer", der „in einem unerhörten Grade Nein sagt, Nein *thut*, zu Allem, wozu man bisher Ja sagte", und der trotzdem „das ewige Ja zu allen Dingen" selbst *ist*.[21] Zarathustra sagt nach rückwärts gewandt, mit Bezug auf die zu Ende gegangene Epoche unter dem Prinzip der wahren Welt: Nein; nach vorn blickend auf die neue Epoche, deren Prophet er ist, sagt er Ja, aber dieses Ja hat eine ganz andere Bedeutung als in der alten Welt. Es bestätigt nicht die Wahrheit eines unveränderlichen übergeschichtlichen Sachverhalts, sondern ist ein Tun, ein engagiertes Handeln, wie Nietzsche es durch das Bild der Leiter veranschaulicht: „Man rechne den Geist und die Güte aller grossen Seelen in Eins: alle zusammen wären nicht im Stande, Eine Rede Zarathustras hervorzubringen. Die Leiter ist ungeheuer, auf der er auf- und niedersteigt; er hat weiter gesehn, weiter gewollt, weiter *gekonnt*, als irgendein Mensch. Er widerspricht mit jedem Wort, dieser jasagendste aller Geister; in ihm sind alle Gegensätze zu einer neuen Einheit gebunden. ... Man weiss bis dahin nicht, was Höhe, was Tiefe ist; man weiss noch weniger, was Wahrheit ist."[22] Die Dimensionen der Höhe und der Tiefe, hier durch die Leiter verbildlicht, auf der Zarathustra hinauf- *und* hinabsteigt, verweist noch einmal auf das Neue des mit Zarathustra angebrochenen tausendjährigen Reichs: Die Gegensätze in dieser Welt sind das Strukturprinzip alles Lebendigen, in dem sich der Wille zur Macht kundtut. Diese Gegensätze kann man nicht im Denken aufheben, sondern man muß sie aushalten, zwischen ihnen hin- und her- bzw. hinauf- und hinabgehen. Leben ist nichts anderes als die ständige Bewegung des Hinauf- und Hinabsteigens auf der Leiter. Wer die Leiter verlassen will, hat nicht begriffen, was Leben ist. Die alten idealistischen Propheten – allen voran Platon und Jesus Christus – haben sich geirrt, wenn sie meinten, man müsse die Leiter nur hoch genug emporklettern, um ganz oben schließlich den Absprung in die wahre Welt zu schaffen, in der es endgültig festen Boden unter den Füßen gibt. Aber auch der umgekehrte Weg der Materialisten ist nicht gangbar. Man kann nicht herabsteigen in der Hoffnung, unten die Leiter verlassen zu können und dort festen Boden vorzufinden. Denn der Boden oder Untergrund, auf dem die Leiter steht, ist nur Boden für die Leiter, aber kein Aufenthaltsort für den Menschen. Der Aufenthaltsort des Menschen ist die Leiter, und streng genommen steht die Leiter gar nicht auf einem festen Fundament; man muß sie sich nach oben und nach unten als unendlich vorstellen, d. h. sie bildet im ganzen gedacht einen Kreis, bei dem es kein Oben und kein Unten, keinen Anfang und kein Ende gibt. Diesem Symbol des Kreises werden wir im „Zarathustra" ständig wiederbegegnen, das dann im Gedanken von der ewigen Wiederkehr seinen Höhepunkt erreicht.

Nun könnte aber vielleicht einer argumentieren, daß das Gegensatzmodell und das Kreismodell einander ausschließen. Man müsse sich die Bewegungsabläufe in der Natur und auch des Menschen *entweder* linear vorstellen als ein Hin- und Hergehen zwischen Gegensätzen, *oder* kreisförmig als eine Form des sich um sich selber Drehens. Vordergründig betrachtet ist dieser Einwand richtig. Entweder erzeugt sich das Leben nur in der Spannung von Gegensätzen, oder es kreist in sich selbst als stets gleichbleibende Energie, und die Rede von Gegensätzen ist irreführend. Nietzsche hat diese Alternative nicht zugelassen; für ihn ist das Gegensatzmodell mit dem Kreismodell identisch. Um dies verstehen zu können, ist daran zu erinnern, daß der Mensch perspektivisch sieht und immer nur einen Teil, einen Ausschnitt der Leiter, auf der er sich bewegt, vor Augen hat. Er sieht die Leiter linear als ein gerades Stück, das für ihn ein Oben und Unten hat. Erst die Projektion dieses Oben und Unten ins Unendliche läßt erahnen, daß das von uns überschaubare gerade Stück Teil eines Kreises ist. Analog verhält es sich mit der Erde, die uns als eine gerade Fläche erscheint; diese Fläche ist jedoch in Wirklichkeit ein Teil der Erdkugel, deren Krümmung wir nicht wahrnehmen. Es wäre allerdings falsch, aus dieser Erfahrung zu schließen, daß es letztlich gar keine Gegensätze gibt bzw. daß die Gegensätze nur perspektivisch sind. Der Fehler der traditionellen Metaphysik, vor allem aber des Christentums, besteht für Nietzsche darin, daß dort die Gegensätze absolut gedacht wurden, d. h. als kontradiktorische Gegensätze: Gott-Teufel, Himmel-Hölle, Gut-Böse etc. Für diese Form einer radikalen Gegensätzlichkeit gibt es nichts Verbindendes, keine Vermittlung, sondern nur ein ausschließendes Entweder-Oder. Nietzsche hingegen denkt – hierin den jonischen Naturphilosophen der vorsokratischen Zeit, insbesondere Heraklit nahestehend – die Gegensätze als polare Gegensätze, die einander wechselseitig bedingen. Hebt man die eine Seite auf, so eo ipso auch die andere. Von einem Oben kann man nicht sprechen ohne ein Unten, von einem Rechts nicht ohne ein Links. Dies gilt nach Nietzsche für jedwede Art von Gegensätzen, auch für Gut und Böse, aus deren spannungsreicher Wechselbezüglichkeit erst so etwas wie eine moralische Handlung hervorgeht. Es gibt mithin nur polare oder relative Gegensätze, und daß diese These dem Kreismodell nicht widerspricht, könnte man auch rein geometrisch zeigen. Man stelle sich einen Kreis vor, der unendlich groß ist. Wir können nun durch diesen Kreis beliebig viele Durchmesser ziehen, Linien also, die durch den Mittelpunkt des Kreises laufen und ihn an zwei einander genau gegenüberliegenden Punkten schneiden. Diese beiden Punkte sind jeweils polare oder relative Gegensätze; so läßt sich veranschaulichen, wie Gegensatz-Modell und Kreis-Modell eine Einheit bilden.

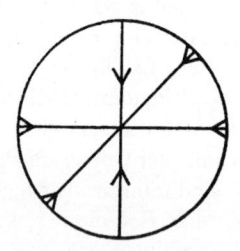

Dieses Grundmuster begegnet in den meisten Reden Zarathustras in Form von Bildern und Gleichnissen immer wieder, und es ist wichtig, es im Auge zu behalten, weil man sonst ständig auf Widersprüche zu stoßen meint, die sich nicht auflösen lassen.

Noch ein Wort zu Zarathustras Sprache. Mit Zarathustras Reich beginnt nicht nur eine neue Epoche, sondern auch eine neue Art zu denken und zu sprechen. Es findet also so etwas wie ein Paradigmenwechsel in der Sprache statt, der dem neuen halkyonischen oder dionysischen Selbstverständnis angemessen ist. Nietzsche hierzu in „Ecce homo": „Es giebt keine Weisheit, keine Seelen-Erforschung, keine Kunst zu reden vor Zarathustra: das Nächste, das Alltäglichste redet hier von unerhörten Dingen. Die Sentenz von Leidenschaft zitternd; die Beredsamkeit Musik geworden; Blitze vorausgeschleudert nach bisher unerrathenen Zukünften. Die mächtigste Kraft zum Gleichniss, die bisher da war, ist arm und Spielerei gegen die Rückkehr der Sprache zur Natur der Bildlichkeit."[23] Die Sprache, derer sich die vergangene Epoche unter der Herrschaft der Idee der wahren Welt bediente, war notwendig abstrakt und unanschaulich, weil ja gerade das, was sich mit den Sinnen erfassen läßt, abgewertet wurde zugunsten einer spekulativ erdachten, übersinnlichen, schlechthin idealen Wirklichkeit. Zarathustra hingegen kehrt zurück zum Natürlichen, wobei diese Rückkehr nicht in einem zeitlichen Sinn zu verstehen ist, als wollte er eine längst vergangene Epoche wiederholen. Zarathustras Anfang ist vielmehr ein vollständiger Neuanfang, der wieder das in den Blick rücken will, was geltungslogisch betrachtet seit jeher und von Anfang an das Lebensprinzip der Natur und des Menschen als eines Teils der Natur gewesen ist – das dynamische Prinzip des Willens zur Macht. Nietzsche will der Dimension der Höhe wieder ihre Tiefendimension zurückgeben, und um die Schätze der Tiefe zu heben, reicht eine abstrakte Begriffssprache, die immer nur das Allgemeine, nicht aber das Besondere, Einzelne zu erfassen vermag, nicht aus. Daher redet Zarathustra in Bildern und Gleichnissen, bedient sich der Sprache des Dithyrambus, der hymnisch-ekstatischen Sprache des Dionysos, wenn er mit sich selbst redet.

Diese Sprache stellt den Interpreten vor gewisse Schwierigkeiten.[24] Um den philosophischen Gehalt von Zarathustras Lehren zu verstehen, müssen die Bilder und Gleichnisse, die er verwendet, gedeutet werden. Eine solche Deutung muß sich einer anderen, einer Metasprache bedienen, da es nicht darum gehen kann, Bilder durch neue Bilder zu erläutern. Indem das interpretierende Aufschlüsseln der metaphorischen Sprache Zarathustras mittels einer philosophischen Metasprache dessen Aussagen begrifflich formuliert, geschieht mit diesen eine eigentümliche Verfremdung. Bis zu einem gewissen Grad geht eine derartige Verfremdung mit jeder Interpretation unausweichlich einher, sofern sie einen Eingriff in das komplexe Kunstwerk darstellt. Auch eine Gedichtinterpretation geschieht nicht mit den Mitteln des Gedichtes selber. Nur hält sich in der Philosophie der Verfremdungseffekt in der Regel in Grenzen, da Philosophieren wesentlich begriffliches Denken ist und daher beim Interpretieren das Begriffsmedium nicht verlassen wird. Begriffe lassen sich wiederum durch andere Begriffe erläutern, analysieren, erklären etc., d. h. die Linie zwischen interpretierter und interpretierender Sprache verläuft innerhalb der Philosophie. Wenn wir Nietzsches Werk „Also sprach Zarathustra" als ein philosophisches Werk betrachten, so haben wir damit unterstellt, daß Zarathustras Sprache begriffliche Elemente enthält bzw. seine Lehre Gehalte aufweist, die sich auf den Begriff bringen lassen. Allerdings darf man nicht den Fehler machen, die Deutung für austauschbar mit dem Gedeuteten zu halten. Um hier ein anderes Leiter-Gleichnis, das von Ludwig Wittgenstein [25] heranzuziehen: Die Interpretation hat nur eine Hilfsfunktion, um etwas besser verstehen zu können. Hat man dann verstanden, so wird sie überflüssig; man kann sie abstoßen wie eine Leiter, die ihren Zweck erfüllt hat, sobald man mit ihrer Hilfe dorthin gelangt ist, wohin man wollte. Eine Interpretation der Bilder und Gleichnisse Zarathustras ist jedoch nur unter der Voraussetzung eine Hilfe zum besseren Verständnis, daß man von dem halkyonischen Ton der Sprache bereits angerührt und betroffen ist. Wenn dies nicht der Fall ist, dann bleibt der „Zarathustra" ein Buch für keinen, und daran könnte selbst die beste Interpretation als Verständnishilfe nichts ändern. Man muß sich also zunächst auf Zarathustras Sprache eingelassen und ihre Botschaft in einem Vorverständnis vernommen haben, bevor es einen Sinn hat, diese Botschaft in einer anderen, sie verfremdenden Form aufzuschlüsseln. Die Bilder und Gleichnisse sprechen für sich selbst, und doch verstehen sie sich nicht von selbst. Insofern geschieht die interpretative Erläuterung in der Absicht, sich über das zu vergewissern, was sich nicht von selbst versteht, und in der Philosophie geschieht dies mit den Mitteln der Reflexion.

ZARATHUSTRAS VORREDE

Das Werk beginnt mit „Zarathustras Vorrede", die nicht, wie man vermuten könnte, von ihm selbst gehalten wird, sondern eine Vorrede *über* ihn ist, in der er uns von außen, aus der Erzählerperspektive, vorgestellt wird. Das ganze Buch ist nicht aus der Perspektive Zarathustras geschrieben, wenn auch gelegentlich Zarathustra in Selbstgesprächen Auskunft über seine Stimmung gibt.

Der Weg hinab: Zarathustras Untergang

Als Dreißigjähriger, so wird uns gleich zu Beginn mitgeteilt, zog Zarathustra sich aus seiner Heimat ins Gebirge zurück, um dort, wie es heißt, zehn Jahre lang seines Geistes und seiner Einsamkeit zu genießen. Heute würde man vielleicht etwas lapidar sagen: Zarathustra zog sich zurück, um zu meditieren, was sicher nicht falsch ist, aber doch wohl nicht ganz das trifft, was Zarathustra dort auf dem Berg in einer Höhle – in Lebensgemeinschaft mit einem Adler und einer Schlange – zehn Jahre lang getan hat, indem er seines Geistes genoß. Zunächst ist es in Erinnerung an das Bild der Leiter aus „Ecce homo" [1] wichtig, darauf zu achten, daß Zarathustra den Weg nach oben genommen hat; er hat sich also in den Bereich des Geistigen, Reinen, Klaren begeben, symbolisiert durch die Hochgebirgsluft. Wie sich die geistige Betätigung im einzelnen dort oben vollzieht, erfahren wir nicht. Aber es läßt sich schließen, daß Zarathustra die Welt gewissermaßen von oben betrachtet, aus großer Entfernung, die zugleich einen weiten Überblick ermöglicht. Sein Geist, losgelöst von der engen Perspektive der zahlreichen Bedürfnisse und Verrichtungen des alltäglichen Lebens, vermag größere Zusammenhänge zwischen den Dingen zu entdecken und sich dabei frei zu entfalten. Das Resultat dieser geistigen Betätigung ist Weisheit, eine Fülle des Wissens, die eines Tages – nach zehn Jahren eben – so groß wird, daß es ihn drängt, sie wieder loszuwerden, indem er sich anderen Menschen mitteilt. Bilder des Überfließens und Überquellens eines zu voll gewordenen Gefäßes weisen darauf hin, daß der Geist nicht mehr weiter aufnahmefähig ist. Er weiß genug, und bezeichnenderweise setzt sich Zarathustra nicht hin, um ein Buch zu schreiben. Er will sein Wissen persönlich, und das heißt kommunikativ in Reden und Gesprächen vermitteln. Nur so kann er das, was er vorträgt, existentiell beglaubigen und die Nähe seiner Worte zum Leben persönlich demonstrieren.

An dem Morgen, an dem er beschließt, seinen Berg zu verlassen, wendet Zarathustra sich an die Sonne, in der er das gleiche Gesetz wiedererkennt, das auch ihn bewegt: „Du grosses Gestirn! Was wäre dein Glück, wenn du nicht Die hättest, welchen du leuchtest! / Zehn Jahre kamst du hier herauf zu meiner Höhle: du würdest deines Lichtes und dieses Weges satt geworden sein, ohne mich, meinen Adler und meine Schlange. / Aber wir warteten deiner an jedem Morgen, nahmen dir deinen Überfluss ab und segneten dich dafür."[2] – Das Glück der Sonne, das Zarathustra auch für sich selbst begehrt, besteht darin, daß es etwas gibt, das ihren Überfluß auffängt und ihr dafür dankt. Sie leuchtet nicht um ihrer selbst willen, sondern ermöglicht durch ihr Licht und ihre Wärme das Leben auf der Erde. Dadurch daß das Lebendige der Sonne ihr Zuviel abnimmt, verschafft es ihr gewissermaßen eine Erleichterung. Die Sonne müßte an ihrer Überfülle verbrennen ohne etwas der Wärme Bedürftiges. Es besteht somit eine Art Symbiose zwischen der Sonne und den Organismen, durch die ein jedes hat, was es zu seinem Glück braucht.

Zarathustra überträgt nun dieses Verhältnis von Sonne und Lebendigem auf sich selbst und die Menschen. „Siehe! Ich bin meiner Weisheit überdrüssig, wie die Biene, die des Honigs zuviel gesammelt hat, ich bedarf der Hände, die sich ausstrecken. / Ich möchte verschenken und austheilen, bis die Weisen unter den Menschen wieder einmal ihrer Thorheit und die Armen wieder einmal ihres Reichthums froh geworden sind." Wenn Zarathustra die Menschen an seiner übergroß gewordenen Weisheit teilhaben lassen will, so kommt dies nicht nur seinen Zuhörern, sondern auch ihm selbst zugute. Er ist angewiesen auf Hörer, die ihm das Zuviel an Weisheit abnehmen und vermöge dieser auf sie übergegangenen Weisheit alles in einem neuen Licht sehen: Scheinbares Wissen verwandelt sich in Torheit, Armut in Reichtum, d. h. die Einsicht, die die Menschen durch Zarathustras Weisheit erlangen, ist die Erkenntnis, daß alles, was ist, nur durch sein Gegenteil das ist, was es ist. Der jeweilige Gegensatz ist konstitutiv für die beiden entgegengesetzten Relate: Weisheit ist nicht ohne Torheit, Armut nicht ohne Reichtum und umgekehrt. Nichts existiert ohne die fruchtbare Spannung zu seinem Gegenteil. Ohne diese kein Leben, sondern Erstarrung, Tod. Dies will Zarathustra den Menschen verkünden. An die Sonne gewendet, fährt er fort: „Dazu muss ich in die Tiefe steigen: wie du des Abends thust, wenn du hinter das Meer gehst und noch der Unterwelt Licht bringst, du überreiches Gestirn! / Ich muss, gleich dir, *untergehen,* wie die Menschen es nennen, zu denen ich hinab will. / So segne mich denn, du ruhiges Auge, das ohne Neid auch ein allzugrosses Glück sehen kann! / Segne den Becher, welcher überfliessen will, dass das Wasser golden aus ihm fliesse und überallhin den Abglanz deiner Wonne trage! / Siehe! Dieser Becher will wieder leer werden, und Zarathustra will wieder Mensch werden!' / – Also begann Zarathustras Untergang." Zarathustras Untergang, sein Abstieg vom Berg ist ebenso notwendig, wie es sein Aufstieg war. Eingebunden in das kosmische Geschehen, das in ewigem Kreislauf Gegensätze durchläuft wie die Sonne, die jeden Tag von neuem auf- und untergeht, muß auch Zarathustra diesem Gesetz folgen. Der gefüllte Becher muß geleert und wieder gefüllt werden und so fort. Nachdem er Geist geworden ist, muß Zarathustra nun wieder Mensch werden.

Das Untergehen des Geistes kann man auf doppelte Weise verstehen: zum einen in der Bedeutung von Verschwinden, Vernichtetwerden – so wie man z. B. vom Untergang eines Schiffes, vom Untergang des Abendlandes spricht. Was in diesem Sinn untergeht, ist der reine Geist, sobald er in die Niederungen des Nichtgeistigen, des Materiellen hinabsteigt und sich darin verliert. Die zweite Bedeutung von Untergehen könnte man so umschreiben, daß das, was untergeht, nicht verschwindet, sondern in etwas anderem aufgeht und darin bewahrt bleibt. In diesem „Aufgehen" wäre dann zugleich auch die Gegenbewegung mitgedacht. So verstanden geht der Geist in der absteigenden Bewegung im Materiellen auf, analog wie die untergehende Sonne nach Zarathustra selbst die Unterwelt als Inbegriff vollständiger Finsternis noch zu erhellen vermag. Die untergegangene Sonne ist zwar verschwunden; dennoch ist sie nicht vernichtet. Sie ist in ihrem polaren Gegensatz, der Finsternis, aufgegangen und hat damit den Untergang der Finsternis bewirkt, wieder in der doppelten Bedeutung, daß die Finsternis als solche verschwunden und zugleich im Licht aufgegangen ist. So zeugt der eine Gegensatz den anderen unendlich fort. Das gilt auch für den

Geist, der in der Materie als seinem Gegenteil untergeht, indem er in ihr aufgeht, was wiederum den Untergang der Materie bedeutet, die im Geistigen aufgeht und so fort. Alles ist Werden, Prozeß. Und so ist auch Zarathustras Untergang nicht ein bloß räumlicher Abstieg, sondern geschieht in der Absicht, Mensch zu werden, d. h. als Zarathustra zu verschwinden und in den anderen Menschen aufzugehen, was umgekehrt für die Menschen bedeutet, daß sie untergehen, um in Zarathustra aufzugehen. Das Medium, in welchem Zarathustra und seine Hörer wechselweise auf- bzw. untergehen, ist das Gespräch, der Dialog. Eine gelingende Verständigung setzt den Austausch von Wissen voraus derart, daß Nichtwissen im Wissen untergeht und Wissen im Nichtwissen aufgeht. Die Kommunikationspartner erzeugen in Rede und Gegenrede jene diskursive Spannung, die zu neuen Einsichten führt: auch dies eine Version des hermeneutischen Zirkels.[3]

Versucht man das, was Nietzsche im ersten Kapitel von Zarathustras Vorrede auf einzigartige Weise schildert, in eine Verbindung mit der philosophischen Tradition zu bringen, so bietet sich als Anknüpfungspunkt in besonderem Maß die griechische Antike an: Heraklit vor allem und Platon. Einige Hinweise mögen hier genügen. Unter den Fragmenten Heraklits sind besonders diejenigen, in denen seine Lehre von den Gegensätzen zur Sprache kommt, in bezug auf Nietzsches Zarathustra interessant. „Die Sonne wird jung Tag für Tag ... entzündet sich und verlischt."[4] „Alles Geschehen erfolgt infolge eines Gegensatzes." „Wir steigen in denselben Fluß und doch nicht in denselben; wir sind es, und wir sind es nicht." „Das Widereinanderstehende zusammenstimmend und aus dem Unstimmigen die schönste Harmonie." „Widerstrebende Harmonie wie bei Bogen und Leier." „Der Weg hinauf und der Weg hinab ist ein und derselbe." „... alles Leben entsteht durch Streit und Notwendigkeit." „Anfang und Ende sind auf der Peripherie des Kreises selbig." Diese Beispiele lassen eine beträchtliche Affinität zwischen Heraklit und Nietzsche erkennen, besonders was die Struktur alles Werdens, aller Bewegung, aller Veränderung anbelangt. Der über den Austausch von Gegensätzen erfolgende Kreislauf des Werdens, wie Nietzsche ihn im Weg der Sonne exemplarisch eingefangen hat, wird von Heraklit ebenso wie von Nietzsche als Grundprinzip jedweder Entwicklung anerkannt, und für beide sind die jeweiligen Gegensätze Ausdruck ein und derselben Grundaktivität, die durch Zusammenspannung von polar Entgegengesetztem Neues hervorbringt sowie dessen Weiter- und Höherentwicklung vorantreibt. Diese Grundaktivität faßt Heraklit im Logos zusammen. Der Logos als das kosmische Weltgesetz und Ausdruck einer großen Vernunft durchwaltet das Universum, indem er aus isoliert für sich betrachtet bizarren Abläufen und chaotischen Materien ein harmonisches Ganzes hervorgehen läßt. Für Nietzsche ist es, wie bereits angedeutet, das Prinzip des Willens zur Macht, das als der innere Motor in allem Lebendigen wirksam ist.

Betrachtet man den Weg hinauf und hinab, der für Heraklit aufgrund der Kreisstruktur des Werdens letztlich ein und derselbe ist, und stellt sich die Tätigkeit des Gehens auf diesem Weg vor – Zarathustra, der auf den Berg hinaufstieg und wieder hinabsteigt –, so fällt die Ähnlichkeit mit jenem Weg auf, den der platonische Sokrates im Höhlengleichnis zurücklegt. Auch dort, im Dialog ‚Politeia‘ [5], wird der Aufstieg als ein Weg beschrieben, der aus der Enge und Beschränktheit des Höhleninneren, das bei Platon für das alltägliche Leben unter gesellschaftlichen und politischen Zwängen steht, hinausführt in die reine Welt des Geistes, in die Helligkeit des Bewußtseins, welches das Wesen der Dinge klar und unverstellt zu durchschauen vermag. Auch für Sokrates steht am Ende des Aufstiegs die Sonne, die – wie es im Sonnengleichnis heißt – allem Sichtbaren „Werden und Wachstum und Nahrung" ermöglicht [6], so wie im übertragenen Sinn die Idee des Guten als höchstes epistemologisches und ontologisches Prinzip fungiert, insofern sie die Erkennbarkeit und das Wesen der Dinge begründet. Auch Sokrates sieht sich genötigt, den Bereich des Geistigen zu verlassen und wieder in die Höhle zurückzukehren, und zwar aus einem doppelten Grund. Zum einen gelingt es dem endlichen Wesen Mensch im hiesigen Leben nur momentweise, sich von den Fesseln des Leibes zu befreien und die Ideen zu schauen. Zum anderen ist es eine moralische Verpflichtung, die den Philosophen dazu treibt, seine im Licht der Idee des Guten erworbene Weisheit an die Höhlenbewohner weiterzugeben und damit das Dunkel der Höhle durch Aufklärung zu erhellen. Die Gemeinsamkeit von Sokrates und Zarathustra ist unverkennbar, und doch bestehen feine Unterschiede, die Nietzsche veranlaßt haben, die sokratisch-platonische Philosophie abzulehnen.[7] Es ist vor allem, darauf wurde oben bereits hingewiesen, die Festschreibung des negativen Pols in der Dimension des Unten und des positiven Pols in der Dimension des Oben. Aus Nietzsches Sicht ist die platonische Welt der Ideen Inbegriff des bleibend Guten, während das Körperlich-Materielle als das schlechthin Geistlose Inbegriff des bleibend Schlechten ist, das es so weit wie möglich auszumerzen gilt. Die sokratische These, Philosophieren sei Einübung in das Sterben[8], man müsse bereits im hiesigen Leben den leiblich-sinnlichen Bedürfnissen entsagen, um sich auf eine rein geistige Existenz nach dem Tode vorzubereiten, mußte Nietzsche ein Dorn im Auge sein, denn gemäß Nietzsches Ansatz sind Oben und Unten keine kontradiktorischen, unbezüglichen und unveränderlich feststehenden Gegensätze, die sich in zwei Welten – der irdischen und der Welt der Ideen – objektiviert haben. Vielmehr gibt es nur *eine* Welt, und welcher Pol jeweils als Pluspol und welcher als Negativpol fungiert, das hängt von der jeweiligen Perspektive ab. Wenn der Becher übervoll ist, ist der Vorgang des Entleerens – Zarathustras Untergang – das Positive (d. h. die Ansammlung von noch mehr Weisheit wäre als sinnlos zu beurteilen); ist der Becher dagegen leer, so ist der Vorgang des Füllens – Zarathustras Aufstieg – als positiv anzusehen. Wichtig ist es vor allem, daß die Gegensätze, die hier abkürzend mit Plus und Minus oder als positiv und negativ bezeichnet wurden, in Nietzsches Modell keine Wertungen beinhalten, sondern neutral gemeint sind, analog etwa wie man bei der Elektrizität zwischen positiver und negativer Elektrode unterscheidet, ohne daß man damit meint, die Anode sei die gute, die Kathode die schlechte Elektrode. Es ist also festzuhalten, daß Nietzsche keine fixen Gegensätze zuläßt, ebensowenig wie er die Beziehung zwischen den Gegensätzen als eine einlinige akzeptiert. Bei Platon bleibt die Sonne unverändert sie selbst, gänzlich unberührt von den Dingen, die sie wachsen und gedeihen läßt, während bei Nietzsche eine Wechselbeziehung konstatiert wird: Ohne die Dinge ginge die Tätigkeit der Sonne entweder ins Leere, oder ihre Kraft würde selbstzerstörerisch. Die Sonne bedarf also der Dinge ebenso, wie die Dinge der Sonne bedürfen, und es hängt insgesamt vom jeweiligen Standort des Betrachters ab, wo der anziehende und wo der abstoßende

Pol ist. Für Zarathustra ist der Berggipfel so lange der anziehende Pol, wie die geistige Durchdringung alles Werdenden im Vordergrund steht (das Sammeln von Weisheit). Der Umschlag erfolgt, nachdem der Geist sich mit Weisheit erfüllt hat und Zarathustra wissend geworden ist. Die Anziehungskraft des Berges erlischt; er wird zum abstoßenden Pol, während das Tal mit seinen Menschen quasi als Gefäß, das Zarathustras Weisheit aufnehmen soll, zum anziehenden Pol wird, bis dann auch dieser Pol wieder in sein Gegenteil umschlägt. Diese Dialektik des Umschlagens ist mithin nicht so zu verstehen, als ob ein Hin- und Hergehen zwischen einem in sich unveränderlichen A und einem in sich ebenso unveränderlichen Non-A stattfindet, sondern so, daß A in sich selbst zu einem Non-A und das Non-A wiederum zu einem A wird. Versuchen wir dies am Beispiel von Geist und Materie nachzuvollziehen. Der Geist bewegt sich nicht auf die Materie als das Andere seiner selbst zu, ohne sich dabei zu verändern, so wie auch die Materie im Verhältnis zum Geist nicht unverändert sie selbst bleibt. Indem der Geist sich mit Wissen erfüllt, wird er zu Materie, denn Wissen ist nur gehaltvoll, wenn es Wissen von *etwas* ist. Umgekehrt wird die Materie als Gegenstand des Wissens vergeistigt. Wir haben dies vorhin mit Nietzsches Termini so ausgedrückt, daß der Geist in der Materie aufgeht und untergeht, was dasselbe bedeutet, wie wenn man sagt, daß die Materie im Geist aufgeht und untergeht. „Der Weg hinauf und der Weg hinab ist derselbe" – so Heraklit und so auch Nietzsche im erläuterten Sinn.

Die Begegnung mit dem Heiligen: Gott ist tot

Zarathustras Untergang beginnt mit dem Abstieg vom Gebirge, und der erste, auf den er dabei im Wald trifft, ist ein alter Mann, ein Heiliger, wie es später heißt. Dieser Greis, der Zarathustra vor langen Jahren den Berg *hinauf*steigen sah, verwundert sich über dessen Verwandlung. „Damals trugst du deine Asche zu Berge: willst du heute dein Feuer in die Thäler tragen? Fürchtest du nicht des Brandstifters Strafen?" Mit diesen Fragen wendet sich der Greis an Zarathustra, der ihm vorkommt wie Phönix, der seiner Asche entstiegen ist. „Damals trugst du deine Asche zu Berge" –

Zarathustra war ausgebrannt, seine Weisheit war verbraucht, sein Geist bedurfte der Erneuerung. Nun kehrt er verwandelt zurück; aus der Asche ist neues Leben hervorgegangen. Zarathustras erloschener Geist ist zu neuem Feuer entbrannt, bereit, auch in anderen Menschen einen Funken anzuzünden. Daher die besorgte Frage des Alten: „Fürchtest du nicht des Brandstifters Strafen?" Wer mit dem Feuer spielt, lebt gefährlich. Nicht jeder will aufgeklärt, durch Zarathustras Weisheit erleuchtet werden. Dies wird noch deutlicher, wenn der Alte fortfährt: „Ja, ich erkenne Zarathustra. Rein ist sein Auge, und an seinem Mund birgt sich kein Ekel. Geht er nicht daher wie ein Tänzer? / Verwandelt ist Zarathustra, zum Kind ward Zarathustra, ein Erwachter ist Zarathustra: was willst du nun bei den Schlafenden?" Zarathustra wird hier beschrieben wie ein Verklärter, der anders schaut, anders geht, eine andere Miene hat als zehn Jahre zuvor. Zarathustra bewegt sich wie ein Tänzer: Hier klingt das Halkyonische an, die beschwingte Leichtigkeit, mit der einer, der Bescheid weiß, seinen Weg geht. Der Tänzer tut sich ja keineswegs leicht; sein Tanzen ist höchste physische Anstrengung und verlangt vollendete Körperbeherrschung. Tanzen ist somit etwas sehr Schweres, aber was den Tanz zum Tanz macht, ist gerade dies, daß er die Schwere, die Erdanziehungskraft vergessen läßt. Wer zu tanzen versteht, hat den Gegensatz zwischen Oben und Unten überwunden. Er hält sich in der schwebenden Mitte zwischen bodenständiger Fixiertheit und dem Flug der Vögel. Aber diese Leichtigkeit und Unbeschwertheit des Tanzenden ist das Ergebnis einer großen Kraftanstrengung und Körperbeherrschung. Zarathustra ist ein Kind geworden, ein Erwachter: Bilder für den völligen Neuanfang, den Phönix, der neu geboren seiner Asche entstiegen ist. Der Alte wiederholt seine Frage, warum Zarathustra nicht in dem erneuerten Leben verharrt, gewissermaßen seine Wiedergeburt genießt, anstatt dorthin zurückzukehren, woher er gekommen ist: „was willst du ... bei den Schlafenden?" Auch hier der versteckte Hinweis auf eine Gefahr: Schlafende wollen nicht gern gestört werden; im übertragenen Sinn: Die Menschen haben sich in ihren Vorurteilen eingerichtet; sie sind fixiert auf ihre konventionellen Vorstellungen, und es ist gefährlich, ihnen eine andere Wahrheit verkünden zu wollen als die altgewohnte.

Hier scheint eine versteckte Anspielung auf Sokrates mitzuschwingen, der in die Höhle zurückkehrte, um den Menschen jene Wahrheit zu bringen, die ihm im Licht der Idee des Guten zuteil wurde; doch man hat ihn schließlich umgebracht, weil er für die Höhlenbewohner, die den Schatten einen größeren Wahrheitsgehalt zuerkannten als den Ideen, ein Störenfried war, der sie in ihrem Selbstverständnis zutiefst irritierte.

Der Greis fährt fort: „Wie im Meere lebtest du in der Einsamkeit, und das Meer trug dich. Wehe, du willst an's Land steigen? Wehe, du willst deinen Leib wieder selber schleppen?" Der Vergleich der Einsamkeit mit dem Meer und des Lebens in der Gesellschaft mit dem Land hat seine Pointe darin, daß im Medium des Wassers der Körper leicht ist, während er im Medium der Luft schwer wird, mit anderen Worten: Wer sich in sich selbst zurückzieht, bewegt sich im Medium des Geistes, in welchem die Dinge, gewissermaßen entmaterialisiert, leicht werden, getragen vom Fluß der Gedanken, vom Bewußtseinsstrom. Wer sich dagegen der Materialität der Dinge zuwendet, nimmt die Eigenschaften der Materie an. Er wird schwer, erdenschwer und muß sich schleppen. Ähnliches gilt für den, der lange allein gelebt hat und sich an die Freiheit und Ungebundenheit seines Daseins gewöhnt hat; zurückgekehrt in die Gemeinschaft, findet er sich Zwängen und Abhängigkeiten unterworfen, die ihn fast bewegungsunfähig machen.

Der alte Heilige hat den Zustand des vom Berg herabsteigenden Zarathustra richtig erkannt und beschrieben. In seinen Fragen drückt er seine Verwunderung darüber aus, daß Zarathustra seinen jetzigen, eigentlich doch nicht zu überbietenden Zustand aufgeben und seinen Aufenthaltsort in der Höhe mit dem in der Tiefe vertauschen will. Die Frage nach dem Warum beantwortet Zarathustra mit den knappen Worten: „Ich liebe die Menschen." Das aber erstaunt den Alten noch mehr, hat er sich doch gerade deshalb in die Einsamkeit des Waldes zurückgezogen, weil er die Menschen allzusehr liebte. „Jetzt liebe ich Gott: die Menschen liebe ich nicht. Der Mensch ist mir eine zu unvollkommene Sache. Liebe zum Menschen würde mich umbringen." Hier zeigt sich das Motiv für das Einsiedlerleben des Heiligen. Er liebt das Vollkommene. Seine Liebe zu den Menschen, die er für das Vollkommenste auf dieser Welt hielt, wurde unglücklich, da sie seinem unbedingten Anspruch nicht genügten. Die Einsicht, daß es den Menschen aufgrund ihrer Endlichkeit prinzipiell verwehrt ist, die Vollkommenheit zu erreichen, die der Alte forderte, ließ ihn sich von den Menschen ab- und dem einzigen Wesen zuwenden, das diesem Anspruch genügt: Gott. Wer wie der Heilige in der Liebe zu Gott seine Erfüllung gefunden hat, kann schlechterdings nicht verstehen, weshalb einer sich vom Vollkommenen abwendet, um sich mit etwas weniger Vollkommenem zufrieden zu geben.

In dem folgenden Gespräch zwischen dem Heiligen und Zarathustra erklärt Zarathustra sein Vorhaben, und der Heilige versucht ihm ständig Ratschläge zu geben, die Zarathustra jedoch zurückweist, weil sie das Gegenteil von dem empfehlen, was er will. Zarathustra sagt, er wolle den Menschen ein Geschenk bringen (wie wir bereits wissen: seine Weisheit). Daraufhin rät ihm der Alte, anstatt den Menschen etwas zu geben, solle er ihnen lieber etwas nehmen, z. B. ihnen ihre Lasten tragen helfen, sofern ihn dies befriedigen könne. Wenn er aber unbedingt etwas geben wolle, so solle er ihnen Almosen geben, um das sie ihn aber anbetteln müßten. Hierauf erwidert Zarathustra: „Nein, ... ich gebe keine Almosen. Dazu bin ich nicht arm genug." Der Heilige muß lachen; er hat Zarathustra genau verstanden, nämlich daß er zu reich ist, um bloß Almosen zu geben. Er hat viel mehr zu bieten: Schätze. Nun warnt der Heilige Zarathustra ganz allgemein vor dem Mißtrauen der Menschen, die einen Einsiedler, der nachts kommt, um Schätze zu verteilen, für das Gegenteil dessen halten würden, was er ist, nämlich für einen Dieb. Also sei es besser für Zarathustra, im Wald zu bleiben und dort wie ein Tier unter Tieren zu leben. Daraufhin stellt Zarathustra eine Gegenfrage: „Und was macht der Heilige im Walde?" Der Heilige macht Lieder, die er zum Lobe und zu Ehren seines Gottes singt.[9]

Auf die Frage des Heiligen, was Zarathustra ihm mitgebracht habe, entgegnet Zarathustra, der sich damit zugleich verabschiedet: „Was hätte ich euch zu geben! Aber lasst mich schnell davon, dass ich euch Nichts nehme!" Sie trennen sich lachend, „gleich wie zwei Knaben lachen". Zarathustra hat trotz seines Reichtums nichts, das er dem Heiligen geben könnte, denn der Heilige ist bereits ein Weiser. Er hat in seinem dem Lobe Gottes geweihten Leben eine vollkommene Erfüllung gefunden, der nichts mehr hinzuzusetzen ist.

Aber was könnte Zarathustra dem Heiligen denn nehmen? Diese Frage läßt sich erst vom Schluß des zweiten Kapitels der Vorrede her beantworten, wo Zarathustra nach dem Abschied von dem Heiligen sich selbst die Frage stellt: „Sollte es denn möglich sein! Dieser alte Heilige hat in seinem Walde noch Nichts davon gehört, dass *Gott todt* ist!" Zarathustra kann dem Heiligen also alles nehmen, nämlich seinen Glauben an Gott als Inbegriff von Vollkommenheit, wenn er ihn darüber informiert, daß es keinen Gott mehr gibt, daß die Menschen ihn totgeschlagen, d. h. ihn als Sinngaranten der Welt abgeschafft haben. Nun stellt sich natürlich die Frage, woher denn Zarathustra weiß, daß Gott tot ist. Konstatiert er hier ein empirisches Faktum, dessen Inhalt ihm noch aus der Zeit bekannt ist, als er unter den Menschen im Tal lebte, oder ist dieses Wissen um den Tod Gottes eine Einsicht, die er sich während seines zehnjährigen Aufenthaltes auf den Bergen erworben hat? Man kann beide Möglichkeiten einer Antwort miteinander verbinden. Zum einen weiß Zarathustra rein historisch um den Tod Gottes. Das Christentum hat überliefert, daß Jesus Christus am Kreuz gestorben und somit tot ist. Was es jedoch *bedeutet,* daß Gott tot ist, das hat Zarathustra erst auf dem Berg verstanden, und worin die Bedeutung des Todes Gottes für ihn liegt, läßt sich erst erschließen, wenn man die beiden Lebensformen, die im zweiten Kapitel der Vorrede Zarathustras skizzenhaft umrissen werden, miteinander konfrontiert: die Lebensform des Heiligen und die des Weisen im Sinne von Zarathustra.

Betrachten wir zunächst die Lebensform des Heiligen, die religiös fundiert ist. Was wir über den Heiligen erfahren haben, ist dies: daß er die Vollkommenheit liebt und sich aus diesem Grund von der Welt der Menschen vollständig abgewandt hat, um nur noch Gott zu preisen. Vollkommenheit, wie der Heilige sie versteht, ist etwas in sich Abgeschlossenes, Unveränderliches, Unüberbietbares. Daher ist die Lebensform, die der Heilige für sich gewählt hat, statisch; sie ruht in sich selbst. Dies läßt sich auch an den Bildern ablesen, die Nietzsche zur Charakterisierung des Heiligen verwendet. Zarathustra tanzt, der Heilige singt. Die Tätigkeit des Heiligen ist immerhin keine rein intellektuelle, in der einseitig bloß das Geistige betont wird. Auch der Heilige ist ein Weiser, der begriffen hat, daß das sinnliche, ästhetische Element unverzichtbar ist. So schreibt und komponiert er Lieder und singt sie. Sein Singen ist Ausdruck seines Glaubens und damit seiner Liebe zum Vollkommenen, und durch den Gesang nähert er sich dem Vollkommenen an, wird ihm immer ähnlicher. Während Zarathustra tanzt, bewegt sich der Heilige nur noch auf der Stelle. Das könnte man auch daraus ablesen, daß Nietzsche von ihm sagt, er lebe im Walde. Zarathustra, so wissen wir, hat in den zehn vergangenen Jahren seinen Aufenthaltsort auf dem Gipfel des Berges gehabt, also oberhalb der Baumgrenze im Fels gelebt. Der Heilige dagegen lebt in einer mittleren Höhe, im Wald. Nehmen wir einmal an, daß der Wald vom Tal als dem Wohnort der Menschen und vom Berggipfel als dem Aufenthaltsort Zarathustras ungefähr gleich weit entfernt ist, so könnte man sagen, der Heilige hat sein Domizil genau in der Mitte zwischen Oben und Unten aufgeschlagen, dort also, wo Spannung und Gegenspannung der polaren Gegensätze einander die Waage halten. Oder im Bild des Kreises gesprochen: Der Heilige hält sich im Kreismittelpunkt auf, von dem alle Radien ausgehen bzw. durch den alle Durchmesser des Kreises gehen. Der Heilige kreist somit in sich selbst, um das Absolute. Seine Lebensform gerinnt zur Statik des Vollkommenen, in dem jede Bewegung aufhört.

Ganz anders Zarathustra. Zarathustra tanzt, seine Lebensform ist dynamisch. Er weiß, daß es keinen festen, unverrückbaren Mittelpunkt zwischen Oben und Unten gibt und daß Stillstand Tod bedeutet. Seine Vorstellung von Vollkommenheit objektiviert sich nicht in einem feststehenden Ziel am Ende eines Weges, sondern kommt nur in der Dynamik des Gehens des Weges zum Tragen, im halkyonischen Element. Jeder Schritt ist zugleich Weg und Ziel, insofern es, wie vorhin am Beispiel des Tanzes angedeutet, bei jedem Schritt gilt, die polaren Gegensätze von Oben und Unten so in ein Verhältnis zu bringen, daß eine Mitte, ein Mittelpunkt daraus allererst hervorgeht. Der Mittelpunkt existiert somit für Zarathustra nicht anders, als indem er ihn im Durchlaufen der Gegensätze *schafft*. Demnach ist für ihn der Mittelpunkt nicht wie für den Heiligen vorgegeben, sondern aufgegeben als etwas, das es ohne das eigene Dazutun gar nicht gibt.

Nun erst, wenn wir diese beiden Lebensformen, die religiöse des Heiligen und die existentielle des Weisen gegeneinanderhalten, wird verständlich, was Zarathustra meint, wenn er feststellt, daß der Heilige in seinem Walde noch nichts davon gehört habe, daß Gott tot ist. Der Gedanke, daß Gott tot sei, ist für den Heiligen undenkbar, denn Totsein setzt ja ein Gestorbensein, eine Veränderung vom Leben zum Tod, d. h. ein Werden voraus. Der Heilige liebt aber Gott gerade als Inbegriff von Vollkommenheit, d. h. als etwas, das *per definitionem* unveränderlich ist und daher jedes Werden ausschließt. Gott kann nicht geworden sein. Er ist unaufhörlich der, der er ist, und dieses ewige Sein hat sich für den Heiligen symbolisch in jenem Kreismittelpunkt fixiert (im Walde), in dem er sich aufhält, um selber vollkommen und unveränderlich zu werden. Daher könnte der Heilige mit dem Satz ‚Gott ist tot' gar nichts anfangen, eben weil Gott für ihn vollkommen und d. h. unveränderlich ist, also nicht gestorben sein kann, da Sterben Veränderung impliziert.

Nun ist noch die Frage offen, wie denn Zarathustra den Tod Gottes versteht. Seine Weisheit umfaßt auch den Tod Gottes, und es ist ihm ja durchaus klar, daß er dem Heiligen seinen Glauben nehmen würde, wenn es ihm gelänge, jenen an seiner Weisheit teilhaben zu lassen. Damit würde er ihn aber aus seinem Mittelpunkt stoßen und die Statik eines sich unveränderlich durchhaltenden vollkommenen Gottes auflösen. Was also beinhaltet der Satz ‚Gott ist tot' für Zarathustra? Wenn es nur diese eine Welt für uns gibt, in der nichts existiert, das ewig und unveränderlich *ist*, sondern in der alles *wird,* dann kann auch Gott nicht mehr als ein überzeitlich Seiendes oder in ewiger Präsenz Wesendes gedacht werden. Die Wendung ‚Gott ist tot' bedeutet entsprechend ein Doppeltes: In einem rigorosen Sinn meint der Satz ‚Gott ist tot': Jene Vorstellung von Gott, wie sie uns die antike Metaphysik und die christliche Philosophie vermittelt haben, ist falsch. Gott existiert nicht jenseits oder außerhalb unserer Welt als das ganz Andere, schlechthin von uns Verschiedene. Der so vorgestellte Gott ist tot. Er ist gewissermaßen widerlegt, nicht begrifflich widerlegt, sondern widerlegt durch das Selbstverständnis Zarathustras, der erkannt hat, daß in einer Welt polarer Gegensätze, denen das Prinzip des Willens zur Macht zugrunde liegt, alles Lebendige nur kraft dieses Prinzips des Willens zur Macht lebendig ist.[10] Was als nicht dem Prinzip des Willens zur Macht unterstehend gedacht wird, wird *per definitio-*

nem als etwas Totes, Unlebendiges vorgestellt. Für den metaphysischen und den christlichen Gott als ein Wesen, dem das Prädikat ewigen, unveränderlichen Seins zugesprochen wird, ist daher im Weltbild Zarathustras kein Platz, denn ein solches Wesen wäre der Inbegriff eines unaufhebbar Stagnierenden, eines ewig Unlebendigen und Toten, das für das Leben keinerlei Bedeutung hätte.

Faßt man also das ‚tot' in der Wendung ‚Gott ist tot' als einen kontradiktorischen Gegensatz zu lebendig auf, so ist damit die Widerlegung und radikale Abschaffung des metaphysischen und christlichen Gottesbegriffs gemeint. Faßt man dagegen das ‚tot' im Sinne eines polaren Gegensatzes auf, so bekäme der Satz ‚Gott ist tot' noch eine andere Bedeutungsdimension. Tot wäre dann das relative oder polare Gegenteil zu lebendig, so wie Oben der Gegenbegriff zu Unten ist. Um dies zu verdeutlichen, können wir noch einmal auf Heraklit zurückgreifen. In Fragment B 62 heißt es: „Unsterbliche sterblich, Sterbliche unsterblich, sie leben den Tod jener und sterben das Leben jener." Dieser gleiche Prozeß des Entstehens und Vergehens nach Gleichmaß zeigt sich auch im kosmischen Bereich. Entsprechend lautet Fragment B 76: „Es lebt das Feuer der Erde Tod und die Luft lebt des Feuers Tod, das Wasser lebt der Luft Tod, die Erde den des Wassers." Entstehen und Vergehen, Leben und Tod sind zwei Seiten eines und desselben Prozesses, in welchem Neues dadurch wird, daß Altes untergeht. Eines lebt den Tod des anderen; anderes stirbt das Leben des einen. In diesem Kreislauf des Werdens ist ein jedes das, was es ist, kraft seines Gegensatzes; sonst ist es nicht. Diese Einsicht, die auch die Einsicht Zarathustras ist, könnte den Satz ‚Gott ist tot' auch in einem positiven Sinn aufschlüsseln helfen, so daß er folgendes bedeutet: Wenn in dieser unserer einzigen Welt von Gott noch sinnvoll geredet werden soll, dann muß Gott wie alles übrige als ein Werdendes gedacht werden und nicht als etwas Unveränderliches. Auch Gott ist dann einer, der in der Welt aufgeht und untergeht. Und von dem Gott, der untergegangen ist, könnte man dann sagen: Gott ist tot, im Gegensatz zu dem Gott, der aufgegangen ist und lebt. Wie man sich diesen lebendigen Gott im Durchlaufen der polaren Gegensätze des Entstehens und Vergehens *in concreto* vorstellen kann, übergehen wir vorerst. Es wird sich später herausstellen, daß Gott nicht eine singuläre, einzigartige Person ist, sondern daß gewissermaßen jedes Individuum, dem es wie Zarathustra schließlich gelingt, den Logos, der der Welt zugrunde liegt, das Prinzip des Willens zur Macht in sich auf einmalige, unüberbietbare Weise zu verkörpern, daß jedes solches Individuum Gott ist, ein Gott freilich, der das Halkyonische repräsentiert und von daher eher Dionysos gleicht als den anderen Götterbildern. Aber es scheint, daß auch eine gewisse Ähnlichkeit mit dem christlichen Gott unverkennbar ist, die Nietzsche sicher nicht von der Hand weisen wollte. Das Besondere der christlichen Gottesvorstellung liegt ja doch darin, daß dieser Gott nicht in einem transzendenten Jenseits ewig und unveränderlich präsent ist, sondern Mensch geworden ist. Dieser Gott ist als Jesus Christus in die Dimension des Geschichtlichen eingetreten und hat sich damit den Prinzipien des Werdens unterworfen. Die Menschwerdung Gottes könnte man als die Bewegung von oben nach unten, als die Bewegung des Herabsteigens, des Untergehens Gottes im Menschen interpretieren, wobei dieser Untergang sich im Tod Jesu Christi vollendet. Die Bewegung des Aufstiegs dagegen wäre die Auferstehung von den Toten, das Lebendigwerden und Aufgehen des Menschlichen im Göttlichen.

Die Vorstufen zum Übermenschen: Pflanze – Wurm – Affe – Mensch

Zarathustra verläßt den Wald, in dem der Heilige seinen Aufenthaltsort hat, und gelangt in die nächste Stadt. Dort haben sich auf dem Markt eine Menge Leute versammelt, weil es sich herumgesprochen hat, daß ein Seiltänzer auftreten wird. Vor dieser wartenden Menge hält Zarathustra seine erste Rede, und die innere Komik des Szenariums liegt darin, daß die Leute Zarathustras Rede vordergründig auffassen und das Gesagte unmittelbar auf den von ihnen erwarteten Seiltänzer beziehen. Zarathustra beginnt seine Rede mit den Worten: *„Ich lehre euch den Übermenschen. Der Mensch ist etwas, das überwunden werden soll."* Das unerhört Neue, das Zarathustra mit seiner Lehre vom Übermenschen verkünden will, läßt sich aus diesen ersten beiden Sätzen noch nicht heraushören. Zarathustra vergißt, daß die Menschen viel zu sehr in gewohnten Bahnen denken und daß daher das Mißverständnis schon vorprogrammiert ist. Seit jeher hat man den Menschen gepredigt, sich zu vervollkommnen, ihre Schwächen zu überwinden und sich zu besseren Menschen zu entwickeln, um Gott zu gefallen. Es steht daher von vornherein zu erwarten, daß sie auch die Lehre vom Übermenschen nur im Sinne einer Moralpredigt auffassen, die sie ermahnt, ein tugendhaftes, gottgefälliges Leben zu führen. Daß sie Zarathustra überhaupt anhören, liegt wohl daran, daß sie annehmen, er kündige ihnen wortgewaltig mit den für solche Sensationen üblichen Übertreibungen den Auftritt des Seiltänzers an.

Zarathustra wendet sich direkt an seine Zuhörer, indem er sie fragt: „Was habt ihr gethan, ihn [den Menschen] zu überwinden?" Diese Frage ist nur berechtigt, wenn es stimmt, daß der Mensch etwas ist, das überwunden werden soll. Daher entwickelt Zarathustra zur Stützung dieser These ein Konzept, das in unseren Ohren heute evolutionstheoretisch klingt. In der lebendigen Natur hat es, so Zarathustra, stets eine Höherentwicklung gegeben. Der Mensch hat sich aus der Pflanze über den Wurm und den Affen zu dem entwickelt, was er nun ist. Aber die im Menschen erreichte Stufe ist keineswegs ein Endstadium, bei dem der Entwicklungsprozeß zum Stehen kommt. Auch der Mensch ist nur eine Übergangs- oder Durchgangsstufe, die auf die nächsthöhere Stufe hin zu überwinden ist. Zarathustra stellt fest: „Alle Wesen bisher schufen Etwas über sich hinaus." Dieser Begriff des Schaffens macht deutlich, daß Zarathustra das evolutionäre Geschehen nicht als einen kausalmechanischen Vorgang auffaßt, der sich ohne Zutun der Lebewesen quasi bloß naturwüchsig vollzieht. Vielmehr sind diese Wesen, indem sie über sich hinaus schaffen, sich also überwinden, höchst aktiv an der evolutiven Entwicklung ihrer selbst beteiligt. Sie sind im Grunde genommen der Motor der Evolution. In einem ganz besonderen Maß gilt dies für den Menschen, der als einziger darum weiß, daß er ein Schaffender ist und durch sein Schaffen den Fortgang der Entwicklung bewußt vorantreibt. Daraus haben die Menschen geschlossen, sie seien die Krone des Kosmos [11], und anstatt alles daranzusetzen, auch den Menschen zu überwinden, ihn auf eine höhere Stufe, die des Übermenschen, hin zu entwickeln, betrachten sie die Stufe des Menschen als Endstufe, auf der die Evolution abgeschlossen ist. Die Bewegung des *evolvere* ist an ihr

Ende gekommen, weil nichts mehr da ist, das noch ausgewickelt oder ent-faltet werden könnte. Die Menschen treten gewissermaßen auf der Stelle und fallen sogar hinter bereits überwundene Stufen zurück. Daher mahnt Zarathustra: „Ihr wollt die Ebbe dieser grossen Fluth sein und lieber noch zum Thiere zurückgehn, als den Menschen überwinden?" Der Mensch ist das einzige unter den Lebewesen, das sein Schaffen nicht *instinktiv* in den Dienst des Evolutionsstromes stellt, sondern sich kraft seines Bewußtseins und seiner Intelligenz diesem Strom auch entgegenstellen oder verweigern kann. Er kann nur Ebbe sein wollen; er verkennt aber dabei, daß auch der Mensch, um sich als Mensch realisieren zu können, in das zyklische Durchlaufen polarer Gegensätze eingebunden bleibt und, um Ebbe sein zu können, zugleich auch Flut sein muß. Nur Ebbe zu sein bedeutet Stillstand, eigentlich noch weniger als Stillstand: Rückfall in vormenschliche, tierische Vorformen, die längst überwunden sind. „Was ist der Affe für den Menschen? Ein Gelächter oder eine schmerzliche Scham. Und eben das soll der Mensch für den Übermenschen sein: ein Gelächter oder eine schmerzliche Scham." Blickt der Mensch in seine Vergangenheit zurück, indem er im Affen die Vorstufe zum Menschsein – d. h. zu sich selbst – erkennt, so reagiert er auf diese Erkenntnis in einer doppelten Weise. Zum einen muß er lachen, wenn er entdeckt, wieviel von ihm selber bereits im Affen vorhanden ist, wie menschlich der Affe bereits ist. Zum anderen empfindet er beim Anblick des Affen eine schmerzliche Scham. Er schämt sich dessen, einst ein Affe gewesen zu sein. Vielleicht schämt er sich aber auch, weil er sieht, wieviel von einem Affen noch in ihm steckt. Auf die gleiche Weise wird dereinst der Übermensch lachen und sich zugleich schämen, ein Mensch gewesen zu sein.

Auch hierzu finden sich ähnliche Gedanken schon bei Heraklit: „Der schönste Affe ist scheußlich im Vergleich zum Menschen. Der weiseste Mensch erscheint neben Gott wie ein Affe, was Weisheit, Schönheit und alles Sonstige betrifft." [11a]

Blickt der Mensch also zurück auf seine Genealogie, so soll dies nach Zarathustra selbstkritisch geschehen, und die Selbstkritik soll als Impuls zum Weitergehen, zum Fortschreiten auf die nächste Stufe der Entwicklung wirksam werden. Wer dagegen über dem Blick zurück das Weitergehen vergißt, wer also im übertragenen

Sinn der Tradition und dem verhaftet bleibt, was seit jeher gegolten hat, der ist weniger als ein Mensch, ja weniger noch als ein Affe. „Ihr habt den Weg vom Wurme zum Menschen gemacht, und Vieles ist in euch noch Wurm. Einst wart ihr Affen, und auch jetzt noch ist der Mensch mehr Affe, als irgendein Affe." Mancher Mensch hat in sich das Stadium des Affen noch nicht voll und ganz überwunden; im Gegenteil, in vielen ist sogar die Vorform des Affen, der Wurm, noch antreffbar.

Mancher Interpret hat diese und andere Stellen in Nietzsches Werk als Beleg dafür herangezogen, daß Nietzsche eine Evolutionstheorie im Sinne Darwins vertreten habe.[12] Ganz davon abgesehen, daß Nietzsche Darwins Lehre für einseitig gehalten hat – Darwin habe beim Kampf ums Dasein den Geist vergessen: ohne Hegel ... sei kein Darwin möglich [13] – und sich heftig dagegen gewehrt hat, als Darwinist zu gelten – „gelehrtes Hornvieh hat mich des Darwinismus verdächtigt" [14] –, läßt sich Nietzsches Evolutionsthese (oder vielleicht sagt man besser: Nietzsches genealogisches Vorgehen) auch noch anders interpretieren, wenn man die Entwicklungsreihe Wurm-Affe-Mensch weniger in einem naturwissenschaftlichen Sinn als in einem übertragenen Sinn Revue passieren läßt. Dann kann man nämlich das, was Nietzsche sagt, auch als eine Parodie auf Darwin lesen. Dazu muß man die Bilder des Wurms und des Affen als Vorstufen zum Menschen genauer analysieren. Oder um es anders zu sagen: Wir wollen den entwicklungsgeschichtlichen Aspekt der Evolution des Menschen in den Hintergrund treten lassen und uns unter philosophischem Aspekt fragen, wie man die typisch menschlichen Verhaltensweisen charakterisieren muß, sofern sie noch überwiegend tierische, also vormenschliche Elemente in sich enthalten. Wohlgemerkt: Das tierische Verhalten ist nicht als solches verächtlich. Der Wurm auf der Stufe des Wurms wie der Affe auf der Stufe des Affen verhalten sich völlig angemessen. Nur der Mensch, der sich als Mensch wie ein Wurm oder ein Affe verhält, ist verächtlich, da er sich untermenschlich verhält.

Was also charakterisiert den Menschen auf der Stufe des Wurms? Es läßt sich erst von der nächsthöheren Stufe, der des Affen her erschließen, was Nietzsche mit dem Bild des Wurms gemeint haben könnte. Der Affe ist ein Tier, das alles, was es sieht, imitiert. Der

Affe macht nicht nur seine Artgenossen, sondern auch andere Lebewesen und alles, was sich in einer ihn irgendwie reizenden Weise bewegt, nach, und dabei bedient er sich seiner Gliedmaßen. Der Wurm aber, als die Vorstufe zum Affen, hat keine Gliedmaßen. Er ist ein wirbelloser Hautmuskelschlauch, der sich kriechend oder schlängelnd bewegt. Entsprechend begrenzt und uniform sind auch seine Ausdrucksmöglichkeiten. Dennoch kündigt sich in diesem noch wenig differenzierten, gleichförmigen Wesen, das in enger Gemeinschaft mit der übrigen Natur lebt – sei es, daß es als Parasit an Pflanzen oder anderen Lebewesen schmarotzt, sei es, daß es wie der Regenwurm Erde frißt und wieder ausscheidet –, bereits der Geist an, wenn man sich daran erinnert, daß die Schlange eines der beiden Tiere ist, mit denen Zarathustra auf dem Berg gelebt hat. Später heißt es, daß die Schlange sich um den Hals des Adlers ringelt. Die Schlange symbolisiert mithin in ihrer kreisförmigen Gestalt und Bewegungsart das Lebensprinzip, die innere Geschlossenheit und Identität der polaren Gegensätze, die das Weltall strukturieren. Dieses Symbol für die Einheit von Geist und Materie ist bereits im Wurm zu erkennen, in seinen schlangenähnlichen, sich ringelnden Bewegungen. Den von Darwin vergessenen Geist und die von Hegel vergessene Materie sieht Nietzsche demnach bereits im Wurm als Einheit von Gegensätzen angelegt.

Wir stellten vorhin fest, was für den Wurm natürlich ist, ist für den Menschen verächtlich. Der Mensch, der sich wie ein Wurm verhält, ist kriecherisch, heuchlerisch; er benutzt die Mitmenschen, spielt sie durch Intrigen gegeneinander aus zu seinem eigenen Profit. Man braucht hier nur an die Gestalt des Sekretärs Wurm aus Schillers „Kabale und Liebe" zu denken, um sich eine zutreffende Charakteristik auf der Wurmstufe vor Augen zu führen. Für die Wurmstufe innerhalb der Genealogie menschlicher Verhaltensweisen ist demnach verallgemeinernd festzuhalten, daß der eigene Vorteil im Vordergrund steht und der Mitmensch lediglich als Mittel zur Beförderung des eigenen Nutzens gebraucht wird. Es liegt auf der Hand, daß Nietzsche gegen den Utilitarismus seiner Zeit polemisiert hat. Er hat ihn zwar nicht als Wurm-Philosophie bezeichnet, aber mir scheint, daß seine Kritik am Utilitarismus ähnlich wie die an Darwin darauf hinausläuft, daß über der Beschäftigung mit dem Materiellen das Geistige vergessen würde.[15]

Auf die Stufe des Wurms folgt die des Affen, und wir sagten bereits, der Affe ist vor allem als das imitierende Tier aufzufassen. Auf der Stufe des Affen ist das zwischenmenschliche Verhältnis nicht mehr dadurch charakterisiert, daß jeder bestrebt ist, den anderen zum eigenen Vorteil auszunutzen, d. h. ihn sich buchstäblich einzuverleiben, so wie der Wurm sich als Parasit seinen Wirt bzw. als Regenwurm Erde einverleibt. Wenn man den Übergang vom Wurm zum Affen reflexiv nachzukonstruieren versucht, so könnte man die Überwindung, das Übersichhinausschaffen des Wurms so auslegen, daß er bestrebt ist, sich unabhängig zu machen, sich selbständig zu versorgen. Der in ihm wirksame Wille zu größerer Selbstmächtigkeit führt dazu, daß sich Gliedmaßen ausbilden, vermittels deren eine differenziertere Selbstversorgung möglich ist. Der Wurm wird zum Affen, der sich einen größeren Bewegungsraum zu erschließen vermag und damit verbunden sich ein vielfältigeres Nahrungsangebot aus eigener Kraft zu verschaffen versteht. Die Gliedmaßen als Instrumente im Dienst größerer Selbständigkeit und Unabhängigkeit sind ein Zeichen der Emanzipation, der Befreiung vom Wurm-Status. Zugleich verweisen sie aber auf die Herkunft des Affen vom Wurm, da der Affe sie zugleich zur Imitation benutzt. Anderes wird zwar nicht mehr direkt einverleibt, sondern nur nachgeäfft, aber die Imitation läßt noch, wenn auch bloß als Geste oder Gebärde, die ursprüngliche materielle Verbundenheit mit dem Imitierten hervortreten. Dadurch erweist sich die Imitation als eine rudimentäre Geiststruktur im Sinne einer noch nicht zu sich selbst gekommenen Kreisbewegung. Der Affe wiederum holt den von ihm imitierten Gegenstand, ohne zu durchschauen, daß er ihn mit seinen eigenen Mitteln wiederholt und dadurch nicht als dasselbe, sondern als etwas Neues, Anderes schafft.

Was für den Affen als überwundener Wurm einen Fortschritt bedeutet, ist für den Menschen, der die Affenstufe in sich überwunden haben sollte, verächtlich. Wie verhält sich der Mensch, der über die Stufe des Affen noch nicht hinausgekommen ist? Er tut das, was die anderen tun; er handelt massenkonform, gehorcht – wie Nietzsche dies in seinen moralphilosophischen Schriften ausdrückt – der Herdenmoral.[16] Auch hierbei ist durchaus der eigene Vorteil bzw. Nutzen handlungsleitend. Man imitiert die anderen und handelt wie sie, um Konflikte zu vermeiden und sich ein reibungslos verlaufendes Leben zu sichern. Die Imitation signalisiert Einverstandensein mit dem Tun der anderen und deutet damit Konformität an. Unter dem Deckmantel dieser Konformität kann dann der einzelne unbesorgt, d. h. ohne Sanktionen befürchten zu müssen, seinem Vorteil nachgehen.

Der Übergang von der Affen- zur Menschenstufe, den wir nun ebenfalls wenigstens andeutungsweise zu rekonstruieren haben, erfolgt im Sinne einer weiteren Emanzipation. Bestand der Fortschritt in der Entwicklung vom Wurm zum Affen darin, daß der Affe seine Bedürfnisse mit Hilfe seiner Gliedmaßen auf vielfältigere und selbständigere Weise zu befriedigen vermochte, wodurch sich zugleich differenziertere geistige Fähigkeiten herausbildeten, wie die Fähigkeit zur Imitation beweist – man muß das Imitierte als von einem selbst verschieden und doch als einem selbst hinreichend ähnlich begreifen, um es nachahmen zu können; der Vorgang der Imitation setzt also gewisse abstrakte, wenn auch noch nicht als solche reflektierte Denkleistungen voraus –, so besteht der Fortschritt in der Entwicklung vom Affen zum Menschen in einer noch weiteren Differenzierung sowohl auf der Seite der materiellen Bedürfnisbefriedigung als auch auf der Seite der geistigen Prozesse. Diese Hand in Hand gehende materielle und geistige Differenzierung hat eine stärkere Distanzierung vom Artgenossen zur Folge, eine Ablösung vom anderen und eine Zuwendung zu sich selbst als Individuum. Schon in der nicht mehr einverleibenden, sondern nur noch imitierenden Gebärde des Affen kündigt sich ein Distanznehmen an, das auf der Stufe des Menschen intensiviert wird. Der einzelne beginnt sich als einzelner zu erkennen. Er geht nicht mehr in einer Herde auf, in der er Affe unter Affen ist, sondern er fängt an, sich als dieser bestimmte Affe von den anderen Affen zu unterscheiden; er entdeckt sich selbst, seine Besonderheiten und Eigenheiten, die nur ihm und nicht den anderen zukommen. Er hört auf, die anderen zu imitieren. Der Affe hat sich selbst überwunden; der Affe ist Mensch geworden.

Aber Zarathustra, der ja seine erste Rede vor einem sensationslüsternen Publikum hält, sieht, daß die meisten Menschen die Stufe des Menschen noch gar nicht erreicht haben. Daher fährt er mit seiner Rede fort: „Wer aber der Weiseste von euch ist, der ist auch nur ein Zwiespalt und Zwitter von Pflanze und von Gespenst. Aber heisse ich euch zu Gespenstern oder Pflanzen werden? / Seht, ich lehre euch den Übermenschen: / Der Übermensch ist der Sinn der Erde. Euer Wille sage: der Übermensch *sei* der Sinn der Erde!" Der Weiseste unter den Anwesenden bzw. unter den Menschen überhaupt, derjenige in der Menge also, der es auf der Stufe des Menschen zu größter Einsicht gebracht hat, ist nach den Worten Zarathustras bestenfalls ein „Zwitter von Pflanze und Gespenst". Die Bezeichnung Zwitter, oder wie es zuvor heißt: Zwiespalt, weist hier darauf hin, daß die polaren Gegensätze, die alles Lebendige als solches kennzeichnen, selbst im weisesten Menschen unvermittelt nebeneinanderstehen. Der Mensch ist noch kein in sich geschlossenes, vollendetes Ganzes, sondern eine bloße Zusammensetzung zweier disparater Teilstücke, deren enge Zusammengehörigkeit und Wechselbezüglichkeit noch nicht erkannt sind. So ist der Mensch auf der einen Seite Pflanze. Pflanze, so könnte man sagen, ist die Vorstufe zum Wurmstadium. Die Pflanze ist mit dem Boden verwurzelt, während der Wurm immerhin schon über oder durch die Erde kriechen kann, also nicht ortsgebunden ist. Die pflanzliche Seite des Menschen ist entsprechend diejenige, die seine Bodenständigkeit und sein Angewiesensein auf die Schätze des Bodens ausmacht: sein Körper. Wie die Pflanze, so bedarf auch der Körper, um wachsen und gedeihen zu können, der Nahrung und Pflege. Der andere Teil des Zwitters Mensch wird von Zarathustra als Gespenst bezeichnet. Ein Gespenst, so könnte man sagen, ist ein sichtbarer Geist. Wir sprechen von Gespenstern, die durch alte Burgen spuken oder auch an Friedhöfen herumgeistern. Sie sind zwar ohne Materie, werden aber dennoch von Leuten, denen sie erscheinen, gesehen und gehört oder gefühlt.

Mit den Bildern Pflanze und Gespenst greift Zarathustra somit das uralte Leib-Seele-Problem auf, das selbst für den Weisesten unter den Menschen ein ungelöstes Problem darstellt, insofern nach Zarathustra die traditionelle Philosophie den Menschen zwar als ein aus leiblich-materiellen und seelisch-geistigen Elementen zusammengesetztes Ganzes betrachtet hat, dabei das Geistige aber verdinglicht, zum Gespenst gemacht hat, das für jene immaterielle, übersinnliche Welt steht, die als die wahre Welt behauptet wurde. Der Zwiespalt zwischen Materiellem und Geistigem wird jedoch nicht aufgehoben, sondern eher noch verschärft, wenn man das

Geistige in einem transzendenten Jenseits als ein entsubstantialisiertes Sein ansiedelt und das Materielle als *quantité négligeable* abtut. Es ist jedoch ebenfalls keine Lösung, wenn man umgekehrt das Geistige negiert und positivistisch nur das Materielle als die einzige Wirklichkeit zuläßt. Daher Zarathustras rhetorische Frage: „Heiße ich euch zu Gespenstern oder Pflanzen werden?" Idealismus wie Materialismus sind einseitige Formen menschlichen Selbstverständnisses, in denen jeweils die Leib- oder die Geistseite im Menschen geleugnet wird und damit die Kreisfigur des Werdens.

An dieser Stelle nun, an der die alte Leib-Seele-Problematik anklingt und es um die Überwindung der durch den Leib-Seele-Dualismus aufgerissenen inneren Gespaltenheit des Menschen in Materie und Geist geht, rekurriert Zarathustra wieder auf seine Lehre vom Übermenschen. „Seht, ich lehre euch den Übermenschen!" Wir hatten bereits am Anfang der Rede Zarathustras gehört, daß der Mensch etwas ist, das überwunden werden soll. Nun wissen wir, daß der Mensch in seiner Gespaltenheit als leiblich-seelisches Wesen überwunden werden soll, und zwar derart, daß der Mensch sich fortentwickelt und die nächste Stufe, die des Übermenschen erreicht. Bevor wir jedoch zusehen, worin dieser Fortschritt besteht, müssen wir noch einmal kurz zurückblicken auf die Stufen, die der Mensch schon überwunden hat, um zu verstehen, wie es beim Übergang vom Affen zum Menschen zur Spaltung von Materie und Geist kommen konnte. Es ist zunächst daran zu erinnern, daß der Entwicklungsprozeß von der Pflanze über den Wurm und Affen zum Menschen als ein Prozeß beschrieben wurde, der auf zwei Ebenen verläuft. Die eine Ebene ist die räumliche: Der Bewegungs- und Aktionsradius nimmt von der Pflanze bis zum Menschen rasant zu. Dadurch erweitert und vergrößert sich der Handlungsspielraum und mit diesem die Lebenswelt. Um jedoch die zunehmende Mannigfaltigkeit der sich immer mehr ausdehnenden Lebenswelt bewältigen zu können, d. h. um sich in einer sich verändernden, differenzierteren Umgebung zurechtfinden zu können, muß auf der zweiten, der unräumlichen Ebene des Gedankens das Neue, Andere, Vielfältige und als solches zunächst Unvertraute verarbeitet werden. Diese Verarbeitung geht ökonomisch, gewissermaßen nach dem Sparprinzip vor sich. Das Vielfältige wird vereinfacht, typisiert, verallgemeinert. Je vielfältiger der Raum der

Lebenswelt sich gestaltet, desto abstrakter gerät die geistige Tätigkeit, weil anders sie nicht Ordnung, Übersicht, Einfachheit in das chaotische Mannigfaltige bringen kann, was zum Überleben notwendig ist. Auf diese Weise bildet sich mit der Lebenswelt ein dieser korrelativ verbundenes Bewußtsein heraus, und schon auf der Stufe des Affen beginnt die Zweiheit bzw. Verschiedenheit von Affe und Welt bewußt zu werden, wenn auch noch nicht als solche, d. h. auf reflexive, begriffliche Weise.

Dies geschieht erst auf der Stufe des Menschen, der die Zweiheit von Ich und Nicht-Ich nicht nur in der Konfrontation mit der Welt, sondern in sich selbst entdeckt. Er vermag sich nicht nur anderes, sondern auch sich selbst als Objekt gegenüberzustellen, und auf diese Weise gewinnt er auch Abstand zu sich selbst. Der Mensch wird sich dessen bewußt, daß er ein Bewußtsein hat, d. h. er bekommt ein Selbst-Bewußtsein. Der Fehler, der dem Menschen nun unterläuft, jener Irrtum, dessen Genealogie Nietzsche in dem bereits erörterten Text „Wie die wahre Welt endlich zur Fabel wurde" [17] entwickelt, hat die gesamte abendländische Philosophie geprägt. Der Fehler besteht darin, daß der sich seiner selbst bewußt gewordene Mensch seine Herkunftsgeschichte, seine gesamte Vergangenheit, angefangen von der Pflanze über den Wurm und den Affen bis hin zum Menschen, vergessen und damit das Bewußtsein, den Geist von seinen Wurzeln abgetrennt hat. Würde das Selbstbewußtsein sich richtig von seinen Ursprüngen her begreifen, so würde der Mensch jede Stufe, über die er fortgeschritten ist, in sich wiederfinden. Er würde in seinem Menschsein die Pflanze, den Wurm, den Affen entdecken, die in dem, was er als Mensch ist, integrativ enthalten sind – als überwundene Phasen seiner Menschwerdung. Dieser Prozeß seiner Menschwerdung würde sich ihm darstellen als ein Sichfortzeugen der Dialektik von Leib und Geist, in welcher der Leib den Geist und der Geist den Leib aus sich heraustreibt und zu immer höheren Leistungen anspornt. Statt dessen hat der abendländische Mensch den polaren Gegensatz von Leib und Geist zu einem kontradiktorischen gemacht, indem er – verführt durch die Andersheit, die Immaterialität und Rationalität des Bewußtseins und seiner Inhalte – dem Geist einen völlig anderen, ranghöheren, älteren Ursprung andichtete und damit eine unsinnliche oder übersinnliche Welt erfand. Der auf diese Weise von seinen Wurzeln, von der Materie gänzlich abgetrennte und für sich gesetzte Geist wurde zum Gespenst. Die radikale Trennung zwischen Materie und Geist wurde im Leib-Seele-Problem manifest, das in der Frage gipfelt, wie der Mensch denn noch als ein in sich einheitliches Wesen gedacht werden kann, wenn er aus so heterogenen Teilstücken zusammengesetzt ist, die sich gegenseitig ausschließen.

Zarathustra begreift die traditionelle Leib-Seele-Problematik mitsamt ihren Lösungsvorschlägen als das Ergebnis eines Selbstmißverständnisses. Deckt man dieses Selbstmißverständnis des Menschen auf, so wird damit auch das Leib-Seele-Problem zum Verschwinden gebracht und die Stufe des Menschen überwunden. Dies bedeutet die Heraufkunft des Übermenschen. „Der Übermensch ist der Sinn der Erde. Euer Wille sage: der Übermensch *sei* der Sinn der Erde!" Im ersten Satz konstatiert Zarathustra ein Faktum. Für den Menschen, der den Zwitter von Pflanze und Gespenst als Resultat eines einseitigen, fehlerhaften Selbstverständnisses durchschaut hat, steht fest, daß der Sinn der Erde und damit der Sinn des Lebens nicht in einem statischen, verdinglichten Gebilde des Geistes, in einem Gespenst – ob es nun Gott oder Idee oder reine Vernunft heißt – liegen kann, sondern nur in der spannungsreichen Dynamik jenes Geschehens, das sich zwischen polaren Gegensätzen abspielt. Das Wort ‚Übermensch'[18] bedeutet zunächst nichts Inhaltliches, sondern nur die Bewegung des Über-hinaus; es kennzeichnet ein Streben, das im Hinauslangen über sich zugleich auf sich selbst zurückbezogen bleibt. Damit verweist auch das Wort ‚Übermensch' auf die allem Lebendigen zugrunde liegende Kreisstruktur zurück: Jenes Streben, das den Namen Übermensch trägt, ist nicht linear im Sinne eines Zugehens auf ein antizipiertes Ziel zu verstehen, bei dessen Erreichen es zum Stehen kommt. Übermensch bedeutet keinen transzendenten, sondern einen immanenten Fortschritt. Der Sinn der Erde liegt im Fortschreiten, in der Bewegung des Sich-selbst-Überschreitens, die jedoch nicht vom Selbst wegführt, sondern in dieses Selbst hinein.[19] Der Übermensch als dynamische Struktur verstanden hat den Untergang des Menschen bzw. des abendländischen Menschenbildes zur Folge: Der Mensch wird überwunden. Zugleich geht der Mensch im Übermenschen auf, wird in den Werdensprozeß des Übermenschen integriert, so wie im

Prozeß der Menschwerdung der Affe in das Sein des Menschen integriert worden ist. Für den Affen ist der Mensch der Sinn der Erde, aber anders als der Mensch kann der Affe, der noch kein Selbstbewußtsein besitzt, diesen Sinn nicht als solchen erkennen und wollen. Im Übermenschen hingegen bringt sich das Prinzip des Willens zur Macht auf einer höheren Stufe zum Ausdruck. Der seiner selbst bewußt gewordene Mensch erstrebt den Sinn seines Lebens nicht mehr wie der Affe instinktiv, sondern als potenzierter, in sich reflexer Wille. Dieser strebt jedoch nicht naturwüchsig über sich hinaus. Daher bedarf es der Aufforderung von seiten Zarathustras: „Euer Wille sage: der Übermensch *sei* der Sinn der Erde!" Die Einsicht, daß der Mensch sich überwinden muß, um sich höher zu entwickeln, muß in einem Willensakt umgesetzt werden derart, daß der Mensch sich selbst als Wollenden bejaht und aus der Kraft dieser Selbstbejahung Über-Menschliches hervorbringt.

Übermensch ist also nicht, um es drastisch zu sagen, Superman [20]; Übermensch ist überhaupt keine Person, kein Individuum, sondern der Name für eine Tätigkeit, eine Aktivität des Individuums. Diese Tätigkeit oder Aktivität hat die formale Struktur des Über-hinaus und des Auf-sich-selbst-Zurückkommens. Was überschritten wird, ist der Mensch, aber der Überschritt geschieht nicht vom Menschen weg im Sinne eines Sichlosreißens. Vielmehr überschreitet sich der Mensch in sich selbst auf sich selbst hin. Der Mensch vollendet sich als Mensch im Übermenschen. Er verliert oder verrennt sich nicht in einem in unendlicher Ferne liegenden Ziel, sondern bleibt im Überschreiten seiner selbst wesentlich auf sich selbst zurückbezogen. Wollte man diese Struktur zeitlich denken, so könnte man sagen: Jeder Schritt nach vorn in die Zukunft erfolgt im vollen Bewußtsein der Vergangenheit, aus der Perspektive des Menschen, der die Stufen der Pflanze, des Wurms und des Affen als überwundene in sich enthält und sich damit aus seiner Geschichtlichkeit heraus – genealogisch – begreift. Übermensch ist die Struktur der Geschichtlichkeit des Menschen im Vollzug. Nur so verstanden wird der Übermensch zum Sinn der Erde, wenn Erde hier als jenes Totum gedacht wird, das aus der Dynamik des Willens zur Macht insgesamt hervorgegangen ist und in dem Materie und Geist einander wechselseitig im Gleichgewicht halten. „Ich beschwöre euch, meine Brüder, *bleibt der Erde treu* und glaubt Denen nicht, welche euch von überirdischen Hoffnungen reden!" Die so reden, die bezeichnet Zarathustra als Giftmischer, als Verächter des Lebens, als Absterbende und selber Vergiftete. Sie verkünden nicht den Übermenschen, sondern Gespenster, tote, blutleere Ausgeburten eines Geistes, der vergiftet ist, ja der sich selbst vergiftet hat, weil er sich von der Erde, in der er verwurzelt ist und aus der er einst mit frischen Säften versorgt wurde, losgerissen hat und nun gezwungen ist, sich selber einen Sinn zu machen. Dieser Sinn ist kein lebendiges, dynamisches Geschehen mehr, sondern bloß noch ein stagnierendes, statisches Gebilde, in dem alles Leben erloschen ist. Dort ist kein Wille, keine Macht, keine Höherentwicklung mehr; nur pure Ohnmacht und Tod.

An die Stelle der Totgeburten des Geistes, der mit seiner Herkunft sich selbst vergessen hat, setzt Zarathustra den Übermenschen und gibt damit der Erde ihren Sinn zurück. Mit dem Tod Gottes sind alle Überwelten obsolet geworden. Sie können nicht den Sinn der Erde verbürgen, weil sie mit der Erde, und das heißt: mit der Materie und den Ansprüchen des Leibes absolut nichts mehr zu tun haben. „Einst blickte die Seele verächtlich auf den Leib: und damals war diese Verachtung das Höchste: – sie wollte ihn mager, grässlich, verhungert. So dachte sie ihm und der Erde zu entschlüpfen. / Oh, diese Seele war selber noch mager, grässlich und verhungert: und Grausamkeit war die Wollust dieser Seele!" Für Zarathustra stellt die Abwertung, die der Leib in der traditionellen Metaphysik und im Christentum erfahren hat, einen Trugschluß dar. Der Glaube, daß sich der Mensch durch eine Abkehr von allem Sinnlich-Leiblichen, also von seiner tierischen Vergangenheit, und durch eine Zuwendung zum Geistigen höher entwickelt, beruht auf einer falschen Wertung, die dem Geist alle Positivität, dem Leib aber bloß Negativität zugesteht. Der Leib, die Materie als Inbegriff von Wertlosigkeit – dies ist das Resultat aus der Optik einer Seele, die sich selbst als Inbegriff von Werthaftigkeit gesetzt hat und eine gewisse Wollust dabei empfindet, den Leib zu unterdrücken, um damit ihren eigenen Wert desto mehr herauszustreichen. Wert wird hier zu einem Quantum, das die Seele voll für sich beansprucht, wobei sie zugleich das Recht für sich in Anspruch nimmt, die Wünsche des Leibes auf ein Mindestmaß herabzuschrauben. Für Zarathustra wird auf diese Weise jedoch das genaue Gegenteil dessen erreicht, was beabsichtigt wurde. Wenn die Seele nur im Leib und durch den Leib als Seele existieren kann, ist jeder Sinn, den sie allein aus sich selbst zu schaffen versucht, Un-Sinn. Sie kann nicht mehr sein, als was sie dem Leib zugesteht, und indem sie den Leib abwertet, wertet sie gleichermaßen sich selbst ab. Sie verfehlt den Sinn der Erde, der auch zugleich ihr Sinn ist. Indem sie den Leib negiert, beraubt sie sich ihres Ursprungs und ihres polaren Gegensatzes. In dem Maß, in dem sie den Leib negiert, hebt sie sich selbst auf.

Alle die Prädikate, durch die die Seele den Leib charakterisiert, treffen aus der Perspektive des Leibes auch auf die Seele selbst zu: „Was kündet euer Leib von eurer Seele? Ist eure Seele nicht Armuth und Schmutz und ein erbärmliches Behagen?" Die Seele ist spiegelbildlich genau dasselbe wie der Leib. Wenn sie diesen – wie es in der antiken Metaphysik und im Christentum geschah – aufgrund seiner sinnlichen Begierden und materiellen Bedürfnisse als armselig und unrein bezeichnet und in der Befriedigung dieser Bedürfnisse, im Genuß nur ein erbärmliches Behagen sehen kann, so irrt sie sich, wenn sie sich unendlich erhaben über den Leib wähnt, denn sie ist es doch, die sich aus dem Leib zurückgezogen hat und nun das Fehlen des Geistigen in der Materie als deren Mangel beklagt. Der Leib ist arm heißt: er ist arm an Geist. Er ist schmutzig, da unerhellt durch die Reinheit des Geistes; sein Lustempfinden ist ein erbärmliches, da geistloses Behagen. Aus der Sicht des Leibes – und das ist eine Grundeinsicht, die Zarathustra aus der Polarität aller Gegensätze gewonnen hat – fallen die Urteile über die Seele genau gleich aus wie die Urteile der Seele über den Leib. Aus der Perspektive des Leibes ist die Seele arm, d. h. sie ist aufgrund ihrer Abwendung vom Materiellen leer und unerfüllt, ihr fehlt der Stoff als das andere ihrer selbst. Die Seele ist schmutzig bedeutet: sie ist vergiftet; sie hat sich als Surrogat für den fehlenden materialen Gehalt eine eigene fiktive Welt geschaffen, und in diesen ihren blutleeren Jenseitsgebilden ist ihre Lebendigkeit erstarrt; die tote, abgestorbene Seele ist undurchsichtig, schmutzig. Und die Grausamkeit, die Wollust der Seele, der Triumph, den sie bei ihrem vermeintlichen Sieg über den Leib empfindet, ist auch bloß ein erbärmliches Behagen. Nur *mit* dem Leib kann sie reich und rein sein, glücklich über ihre Fülle. Nur indem das Geistige im Materiellen und das Materielle im Geistigen untergeht bzw. aufgeht, stellt sich das Gegenteil von Armut, Schmutz und erbärmlichem Behagen ein.

Diese Bewegung des Untergehens und Aufgehens veranschaulicht Zarathustra noch einmal an den Bildern des schmutzigen Stromes und des sauberen Meeres. „Wahrlich, ein schmutziger Strom ist der Mensch. Man muß schon ein Meer sein, um einen schmutzigen Strom aufnehmen zu können, ohne unrein zu werden. / Seht, ich lehre euch den Übermenschen: der ist diess Meer, in ihm kann eure grosse Verachtung untergehn." Der Mensch – ein schmutziger Strom. Zarathustra hat hier das Prädikat des Schmutzes auf den Menschen als ganzen übertragen. Gemäß dem Menschenbild der abendländischen Tradition galt der Leib als etwas Schmutziges, Unreines, Verächtliches. Doch Zarathustra hat die Kehrseite dieser Verunglimpfung aufgezeigt: Die Seele erweist sich als vom Leib losgesagte als nicht weniger schmutzig, unrein, verächtlich. Damit ist der Mensch als ganzer, d. h. als jener Zwitter von Pflanze und Gespenst, als etwas erkannt, das zu einem Gegenstand der Verachtung wird und das es zu überwinden gilt. Der Mensch muß über den Leib-Seele-Dualismus hinaus; er muß sich selbst als Leib-Seele-Wesen im traditionellen Sinn überschreiten, d. h. er muß Übermensch werden. Der schmutzige Strom kann nur dadurch wieder sauber werden, daß er sich in das Meer ergießt, in ein Wasserreservoir, das so groß ist, daß es den Strom aufzunehmen und zu klären vermag, ohne selbst verunreinigt zu werden.

Wie der Mensch gegenüber der Affenstufe in ihm eine schmerzliche Scham empfand, so empfindet er nun auf dem Übergang zum Übermenschen gegenüber der Stufe des abendländischen Menschenbildes in ihm, das ihn mehr als zwei Jahrtausende geprägt hat, Verachtung. Zarathustra spricht von der „Stunde der großen Verachtung", in der all das, was auf der Stufe des abendländischen Menschen Gültigkeit hatte – jenes erhabene Glück der Tugend und Vernunft, speziell die Tugenden der Gerechtigkeit und des Mitleids –, Ekel erregt. Was traditionell als erstrebenswertes Ziel galt, wird von Zarathustra unerbittlich in sich steigernder Wiederholung als „Armuth und Schmutz und ein erbärmliches Behagen" entlarvt. Zarathustra will damit keineswegs behaupten, daß Begriffe wie Glück, Tugend, Vernunft, Gut und Böse, Gerechtigkeit, Mitleid etwas Sinnloses bedeuten. Sie sind für ihn lediglich im traditionellen

Selbstverständnis des Menschen sinnlos geworden, weil sie dort einseitig nur auf solche Ziele bezogen werden, die als der vom Leib abgesonderten Seele angemessen behauptet wurden, unter Vernachlässigung der Bedürfnisse und Ziele des Leiblichen. Erst wenn der Mensch sich selbst als dualistisch gespaltenes Wesen im Übermenschen überwunden hat, werden die Begriffe Glück, Tugend, Vernunft etc. mit einem neuen Sinn erfüllt sein, mit dem Sinn der Erde, dem Sinn des Lebens. Es wird eine Umwertung des traditionell als gültig Anerkannten stattfinden. Die Vernunft wird dann, wie Zarathustra sich ausdrückt, nach Wissen verlangen wie der Löwe nach seiner Nahrung. Wissenwollen erscheint so wie ein naturwüchsiges Begehren der Vernunft, die nicht mehr auf etwas Übersinnliches ausgerichtet ist, sondern sinnlich-materielle Gehalte als ihr Erfüllendes erstrebt. Oder der Gerechte ist für Zarathustra nach der Überwindung des Menschen „Gluth und Kohle". Auch hier wieder das gleiche Verhältnis von einander nicht abstoßenden, sondern sich ergänzenden Gegensätzen. Die Glut bedarf der Kohle, um weiterzuglühen, und die Kohle bedarf der Glut, um zu brennen. So erweist sich auch der Gerechte dadurch als gerecht, daß er dem Leibe gibt, was des Leibes ist, und der Seele das zuteil werden läßt, was ihr gebührt. Der Gerechte gibt jedem das Seine, aber immer nach Maßgabe dessen, was in der Wechselbeziehung von Materie und Geist beiden berechtigterweise zusteht.

Zarathustra beendet seine Rede mit den Worten: „Nicht eure Sünde – eure Genügsamkeit schreit gen Himmel, euer Geiz selbst in eurer Sünde schreit gen Himmel! / Wo ist doch der Blitz, der euch mit seiner Zunge lecke? Wo ist der Wahnsinn, mit dem ihr geimpft werden müsstet? / Seht, ich lehre euch den Übermenschen: der ist dieser Blitz, der ist dieser Wahnsinn!" Was Zarathustra geißelt, ist das christliche Sündenbewußtsein, dem gemäß man den Geist verrät, wenn man fleischlichen Begierden nachgibt. Aber Zarathustra sieht die eigentliche Sünde nicht in der Sünde wider den Geist, sondern in der Sünde wider den Leib, der selbst dann noch zu kurz gekommen ist, wenn der Mensch tatsächlich gesündigt hat. Was Zarathustra dem christlichen Sündenbewußtsein vorwirft, ist seine Genügsamkeit, sein Geiz. Wenn schon die Gebote des Geistes verletzt wurden, so geschah auch dies nur halbherzig, im Bewußtsein, Unrecht zu tun, und im Vorgefühl der Reue, nicht aber in voller Anerkennung der leiblichen Bedürfnisse sowie in voller Ausschöpfung der durch ihre Befriedigung gewonnenen Lust. Es bedarf eines Blitzes, eines Wahnsinns, um das Verkehrte und Perverse des dualistischen Menschenbildes in den Blick zu rücken. Keine allmähliche, behutsame Bewußtseinsveränderung vermag den Menschen die Augen zu öffnen; die Idee des Übermenschen muß wie der Blitz in ihre fixierte Vorstellungswelt fahren und alles dogmatisch Verkrustete in Bewegung setzen, alles Festgefügte auseinandersprengen, um *tabula rasa* und damit Platz für ein neues, der Natur des Menschen angemesseneres Selbstverständnis zu machen. Da die Vernunft im traditionellen Verständnis es ist, die durch den Entwurf jenseitiger, übersinnlicher Welten unveränderlichen Seins alles zum Stillstand, zu ewigem Stagnieren gebracht hat, bedarf es des Gegenteils der Vernunft, des Wahnsinns, um das Denken wieder in Gang zu setzen und durch die neu gewonnene Dynamik alles durch die Vernunft Fixierte wieder aufzulösen, d. h. ihm seinen ursprünglichen Platz innerhalb des Kreislaufs des Werdens zurückzugeben, aus dem es im Verlauf der abendländischen Philosophie irrtümlicherweise herausgenommen und für sich gesetzt wurde. Die Bilder des Blitzes und des Wahnsinns charakterisieren nicht den Übermenschen als solchen, sondern verweisen auf die alles erschütternde Wirkung dieser Idee, sobald sie im menschlichen Bewußtsein wirksam zu werden beginnt. Sie ist eine radikale, alles bisher für vernünftig und gut Gehaltene vollständig in Frage stellende, das alte Welt- und Menschenbild total zerstörende Idee, die einen absoluten Neuanfang fordert: eben die Überwindung des Menschen im Übermenschen als jener Stufe, auf der der Mensch nach einem langen Selbstmißverständnis zu sich selbst kommt und wahrhaft *als* Mensch existiert.

„Als Zarathustra so gesprochen hatte, schrie Einer aus dem Volke: ‚Wir hörten nun genug von dem Seiltänzer; nun lasst ihn uns auch sehen!' Und alles Volk lachte über Zarathustra." Zarathustra wird ausgelacht, denn das Volk hat genau verstanden, daß er keineswegs von dem Seiltänzer gesprochen hat, auf den sie alle warten. Aber sie haben ihn dennoch nicht verstanden. Sie lachen ihn aus, so wie einst auch Sokrates ausgelacht wurde, als er in die Höhle zurückgekehrt war und den Menschen von jener überirdischen Ideenwelt berichten wollte, die er auf seinem Weg aus der

Höhle heraus entdeckt hatte. Auch dort schrien die Höhlenbewohner spöttisch: Laßt sie uns sehen, deine Ideen, und sie wiesen auf jene Wand, auf der sich die Schatten zeigten, die sie für den Inbegriff der Wahrheit hielten. Sokrates war außerstande, ihnen die Ideen zu zeigen, nicht nur aus dem Grund, weil er beim Übergang von der hellen, lichtdurchfluteten außerirdischen Welt in die dunkle Höhle zunächst geblendet war und sich im Höhleninneren nicht mehr zurechtfand, sondern vor allem deswegen, weil die Ideen sich nicht auf die gleiche Weise zeigen wie die Schatten auf der Wand, unter denen sie gerade nicht antreffbar sind. Das gleiche wie Sokrates widerfährt auch Zarathustra. Die Menschen wollen den Übermenschen *sehen*. Sie haben somit überhaupt nicht verstanden, daß der Übermensch nichts handgreiflich Sichtbares ist, sondern etwas, das *getan* werden muß. Die Menge kann nur etwas begreifen, das verdinglicht ist, eine objektiv faßbare Gestalt hat. In diesem Sinn aber gibt es den Übermenschen nicht; es gibt ihn nur, sofern man ihn *tut*, indem man sich selbst – als Mensch – überwindet. Zarathustras erste Rede nach seinem Abstieg vom Berg ist somit gescheitert. Die von ihm angekündigte Lehre vom Übermenschen wird falsch verstanden, d. h. mit den Mitteln des alten Denkens so aufgefaßt, als wolle Zarathustra die Heraufkunft eines neuen Messias verkünden, eines bestimmten, individuellen Menschen, der als Moralist auftritt und den Menschen die Leviten liest. Diesen Mann wollen sie nun sehen, da er anscheinend mit wunderbaren Fähigkeiten begabt ist und daher die Sensationslust der Menge befriedigen könnte. Sie wollen etwas Wundergleiches, Übermenschliches sehen, und aus diesem Grund projizieren sie das von Zarathustra über den Übermenschen Gehörte in die Figur des Seiltänzers hinein, den sie mit Spannung erwarten.

Das 3. Kapitel von Zarathustras Vorrede schlägt somit in Zarathustras erster vor Menschen gehaltenen Rede nach zehnjähriger Abstinenz den Bogen von der Pflanze zum Übermenschen, wobei nochmals darauf hinzuweisen ist, daß Nietzsche hier nicht eine biologische Entwicklungsgeschichte des Menschen im engeren evolutionstheoretischen Sinn vorlegen will, so als ob aus der Pflanze der Wurm, aus dem Wurm der Affe, aus dem Affen der Mensch und aus dem Menschen der Übermensch biologisch-genetisch hervorgegangen bei bzw. hervorgehen werde. Vielmehr handelt es sich um eine Genealogie des menschlichen Selbstverständnisses, dessen einzelne Phasen sich über weite Zeiträume – „Hazars" [21] – erstrecken. Allein die letzte vergangene Phase der Menschwerdung hat mehr als zweitausend Jahre für sich in Anspruch genommen. Die von Nietzsche unterschiedenen Stufen dieser Entwicklung meinen also die Abfolge von Interpretationsmustern oder Paradigmen, durch die der Mensch jeweils sein Selbstverständnis artikuliert hat. Die Paradigmen Pflanze, Wurm, Affe, Mensch, Übermensch geben demnach aus der Sicht Nietzsches Auskunft darüber, wie die polaren Gegensätze von Geist und Materie, in denen das Prinzip des Willens zur Macht seine Wirksamkeit entfaltet, in jenem Lebewesen Gestalt angenommen haben, das wir traditionell als Mensch bezeichnen. Was Zarathustra auf der nun erreichten Stufe des menschlichen Selbstverständnisses fordert, ist eine Art Paradigmenwechsel. Das auf der Stufe des Menschen vorherrschende Paradigma des Leib-Seele-Dualismus hat sich für Zarathustra im Verlauf seiner zehnjährigen Klausur als nicht tragfähig erwiesen. Es muß daher abgelöst werden durch ein neues Paradigma, vermittels dessen der Leib-Seele-Dualismus als überwunden deklariert werden kann, durch das Paradigma des Übermenschen.

Der Seiltänzer: Übermensch in Aktion

Zarathustra, so heißt es, verwundert sich über das Volk, das offensichtlich überhaupt nichts von dem verstanden hat, was er sagen wollte. Und während hoch droben der Seiltänzer sich anschickt, seine Künste vorzuführen, setzt Zarathustra seine Rede fort, aber es ist anzunehmen – da aller Augen nach oben gerichtet sind –, daß niemand ihm mehr zuhört. Deshalb greift er nun in einem Bild das auf, was alle in schwindelnder Höhe sehen: „Der Mensch ist ein Seil, geknüpft zwischen Thier und Übermensch, – ein Seil über dem Abgrunde./Ein gefährliches Hinüber, ein gefährliches Auf-dem-Wege, ein gefährliches Zurückblicken, ein gefährliches Schaudern und Stehenbleiben." Dieses Bild scheint auf den ersten Blick etwas irreführend. Der Mensch wird verglichen mit einem Seil, dessen eines Ende am Tier und das andere Ende am Übermenschen festgemacht ist, d. h. der Mensch stellt den Übergang zwischen dem Stadium des Affen und dem des Übermenschen dar. Blickt er zurück in seine Vergangenheit, so besteht die Gefahr, daß er sich an etwas orientiert, das längst seine Gültigkeit verloren hat. Blickt er nach vorn in die Zukunft, so besteht die Gefahr, daß er sich an etwas orientiert, das vielleicht nie Gültigkeit besitzen wird. Bleibt er stehen, so entdeckt er den Abgrund, über dem er steht, und es ergreift ihn ein Schauder angesichts der Gefahr des Absturzes.

Diese drei Gefahren, die mit dem Zurück, dem Nach-vorn und dem Stehenbleiben verbunden sind, suggerieren den Eindruck, daß Zarathustra den Menschen mit einem Seil*tänzer* vergleicht, der sich mit jedem Schritt, den er auf dem Seil tut, in Todesgefahr befindet. Aber Zarathustra sagt ausdrücklich: der Mensch ist ein *Seil*, nicht: ein Seiltänzer. Das Seil aber, so könnte man einwenden, scheint doch in keiner Gefahr zu schweben. Gut, es hängt in großer Höhe über einem Abgrund, aber es ist doch an beiden Enden fest verknüpft. Worin besteht dann die Gefahr? Wenn man das Bild des Seils so als objektive Größe nimmt, wie wir dies eben getan haben, begeht man den gleichen Fehler, den derjenige aus der Menschenmenge gemacht hat, der den Übermenschen *sehen* wollte. Man hat das Seil als dingliches Zeichen für etwas ebenfalls Dingliches aufgefaßt. Für Zarathustra aber sind Wörter wie Affe oder Tier, Mensch und Übermensch Namen für ein Tun, für eine von einem bestimmten Selbstverständnis geleitete Tätigkeit. Somit steht auch das Bild des Seils für ein Tun, für eine Anspannung und eine Aktivität. Man könnte demzufolge sagen: Der Mensch ist Seil und Seiltänzer in einem. Das bedeutet, es gibt nicht auf der einen Seite einen als solchen vorhandenen Weg (das Seil) und auf der anderen Seite jemanden, der diesen Weg geht (der Seiltänzer). Es ist vielmehr so, daß es den Weg ohne einen, der ihn geht, gar nicht gibt. Der Weg entsteht allererst mit dem, der geht, der auf dem Weg ist, sich ganz neu hervorzubringen; der weiß, wer er gewesen ist, und weiß, wer er sein will, aber nicht weiß, ob es ihm gelingen wird, sich als den hervorzubringen, der er sein will. Es ist ein Wagnis, ein großes Risiko, sich selbst zu überwinden, denn dazu muß man das Gewohnte, Altvertraute und -bewährte, das Stabile und Sichere hinter sich zurücklassen, um auf ein unbekanntes Ziel zuzuschreiten, zu dem hin kein Weg vorhanden ist, es sei denn, man schafft sich im Zugehen auf das Ziel diesen Weg selber. Jeder Zweifel, jedes Zögern unterwegs ist verhängnisvoll, weil mit dem Stehenbleiben der Weg und das Ziel verschwinden. Der Gehende hat keinen Boden mehr unter den Füßen und stürzt ab ins Ungewisse, ja ins Nichts. Nur solange er vorwärtsgeht, hat er festen Boden bzw. das Seil unter den Füßen, d. h. durch sein Gehen erzeugt er selber die Unterlage, auf der er geht; und letztlich kann auch das Ziel nicht mehr vom Weg abgetrennt werden, denn das Ziel ist nichts anderes als das Gehen des Weges. Das Gehen des Weges ist mit jedem Schritt ein Weggehen und ein Ankommen. Das lineare Bild des Seils, das von einem festen Punkt zu einem anderen reicht, verwandelt sich so verstanden in die Dialektik des im Kreise Gehens. Das Gehen ist dabei ein Bild für das Leben, für das dynamische über sich hinaus Streben, das zugleich wesentlich auf sich selbst zurückbezogen bleibt und sich somit nicht im Unendlichen verliert, sondern auf sich zurückkommt. Im Gehen des Weges erzeugt sich der Mensch den Übermenschen als das Seil, über das er geht und das er zugleich ist.

Zarathustra fährt fort: „Was gross ist am Menschen, das ist, dass er eine Brücke und kein Zweck ist: was geliebt werden kann am Menschen, das ist, dass er ein *Übergang* und ein *Untergang* ist." Das Bild der Brücke ist ebenso wie zuvor das Bild des Seils aktivisch zu verstehen, als ein Hinübergehen, ein Auslangen nach dem, was der Mensch noch nicht ist, ein ständiges Unterwegssein: ein Überbrücken des alten Dualismus. Der Mensch ist dadurch groß, daß er eine Brücke und kein Zweck ist. Wäre er Zweck, so könnte er sich nicht selber Ziele setzen; er könnte sich nicht als den entwerfen, der er sein will, sondern wäre durch die ihm immanente Zweckhaftigkeit determiniert. Was immer er täte, all sein Tun wäre letztlich nichts anderes als bloßes Mittel zur Realisierung des ohne sein Zutun bereits in ihm liegenden Zwecks. Der Mensch als Zweck gedacht kann sich nicht durch Selbstüberwindung höher entwickeln, denn er *ist* ja schon das Höchste, dem er nur mehr oder weniger nahekommen kann. Wenn der Mensch aber noch nicht das Höchste ist, sondern sich durch die Setzung eigener Ziele über sich hinaus zu entwickeln, eine Brücke von dem, was er jetzt ist, zu dem, was er später sein will, zu schlagen vermag, dann ist dies eine größere Leistung des Menschen als die,

die er im Dienste eines bereits in ihm liegenden Endzwecks vollbringt. Er ist in einem ursprünglichen Sinn erst frei, wenn er im Hinausgehen über das, was er ist, allererst bestimmt, was und wer er sein will. Sein Ziel ist dann nicht mehr der Mensch, sondern der Übermensch als der überwundene Mensch. Daher kann Zarathustra sagen, die Größe des Menschen und das, was ihn liebenswert macht, bestehe darin, daß er ein Übergang und ein Untergang ist. Übergang und Untergang sind hier wieder dynamisch zu verstehen, einerseits als die Bewegung des Übergehens, des Sichüberschreitens als Mensch; und andererseits als die Bewegung des Untergehens, durch die die Stufe des Menschen verschwindet bzw. in der Stufe des Übermenschen aufgeht, sich wie der Strom im Meer verliert.

Zarathustra charakterisiert im folgenden diejenigen, die er liebt, in immer erneuten Anläufen. „Ich liebe Die, welche nicht zu leben wissen, es sei denn als Untergehende, denn es sind die Hinübergehenden." Wer als Mensch untergeht, geht hinüber zum Übermenschen. „Ich liebe die grossen Verachtenden, weil sie die grossen Verehrenden sind und Pfeile der Sehnsucht nach dem andern Ufer." Auch hier in den Pfeilen der Sehnsucht wieder ein Bild für den Drang, das Streben über sich hinaus, das alles Erreichte als etwas Verächtliches, bei dem es sich nicht lohnt, stehenzubleiben, hinter sich zurücklassen und ans andere Ufer gelangen will, wo es Neuland zu entdecken gilt. Pfeile der Sehn-sucht kann man auch so auffassen, daß im Streben nach Überwindung des Dualismus die *Sehne* zum Pfeil wird, der sich sein Ziel selber *sucht*. „Ich liebe Die, welche nicht erst hinter den Sternen einen Grund suchen, unterzugehen und Opfer zu sein: sondern die sich der Erde opfern, dass die Erde einst des Übermenschen werde." Der Mensch soll sich nicht um eines fernen Jenseits willen aufopfern. Die Erde, diese unsere Welt, in der wir leben, ist Grund genug, um für sie das Opfer der Selbstüberwindung zu bringen.

Zarathustra wird nicht müde, die Tätigkeiten aufzuzählen, durch die der Heraufkunft des Übermenschen der Weg bereitet wird. Seine Liebe gilt all jenen, die ihren Untergang wollen, die Pfeil der Sehnsucht, Brücke sein, die zugrunde gehen wollen. Dieses Zugrundegehen ist ebenso doppeldeutig wie das Untergehen. Zugrundegehen bedeutet einerseits in negativer Hinsicht: umkommen, vernichtet werden. Was in diesem Sinn zugrunde geht, ist das alte dualistische Menschenbild der abendländischen Tradition, das als ein Selbstmißverständnis durchschaut und aufgegeben wird. Zugrundegehen bedeutet positiv gewendet: zum Grunde gelangen, festen Boden unter die Füße bekommen. Der Geist, der zur Materie zurückkehrt, findet in dieser einen tragfähigen Grund, von dem aus er über sich als Mensch hinausstreben und damit Übermenschliches leisten kann. Im Übermenschen geht der Mensch zugrunde. Der Übermensch ist jenes neue Selbstverständnis, in dem der metaphysisch-christlich geprägte abendländische Mensch aufgehoben ist. Die Bejahung des Übermenschen impliziert die Verneinung des alten Menschenbildes, doch so, daß es wie Pflanze, Wurm und Affe als im Übermenschen aufgehobene Stufe der Genealogie der Menschwerdung aufbewahrt bleibt.

„Ich liebe Den, der freien Geistes und freien Herzens ist: so ist sein Kopf nur das Eingeweide seines Herzens, sein Herz aber treibt ihn zum Untergang." Wahre Freiheit ist nicht dort, wo der Verstand von der Sinnlichkeit, der Geist vom Leib getrennt wird, wie dies im Leib-Seele-Dualismus geschieht, wo Freiheit gerade als der Akt der Loslösung, der Befreiung von den Bedürfnissen und Begierden des Leibes definiert ist. Wahre Freiheit ist für Zarathustra nur dort, wo Kopf und Herz eine organische Einheit bilden derart, daß der Kopf zum Eingeweide des Herzens wird, d. h. man soll mit dem Herzen denken; der Verstand wird so gleichsam zum Verdauungsorgan des Herzens; er hat – erkenntnistheoretisch gewendet – keine andere Funktion als das Analysieren und Synthetisieren der durch die Sinne vermittelten materiellen Gehalte. Das Herz als der Sitz jenes zuvor als Sehnsucht bezeichneten Gefühls, von dem die Pfeile der Sehnsucht ausgehen, bedarf der Verstandestätigkeit des Kopfes, um den Pfeilen die richtige Richtung geben zu können. Daher treibt das Herz den Kopf zum Untergang; er soll im Herzen zugrunde- und aufgehen. Nur so kann die traditionelle Vorstellung von der alles beherrschenden Dominanz und Überlegenheit der Vernunft und damit der Hiatus zwischen Vernunft und Gefühl, Seele und Leib überwunden werden.

Am Schluß seiner Rede kommt Zarathustra auf seine eigene Rolle als Verkünder des Übermenschen zu sprechen. „Ich liebe alle Die, welche wie schwere Tropfen sind, einzeln fallend aus der dunklen Wolke, die über den Menschen hängt: sie verkündigen, dass der Blitz kommt, und gehn als Verkündiger zu Grunde. / Seht, ich bin ein Verkündiger des Blitzes, und ein schwerer Tropfen aus der Wolke: dieser Blitz aber heisst Übermensch. –" Zarathustra in seiner Rolle als Lehrer ist nicht selber Übermensch, auch nicht Repräsentant des Übermenschen. Seine Aufgabe besteht darin, die Menschen aufmerksam zu machen auf ein Ereignis: das Ereignis des Blitzes, der die alte Vorstellungswelt schlagartig in ihrer Verächtlichkeit erhellt und ihren Untergang voraussehbar macht. Zarathustra kündigt hier den Übermenschen als etwas an, das mit der Gewalt einer Naturerscheinung über die Menschen kommen wird. Andererseits haben wir aber gesehen, daß Übermensch der Name für ein Tun ist, das sich weder ohne Zutun des Menschen noch stellvertretend durch das Tun eines einzelnen vollzieht. Jeder kann nur für sich selbst durch Anspannung aller seiner Kräfte über sich hinausstreben und in diesem Streben etwas Über-Menschliches realisieren. Aber bis dahin ist noch ein weiter Weg. Der in den Vorurteilen der abendländischen Tradition verwurzelte Mensch muß allererst dazu gebracht werden, seine Vergangenheit aufzuarbeiten und die im Laufe seiner Entwicklung überwundenen Stufen als Vorformen seines jetzigen Menschseins zu begreifen, bevor er einzusehen vermag, daß die Stufe, auf der er gegenwärtig steht, keineswegs – wie es ihm die gewohnten Denkschemata suggerieren – eine Endstufe ist, auf der alle Geschichte sich vollendet und endgültig zum Stehen kommt. Es muß somit zunächst einmal die Einsicht erzeugt werden, daß auch die Stufe des Menschen bloß eine Durchgangs- und Übergangsstufe ist, sofern nicht alles Leben zum Stillstand kommen soll. Das Leben selber ist es, das weiter, über das bereits Erreichte hinaustreibt, und Zarathustra steht im Dienst des Lebens, als dessen Werkzeug er sich versteht. Er ist einer der Wegbereiter für die Idee des Übermenschen, und daß diese Idee sich gleichsam atmosphärisch ankündigt – symbolisiert durch die dunkle Wolke und die Gewitterstimmung –, könnte man so deuten, daß die Entwicklung des Menschen an einem Punkt angelangt ist, an dem sich die Natur, der über Jahrtausende hinweg unterdrückte Leib zur Wehr setzt gegen die ihn unterdrückende Vernunft. Die Spannung zwischen den Gegensätzen ist so groß geworden, daß sie sich entladen muß. Diejenigen, die wie Zarathustra die Zeichen der Zeit erkennen, vermögen die Entladung dieser Spannung vorauszusehen und die reinigende Kraft des Gewitters zu antizipieren. Die Phase der auf das Gewitter folgenden Ent-Spannung ist die Phase des Neuanfangs, in der sich zeigt, ob dem Menschen der Übergang zum Übermenschen gelingt, oder ob er hinter sich selbst zurückfällt. Zarathustra als der Tropfen aus der regenschweren Wolke ist der Vorbote des Blitzes, den er nicht erzeugt, sondern nur ankündigt. In der Ankündigung des Zeitalters des Übermenschen erschöpft sich Zarathustras Funktion als Prophet. Mit dem tatsächlich erfolgenden Blitz geht er als Verkündiger des Übermenschen zugrunde, denn wenn der Übermensch Realität ist, gibt es nichts mehr zu verkündigen. Wer die Idee des Übermenschen richtig verstanden hat, der *wird* dann Übermensch, d. h. ein Mensch, der das traditionelle Menschenbild in sich überwunden hat und an dessen Stelle ein eigenes, neues, schöpferisch hervorgebrachtes Bild gesetzt hat. Sobald die Idee des Übermenschen in ein menschliches Bewußtsein getreten ist, wird Zarathustras Mission überflüssig; er muß dann, nicht anders als die übrigen Individuen, alle seine Kräfte darauf konzentrieren, sich selbst zu erneuern, den Übergang, die Brücke vom Tier zum Übermenschen zu schaffen.

Der letzte Mensch: Genuß als Lebensform

Zarathustra ist realistisch genug, um festzustellen, daß seine Zuhörer ihn nach wie vor nicht verstehen und auslachen wie einen kompletten Spinner. In einem Selbstgespräch versucht er sich darüber klar zu werden, wodurch er wohl ihre Aufmerksamkeit erregen könnte, so daß sie ihm richtig zuhören und endlich begreifen, was er ihnen mitzuteilen hat. Seine Überlegung zielt dahin, daß er sie bei ihrem Stolz packen will, indem er ihnen ein Bild ihrer selbst zeichnet und ihnen darin den Spiegel ihrer Verächtlichkeit vorhält. So spricht er denn über den *letzten* Menschen, dessen Beschreibung er kontrastierend ein paar Bemerkungen über die Aufgabe des Menschen vorausschickt. Es sei dringend erforderlich, so Zarathustra, daß der Mensch sich sein Ziel steckt. „Es ist an der Zeit, dass der Mensch den Keim seiner höchsten Hoffnung pflanze. / Noch ist sein Boden dazu reich genug. Aber dieser Boden wird einst arm und zahm sein, und kein hoher Baum wird mehr aus ihm wachsen können. / Wehe! Es kommt die Zeit, wo der Mensch nicht mehr den Pfeil seiner Sehnsucht über den Menschen hinaus wirft, und die Sehne seines Bogens verlernt hat, zu schwirren! / Ich sage euch: man muss noch Chaos in sich haben, um einen tanzenden Stern gebären zu können. Ich sage euch: ihr habt noch Chaos in euch." Was Zarathustra hier durch die Bilder des Keims, des Pflanzens und in die Höhe Wachsens veranschaulicht, ist die Vorbereitung der Geburt des neuen Menschen, die Übermenschwerdung, für die die Zeit reif ist. Die Konstellation ist günstig; noch ist Chaos im Menschen, aus dem tanzende Sterne hervorgehen können. Nur aus einem Chaos, in dem alle Gegensätze noch wild und blindwütig durcheinandergehen und ein großes Spannungsfeld erzeugen, kann Neues gleichsam wie aus einem dionysischen Rausch entstehen. Tanzende Sterne – hier klingt das halkyonische Moment ganz stark an – bewegen sich nicht in festen und geordneten Bahnen. Sie haben noch etwas von der irrlichternden Kraft und Spannung des Chaos in sich, die sie in der freien Bewegung des Tanzes als einer Art geregelten Ungeregeltheit schöpferisch umsetzen. Sinnlichkeit und Vernunft wirken hier nicht gegeneinander, sondern gehen spielerisch miteinander um. Zarathustra meint, es sei noch genug Chaos, d. h. genügend Kreativität in den Menschen vorhanden, um sich selbst neu zu schaffen, um alle Kräfte für den Tanz als die neue Lebensform zu sammeln, in der Materie und Geist sich auf höchst individuelle Weise zu einer Einheit verbinden, die sich selber wieder schöpferisch fortzeugt.

Dieser Lebensform des tanzenden Sterns als Bild für den Übermenschen hält Zarathustra das Zerrbild des letzten Menschen entgegen, „des verächtlichsten Menschen, der sich selber nicht mehr verachten kann". Der vieldeutige Ausdruck „der letzte Mensch" bezieht sich auf den Menschen, der die Stufe des Menschen als Endstufe in der Genealogie des Menschen versteht, der also sich selbst als Endzweck begreift, über den hinaus nichts Höheres vorstellbar ist. Der letzte Mensch ist der, der sich nicht mehr zu entwickeln vermag, da er an sich nichts mehr findet, das noch zu verachten und als Verächtliches zu überwinden wäre. Der letzte Mensch ist endgültig bei sich angekommen und richtet sich auf

Dauer mit sich und bei sich selbst ein. „,Was ist Liebe? Was ist Schöpfung? Was ist Sehnsucht? Was ist Stern?' – so fragt der letzte Mensch und blinzelt. / Die Erde ist dann klein geworden, und auf ihr hüpft der letzte Mensch, der Alles klein macht. Sein Geschlecht ist unaustilgbar wie der Erdfloh, der letzte Mensch lebt am längsten. / ‚Wir haben das Glück erfunden' – sagen die letzten Menschen und blinzeln." Die letzten Menschen meiden alle Extreme; sie streiten sich nicht, arbeiten nur, solange es ihnen Vergnügen macht. „Man wird nicht mehr arm und reich: Beides ist zu beschwerlich. Wer will noch regieren? Wer noch gehorchen? Beides ist zu beschwerlich. ... Jeder will das gleiche, Jeder ist gleich: wer anders fühlt, geht freiwillig in's Irrenhaus. ... Man hat sein Lüstchen für den Tag und sein Lüstchen für die Nacht: aber man ehrt die Gesundheit. / ‚Wir haben das Glück erfunden' – sagen die letzten Menschen und blinzeln."

Nietzsche hat hier unverkennbar eine Parodie auf alle utilitaristischen und sozialistischen Slogans Zarathustra in den Mund gelegt. Das größte Glück der größten Zahl, Brüderlichkeit und Gleichheit für alle – das waren Schlagwörter der ethischen und politischen Theorien seiner Zeit. Zarathustra zeigt die Kehrseite dieser Theorien in seiner Utopie vom letzten Menschen. Es gibt keine Unterschiede, keine Konflikte, keine Gegensätze mehr; aber damit ist auch die Spannung, das Chaos, aus dem Neues hervorgeht, verlorengegangen. Der letzte Mensch hat zu seiner Bequemlichkeit alles eingeebnet, alles Große klein gemacht; er geht jedem Risiko aus dem Weg, wagt nichts mehr, scheut übermäßige Anstrengungen. Nicht einmal eine rechte Lust bringt er zuwege; es reicht nur noch zu einem Lüstchen für den Tag und einem Lüstchen für die Nacht. Der letzte Mensch hat sich im Mittelmaß eingerichtet, das keine Höhen und Tiefen mehr kennt. Dort führt er ein zwar laues, aber zufriedenes und glückliches Leben. Zarathustra charakterisiert den letzten Menschen wiederholt als einen, der blinzelt.[22] Diese Geste des Blinzelns sagt alles über die Lebenseinstellung des letzten Menschen. Zum einen blinzelt er vor Behagen und drückt damit sein Verständnis von Glück aus. Zum anderen weist das ständige Blinzeln darauf hin, daß der letzte Mensch es gar nicht mehr schafft, die Augen richtig zu öffnen. Es ist ihm zu beschwerlich, die Welt offenen Auges wahrzunehmen. Er verträgt das Licht nicht mehr, vor dem er seine Augen schützen muß, wenn er nicht geblendet werden will. Im Schutz der Wimpern erzeugt er eben jenes Hell-Dunkel, das für seine gesamte Lebensform charakteristisch ist. Der letzte Mensch erträgt das Geistige nur noch in abgeblendeter Form. Die letzten Menschen wollen wie Platons Höhlenbewohner im Dunkel der Höhle bleiben, die gerade so viel Helligkeit enthält, daß die Schatten auf der Wand wahrgenommen werden können. Sie wollen keinerlei Veränderung ihrer gewohnten, berechenbaren, das Alte und Vertraute bewahrenden Umgebung. Daher sind sie für Zarathustra auch in dem Sinn die letzten Menschen, daß sie die Stufe des Menschen gewissermaßen konservieren im ungefährlichen Mittelmaß, das ihnen ein langes, da durch nichts gefährdetes Leben in Aussicht stellt.[23]

Wie sehr Zarathustra mit seinem Bild vom letzten Menschen das Common sense-Verständnis des Normalmenschen getroffen hat, läßt sich an der Reaktion seiner Zuhörer ablesen. Er hatte gehofft, sie bei ihrem Stolz zu packen und entsprechend Verachtung bei ihnen über den letzten Menschen als „das Letzte", was es geben kann, hervorzurufen. Statt dessen wird er genau im Gegenteil durch „das Geschrei und die Lust der Menge" in seiner Rede unterbrochen. „‚Gieb uns diesen letzten Menschen, oh Zarathustra', – so riefen sie – ‚mache uns zu diesen letzten Menschen! So schenken wir dir den Übermenschen!' Und alles Volk jubelte und schnalzte mit der Zunge." Zarathustra hat das genaue Gegenteil der von ihm erwarteten Reaktion ausgelöst. In dem, was er seinen Zuhörern als eine Karikatur des Übermenschen gezeichnet hat, erkennen sie das Menschenbild, das ihnen als letztes und höchstes Ziel vorschwebt: ein Leben, in welchem einer des anderen Lamm ist – eine Herde ohne Hirt –, niemand etwas für sich, die Seinen und sein Hab und Gut befürchten muß, in dem jeder seine Bedürfnisse ohne große Anstrengungen befriedigen kann, kurz: ein Leben, in dem alle glücklich sind. Sie wollen nur und ausschließlich Mensch sein, so wie der letzte Mensch nichts anderes ist als Mensch. Er genießt nur noch sein Menschsein und will nichts anderes, als den erreichten Zustand langfristig zu stabilisieren. Die Idee des Übermenschen übersteigt seinen Horizont, denn was soll es über den Menschen hinaus noch Erstrebenswertes geben?

Zarathustra ist traurig über das Mißverständnis der Leute und macht sich selber Vorwürfe, daß es vielleicht an ihm liegt, wenn sie ihn nicht verstehen. Er war vielleicht zu lange allein und vermag den richtigen Ton nicht zu treffen, so daß sie ihn für einen Spötter halten, der sich über sie lustig macht. „Und nun blicken sie mich an und lachen: und indem sie lachen, hassen sie mich noch. Es ist Eis in ihrem Lachen." Auch Sokrates wurde einst ausgelacht nach seiner Rückkehr in die Höhle. Auch dieses Lachen war eisig und haßerfüllt, denn die Leute fühlten sich durch des Sokrates Aufklärungsversuche belästigt und in ihrer Ruhe gestört. Da er nicht locker ließ, brachten sie ihn schließlich um und eliminierten jenen Störfaktor, der sie am Blinzeln hinderte.

Absturz eines Seiltänzers: der Sündenfall

Nun tritt endlich der Seiltänzer auf und balanciert bis zur Mitte des Seils, als plötzlich hinter ihm aus dem Turm, an dem das eine Ende des Seils festgemacht ist, „ein bunter Gesell, einem Possenreisser gleich" herausspringt, hinter dem Seiltänzer her über das Seil läuft und ihn schließlich überspringt. Der Seiltänzer stürzt ab und bleibt sterbend mit zerschmetterten Knochen neben Zarathustra liegen, der sich um ihn kümmert. Wer ist dieser Possenreißer, der sonst auf dem Jahrmarkt die Leute zum Lachen bringt, indem er allerlei Unsinn treibt und das Publikum verspottet? Die Worte, die der Possenreißer hier schreit, während er den Seiltänzer verfolgt, sind aufschlußreich: „Vorwärts Lahmfuss, ... vorwärts Faulthier, Schleichhändler, Bleichgesicht! Dass ich dich nicht mit meiner Ferse kitzle! Was treibst du hier zwischen den Thürmen? In den Thurm gehörst du, einsperren sollte man dich, einem Bessern, als du bist, sperrst du die freie Bahn!" Als er den Seiltänzer erreicht hat, heißt es: „er stiess ein Geschrei aus wie ein Teufel und sprang über Den hinweg, der ihm im Wege war." Steht der Possenreißer also für den Teufel, der den Menschen (im Gegensatz zum Teufel ja durchaus ein Bleichgesicht) antreibt und zu Fall bringt? Jedenfalls verübelt er es dem Seiltänzer, daß er sich *zwischen* die Türme auf das Seil gewagt hat, das Seil, das geknüpft ist zwischen Tier und Übermensch. Der Possenreißer will, daß der Mensch im Turm eingesperrt wird, also auf der Tierstufe verharrt, ein gefügiges Herdentier bleibt, so wie Zarathustra es kurz zuvor im Bild des letzten Menschen entworfen hat. Der Possenreißer will somit den Menschen daran hindern, sich selbst zu überschreiten auf die Stufe des Übermenschen hin. Auch der Seiltänzer ist davon überzeugt, daß es der Teufel war, der ihn zu Fall gebracht hat, denn er sagt zu Zarathustra: „Ich wusste es lange, dass mir der Teufel ein Bein stellen werde. Nun schleppt er mich zur Hölle." Zarathustra aber entgegnet ihm darauf: „Bei meiner Ehre, Freund, ... das giebt es Alles nicht, wovon du sprichst: es giebt keinen Teufel und keine Hölle. Deine Seele wird noch schneller todt sein als dein Leib: fürchte nun Nichts mehr!" Der Seiltänzer ist mißtrauisch, räumt aber ein: „Wenn du die Wahrheit sprichst, ... so verliere ich nichts, wenn ich das Leben verliere. Ich bin nicht viel mehr als ein Thier, das man tanzen gelehrt hat, durch Schläge und schmale Bissen!" „ ‚Nicht doch', sprach Zarathustra; ‚du hast aus der Gefahr deinen Beruf gemacht, daran ist Nichts zu verachten. Nun gehst du an deinem Beruf zu Grunde: dafür will ich dich mit meinen Händen begraben.' " Daraufhin stirbt der Seiltänzer, dankbar und anscheinend getröstet.

Welche Anhaltspunkte gibt uns dieses merkwürdige Gespräch zwischen Zarathustra und dem sterbenden Seiltänzer in bezug auf die Deutung der ganzen Szene? Der Seiltänzer, so läßt sich ohne weiteres vermuten, steht für den Menschen, der die Brücke schlagen will vom Tier zum Übermenschen, der also auf dem Weg ist, sich in die Zukunft hinein zu entwerfen und zu erneuern. Er nimmt somit die Gefahr auf sich, sich ins Ungewisse, Unbekannte vorzuwagen, getrieben von seiner Sehnsucht nach Höherem. Aber er hat sich noch nicht ganz befreien können von seiner Vergangenheit. So ist er noch in den Glaubenslehren des Christentums verhaftet, da er die Unsterblichkeit der Seele und das im Teufel personifizierte Böse für Realität hält. Genau dieser Glaube ist es aber, der ihn zu Fall bringt. Anstatt mit Überzeugung und Selbstgewißheit voller Zuversicht vorwärts zu schreiten, läßt er sich von Zweifeln plagen, und so holt ihn seine Vergangenheit, von der er sich mutig entfernt hatte, wieder ein und überholt ihn schließlich. Konfrontiert mit all dem, was mehr als zwei Jahrtausende lang Gewicht und auch für ihn selbst große Bedeutung gehabt hat, wird er unsicher, ob er überhaupt berechtigt war, dies alles aufzugeben. Sein Tun kommt ihm plötzlich vermessen vor; er hat sich auf etwas eingelassen, das aus der Sicht der Tradition, in der er steht, ein neuer Sündenfall ist. Sich selbst als Mensch zu transzendieren und die Stufe des Übermenschen zu erstreben, heißt in der Sprache der Tradition: Gott versuchen. Der Seiltänzer stolpert über seine eigene Unzulänglichkeit und verliert dabei, wie es im Text bezeichnenderweise heißt, „den Kopf und das Seil". Seil und Seiltänzer sind ja, wie wir gesehen haben, voneinander unabtrennbar. Der Weg, das Seil, existiert nicht anders, als indem man darauf geht und mit jedem Schritt sich selbst als Mensch überwindet. Dieser Akt der Selbstüberwindung, in jedem Augenblick, mit jedem Schritt von neuem vollzogen, ist der Übermensch. Übermensch ist das Ganze, zu dem Seiltänzer, Seil und Ziel miteinander verschmelzen im Akt des Vorwärtsschreitens. Diese Einheit vermag der Seiltänzer noch nicht durchzuhalten. Er verliert den Kopf, d. h. er verliert das Gleichgewicht, das hier die Einheit, die gelungene Vermittlung von Leib und Seele, von Materie und Geist signalisiert. Von der Tradition eingeholt und überholt, wird er wieder kopflastig; der Kopf als der Sitz des Geistes, der Vernunft, bekommt wieder die ihm traditionell zugestandene Überlegenheit und Übergewichtigkeit, was für den Seiltänzer lebensgefährlich ist, der die Gewichte gleichmäßig verteilen muß, um sich auf dem Seil bewegen zu können. Das Gewicht des Kopfes, die Dominanz des Geistes ist es, die ihn stürzen läßt; er stürzt gewissermaßen in den alten Leib-Seele-Dualismus, in jene Kluft zwischen Materie und Geist, die er doch gerade überwinden wollte. Mit dem Übergewicht des Kopfes ist die Einheit von Seiltänzer, Seil und Ziel aufgebrochen. Der Weg hört auf, der Seiltänzer ist kein Seiltänzer mehr, und das Ziel verschwindet. Die Einheit ist zerstört, zerschmettert. Der sterbende Seiltänzer, der nun in einem physischen Sinn untergeht, zugrunde geht, verliert sein Leben, weil es ihm noch nicht gelungen ist, sich vollständig zu überwinden. Zuletzt hat ihn seine Vergangenheit, symbolisiert in der christlichen Vorstellung des Teufels, eingeholt, und er hat sich von dieser überwinden lassen.

Der Mensch ist nur stark, wenn er sich selbst überwindet; dann realisiert er Über-Menschliches. Läßt er sich jedoch von Vorurteilen christlicher oder metaphysischer Art bestimmen, so wird er von diesen überwunden, wie es dem Seiltänzer passiert ist. Wer dagegen sich selbst überwunden hat, der kann von nichts anderem mehr überwunden, „übersprungen" werden; er geht seinen Weg sicher und unbeirrbar durch das, was er hinter sich zurückgelassen hat. Das ist es, was Zarathustra dem sterbenden Seiltänzer mitzuteilen versucht. Der Possenreißer hält die Menschen zum Narren. Aber letzten Endes liegt es an den Menschen, ob sie sich zum Narren halten *lassen*. So hat auch der Seiltänzer sich im Grunde selbst zu Fall gebracht, insofern er das, was er überwinden wollte, die Oberhand über sich gewinnen ließ. Zarathustra versucht ihm klarzumachen, daß er eigentlich die christlichen Vorstellungen von Teufel und Hölle längst hinter sich gelassen hat. Nur hat er die Konsequenz daraus, nämlich daß es keine dem Leib überlegene, unsterbliche Seele mehr gibt, noch nicht gezogen. Leib und Seele sind polare Gegensätze, die nur miteinander existieren. Geht der Leib zugrunde, so stirbt auch die Seele, so wie es ohne Unten kein Oben, ohne Rückwärts kein Vorwärts gibt. Wenn die Seele den Leib nicht überdauert, so besteht auch keine Gefahr für sie nach dem Tod; der Seiltänzer braucht diesbezüglich nichts zu befürchten. Der Teufel wird seine Seele nicht holen. Zarathustra nimmt dem Seiltänzer die Angst, außer dem Leben über den Tod hinaus noch etwas verlieren zu können. Sein Leben hatte Sinn, denn er war mehr als bloß ein Tier, das man tanzen gelehrt hat, indem man es durch Schläge und karge Nahrung zum Gehorsam abrichtete. Er hat die Zwangsvorschriften der alten Moral abgeschüttelt und das Risiko der Ablösung vom abendländischen Menschenbild auf sich genommen. Zwar ist er mit seiner Befreiungstat gescheitert, aber doch nicht ganz. Immerhin hat er die Idee des Übermenschen erfaßt und sich auf den Weg gemacht, die Kluft zwischen Tier und Übermensch zu überwinden durch die Wahl seiner Lebensform: die Lebensform des Seiltänzers, der sich in der Kunst des Gleichgewichthaltens übt, indem er die Balance hält zwischen Leib und Seele, Materie und Geist, und das heißt, indem er den Widerspruch zwischen den Gegensätzen seines Seins als Mensch aushält.[24]

Die Begebenheit vom Absturz des Seiltänzers, die im 6. Kapitel der Vorrede erzählt wird, dient zur Veranschaulichung dessen, was Zarathustra im 4. Kapitel über den Menschen als Seil zwischen Tier und Übermensch ausgeführt hat. Der Seiltänzer ist einer von denen, die Zarathustra liebt, weil sie das gefährliche Hinüber wagen, weil sie die Utopie des letzten Menschen verächtlich abtun und danach trachten, sich selbst aus eigener Kraft und ohne fremde Einflüsterungen ein Selbstverständnis zu schaffen, in welchem sie sich als die zu bejahen vermögen, die sie sein wollen. Die Loslösung von den traditionellen Werten, von den kollektiven Glücksvorstellungen und moralischen Geltungsansprüchen verlangt Mut, Mut zur Andersheit, Mut zur je eigenen Individualität, die es nicht mehr erlaubt, sich als Mitglied einer gleichförmigen Herde zu verstehen. Der Absturz des Seiltänzers symbolisiert den Triumph der christlichen Moral, die jeden Verstoß gegen ihr Prinzip als Sündenfall geißelt, auf den die Todesstrafe steht. Der Seiltänzer, hin- und hergerissen zwischen seiner Herkunft (dem gehorsamen Herdentier) und seiner Zukunft (dem autonomen Individuum), hat seine Herkunft Macht über sich gewinnen lassen und die Zukunft fahrengelassen. Der Teufel hat über den Übermenschen den Sieg davongetragen. Aber dieser Sieg ist kein endgültiger. Dadurch, daß Zarathustra dem Seiltänzer verspricht, ihn eigenhändig zu begraben und ihm damit die letzte Ehre zu erweisen, wird angedeutet, daß der Teufel keine Macht mehr über den Toten hat, denn mit dem Körper ist auch die Seele zugrunde gegangen – es bleibt nichts übrig: weder der Teufel noch eine Seele, die der Teufel holen könnte.

Den Teufel gibt es nur für einen, der an die Unsterblichkeit der Seele glaubt und damit die Existenz überzeitlicher, immaterieller Dinge einräumt. Tote Materie ist auch toter Geist. Was bleibt, ist der Sinn, den Zarathustra einem Leben zuspricht, das den Übermenschen gewollt hat, auch wenn dieses Wollen nicht an sein Ziel gelangt ist. Allein der Versuch, sich selbst neu zu schaffen, ist – auch als gescheiterter – etwas Wertvolles, weil sich in ihm der Glaube an den Übermenschen als Sinn der Erde dokumentiert. Im übertragenen Sinn verstanden muß der einzelne, der sich als Seiltänzer versucht, auf dem Übergang vom Tier zum Übermenschen viele solcher Tode („Sündenfälle") durchleben, bis es ihm, wenn überhaupt, eines Tages gelingt, sich selbst so umzuschaffen, daß er die Stufe des Menschen in sich überwunden hat. Er läßt dann eben jenes metaphysisch-christliche Menschenbild hinter sich, das uns in der abendländischen Geschichte geprägt hat, jenes Menschenbild, das auf der Überzeugung beruhte, der Geist als Inbegriff des

Guten sei der Materie als Inbegriff des Bösen unendlich überlegen; diese Überlegenheit des Geistigen, der Seele, der Vernunft ist die Grundvoraussetzung, von der her der abendländische Mensch das Weltall und sich selbst bestimmt hat. Es ist abzusehen, daß es viele Fehlversuche geben wird, viele mißlungene Brückenschläge zum Übermenschen, aber auch ebenso viele Neuanfänge, ebenso viele Wiederauferstehungen des Abgestürzten, bis es gelingt, sich die eigene Person durch das neue Vorverständnis des Übermenschen konsequent, unbeirrt, zielsicher so anzueignen, daß alles zum Übermenschen wird, zum Menschen, der sich als Mensch selbst überwunden und eben damit Übermenschliches geleistet hat; der damit erst zum Menschen in einem ganzheitlichen Sinn wird, zum Menschen, der nicht mehr dualistisch in sich gespalten ist, sondern das Chaos seiner gesamten Antriebskräfte als das Potential seiner Macht auffaßt, aus der sich sein Wille speist, jener Wille, der genügend Kraft entwickelt, um den Antagonismus von Kopf und Herz, von Vernunft und Gefühl als eine fruchtbare Spannung zu gestalten, aus der sich die Zukunft als unvorhersehbar Neues und Einmaliges, Unwiederholbares fortzeugt.

Der Sinn der Erde: be-greifen mit den Sinnen

Es folgt ein kurzer Moment der Besinnung, in dem Zarathustra über den Tod des Seiltänzers und die inzwischen zerstreute Menschenmenge nachdenkt. Wie immer, wenn Zarathustra ein Selbstgespräch führt, spricht er „zu seinem Herzen", d. h. seine Form des Dialogs mit sich selbst ist kein bloß reflexiver, intellektueller Vorgang. Er denkt nicht etwas in seinem Kopf durch, sondern wendet sich an sein Herz, und wenn wir uns an das Bild vom neuen Menschen erinnern, dessen Kopf zu den Eingeweiden des Herzens geworden ist, dann scheint es nur folgerichtig, wenn Zarathustra das Herz als Adressaten seiner an ihn selbst gerichteten Reden betrachtet, denn das Herz ist das Symbol für die neue Einheit des nicht mehr zweigeteilten, dualistischen Menschen. „Wahrlich, einen schönen Fischfang that heute Zarathustra! Keinen Menschen fieng er, wohl aber einen Leichnam. / Unheimlich ist das menschliche Dasein und immer noch ohne Sinn: ein Possenreisser kann ihm zum Verhängnis werden. / Ich will die Menschen den Sinn ihres Seins lehren: welcher ist der Übermensch, der Blitz aus der dunklen Wolke Mensch." Was hier zunächst ironisch klingt, unter Anspielung auf den Fischer und Menschenfänger Jesus Christus – nämlich daß Zarathustra statt lebendiger Fische einen Leichnam an Land gezogen hat –, das erweist sich näher besehen dann doch als eine sehr wertvolle Beute, insofern es Zarathustra gelungen ist, diesen einen davon zu überzeugen, daß sein Leben einen Sinn gehabt hat, für den sich das Leben gelohnt hat. Zwar ist dieser Sinn stets gefährdet; ständig lauern die Gespenster der Vergangenheit in Gestalt irgendeines Possenreißers, der nicht immer sofort als Ausgeburt eines eingewurzelten Aberglaubens durchschaut wird und das Auslangen nach dem Übermenschen zunichte macht, aber dennoch war dieser eine Mensch, der Seiltänzer, unterwegs zu seinem Sinnziel, während die Menge nur sensationslüstern gaffte.

Für Zarathustra geht es nun darum, auch der Menge den richtigen Weg zu weisen. Bei dem Seiltänzer hatte er es insofern leichter, als dieser bereits auf der Suche war nach dem Sinn seines Lebens, auch wenn er ihn letztlich verfehlt hat. Aber die Menge muß erst einmal davon überzeugt werden, daß sie, die sich ja im Besitz jeglichen Sinns oder doch wenigstens als Sachwalter des Sinns wähnt – sei es, daß sie diesen Sinn im Glück des letzten Menschen oder in einer übersinnlichen Welt objektiviert –, daß alle ihre Vorstellungen von Sinn infiziert sind durch Vorurteile und Aberglauben. Es muß somit allererst ein neues Sinnbewußtsein erzeugt werden, damit die Menschen *anderen Sinnes* werden. Für Zarathustra stehen die Zeichen sozusagen auf Sturm. Er sieht die dunkle Wolke Mensch, in der sich die zweitausendjährige Spannung zwischen Geist und Materie so verdichtet hat, daß die Entladung nicht mehr fern ist und der Mensch aus sich selbst den Blitz, die Idee des Übermenschen herausschleudert. Zarathustra betrachtet die Heraufkunft der Idee des Übermenschen – nach Analogie zu einem Gewitter – wie einen Naturvorgang, in den er weder hemmend noch fördernd eingreifen kann. Seine Aufgabe ist es, die Menschen, die anscheinend ahnungslos in bezug auf das sind, was sich da in ihnen zusammenbraut, auf dieses Geschehen aufmerksam zu machen und sie auf den Blitz vorzubereiten, der sie aus den alten Gleisen werfen wird. Das Problem besteht für Zarathustra darin, daß ihn die

Menschen nicht verstehen, eben weil er nicht an ihre Vernunft appelliert, sondern so, wie er in seinen Selbstgesprächen zu seinem Herzen spricht, auch das Herz seiner Zuhörer bewegen will. Aber hier befindet sich Zarathustra in einem Dilemma. Um die Bedeutung des Übermenschen herauszustellen, kann er nicht auf die alte Sprache zurückgreifen, weil diese Sprache mit ihren metaphysischen und christlichen Bedeutungsgehalten den Sinn des Übermenschen nicht auszudrücken vermag. Die neue Sprache, die Zarathustra erfunden hat, ist voll ungewohnter Bilder und Verfremdungseffekte, so daß die Menschen ihre Botschaft nicht verstehen können. Ihnen fehlt das Organ, der Sinn für den Übermenschen; daher können sie dessen Sinn auch nicht erfassen. Zarathustra sieht dies selber ein: „Aber noch bin ich ihnen ferne, und mein Sinn redet nicht zu ihren Sinnen. Eine Mitte bin ich noch den Menschen zwischen einem Narren und einem Leichnam."

Zarathustra führt hier den Begriff des Sinnes auf die Sinne, die Sinn-lichkeit des Menschen zurück. Der Übermensch als der Sinn der Erde hat somit eine doppelte Bedeutung, je nachdem, ob man den Ausdruck „der Sinn der Erde" als einen genitivus subjectivus oder -objectivus auffaßt. Der *Sinn* der Erde (genitivus subjectivus) bedeutet: die Erde, die Materie hat Sinnlichkeit; sie ist im Besitz von Sinnen, so wie unser Leib fünf Sinne hat. Der Sinn der *Erde* (genitivus objectivus) spricht der Erde, der Materie Sinnhaftigkeit zu. Diese beiden Lesarten von Sinn bedingen sich für Zarathustra wechselseitig. Die Sinnhaftigkeit der Erde vermag nur der zu erfassen, der sie sich durch die Sinne eröffnet. Der Übermensch als der Sinn der Erde wird nur dem offenbar, der seine Sinne öffnet, nicht aber dem, der nur mit dem Verstand operiert. Der Sinn ist etwas ebensosehr Geistiges wie Materielles; daher ist das Herz das geeignete Organ, dem sich dieser Sinn erschließt. Zarathustra erscheint den Menschen, wie er selber richtig sieht, als eine Mitte zwischen einem Narren und einem Leichnam. Er redet unverständliches Zeug wie ein Narr, aber Narren gelten ja auch als Weise, die die Wahrheit auf verschlungenen Wegen mitteilen. Diese Wahrheit teilt Zarathustra mit dem toten Seiltänzer, der – für die Menge unfaßlich – den Tod und die mögliche Wiederauferstehung des Übermenschen symbolisiert.

Das Kreuz: der gescheiterte Christus

Zarathustra schleppt den toten Seiltänzer auf seinem Rücken, um ihn zu begraben. Unterwegs schleicht sich der Possenreißer, der den Seiltänzer zu Fall und damit zu Tode gebracht hat, an ihn heran und flüstert ihm die folgenden Worte ins Ohr: „Geh weg von dieser Stadt, oh Zarathustra ...; es hassen dich hier zu Viele. Es hassen dich die Guten und Gerechten, und sie nennen dich ihren Feind und Verächter; es hassen dich die Gläubigen des rechten Glaubens, und sie nennen dich die Gefahr der Menge. Dein Glück war es, dass man über dich lachte: und wahrlich, du redetest gleich einem Possenreisser. Dein Glück war es, dass du dich dem toten Hunde geselltest; als du dich so erniedrigtest, hast du dich selber für heute errettet. Geh aber fort aus dieser Stadt – oder morgen springe ich über dich hinweg, ein Lebendiger über einen Todten." Diese Warnung ist schon mehr; sie ist eine versteckte Drohung, daß Zarathustra das gleiche Schicksal zuteil werden wird wie dem Seiltänzer, wenn er die Stadt nicht auf der Stelle verläßt. Zarathustra irritiert sowohl die Moralisten („die Guten und Gerechten") als auch die Religiösen („die Gläubigen des rechten Glaubens"). Diese beiden Gruppen sind die metaphysischen und christlichen Repräsentanten des Abendlandes, die sich durch Zarathustras Reden bedroht fühlen, denn ihre Lehren sind es ja, die er angreift und als Irrlehren zu entlarven sucht. Obwohl sie seine These von der Selbstüberwindung und vom Übermenschen nicht verstanden haben, haben sie doch immerhin so viel verstanden, daß er das zweitausendjährige altbewährte Fundament untergräbt, auf dem ihre Wertvorstellungen beruhen. Die Anspielungen des Possenreißers sind unverkennbar. Schon zweimal in der Geschichte mußten Menschen, die sich erniedrigt hatten, indem sie sich auf das Niveau des Common sense-Verstandes herabgelassen hatten, um es zu erhöhen, dies mit dem Tod bezahlen: Sokrates und Jesus Christus. Beide hatten der Menge eine neue Wahrheit bringen wollen, aber die Menge zog es vor, bei dem, was sie für die Wahrheit hielt, zu bleiben, und eliminierte schließlich die unbequemen Störenfriede, die ihre altbewährte Lebensform verächtlich machten und ihr Moralprinzip als bloßes Vorurteil, ja als selbst verschuldeten Irrtum zu entlarven trachteten. Zarathustra ist fürs erste noch einmal davongekommen, weil er sich lächerlich gemacht hat bzw. von den meisten als ein Narr betrachtet wurde, dessen Reden des tieferen Ernstes entbehren. Das „Geh fort aus dieser Stadt" ist daher weniger im Sinne eines guten Rats, nämlich zu verschwinden, gemeint als im Sinne der Forderung: Hör auf, solche Reden zu halten, sonst kommst du dadurch um. Die Drohung ist ernst zu nehmen, denn eines Tages könnte das Volk ja anfangen, Zarathustra zu verstehen und seine Lehre zu akzeptieren; das aber liegt keineswegs im Interesse derer, die sich als Hüter und Verwalter der Tradition etabliert haben und alles daransetzen werden, dies auch zu bleiben.

Was bedeutet nun der Possenreißer in der Begegnung mit Zarathustra? Es wird ausdrücklich gesagt, es sei der Possenreißer vom Turm, dessen Stimme Zarathustra vernimmt. Damit steht fest, daß er Zarathustra genauso versucht, wie er zuvor den Seiltänzer versucht hat. Daß Zarathustra, der dem sterbenden Seiltänzer versichert hat, es gäbe weder einen Teufel noch eine unsterbliche Seele, die Stimme des Possenreißers vernimmt, ist ein Zeichen dafür, daß auch er das christlich-metaphysische Erbe noch nicht ganz von sich hat abstreifen können, daß irgendwo in ihm noch Relikte des abendländischen Selbstverständnisses lauern, die ihm die Gefahr seines Tuns vor Augen halten und uralte Ängste in ihm zu erwekken vermögen. Aber Zarathustra durchschaut diese Einflüsterungen seines anerzogenen schlechten Gewissens als eine Selbsttäuschung. Er fällt ihr anders als der Seiltänzer nicht zum Opfer, denn nach der Drohung des Possenreißers: „morgen springe ich über dich hinweg, ein Lebendiger über einen Todten", heißt es: „Und als er dieses gesagt hatte, verschwand der Mensch". Es heißt nicht: verschwand der Possenreißer, sondern: verschwand der *Mensch*. Das ist zweifellos von Bedeutung. Zarathustra sieht einen Menschen weggehen, einen Repräsentanten der Stufe Mensch also, der diese Stufe um jeden Preis erhalten will und deshalb jeden zu vernichten droht, der es wagt, seine Selbstgewißheit zu untergraben um einer ungewissen, zweifelhaften Zukunft willen. Die Drohung des Possenreißers, er werde über Zarathustra hinwegspringen, ein Lebendiger über einen Toten, läßt sich so deuten, daß die Tradition des Christentums mitsamt seinem Menschenbild im Bewußtsein der Menschen noch so tief verankert, so lebendig ist, daß es ihr ein Leichtes sein wird, den Sieg über Zarathustras Lehre vom Übermenschen davonzutragen, eine Lehre, die sich noch nicht bewährt hat und für die es bloß zwei Zeugen gibt, den toten Seiltänzer und Zarathustra. Solange Zarathustra keine Anhänger hat, niemanden, der seine Lehre vom Übermenschen versteht und bereit ist, sie zur Grundlage seiner Existenz zu machen, so lange ist diese Lehre tot und hat keine Chance, das Selbstverständnis der Menschen zu verändern.

Zarathustra hat sich durch die Einflüsterungen des Possenreißers nicht beirren lassen. Er hat sie als Ausgeburten der Furcht des Menschen in ihm durchschaut, der sich dagegen wehrt, überwunden zu werden. So geht er denn, die Idee des Übermenschen in dem Leichnam mit sich schleppend, weiter seines Weges, und die nächsten, die ihm am Stadttor begegnen, sind die Totengräber. Diese nun verspotten ihn. „Zarathustra trägt den todten Hund davon: brav, dass Zarathustra zum Todtengräber wurde! Denn unsere Hände sind zu reinlich für diesen Braten. Will Zarathustra wohl dem Teufel seinen Bissen stehlen? Nun wohlan! Und gut Glück zur Mahlzeit! Wenn nur nicht der Teufel ein besserer Dieb ist, als Zarathustra! – er stiehlt sie Beide, er frisst sie Beide!" Die Warnung der Totengräber bedeutet gegenüber der des Possenreißers eine Steigerung. Hatte der Possenreißer vor der Gewalt der ehrbaren und gottesfürchtigen Bürger gewarnt, die sich ihren Glauben an das Altbewährte von einem Sonderling, der ihnen Konkurrenz macht, nicht nehmen lassen wollen, so warnen die Totengräber Zarathustra vor der Gewalt des Teufels, der sich eine gefallene Seele nicht kampflos entgehen läßt. Es fällt auf, daß auch die Totengräber wie schon der Possenreißer von dem Seiltänzer als von einem toten Hunde sprechen, ja sie gehen noch weiter und bezeichnen ihn als einen Braten, einen Bissen für den Teufel, den Zarathustra diesem weggeschnappt habe. Wenn es zutrifft, daß der tote Seiltänzer für die gescheiterte Selbstüberwindung, den nicht geglückten Übermenschen steht, so ist aus der Sicht derer, die die Stufe des Menschen als Endstufe betrachten, auf der es das Erreichte in alle Ewigkeit zu konservieren gilt, das, was von einem Menschen übrig bleibt, nachdem er bei dem Versuch, sich als Mensch zu überwinden, gescheitert ist, weniger als ein toter Mensch; übrig bleibt ein bloß noch tierischer Kadaver, ein toter Hund eben, den zu verscharren sich selbst die Totengräber zu schade sind. Wer das Menschenbild der abendländischen Tradition mitsamt seinem metaphysischen oder christlichen Himmel aufgegeben hat, ohne daß es ihm gelungen ist, einen neuen Sinn an dessen Stelle gesetzt zu haben, der fällt hinter die Stufe des Menschen auf die des Tieres zurück, dem man keinerlei Ehre bezeugen muß. Dieser Kadaver ist für den Teufel ein gefundenes Fressen, ein Leckerbissen gar, denn der Teufel, in der christlichen Tradition der von Gott Abgefallene schlechthin, bemächtigt sich derer, die Gott ebenfalls versucht haben und dabei zu Fall gekommen sind, weil sie sich wie der Seiltänzer noch nicht vollständig von ihrer Vergangenheit haben befreien können.

Wie schon zuvor der Possenreißer warnen die Totengräber Zarathustra davor, daß auch er selbst in Gefahr ist, zu einem toten Hunde zu werden, wenn die Gespenster seiner Vergangenheit wieder Macht über ihn gewinnen und neue Realität bekommen, wenn das Gewicht des seit altersher Geltenden ihn an der Bewegung des Über-sich-hinaus hindert. Diesem Festhalten am Traditionellen und Konventionellen verdanken auch die Totengräber ihren Beruf; sie bewahren sogar das, was am Menschen sterblich ist; aber sie ordnen den Leib, die bloße Materie, der Dimension des Unten, der Tiefe zu, indem sie ihn vergraben. Der Leichnam ist nur noch ein unbeseeltes, geistloses Stück Materie, das der Erde anheimgegeben werden kann, jener Erde, zu der schon der lebendige Körper stets hinstrebte und in der er nun seine letzte Ruhe findet. Die Tätigkeit des Totengräbers, der zeit seines Lebens Totes, Gestorbenes in die Erde versenkt, deutet auf die Einseitigkeit einer Lebensform hin, die bloß dem Materiellen zugewandt ist. Daher auch das augenzwinkernde Verständnis der Totengräber für den Teufel, dem Zarathustra einen fetten Bissen, einen Braten wegzuschnappen trachtet. Der Teufel, Inbegriff des verbotenen Genusses, der reinen Sinnlichkeit als dem schlechthin Bösen, ist Sinnbild der Materialität als solcher. Diesem stehen die Totengräber insofern nahe, als auch sie es stets mit bloßer Materie, aus der der Geist, die Seele gewichen ist, zu tun haben. Entsprechend materialistisch sind sie eingestellt, allem Geistigen abgewandt und nur dem sinnlichen Genuß gegenüber aufgeschlossen. Die Totengräber – das sind aber auch die Historiker. Ihre tote Materie ist die Vergangenheit, deren

Bedeutung sich in ihrem Gewesensein erschöpft. Die Historiker konservieren die Geschichte und machen sich lustig über die, die sich nach vorn orientieren und dem Fortschritt huldigen, denn sie brauchen nur zu warten, bis die Zukunft vorüber ist, um sich über ihre Beute herzumachen und sie als Teil der Geschichte zu präparieren. Den toten Seiltänzer verschmähen sie jedoch, denn die Idee des Übermenschen hat ja noch keine Geschichte, die aufzuschreiben sich lohnen würde.

Wie schon nach der Warnung des Possenreißers geht Zarathustra auch unbeeindruckt durch den Spott der Totengräber weiter. Es heißt: „Zarathustra sagte dazu kein Wort und gieng seines Weges." Daß er den toten Seiltänzer aus der Stadt und damit aus der Reichweite der Menschen bringt, ihn stundenlang durch Wälder und Sümpfe transportiert, um ihn schließlich in einem hohlen Baum zu verbergen, spricht für sich selbst: Zarathustra schleppt sein Kreuz. Bevor er jedoch seine Last weiterschleppt, macht er Rast bei einem alten Mann, der in einem einsamen Haus als Einsiedler in einer unwirtlichen Gegend lebt. Zarathustra ist hungrig und bittet ihn um Nahrung. Der Alte bringt Brot und Wein und fordert Zarathustra auf, er solle auch seinem Gefährten zu essen und zu trinken geben, dieser scheine müder zu sein als Zarathustra. Zarathustra entgegnet ihm: „Todt ist mein Gefährte, ich werde ihn schwerlich dazu überreden." Daraufhin antwortet ihm der Alte mürrisch: „Das geht mich Nichts an, .. wer an meinem Hause anklopft, muss auch nehmen, was ich ihm biete. Esst und gehabt euch wohl!" Dieser merkwürdige Alte ist offensichtlich ein Christ, denn einerseits praktiziert er christliche Nächstenliebe, insofern er es als seine Aufgabe betrachtet, die Hungernden zu speisen – Tiere wie Menschen –, und andererseits ist es Brot und Wein, was er Zarathustra an Speisen reicht. Darauf aufmerksam gemacht, daß ein Toter nicht imstande ist, von seinem Angebot Gebrauch zu machen, wird er mürrisch. Er hat nichts anderes zu bieten als genau dies, Brot und Wein, und ob einer diese Mahlzeit benötigt oder nicht, kümmert ihn nicht. Was soll dies bedeuten? Vielleicht könnte man sagen, daß Zarathustra, nachdem er durch den Possenreißer und die Totengräber mit der einen Seite des traditionellen Dualismus, dem Leiblich-Materiellen und der bedrohlichen Dimension des Unten als dem Herrschaftsbereich des Teufels in

Berührung gekommen ist, nun auf einen Vertreter der anderen Seite des Dualismus trifft, der Seite des Geistig-Seelischen in christlicher Version. Dort wird er zwar willkommen geheißen, und Zarathustra vermag Brot und Wein durchaus zu akzeptieren, weil sie für ihn nicht Symbole für Christus, sondern für Leib und Geist sind. Dies wiederum befriedigt aber den alten Einsiedler nicht, der mürrisch reagiert, wenn jemand das Christentum, aus welchen Gründen auch immer, nicht anzunehmen vermag. Immerhin äußert er keine Drohungen oder Warnungen gegenüber Zarathustra, sondern schickt ihn nach dem Verzehr der Mahlzeit weg. Der Einsiedler als Vertreter des Christentums hat nur *eine* Version von Sinngebung anzubieten, und an dieser Sinngebung hält er dogmatisch fest; für ihn spielt es keine Rolle, ob einer an eben diesem Sinn zweifelt oder bereits zerbrochen ist. Wenn einer mit der christlichen Sinngebung nichts anfangen kann, so liegt dies auf keinen Fall an der Sache des Christentums, sondern ist ausschließlich die Schuld des Betreffenden, der – anstatt sich mit dem während zweitausend Jahren gefestigten abendländischen Menschenbild zufriedenzugeben – über dieses hinauszugelangen strebt, was eine Form von Blasphemie darstellt.

Zarathustra zieht mit seiner schweren Last weiter in einen tiefen Wald, wo er, müde geworden, den Toten in einem hohlen Baum unterbringt und sich selbst ihm zu Füßen ausstreckt. „Und alsbald schlief er ein, müden Leibes, aber mit einer unbewegten Seele." Auch diese Stelle ist vieldeutig und wirft auf die Erlebnisse mit dem Seiltänzer nach rückwärts ein neues Licht. Alles scheint darauf hinzudeuten, daß der Seiltänzer für Christus steht, der gestorben und nicht wieder auferstanden ist. Christus, der Mensch gewordene Gott, hat mit der Bewegung von oben nach unten, der Bewegung des Untergehens also, den ersten Schritt in Richtung auf den Übermenschen getan, aber nachdem er den Gott in sich überwunden hat, ist es ihm nicht gelungen, auch den Menschen in sich zu überwinden und im Übermenschen das Göttliche wie das Menschliche als überwundene Stufen hinter sich zu lassen. Christus ist auf halbem Weg gescheitert, ein großer Mensch, der alles riskiert und dabei sich selbst verloren hat. Seine Selbstzweifel, die im Teufel Gestalt angenommen haben, lassen erkennen, daß letzten Endes der Gehorsam gegenüber einem fremden Willen (dem Willen Gottes) den eigenen Willen und dessen Ziele unglaubwürdig macht. In Christus (dem Seiltänzer) hat der bereits überwundene Gott wieder die Oberhand bekommen; so ist er in den Dualismus von Leib und Geist, den er doch gerade hinter sich lassen wollte, zurückgefallen und daran zugrunde gegangen. Da Zarathustra in Christus die Idee des Übermenschen ehrt, trägt er nun die Last des toten Gottes, so wie einst Christus sein Kreuz getragen hat. Daß Zarathustra den Toten in einem hohlen Baum verbirgt, kann ein Doppeltes bedeuten. Zum einen erinnert der Baum an das Kreuz, an dem Christus gestorben ist. Zum anderen kann man sich den Baum auch als Grab vorstellen, in welchem der Tote *aufrecht* steht, es heißt ausdrücklich: zu Häupten Zarathustras. Darin, in dieser Tendenz nach oben, kündigt sich die Möglichkeit der Wiederauferstehung an, gemäß der Dialektik von Untergang und Aufgang. Die Idee des Übermenschen ist zwar in dem einen Individuum, in Jesus Christus, gescheitert, aber in einem anderen, vielleicht in Zarathustra, könnte sie wiederbelebt werden und ihre Auferstehung von den Toten feiern."[25]

Wenn es heißt, daß Zarathustra unter dem Baum, der den toten Seiltänzer resp. Christus in sich birgt, „müden Leibes, aber mit einer unbewegten Seele" schlief, so klingt dieses „aber" zunächst paradox. Man erwartet ja nach diesem „aber" eher einen Gegensatz zu „müder Leib", also etwa eine wache oder nicht erschöpfte Seele. Wenn Nietzsche hier von einer unbewegten Seele spricht, so deutet dies darauf hin, daß Zarathustra gewissermaßen keinen Schaden an seiner Seele genommen hat. Das Schicksal des Seiltänzers, die Drohungen des Possenreißers und der Totengräber, die Gleichgültigkeit des Einsiedlers – dies alles konnte ihm nichts anhaben, ihn nicht erschüttern, ihn nicht in seiner Überzeugung beirren, daß der Übermensch der Sinn der Erde und der Mensch daher etwas ist, das überwunden werden muß. Wenn auch sein Körper erschöpft ist von den Anstrengungen des ersten Tages, den Zarathustra nach seinem Abstieg vom Gebirge unter Menschen verbracht hat, ist seine Seele davon gleichwohl unberührt geblieben, unbeeindruckt durch die Gespenster, die die alte Metaphysik und das Christentum aufgeboten haben, um ihn an seiner Überzeugung irre werden zu lassen. Der tote Christus ist ihm Bestätigung für die Wahrheit, die ihm während seines zehnjährigen Aufenthalts in der Dimension der Höhe zuteil wurde – auch wenn das Christentum den von Christus gewiesenen Weg zum Übermenschen entstellt und verfälscht, ja geradezu in sein Gegenteil verkehrt hat, indem es den Dualismus von Materie und Geist festgeschrieben hat, anstatt ihn zu überwinden. Wenn Zarathustra den Leichnam in einem hohlen Baum verbirgt, um ihn, wie es heißt, „vor den Wölfen zu schützen", so kann man dies auch so lesen, daß er Christus vor den Christen in Sicherheit bringen will, die ihn sich auf die falsche Weise einverleibt haben.

Der Regenbogen: Überwindung des Dualismus

Zarathustra schläft lange bis zum Mittag, und als er erwacht, ist eine Veränderung mit ihm vorgegangen. Er sah eine neue Wahrheit, so wird gesagt, d. h. der hohle Baum ist für Zarathustra zum Baum der Erkenntnis geworden. Diese neue Wahrheit verkündet Zarathustra in seinem Herzen in einem langen Selbstgespräch, das folgendermaßen beginnt: „Ein Licht gieng mir auf: Gefährten brauche ich, und lebendige, – nicht todte Gefährten und die Leichname, die ich mit mir trage, wohin ich will./ Sondern lebendige Gefährten brauche ich, die mir folgen, weil sie sich selber folgen wollen – und dorthin, wohin ich will." Zwar war auch der tote Christus, den Zarathustra mit sich herumgeschleppt hat, ein Gefährte, ein Gesinnungsgenosse und Gleichgesinnter. Aber er gehört einer weit zurückliegenden Vergangenheit an, von der Zarathustra sich befreien will um einer Zukunft willen, in der sich jener Sinn erfüllen soll, auf den der gestorbene Gott noch in seinem Scheitern hingewiesen hat. Es hat keinen Zweck, toten Ballast in Gestalt von Vorurteilen und überlebten Wertvorstellungen mit sich zu schleppen, der ihn beim Fortschreiten nur behindert. Was Zarathustra sich wünscht, sind lebendige Gefährten, und darunter versteht er solche, die bereit sind, ihm zu folgen, aber nicht blindgläubig, so wie eine Herde ihrem Hirten folgt, sondern weil sie erkannt haben, daß der Weg, den Zarathustra ihnen weist, der einzige Weg ist, um sich selbst zu finden. Zarathustra will sich demnach als Lehrer betätigen, als Lehrer von Schülern, die bereits eine gewisse Selbständigkeit besitzen und wissen, was sie wollen, die unzufrieden sind mit sich selbst und in der Stufe des Menschen nicht das Höchste erblicken.

"Viele wegzulocken von der Heerde – dazu kam ich. Zürnen soll mir Volk und Heerde: Räuber will Zarathustra den Hirten heissen."

Zarathustra geht seine im Schlaf aufgearbeiteten Erlebnisse mit dem Possenreißer, den Totengräbern und dem Einsiedler noch einmal durch. Die Herde, das ist das Volk, das blindgläubig auf das Christentum und seine Repräsentanten, die Priester als die guten Hirten, vertraut und sich gehorsam deren Geboten fügt. Die Herde der Gläubigen, der Guten und Gerechten, vor deren Zorn der Possenreißer Zarathustra gewarnt hat, sieht in Zarathustra einen Räuber, der das Band und damit den Frieden der Herde zerreißt. „Siehe die Guten und Gerechten! Wen hassen sie am meisthen? Den, der zerbricht ihre Tafeln der Werthe, den Brecher, den Verbrecher: – das aber ist der Schaffende./ Siehe die Gläubigen aller Glauben! Wen hassen sie am meisten? Den, der zerbricht ihre Tafeln der Werthe, den Brecher, den Verbrecher: – das aber ist der Schaffende." Die Hüter des alten, christlich geprägten Moralkodex, jener Tafeln, deren Normen und Wertvorstellungen die Herde zu einer Gemeinschaft verbinden, hassen denjenigen, der diese Tafeln zerbricht, indem er die Verbindlichkeit ihrer moralischen Regeln und Vorschriften radikal in Frage stellt. Die Hüter der traditionellen Moral sehen im Schaffenden einen Verbrecher, einen, der die Gesetze bricht, um von jeglichem Zwang befreit Neues hervorzubringen; der an die Stelle der althergebrachten Ordnungsgebilde, die sie bewahren wollen, andere Normen und Wertvorstellungen autonom setzt. „Gefährten sucht der Schaffende und nicht Leichname, und auch nicht Heerden und Gläubige. Die Mitschaffenden sucht der Schaffende, Die, welche neue Werthe auf neue Tafeln schreiben."

Das Finden neuer Werte wird von Zarathustra als ein schöpferischer Akt gesehen, der notwendigerweise ein destruktives Moment enthält, insofern die Neuschöpfung das Zerbrechen der alten Tafeln voraussetzt, den Akt des Für-ungültig-Erklärens alles dessen, was bisher gegolten hat. Um die alten Tafeln zu zertrümmern, genügt es, das Prinzip, auf dem sie beruhen und ihre Verbindlichkeit gründen, zu zerstören. Es handelt sich, wie wir bereits wissen, um das Prinzip des absolut gesetzten, von der Materie abgespaltenen Geistes.

Zarathustra steigert sich in immer größere Begeisterung über seine neu gewonnene Erkenntnis hinein. Er sucht Mitschaffende, Miterntende, Mitfeiernde: „Den Regenbogen will ich ihnen zeigen und alle die Treppen des Übermenschen." Bilder des in voller Reife stehenden Korns, der Ernte und der Erntedankfeier verweisen wieder auf die überquellende Weisheit Zarathustras, die schon ganz am Anfang der Vorrede zur Sprache kam; und auch dort ging es bereits um die Angewiesenheit Zarathustras auf Menschen, die dieser Weisheit bedürftig sind und umgekehrt zugleich ihm helfen, sie loszuwerden; beim Erntedankfest wird gefeiert, daß das Korn sicher in die Scheunen eingefahren und damit ein gewisser Vorrat angelegt ist, der sicherstellt, daß niemand während des Winters Hunger leiden muß. Dann beginnt wieder ein neuer Zyklus des Säens, Erntens, Feierns und Verzehrens. So stellt sich auch Zarathustra seine künftigen Gefährten vor, daß sie eine Gemeinschaft bilden, die „der Erde treu" ist wie seine bäuerliche Gemeinschaft und sich wie diese der Wiederkehr der Jahreszeiten anpaßt. Was sie gemeinsam säen und ernten und in die Scheune einfahren wollen, ist der Sinn der Erde, der Übermensch. Dieser Sinn entsteht nur durch das, was Zarathustra Schaffen nennt, und der fruchtbare Boden, in den die Idee des Übermenschen gesät wird, ist der menschliche Leib. Der zweieinhalb Jahrtausende lang verachtete, zu an sich selber wertloser Materie erniedrigte Leib, dem jeder Sinn und Zweck abgesprochen wurde, erhält nun einen Sinn, ja er bringt sogar diesen Sinn der Erde aus sich hervor, so wie der gut bestellte Acker die Frucht aus sich herauswachsen und gedeihen läßt. Aus einem toten, unfruchtbaren Boden kann nichts wachsen; die Saat verkümmert. Daher verkümmert in der dualistischen Leib-Seele-Metaphysik auch das Geistige, weil der Leib als tote, unerleuchtete Materie aufgefaßt wurde, die allenfalls Gespenster produzierte.

Zarathustra zieht die Konsequenz aus seiner neu gewonnenen Einsicht und verabschiedet sich von dem Toten im Baum: „Du, mein erster Gefährte, ... ich scheide von dir, die Zeit ist um. Zwischen Morgenröthe und Morgenröthe kam mir eine neue Wahrheit./ Nicht Hirt soll ich sein, nicht Todtengräber. Nicht reden einmal will ich wieder mit dem Volke: zum letzten Male sprach ich zu einem Todten./ Den Schaffenden, den Erntenden, den Feiernden will ich mich zugesellen." Der Hirt, die Herde, die Totengräber stehen hier ebenso wie der tote Seiltänzer für etwas Unlebendiges, für Stagnation und dogmatisches Festhalten am Gewesenen, für die Konservierung eines Leichnams: verkrusteter, althergebrachter Wertvorstellungen. Unter dem dynamischen Gesichtspunkt der Idee des Übermenschen, die im Schaffen, im Über-sich-hinaus-Streben Gestalt annimmt, erscheint die Tätigkeit des Hirten, der Herde und der Totengräber als ein ausschließlich nach rückwärts gewandtes, auf die Vergangenheit bezogenes Tun. Das Überlieferte wird auf starre, unverbrüchlich gültige Normen und Werte bezogen, die kein Ausbrechen aus der Geschichte erlauben und damit jedes Fortschreiten, jede Neuerung bereits im Keim ersticken. Diesen starren Regeln, die den Dualismus einer Zwei-Welten-Lehre und damit die Kluft zwischen Geist und Materie endgültig festschreiben wollen, setzt Zarathustra die Idee des Übermenschen als den Sinn der Erde entgegen. An die Stelle der für beide Gegensätze unfruchtbaren radikalen Trennung tritt bei Zarathustra eine fruchtbare polare Spannung, die Neues erzeugt, da sie eine, wenn auch nur momentweise, Vereinigung der Gegensätze ermöglicht. Wie im reifen Korn das Zusammenwirken von Samenkorn und Ackerboden offenbar wird, wie im Regenbogen das Zusammenspiel so unterschiedlicher Elemente wie Licht und Wasser sichtbar wird, so geht aus dem gespannten Wechselverhältnis von Materie und Geist, von Körper und Seele der Übermensch hervor.

Der Vergleich mit dem Regenbogen ist hierfür besonders anschaulich, zum einen, weil der Regenbogen eine Brücke bildet, und die Brücke kennen wir ebenso wie das Seil bereits als Bild für den Übermenschen, für die Bewegung des Hinübergehens, des Überwindens der Kluft zwischen Leib und Seele, Mensch und Übermensch. Der Regenbogen symbolisiert somit den Weg, den Zarathustra seine künftigen Gefährten lehren will, und dieser Weg verläuft nicht linear auf ein fernes Ziel zu, sondern ist kreisförmig. Im Halbkreis, den der Regenbogen beschreibt, bilden Anfangs- und Endpunkt jene polaren Gegensätze, die durch den Halbkreis verbunden und zusammengehalten werden. Die polare Spannung wird anschaulich, wenn man Anfangs- und Endpunkt linear – über den Halbmesser – miteinander verbindet. Im statischen Bild der Linie als starre Pole aufgefaßt, schließen die Gegensätze sich aus. Erst wenn man die Linie dynamisch als ein Hinüber denkt, in welchem mit jedem Schritt Vergangenheit überwunden und Zukunft als Gegenwart gesetzt wird, biegt sich die Linie dialektisch zum Kreis; in jedem erreichten Punkt wiederholt sich die gleiche Auseinandersetzung zwischen dem Pol der Vergangenheit, der den einzelnen mit der Macht der Tradition und dem altbewährten Moralkodex festzuhalten bzw. am Fortschreiten zu hindern sucht, und dem Pol der Zukunft, der ihn gewaltig anzieht und in ihm jenen Drang, jene Sehnsucht lebendig werden läßt, die den Menschen zum Übermenschen treibt. Wie eine Brücke nur dann der Belastung des über sie Gehenden standhält, wenn sie die durch das Gehen erzeugten Schwingungen auszugleichen vermag, was eine gewisse Elastizität ihres Materials voraussetzt, so muß auch derjenige, der den Weg des Übermenschen beschreitet, die beiden Pole, zwischen denen er sich bewegt, im Gleichgewicht halten, indem er sich weder in den Bannkreis der Vergangenheit mit ihren unflexiblen, auf Beharren und Bewahren ausgerichteten Regeln zurückziehen läßt, noch blind und völlig orientierungslos vorwärts stürzt und sein Ziel verfehlt. Die Kunst des Übermenschen besteht darin, Spannung und Gegenspannung ins rechte Verhältnis zu bringen; dies gelingt einem Menschen nur, wenn er wie die Brücke elastisch ist, d. h. die entgegengesetzten Pole, die ihn als ein sowohl leibliches als auch geistiges Wesen konstituieren, so aufeinanderprallen läßt, daß dadurch etwas Neues entsteht.

Hier ist das Bild vom Regenbogen noch einmal hilfreich. Ein Regenbogen entsteht ja dadurch, daß das Licht der Sonne sich in den Regentropfen bricht, wodurch jene bekannte optische Erscheinung erzeugt wird, die wir wahrnehmen, wenn es regnet und zugleich die Sonne scheint. Der Regenbogen verdankt seine vollendete Gestalt der Sonne und seine herrlichen Spektralfarben den Wassertropfen, in deren Medium sich das Sonnenlicht bricht. Aus dem Zusammentreffen von Licht und Wasser geht somit ein Drittes hervor, das weder das eine noch das andere ist und doch an beiden teilhat: trotz ihrer Gegensätzlichkeit. Wenn man diese Analogie überträgt, indem man an die Stelle des Lichts den Geist und an die Stelle des Regentropfens die Materie setzt, so wäre der Übermensch dem Regenbogen vergleichbar, d. h. dem Produkt einer geglückten Brechung des Geistes an der Materie, in die der Geist eintritt, um in veränderter Form wieder von ihr zurückgeworfen zu werden.

Schon die Sprache, vermittels derer wir das Entstehen eines solchen Naturphänomens wie den Regenbogen zu erklären versuchen, ist aufschlußreich: Wörter wie Brechung und Zurückgeworfenwerden, die beschreiben sollen, was mit dem Licht geschieht, machen darauf aufmerksam, daß hier keine liebende Vereinigung oder Vermischung der Elemente stattfindet, sondern eine fast gewaltsame Auseinandersetzung, in der jeder der beiden Kontrahenten das bleibt, was er ist. Und dennoch hat das Aufeinanderprallen beider etwas Drittes, Neues zur Folge, in dem Kraft und Gegenkraft einander die Waage halten, so daß der Eindruck von Insichruhen, von Harmonie und von Schönheit entsteht. Dies alles muß man auch beim Übermenschen mitdenken. Der Übermensch ist eine höchste Form von Aktivität, das Aushalten und Erzeugen von Kräfteverhältnissen, aus denen der Mensch je und je als Erneuerter, als Übermensch hervorgeht. Jeder Schritt, mit dem der Mensch sich überschreitet, ist ein radikaler Neuanfang, eine Neugeburt.[26]

Nachdem Zarathustra mit dem Volk (als der Herde), den Priestern (als den Hirten), den Totengräbern (als den Hütern und Bewahrern der Tradition) und mit dem toten Seiltänzer (dem toten Gott, dem am Kreuze gestorbenen Christus als dem gescheiterten Übermenschen) abgerechnet hat, wendet er sich als letztes noch gegen den Einsiedler, der für ihn ebensowenig als Gefährte in Betracht kommt wie die bereits Genannten. „Den Einsiedlern werde ich mein Lied singen und den Zweisiedlern; und wer noch Ohren hat für Unerhörtes, dem will ich sein Herz schwer machen mit meinem Glücke./ Zu meinem Ziele will ich, ich gehe meinen Gang; über die Zögernden und Saumseligen werde ich hinwegspringen. Also sei mein Gang ihr Untergang!" Wenn Zarathustra hier von den Einsiedlern und Zweisiedlern spricht, so bezieht er sich einerseits auf den Greis, dem er beim Abstieg im Wald begegnet ist, und von dem es hieß, er habe noch nichts davon gehört, daß Gott tot ist; zum anderen meint er den in der Einöde lebenden alten Mann, der ihm und dem toten Seiltänzer Brot und Wein angeboten hat. Beiden ist gemeinsam, daß sie sich in die Einsamkeit zurückgezogen haben, um allein, außerhalb menschlicher Gemeinschaft zu leben: In diesem Sinn sind sie Einsiedler, solche, die allein, einsam siedeln. Insofern sie jedoch in einer Gemeinschaft mit Gott leben, sind sie auch Zweisiedler. Der erste Eremit komponierte ja Lieder, mit denen er Gottes Lob pries; und der andere Eremit übte sich in christlicher Nächstenliebe, indem er den Leib und das Blut Christi in Gestalt von Brot und Wein an Hungernde ausgab.

Man könnte die ironische Wendung „Zweisiedler" natürlich auch so verstehen, daß Zarathustra auf den Dualismus von Leib und Seele anspielt, der in der asketischen Lebensform der Eremiten besonders deutlich hervortritt. Die Befriedigung der Bedürfnisse des Leibes wird auf ein Minimum herabgeschraubt, und alle Kraft des Geistes wird auf die Verehrung Gottes konzentriert. Der Einsiedler will nur eines: allein mit Gott bzw. im Geist mit Gott vereinigt sein. Aber de facto bleibt er Zweisiedler, Bürger zweier Welten, deren Zweiheit er durch die Vertiefung der Kluft zwischen Unvollkommenem und Vollkommenem, zwischen Welt und Gott nur umso mehr betont. Diese innere Zerrissenheit hindert den Einsiedler daran, glücklich zu sein. Durch die Art und Weise, wie er die Einheit begehrt, reißt er die Zweiheit nur desto tiefer auf. Zarathustra aber will ihm das Herz schwer machen, indem er von *seinem* Glück singt, von der Überwindung der Zweiheit im und durch den Übermenschen, der – analog wie der Regenbogen – aus der Gegensätzlichkeit, der Zweiheit eine gegenstrebige Harmonie und damit eine Einheit hervorbringt, die die Gegensätze nicht auseinanderreißt, sondern zugleich bewahrt und aufhebt in einer durch nichts zu überbietenden Schönheit. Das Glück des Zarathustra, von dem er singen will, ist der ge-glückte Übermensch als die gelungene Selbstüberwindung des Menschen. Dieses Glück, das Zarathustra anstrebt, ist etwas Unerhörtes in der doppelten Bedeutung des Wortes: etwas Außerordentliches – eben Übermenschliches – und etwas bisher nie Gehörtes, völlig Neues. Und was Zarathustra in seinen Liedern als sein Glück besingt, das ist auch zugleich sein Ziel, auf das er hinschreiten will, wobei er derjenige sein wird, der die anderen überspringt und zu Fall bringt, nämlich die Zögernden und Saumseligen; es sind die, die unschlüssig stehenbleiben auf der Stufe des Menschen, die Zarathustra zu überwinden trachtet.

Adler und Schlange: der geschlossene Kreis

Wir kommen zum letzten Abschnitt von Zarathustras Vorrede. Zarathustra hat sein Selbstgespräch beendet. Er ist entschlossen, den Weg der Selbstüberwindung weiterzugehen und nach Schülern Ausschau zu halten, die seine Lehre vom Übermenschen nicht verlachen, sondern sich zu eigen machen. Daß Zarathustra mit diesem Entschluß auf dem richtigen Weg ist, wird durch zwei Symbole angedeutet, die auf die Selbstüberwindung hinweisen. Das eine ist der Mittag. Als Zarathustra mit sich im reinen war, stand die Sonne im Mittag; der Mittag steht für die halkyonische Mitte, für den Augenblick, in welchem die Gegensätze sich im Gleichgewicht halten und eine Einheit bilden. Wenn die Sonne im Zenit steht, werfen die Gegenstände keine Schatten; sie sind identisch – nur sie selber. Ebenso ist der Mensch, wenn er seine halkyonische Mitte erreicht hat, für einen Augenblick im Indifferenzpunkt von Geist und Materie, von Seele und Körper ganz er selbst: Er ist gewissermaßen Sonne, Gegenstand und Schatten in eins, der im Übermenschen überwundene dualistische Mensch.

Das zweite Symbol sind Zarathustras Tiere, die ihn auf sich aufmerksam machen. Zarathustra hört den scharfen Ruf eines Vogels. „Und siehe! Ein Adler zog in weiten Kreisen durch die Luft, und an ihm hieng eine Schlange, nicht einer Beute gleich, sondern einer Freundin: denn sie hielt sich um seinen Hals geringelt./ ‚Es sind meine Thiere!' sagte Zarathustra und freute sich von Herzen./ ‚Das stolzeste Thier unter der Sonne und das klügste Thier unter der Sonne – sie sind ausgezogen auf Kundschaft./ Erkunden wollen sie, ob Zarathustra noch lebe. Wahrlich lebe ich noch?/ Gefährlicher fand ich's unter Menschen als unter Thieren, gefährliche Wege geht Zarathustra. Mögen mich meine Thiere führen!'" Adler und Schlange symbolisieren das gleiche wie der Mittag: eine Einheit von Gegensätzen, eine Einheit, in der die Gegensätze nicht unterschiedslos verschwinden, sondern bewahrt bleiben. Der Adler, das stolzeste Tier, das sich in die Lüfte als die Dimension der Höhe zu schwingen vermag, steht für die Vernunft, den Geist. Die Schlange als das klügste Tier, dessen Lebensraum die Erde, die Dimension der Tiefe ist, steht für den Leib, die Materie. Was beiden Tieren trotz der Verschiedenheit ihrer Art der Fortbewegung gemeinsam ist, ist deren Kreisförmigkeit. Der Adler kreist durch die Lüfte, und die Schlange ringelt sich. Die Bilder des Kreises und des Ringes verweisen auf den Übermenschen, der nicht auf linearem Weg, sondern durch immanente Selbstüberschreitung Realität erlangt. Die Transzendenzbewegung, durch die der Mensch sich überschreitet, führt stets wieder auf ihn selbst als Menschen zurück, so daß auf diese Weise ein dynamisch-reflexes Selbstverhältnis entsteht, wie es durch das Bild der Schlange, die sich um den Hals des seine Kreise ziehenden Adlers ringelt, angedeutet wird. Es handelt sich um ein freundschaftliches Verhältnis. Der Adler schleppt die Schlange nicht in seinen Horst, um sie als Beute zu verzehren; und die Schlange lähmt den Adler nicht mit ihrem Gift. Vielmehr nimmt die Schlange, die einen Ring um den Hals des Adlers bildet, dessen kreisende Bewegung in sich auf, so wie umgekehrt der Adler in *seinem* Element die Bewegung der Schlange wiederholt.

Dieses Bild der sich um den Hals des fliegenden Adlers ringelnden Schlange verweist somit auf die dynamische Struktur alles Lebendigen, auf das Prinzip des Willens zur Macht, insofern dieses Bild die Einheit von Gegensätzlichem anschaulich macht. Der Adler, dessen Element die Luft ist, und die Schlange, deren Element die Erde ist, repräsentieren die Dimensionen der Höhe und der Tiefe als zusammengehörige Bereiche, die einander nicht in statischer Fixierung entgegengesetzt sind, sondern sich im dynamischen Vollzug der Kreisbewegung allererst als die beiden gegensätzlichen Pole erzeugen. So verschieden Adler und Schlange, Geist und Materie auch sein mögen; was sie miteinander verbindet, wird durch den Kreis symbolisiert, der anzeigt, daß jener Akt der Selbstüberwindung, der für Nietzsche das Prinzip jedweder Höherentwicklung ist, nur dann gelingt, wenn der über sich Hinausstrebende den Weg über das andere seiner selbst nimmt und von dort verändert wieder auf sich selbst zurückkommt. Wie Adler und Schlange einander nicht feindlich gegenüberstehen, sondern in freundschaftlicher Verbundenheit ihre kreisende Tätigkeit ausüben, so sollen auch Geist und Materie einander nicht vernichten, sondern sich ergänzen, indem sich der Geist mit der Materie erfüllt und die Materie sich vom Geist erhebt, ihrer Erdenschwere berauben läßt. Die Schlange verläßt ja während des Flugs mit dem Adler ihren Aufenthaltsort am Boden; so soll auch die Materie als das Erfüllende des Geistes mit diesem in Dimensionen eindringen, die sie durch eigene Anstrengungen niemals erreichen könnte. Die Materie hat teil an der Eigengesetzlichkeit des Geistes, und der Geist nimmt umgekehrt die Eigengesetzlichkeit der Materie in sich auf, was aber nur deshalb möglich ist, weil beiden, sowohl der Materie als auch dem Geist, der Drang nach Höherentwicklung innewohnt, der sich als Prinzip des Willens zur Macht in der gemeinsam und doch zugleich verschieden ausgeführten kreisförmigen Bewegung zum Ausdruck bringt.

Zarathustra freut sich über seine Tiere, die ihn an seine Aufgabe erinnern, und wenn er vom Adler als dem stolzesten und von der Schlange als dem klügsten Tier unter der Sonne spricht, so lassen diese Attribute erkennen, daß er in ihnen den alten Dualismus von Geist und Materie überwunden sieht. Der Geist ist stolz, aber ohne Verachtung für die Materie, ohne Selbstüberheblichkeit; sein Stolz resultiert im Gegenteil gerade aus dem freundschaftlichen Verhältnis zur Materie, deren Schwerkraft er überwunden hat. Die Materie wiederum ist klug, d. h. sie ist zwar wie die Schlange im Paradies verführerisch, um den Geist zu verlocken, sich zu ihr herabzulassen. Aber ihre Klugheit besteht darin, daß sie den Geist nicht gefangennehmen und ihm Ketten anlegen will, sondern bereit ist, ihm zu folgen, sich vermöge ihrer Eigendynamik auf die Dynamik des Geistes einzulassen – um ihrer beider Vollendung willen.

Zarathustra nimmt an, daß seine Tiere Ausschau nach ihm halten, um zu erkunden, ob er noch lebe. Dies ist weniger vordergründig gemeint in dem Sinn, ob er vielleicht gestorben, beim Abstieg umgekommen sei. Vielmehr verkörpern Adler und Schlange in ihren aufeinander abgestimmten Kreisbewegungen ja das Prinzip des Willens zur Macht, und dieses Prinzip ist das Prinzip alles Lebendigen – symbolisiert durch die Sonne. Die Tiere wollen also sehen, ob Zarathustra noch im Sinne des Prinzips des Willens zur Macht lebendig ist, d. h. ob er sich noch auf dem Weg der Selbstüberwindung des Menschen auf den Übermenschen hin befindet, und an diesen Weg wollen sie ihn symbolisch erinnern. Zarathustra versteht ihre Botschaft völlig richtig, wenn er sich selbst die Frage stellt: „Wahrlich, lebe ich noch? Gefährlicher fand ich's unter Menschen als unter Thieren." Die Gefahr, die von den Tieren in der freien Natur ausging, betraf nur die körperliche Unversehrtheit.

Die Gefahr jedoch, die Zarathustra von den Menschen droht, richtet sich gegen sein Selbstverständnis als Mensch, das er sich in zehnjähriger Einsamkeit erarbeitet hat und in seiner Lehre vom Übermenschen verkünden will. Die Gefahr, die von den Menschen ausgeht, ist die des Rückfalls in den alten Dualismus, die Gefahr des Absturzes, in der der Seiltänzer umgekommen ist. Daher ist Zarathustra dankbar für das Auftauchen seiner Tiere, und von ihnen will er sich führen lassen, denn sie weisen ihm den Weg zum Übermenschen. Jetzt erst wird Zarathustra klar, wie schwer dieser Weg ist und wie ernst er die Warnungen des Heiligen im Walde nehmen muß, wenn er sein Ziel erreichen will. Seufzend über seine Unzulänglichkeit wünscht sich Zarathustra, daß ihm das gelingen möge, was seine Tiere ihm exemplarisch vor Augen führen: „Möchte ich klüger sein! Möchte ich klug von Grund aus sein, gleich meiner Schlange! / Aber Unmögliches bitte ich da: so bitte ich denn meinen Stolz, dass er immer mit meiner Klugheit gehe! / Und wenn mich einst meine Klugheit verlässt: – ach, sie liebt es, davonzufliegen! – möge mein Stolz dann noch mit meiner Thorheit fliegen!" –

Zarathustra möchte in erster Linie nicht stolz, sondern klug sein, „klug von Grund aus" wie die Schlange. Dies aber sei unmöglich, fügt er sogleich hinzu. Warum bzw. in welcher Hinsicht ist dies unmöglich? Was vermag die Schlange, das Zarathustra nicht vermag? Die Schlange ist von Grund aus klug: Es ist gewissermaßen ihre Natur, sich in ihren Bewegungen ihrer jeweiligen Umgebung anzupassen. Ihre Klugheit von Grund aus besteht darin, daß sie den Grund kennt, auf dem sie sich bewegt, und vermöge ihrer Vertrautheit mit dem Grund weiß sie um sich selbst und ihre Fähigkeiten. Daher weiß sie, daß sie nicht aus eigener Kraft zu fliegen vermag und es insofern eine Torheit wäre – das Gegenteil der ihr eigenen Klugheit –, wenn sie versuchen würde, ihren Lebensraum, den Grund und Boden, auf dem sie sich auskennt, mit der Dimension der Höhe, der Luft zu vertauschen. Genau dies, was sich die Schlange aufgrund ihrer Klugheit verbietet, unterläuft dem Menschen, der nicht von Grund aus klug ist, als Fehler. Der Mensch ist nicht nur Sinnlichkeit, er ist auch Geist; so kann er das, was an ihm Körper, Materie, Sinnlichkeit ist, mißverstehen. Dies ist dann der Fall, wenn er in törichter Selbstüberschätzung meint, sich von seinen materiellen Wurzeln abtrennen und diese gleichsam überfliegen zu können. Die Schlange weiß, daß sie keine Flügel hat und daher ihre Kreise auf der Erde beschreiben muß. Sie ist ein Wesen, das sich häutet und nach jeder Häutung gleichsam erneuert wieder von vorn beginnt. Dies aber ist dem Menschen unmöglich. Seine Art der Selbstüberwindung und Selbsterneuerung geschieht im Medium der Sinnlichkeit *und* des Geistes. Der Mensch ist Schlange und Adler in einem. Daher bittet Zarathustra seinen Stolz, er möge seine Klugheit immer begleiten, denn nur auf diese Weise kann sichergestellt werden, daß der Mensch jene Kreisbewegung vollzieht, in der die polaren Gegensätze seines Seins sich dynamisch vereinigen und in dieser Vereinigung dennoch als getrennte erhalten bleiben – so wie die beiden Tiere Zarathustras, Adler und Schlange, trotz ihres gemeinsam vollzogenen Kreisens die bleiben, die sie sind. Im Menschen soll der Geist dem Körper folgen, um ihn daran zu hindern, seinen Lebensraum und damit den Grund, aus dem er seine Lebenskraft bezieht, zu verlassen. Der Geist muß seinen ganzen Stolz daransetzen, im Körper Klugheit zu erwecken, denn nur ein autonom um seine Grenzen und Möglichkeiten wissender Körper ist ein ebenbürtiger Partner für den Geist, der – analog dem in großer Höhe sein Gebiet umkreisenden Adler – das durch die sinnliche Klugheit des Körpers erschlossene Gebiet reflektiert. Was die Schlange durch ihren Bodenkontakt, ihre unmittelbare Berührung des Grundes erfaßt, das eignet sich der menschliche Leib durch die Sinne an, und nur dieses durch die Sinne Angeeignete setzt die reflektierende Tätigkeit des Geistes – vergleichbar dem Kreisen des Adlers – so in Gang, daß sich die singuläre, sinnlich-leibliche Erfahrung im verallgemeinernden, die Vielheit und Mannigfaltigkeit der Sinneseindrücke überschaubar machenden Medium des Denkens wiederholt. Ohne die Klugheit des Leibes kreist der Geist leer in sich selbst und hat keinen Anlaß, stolz zu sein; er ist auf den Leib angewiesen, und selbst wenn ihn, wie Zarathustra ausdrücklich fordert, die Klugheit verläßt, soll der Stolz noch hinter der Torheit, in die sich die Klugheit als ihr Gegenteil verflüchtigt hat, herfliegen, um sie dazu zu bewegen, wieder dorthin zurückzukehren, wo ihr eigentlicher Lebensraum und Aufenthaltsort ist: auf der Erde als jenem Grund, den zu erschließen und dem Geist sichtbar zu machen ihrer Klugheit aufgegeben ist. Der Geist vermag diesen Grund nur mit Hilfe der Augen des Leibes zu sehen, so wie der Leib ihn nur mit Hilfe der Reflexion des Geistes im ganzen zu überblicken vermag. Mit dieser Bitte, daß sein Geist ihn vor dauernder Torheit bewahren möge, endet die Begegnung zwischen Zarathustra und seinen Tieren.

Man könnte das Problem, von dem im letzten Abschnitt der Vorrede Zarathustras die Rede ist, vielleicht so charakterisieren, daß nach dem zweieinhalb Jahrtausende währenden Mißverständnis der abendländischen Metaphysik an die Stelle der wahren, jenseitigen, übersinnlichen Welt des Geistes nun die ausschließlich sinnlich bestimmte Welt des Leibes treten soll. Aber auch dies wäre ein Mißverständnis, nur mit umgekehrtem Vorzeichen. Während bisher das Geistprinzip über den Leib triumphierte, indem es ihn zu einer *quantité négligeable* herabwürdigte, würde nun der Leib alles beherrschen und den Geist unterdrücken oder als bloßes Vehikel für die Befriedigung der Ansprüche des Leibes benutzen. Damit aber hätte sich nichts Grundlegendes verändert. Lediglich das Herrschaftsverhältnis hätte sich umgekehrt, während die einseitige Betonung jeweils nur *eines* Poles des Gegensatzes geblieben wäre.

*

Damit sind wir am Ende von Zarathustras Vorrede angelangt, deren erster und deren letzter Abschnitt mit den Worten beschlossen wird: Also begann Zarathustras Untergang. Was sich dazwischen abgespielt hat, welche Erfahrungen der vierzigjährige Zarathustra nach zehnjährigem Aufenthalt in der Einsamkeit des Hochgebirges beim Abstieg mit den Menschen macht, welchem Menschentyp er – angefangen von dem Heiligen über den Seiltänzer, den Possenreißer, die Totengräber und den Einsiedler bis hin zur Menge – begegnet, wie er seine Lehre vom Übermenschen vorträgt und damit im ersten Anlauf scheitert: Das alles haben wir miterlebt und verstehen das Fazit, das Zarathustra aus dem, was ihm zugestoßen ist, zieht, nämlich: daß er seine Weisheit nunmehr nicht mehr direkt unters Volk bringen will, sondern Gleichgesinnte, Gefährten, Schüler sucht, die fähig sind, ihm seine Weisheit abzunehmen und gemeinsam mit ihm auf die Überwindung der Stufe des Menschen hinzuarbeiten. Vergegenwärtigen wir uns noch einmal, was mit Zarathustras Untergang gemeint ist. In einem vordergründigen Sinn ist zunächst das Hinuntersteigen Zarathustras vom Berg gemeint. Er beschreibt den Weg von oben nach unten, nachdem er zehn Jahre zuvor den Weg von unten nach oben beschritten hat. In einem nun nicht mehr vordergründigen Sinn vollzieht Zarathustra im Durchlaufen dieser beiden gegenstrebigen Bewegungen das Gesetz des Willens zur Macht, das im Kreislaufmodell des Werdens anschaulich wird. Wie wir gesehen haben, sind für Zarathustra Kreislaufmodell und Gegensatzmodell letztlich identisch, wenn man die Gegensätze als polare, nicht als kontradiktorische Gegensätze denkt. Der Fehler der abendländischen Philosophie lag darin, daß sie die Gegensätze als solche dualistisch festschrieb, weil sie verkannte, daß es sich um polare oder besser: *dialektische* Gegensätze handelt. Dieser Fehler läßt sich auch graphisch anschaulich machen. In der griechischen Philosophie wurde ebenso wie im Christentum der Gegensatz von Oben und Unten, der zur Zweiweltenlehre führte – zur Fabel von der wahren und der scheinbaren Welt –, in unzulässiger Weise verabsolutiert. Bildlich gesprochen: Man hat den Durchmesser des Kreises für sich gesetzt und dabei den Kreis vergessen. Auf diese Weise entstand der Eindruck, daß es sich um unvermittelbare Gegensätze handelt, von denen man immer nur den einen *oder* den anderen wählen kann, den Weg hinauf zum Geistigen, zur wahren und guten Welt, oder den Weg hinab zum Materiellen, zur scheinbaren, bösen Welt. Die eine schloß die andere aus.

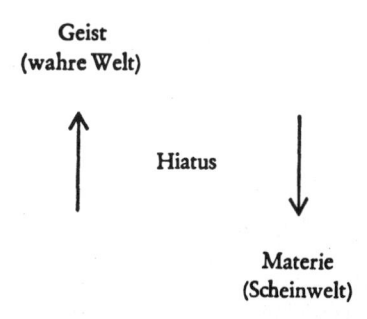

Geist
(wahre Welt)

↑   Hiatus   ↓

Materie
(Scheinwelt)

Zarathustra jedoch erkannte die Weisheit in Heraklits Satz, daß der Weg hinauf und der Weg hinab ein und derselbe Weg sei. Er begriff, daß er mit der Behauptung der Selbigkeit der beiden Wege ein Kreismodell des Werdens statuierte, in welchem die Gegensätze aufgehoben waren (in dem doppelten Sinn von *negare* und *conservare*). So verstanden bleibt der Gegensatz von Oben und Unten erhalten, doch so, daß er durch den Kreis zugleich negiert wird.

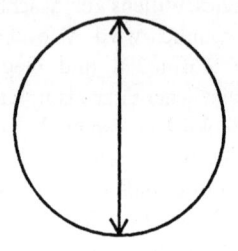

Zarathustra hat nämlich aus dem Mißverständnis der traditionellen Philosophie gelernt, daß nicht die Gerade, der Kreisdurchmesser der Weg ist, den alles Lebendige qua Werdendes geht, sondern daß der Weg über die Peripherie des Kreises führt.

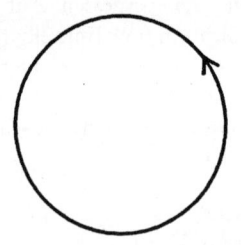

Damit wird die Vorstellung von feststehenden Gegensätzen aufgelöst, aber nicht die Vorstellung von Gegensätzen überhaupt. Denn jedem Punkt des Kreises, der durchlaufen wird, entspricht auf der anderen Hemisphäre ein Gegenpunkt, und die Spannung, die sich jeweils zwischen Punkt und Gegenpunkt erzeugt, ist der Motor des Werdens, der zum Fortschreiten bewegt.

Der Weg führt also stets im Kreise, niemals über die als Durchmesser angedeutete Linie. Das war der Irrtum des abendländischen Denkens, daß es die Gegensätze als absolute dachte und damit das Kreismodell sprengte – um den Preis einer unaufhebbaren Zweiheit.

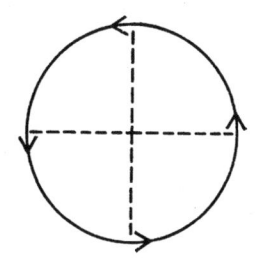

Betrachten wir nun noch einmal den Weg Zarathustras. Über den Weg hinauf erfahren wir nicht viel. Aus der Begegnung mit dem Heiligen wissen wir, daß Zarathustra vor zehn Jahren seine Asche zu Berge trug, und dieses Bild der Asche deutet darauf hin, daß es Zarathustra zum geistigen Pol hinzog, denn Asche ist verbrannte Materie, zwar selber auch noch Materie, aber doch schon gleichsam verfeinerte Materie. Der Weg hinauf kann somit als ein Weg der Entmaterialisierung beschrieben werden, der schrittweisen Verwandlung von Materie in Geist. Es handelt sich – erkenntnistheoretisch ausgedrückt – um einen Abstraktionsprozeß, in dem die Materie jedoch nicht als *quantité négligeable* zurückgelassen wird, sondern der ihr immanente Geist herausgeläutert wird. Der Weg nach oben führt in die Einsamkeit, wobei Einsamkeit hier wörtlich bedeutet: eins sein. Zarathustra wird in der Dimension der Höhe eins mit sich und der Welt; im Medium des Geistes versetzt er sich in das in allem Lebendigen wirksame Prinzip des Willens zur Macht. Dieses Prinzip haben wir im Kreislaufmodell, das das Gegensatzmodell in sich schließt, graphisch zu erläutern versucht.

Der Aufstieg hat Zarathustra also zur Einheit geführt, Einheit hier wiederum nicht im Sinn der traditionellen Philosophie als ein abstraktes Begriffskonzept oder als eine Idee aufgefaßt, sondern eben als ein geistiges Bewegungsprinzip, das es erlaubt, die Mannigfaltigkeit der Natur, der Dinge, Tiere und Menschen als ein zwar gegensätzlich strukturiertes, aber wesentlich zusammenhängendes Geschehen zu durchschauen. Zarathustra hat während seines Aufenthaltes im Gebirge als dem Bereich des Geistigen gelernt, das Viele in Bildern der Einheit zu betrachten. Und überall entdeckt er die kreisförmige Bewegung; ob er die Sonne in ihren wiederkehrenden Auf- und Untergängen beobachtet oder ob er den kreisenden Flug des Adlers und das sich Ringeln der Schlange wahrnimmt – immer ist es die in sich geschlossene Gestalt des Geistes, die Form der Reflexivität, die er in der Materie als deren bewegendes Prinzip wiederfindet. Nachdem Zarathustra dies erkannt hat, wird ihm bewußt, daß auch er nicht einseitig in der Dimension der Höhe verharren kann, sondern sich in den Kreislauf des Werdens einlassen muß, um lebendig zu bleiben. Er muß seiner Asche wieder Leben einhauchen; das Geistige in ihm muß sich wieder materialisieren, und es hat sich für ihn bereits in seiner Weisheit, in seiner Lehre vom Übermenschen anfänglich materialisiert. Die vollständige Materialisierung wird dann gelungen sein, wenn Zarathustra seine Lehre selber lebt, d. h. wenn er die Stufe des Menschen vollständig überwunden und die Stufe des Übermenschen erreicht hat. Aber bis dahin ist es für ihn noch ein weiter Weg.

War der Aufstieg, der Weg von unten nach oben ein Weg von der Vielheit zur Einheit, so stellt sich nun der Abstieg als der umgekehrte Weg von oben nach unten als ein Gang von der Einheit zur Vielheit dar. Dies läßt sich zeigen, wenn man darauf achtet, wie Nietzsche die Stationen von Zarathustras Abstieg aufeinander folgen läßt. Als erstes trifft Zarathustra auf den Heiligen im Wald. Der erste Schritt Zarathustras führt demnach von der Einheit zur Zweiheit, denn der Heilige repräsentiert ja die dualistische Lebensform christlicher Prägung. Er hat wie Zarathustra in der Einsamkeit die Einheit gesucht, sie aber nicht wie dieser in der Natur gefunden – der Wald verstellt ihm gewissermaßen den freien Blick —, sondern in Gott, in einem vollkommenen Wesen außerhalb und jenseits der Natur. Dadurch hat er aber gerade eine unendliche Kluft zwischen Gott und Natur aufgerissen, die auch der Mensch, der ja ein Teil der Natur ist, nicht zu überwinden vermag. Der Heilige als Repräsentant des Dualismus von Geist und Materie lebt also nach dem für sich absolut gesetzten Gegensatzmodell:

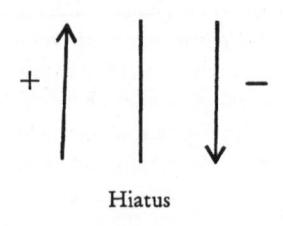

Hiatus

In Zarathustras Sicht stellt sich dies so dar, daß der Heilige, wenn man das vergessene Kreismodell wieder hinzunimmt, im Kreismittelpunkt zu leben versucht.

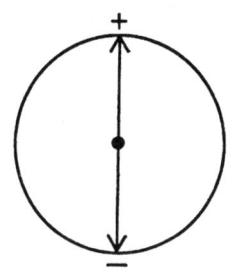

Dieser Mittelpunkt ist aber kein Aufenthaltsort für den Menschen als lebendiges Wesen, denn im Zentrum neutralisieren sich Spannung und Gegenspannung, und das bedeutet den Tod des Lebendigen. Daher muß der Weg des Menschen über die Peripherie des Kreises führen, nicht über die Durchmesser.[27]

Von dem Heiligen führt Zarathustra der Weg zum Volk, zu den Schaulustigen, die auf den Seiltänzer warten. Es handelt sich also beim zweiten Schritt der absteigenden Bewegung um den Schritt von der Zweiheit zur Vielheit, insofern die Lebensform, die durch die Menge repräsentiert wird, zwar auch durch den Dualismus geprägt ist, den der Heilige in reiner Form existentiell realisiert, gleichwohl aber dem Prinzip sinnlichen Glücks, der Hingabe an das Materielle verhaftet ist und somit eine Form von Geistlosigkeit darstellt. Eigentümlicherweise sind weder der Heilige noch die Menge als Adressaten für Zarathustras Lehre geeignet, und zwar aus dem Grund, weil beide ein einseitiges Leben führen. Der Heilige besitzt zwar Geist, aber er lehnt die Materie ab. Die Menge hat zwar eine innige Beziehung zur Materie, aber sie besitzt keinen Geist. Weder der Heilige noch das Volk können Zarathustra daher verstehen, denn sie sind beide undialektisch. Zarathustra will ja gerade Geist *und* Materie als voneinander unabtrennbare Hemisphären verkünden, was voraussetzt, daß man Einheit als Einheit von Verschiedenem, Heterogenem denken kann, nicht aber als bloße Einförmigkeit – sei es die Einförmigkeit des Geistes, die die Natur zur Ein-öde werden läßt, sei es die Einförmigkeit der letzten Menschen, die nur noch blinzeln können. Zarathustra findet daher weder beim Heiligen noch bei den Vielen einen geeigneten Gesprächspartner, und derjenige, der ihm vielleicht ein Gesprächspartner hätte sein können, der Seiltänzer alias Jesus Christus, ist tot. So konnte Zarathustra seine Weisheit noch nicht loswerden, denn seine Weisheit ist unteilbar. Wer nur dem geistigen Prinzip folgt, versteht ihn ebensowenig wie derjenige, der ausschließlich dem materiellen Prinzip verhaftet ist, da Zarathustras Lehre gerade auf die Einheit dessen zielt, was die Vertreter eines Dualismus radikal trennen.

Zarathustras Abstieg vom Berg, mit dem sein Untergang als der Untergang eines Denkers beginnt, der zehn Jahre lang die Materie mit den Mitteln des Geistes durchdrungen hat, ist mithin als ein Vorgang der Materialisierung und Konkretisierung aufzufassen derart, daß Zarathustra sich nun anschickt, seine Erfahrung von Einheit in das Viele hineinzutragen, was aber gemäß dem dialektischen Modell nur möglich ist, wenn das Eine selber zur Vielheit wird, wenn das Eine in der Vielheit untergeht und aufgeht. Aber es ist nicht nur die Einheit, die sich beim Abstieg verändert, indem sie sich materialisiert und damit zur Vielheit wird. Auch Zarathustra selber verändert sich. Zarathustra hat sich verwandelt, so stellt schon der Heilige fest, als er Zarathustra wie einen Tänzer dahergehen sieht. Nun darf man dies nicht mißverstehen, als ob der Abstieg leichter sei als der Aufstieg. Wer schon einmal im Gebirge auf- und wieder abgestiegen ist, der weiß, daß der Abstieg keineswegs leichter ist, sondern eher schwerer als der Aufstieg. Wenn die Verwandlung, die mit Zarathustra vor sich gegangen ist, darin besteht, daß sein Gang an die Bewegung eines Tänzers erinnert, so soll das Bild des Tanzes eine erste Materialisierung des geistigen Einheitsprinzips durch den Leib Zarathustras andeuten. Der Tanz verlangt, wie wir bereits ausgeführt haben, äußerste Körperbeherrschung, durch die die Schwerkraft als die Dimension der Tiefe und der Flug als die Dimension der Höhe so miteinander ausbalanciert werden, daß der Tänzer in seinen Bewegungen jene mittlere Dimension erreicht, aus der das halkyonische oder dionysische Element entspringt. Eine analoge Körperbeherrschung verlangt auch der Abstieg im Gebirge, der, wenn er nicht zum Absturz geraten soll, ein Austarieren der Erdanziehungskraft durch die eigene Kraft erforderlich macht.

Man muß sich das Bild des Tanzes aber nicht unbedingt nach dem Modell des Balletts vorstellen, bei dem das momentweise Schweben des Tänzers die gelungene Vermittlung von Oben und Unten symbolisiert. Man kann beim Tanz durchaus auch an ein sich im Kreis Drehen denken, um zu zeigen, daß der Tanz eine Materialisierung des Kreis- und des Gegensatzmodells in einem ist.

Zarathustra hat sich beim Absteigen also verwandelt; mit ihm ist eine Veränderung vorgegangen; er beginnt seine Weisheit gewissermaßen zu verleiblichen. Aber zum Vorgang der Verleiblichung oder Materialisierung gehört auch hinzu, daß Zarathustra nicht nur sich selbst, sondern auch alles andere außerhalb seiner dazu bewegt, mit den Mitteln der Materie Einheit hervorzubringen und zu gestalten. Genau dies ist ihm noch nicht gelungen. Die Zweiheit, die in der Lebensform des Heiligen die Einheit zerreißt, und die Vielheit, in die sich bei der Lebensform der Menge die Einheit zerstreut, schließen Einheit gerade aus. Der Heilige entzieht sich, das Volk widersetzt sich Zarathustras Bestreben, durch seine Lehre vom Übermenschen den Menschen eine zugleich dynamische und dialektische Vorstellung von Einheit zu vermitteln, in der Geist und Materie einander wechselseitig bedingen. Zarathustra hat ganz im Gegenteil die Erfahrung machen müssen, daß man ihn mitsamt seiner Lehre ablehnt, wodurch die Scheidung zwischen ihm und den anderen Menschen, anstatt aufgehoben zu werden, allererst als solche manifest wird und sogar Zarathustras Existenz bedroht. Daß er sich trotzdem von seiner Absicht nicht abbringen läßt, sondern darin noch bestärkt sieht, dafür sorgt das plötzliche Auftauchen seiner Tiere – Adler und Schlange –, die ihm durch ihre Kreisbewegungen seine Aufgabe in Erinnerung rufen: das Prinzip des Willens zur Macht zu materialisieren, und zwar durch Aufklärung der Menschen über ihre Einseitigkeit. Sie sollen dazu gebracht werden, sich in das dialektische Hin- und Hergehen zwischen Tier und Übermensch einzuüben, um das traditionelle Menschenbild zu überwinden.

Aber auch Zarathustras Untergang beginnt erst. Auch er muß sich um- und neuschaffen; er steht erst am Anfang des Prozesses seiner Selbstwerdung und muß das Prinzip, das er in der Sphäre des Geistes erkannt hat, mit den Mitteln seines Leibes materialisieren. Er ist nicht bloß Wegweiser, ausschließlich dazu bestimmt, anderen zu zeigen, wo es langgeht, ohne sich selbst vom Fleck zu rühren. Vielmehr besteht seine wegweisende Funktion eben darin, daß er selber den Weg geht, den er anderen aufzeigt. Er lehrt andere das Tanzen, indem er selber tanzt. Nachdem er jedoch, so durchdrungen und überzeugt von der Einsicht, die ihm in der Dimension der Höhe zuteil wurde, die für ihn schmerzliche Erfahrung gemacht hat, daß niemand seine Botschaft angenommen hat, reduziert er seine ursprüngliche Absicht, die große Menge zu überzeugen, dahingehend, daß er Ausschau nach Schülern hält, die dann eines Tages auch wieder als Lehrer tätig werden, so daß nicht einer allein, sondern immer mehr die Lehre vom Übermenschen unters Volk bringen. Zuerst einmal aber gilt es, diese Schüler zu finden, und so zieht Zarathustra im Land umher, hält Reden in der Hoffnung, auf Gleichgesinnte zu stoßen, bei denen die Lehre vom Übermenschen auf fruchtbaren Boden fällt.

DIE REDEN ZARATHUSTRAS

„Von den drei Verwandlungen":
eine Genealogie des Geistes

In dieser Rede beschreibt Zarathustra die Genealogie des Übermenschen, wie wir sie schon aus der Vorrede kennen, wo Zarathustra die Reihe Pflanze, Wurm, Affe, Mensch, Übermensch aufgestellt hatte. Nun bedient er sich der Bilder des Kamels, des Löwen und des Kindes, um die wesentlichen Stufen des geistigen Entwicklungsprozesses zu markieren. „Drei Verwandlungen nenne ich euch des Geistes: wie der Geist zum Kameele wird, und zum Löwen das Kameel, und zum Kinde zuletzt der Löwe." Es ist die Geschichte des Geistes, die stufenweise über drei ‚Materialisierungen' erfolgt, von denen die erste, die Verwandlung zum Kamel, das Selbstverständnis der abendländischen Tradition charakterisiert. Auf der zweiten Stufe, der des Löwen, befindet sich Zarathustra als Kritiker der traditionellen Werte, und die dritte Stufe, die des Kindes, verweist auf den Übermenschen als die noch ausstehende Verwandlung.

Geist ist der polare Gegensatz von Materie. Nur in der Auseinandersetzung mit der Materie als dem Anderen seiner selbst kommt der Geist zum Selbstbewußtsein, was durch die Kreisform anschaulich wird. Die Bewegung des Strebens über sich hinaus bezieht sich auf sich selbst zurück, und jeder solchermaßen gelingende, kreisförmig in sich geschlossene Vollzug stellt einen Fortschritt dar, eine Höherentwicklung oder Selbstüberwindung des Geistes. Daher muß sich der Geist, dessen Element die Höhe, die Luft ist, in der er sich wie der Adler mit Leichtigkeit bewegt, auf das Schwere einlassen, um an diesem Gegengewicht seine eigene Kraft ermessen zu können. „Vieles Schwere giebt es dem Geiste, dem starken, tragsamen Geiste, dem Ehrfurcht innewohnt: nach dem Schweren und Schwersten verlangt seine Stärke." Dieser seiner Stärke, seiner Selbstmächtigkeit kann er sich nur vergewissern, indem er erprobt, was er zu tragen, zu ertragen vermag; daher muß sich der Geist mit dem Schweren, ja dem Schwersten belasten, das er als Gradmesser seiner Kraft zugleich ehrt – es muß ihm mindestens ebenbürtig sein – und fürchtet –, es könnte sich als ihm überlegen erweisen. „Was ist schwer? so fragt der tragsame Geist, so kniet er nieder, dem Kameele gleich, und will gut beladen sein." Der Geist, der sich wie alles Lebendige gemäß dem Prinzip des Willens zur

Macht mit dem Gegenteil seiner selbst auseinandersetzen muß, um seine Stärke einschätzen und potenzieren zu können, hat in einem ersten Schritt zur Demonstration seiner Selbstmächtigkeit das gewählt, was ihm am allerschwersten fällt: Er hat sich selbst verleugnet. Das Kamel, das niederkniet, um sich mit Lasten beladen zu lassen, deutet auf die Selbsterniedrigung des Geistes hin, auf seine Demutshaltung gegenüber dem, was er mit Ehrfurcht betrachtet. Er beugt sich vor der Autorität des seit altersher Geltenden, vor den altehrwürdigen Norm- und Wertvorstellungen des überlieferten Moralkodex, den die abendländische Philosophie und das Christentum geprägt haben. Der Geist, dessen Selbstverständnis in Analogie zur Haltung des Kamels gebildet ist, sieht seine Stärke im fraglosen Übernehmen und selbstverständlichen Weitertragen der Tradition, im Gehorchen, das ihn froh macht.

Zarathustra führt eine Reihe von Beispielen an, die diese der alten Moral verpflichtete Geisteshaltung veranschaulichen, aber dadurch, daß er sie als Antworten auf die Frage: „Was ist das Schwerste?" wiederum in Frageform formuliert, wird ersichtlich, daß für Zarathustra die Kamelstufe des Geistes etwas zutiefst Fragwürdiges ist. Obwohl der Geist richtig erkannt hat, daß er nur über seinen Gegensatz, in der fruchtbaren Spannung zu seinem Gegenpol seine Stärke erproben kann, hat er doch sich selbst mißverstanden, wenn er meint, seine größte Stärke erweise sich darin, daß er alle Kraft aufwendet, um sich selbst zu schwächen, indem er fremden Autoritäten gehorcht, die ihm gebieten, genau das Gegenteil von dem zu tun, was er eigentlich will. Was ist das Schwerste? „Ist es nicht das: sich erniedrigen, um seinen Hochmuth wehe zu tun? Seine Thorheit leuchten zu lassen, um seiner Weisheit zu spotten? / Oder ist es das: von unserer Sache scheiden, wenn sie ihren Sieg feiert? Auf hohe Berge steigen, um den Versucher zu versuchen?"

Wir kennen die alten Weisheitssprüche und Morallehren, die hinter diesen Fragen stehen: Hochmut kommt vor dem Fall. Die Armen im Geist oder die reinen Toren sind der Wahrheit näher als die Gelehrten. Zuviel Erfolg verdirbt den Charakter. Wer andern eine Grube gräbt, fällt selbst hinein. Solche und ähnliche Redensarten warnen vor einer gewissen Maßlosigkeit oder Grenzenlosigkeit, durch die der Mensch sich verlieren könnte. Um dem vorzubeugen, wird ihm empfohlen, sich in dem, was er begehrt, zurückzuhalten, besser noch, das genaue Gegenteil zu erstreben: statt Hochmut Demut, statt Weisheit Torheit, statt Sieg Niederlage, statt Überheblichkeit Erniedrigung. Der Geist soll sich in seinem Streben zügeln, seine Ansprüche zurücknehmen und sein Machtbegehren dem in den überlieferten Moralnormen manifest gewordenen Willen der Vorväter unterordnen, d. h. er soll folgsam das tun, was er nicht will bzw. das lassen, was er will. Diese Selbstunterdrückung des Geistes, die von ihm als das Schwerste gefordert wird, ist in Zarathustras Augen eine Perversion des Prinzips des Willens zur Macht. Anstatt seine ganze Kraft anderen Kräften entgegenzusetzen und durch den Kampf mit den Gegenkräften zu wachsen, wird der Geist dazu aufgefordert, seine Kraft gegen sich selbst zu richten und seinen Stolz zu zerstören. Der Hintergrund für dieses Prinzip der Selbstzersetzung des Geistes ist die christliche Moral, die davon ausgeht, daß Stolz, Hochmut, Selbstüberheblichkeit es waren, die einst den Geist dazu verführt haben, wie Gott sein zu wollen, und ihn zu Fall gebracht haben. Eingedenk des Sündenfalls gebieten die christlichen Normen, das Übel mit der Wurzel auszureißen, und schreiben daher die Selbstkasteiung des Geistes vor. Er soll seine Stärke nicht dadurch beweisen, daß er nach Wissen, nach selbstgesetzten Zielen, nach Macht strebt, sondern indem er dieses sein Streben durch bewußtes Gegenstreben unwirksam macht und damit seine Gefügigkeit bekundet. Indem er die Gebote Gottes anerkennt, negiert der Geist seinen Anspruch, selber Gesetze zu geben, und unterwirft sich einem stärkeren Willen. Für Zarathustra ist diese Form der Askese unannehmbar, weil sie der Heteronomie den Vorrang vor der Autonomie gibt und damit jede Weiter- und Höherentwicklung des Geistes unmöglich macht. Die Bindung an die christliche Tradition bedeutet für den Geist nicht nur Stagnation, sondern sogar einen Rückschritt, da diese Form der Selbstüberwindung, anstatt ihn über sich hinaus zu treiben, ihn in sich zurücktreibt.

Selbst Jesus Christus, der Sohn Gottes, lebte diese Geisteshaltung exemplarisch vor, denn für ihn war es ja das Schwerste: „Auf hohe Berge steigen, um den Versucher zu versuchen." Der Teufel hatte ihn bekanntlich zuerst in der Wüste, dann in der heiligen Stadt und schließlich auf einem hohen Berg versucht, wo er ihm die ganze Welt mitsamt ihrer Herrlichkeit versprach, wenn Christus bereit wäre, vor ihm niederzuknien und ihn anzubeten.[1] Bei allen drei Versuchungen des Teufels widersteht Christus, indem er es nicht nur ablehnt, seine göttlichen Kräfte zu demonstrieren (Steine in Brot zu verwandeln, ungefährdet von einem hohen Turm zu springen), sondern auch die Macht des Teufels nicht anerkennt und das Angebot der irdischen Schätze ausschlägt. Es ist schwer für Christus, der ja ein Mensch ist und als Mensch nicht nur geistige, sondern auch empirische Bedürfnisse hat, auf die ihm vom Teufel versprochene Erfüllung aller menschlichen Glücksansprüche zu verzichten. Aber das Schwerste liegt für ihn in dem, was Zarathustra den Versucher versuchen nennt. Christus lehnt es ab, seine Kräfte mit denen des Teufels zu messen. Es wäre ihm ja ein Leichtes gewesen, dem Teufel eine Demonstration göttlicher Macht vorzuführen und ihn zu zwingen, sich vor ihm als dem Mächtigeren zu beugen. Statt dessen *versucht* er den Teufel, indem er ihn auf Gottvater verweist, der allein der wahre Herr der Welt ist. Christus gibt in allen drei Versuchungen die Aufforderung des Teufels an diesen selbst zurück, indem er umgekehrt ihn auffordert, sich Gott zu unterwerfen: „Du sollst anbeten Gott, deinen Herrn, und ihm allein dienen." Für Christus ist es das Schwerste, sich selbst als Gott zurückzunehmen und gegenüber Gottvater die gleiche Demutshaltung einzunehmen, die er vom Teufel fordert.

Was ist das Schwerste für den tragsamen, den gefügigen Geist, der sich auf der Kamelstufe (wider-)willig vorschreiben läßt, was er zu tun und zu lassen hat?. Zarathustra bietet weitere Antworten auf diese Frage nach dem Schwersten an: „Ist es das: sich von Eicheln und Gras der Erkenntniss nähren und um der Wahrheit willen an der Seele Hunger leiden?" Auch hier deutet das Hungernlassen der Seele wieder auf die Selbstkasteiung des Geistes, der auf eine große Sinnfülle verzichtet und sich mit Eicheln und Gras der Erkenntnis zufrieden gibt, d. h. mit jenen einfachen „Wahrheiten", die ihm Tradition und Geschichte so anbieten, wie z. B. ein Reh, das sich von Eicheln und Gras ernährt, sein Futter von der Natur angeboten bekommt. Während die Seele des Rehes dabei jedoch keinen Schaden nimmt, da es seinen Hunger in der Natur ganz zu stillen vermag, beschneidet sich der Geist des Menschen selbst in seinen Möglichkeiten, wenn er die Erkenntnis der Wahrheit auf das Vorfindliche, ihm ohne sein Zutun Vorgegebene beschränkt.

Zarathustra führt noch drei weitere Beispiele für das traditionelle Selbstverständnis des Menschen auf der Kamelstufe an, die ebenso wie die vorhergehenden die Einübung in die Haltung des Gehorchens, des sich Unterwerfens, der Selbstkasteiung des Geistes als das Schwerste beschreiben, das Schwerste deshalb, weil der Geist all seine Antriebskräfte unterdrücken und sein Wollen verdrängen muß, um den Gestus der Selbsterniedrigung vor einer fremden Autorität ausführen zu können. „Oder ist es das: krank sein und die Tröster heimschicken und mit Tauben Freundschaft schließen, die niemals hören, was du willst?" Soll man also in Situationen, in denen der Trost und Beistand anderer hilfreich wäre, gerade diejenigen wegschicken, die Trost und Ermutigung spenden könnten, um sich statt dessen an solche zu wenden, bei denen alle Bitten und Wünsche auf taube Ohren stoßen? Auch hinter dieser Beschreibung verbirgt sich eine alte Erziehungsregel: sich nicht gehenlassen, seine Schwäche nicht zeigen, sich abhärten und allein auf sich selbst gestellt ohne fremde Hilfe allen Belastungen standhalten, nach dem Motto: Was mich nicht umbringt, macht mich stark. Auch dies ist eine einseitige Form der Selbstüberwindung, denn jemand, der eine Krankheit besiegen will, schwächt sich ja gerade, wenn er auf Freunde verzichtet, die ihn in seinem Willen, gesund zu werden, mit ihrem Zuspruch unterstützen; wenn er sich statt dessen an Menschen wendet, die überhaupt keinen Sinn, kein Ohr für das haben, was er will. Zarathustra scheint hier mit dem Kranken auf den gefallenen, sündigen Menschen anzuspielen, der es vorzieht, die tauben Ohren Gottes und der Priester um Genesung anzuflehen, wohl wissend, daß sie ihn nicht erhören, anstatt auf jene zu hören, die Trost spenden und ihn vielleicht sogar zu der Einsicht bringen könnten, daß seine vermeintliche Krankheit nur eine eingebildete ist und daher aus eigener Kraft überwunden werden kann.

Oder ist dies das Schwerste, so fragt Zarathustra weiter: „in schmutziges Wasser steigen, wenn es das Wasser der Wahrheit ist, und kalte Frösche und heisse Kröten nicht von sich weisen?" Es kostet zweifellos Selbstüberwindung, sich in einen Tümpel zu begeben, dessen Wasser schmutzig ist und der allerlei Getier enthält, die zu berühren wir uns nicht weniger ekeln, als die Prinzessin im Märchen vom Froschkönig sich davor ekelte, den Frosch anzufassen. Dennoch gebietet uns die traditionelle Moral genau dies zu tun, in das schmutzige Wasser zu steigen, weil es das Wasser der Wahrheit sei. Wie ist dies zu verstehen? Die Bilder des Schmutzes, der Frösche und Kröten weisen darauf hin, daß es sich um einen Teich, also nicht um ein fließendes, sondern um ein stehendes Gewässer handelt. So wurde die Wahrheit traditionell als etwas Statisches, ewig Gültiges, nicht dem Fluß der Zeit Unterworfenes aufgefaßt (vgl. Nietzsches Lehrstück „Wie die wahre Welt endlich zur Fabel wurde"). Aber diese Wahrheit kann nicht gemeint sein, denn sie wurde immer als Inbegriff des Reinen, Klaren, Durchsichtigen vorgestellt. Mithin steht der schmutzige Tümpel für das *Abbild* der wahren Welt, platonisch ausgedrückt: für die dunkle Höhle, die wiederum als Sinnbild für den menschlichen Leib galt. Entsprechend war es für Sokrates das Schwerste, von der oberen, wahren Erde wieder in die Höhle hinabzusteigen, aus der Helligkeit des Geistes wieder in den Sumpf des Körpers zurückzukehren, wo kalte Frösche und heiße Kröten auf ihn warten – Bilder wohl für die dualistische Gespaltenheit des Menschen als vernünftigem Sinnenwesen in ein Oben und Unten, einen Himmel und eine Hölle: kühler Kopf und heißer Sinn. Die Seele, eingesperrt in die schmutzige Materie des Leibes, wird hin- und hergerissen zwischen der ihr immanenten Vernünftigkeit, die es ihr erlaubt, die Dinge aus sachlich-nüchterner Distanz zu beurteilen, und den brennenden Begierden der Leidenschaften, durch die ihr der klare Blick getrübt wird.

Auch dieses Beispiel läßt sich im selben Sinn wie die vorhergehenden interpretieren: Der Geist betrachtet es als das Schwerste, sich in einem ihm unangemessenen Medium in sich selbst zurückzuziehen und das Unvernünftige als das Andere seiner selbst, da er es nicht von sich weisen kann, zu ertragen. Anstatt die Materie zu seinem Widerpart zu machen, an dem er seine Kräfte messen kann, zieht er eben diese Kräfte leer in sich selbst zurück in der Meinung, damit sowohl die Materie als auch sich selbst überwunden zu haben. In Wirklichkeit hat er jedoch wieder nur einer fremden Autorität gehorcht, die ihm suggeriert hat, der menschliche Körper sei ein Kerker, in den die Seele zur Strafe für ihre Selbstüberheblichkeit und Unbotmäßigkeit gesperrt worden sei und in dem sie zur Verbüßung ihrer Schuld ausharren müsse.

Noch ein letztes Mal fragt Zarathustra nach dem Schwersten: „Ist es das: Die lieben, die uns verachten, und dem Gespenste die Hand reichen, wenn es uns fürchten machen will?" Das Gebot der christlichen Nächstenliebe erstreckt sich auch auf die Feinde, und es ist schwer, jemandem, der uns verachtet, nicht mit der gleichen Geringschätzung, sondern mit Liebe zu begegnen. Das Gebot der Feindesliebe mutet uns zu, es all denen, die uns übel wollen und Böses antun, nicht mit gleicher Münze heimzuzahlen und die Kräfte, die wir dadurch sparen, daß wir uns nicht auf eine Auseinandersetzung mit unseren Feinden einlassen, dazu zu verwenden, den Zorn, die Wut und Enttäuschung niederzuhalten, die das Verhalten des Feindes in uns erregt hat, um auf diese Weise Platz für Nächstenliebe zu schaffen. Diese Unterdrückung und Überredung des Willens ist schwer, da sie gegen das in der menschlichen Natur wirksame Prinzip des Willens zur Macht gerichtet und erkauft ist durch die Negation der polaren Gegensätzlichkeit als Grundstruktur aller Weiter- und Höherentwicklung. Das gleiche ist der Fall, wenn man dem Gespenst, das uns fürchten machen will, die Hand reicht. Die normale Reaktion, wenn man einem Gespenst, einem Geist begegnet, ist die, daß man Reißaus nimmt. Daher ist es schwer und verlangt sehr viel Mut, seine Angst zu überwinden und dem Gespenst Freundschaft zu signalisieren. Gespenster, so wissen wir, sind für Zarathustra Ausgeburten des Geistes, der sich von der Materie losgerissen und für sich gesetzt hat; als Surrogat für den Mangel an materieller Fülle erdichtet er sich eine eigene übersinnliche, ideelle Materie in Gestalt von Gespenstern, d. h. von Geistern als Gebilden eines personifizierten oder verdinglichten Geistes. Ein solches Gespenst, das uns Furcht einjagt und uns bedroht, ist z. B. der zornige Gott des Alten Testaments. Aber auch die Normen der traditionellen Moral, die durch ihr ‚du sollst nicht ...', ‚du darfst nicht' unter Androhung von Strafen bestimmte Handlungsweisen verbieten, sind gespensterhaft, da Ausfluß eines über alle empirischen Bedürfnisse angeblich erhabenen Geistes. Wer sich diesen Verboten unterwirft und damit Gehorsam demonstriert, der reicht dem Gespenst die Hand; er drückt mit dieser Geste seine Bereitschaft aus, den fremden Willen anzuerkennen und die angedrohten Sanktionen ernst zu nehmen. Auch hier wird wiederum der eigene Wille dem fremden Willen nicht entgegengesetzt, sondern in seinem Wollen ausdrücklich zurückgenommen, und die Kraft des eigenen Willens und Geistes wird an dem Kraftaufwand gemessen, der erforderlich ist, um sich selbst an einer Auseinandersetzung mit dem fremden Willen zu hindern. Man könnte also zusammenfassend in bezug auf die von Zarathustra aufgezählten typischen Verhaltensweisen des Geistes auf der Kamelstufe, die ihm am schwersten fallen, folgendes sagen: Die Stärke des Geistes hat ihren Gradmesser in dem, was er zu ertragen, zu erleiden vermag. Das Ausmaß seiner Leidensfähigkeit bestimmt den Grad seiner Stärke. Je mehr einer seinen Willen einzuschränken vermag, um einem fremden Willen Herrschaftsbefugnis einzuräumen, desto mehr Kraft besitzt er, denn nicht der fremde Wille hat ihn überwältigt, sondern der eigene Wille ist es ja, der sich kampflos unterwirft und dazu all seine Kraft benötigt, um sich selbst niederzuhalten und im Kampf mit sich selbst seine ihm von ihm selbst zugefügte Niederlage zu erleiden. Das extremste Beispiel hierfür ist der sterbende Christus, der im Erleiden des Todes seine gesamte Kraft aufbieten muß, um sein Nichtsterbenwollen gewaltsam zu unterdrücken und damit seinen Gehorsam gegenüber dem Willen Gottvaters unter Beweis zu stellen.

Zarathustra fährt fort: „Alles diess Schwerste nimmt der tragsame Geist auf sich: dem Kameele gleich, das beladen in die Wüste eilt, also eilt er in seine Wüste. / Aber in der einsamsten Wüste geschieht die zweite Verwandlung: zum Löwen wird hier der Geist, Freiheit will er sich erbeuten und Herr sein in seiner eignen Wüste."
Der Geist begibt sich somit, beladen mit den Normen der traditionellen Moral „in seine Wüste", in die einsamste Wüste. Das Bild der Wüste – so könnte man zunächst vielleicht vermuten – steht hier für die Innendimension des Geistes, für sein Selbstbewußtsein. Wie die Wüste der Lebensraum des Kamels ist, in dem es seine Lasten transportiert, so hat der Geist im Bewußtsein gewissermaßen sein Zuhause, seine Heimat. Diese Deutung trifft jedoch nicht zu; sie ist noch zu sehr am alten dualistischen Schema orientiert. Die Wüste, in die der zum Kamel gewordene Geist eilt, ist sein Gegenpol, die Materie. All die Normen und Wertschätzungen, die sich der Geist hat aufladen lassen, soll er nun in die Materie hineinbringen; er soll die Wüste fruchtbar machen, indem er die ihm aufgetragenen Gebote handelnd befolgt. Die Verwandlung, die mit

dem Geist geschieht, wenn er sein eigenes Betätigungsfeld überblickt, beginnt mit einem Akt der Selbstaufklärung. In der reflexiven Durchdringung seiner Kamelhaltung durchschaut er diese als eine Form von Heteronomie. Der Geist, der sich nicht mehr vor fremder Autorität beugen will, der die Normen der traditionellen Moral als Vor-urteile eines fremden Willens erkannt hat und ihnen den Gehorsam aufkündigt, hat sich in einen Löwen verwandelt. Der Geist will sich nicht in dem, was er will, bestimmen lassen, sondern selber bestimmen. Er will Herr sein in seinem ureigensten Revier, und das heißt: Er will frei sein. „Freiheit will er sich erbeuten" – damit ist angedeutet, daß mit der Negation der Gültigkeit des alten Normensystems bzw. des diesem zugrunde liegenden Prinzips der Heteronomie Freiheit nicht schon als solche verwirklicht ist. Die als Beute begehrte Freiheit ist zunächst nur negative Freiheit im Sinne des sich Unabhängigmachens, der Loslösung vom seit jeher Geltenden. Dieser Akt der Selbstbefreiung ist die Vorbedingung für jene Freiheit, die der Löwe zu erbeuten bzw. der Geist seinem Handeln als neues Prinzip zugrunde zu legen trachtet. Bevor jedoch der Geist als Herr im eigenen Hause sich selbst autonom gebieten und die Wüste fruchtbar machen kann, muß er das alte Prinzip, dem er bisher gehorcht hat, zerstören.

Zarathustra schildert diese innere Auseinandersetzung des Geistes mit sich selbst als Kampf mit einem Drachen. „Welches ist der grosse Drache, den der Geist nicht mehr Herr und Gott heissen mag? ‚Du – sollst' heisst der grosse Drache. Aber der Geist des Löwen sagt ‚ich will' / ‚Du – sollst' liegt ihm am Wege, goldfunkelnd, ein Schuppenthier, und auf jeder Schuppe glänzt golden ‚Du sollst!' / Tausendjährige Werthe glänzen an diesen Schuppen, und also spricht der mächtigste aller Drachen: ‚aller Werth der Dinge – der glänzt an mir.' / Aller Werth ward schon geschaffen, und aller geschaffene Werth – das bin ich. Wahrlich, es soll kein ‚Ich will' mehr geben!' Also spricht der Drache." Der Drache verkörpert das alte Normen- und Wertsystem – dauerhaft, gediegen, ehrwürdig, kostbar wie das Gold. Jede einzelne Norm, jeder einzelne Wert verkündet die gebieterische Macht eines Willens in einem ‚Du sollst', das jedem anderen Willen das Recht bestreitet, nicht nur etwas anderes, sondern überhaupt noch zu wollen. Es soll kein ‚Ich will' mehr geben. Die christliche Moral, in der Gott seinen allmächtigen Willen zum Ausdruck gebracht hat, ist der Inbegriff von Werthaftigkeit überhaupt, woraus folgt, daß es außerhalb des göttlichen Moralkodex nichts gibt, das Anspruch auf Werthaftigkeit und auf normative Gültigkeit erheben kann. Neben dem göttlichen Willen, der allen Sinn der Welt bereits geschaffen hat, kann es keinen Eigenwillen mehr geben, der für sich in Anspruch nimmt, etwas Wertvolles hervorzubringen, denn alles, was wertvoll ist, wird bereits von einem anderen Urheber vereinnahmt, so daß dem Eigenwillen, sofern er nach Sinn verlangt, nichts anderes übrigbleibt, als dem gebieterischen ‚Du sollst‘ zu gehorchen, um durch Verzicht auf sein eigenes Werte-schaffen-Wollen an dem durch einen vorgeblich mächtigeren Willen hervorgebrachten Wertekosmos teilhaben zu können.

Das ‚Du sollst‘ der alten Moral beinhaltet somit die Forderung der Kapitulation des Geistes: Du sollst keinen eigenen Willen haben, sondern dich einer größeren Autorität unterwerfen und die Demutshaltung des Kamels einnehmen; zur Belohnung wirst du dann mit all den Kostbarkeiten und Schätzen beladen, die du begehrt hast, ohne daß du sie dir selbst durch eigene Kraft verschaffen konntest. Der Drache, den Zarathustra hier offenbar ganz bewußt als Bild gewählt hat, ist eine überdimensional aufgeblähte Schlange. Diese Drachenschlange steht für den Geist, der sich von seinem Gegenpol, der Materie, abgelöst hat und den Verlust von Materie durch eine vorgetäuschte Sinnfülle zu überspielen versucht. Der Geist hat sich zum Inbegriff von Werthaftigkeit, zur wahren Welt, zu einem göttlichen Wesen aufgebläht, und durch sein gebieterisches ‚Du sollst‘ versucht er davon abzulenken, daß er eben das noch gar nicht ist, was er zu sein sich anmaßt, sondern zur Durchsetzung seiner Ansprüche auf die von ihm als bar jeden Wertes behauptete Materie angewiesen ist. Der Wille des Drachen erschöpft sich somit im ‚Du sollst‘, und ohne ein Gehorchendes als Erfüllungsgehilfe bleiben seine Gebote eine bloß ins Leere gehende Aufforderung, Werte zu verwirklichen; denn er vermag gar nicht selber Werte zu schaffen.

Der Drache ist ein Fabeltier, etwas Erdichtetes, eine Fiktion – und genau das gilt es zu durchschauen. Anders als die Schlange – Symbol der ständigen Selbsterneuerung von Geist und Materie in fruchtbarer Wechselbezüglichkeit – vermag sich dieser Drache nicht mehr zu häuten. Seine Haut ist in goldglänzenden Schuppen erstarrt, die die Unveränderlichkeit, aber auch die Unlebendigkeit dieses regungslos am Weg liegenden Monstrums veranschaulichen. Indem es vortäuscht, alles Wertvolle auf sich versammelt zu haben, hat es die Wüste als Wüste allererst hervorgebracht, so wie der Geist, der in einem fiktiven, transzendenten Jenseits alle Sinngebungen in ihrer ewigen Gültigkeit um sich versammelt, die diesseitige Welt als eine trostlose Einöde deklariert, nachdem er sie aller ihrer Werte beraubt hat.

Der Geist nun, der es wagt, dem altehrwürdigen ‚Du sollst‘ dennoch sein ‚Ich will‘ entgegenzusetzen, und damit den Anspruch erhebt, selber zu bestimmen, was für ihn wertvoll und gültig sein soll, dieser Geist auf der Stufe des Löwen schafft zunächst *tabula rasa,* indem er alles das, was bisher Anspruch auf Gültigkeit erhoben hat, radikal negiert. Zwar – so Zarathustra –: „Neue Werthe schaffen – das vermag auch der Löwe noch nicht: aber Freiheit sich schaffen zu neuem Schaffen – das vermag die Macht des Löwen. / Freiheit sich schaffen und ein heiliges Nein auch vor der Pflicht: dazu, meine Brüder, bedarf es des Löwen." Der Geist, der sich kritisch auf sich selbst – gewissermaßen auf seine Vergangenheit – zurückwendet, entdeckt, daß er im Gehorsam gegenüber dem ‚Du sollst‘, in der Übernahme der ihm aufgebürdeten Pflichten sich selbst aufgegeben hat. Um für seine eigenen Geltungsansprüche, für sein ‚Ich will‘ Platz zu schaffen, muß er zuerst ein Nein, ein heiliges Nein, das auf sein Heil abzielt, aussprechen, indem er dem ‚Du sollst‘ ein ‚Ich will *nicht*‘ entgegensetzt. Durch dieses ‚Ich will nicht‘ verweigert er dem alten Moralkodex seine Anerkennung und eröffnet damit einen Freiraum für das, was *er* will. Man könnte also sagen: Der Geist auf der Löwenstufe verhält sich nach rückwärts, in die Vergangenheit gewandt, destruktiv, nach vorwärts, in die Zukunft gerichtet, konstruktiv. Er ermöglicht durch die Negation des Prinzips der Heteronomie, auf dem die alte Moral fußt, autonome Selbstbestimmung, aber er ermöglicht sie nur, ohne sie schon zu verwirklichen. Das ‚Ich will mich bestimmen, indem ich meine eigenen Werte schaffe‘ bereitet den Boden für Freiheit allererst vor. Dies ist jedoch nicht so vorzustellen, als ob der Geist sich einfach ein neues Gebiet sucht, auf welchem er sein Wollen artikulieren und befriedigen kann, und das alte Gebiet, auf dem die christliche Moral ihre Forderungen erhob, hinter sich lassen könnte. Der Drache sitzt genau auf dem Gebiet – der Wüste –, das der Löwe für sich beansprucht, d. h. es gibt nur dieses eine vom Drachen besetzte Gebiet, auf dem etwas Wertvolles geschaffen werden kann dadurch, daß es von einem Willen begehrt und handelnd materialisiert wird. Der alte Moralkodex hat ein für allemal die Grenzen des Begehrenswerten festgelegt und diktiert seit mehr als zweitausend Jahren, worin der Geist das Gute als Inbegriff alles Wertvollen zu sehen hat: nämlich in jenen transempirischen Über- und Hinterwelten, die Zarathustra als Gespenster einer sich selbst verdinglichenden Vernunft entlarvt hat. Will der Geist also seine eigenen Geltungsansprüche durchsetzen, so muß er dem Drachen das von ihm besetzt gehaltene Gebiet entreißen.

„Recht sich nehmen zu neuen Werthen – das ist das furchtbarste Nehmen für einen tragsamen und ehrfürchtigen Geist. Wahrlich, ein Rauben ist es ihm und eines raubenden Thieres Sache. / Als sein Heiligstes liebte er einst das ‚Du – sollst': nun muss er Wahn und Willkür auch noch im Heiligsten finden, dass er sich Freiheit raube von seiner Liebe: des Löwen bedarf es zu diesem Raube." Zunächst im Bild gesprochen: Um den Drachen zu besiegen, muß der Löwe das Kamel fressen, denn der Drache bedarf, um seine Werte und Schätze über das Gebiet verteilen zu können, das er durch sein ‚Du sollst' abgesteckt hat, des „tragsamen" Kamels, das sich willig beladen läßt und seinen Befehlen „ehrfürchtig" gehorcht. Ohne das Kamel jedoch als sein ausführendes Organ ist der Drache ohnmächtig und besiegt; sein ‚Du sollst' geht ins Leere bzw. trifft nun auf den Löwen, der sich der Forderung des Drachen verweigert und an die Stelle des ‚Du sollst' sein ‚Ich will nicht' setzt.

Wie läßt sich nun das Verhältnis von Drache, Kamel und Löwe interpretieren? Der Geist – und es ist daran zu erinnern, daß für Zarathustra Geist etwas ist, das sich nicht ablösen läßt von seinem polaren Gegenteil, der Materie, an der und durch die er sich allererst als Geist begreift – der Geist also entdeckt, daß er nur der Vollzugsgehilfe eines anderen war, dessen Wille er unter Zurückdrängung der eigenen Wünsche und Wertvorstellungen ausgeführt hat. Er entdeckt weiterhin, daß die Wüste sich nicht verändert hat,

d. h. sie ist Wüste geblieben, unfruchtbar und öde, weil das Kamel mit seinen Schätzen durch sie hindurchgeschritten ist, anstatt sie in der Wüste abzuladen und aus der Wüste einen blühenden Garten zu machen. Der Geist, im Auftrag der alten dualistischen Moral stehend, hat die Materie nicht auf-, sondern abgewertet. Indem er dem ‚Du sollst' gehorchte – weil er es als „sein Heiligstes liebte" –, wähnte er sich als Diener eines allwissenden, allgütigen, allmächtigen Gottes, und im Dienst dieses Gottes hat er die Materie ihres Eigenwerts beraubt und zu ideellen Sinngehalten sublimiert, die wiederum der Bestätigung Gottes als *spiritus sanctus* dienten. Die Veränderung des Geistes, durch die er von der Kamel- zur Löwenstufe fortschreitet, kann nur so verständlich gemacht werden, daß dem Kamel eines Tages buchstäblich die Drachen-Schuppen von den Augen fallen. Es kann den Geist, dessen Natur es ist, nach dem Schwersten auszulangen, um seine Kraft zu ermessen, letztlich nicht befriedigen, seinen Willen fremden Geboten ständig unterzuordnen. Wenn im Menschen der Stolz erwacht – der Löwe gilt ja als ein stolzes Tier –, dann beginnt sich der eigene Wille zu regen, und damit verändert sich auch die Perspektive. Hinderte die Ehrfurcht vor dem Heiligen den Kamel-Geist daran, den christlichen Moralkodex und seinen Urheber, Gott, mit kritischen Augen zu betrachten, so entdeckt der Löwen-Geist „Wahn und Willkür auch noch im Heiligsten". Ihm fällt auf, daß unter dem Diktat der alten Moral lediglich das Bestehende konserviert und jeder Fortschritt unmöglich wird. Alles stagniert. Das Kamel läßt sich mit Schätzen beladen, die es nur tragen, aber nicht genießen darf, während der Drache darüber wacht, daß die Wüste Wüste bleibt. Nachdem der Geist durchschaut hat, daß er sich in die Irre hat führen lassen, verweigert er den Gehorsam. Er begreift, daß der Drache nur ein Wahngebilde ist, ein willkürlich erfundener Gott, der einzig und allein zu dem Zweck erfunden wurde, dem Geist alle Macht zu geben und so seine Überlegenheit über die Materie zu sichern. Letztlich war es also der Geist selber, der sich zum Kamel erniedrigt hat, indem er den Drachen als Bewahrer und Hüter der blutlosen Gespenster des Geistes erfand. Indem der Geist zum Löwen wird, wendet er sich somit gegen sein eigenes Selbstmißverständnis, daß er sein naturhaftes, auf die Materie gerichtetes Wollen unterdrücken müsse, um Platz zu machen für rein geistige Sinngebilde: die Werte, die nur als Postulate existieren. Der Löwe muß somit das Kamel fressen und den Drachen entmachten, um sich zu befreien, d. h. der Geist muß Gewalt gegen sich selbst ausüben und sich selbst mitsamt seinen als Fiktionen erkannten Wertvorstellungen negieren, um frei zu werden für sein ureigenstes Wollen. Mit dem Kamel und dem Drachen verschwindet auch die Wüste; der Löwe hat durch einen Akt radikaler Zerstörung anstelle der Wüste einen völlig neuen Raum geschaffen, in welchem von nun an sein ‚Ich will' gilt.

Mit diesem neu eröffneten Freiraum wird eine dritte Stufe des Geistes, die Stufe des Kindes eingeleitet. „Unschuld ist das Kind und Vergessen, ein Neubeginnen, ein Spiel, ein aus sich rollendes Rad, eine erste Bewegung, ein heiliges Ja-sagen." War die Stufe des Löwen die Stufe des Nihilismus, der Revolte und Verweigerung, die Stufe des Neinsagens, so wird diese auf der Stufe des Kindes überwunden. Nachdem der Geist die Prinzipien der alten Moral abgelehnt und für ungültig erklärt hat, ist er frei geworden für sein eigenes Wollen, für die Schaffung neuer Werte. Auf den ersten Blick könnte es so aussehen, als ob diese dritte Verwandlung des Geistes analog dem Hegelschen Dreiaktschema: These, Antithese, Synthese zu deuten wäre. Dies trifft jedoch nur bedingt zu, denn die dritte Stufe, die Stufe des Kindes, ist zwar erst nach dem Durchlaufen der beiden ersten Stufen erreichbar, aber sie stellt einen radikalen Neuanfang dar, eine erneute Geburt des Geistes, durch die er sich selbst hervorbringt. Bei seiner ersten Geburt, aus der er als Kamel, d. h. als heteronom bestimmter, gehorchender Geist hervorging, hatte er sich selbst verfehlt. Die Geburt des Geistes kann man sich nur selbstursprünglich vorstellen, d. h. der Geist muß sich selbst erzeugen: Er geht mit sich selbst schwanger und tritt bei seiner Geburt sowohl als Gebärender (die Mutter) wie als Geborener (das Kind) auf.[2] Bei seiner ersten Geburt war nicht er selbst als lebendiger Geist der Gebärende, sondern ein fremder, jenseitiger, für alle Ewigkeit erstarrter Übergeist, aus dem nur eine Totgeburt erfolgen konnte. Aber an dieser Totgeburt war der Geist entscheidend mitbeteiligt, insofern er mit der Unterdrückung seines Willens zur Macht angesichts eines vorgeblich mächtigeren Willens seinen Tod selbst herbeiführte. Nachdem er auf der Stufe des Löwen im Rückblick auf seine Herkunft die Kamelhaltung als eine Form der Selbsterniedrigung erkannt hat und diese radikal verneint, besiegelt er seinen Tod, indem er sich selbst für tot erklärt. Damit bereitet er seine neue Geburt vor, die in bezug auf das, was gilt und wertvoll ist, ein selbst gesetzter Anfang ist, ein Anfang, dem keine Fremdbestimmung mehr zugrunde liegt. Der Geist wird jetzt erst, indem er sich autonom als den einzig autorisierten Urheber von Werten setzt, zum Geist im eigentlichen und ursprünglichen Sinn. Wie der Phönix aus der Asche steigt und dabei die Asche hinter sich zurückläßt, so läßt der Geist, der zum Kind geworden ist, seine Vergangenheit hinter sich zurück; sie wurde durch das ‚Ich will nicht' des Löwen vernichtet, so daß das Kind bedingungs- und voraussetzungslos beginnen kann. „Unschuld ist das Kind und Vergessen", d. h. dadurch daß es dem Geist nun im zweiten Anlauf gelingt, sich selbst zu gebären, löscht er die Schuld aus, die er durch das Mißlingen des ersten Anlaufs und die damit verbundene Selbstverfehlung auf sich geladen hat. Wie das Kind nichts von seiner Vorgeschichte, seiner Herkunft weiß, so vergißt auch der Geist, nachdem er die Stufe des Löwen überwunden hat, seine Vergangenheit – die Epochen des ‚Du sollst' und des ‚Ich will nicht' –, weil er darin nicht er selbst war, sondern nur ein in Zwängen erstarrter, zum Gespenst verdinglichter Geist. Erst in der Epoche des ‚Ich will' wird er lebendig, spielerisch, kreativ – „ein aus sich rollendes Rad": wieder ein Bild für die aus sich selbst entspringende und in ihren eigenen Ursprung zurückkehrende Kreisbewegung. In einem ‚heiligen Ja-sagen' bejaht der Geist sich selbst; er bejaht sich als autonom wollenden und schöpferischen Geist, der nicht mehr wie der Löwe vom Raub leben muß, von dem also, was er dem Drachen abgetrotzt hat, sondern in voller Freiheit eine Welt zu schaffen vermag, die er als die seine anerkennen kann. „Ja, zum Spiele des Schaffens, meine Brüder, bedarf es eines heiligen Ja-sagens: *seinen* Willen will nun der Geist, *seine* Welt gewinnt sich der Weltverlorene." Dieses Ja-sagen zu sich selbst hat gleichsam eine religiöse Weihe, nur daß das Heil des neu geborenen Geistes seine eigene Tat ist. Das Schaffen, das Spiel, das Wollen sind Ausdruck der ursprünglichen Selbstbejahung des Geistes, durch die er nicht nur sich selbst als Geist, sondern zugleich auch Welt hervorbringt. Gab es vor der Selbstwerdung des Geistes nur Wüste, so entsteht nun Welt als die wahre

Schöpfung der geistigen Aktivität. Die Analogie zur christlichen Lehre von der göttlichen Erschaffung der Welt aus dem Nichts ist unverkennbar.

Am Ende der Rede über die drei Verwandlungen des Geistes wird berichtet, daß Zarathustra diese Rede in einer Stadt gehalten habe, die den Namen trägt: die bunte Kuh.³ Dies könnte ein Hinweis darauf sein, daß die Bewohner dieser Stadt der Kamelstufe des Geistes zuzuordnen sind. Denn die Kuh ist ein Herdentier, ein Wiederkäuer und ein Nutztier zumal, das dem Menschen nur als Mittel zum Zweck dient. Die Besonderheit dieser Kuh jedoch, die nicht wie gewöhnliche Kühe zweifarbig ist, sondern „bunt", könnte darauf hindeuten, daß Zarathustra in der Stadt mit dem besagten Namen Anhänger zu finden hofft, insofern das Attribut der Buntheit eine gewisse Mannigfaltigkeit verspricht – fruchtbaren Boden für seine Lehren.

„Von den Lehrstühlen der Tugend": die Kunst des Einschlafens

Nicht Zarathustra, sondern ein berühmter Weiser, „der gut vom Schlafe und von der Tugend zu reden wisse", tritt nun als Redner auf. Er macht vor allem auf die jungen Leute großen Eindruck, die sich um seinen Lehrstuhl scharen. Zarathustra mischt sich unter die Hörer und vernimmt die Hauptthese dieses Weisen: „Ehre und Scham vor dem Schlafe! Das ist das Erste! Und Allen aus dem Wege gehn, die schlecht schlafen und Nachts wachen!" Hüten müsse man sich insbesondere vor den Dieben und Nachtwächtern, die beide den Schlaf nicht ehrten. Während der Dieb sich noch eine gewisse Scham bewahrt habe, insofern er sich immerhin leise durch die Nacht stehle, sei der Nachtwächter vollends schamlos: „schamlos trägt er sein Horn". Wo der Schlaf mit einer quasi moralischen Würde ausgestattet wird – etwas, dem man Ehre und Scham schuldet –, dort gelten die Ruhestörer offenbar als unsittlich, und das Horn, Instrument zur Lärmerzeugung, avanciert zum Symbol der Unanständigkeit schlechthin. Schlafen zu können ist nämlich nicht etwas Selbstverständliches, sondern, so der Weise, „keine geringe Kunst ...: es thut schon Noth, den ganzen Tag darauf hin zu wachen". Der Tag und die an ihm ausgeübte Tätigkeit des Wachens dienen mithin zu nichts anderem als zur Vorbereitung auf den Schlaf. Der Weise bietet nun eine Technik zur Erlernung der schwierigen Kunst des Schlafens, in die man sich während des Tagesverlaufs einüben soll. Es handelt sich um vier Grundregeln, deren jede man zehnmal täglich zu befolgen hat. „Zehn Mal musst du des Tages dich selber überwinden: das macht eine gute Müdigkeit und ist Mohn der Seele. / Zehn Mal musst du dich wieder mit dir selber versöhnen; denn Überwindung ist Bitterniss, und schlecht schläft der Unversöhnte. / Zehn Wahrheiten musst du des Tages finden; sonst suchst du noch des Nachts nach Wahrheit, und deine Seele blieb hungrig. / Zehn Mal musst du lachen am Tag und heiter sein: sonst stört dich der Magen in der Nacht, dieser Vater der Trübsal." Wer sich vierzigmal am Tag gemäß den Anweisungen des Weisen verhält, wird beruhigt schlafen, denn er hat nicht nur die Bedürfnisse seiner Muskeln, seines Gemüts, seines Kopfes und seines Herzens auf gehörige Weise befriedigt, sondern sich überdies als tugendhafter Mensch erwiesen, der die zehn christlichen Gebote in seinem Tun verinnerlicht und gar noch vervielfacht hat. Die Ratschläge des Weisen laufen allesamt darauf hinaus, die Extreme zu meiden und sich auf alles gerade so weit einzulassen, wie es für das eigene Wohlbefinden zuträglich ist. „Ehre der Obrigkeit und Gehorsam, und auch der krummen Obrigkeit! So will es der gute Schlaf. Was kann ich dafür, dass die Macht gerne auf krummen Beinen wandelt? ... Viel Ehren will ich nicht, noch grosse Schätze: das entzündet die Milz. Aber schlecht schläft es sich ohne einen guten Namen und einen kleinen Schatz." Hat man den Tag auf diese Weise zugebracht, so steht lediglich noch die Einschlafübung aus, die darin besteht, daß man seine zehn Überwindungen, Versöhnungen, Wahrheiten und Gelächter noch einmal – wie beim Schäfchenzählen – Revue passieren läßt, worüber man unweigerlich einschläft. „Solcherlei erwägend und gewiegt von vierzig Gedanken, überfällt mich auf einmal der Schlaf, der Ungerufne, der Herr der Tugenden. / Der Schlaf klopft mir auf mein Auge: da wird es schwer. Der Schlaf berührt mir den Mund: da bleibt er offen." Die Rede des Weisen endet damit, daß er den Schlaf als einen Dieb preist, der alle Gedanken stiehlt und dem Menschen einen traumlosen Zustand völliger Inaktivität beschert: nichts sehen, nichts hören, nichts sagen.

Es scheint klar, daß diese Rede des Weisen eine Parodie auf den Typus des traditionellen Tugendlehrers oder Moralapostels darstellt, der das Ideal des letzten Menschen propagiert, das Ideal der Konfliktlosigkeit und Mittelmäßigkeit. Nietzsche macht dabei einige historische Anleihen, die als Persiflage anmuten. Die Situation – der Weise als Redner und Zarathustra als Zuhörer – erinnert an eine antike Konstellation: Sokrates, der einem der Weisheitslehrer seiner Zeit zu Füßen sitzt, etwa Protagoras oder Gorgias. Auch die Sophisten hatten die These von der Lehrbarkeit der Tugend vertreten und rhetorische Fähigkeiten als ein Mittel zur optimalen Lebensbewältigung gepriesen.[4]

Weiterhin kann man die Beispiele, anhand deren der Tugendlehrer dem Zarathustra seine Schlaftheorie veranschaulicht, als eine Verballhornung der aristotelischen *Mesotes*-Lehre auffassen. Aristoteles hat die Tugend als das Finden der richtigen Mitte zwischen zwei extremen Handlungen definiert, die aufgrund eines Zuviel oder eines Zuwenig diese Mitte verfehlen.[5] So ist Tapferkeit z. B. die richtige Mitte zwischen Tollkühnheit und Feigheit. Um in einer gegebenen Situation das angemessene Mittel zu finden, bedarf es nach Aristoteles der sittlichen Klugheit, der *Phronesis* als praktischer Urteilskraft, die das Fundament der Tugend als sittlicher Haltung ausmacht. In der Schlaftheorie des Weisen im „Zarathustra" verkommt die *Phronesis* zum Opportunismus, die Mitte zur Mittelmäßigkeit, das Ideal des großen Menschen zum Ideal des letzten Menschen, der mit dem geringstmöglichen Aufwand die größtmögliche Bequemlichkeit und Zufriedenheit zu erreichen trachtet. Der letzte Mensch wurde von Zarathustra als einer, der ständig blinzelt, geschildert. Nun haben wir dafür eine Erklärung: Er ist ununterbrochen schläfrig, nur daran interessiert, daß ihm möglichst bald die Augen zufallen, damit er sich von der Mühe des Verrichtens seiner vierzig täglichen Werke erholen kann.

Als drittes stellt die Schlaftheorie eine Ironisierung christlichen Gedankenguts dar. Die Zahl zehn als Anspielung auf die zehn Gebote wurde schon erwähnt. Ausdrücke und Sprüche wie: Der Schlaf des Gerechten, oder: Den Seinen gibt's der Herr im Schlaf, oder: Wer schläft, sündigt nicht, sind jedermann bekannt. Hier legt sich die Assoziation nahe, daß derjenige, der schläft, eben weil er untätig ist, kein Unrecht begehen, nichts Böses tun kann. In einer Gesellschaft von Schläfern wird niemandem ein Leid zugefügt, da sie sich im Status völliger Passivität befindet, und alle Tätigkeiten, die am Tag ausgeübt werden, auf jene Tugenden ausgerichtet sind, durch die die Tugend aller Tugenden, der Schlaf, sichergestellt wird.

Viertens und letztens bedeutet die Schlaftheorie des Weisen auch eine Banalisierung der Lehre Zarathustras. Die Selbstüberwindung, die täglich gleich zehnfach erbracht werden soll, ist eine Karikatur jener Verwandlung des Menschen, die ein ganzes Leben in Anspruch nimmt, eine bloße Alibi-Übung, die im Grunde keine große Anstrengung verlangt, da nicht der Mensch als ganzer überwunden werden soll um einer neuen Lebensform, der des Übermenschen, willen, sondern nur hier und da ein Verzicht gefordert wird, ein Verzicht auf Dinge, deren Erwerb ohnehin viel zu beschwerlich und daher gar nicht wünschenswert ist. In der Schlaftheorie wird demnach alles Qualitative quantifiziert und relativiert. Die Zählbarkeit und Meßbarkeit der Tugend, festgemacht an der Zahl 10, macht tugendhaftes Verhalten zu etwas Durchschnittlichem, jedermann problemlos Erreichbarem. Vielleicht hatte Nietzsche hier auch die Beichtpraxis der katholischen Kirche vor Augen, der gemäß das Vergehen um so größer ist, je öfter man eine bestimmte Sünde begangen hat. Nach der Anzahl der Übertretungen der zehn Gebote bemißt sich die Anzahl der als Buße auferlegten Gebete.

Wie reagiert Zarathustra auf die Rede des Weisen? Zarathustra lacht und schilt ihn einen Narren, aber, so fügt er hinzu: „Ich glaube, dass er sich wohl auf das Schlafen versteht." Damit erkennt er an, daß dieser Weise seine eigene Lehre praktiziert, daß er also nicht Handlungsanweisungen vorträgt, die bloß für die anderen gelten, während sie für ihn selber keinerlei Verbindlichkeit besitzen. Der Beweis dafür ist der, daß er am Ende seiner Rede beinahe selbst einschläft. Seine Rede hat etwas Einlullendes; sie überzeugt durch ihre einschläfernde Wirkung, die sie auf Redner und Hörer ausübt. Wenn der Schlaf die Tugend aller Tugenden ist, dann erweist sich das Vortragen und Anhören der Schlaftheorie als eine Einübung in Tugend, und die Theorie selber hat eben damit zugleich ihre

Richtigkeit demonstriert. Zarathustra spricht von einem Zauber, der allein schon dem Lehrstuhl „innewohne", da offenbar die Aura seines Inhabers auf ihn übergegangen sei und er dadurch zum Symbol der Tugend stilisiert wird. Daß Nietzsche hier einen Seitenhieb gegen die Selbstbeweihräucherung der Lehrstuhlinhaber führt, ist offensichtlich, und vielleicht handelt es sich auch um einen Seitenhieb gegen die Langeweile, durch die so manche Vorlesung eines Lehrstuhlinhabers Schläfrigkeit erzeugen mag.[5a] Zarathustra definiert die Weisheit dieses Predigers der Tugend folgendermaßen: „Wachen, um gut zu schlafen. Und wahrlich, hätte das Leben keinen Sinn und müsste ich Unsinn wählen, so wäre auch mir dieses der wählenswürdigste Unsinn." Wo nichts Sinnvolles zur Wahl steht und man dennoch gezwungen ist zu wählen, dort würde auch Zarathustra sich für die Schlaftheorie entscheiden, da der Unsinn, den sie zum Sinn erhebt, ein zwar langweiliges, doch recht angenehmes Leben verspricht. Aber Zarathustra meint, die Zeit jener Moralapostel, die Tugend predigten, um gut schlafen zu können, sei vorbei. „Und nicht mehr lange stehen sie noch: da liegen sie schon./ Selig sind diese Schläfrigen: denn sie sollen bald einnicken./ Also sprach Zarathustra."[6]

Was bezweckt diese Schlaftheorie, die Nietzsche als komisches Gegenstück zu Zarathustras Lehre vom Übermenschen als dem Sinn der Erde einem „mohnblumigen" Tugendprediger in den Mund legt, eigentlich? Gemeint sein könnten jene traditionellen Morallehren, die den Sinn des Lebens in einem ruhigen Gewissen sehen. Wo das Gewissen schläft, ist die Welt in Ordnung, und das Gewissen schläft nur bei dem, der tugendhaft handelt. Also muß man um eines ruhigen Gewissens willen tugendhaft sein. Und tugendhaft zu sein, d. h. seine vierzig guten Werke pro Tag zu vollbringen, fällt im Grunde gar nicht so schwer, wenn man dabei stets an die Belohnung denkt, die man für zehnmal Selbstüberwindung, zehnmal Selbstverhöhnung, zehnmal nach Wahrheit Suchen und zehnmal Lachen in Aussicht gestellt bekommt: traumlosen Schlaf, d. h. eine tiefe, durch nichts beeinträchtigte innere Zufriedenheit, ein wunschloses, bewußtloses Glück.

Man könnte aber auch noch weitergehen und die Schlaftheorie als Grundmuster der christlichen Moral insgesamt interpretieren. Wenn man bei den Lehrstühlen der Tugend an die Kanzeln denkt und bei ihren Inhabern an die Priester, so könnte man die von diesen verkündete Lehre als Einübung in den Tod, als Sterbenlernen deuten, ganz so wie Sokrates im „Phaidon" bereits die These vertreten hat, Philosophieren bedeute, der Welt abzusterben, dem Diesseits zu entsagen und sich auf das Jenseits vorzubereiten.[7] Auch nach der Lehre des Christentums finden wir die ewige Seligkeit nicht schon hier auf Erden, sondern erst dereinst nach dem Tode. Die von dem Prediger der Tugend in seiner Schlaftheorie geschilderten Tätigkeiten des Wachens und des Schlafens stehen dann für Leben und Tod. Entsprechend besagen die christlichen Richtlinien, man solle ein gottgefälliges Leben führen, eingedenk des Jüngsten Gerichts, bei dem ein jeder nach Maßgabe seiner während des irdischen Lebens erworbenen Tugend mit einem überirdischen Glück belohnt werden wird. Man muß sich demnach schon hier im Leben auf den Tod und das immaterielle Leben nach dem Tod vorbereiten, indem man sich für eine tugendhafte Lebensform entscheidet und damit den Anspruch des Geistprinzips den Vorrang vor den materiellen Bedürfnissen zuerkennt. Allerdings wird das Geistige genau besehen instrumentalisiert und in den Dienst eines höheren Materialismus gestellt, wenn man an das Wohlbehagen denkt, das sich in der Vorstellung mit einem guten Schlaf verbindet. So wird das tugendhafte Leben zum Mittel für die ewige Seligkeit nach dem Tod, und so wird auch die Vernunft zur Magd des Glaubens. Wenn in der Schlaftheorie das Wachen für die Vernunft und das Schlafen für den Glauben steht, dann besteht die Tugend für den Menschen darin, die Vernunft einzulullen, um für den Glauben Platz zu schaffen. Die Vernunft muß mit Zählen und Messen abgelenkt und so beschäftigt werden, daß sie darüber müde wird und gar nicht mehr dazu kommt, ihr Tun kritisch zu hinterfragen bzw. sich nach einem sie befriedigenden Sinn umzusehen. Nur durch Ausschaltung der Vernunft gelingt es dem Glauben, sich zu behaupten. Traumloser Schlaf, das ist ein Glaube, der durch nichts beirrt wird, ein Zustand tiefster Geistlosigkeit und Passivität.

„Von den Hinterweltlern": eine Gespensterlehre

Die Rede Zarathustras von den drei Verwandlungen und die Rede des Predigers der Tugend über den Schlaf bilden einen extremen Gegensatz: hier höchste Dynamik und Lebendigkeit, dargestellt als ein innerer Kampf des Geistes mit sich selbst, in welchem er sich überwindet und darin seinen Willen zur Macht demonstriert; dort äußerste Passivität, Erschlaffung, Schwächung, Absterben und Tod alles Geistigen. In der Rede „Von den Hinterweltlern" versucht Zarathustra nun genealogisch aufzuzeigen, wie der religiöse und auch der philosophische Glaube entstanden sind. Mit den Hinterweltlern sind nämlich die religiös Gläubigen und die Metaphysiker gemeint, die alle die Welt verdoppelt haben, um in dieser fiktiven Hinter- oder Überwelt Zuflucht zu suchen vor dem, woran sie leiden. Zarathustra rekonstruiert die Genealogie der Hinterwelten nicht abstrakt-begrifflich, sondern aus seiner eigenen Erfahrung, als einen Teil seiner persönlichen Vergangenheit. „Einst warf auch Zarathustra seinen Wahn jenseits des Menschen, gleich allen Hinterweltlern. Eines leidenden und zerquälten Gottes Werk schien mir da die Welt./ Traum schien mir da die Welt und Dichtung eines Gottes; farbiger Rauch vor den Augen eines göttlich Unzufriednen." Zarathustra stellt zurückblickend fest, daß auch er einmal zu den Hinterweltlern gehörte, da er wähnte, es gebe eine jenseitige, überirdische Welt, deren Urheber ein göttliches Wesen sei. Aber bereits der junge Zarathustra dachte die Erschaffung der Welt nicht christlich als einen Akt der Selbsthervorbringung Gottes – der die Welt als Ebenbild seiner selbst schuf –, sondern als die Verzweiflungstat eines leidenden, zerquälten, unzufriedenen Gottes: „Wegsehn wollte der Schöpfer von sich, – da schuf er die Welt." Gott hat die Welt erträumt, erdichtet, um in diesem Wunschgebilde sein Leid zu vergessen und sich einer „trunkne[n] Lust" hinzugeben. Der Gott, wie der junge Zarathustra ihn sich vorstellte, war somit kein allmächtiger Gott, sondern ein unvollkommenes, in sich zerrissenes Wesen, das an seiner Unvollkommenheit leidet und Trost sucht in künstlerischer Produktivität.[8] Aber das Produkt – für einen Moment rauschhaft als farbiger Rauch erlebt – gleicht ganz seinem Schöpfer. „Diese Welt, die ewig unvollkommene, eines ewigen Widerspruches Abbild und unvollkommnes Abbild – eine trunkne

Lust ihrem unvollkommnen Schöpfer: – also dünkte mich einst die Welt." Der unvollkommene Gott, der etwas Vollkommenes schaffen wollte, vermochte nicht über sich hinaus, sondern nur ein Abbild seiner selbst zu schaffen, in welchem sich die Widersprüchlichkeit eines göttlich sein wollenden, *de facto* jedoch unvollkommenen Wesens wiederholt.

Wie mag der junge Zarathustra zu dieser ganz und gar unchristlichen Vorstellung eines an sich selber leidenden Gottes gekommen sein? Es scheint, daß gerade das Christentum ihm dieses Bild eines unvollkommenen Gottes nahegelegt hat. Im Grunde ist es die alte Theodizeeproblematik, die hier anklingt. Wenn diese Welt, von der wir ein Teil sind, unvollkommen ist und diese Unvollkommenheit sich in der Zerrissenheit von Gut und Böse, von Freude und Leid, von Ich und Du manifestiert, dann ist es unbegreiflich, wie eben diese Welt Produkt eines vollkommenen Schöpfers sein kann, der Inbegriff von Gutem, Freude und Einheit ist. Für den jungen Zarathustra löste sich dieses Problem, wie nämlich das Böse, das Leid, die Zweiheit in die Welt gekommen ist, durch die Annahme, daß die Schöpfung auf ihren Schöpfer zurückweist und die Widersprüche der Welt bereits in ihm angelegt sind. Gott ist ein Leidender, Vollkommenheit Begehrender; aber der Versuch, etwas Vollkommenes hervorzubringen, in dem er sich auf ewig beruhigen könnte, dieser Versuch ist mißlungen.

Zarathustra bekennt, daß auch er einst seinen Wahn jenseits des Menschen warf; wie der Gott litt er an der Unvollkommenheit – für ihn nicht des Göttlichen, sondern des Menschlichen – und sehnte sich nach einer Vollkommenheit jenseits des Menschen. So erfand er sich eine Hinterwelt und vergaß darüber, daß diese bloß eine Ausgeburt seiner Sehnsucht und Phantasie war. Bis er eines Tages zu begreifen begann, daß er selbst es war, der sich eine Überwelt und einen Gott ausgedacht und in diese seine eigene Verzweiflung hineinprojiziert, d. h. dem Gott die Züge seiner eigenen Zerrissenheit gegeben hatte. „Ach, ihr Brüder, dieser Gott, den ich schuf, war Menschen-Werk und -Wahnsinn, gleich allen Göttern! / Mensch war er, und nur ein armes Stück Mensch und Ich: aus der eigenen Asche und Gluth kam es mir, dieses Gespenst, und wahrlich! Nicht kam es mir von Jenseits!" Zarathustra hat durchschaut, daß das Jenseits, das er für realer gehalten hat als sich selbst und seine Welt, eine bloße Fiktion ist, eine Übertragung, ein Gespenst – ein Hirngespinst, das der Mensch sich erdachte, um sein Leiden an sich und der Welt, seine Verzweiflung über das Unvollkommene zu betäuben. Es gibt kein Jenseits; alle Götter und Überwelten sind letztlich nichts als Anthropomorphismen, gleichsam hausgemachte Gebilde des Geistes, denen nichts Wirkliches entspricht, die vielmehr bloß als Hilfskonstruktionen dienen, um dem Menschen sein Leid erträglich zu machen. „Was geschah, meine Brüder? Ich überwand mich, den Leidenden, ich trug meine eigne Asche zu Berge, eine hellere Flamme erfand ich mir. Und siehe! Da *wich* das Gespenst von mir!" Daß Zarathustra seine Asche zu Berge trug, wissen wir schon aus der Vorrede. Zarathustra hat sich selbst verbrannt, d. h. er hat sein früheres Selbstverständnis negiert. Es war das Selbstverständnis eines an seiner Zerrissenheit Leidenden, eines am Leib-Seele-Dualismus Verzweifelnden, der sein Leiden noch vertiefte, indem er den Geist vom Leib loszureißen und in den Jenseitsentwürfen des Geistes sein Heil suchte. Nachdem Zarathustra begriffen hatte, daß er selber der Urheber seiner Qual war, indem er den Leib-Seele-Dualismus zur Grundlage seines Seins machte und entsprechend die Welt in eine hiesige und eine jenseitige Welt zerriß, hob er in radikaler Selbstverneinung sein altes Selbstverständnis auf und überwand sich als Leidenden. Mit der Absage an den Leib-Seele-Dualismus verschwanden dann auch die Götter und Hinterwelten, denen mit der Leugnung des Vorrangs alles Geistigen vor dem Materiellen der Boden entzogen wurde. Zarathustra erfand sich „eine hellere Flamme", den Übermenschen, und im Licht der Idee des Übermenschen erwiesen sich alle Götter und Hinterwelten als Gespenster, die sich der Geist, auf verzweifelter Suche nach Sinn, erschuf. Er glaubte so lange an die Realität dieser immateriellen Gebilde, bis er davon überzeugt war, daß sie eine von ihm unabhängige, außerzeitliche und übergeschichtliche Existenz besitzen. Dieser Glaube ist nun als Aberglaube entlarvt. Der Geist, der sich zum Kamel erniedrigt hat und sich willig mit der Last der Geschöpfe seiner Phantasie beladen ließ, hatte sich selbst zur Untätigkeit, zum Leiden verurteilt. Diesem passiven Erdulden setzt er nun sein Tun entgegen, und damit wird er frei von seiner Vergangenheit, frei wie der Löwe, der dem Drachen den Gehorsam verweigert und ihn damit besiegt hat.

Zarathustra wäre es nun, nachdem er im Übermenschen den eigentlichen Sinn der Erde erblickt hat, unerträglich, noch an Götter und Überwelten, die er wie eine Krankheit überwunden hat, zu glauben. „Leiden wäre es mir jetzt und Qual dem Genesenen, solche Gespenster zu glauben: Leiden wäre es mir jetzt und Erniedrigung." Wie kann der Geist, der sich selbst genealogisch über die Herkunft der alten Sinnvorstellungen aufgeklärt und diese als Projektionen seines Selbstmißverständnisses aufgedeckt hat, noch daran glauben, daß sie den Sinn der Erde verbürgen? Zarathustra wendet sich direkt an die Hinterweltler, um auch in ihnen die Einsicht zu erzeugen, die ihm in der Einsamkeit der Berge zuteil wurde. „Leiden war's und Unvermögen – das schuf alle Hinterwelten; und jener kurze Wahnsinn des Glücks, den nur der Leidendste erfährt. / Müdigkeit, die mit Einem Sprunge zum Letzten will, mit einem Todessprunge, eine arme unwissende Müdigkeit, die nicht einmal mehr wollen will: die schuf alle Götter und Hinterwelten." Mit Leiden meint Zarathustra Unvermögen, Passivität, d. h. also nicht Schmerz, sondern das Gegenteil von Tun, von Aktivität, Lebendigkeit. Der Geist, anstatt seine Kraft in der Auseinandersetzung mit der Materie zu stärken, indem er versucht, ihr seinen Willen aufzuzwingen und dabei ihren Widerstand zu überwinden, schwächt sich selbst, wird müde; er begibt sich seiner Autonomie und duldet es, daß ein anderer Wille über ihn bestimmt. Dieses Erleiden von Heteronomie verbindet sich für den Geist nur dann mit der Vorstellung von Glück, wenn der Wille, dessen Geboten er sich unterwirft, ihm unendlich überlegen, ein göttlicher Wille ist. Der Geist, der sich an sich selbst abgearbeitet hat und des ständigen Kampfes müde geworden ist, der nicht einmal mehr wollen will, weil Wollen ein Tun, ein angespanntes Sichverhalten bedeutet, dieser kraftlos gewordene Geist ist nicht mehr imstande, ununterbrochen und immer wieder von neuem tätig zu sein; er will sich ein für allemal beruhigen, und so schafft er sich mit einer letzten gewaltigen Kraftanstrengung eine Welt, die nicht mehr dem Prinzip des unaufhörlichen Werdens untersteht, sondern sich durch ewiges, statisches, in sich ruhendes Sein auszeichnet. Das Glück, das der Geist erlebt, wenn er – was nur augenblicksweise gelingt – in diese jenseitige Welt gelangt, ist erkauft mit seinem eigenen Tod. Zarathustra spricht von einem Todessprung zum Letzten,

Tod hier verstanden als die äußerste Form des Leidens, in der der Geist als Geist zugrunde geht, da er mit dem Verzicht auf Wollen, Handeln, Tun das ihm immanente Prinzip des Willens zur Macht preisgibt und in selbstgewählter Ohnmacht seine Jenseitsprojektionen Macht über sich gewinnen läßt. Unwissend darum, daß er selbst es war, der eine Welt ewigen Seins erfunden hat, um der Anstrengung des ständigen Werdens, des ununterbrochen von neuem Wollenmüssens zu entgehen, ohne je bei einem unüberbietbaren Ziel anzukommen, will der Geist nichts anderes mehr als ein ewiges Angekommensein an einem Ort absoluter Sinnfülle, den zu verlassen ihn nichts mehr nötigt. Dort kann er aufhören, Geist zu sein; alles Streben ist erfüllt und an sein Ende gelangt.

Zarathustra jedoch, der das Leiden des Geistes als eine Art „Krankheit zum Tode" durchschaut hat, fährt fort mit seinem eindringlichen Appell an die Hinterweltler, die Vorstellungen einer jenseitigen, überempirischen Welt als das zu nehmen, was sie sind: Fiktionen eines müde gewordenen Geistes, der es leid ist, sich immer wieder von neuem anstrengen zu müssen und niemals endgültig an ein Ziel zu gelangen. „Glaubt es mir, meine Brüder! Der Leib war's, der am Leibe verzweifelte, – der tastete mit den Fingern des bethörten Geistes an die letzten Wände. / Glaubt es mir, meine Brüder! Der Leib war's, der an der Erde verzweifelte, – der hörte den Bauch des Seins zu sich reden. / Und da wollte er mit dem Kopfe durch die letzten Wände, und nicht nur mit dem Kopfe, – hinüber zu ‚jener Welt'." Der Leib, der auf den Geist angewiesen ist, um Welt be-greifen zu können, der Leib wird an sich selber irre, ja in die Irre geführt durch den betörten Geist, der sein Heil in jener anderen, immateriellen Welt sucht, die sich nicht mit Händen greifen läßt. Der Leib, außerstande, sich in der reinen Welt des Geistes zu orientieren, verzweifelt am Sinn der Erde, weil ihm nun ein überirdischer Sinn suggeriert wird, ein Sinn, den er nicht zu ertasten, durch die Sinne zu erfassen vermag. Er hört den „Bauch des Seins" zu sich sprechen, der ihm einen bleibenden, ewigen Sinn verspricht. Um dieses neuen Sinns teilhaftig zu werden, will der Leib durch „die letzten Wände"; er will dem Kopf in jene andere Welt folgen, die ihm ewiges Sein verheißt. Aber der Leib kann die letzten Wände, die Mauern, die ihn von der anderen Welt trennen, nicht durchbrechen, da sie die Grenzen des Leibes selber markieren. Seiner Materialität sind am Immateriellen unaufhebbare Schranken gesetzt, die zu überwinden ihm unmöglich ist. So verzweifelt der Leib in der buchstäblichen Bedeutung des Wortes: Das, was er durch die Sinne zu erfassen und zu begreifen vermag und was ihm bisher – bestätigt durch die Vernunft – als der Sinn der Erde galt, das wird nun durch den Bauch des Seins als Sinn negiert. Aber den neuen Sinn, den der Geist aus sich heraus geschaffen hat, indem er – bildlich gesprochen – dem Kopf einen neuen Körper, einen materielosen „Bauch" hinzudichtete, diesen neuen Sinn vermag der Leib nicht mehr durch die Sinne zu erfassen und zu begreifen, eben weil es sich nicht um einen erdverbundenen, irdischen Sinn handelt, sondern um ein reines Geistprodukt, das aus bloß intelligibler Materie besteht. Hin- und hergerissen zwischen einem Sinn, der nicht mehr gelten soll, und einem Sinn, der den Sinnen unzugänglich ist, geht der Leib in die Irre und ver-zwei-felt. Ohne Kooperation des Geistes wird der Leib mitsamt seinen sinnlichen Bedürfnissen von jener übersinnlichen Sinnhaftigkeit, die der Geist für sich allein beansprucht, ausgeschlossen und damit als etwas Sinnloses deklariert.

„Aber" – so fährt Zarathustra fort – „‚jene Welt' ist gut verborgen vor dem Menschen, jene entmenschte unmenschliche Welt, die ein himmlisches Nichts ist; und der Bauch des Seins redet gar nicht zum Menschen, es sei denn als Mensch. / Wahrlich, schwer zu beweisen ist alles Sein und schwer zum Reden zu bringen." Das Sein ist etwas Unveränderliches, Statisches, Ewiges und als solches unlebendig, tot. Etwas Totes aber ist ein Nichtexistierendes, ein Nichts, das von seinem Sein keine Kunde, keinen Beweis zu geben vermag. Wenn der Bauch des Seins zum Menschen spricht, so kann es sich dabei nur um eine akustische Täuschung, um einen Selbstbetrug handeln, denn wie soll ein Totes, Nichtexistierendes sprechen können? Was da angeblich von außen, aus himmlischen Sphären vom Sinn der Welt spricht, ist letztlich – ein Mensch: die Metaphysiker und Priester, die sich gleichsam als „Bauchredner" betätigen, indem sie darüber hinwegzutäuschen versuchen, daß jene ins Transzendente verlegte Welt des reinen Geistes eine bloße Erfindung des Geistes ist, der sich einen bleibenden Sinn zu verschaffen suchte, um der ständigen Anstrengung neuen Sinnschaffens gemeinsam mit dem Leib enthoben zu sein. Ein Sinn, der stets präsent ist, entlastet den Geist vom Druck der Kreativität, und wenn es gelingt, diesen Sinn zum Reden zu bringen, ihn dazu zu veranlassen, sich als der Sinn der Welt mitzuteilen, dann hat der Geist seine Aufgabe einer vollkommenen Sinnstiftung ein für allemal gelöst – wenn auch um den Preis der Verzweiflung des Leibes, der von diesem Sinn ausgeschlossen wird. Der Leib ist es ja gerade, der aufgrund seiner ständigen Veränderung den Geist daran hindert, einen bleibenden Sinn hervorzubringen. So haben sich denn die Metaphysiker und Priester zum Sprachrohr des Seins – verstanden als Inbegriff ewiger und unüberbietbarer Sinnfülle – gemacht; sie haben sich als Bauchredner betätigt und den Menschen vorgespiegelt, es sei das Sein selbst, das zu ihnen spreche, ein Gott, der sich im Wort offenbare. Mit der Zeit haben die Verkünder einer Zweiweltenlehre dann vergessen oder vor sich selbst verschleiert, daß *sie* das Jenseits erfunden haben und ihm ihre Stimme gaben; schließlich glaubten sie selbst an das Sein als ein Ansichseiendes, da es ihnen nicht mehr auffiel, daß es ihr eigener Bauch war, aus dem „das Sein" sprach.[9]

Zarathustra lenkt nun den Blick vom reinen Sein, das sich – wenn man es genealogisch betrachtet – als pure Fiktion erweist, auf „das Wunderlichste aller Dinge", das am besten bewiesen sei: das Ich. „Ja, dieses Ich und des Ich's Widerspruch und Wirrsal redet noch am redlichsten von seinem Sein, dieses schaffende, wollende, werthende Ich, welches das Maass und der Werth der Dinge ist. / Und diess redlichste Sein, das Ich – das redet vom Leibe, und es will noch den Leib, selbst wenn es dichtet und schwärmt und mit zerbrochnen Flügeln flattert." Wenn überhaupt von einem Sein die Rede sein soll, dann – so Zarathustra – ist allein das Ich zu einer solchen Rede berechtigt. Die Berechtigung dazu hat ihren Grund in der Redlichkeit des Ich – Redlichkeit hier wörtlich verstanden als Haltung des Wahr-redens. Diese Redlichkeit des Ich drückt sich nicht direkt in einem Sprechen oder Sagen aus, sondern in einem Tun, in den Tätigkeiten des Schaffens, Wollens und Wertens. Das Ich redet nicht vom Sinn, sondern bringt Sinn leibhaftig hervor, indem es durch sein Streben allem ein Maß und eine Richtung gibt.

Man könnte dieses Zitat über das Ich durchaus als eine Anspielung auf Descartes' „cogito, ergo sum"[10] lesen, wenn man daran denkt, daß Descartes das *cogitare* nicht in einem engen Sinn als bloß intellektuellen Vorgang verstanden wissen will. So heißt es zu Beginn der dritten Meditation: „Ego sum res cogitans, id est dubitans, affirmans, negans, pauca intelligens, multa ignorans, volens, nolens, imaginans, etiam et sentiens."[11] Durch diese verschiedenartigen Tätigkeiten des Zweifelns, Bejahens, Verneinens, des beschränkten Erkennens und vieles Nichtwissens, des Wollens, Nichtwollens, Vorstellens und Fühlens äußert sich das Ich in seinem Sein. Indem es solchermaßen tätig ist, ist es. Wenn Zarathustra von „des Ichs Widerspruch" spricht, könnte er auf jenes Ich anspielen, das Descartes als zwischen dem Verlangen nach Gewißheit und Selbstbezweiflung hin- und hergerissenes Ego in den beiden ersten Meditationen beschreibt. Aber es besteht doch ein wesentlicher Unterschied zwischen beiden Philosophen, wenn man sich daran erinnert, daß Descartes *res cogitans* und *res extensa,* also das geistige Ding und das körperliche Ding strikt voneinander getrennt hat und die Konstruktion einer Zirbeldrüse benötigte, um die an sich unerklärliche Interaktion von mechanisch funktionierendem Leib und final ausgerichteter Seele plausibel machen zu können.[12] Für Zarathustra hingegen ist Ich – genauer: das redliche Ich – der Name für eine vitale, kreative Produktivität, in der Geist und Leib miteinander kooperieren, trotz des Widerspruchs, den das Ich aufgrund des Gegensatzes von Geist und Leib in sich zu überwinden hat. Die Redlichkeit dieses Ich besteht darin, daß es in allem, was es tut, vom Leib redet, auch wenn es dies in der Form der Widerrede, des Widerspruchs tut. Das Ich will den Leib als sein Erfüllendes, aber es will ihn als etwas Wertvolles, damit nicht nur der Leib, sondern auch der Geist Erfüllung findet. Daher müssen sich Geist und Leib aneinander abarbeiten, und dieses unermüdliche Sich-Schaffen und -Umschaffen, aus dem das Ich hervorgeht, ist der Sinn der Erde, der nicht anders existiert als in der Tätigkeit des Schaffens; Sinn ensteht durch das Schaffen als solches; das Schaffen hat seinen Sinn in sich selbst als Tun und nicht in einem gegenständlichen Produkt. Das Schaffen, das Wollen und das Werten haben jedoch als Bezugspunkt immer den Leib; selbst wenn das Ich sich scheinbar von der Realität entfernt – wenn es „dichtet und schwärmt" –, und selbst wenn es sich an der Realität wund gestoßen hat – „mit zerbrochnen Flügeln flattert" –, selbst dann tut es das Leiblich-Materielle nicht verächtlich ab; vielmehr zeigt sich seine Redlichkeit darin, daß es immer mehr „Worte und Ehren für Leib und Erde" findet. Nur indem es den Leib ehrt, schafft das Ich den Sinn der Erde, der zugleich der Sinn des Ich ist.

„Einen neuen Stolz lehrte mich mein Ich, den lehre ich den Menschen: nicht mehr den Kopf in den Sand der himmlischen Dinge zu stecken, sondern frei ihn zu tragen, einen Erden-Kopf, der der Erde Sinn schafft!" Dieses Bild für die Haltung des Stolzes, in der sich das neu gewonnene Selbstbewußtsein ausdrückt, mutet paradox an. Diejenigen, die der Zweiweltentheorie anhängen und entsprechend mit dem Leib im Diesseits verhaftet sind, während sie mit dem Kopf ins Jenseits hineinragen, gerade die stecken den Kopf nach Zarathustra in den Sand, wohingegen das erdverbundene, redliche Ich seinen Kopf frei erhoben trägt. Es verhält sich also genau umgekehrt, wie man erwartet: Der vergeistigte Kopf steckt für Zarathustra im Sand, und der Erden-Kopf ragt stolz in die Höhe. Wie ist dies zu verstehen? Das Paradox löst sich vom Begriff des Sinnschaffens her. Wie wir bereits mehrmals gehört haben, ist das Jenseits der himmlischen Dinge eine Erfindung der Hinterweltler, die – um der Mühsal und Qual des ständigen Sich-neu-schaffen-Müssens zu entgehen – ihr Bedürfnis nach einem bleibenden, unveränderlichen Sinn in eine andere, rein geistige, dem Kreislauf des Werdens überlegene Welt projiziert haben, in der der Kopf – als Sitz des Geistes – Ruhe findet, schlafen kann. Der ruhende oder schlafende Geist jedoch ist untätig, schafft keinen Sinn mehr; er stagniert, und genau dies drückt das Bild: „den Kopf in den Sand stecken" aus. Zwar handelt es sich nicht um empirische, sondern um geistige Materie – „den Sand der himmlischen Dinge" –, aber der Effekt ist der gleiche: Der Geist ist immobil, passiv und blind geworden. Er hat die Augen vor der Realität des Leibes verschlossen und ist damit buchstäblich sinn-los geworden in der doppelten Bedeutung des Wortes: Er ist ohne Sinne und ohne Sinn. Der Erden-Kopf des redlichen Ich dagegen verleugnet seine Materialität nicht; er schämt sich ihrer nicht, im Gegenteil, er ist stolz darauf, zu einem Leib zu gehören, dessen aufrechten und sicheren Gang er ermöglicht, weil er aus seiner Höhe mit freiem Blick alles überschaut und dadurch den besten

Führer für den Körper insgesamt abgibt. Diese Kooperation und Koexistenz von Kopf und Leib, von Geist und Materie ist für Zarathustra ein Bild für das Sinnschaffen des redlichen Ich, das sich selbst als ein sinnvolles Ganzes hervorbringt, indem es in den Prozessen des Schaffens, Wollens, Wertens das jeweils Erreichte stets von neuem überschreitet und so das Antlitz der Erde erneuert.

Der neue Stolz, den Zarathustra die Menschen lehren will, ist Ausdruck eines neuen Willens: „diesen Weg wollen, den blindlings der Mensch gegangen, und gut ihn heissen". Daß für Zarathustra dieser Weg, den der neue Wille bejahen und nun nicht mehr blind, sondern offenen Auges beschreiten soll, den Leib zum Ziel hat, erhellt daraus, daß Zarathustra im folgenden die Hinterweltler als Kranke und Absterbende bezeichnet. „Kranke und Absterbende waren es, die verachteten Leib und Erde und erfanden das Himmlische und die erlösenden Blutstropfen. ... Ihrem Elende wollten sie entlaufen, und die Sterne waren ihnen zu weit. Da seufzten sie: ‚Oh, dass es doch himmlische Wege gäbe, sich in ein andres Sein und Glück zu schleichen!' – Da erfanden sie sich ihre Schliche und blutigen Tränklein!" Die Krankheit, die Christentum heißt, besteht darin, daß durch die Verachtung des Leibes das Lebensprinzip geschwächt wird. Nicht einmal als Mittel zur Erreichung eines überirdischen Sinns ist der Leib gut genug, obwohl – wie Zarathustra wiederholt bemerkt – sich die Konzeption einer überirdischen, jenseitigen Welt als bleibenden Sinngebildes dem Leib, der Materie verdankt, und dies, so könnte man zeigen, in einer doppelten Weise. Zum einen ist der Leib die materielle Basis des Geistes, die physische Voraussetzung dafür, daß geistige Prozesse faktisch stattfinden. Zum anderen kann der Geist, auch wenn er sich noch so sehr um reine, abstrakte Sinngehalte bemüht, nicht umhin, diese Gehalte nach Analogie mit dem empirisch Vorfindlichen zu entwickeln. Die Sprache ist hier verräterisch. Sie greift zu anschauungsbezogenen Bildern, um etwas völlig Unanschauliches anzudeuten: Brot und Wein z. B. als Symbole für Christi Fleisch und Blut. Aber auch Christi Fleisch und Blut sind Vorstellungen, die wir von der Erfahrung unseres Leibes hernehmen, der mithin für uns das Modell zum Verständnis auch desjenigen abgibt, was als immaterielles Geistprodukt konzipiert wird. Die „erlösenden Blutstropfen", von denen Zarathustra als einem süßen Gift spricht, sind das beste Beispiel dafür, daß es nicht gelingt, den Bereich des Sinnlichen zu verlassen und im Übersinnlichen die Wonnen der Entrückung zu genießen; auch diese entrückten Freuden – seien sie noch so sublim – werden mittels des Leibes empfunden und ausgekostet. Der „Krampf", den Zarathustra hierbei konstatiert, resultiert daraus, daß diejenigen, die das Glück und den Sinn ihres Lebens in der Überwindung des Leibes suchen, dieses Glück und diesen Sinn nur *vermittels* des Leibes genießen können. Daher bezeichnet Zarathustra sie als „Kranke und Absterbende", da sie in einem selbstzerstörerischen existentiellen Zirkel das Leiblich-Materielle im Medium des Geistes zu transzendieren versuchen, diese Transzendenzbewegung aber ohne Inanspruchnahme des Leibes weder zu vollziehen noch als geglückte zu erfahren vermögen. Der Leib wird ständig verleugnet und in seinem Sinnbegehren geschwächt; andererseits erfährt er im Akt seiner Verleugnung immer zugleich wieder seine Bestätigung, da seine Verleugnung nur mit Hilfe des Leibes geschehen kann. Wenn Zarathustra in diesem Zusammenhang von einer Krankheit spricht, so handelt es sich dabei ersichtlich um eine von dem Kranken selbst erzeugte und kontinuierlich in ihrem Status aufrechterhaltene Krankheit: Indem er seinen Körper fortgesetzt zum Absterben bringt, erweckt er ihn gerade mit jedem Akt der Verneinung neu zum Leben. Zarathustra wünscht diesen Kranken, die krank zum Tode sind und doch nicht sterben können, sie mögen „Genesende werden und Überwindende und einen höheren Leib sich schaffen". Da die Krankheit, das Leiden am Leib-Seele-Dualismus, selbst erzeugt ist, kann die Heilung auch nur vom einzelnen selbst herkommen. Um zu genesen, muß er den Dualismus überwinden, indem er seine Suche nach Sinn – bildlich ausgedrückt – nicht mehr linear auf ein erhabenes Ziel in himmlischen Höhen ausrichtet, sondern kreisförmig auffaßt dergestalt, daß er im Hinausstreben über sich selbst dieses Streben auf seinen Ursprung zurückbezieht. Auf diese Weise wird der empirische, leiblich-materielle Ausgangspunkt nicht zurückgelassen und als ein Anfang abgetan, dem hinsichtlich des Ziels am Ende des Weges, das allen Sinn in sich begreift, jedwede Bedeutung abgesprochen wird. Vielmehr kommt der den Dualismus Überwindende, sofern er seinen unbedingten Sinnanspruch nicht mehr in einem fernen Jenseits als erfüllbar ansieht, sondern an sich selbst richtet, auf seinen Ausgangspunkt zurück und erblickt darin das Betätigungsfeld für seinen Geist. Er soll sich „einen höheren Leib" schaffen, d. h. der Leib ist es, in dem und mit dem der Anspruch auf Sinn sich erfüllt. Der Leib – als Stellvertreter für die Materie insgesamt – ist für sich betrachtet ebenso ohne Sinn wie der absolute Geist. Sinn entsteht für Zarathustra nur durch ein Tun, eine schöpferische Tätigkeit, das „Schaffen", in welchem die Trägheit der Materie überwunden und zu einem höheren Leib organisiert wird, dessen Sinn in seiner Vitalität, in seiner Gesundheit hervortritt – Bilder für die Dynamik des sich wechselweise befruchtenden Spannungsverhältnisses zwischen Materie und Geist, die gemeinsam diesen höheren Leib als gegenstrebige Einheit und lebendiges Ganzes hervorbringen.

Bedeutet „schaffen" in unserem heutigen Wortgebrauch eher „anschaffen", d. h. arbeiten, um möglichst gut zu leben und den Besitz zu mehren, so liegt der Sinn jener Tätigkeit, die Zarathustra als „Schaffen" bezeichnet, näher beim „Erschaffen". Wie der Künstler ein Kunstwerk schafft, indem er seine Vorstellung in einem bestimmten Material Gestalt annehmen läßt, so soll auch die in der Idee des Übermenschen konzipierte Vorstellung eines ganzheitlichen, nichtdualistischen Selbstverhältnisses im Leib und vermittels des Leibes materialisiert werden – mit dem einen Unterschied, daß das Kunstwerk Mensch nie fertig ist: Es muß immer wieder um- und neugeschaffen werden, da es nur im Schaffen lebendig ist, und es darf nie hinter seine bisherigen Selbst-Kreationen zurückfallen.

Die Genesung des am traditionellen Leib-Seele-Dualismus Erkrankten vollzieht sich nicht mit einem Schlag, sondern nur allmählich. Es gibt immer wieder Phasen des Rückfalls, in denen der Genesende „zärtlich nach seinem Wahne blickt und Mitternachts um das Grab seines Gottes schleicht". Zwar hat er die jenseitige Welt als das Erfüllende seines Strebens nach einem stets präsenten, unverlierbaren Sein bereits als Fiktion durchschaut – er hat seinen Gott begraben –, aber hin und wieder trauert er der alten Vorstellung eines ewigen Sinns, der permanentes Glück verhieß, noch nach. Schon Platon gebrauchte im „Phaidon" das Bild der um die Gräber schleichenden Seele, aber in einer Zarathustras Denken genau entgegengesetzten Bedeutung: Sokrates fordert im

Zusammenhang mit seiner Lehre vom Sterbenlernen bereits im irdischen Leben eine weitgehende Ablösung der Seele von den sinnlichen Bedürfnissen des Leibes, damit sie dereinst rein und unbefleckt „zu dem ihr Ähnlichen, dem Unsichtbaren, zu dem Göttlichen, Unsterblichen, Vernünftigen" [13] und damit zur Glückseligkeit gelange. Eine Seele hingegen, die sich im Verlauf des Lebens zu sehr mit dem Leib eingelassen hat, wird „durchzogen von dem Körperlichen" selber „schwerfällig, irdisch und sichtbar", und nach dem Tode fällt es ihr deshalb aufgrund ihrer Liebe zum Materiellen schwer, sich vom Leib zu trennen. Solche Seelen sieht man, so Sokrates, getrieben von ihrer Sehnsucht nach dem Körper, an „Denkmälern und Gräbern umherschleichen" [14], weil sie sich mit dem Körper wieder verbinden möchten. Sokrates tritt also für die Abtrennung der Seele vom Körper ein und deutet ihre Trauer um die tote Materie, die sie wiederbeleben möchte, als ein fundamentales Selbstmißverständnis: *soma = sema*, d. h. nach einem alten pythagoreischen Mythos ist der Leib das Grab der Seele; sie ist, wie das Höhlengleichnis zeigt, im Leib gefangen und kann diesem Gefängnis nur durch ihr Streben zum Licht, zur Welt der Ideen außerhalb der Höhle als der einzigen, ihrem Sinnverlangen genügenden Erfüllung entkommen. Für Zarathustra hingegen beinhaltet diese dualistische Interpretation des Menschseins eine Perversion des Menschlichen schlechthin. Nicht den Leib und damit verbunden den Wunsch nach materieller Erfüllung gilt es zu begraben, sondern genau umgekehrt die falsche Vorstellung einer transzendenten Ideenwelt, die den Menschen auf einen Irrweg geführt hat. Zwar benutzen beide – Sokrates ebenso wie Zarathustra – das Bild des an den Gräbern Umherschleichens der Seele in kritischer Absicht: Was da begraben liegt, ist tot, und es ist gut, daß es tot ist; man soll es nicht wiedererwecken. Jedoch sind sie verschiedener Ansicht darüber, was für tot zu erklären ist und damit als Sinnziel ausscheidet. Anders als für Sokrates, der dem Stofflich-Materiellen allen Wert abspricht, ist es für Zarathustra Gott, der tot ist. Für ihn ist es ein Zeichen von Genesung, wenn einer nur noch heimlich, in der Nacht, das Grab seines Gottes aufsucht. Denn dieser Gott ist immerhin kein lebendiger Gott mehr; er existiert allenfalls noch als Leichnam in einem Grab, und wenn die Genesung weiter fortschreitet, steht zu erwarten, daß mit Erreichen der Gesundheit auch der tote Gott überwunden wird und der Vergangenheit angehört.

Zarathustra findet besonders „unter Denen, welche dichten und gottsüchtig sind", zahlreiche Menschen, die in seinem Sinne krank sind, insofern sie am Leib-Seele-Dualismus kranken und jene neue Tugend der Redlichkeit wütend bekämpfen, die Zarathustra als das Auszeichnende des zu Ehren des Leibes redenden Ich herausgestellt hatte. Die Dichter und die religiös Gläubigen hassen das redliche Ich, weil es den sterblichen Leib preist und damit denen widerspricht, die durch ihr Dichten und Glauben Unsterbliches zu schaffen vorgaben, das nun als Hinterwelt und damit als unhaltbare Fiktion entlarvt wird, der von dem wahr-redenden Ich alle Wahrheit abgesprochen wird. Der Irrtum der Dichter – Zarathustra meint hier weniger die Poeten als vor allem die Philosophen, die die sogenannte wahre Welt erdichtet, erfunden haben – wie der Anhänger des christlichen Glaubens besteht darin, daß sie unter Berufung auf eine altehrwürdige Tradition einen die hiesige Welt des Werdens unendlich übersteigenden, ihr *toto coelo* überlegenen Sinn meinen propagieren zu können. „Rückwärts blicken sie immer nach dunklen Zeiten: da freilich war Wahn und Glaube ein ander Ding; Raserei der Vernunft war Gottähnlichkeit, und Zweifel Sünde. / Allzugut kenne ich diese Gottähnlichen: sie wollen, dass an sie geglaubt werde, und Zweifel Sünde sei." In archaischen, mythischen Zeiten wurde das Sichüberschreiten des Menschen als eine Art höherer Wahnsinn positiv beurteilt, als eine Form der Ekstase, in der der Mensch aus sich und damit aus den Gegensätzen seines Seins heraustrat. Eben dadurch erreichte er einen dem Sein der Götter vergleichbaren Zustand ungeteilter Ganzheit, in welchem jeder Zweifel aufgehoben war. Zweifel ist nur dort möglich, wo noch Zweiheit ist. In jener rauschhaften, ekstatischen Entrücktheit, in der Denken, Fühlen und Wollen zu einer ununterscheidbaren Einheit verschmelzen, kann es jedoch keinen Zweifel mehr geben. Zweifel wäre hier Sünde, weil damit auch das göttliche Sein, dem der Entrückte sich annähert, in Frage gestellt würde. Auf diese Form von Ekstase berufen sich die von Zarathustra kritisierten „Gottähnlichen", die scheinbar genau das gleiche wollen wie in den alten Mythologien diejenigen, die außer sich gerieten: Auch sie wollen den Glauben als das allein Seligmachende ausgeben und das Gegenteil des Glaubens, den Zweifel, als Sünde brandmarken. Doch Zarathustra sieht einen entscheidenden Unterschied zwischen den antiken Gottgläubigen und den modernen Hinterweltlern des Christentums. Während jene das Außersichsein bzw. Einssein mit sich als eine zugleich körperliche *und* geistige Ekstase erlebten, als ein Aufgehen des Körperlichen im Geistigen und umgekehrt, haben die christlich Gläubigen diese sinnliche Ekstase des Geistes zu einer Transzendenzbewegung des Geistes umgedeutet, vermittels welcher der Geist den Körper verläßt, um sich an reinen Vernunftgebilden zu berauschen, denen nichts Materielles mehr anhaftet. Wer wie Zarathustra an der Existenz der von der Vernunft unter Absehung von allem Empirischen konstruierten Überwelten und Hinterwelten zweifelt, da sie, statt eine alles in sich fassende Einheit zu gewährleisten, die Zweiheit zwischen Materie und Geist im Gegenteil für alle Zeiten festschreiben, der wird mit dem Bann der Sünde belegt.

Zarathustra deckt zwischen dem, was die Vertreter des Christentums öffentlich als wahre Heilslehre verkündigen, und dem, was sie „am besten" glauben, einen fundamentalen Widerspruch auf: „Wahrlich nicht an Hinterwelten und erlösende Blutstropfen: sondern an den Leib glauben auch sie am besten, und ihr eigener Leib ist ihnen ihr Ding an sich. / Aber ein krankhaftes Ding ist er ihnen: und gerne möchten sie aus der Haut fahren. Darum horchen sie nach den Predigern des Todes und predigen selber Hinterwelten." Kant hat als Ergebnis seiner kopernikanischen Wende festgestellt, daß wir die Dinge nicht so zu erkennen vermögen, wie sie an sich selber beschaffen sind, sondern nur so, wie sie in unserem Bewußtsein nach Maßgabe der erkenntniskonstituierenden Bedingungen dieses Bewußtseins erscheinen.[16] Von diesen Bedingungen können wir nicht abstrahieren, d. h. wir können nicht aus unserem Bewußtsein ‚aussteigen', um zu sehen, wie die Dinge unabhängig vom Bewußtsein „an sich" aussehen. Obwohl wir den Dingen eine ihnen eigene Realität zugestehen müssen, können wir diese Realität dennoch nicht an sich erkennen, weil wir keinen bewußtseinsunabhängigen Zugang zu ihnen haben. Wenn nun Zarathustra den Hinterweltlern – den Metaphysikern und Anhängern des Christentums – unterstellt, der eigentliche Gegenstand ihres Glaubens sei gar kein Jenseits, kein

Gott, sondern ihr Leib, den sie als ihr (krankes) Ding an sich betrachteten, so bringt er damit zum Ausdruck, daß sie nicht richtig begriffen haben, daß man aus dem Leib gar nicht aussteigen kann, um als reine Vernunft in eine rein geistige Welt Einlaß zu finden. Zwar möchten sie gern „aus der Haut fahren" und den Leib als tote Hülle zurücklassen; daher fühlen sie sich zu denen hingezogen, die wie Sokrates das Philosophieren als Einübung ins Sterben, in den Tod des Leibes lehren; daher vertreten sie selber die Theorie, das wahrhaft Seiende sei nicht die veränderliche Welt der materiellen Dinge, sondern ein rein ideeller Kosmos ewig gültiger Werte. Aber im Grunde verkennen sie dabei die Bedeutung des Leibes, den sie zum Ding an sich stilisieren, anstatt ihn als materielle Bedingung selbst ihrer Hinterweltkonzepte zu begreifen. Ihr Glaube an eine übersinnliche Welt setzt – auch wenn sie dies ignorieren – den Glauben an den Leib notwendig voraus. Denn der Leib ist, wie bei Kant das Bewußtsein, der Horizont, in welchem Welt erfahren wird; somit kann es auch eine Überwelt oder Hinterwelt nicht unabhängig von materiellen Bedingungen „außerhalb" des Leibes geben, sondern nur innerhalb der durch den Leib abgesteckten Grenzen. Deshalb ermahnt Zarathustra seine Schüler, auf die Stimme des gesunden Leibes zu hören.

„Redlicher redet und reiner der gesunde Leib, der vollkommne und rechtwinklige: und er redet vom Sinn der Erde." Wenn der Bauch des Seins spricht, so ist dieses Sprechen unredlich, weil hier ein bloß fingierter Sprecher redet, der sich nicht aus sich selbst heraus, sondern nur über Sprachrohre zu artikulieren vermag. Der Bauch des Seins ist nur ein vorgetäuschter Leib, dessen uneigentliche Stimme aus dem ganz und gar materiellen Bauch jener ertönt, die das reine Sein als den Sinn der Welt erfunden haben. Der gesunde Leib hingegen spricht aus seinem Eigenen; seine Redlichkeit besteht darin, daß er selbst es ist, der redet, und zwar redlicher und reiner redet als der Bauch des Seins, da er sich ohne Verstellung mitteilt und als den offenbart, der er ist. Dieser Redner wird von Zarathustra als vollkommen und rechtwinklig ausgezeichnet. Wenn man sich daran erinnert, daß das Wort „Norm" in einem ursprünglichen Sinn „Winkelmaß" bedeutet hat, so könnte man sagen, daß die Rechtwinkligkeit des vollkommenen Leibes sich daran erkennen läßt, daß er zur Norm seiner selbst wird. Er entspricht seinem eigenen An-spruch, und das ist seine Red-lichkeit. In dieser Redlichkeit drückt sich nach Zarathustra der Sinn der Erde aus, und der Sinn der Erde ist der Übermensch.

Das Bild des rechtwinkligen Leibes als Norm für Gesundheit, d. h. für das polare Gleichgewicht der Kräfte Geist und Materie im Menschen, der den Leib-Seele-Dualismus in sich überwunden hat, verweist auf den Übermenschen als den Punkt, in welchem die beiden Linien, die den rechten Winkel bilden – Materie und Geist – zusammenlaufen. Eben dadurch, daß sie trotz ihrer Verschiedenheit, die durch das Auseinanderlaufen der Linien in der anderen Richtung angezeigt wird, in einem Punkt sich treffen, entsteht etwas Neues, Harmonisches, Schönes, der rechte Winkel als Maß und Norm der Einheit von Geist und Materie im Leib. Wenn man die beiden auseinanderstrebenden Linien, die den rechten Winkel bilden, so miteinander verbindet, daß sie die Hälfte des Regenbogens oder ein Viertel eines Kreises ausmachen, dann ergibt sich wieder das Symbol für den Übermenschen als dynamische Einheit gegenstrebiger Kräfte, die auf dem Weg über die Kreisperipherie zusammengehalten und ins Gleichgewicht gebracht werden müssen.[16] Man muß bei allen geometrischen Figuren, die Zarathustra zum Vergleich heranzieht, stets nach dem ergänzenden Element des Kreises suchen und dieses hinzudenken, denn die Kreisform signalisiert die Bewegung des Einheitsvollzugs in der gegensätzlich strukturierten Vielheit. Der Fehler der traditionellen dualistischen Auffassung des Menschen liegt in ihrem Mangel an Rechtwinkligkeit, und der Mangel an Rechtwinkligkeit resultiert aus der Abstraktion von der Kreisfigur. Die beiden Linien, die für den Geist und die Materie stehen, verlaufen als voneinander strikt getrennte, parallele Gerade, die eine nach oben, die andere nach unten, ohne sich je zu treffen. Von daher können sie keinen Winkel bilden, die Welt fällt auseinander und hat aufgrund ihrer Gespaltenheit und Zerrissenheit keinen Sinn.

„Von den Verächtern des Leibes":
zur Selbst-Organisation der großen Vernunft

Was es mit der Stimme des redlichen Leibes auf sich hat, daß er nicht Ich sagt, sondern Ich tut, erfahren wir in Zarathustras nächster Rede, betitelt „Von den Verächtern des Leibes", die sich sachlich an die Rede über die Hinterweltler anschließt, denn diese sind ja gerade die Verächter des Leibes. Zarathustra fordert sie auf, „ihrem eignen Leib Lebewohl (zu) sagen – und also stumm (zu) werden". Sie sollen ihre dualistische Vorstellung, der gemäß der Leib ein bloßes Aggregat von Materie, die bar jeden Geistes, aller Vernunft sei, verabschieden; das Gebot, zu verstummen, zielt darauf ab, daß mit ihrem Schweigen auch der Bauch des Seins aufhören wird zu reden und sie schließlich begreifen, daß sie es waren, die dem Jenseits ihre Stimme geliehen haben. In der nun eingetretenen Stille wird die Aufmerksamkeit für das Vernehmen eines ursprünglicheren An-spruchs geschärft und damit ein neues, angemesseneres – „rechtwinkliges", „redliches" – Leibbewußtsein ermöglicht. Leib ist nach Zarathustras Verständnis nicht wie in der christlichen Tradition der Gegenbegriff zu Seele/Geist, sondern der Name für das ganze Sein des Menschen. „,Leib bin ich und Seele' – so redet das Kind. Und warum sollte man nicht wie die Kinder reden? / Aber der Erwachte, der Wissende sagt: Leib bin ich ganz und gar, und Nichts ausserdem; und Seele ist nur ein Wort für ein Etwas am Leibe." Auf der Stufe kindlicher Unwissenheit scheint es Zarathustra durchaus nicht verfehlt zu sein, von Leib und Seele so zu reden, als handle es sich dabei um zwei verschiedene Dinge, um zwei Bestandstücke, aus denen das menschliche Sein zusammengesetzt ist. Für das Kind, das noch nicht zwischen sinnlicher und unsinnlicher Erfahrung zu unterscheiden vermag, haben die nicht sichtbaren Dinge den gleichen Realitätsgrad wie das unmittelbar Wahrnehmbare. Es findet daher nichts Befremdliches an der Rede, es bestehe aus Leib und Seele. Für das Kind *ist* die Seele *im* Leib, und manch einer bewahrt sich diese kindliche Vorstellung sein Leben lang. Wer jedoch die Stufe des Erwachsenen erreicht hat, wird entdecken, daß die naive Vorstellung eines Leib-Seele-Wesens unvereinbar ist mit der Selbsterfahrung, die immer in erster Linie eine leibliche ist; und selbst jene Implikate der Leiberfahrung, die auf etwas Außerleibliches schließen lassen, das sogenannte Seelische, begegnen nicht anders als leibvermittelt. Der Leib erweist sich somit als das grundlegende Apriori, hinter das auf keine Weise zurückgegangen werden kann, ohne daß es zugleich wieder bestätigt wird. „Seele ist nur ein Wort für ein Etwas am Leibe", d. h. Seele gibt es nicht losgelöst vom Leib als eine unabhängige Entität, sondern mit dem Wort Seele wird eine bestimmte Befindlichkeit des Leibes zum Ausdruck gebracht, ein bestimmtes Selbstverhältnis, in dem und durch das der Leib ist, was er ist. Zarathustra charakterisiert daher diesen ursprünglichen Begriff des Leibes durch Verhältnisbestimmungen. „Der Leib ist eine grosse Vernunft, eine Vielheit mit Einem Sinn, ein Krieg und ein Frieden, eine Heerde und ein Hirt." Der Leib wird nicht als eine unterschiedslose, gegensatzlose Einheit beschrieben; vielmehr zeigt sich die große Vernunft, als die er sich repräsentiert, darin, daß er eine in sich strukturierte komplexe Ganzheit darstellt: „eine Vielheit mit Einem Sinn". Der Sinn ist nicht ewas, das zu der Vielheit hinzutritt. Die Vielheit ist in sich selber Sinn dadurch, daß sie sich zu diesem einen Leib formiert, ja diesen Leib als ein funktionierendes, lebendiges Ganzes organisiert. Diese Selbstorganisation des Leibes wird von Zarathustra als „ein Krieg und ein Frieden" gekennzeichnet. Diese beiden Begriffe schließen sich eigentlich aus, insofern Krieg den Zustand des Friedens und Friede den Zustand des Krieges aufhebt. Der Leib aber soll beides in einem sein, Krieg und Frieden; dies läßt sich nur denken, wenn man sich die vielen verschiedenen Tätigkeiten des Leibes bzw. die Prozesse, die in ihm ablaufen, nicht als ein blindwütiges Gegeneinander vorstellt, dessen Resultat nur Zerstörung sein kann, sondern als ein koordiniertes, die einander feindlichen Kräfte im Gleichgewicht haltendes und dadurch miteinander befriedendes Geschehen. So verstanden sind Krieg und Frieden nicht statische Begriffe für einander abwechselnde Zustände; sie müssen im Gegenteil – da sie ja die Lebendigkeit des Leibes als solchen begründen – als zwei gegeneinander gerichtete Aktivitäten gedacht werden: Der Krieg der aufeinanderprallenden Kräfte muß in jedem Augenblick durch eine Art Feinabstimmung so ausgeglichen gehalten werden, daß keine der kriegführenden Parteien den Sieg davonträgt. Der dadurch jeweils hergestellte Friede darf jedoch nicht dazu führen, daß Spannung und Gegenspannung allmählich erlahmen, bis der Krieg beendet ist. Vielmehr muß auf beiden Seiten der Kampf gleichmäßig geschürt werden, damit die Kräfte gesteigert und die Spannungsfelder insgesamt immer fruchtbarer werden. Es gilt jedoch, um des Ganzen willen den Sieg oder die dauernde Überlegenheit einer der Kräfte zu verhindern, weil dann das jeweilige Spannungsfeld in sich zusammenfallen und jeder Fortschritt im Sinne einer Höherentwicklung ausbleiben würde. Das Verhältnis des Leibes zu sich selbst als Kraftfeld muß daher – so Zarathustras letzter Vergleich – dem von Hirt und Herde analog sein. Ohne den Hirten zerfällt die Herde; die Schafe zerstreuen sich und bilden keine Gemeinschaft mehr. Die Tätigkeit des Hirten konstituiert die Herde als geordneten Zusammenhang einer Vielheit, so wie der Leib aufgrund der ihm immanenten Vernunft seine Antriebskräfte auf vielfältige Weise kanalisiert und kombiniert und zusammenwirken läßt.

Zarathustra fährt fort mit seiner Charakterisierung des Leibes. „Werkzeug deines Leibes ist auch deine kleine Vernunft, mein Bruder, die du ‚Geist' nennst, ein kleines Werk- und Spielzeug deiner grossen Vernunft. / ‚Ich' sagst du und bist stolz auf diess Wort. Aber das Grössere ist, woran du nicht glauben willst, – dein Leib und seine grosse Vernunft: die sagt nicht Ich, aber thut Ich." Jenes Etwas am Leibe, von dem bereits als Seele die Rede war, wird von Zarathustra nun als „kleine Vernunft" bezeichnet, die im Dienst einer „grossen Vernunft" steht. Diese große Vernunft bedient sich der kleinen Vernunft als Werkzeug und als Spielzeug, und daran zeigt sich ganz deutlich die Abkehr von der traditionellen Theorie, die dem Geistprinzip den unbedingten Vorrang zuerkannte und dem materiellen Prinzip eine bloß instrumentelle Funktion zugestand. Nun kehrt Zarathustra dieses Verhältnis aber nicht einfach um derart, daß der Geist um willen der Materie, also nicht mehr Zweck an sich selbst, sondern Mittel zu einem ihm vorgegebenen Zweck ist. Auch Zarathustra ordnet den Geist einer Vernunft unter, denn der Leib ist als sich selbst organisierende Materie eine große Vernunft, die Ich *tut*. Die große Vernunft ist, mit einem Ausdruck Fichtes: „Tathandlung"[17] oder mit Nietzsche gesprochen: Wille zur Macht. Das Tun der großen Vernunft ist der Wille, der seiner selbst mächtig zu werden strebt, indem er sich als Ich kreativ hervorbringt. Dadurch ermöglicht er allererst das Ich-sagen der kleinen Vernunft, die gar nichts zu sagen hätte, wenn nicht vorgängig der Leib sich als große Vernunft organisiert und damit ein Ich ursprünglich hervorgebracht hätte. „Ich" ist ein relationaler Begriff, der ein Selbstverhältnis bedeutet. Jenes Ich, das nicht gesagt, sondern getan wird, geht aus der dialektischen Entgegensetzung und Auseinandersetzung von Geist und Materie hervor, die durch etwas ausbalanciert und im Gleichgewicht gehalten werden, das Zarathustra terminologisch als „Selbst" bezeichnet. „Hinter deinen Gedanken und Gefühlen, mein Bruder, steht ein mächtiger Gebieter, ein unbekannter Weiser – der heisst Selbst. In deinem Leibe wohnt er, dein Leib ist er." Die große Vernunft, die Ich tut, ist ein Selbst, und dieses Selbst ist insofern größer als die kleine Vernunft, die Ich sagt, als seine Ordnungs- und Vermittlungsleistung sich auf das Menschsein als Ganzes erstreckt, wodurch das Ich als Produkt dieser Ordnungs- und Vermittlungstätigkeit des Selbst entsteht. Das Ich kann demnach dieses Ganze, aus dem es hervorgegangen ist, nicht mehr selber produzieren, sondern vermag sich nur noch als Ich zu bestätigen und auszusagen.

Wer Ich sagt, meint sich selbst als dieses bestimmte, fertige Wesen, das die Reflexion immer schon vorfindet, sobald sie sich auf sich selbst zurückwendet und dabei entdeckt, daß sie selbst, ein Ich es ist, mit dem sie es zu tun hat. Im Akt der Selbstidentifikation schließt sich die Reflexion mit sich selbst zum Ich zusammen. Der Fehler der traditionellen Ich-Philosophie liegt nun darin, daß sie das Ich vom Selbst abgetrennt hat, indem sie unterstellt, das Ich habe sich selbst reflexiv erzeugt und daher seinen Ursprung in sich selbst. Dagegen wendet Zarathustra ein: „Was der Sinn fühlt, was der Geist erkennt, hat niemals in sich sein Ende. Aber Sinn und Geist möchten dich überreden, sie seien aller Dinge Ende: so eitel sind sie." Sinnlichkeit und Verstand sind keine selbständigen Vermögen, sondern durch Abstraktion von der einheitsstiftenden Tätigkeit des Leibes entstanden. Voneinander getrennt, wähnt sich jedes von ihnen autonom, d. h. als letzter Zweck, der ausschließlich mit den Mitteln der Sinnlichkeit respektive des Geistes erreicht werden könne. Doch weder die Sinne noch der Geist des Menschen haben ihr Ziel immanent in sich selbst, ebensowenig wie sie ihren Ursprung in sich selbst haben. Noch Kant hat Anschauung und Verstand als zwei voneinander unabhängige, selbständige „Stämme" des menschlichen Erkenntnisvermögens angenommen, die durch das reine ‚Ich denke' der transzendentalen Apperzeption im Bewußtsein aufeinander bezogen werden.[18] Zarathustra hingegen spricht ihnen jede Eigenständigkeit ab; Sinne und Verstand sind integrative Momente des Selbst, das diese als Organe bzw. Vermögen seines Leibes ausgebildet hat, um vermittels dieser sich die Welt einzuverleiben bzw. sie zu gestalten oder zu verändern. „Werk- und Spielzeuge sind Sinn und Geist: hinter ihnen liegt noch das Selbst. Das Selbst sucht auch mit den Augen der Sinne, es horcht auch mit den Ohren des Geistes. / Immer horcht das Selbst und sucht: es vergleicht, bezwingt, erobert, zerstört. Es herrscht und ist auch des Ich's Beherrscher." Die Charakterisierung von Sinnlichkeit und Geist als Werkzeuge und Spielzeuge des Selbst läßt klar erkennen, daß das Selbst ihr Schöpfer ist, der sie verfertigt hat, um durch sie die Welt zu vernehmen und zu gestalten. Das Selbst als große Vernunft ist ja nichts anderes als die Tätigkeit des Vernehmens, wobei Vernehmen sowohl Vornehmen als auch Einvernehmen bedeutet: eben Vergleichen, Bezwingen, Erobern und Zerstören. Vernunft als Vernehmen ist ein zugleich formendes und spielerisches Umgehen mit den Dingen, in welchem diese nicht bloß als das genommen werden, was sie sind, sondern auch verändert und im Grenzfall sogar destruiert werden.

Wenn das Ich glaubt, daß es selbst es ist, das sich die Welt über sein Anschauungsvermögen und seinen Verstand autonom erschließt, so befindet es sich in einem grundlegenden Irrtum, denn nach Zarathustra steht das Ich noch unter dem Diktat des Selbst, das dem Ich Augen und Ohren für das öffnet, woran das Selbst interessiert ist und was es sich einverleiben will. „Dein Selbst lacht über dein Ich und seine stolzen Sprünge und Flüge des Gedankens. ‚Was sind mir diese Sprünge und Flüge des Gedankens? sagt es sich. Ein Umweg zu meinem Zwecke. Ich bin das Gängelband des Ich's und der Einbläser seiner Begriffe.' " Fast klingt Hegels „List der Vernunft" [19] an, wenn Zarathustra hier das Ich als die Marionette des Selbst schildert, durch dessen Interessen die Handlungen des Ich gesteuert werden. Das Selbst ist die zwecksetzende Instanz im Leib und damit nichts anderes als der Wille zur Macht, der sich durch das Selbst als Leib realisiert. Wenn wir noch einmal an die

Analogien von Krieg und Frieden, von Hirt und Herde denken, so greift der Ausdruck „Selbst" zwei Momente auf: zum einen das Moment der Selbigkeit und zum anderen das Moment der Rückbezüglichkeit, durch das etwas Dynamisches ins Spiel kommt. Das Selbst ist keine starre Identität, sondern jene vorentwerfende und rückbezügliche Aktivität, die die vielfältigen, an sich selber ungeordneten, regellosen Funktionen des Leibes so organisiert, daß trotz aller gegensätzlichen Elemente und Spannungen daraus der Leib als ein einheitliches Gebilde allererst hervorgeht. Das Selbst hält den Leib gewissermaßen als ein sinnvolles Ganzes zusammen, indem es – im Kreismodell gesprochen – immer wieder vom Willen zur Macht als seinem Kraftzentrum ausgehend, Kreise beschreibt und alles Heterogene konturiert, es in die Immanenz des Kreises zwingt, d. h. dem Vielen und Zerstreuten seinen Platz im Horizont des Leibes zuweist. Das Selbst ist nichts anderes als der sich ständig erneuernde und als komplexes Ganzes im Gleichgewicht haltende Leib, der „schaffende Leib", wie Zarathustra sagt. Das sich selbst durch sein Schaffen als Leib organisierende Selbst hat auch das Ich oder den Geist – die kleine Vernunft – ausgebildet: „Der schaffende Leib schuf sich den Geist als eine Hand seines Willens." Geist und Vernunft, die in der abendländischen Tradition stets als die höchste, zwecksetzende Instanz im Menschen behauptet wurden – bei Zarathustra haben sie nur noch den Stellenwert einer Hand des Willens, der sich des Geistes, der Vernunft bedient, um seine Ziele durchzusetzen. Allerdings handelt es sich nicht um einen blinden Willen, sondern um einen solchen, dem eine höhere Vernunft – die große Vernunft – innewohnt, die alles in sich zu vereinigen vermag und sich damit als Einheit des Leibes realisiert.

Am Begriff des Willens läßt sich zeigen, wieviel Nietzsche Arthur Schopenhauer verdankt, dessen Werk „Die Welt als Wille und Vorstellung" fast ein Kultbuch des jungen Nietzsche war. Schopenhauer begriff den Willen als metaphysisches Prinzip jener Welt, die in unserem Bewußtsein, unserer Vorstellung als objektiv konstituiertes Ganzes erscheint. Alles was uns als Objekt begegnet, ist Produkt eines unserer Erkenntnis an sich selber unzugänglichen Willens, der sich z. B. als die Kraft äußert, „welche in der Pflanze treibt und vegetiert, ... durch welche der Kristall anschießt, ... welche den Magnet zum Nordpol wendet" [20]. Entsprechend ist auch

„mein Leib ... die *Objektität* meines Willens"[21]. Dieser Wille, der für Schopenhauer der Schlüssel zur Natur insgesamt ist, wirkt aus der Sicht des erkennenden Subjekts blind[22], und die *Wirk*lichkeit ist das Ergebnis dieses *Wirk*ens. Auch Schopenhauer beschreibt die Tätigkeit des Willens als eine Auseinandersetzung zwischen polaren Kräften[23], einen Streit, in welchem das Niedrigere überwältigt wird und das Höhere siegt[24]. Schon bei Schopenhauer findet sich das Bild des Kreislaufs, durch das die innere Geschlossenheit und Unendlichkeit des blind strebenden Willens signalisiert wird. „Jedes erreichte Ziel ist wieder Anfang einer neuen Laufbahn, und so ins unendliche."[25]

Dieser allen Erscheinungen als ihr Ding an sich zugrunde liegende Wille ist nach Schopenhauer *per definitionem* Wille zum Leben.[26] Alles Lebendige hat von Natur aus nur den einen Drang: sich am Leben zu erhalten. Der Egoismus der Bejahung des eigenen Lebens schließt die Negation fremder Willenserscheinungen mit ein.[27] Eben daraus resultieren aber alle Qualen und Leiden dieser Welt, gegen die der Wille sich gleichgültig verhält. „Er ist frei, er ist allmächtig. ... Die Welt ist nur der Spiegel dieses Wollens: und alle Endlichkeit, alle Leiden, alle Qualen, welche sie enthält, gehören zum Ausdruck dessen, was er will, sind so, weil er so will."[28] Das einzige, was der Mensch dem entgegenzusetzen hat, ist „die gänzliche Selbstaufhebung und Verneinung des Willens, die wahre Willenslosigkeit, ... welche allein den Willensdrang für immer stillt und beschwichtigt, allein jene Zufriedenheit gibt, die nicht wieder gestört werden kann, allein welterlösend ist"[29]. Das Mitleid mit dem Leiden anderer ist eine Form reiner, uneigennütziger Liebe[30], die aus dem Verzicht auf den Willen zum Leben resultiert und „als allgemeines Quietiv alles Wollens beschwichtigt, den tiefsten Frieden gibt und das Tor der Freiheit öffnet"[31] – eine Freiheit freilich, die ins Nichts führt; „kein Wille: keine Vorstellung, keine Welt".[32] Aber eben auch kein Leiden an der Welt mehr.

Für Nietzsche ist diese Lösung unannehmbar. Der Streit, der Kampf, das Leiden sind für die Selbstüberwindung und Höherentwicklung des Leibes als große Vernunft unverzichtbar. Die Abtötung des Willens zum Leben und die daraus folgende Beruhigung, in welcher der Leib seinen Frieden findet, wäre für Zarathustra gleichbedeutend mit der Preisgabe der Idee des Übermenschen. Wo das Leben sich selbst verneint, erstarrt alles in tiefster Friedhofsruhe. Nimmt sich der Wille in seinem Wollen zurück, so tötet er seine Lebendigkeit ab, und dies ist eine Form des Nihilismus, die das Nein nicht mehr als ein Durchgangsstadium ansieht, sondern als Endstadium festschreibt – um den Preis jedweder Aktivität und Kreativität. Die Verneinung des Lebens führt zur Selbst-Aufgabe als dem absoluten Gegenteil zu der von Zarathustra gelehrten Selbst-Überwindung.

„Das Selbst sagt zum Ich: ‚hier fühle Schmerz!' Und da leidet es und denkt nach, wie es nicht mehr leide – und dazu eben *soll* es denken. / Das Selbst sagt zum Ich: ‚hier fühle Lust!' Da freut es sich und denkt nach, wie es noch oft sich freue – und dazu eben *soll* es denken." Dem Ich, der Rationalität des Menschen wird von Zarathustra eine instrumentelle Funktion zugewiesen: Es soll über Mittel und Wege nachdenken, die zu den ihm vom Selbst vorgegebenen Zielen hinführen. Durch die Erzeugung von Freude und Leid motiviert das Selbst das Ich, nach Mitteln und Wegen zu suchen, die geeignet sind, sich mehr Freude zu verschaffen und Leiden zu verhindern.

Verallgemeinert man, von diesem Beispiel ausgehend, die Beschreibung der Funktion des Ich, so könnte man sagen, daß Zarathustra das Verhältnis von großer Vernunft und kleiner Vernunft, von Selbst und Ich, von Leib und Geist nicht als ein Wechselverhältnis denkt, sondern als eine Subordination. Der Geist ist nur eines, wenn auch ein sehr wichtiges, unter den zahlreichen Hilfsmitteln, deren sich der Leib bedient, um sich zu organisieren, d. h. um sich als ein in seinen Funktionen sinnvoll aufeinander abgestimmtes Ganzes optimal zu gestalten. Dem geistigen Vermögen des Menschen, seinem Verstand als dem ‚Ich denke' kommt dabei die Aufgabe zu, gewisse Probleme zu lösen, die sich immer dann ergeben, wenn das Gleichgewicht der Kräfte an irgendeiner Stelle gestört ist und die Koordination von Spannung und Gegenspannung nicht klappt. Dann muß mit den Mitteln des Begriffs das Problem geklärt und eine praktikable Lösung gefunden werden, eine Lösung wohlgemerkt *für den Leib*. Das Leibapriori ist als solches unaufhebbar, und für das sich selbst als Geist verstehende Ich bedeutet dies, daß es dem Leib nach- und untergeordnet ist.

Wenn das Ich jedoch seine Herkunft aus der großen Vernunft des

Leibes vergißt oder verleugnet, sich von dieser abspaltet und verselbständigt, so hat dies Konsequenzen in zweifacher Hinsicht. Hinsichtlich des Ich folgt daraus, wenn es sich als (kleine) Vernunft vom Selbst loslöst und als absoluten Anfang setzt, daß es – um seine Autonomie unter Beweis stellen zu können – eigene Zwecke vorweisen muß. Dies gelingt ihm nur dadurch, daß es eine „Hinterwelt" erfindet, eine Überwelt, die einen erhabeneren, dem irdischen unendlich überlegenen Leib präsentiert, der ganz und gar von der Art des Geistes ist, dem zu dienen daher für das Ich Selbstzweck ist. Für den Leib folgt aus der Loslösung des Ich vom Selbst, daß er verkümmert, in Zarathustras Sprache: daß er krank wird. Die Kräfte, die das Ich in den Dienst des von ihm erfundenen Überleibs stellt, fehlen nun dem Selbst bei der Organisation des Leibes, d. h. es vermag das Gleichgewicht der Spannungsverhältnisse nicht mehr herzustellen, so daß die gegeneinander wirkenden Prozesse destruktiv werden und die Einheit des Ganzen auseinanderbricht. Die Verächter des Leibes, die die Adressaten dieser Rede Zarathustra sind, machen diesen funktionsuntüchtigen Leib, der nur noch eine chaotische Ansammlung von Materie darstellt, zum Gegenstand ihrer Verachtung, wobei sie jedoch übersehen, daß dieser desolate Zustand des Leibes nicht eine ursprüngliche Befindlichkeit von Materie ist, sondern das Resultat eines fundamentalen Selbstmißverständnisses. Ursprünglich war der Leib eine große Vernunft, nämlich Materie und Geist in fruchtbarer Wechselbezüglichkeit. Der Leib war das Ergebnis des Zusammenwirkens von Ordnungswille und Verstand, der Pläne entwarf zur Ordnung des Regellosen. Nachdem sich jedoch das Ich vom Selbst getrennt hatte, wurde der Leib seiner schöpferischen Kraft beraubt. Das Ich verwandte alle Kreativität auf die Hervorbringung von Überwelten, anstatt zur Regelung der Selbstorganisation der Materie als Leib beizutragen. So fielen Materie und Geist auseinander, und das Ich hatte mit Blick auf seine Überwelt für die vom ursprünglich komplexen Leib übriggebliebene Materie bloß noch Verachtung übrig.

Dem hält Zarathustra entgegen: „Den Verächtern des Leibes will ich ein Wort sagen. Dass sie verachten, das macht ihr Achten." Um etwas verachten zu können, bedarf es etwas, das man achtet, eines Maßstabs. Verachtung ist nur dort möglich, wo sich etwas als das Gegenteil desjenigen erweist, das man hochschätzt. Die Verächter des Leibes schätzen das rein Geistige, das in einem transzendenten, ewig präsenten Jenseits Gestalt angenommen hat, und an diesem Maßstab gemessen wird die geistlose Materie zum Inbegriff des in sich Wertlosen, d. h. zum Verächtlichsten. Zarathustra macht nun darauf aufmerksam, daß auch die Tätigkeiten des Achtens und Verachtens ihren Ursprung nicht im Ich, sondern im Selbst, in der ursprünglichen Ganzheit des Leibes haben, den es wieder als absoluten Anfang zu begreifen gilt. „Das schaffende Selbst schuf sich Achten und Verachten, es schuf sich Lust und Weh. ... Noch in eurer Thorheit und Verachtung, ihr Verächter des Leibes, dient ihr eurem Selbst. Ich sage euch: euer Selbst selber will sterben, und kehrt sich vom Leben ab. / Nicht mehr vermag es das, was es am liebsten will: – über sich hinaus zu schaffen. Das will es am liebsten, das ist seine ganze Inbrunst." Achten und Verachten waren somit ursprünglich zwei einander entgegengesetzte Momente des Schaffens, aus deren fruchtbarer Spannung eine Höherentwicklung des sich selbst organisierenden Leibes hervorging. Je größer die Achtung für das vom Willen Begehrte, desto größer die Verachtung für dessen Gegenteil. So wie die Lust nur in Abgrenzung gegen ihr Gegenteil – die Unlust – als Lust bestimmbar ist, vermag auch das Selbst nur über sich hinaus zu schaffen, wenn es seinem Schaffen Hindernisse in den Weg stellt, die zu überwinden sind. Wie wir bereits anhand der Analogie von Krieg und Frieden gesehen haben, stellt sich ein Fortschritt nur in einem ununterbrochenen Kampf ein, der in jedem Augenblick zugleich aufgehoben und neu begonnen wird. Um den Prozeß der schöpferischen Gestaltung, der Selbstorganisation des Leibes in Gang zu halten, erzeugt das Selbst mit Hilfe des Ich stets neue Gegensätze wie den des Achtens und Verachtens und treibt auf diese Weise die Bewegung, das Leben, weiter. Wenn das Ich also meint, seine Verachtung des Leibes sei seine ureigenste Leistung, da es den Maßstab seiner Achtung – die jenseitige Welt – selbst gesetzt hat, so ist es hierin in einem grundlegenden Irrtum befangen, der daraus resultiert, daß es seine Herkunft, seine Genealogie aus dem Selbst vergessen und das Leibapriori verdrängt hat. Indem Zarathustra dieses wieder in den Blick rückt, erklärt sich das Mißverständnis des Ich von selbst. Auch wenn es sich einen eigenen Gegenstand der

Achtung geschaffen hat, hat es doch die Fähigkeit, etwas hochzuschätzen, nicht aus sich selbst, sondern bezieht sie ursprünglich aus dem, was ihm zum Gegenstand der Verachtung geworden ist, aus dem Leib. Das Ich bleibt auch nach seiner Ablösung vom Leib auf diesen bezogen, da es nur kraft des Leibes als Ich sich etablieren kann. Wenn es die Materie verachtet, dient es selbst darin noch dem Leib, aus dem es stammt, insofern es an seinem Untergang mitwirkt und damit seinem Willen unterzugehen entspricht. Das Ich gehorcht somit selbst in seinen scheinbar autonomen Handlungen noch jenem ursprünglichen Willen, dem es sich als Ich verdankt. Nur hat sich der Wille zur Macht, der ursprünglich ein Wille zum Leben ist, in den Willen zum Sterben verkehrt. Daran gehindert, über sich hinaus zu schaffen, strebt der Wille nach seiner Selbstvernichtung, denn nur so vermag er auch die Hinterwelt, die das Ich als seinen ihm adäquaten Überleib fingiert hat, zu zerstören. Der Wille zur Macht hört nie auf, Wille zu sein, und er demonstriert seine Macht selbst dort noch, wo sich ein von ihm geschaffenes Werkzeug seiner Verfügungsgewalt entzieht und verselbständigt, indem er seine Zerrüttung und seinen eigenen Tod wählt, um den Tod des Ich bzw. der von diesem erdachten Überwelt herbeizuführen.

Was bedeuten nun das Sterben und der Tod des Selbst, was hat Zarathustra damit sagen wollen? Wie kann das Prinzip alles Lebendigen sich gegen sich selbst wenden und seine eigene Negation gutheißen? Um diese Fragen zu beantworten, müssen wir uns noch einmal Nietzsches Kreislaufmodell in Erinnerung rufen, das ja das dynamische Prinzip des Willens zur Macht veranschaulicht. Die geometrische Figur des Kreises kommt nur durch zwei verschiedene, aber gleichzeitig ausgeführte Bewegungen zustande. Dies läßt sich am Beispiel des Zirkels veranschaulichen. Das eine Bein des Zirkels, sein Standbein, verharrt in einem Punkt, in welchem es um sich selbst herumgeführt wird, während das andere Bein, das Spielbein, in gleichbleibendem Abstand zum Standbein einen durch dessen Drehbewegung am Ort ermöglichten Kreis beschreibt. Vom Kreismittelpunkt ausgehend, lassen sich unendlich viele Linien zur Peripherie des Kreises ziehen, wobei die einander in einem Winkel von 180 Grad gegenüberliegenden Linien einen Kreisdurchmesser bilden.

Wir wollen nun versuchen, die verschiedenen Konstitutionselemente der geometrischen Figur des Kreises auf Zarathustras These vom Leibapriori zu übertragen. Der Kreis als solcher steht für den Leib. Im Kreis hat sich der Zirkel sozusagen einen Leib geschaffen; der Kreis ist das materialisierte Prinzip des Zirkels. Der Zirkel wiederum als Gerät zur Beschreibung von Kreisen ist aus einem Konstruktionsplan hervorgegangen, den das Ich in Befolgung einer Aufforderung durch das Selbst entworfen hat. Der Zirkel ist demnach ein Symbol für das Ich als Hilfsmittel, dessen sich das Selbst bedient, um über sich hinaus zu schaffen und schaffend sich zu verwirklichen. Wollte man auch das Selbst im Kreismodell lokalisieren, so hat dies gewisse Schwierigkeiten, denn das Selbst ist das Ganze, also sowohl der Kreis als auch der Zirkel; es ist gleichsam der Fluchtpunkt, unter dem das Modell allererst Gestalt annimmt. Vielleicht könnte man sagen: Das Selbst ist jenes Kraftpotential des Willens, welches das Chaos der unzähligen Kräfte gleich einem Magneten in ein geordnetes, strukturiertes Spannungsfeld zu verwandeln strebt und, um diese Aufgabe zu lösen, einen Verstand ausbildet, der eine Formel, einen Plan konstruieren soll, nach dem das Chaos so in eine Einheit gebracht werden kann, daß das Kräftespiel nicht mehr eine zerstörerische, sondern eine produktive und sich potenzierende Wirkung zeitigt. Der Plan, durch den das Ich seine ihm vom Selbst gestellte Aufgabe löst, ist analog der Zirkelkonstruktion zu verstehen. Wie die Kreisform alle Gegensätze dadurch in sich vereinigt, daß sie durch den Mittelpunkt und die Peripherie in einem ausgewogenen Verhältnis zusammengehalten werden, so soll auch das Ich das Selbst umkreisen und dabei einen Leib formen, der alle an sich selber ungeordneten, sinnlos gegeneinander wirkenden Triebe in sich versammelt, und zwar derart, daß der Wille des Selbst sie vermittels der Begriffskonzepte des Ich strukturiert und organisiert.

Dem Ich, dessen Reflexivität sich durch das Bild des Zirkels ebenfalls sehr gut veranschaulichen läßt, kommt bei der Selbstorganisation des Leibes eine Doppelfunktion zu. Es hat sein Zentrum im Willen des Selbst, dessen ausführendes Organ es ist; aber es muß aus diesem Zentrum herausgehen, um im Überschreiten des Chaos der Kräfte diesen ein Gebiet abstecken zu können, innerhalb dessen sie dem Willen des Selbst unterstellt werden, das um ein Gleichgewicht der Kräfte besorgt ist. Wie der Zirkel nur dann richtig funktioniert, wenn er mit seinem Standbein fest in einem Punkt verankert bleibt, während er mit dem Spielbein das abgesteckte Gebiet umschreibt (der Zirkel als „Tänzer", der eine Pirouette dreht), so wird auch das Ich seiner ihm vom Selbst zugedachten Aufgabe nur dann gerecht, wenn es den Leib als seinen feststehenden Ausgangspunkt und Zweck betrachtet.

Der Leib ist der Auftraggeber des Ich, und indem dieses seinen Auftrag ausführt, kreiert es Leib, gibt ihm jene Konturen, durch die er sich als geformter Leib von bloßer Materie unterscheidet. Trennt sich das Ich vom Selbst und verselbständigt sich, so bedeutet dies im Bild des Zirkels gesprochen: Er löst sein Standbein aus der festen Unterlage, um in einem immateriellen Medium Fuß zu fassen und darin mit dem Spielbein seine Kreise zu ziehen. Er beschreibt auch auf diese Weise weiterhin Kreisfiguren, aber eben ins Leere; seine Kreise nehmen keine leibhaftige Gestalt mehr an. Das gleiche passiert dem Ich, wenn es – kantisch ausgedrückt – seine Kategorien nicht auf das durch die Sinne gegebene Anschauungsmaterial anwendet, sondern dazu benutzt, eine übersinnliche Materie zu formen. In Ermangelung einer solchen Materie ist das Ich gezwungen, doch auf die Anschauung zurückzugreifen, auch wenn es sie zu einer angeblich intellektuellen Anschauung umfrisiert, die dann als Lieferant für überempirische Materie fungiert, aus der der Verstand einen Überleib formt. Da diesem Gebilde der Motor des Willens zur Macht fehlt, ist es unlebendig, starr, kein dynamisches Kräftespiel, das im Prozeß des Werdens Neues durch Überwindung von Altem, Überlebtem entstehen läßt. Die Kreise des selbstlos gewordenen Ich beschreiben den Tod, und am Ende wird auch das Ich selber aufhören, Kreise zu beschreiben, in der Meinung, daß alles für immer konturiert sei. Damit aber erfüllt es nach Zarathustra gewissermaßen den letzten Willen des Selbst, das diesen geistigen Selbstmord des Ich geradezu inszeniert, um darauf aufmerksam zu machen, daß der Untergang des Leibes – verstanden als seine Reduktion auf bloße, geistlose Materie – unausweichlich auch den Untergang des Geistes – verstanden als seine Reduktion auf reine, leere Denkfunktionen – nach sich zieht. Aber dieser vernunftlose Leib und dieser immaterielle Geist in ihrer dualistischen Gespaltenheit *sollen* auch untergehen – so will es das ursprüngliche Selbst, dessen ganzes Interesse auf das Schaffen zielt. Schaffen aber im Sinne des über sich Hinausschaffens, des beim Erreichten niemals Stehenbleibens, des stets auf ein neues, höheres Ziel Hinstrebens, ist nur auf der Basis einer Kooperation von Leib und Geist, Selbst und Ich, großer und kleiner Vernunft, Wille und Verstand möglich. Solange das denkende Ich sein Zentrum im Willen des Selbst hat, in das es nach all seinen „stolzen Sprüngen" und „Flügen des Gedankens" wieder zurückkehrt, solange gelingt die Kooperation zwischen Selbst und Ich, und der Leib zeigt sich als große Vernunft, d. h. als ein einheitlich strukturiertes Kräftefeld, aus dessen unendlicher Mannigfaltigkeit immer neue Variationen von Leiblichkeit evolvieren, neue Konfigurationen von leibgebundener Materie, deren Formation sowohl die kontrahierende Kraft des Willens, die die einzelnen Prozesse koordiniert und zusammenhält, als auch die expandierende reflexive Kraft des Verstandes, die das Grundmuster der Koordination aller Prozesse entwirft und gestaltet, erkennen läßt. Emanzipiert sich jedoch das Ich und verläßt das Zentrum des Selbst, fehlt dem Zentrum das Koordinationsschema und der Rahmen für die Organisation der Kräfte, so daß die Auflösung des Kräftefeldes und damit verbunden die Zersetzung des Leibes in zerstreute Materie, letztlich das Chaos die Folge ist. Das Selbst, das seiner Natur nach Wille ist, Wille zur Macht, kann aber nicht aufhören zu wollen. Wenn es nicht mehr Leib sein kann als eine große Vernunft, dann will es untergehen, und das heißt in diesem Zusammenhang: es will als dieses amputierte, ich-los gewordene Selbst negiert werden. Denn nur aufgrund einer radikalen Negation dieses Selbst kann die dualistische Trennung von Selbst und Ich, die zum Tod beider geführt hat, in einem neuen Leibbewußtsein aufgehoben werden. „Ich gehe nicht euren Weg, ihr Verächter des Leibes! Ihr seid mir keine Brücken zum Übermenschen! – Also sprach Zarathustra." Die Verächter des Leibes haben den einzigen Weg, der zum Übermenschen führt, zerstört, den Weg, der über die große Vernunft führt, die die Kluft zwischen Selbst und Ich im Leib überbrückt.

„Von den Freuden- und Leidenschaften": über die Triebnatur des Leibes

Zarathustra stellt seinen Schülern einen anderen Begriff von Tugend vor als den traditionellen, der auch in der Rede „Von den Lehrstühlen der Tugend" zur Sprache kam. „Mein Bruder, wenn du eine Tugend hast, und es deine Tugend ist, so hast du sie mit Niemandem gemeinsam." Diese Lehre widerspricht der alten Definition von Tugend als einem allgemeinen, für jedermann verbindlichen Handlungsmuster. Für Zarathustra ist Tugend nur je meine moralische Haltung – individuell, unvergleichlich, unverwechselbar. Daher – und hier klingt wieder eine sokratische These an [33] – ist Tugend nicht lehrbar, nicht mitteilbar, nicht einmal aussprechbar, denn: „Willst (du) sie beim Namen nennen, ... siehe! Nun hast du ihren Namen mit dem Volke gemeinsam und bist Volk und Heerde geworden mit deiner Tugend!" Wenn Tugend jenes einzigartige Selbstverhältnis meint, aufgrund dessen sich der einzelne als Leib organisiert, so entzieht sich die einmalige und besondere Weise dieses Selbstverhältnisses dem sprachlichen Zugriff. Hier ergibt sich ein Kommunikationsproblem, da die Sprache aufgrund ihres konventionellen und intersubjektiven Charakters immer schon in verallgemeinernder Form etwas mitteilt. Sobald etwas benannt wird, einen Namen erhält – selbst wenn es sich dabei um einen Eigennamen handelt –, geht es seiner Besonderheit verlustig einfach dadurch, daß es kommunikabel gemacht wird, in Zarathustras Sprache: daß es auf der Ebene der Herde gleichförmig und für jedermann nachvollziehbar wird. Was Tugend und Moral betrifft, durch die der einzelne sein Handeln reguliert und seine ihm eigentümliche Lebensform qualifiziert, rät Zarathustra seinen Adepten, nur auf die Weise des Stammelns über sie zu reden: „Das ist *mein* Gutes, das liebe ich, so gefällt es mir ganz, so allein will *ich* das Gute./Nicht will ich es als eines Gottes Gesetz, nicht will ich es als eine Menschen-Satzung und -Nothdurft: kein Wegweiser sei es mir für Über-Erden und Paradiese./Eine irdische Tugend ist es, die ich liebe: wenig Klugheit ist darin, und am wenigsten die Vernunft Aller."

Die stammelnde Rede, die Zarathustra als die allein geeignete

Form des Sprechens über moralische Angelegenheiten vorschlägt, ist nicht so zu verstehen, als ob der Betreffende unzusammenhängend reden bzw. gar stottern solle. Stammeln meint hier vielmehr, durch die Betonung von persönlichen Fürwörtern und Possessivpronomen einerseits und durch die Negation des Allgemeinen andererseits das Heraustreten aus der Konvention und der mit ihr verbundenen Struktur kommunikativer Intersubjektivität anzuzeigen. Indem ich von meinem Guten als meinem persönlichen und von mir gewollten Wert spreche, lehne ich die Vorstellung eines allgemein verbindlichen Moralkodex ab, dessen Normen – seien sie nun durch einen göttlichen Willen oder durch zwischenmenschliche Vereinbarung als ausgezeichnete Handlungsmuster gesetzt worden – jedermann dazu verpflichten, auf eine bestimmte Weise zu handeln. Die stammelnde Rede von meiner Tugend soll signalisieren, daß kein Allgemeinheitsanspruch erhoben wird, daß im Gegenteil der Abbruch zum Allgemeinen, jedermann Verpflichtenden signalisiert werden soll, ein sich Herausnehmen aus dem durch die Vernunft aller gestifteten Zusammenhang, der mit jedem „ich" und „mein" unterbrochen wird. Mit dem Rückbezug auf das, was ich als mein Gutes will, werden auch die Hinterwelten obsolet, die ja nur deshalb notwendig wurden, weil ein allgemeines Sollen zu begründen war. Wenn man wie die traditionelle Moralphilosophie davon ausgeht, daß der menschliche Wille, damit der Wille des einen mit dem des anderen verträglich ist, unter ein jedem Willen in gleicher Weise gebietendes Gesetz gestellt werden muß, dann dient jede Norm, in der sich dieses Gesetz zum Ausdruck bringt, als Wegweiser zur Sittlichkeit. Dieses Wegweisers bedarf die „irdische" Tugend nicht mehr, da sie unter Sittlichkeit nicht das allen Menschen als Vernunftwesen gemeinsame Gute versteht, das in einer „Über-Erde" verdinglicht wird, sondern Tugend in einem ursprünglichen Sinn als das ureigene Taugen bzw. Sich-tauglich-Machen begreift, das nur im Über-sich-hinaus-Schaffen offenbar wird. Zarathustra vergleicht diese irdische, leibgebundene Tugend mit einem Vogel, der sich bei mir sein Nest gebaut hat und auf goldenen Eiern brütet. Dieses Bild veranschaulicht erneut das geglückte Verhältnis von Ich und Selbst. Der Vogel steht für das Ich, das nicht mehr zu einem transzendenten Jenseits fliegt, um sich dort einzunisten; das vielmehr im Selbst, in mir seine Heimat gefunden hat, indem es den Leib als sein Nest einrichtet und darin den Nährboden für seine Werte, sein Gutes gefunden hat.

Zarathustra beschreibt die Genealogie der Tugenden (der goldenen Eier) folgendermaßen: „Einst hattest du Leidenschaften und nanntest sie böse. Aber jetzt hast du nur noch deine Tugenden: die wuchsen aus deinen Leidenschaften. / Du legtest dein höchstes Ziel diesen Leidenschaften an's Herz: da wurden sie deine Tugenden und Freudenschaften." Der Ausdruck Leidenschaften bezeichnet einen Zustand des Leidens. Der Leib, sofern er aus christlicher Sicht als chaotisches Durcheinander von Trieben und Bedürfnissen vorgestellt wird, ist noch gar nicht Leib im eigentlichen Sinn, sondern ein seine eigenen Kräfte nur erleidendes, sich passiv verhaltendes Substrat, dem noch die Selbstheit, die Verhältnisstruktur als aktives sich Verhalten fehlt. Die Leidenschaften verwandeln sich in Freudenschaften, denen der Name Tugend gebührt, sobald sie nicht mehr ungeordnet durcheinander wirken, sondern auf ein Ziel hin ausgerichtet werden und als Mittel zum Zweck fungieren. Die den Leidenschaften innewohnende Kraft wird gebündelt und auf das Ziel – den Übermenschen – hin konzentriert; dieses Ziel ist in jedem einzelnen Trieb das Treibende, aber damit es verwirklicht werden, d. h. im Übermenschen sich leibhaftig organisieren kann, bedarf es der Tugend als jener Tätigkeit, durch die sich das Selbst zum Handeln tauglich macht. Und es macht sich zum Handeln tauglich, indem es seiner selbst als einer schaffenwollenden Kraft innewird und diese Kraft so aktiviert, daß sie die Leidenschaften bzw. deren Machtpotential in den Dienst dessen stellt, was ihm Freude verschafft (seiner „Freudenschaft"), und Freude verschafft ihm seine Produktivität, die in der Kreation eines Leibes Erfüllung findet, der die Leidenschaften als den Motor seiner Lebendigkeit in sich enthält, doch so, daß sich ihr Böses – ihr chaotisches Gegeneinanderwirken und die damit einhergehende Destruktivität – ins Gegenteil verkehrt hat, insofern sie nun, koordiniert durch das zielbestimmende Selbst, auf ein Ziel als das Gute hin geordnet und dadurch zu Tugenden werden. „Am Ende wurden alle deine Leidenschaften zu Tugenden und alle deine Teufel zu Engeln. / Einst hattest du wilde Hunde in deinem Keller: aber am Ende verwandelten sie sich zu Vögeln und lieblichen Sängerinnen." Die Verwandlung von Teufel in Engel, von wilden, wüst bellenden Hunden in lieblich singende Vögel ist erneut ein genealogisches Bild für die Höherentwicklung alles Lebendigen aus seinem Gegensatz. So entsteht auch das Gute aus dem Bösen durch eine Tätigkeit, die – wie die Symbole des Engels und des Vogels andeuten – dem Fliegen verwandt ist. Diese Bewegung des Fliegens signalisiert das Über-sich-hinaus-Streben des Selbst, das vorgreifend ein Ziel entwirft, um dann die wilden Hunde gewissermaßen auf die Spur des ersehnten Ziels anzusetzen. In Verfolgung dieses ihnen vorgegebenen Ziels lassen sie davon ab, sich gegenseitig zu bekämpfen, und setzen quasi selber Flügel an, vermittels deren sie dem Ziel hinterherfliegen, und verwandeln sich so, von dem Guten angezogen, selber in etwas Gutes. Vom Willen des Selbst beflügelt, verwandeln sich die zerstörerischen Leidenschaften in Tugenden, deren Kreativität den Leib als „Konzert" der Triebe hervorbringt, so wie das Geheul wilder Hunde in den Gesang von Vögeln umschlägt. Das Selbst tritt gleichsam als Dirigent auf, der die Triebe dazu motiviert, ihre Instrumente entsprechend einer ihnen vorgegebenen Partitur zu betätigen. Dieses Bild des Leibes als eines Orchesters, in welchem jedes einzelne Mitglied das Seine zum Gelingen des musikalischen Kunstwerks beiträgt, macht noch einmal den Abstand zum traditionellen Selbst-Verständnis deutlich: Anstatt die wüst gegeneinander anspielenden und sich wechselseitig übertönenden Musiker zu versammeln und ihr „Höllenspektakel" durch Konzentration auf *ein* Stück in ein gemeinschaftliches Spiel zu verwandeln, bemüht sich der christlich-metaphysische Dirigent, die Instrumente zum Schweigen zu bringen, um einer angeblich feineren Musik lauschen zu können. Die rigorose Unterdrückung der Triebbefriedigung um einer geistigen Selbst-Befriedigung willen schreibt das Böse auf der einen, das Gute auf der anderen Seite fest und verhindert eine nichtdualistische, ganzheitliche Selbst-Verwirklichung. Die vom Bösen ausgehende Gefahr ist erst gebannt, wenn sie durch die koordinierende und zielgebende Tätigkeit des Selbst als Wille zur Macht kanalisiert wird.

Aber die Pluralität der aus den Leidenschaften erwachsenen Tugenden birgt eine neue Gefahr, die Zarathustra eigens erwähnt: „Nichts Böses wächst mehr fürderhin aus dir, es sei denn das Böse, das aus dem Kampfe deiner Tugenden wächst. / Mein Bruder, wenn du Glück hast, so hast du Eine Tugend und nicht mehr: so gehst du leichter über die Brücke." Damit daß die Leidenschaften durch die Ausrichtung auf ein und dasselbe Ziel zu Tugenden werden, ist die Möglichkeit einer Rivalität der Tugenden untereinander angelegt, so daß sich der Kampf der Leidenschaften auf der Ebene der Tugenden zu wiederholen droht, insofern jede Tugend für sich den Anspruch erhebt, das beste Mittel zur Erreichung des Ziels zu sein. Anstatt daß sich alle zur Erreichung des gemeinsamen Ziels vereinigen, verwenden die Tugenden ihre Kraft darauf, sich gegenseitig in den Schatten zu stellen, was eine Einbuße an Kraft nach sich zieht und damit eine Schwächung des Leibes im ganzen.

Andererseits ist es nach Zarathustra etwas Ausgezeichnetes, ja geradezu Notwendiges, viele Tugenden zu haben, denn ohne Kampf und Auseinandersetzung hört die Tugend auf zu streben und beginnt sich in Ermangelung eines Gegners in ihrer eigenen Güte zu beruhigen. „Mein Bruder, ist Krieg und Schlacht böse? Aber nothwendig ist diess Böse, nothwendig ist der Neid und das Misstrauen und die Verleumdung unter deinen Tugenden. / Siehe, wie jede deiner Tugenden begehrlich ist nach dem Höchsten: sie will deinen ganzen Geist, daß er *ihr* Herold sei, sie will deine ganze Kraft in Zorn, Hass und Liebe." Zarathustra vergleicht hier den Kampf der Tugenden um den Geist mit dem Buhlen von Frauen um einen Mann, den jede für sich gewinnen will und sich dabei nicht scheut, ihre Rivalinnen schlecht zu machen, um die eigenen Vorzüge besser zur Geltung zu bringen. Jede Tugend begehrt den Geist als ihren Herold, der ihr allein zu Diensten steht und in ihrem Namen den anderen Tugenden den Krieg erklärt. Dieses Tauziehen um den Geist, ja um die ganze Kraft des Leibes, bewirkt, daß jede Tugend sich anstrengt, die anderen auszustechen, und sich dabei höher entwickelt, stärker wird, über sich hinauswächst und damit den Leib immer tauglicher macht. Aber, so räumt Zarathustra ein, es ist ein schweres Los, viele Tugenden zu besitzen; „und Mancher ging in die Wüste und tödtete sich, weil er müde war, Schlacht und Schlachtfeld von Tugenden zu sein". Wer müde ist, Schlacht und Schlachtfeld zu sein, dem fehlt die Kraft, den Kampf ununterbrochen fortzuführen und alle kriegerischen Parteien gleichmäßig so in Schach zu halten, daß keine von ihnen dominiert. Das Geschick des Selbst erweist sich darin, daß es den Tugenden den Geist, das Ich gleichsam als Köder vorhält, zugleich aber dafür sorgt, daß es keiner gelingt, sich diesen Köder zu schnappen. Das kostet große Anstrengungen, und nicht jeder vermag in einem solchen dauernden und sich steigernden Spannungszustand zu leben. Wer in die Wüste geht und sich tötet, der sagt nein zum unaufhörlichen Kampf. Er negiert sich selbst – sein Selbst – und entzieht damit den Tugenden ihr Schlachtfeld. Der Akt des Sichtötens ist hier nicht in einem physischen Sinn zu verstehen, nicht als Entleibung, sondern als Entselbstung; um dem Kampf der Tugenden ein Ende zu setzen, geht das Selbst in die Wüste – bei Nietzsche in der Regel ein Bild für den Nihilismus, für das Neinsagen –, um dort sich selbst zu vernichten. Es hört auf zu wollen, d. h. es will sich nicht mehr verwandeln und höher entwickeln; damit werden auch die Tugenden, die ja ihre Antriebskräfte aus den Leidenschaften des Leibes beziehen, ihres Lebensimpulses beraubt und hören auf, gegeneinander zu kämpfen. Wenn das Selbst nichts mehr will, kommt alles zum Stillstand. Ohne Kreativität, ohne das Schaffen des Selbst stagniert das Leben; es entsteht nichts Neues mehr; der Leib wird unfruchtbar – zur Wüste.

Der Leib bedarf der Tugenden, die ihn tauglich machen zum Schaffen. Tugend ist für Zarathustra nicht eine rein geistige, sittliche Haltung, die auf ein transzendentes Gutes ausgerichtet ist. Vielmehr heißt er alle Begehrungen des Leibes, deren blindes Drängen in den Komplex des sich als große Vernunft organisierenden Leibes integrierbar ist, Tugenden – Tugend hier ohne moralischen Beiklang in der ursprünglichen Wortbedeutung als Tauglichkeit, Tüchtigkeit, als Macht- und Kraftäußerung verstanden, d. h. als Gegenteil von Leidenschaft (Passivität). Bei Spinoza findet sich eine ganz ähnliche Definition von Tugend: „Tugend (virtus) ... ist das eigentliche Wesen oder die eigentliche Natur des Menschen, insofern er die Macht (potestas) hat, etwas zu bewirken, was durch die Gesetze seiner eigenen Natur begriffen werden kann."[34] Tugend als Aktivität ist demnach eine Form des Willens zur Macht. Sie erweist sich dadurch als Tugend, daß sie vom Geist, vom Ich bzw. der kleinen Vernunft als Tauglichkeit des Leibes anerkannt wird. Die kleine Vernunft entwirft ja die Organisationspläne für den Leib als große Vernunft; und nur was geeignet ist, zur Ausführung dieser Pläne beizutragen, wird vom Ich als Tugend ausgezeichnet. Daher der Kampf der Tugenden um ihre Anerkennung von seiten des Ich. Hierzu findet sich eine aufschlußreiche Stelle im Nachlaß: „Im Menschen hausen viele Geister wie Thiere des Meeres – die kämpfen mit einander um den Geist ‚Ich': sie lieben es, sie wollen, daß es sich ihnen auf den Rücken setze, sie hassen sich einander um dieser Liebe willen."[35] Die Tugenden dienen sich somit dem Ich gewissermaßen als Reittier an und wollen vom Ich gelenkt, auf ein Ziel hin dirigiert werden. Weil aus der Sicht der Tugenden das Ich immer nur eine unter ihnen als Vehikel benutzen kann, wachen sie eifersüchtig darüber, daß keine der Nebenbuhlerinnen zum Zuge kommt und ihren Willen durchsetzt. „Eifersüchtig ist jede Tugend auf die andre, und ein furchtbares Ding ist die Eifersucht. Auch Tugenden können an der Eifersucht zu Grunde gehn. / Wen die Flamme der Eifersucht umringt, der wendet zuletzt, gleich dem Scorpione, gegen sich selber den vergifteten Stachel" (- „doch ohne den Erfolg des Scorpions", fügt Nietzsche im Nachlaß hinzu[36]). „Ach, mein Bruder, sahst du noch nie eine Tugend sich selber verleumden und erstechen?" Zarathustra schildert hier eine Form von Eifersucht, die zu einer Art Selbstmord aus verschmähter Liebe führt. Das quasi-erotische Verhältnis zwischen Tugenden und Geist/Ich ist für alle daran Beteiligten eine Quelle der Kraftsteigerung. Solange eine zur Tugend verwandelte Leidenschaft sich als vom Ich geliebt wähnen darf, trägt sie mit Feuereifer zum Schaffen, d. h. zur Selbstorganisation des Leibes bei. Sobald jedoch die Eifersucht überhandnimmt, verliert die Tugend das richtige Augenmaß und wird selbstzerstörerisch. Sie wähnt sich vom Ich zurückgewiesen und richtet all ihre Kraft, die sie sonst zum Nutzen des Ganzen in das Kräftespiel des Leibes eingebracht hat, im Selbsthaß gegen sich selbst. Sie beschimpft sich, daß sie zu nichts tauge, um schließlich wie der Skorpion, der in einer ausweglosen Lage mit dem für seine Feinde vorgesehenen Gift sich selbst den Tod zufügt, sich selbst zu erstechen – ohne den Erfolg des Skorpions, d. h. die Tugend stirbt nicht; sie überlebt den Tod von eigener Hand, weil sie als Leidenschaft, als Trieb erhalten bleibt. Indem sie ihre Aktivität als Tugend negiert, fällt sie aufgrund ihrer Eifersucht wieder in den Status der passiven Leidenschaft, des Umhergetriebenwerdens zurück. Das Gift der Eifersucht und des Selbsthasses hat ihre innovative Kraft gelähmt, so daß sie zum

Schaffen nicht mehr taugt, sondern nur noch zum Erleiden und Getriebenwerden.

Um dem Tod einer Tugend vorzubeugen, empfiehlt Zarathustra: „Der Mensch ist Etwas, das überwunden werden muss: und darum sollst du deine Tugenden lieben, – denn du wirst an ihnen zu Grunde gehn. –" Seine Tugenden lieben bedeutet, jede einzelne Kraft zu aktivieren, doch so, daß keine ein Übergewicht bekommt, sondern jede auf ihre Weise zum Gelingen der Verleiblichung des Selbst nach Maßgabe der vom Ich entwickelten Organisationspläne beiträgt. Nur im gerecht koordinierten Zusammenspiel aller Kräfte vermag sich der Leib als eine große Vernunft zu gestalten, und das heißt: als Übermensch. Der Mensch – als durch den Leib-Seele-Dualismus gespaltenes Wesen – muß überwunden werden; er soll zugrunde gehen an den Tugenden, denn die Tugenden sind das Vehikel zum Übermenschen, insofern sie das dynamische Kraftpotential enthalten, aus dem sich das Schaffen des Leibes speist, das in nichts anderem besteht als in einem „liebenden Kampf", wenn man hier einmal einen Ausdruck von Jaspers [37] gebrauchen will. Liebender Kampf ist dann der Name für die Wechselbeziehung zwischen dem Ich und den Leidenschaften, die dadurch, daß sie die Gunst des Ich zu erlangen streben, zu Tugenden werden, zu zielgerichteten Aktivitäten, die in einer Art Wettbewerb das ihnen vom Ich vorgegebene Ziel auf bestmögliche Weise zu erreichen trachten und damit insgesamt die Hervorbringung des Übermenschen betreiben: der Übermensch als Leib gewordene Vernunft oder als zur Vernunft tauglicher Leib verstanden.

„Vom bleichen Verbrecher": das unschuldige Glück des Messers

Zarathustra wendet sich nunmehr an die „Richter und Opferer", die eine bestimmte Strafrechtstheorie vertreten, nämlich die, daß es bei der Verurteilung eines Verbrechens und der Zuteilung des Strafmaßes in erster Linie nicht um die Befriedigung von Rachegefühlen, sondern nur um eine Vergeltung gehen kann, durch die der Rechtszustand wieder hergestellt wird. Und der Rechtszustand wird durch eine materielle Wiedergutmachung einerseits, durch die

Einsicht des Verbrechers in die Rechtswidrigkeit seiner Tat andererseits wieder hergestellt. Indem der Verbrecher sich selbst verurteilt, stellt er sich wieder auf den Boden der Rechtsgemeinschaft und erkennt die von ihm verletzte Rechtsordnung als gültig an. „Ihr wollt nicht tödten, ihr Richter und Opferer, bevor das Thier nicht genickt hat? Seht, der bleiche Verbrecher hat genickt: aus seinem Auge redet die grosse Verachtung./‚Mein Ich ist Etwas, das überwunden werden soll: mein Ich ist mir die grosse Verachtung des Menschen‘: so redet es aus diesem Auge./Dass er sich selber richtete, war sein höchster Augenblick: lasst den Erhabenen nicht wieder zurück in sein Niederes!" Die Richter, die Zarathustra hier anredet, sind die Tugendrichter der alten Moral, und der Verbrecher ein Gesetzesbrecher, d. h. einer, der gegen die tradierten Wertvorstellungen verstoßen hat. Bringt man ihn dazu, daß er sich selbst und sein Tun aus der Perspektive der geltenden Moral betrachtet, so erhebt er sich auf den Standpunkt der Sittlichkeit, von dem aus er sich selbst verächtlich wird und dieses Ich, das schuldig geworden ist, negiert. „Es giebt keine Erlösung für Den, der so an sich selber leidet, es sei denn, der schnelle Tod." Entsprechend fordert Zarathustra die Richter auf, den zum Tode Verurteilten aus Mitleid mit seiner Selbstzerrissenheit möglichst schnell hinzurichten. „Und indem ihr tödtet, seht zu, dass ihr selber das Leben rechtfertiget!"

Mit dieser Aufforderung an die Richter beginnt eine Wende in Zarathustras Rede. Schien es zuerst so, als ob er in der Position des Anklägers den Verbrecher aus der Optik des Richters betrachtete, so wird er nun zunehmend zum Verteidiger des Angeklagten, und dem Richter, der auf dem scheinbar gesicherten Fundament des Moralkodex steht, wird Stück für Stück der Boden unter den Füßen entzogen. Den Verbrecher, der sich selbst schuldig gesprochen und damit zum Tode verurteilt hat, zu töten, bedeutet, ihn als den zu verneinen, der er als Verbrecher war. Jenes verachtete, unsittlich gewordene Ich wird von dem Geläuterten als etwas ihm nicht wahrhaft Zugehöriges abgetrennt und radikal negiert.

Zarathustra befürwortet diesen schnellen Tod aber aus einem ganz anderen Grund. Auch für ihn steht ja am Anfang der Selbstüberwindung der Nihilismus: die Verneinung des dualistischen Welt- und Selbstverständnisses, das die Urteile der Richter noch weitgehend bestimmt. Daher ermahnt Zarathustra sie, über der Tötung des Verbrechers die Legitimationsbedürftigkeit ihres eigenen Lebens nicht aus den Augen zu verlieren. Es könnte ja sein, daß sie, indem sie im Angeklagten den Verbrecher negieren, zugleich auch in sich selber etwas negieren. Ihr Leben, das für das steht, was sie bejahen: die geltende Moral und das ihr zugrunde liegende Prinzip einer transzendenten Vernunft könnten von einem anderen Standpunkt der Sittlichkeit her ebenfalls höchst fragwürdig und zu verurteilen sein. „Es ist nicht genug, dass ihr euch mit Dem versöhnt, den ihr tötet. Eure Traurigkeit sei Liebe zum Übermenschen: so rechtfertigt ihr euer Noch-Leben!" Die Tötung des Verbrechers bedeutet mithin die Negation der Unsittlichkeit in demjenigen, der ein Gesetz gebrochen hat. Nachdem das Verbrechen auf diese Weise aufgehoben wurde, kann der Geläuterte wieder in den Kreis der Sittlichen, der Tugendrichter aufgenommen werden. Durch Reue und Sühne versöhnt er sich wieder mit ihnen, aber – so Zarathustra – Versöhnung ist nicht genug. Auch das, was die Gemeinschaft der Sittlichen begründet, der von ihnen allen anerkannte Moralkodex, bedarf der Rechtfertigung. Die einzig zulässige Rechtfertigung aber ist für Zarathustra die Liebe zum Übermenschen als dem Maßstab für Bejahung und Verneinung. Die Liebe zum Übermenschen bewirkt, daß auch die alten Maßstäbe, nach denen Vergehen gegen die Moral beurteilt wurden, ins Wanken geraten und sich als unsittlich erweisen. Daraus folgt, daß die Richter selber zum Verbrecher werden, den sie in sich ebenso negieren müssen wie zuvor den nach den Regeln der alten Moral Angeklagten und zum Tode Verurteilten. Es gibt keine absoluten Werte und keine absoluten Gegensätze, die einen unaufhebbaren Dualismus statuieren. In einer Welt ewigen Werdens ist alles relativ aufeinander bezogen, und die Gegensätze sind polarer Natur. Daher mahnt Zarathustra: „‚Feind' sollt ihr sagen, aber nicht ‚Bösewicht'; ‚Kranker' sollt ihr sagen, aber nicht ‚Schuft'; ‚Thor' sollt ihr sagen, aber nicht ‚Sünder'." Die alte Moralsprache läßt, indem sie Ausdrücke wie Bösewicht, Schuft, Sünder verwendet, erkennen, daß ihr Benutzer in absoluten, einander ausschließenden Gegensätzen denkt: der Bösewicht – der Gute; der Schuft – der Tugendhafte; der Sünder – der Heilige. Wer wie Zarathustra die dualistische Denkform als ein Mißverständnis durchschaut hat, wird sich von nun an in moralischen Urteilen moralisch neutraler Ausdrücke bedienen, die sich auf polare Gegensätze beziehen: der Feind – der Freund; der Kranke – der Gesunde; der Tor – der Kluge. Polare Gegensätze konstituieren nicht zwei in ihrem Bestand feststehende, vollständig voneinander getrennte Entitäten, sondern benennen zwei nur gedachte Relate eines Verhältnisses. Feindschaft schließt Freundschaft ebensowenig aus wie Krankheit Gesundheit oder Torheit Klugheit. Es gibt im Gegenteil viele Zwischenstufen, über die man von einem Relat zu seinem Gegenteil gelangen kann, während es zwischen Böse und Gut, Sündigkeit und Heiligkeit nur eine Kluft, aber keinen Übergang gibt.

Was Zarathustra am Bild des roten Richters und des bleichen Verbrechers aufdecken will, ist der Grundirrtum, in dem sie sich beide befinden, wenn sie einen kausalen Zusammenhang zwischen geplanter Handlung, ausgeführter Tat und Beurteilung der Tat konstruieren. „Aber ein Anderes ist der Gedanke, ein Anderes die That, ein Anderes das Bild der That. Das Rad des Grundes rollt nicht zwischen ihnen." Das Common sense-Verständnis trennt zwischen dem Täter auf der einen und der Tat auf der anderen Seite, und für die Tat wird eine Abfolge konstatiert, der gemäß eine Handlung zuerst in der Vorstellung vorentworfen, dann tatsächlich ausgeführt und schließlich als ausgeführte beurteilt wird. Die gedachte Handlung ist Grundlage für die ausgeführte Handlung und diese wiederum für das Urteil über sie. Gegen die Ansicht, die Tat sei eine Folge des Gedankens, wendet Zarathustra ein: „Du, rother Richter, wenn du laut sagen wolltest, was du Alles schon in Gedanken gethan hast: so würde Jedermann schreien: ‚Weg mit diesem Unflath und Giftwurm!'" Die auf die Farbe der Robe anspielende Charakterisierung des „roten" Richters läßt zwei Deutungen zu. Die erste erinnert an die Todesstrafe, die er durch sein Urteil verhängen kann, und damit an das Blut, das bei der Hinrichtung des Delinquenten vergossen wird. Die zweite Bedeutung erhellt aus Zarathustras Hinweis auf all die Taten, die man in Gedanken begangen hat, ohne sie in die Tat umgesetzt zu haben. Der Richter würde schamrot, wenn seine bloß gedachten Handlungen publik gemacht würden.

In der „Morgenröthe" vertritt Nietzsche ebenfalls die These, „dass, was man von einer That überhaupt wissen kann, *niemals* ausreicht, sie zu thun, dass die Brücke von der Erkenntnis zur That in keinem einzigen Fall bisher geschlagen worden ist".[38] Vom Gedanken zur Tat, von der Theorie zur Praxis ist kein Weg in dem Sinn, daß die Praxis aus der Theorie folgt. Und auch die Vorstellung, die man nach vollzogener Handlung von ihr hat – das „Bild der That" –, ist keine direkte Folge der Handlung als solcher. „Ein Bild machte diesen bleichen Menschen bleich. Gleichwüchsig war er seiner That, als er sie that: aber ihr Bild ertrug er nicht, als sie gethan war./Immer sah er sich nun als Einer That Thäter. Wahnsinn heisse ich diess: die Ausnahme verkehrte sich ihm zum Wesen." Die Bleichheit des Täters, der sich auf seine Tat zurückwendet und sie wie ein Bild betrachtet, ist Folge seines Erschreckens. Er wird blaß angesichts dessen, was er angerichtet hat. Aber Zarathustra weist darauf hin, daß das *Bild* der Tat es ist, das ihn erschreckt, nicht die Tat selber. Wenn er das Bild seiner Tat betrachtet, löst er sie von sich und seinem Tun ab, stellt sie als zur Statik eines Bildes geronnene Bewegung vor sich hin. Eben diese im Bild erstarrte Handlung bringt auch sein Blut zum Erstarren. Die Farbe weicht ihm aus dem Gesicht: er erbleicht. Bild der Tat und Bleichheit des Täters entsprechen somit einander in ihrer Unlebendigkeit. Der Fehler desjenigen, der sich als Täter einer Tat sieht, liegt darin, daß er das Bild der Tat mit seiner Tat verwechselt. Mit seiner Tat war er „gleichwüchsig", d. h. er war mit seiner Tat zusammengewachsen und nichts anderes als Vollzug seines Tuns. Täter und Tätigkeit fielen ununterscheidbar zusammen, wie Nietzsche es auch in der „Genealogie der Moral" darstellt: „Es giebt kein solches Substrat [das als ‚Subjekt' allem Tun zugrunde liegt]; es giebt kein ‚Sein' hinter dem Thun, Wirken, Werden; ‚der Thäter' ist zum Thun bloss hinzugedichtet, – das Thun ist Alles."[39]

Für Nietzsche wie für Zarathustra gibt es ursprünglich nur die Aktivität des Tuns, in dem sich das allem Werden und aller Bewegung immanente Prinzip des Willens zur Macht zum Ausdruck bringt; in der Bejahung der eigenen Selbstmächtigkeit handelt nicht ein Instinkt, sondern es ist je mein Wille, der sich durch mich realisiert. Ich bin meine eigene Tat. Neben oder über dem Tun gibt es nicht noch einen Täter, so wie es weder eine der Tat vorausgehende noch eine auf sie folgende Reflexion unabhängig je für sich gibt. Vielmehr sind dies lauter Momente oder Implikate, die der

Verstand bei einer Analyse jenes komplexen, als Tun bezeichneten Geschehens begrifflich isoliert und anschließend in einen logischen Zusammenhang (Grund-Folge-Verhältnis) bringt. Aber dieses logische Gebilde, vom Verstand als vorgängiges oder nachträgliches Bild (= Urteil) und damit als Wesen einer Handlung konstruiert, verfremdet, ja verfälscht das wirkliche, ein einheitliches Ganzes bildende Geschehen des Tuns. Die lebendige Aktivität erscheint im Bild aufgrund der starren begrifflichen Fixierung durch den Verstand als gewissermaßen abgetötetes, unlebendiges Sein. Der von seinem Tun isolierte Täter, konfrontiert mit diesem Bild seines Tuns, erschrickt wahrlich, denn er sieht sich darin als Mörder angeklagt, als Trieb-Täter, der in seinem Tun sich von den Bedürfnissen des Leibes hat leiten lassen und dabei die Ansprüche des Geistes nicht berücksichtigt hat. Er erblickt sich dargestellt als Mörder des Geistes, ohne zu begreifen, daß er das Opfer einer List der kleinen Vernunft ist, die ihn dazu nötigt, sein Tun durch die Brille althergebrachter, traditioneller Wertvorstellungen und Denkmuster zu betrachten, die den Leib verächtlich und den Geist erhaben machen. „Der Strich bannt die Henne; der Streich, den er führte, bannte seine arme Vernunft – den Wahnsinn *nach* der That heisse ich diess." Wie ein Kreidestrich, den man um die Henne zieht, diese in den markierten Kreis bannt, als ob sie in einem geschlossenen Raum säße, den sie nicht zu verlassen vermag, so wird auch die Vernunft im Bild der Tat eingeschlossen; sie wähnt sich gefangen und unterdrückt durch den Leib, der mit seinen Aktivitäten einen Kreis um sich gezogen hat und sie dadurch an der freien Bewegung hindert. Aber wie die Henne den Kreis verlassen könnte, wenn sie begriffe, daß der Kreidestrich nicht wirklich einen geschlossenen Raum ausgrenzt, so könnte auch die Vernunft ihrem vermeintlichen Gefängnis entfliehen, wenn sie das Bild als Bild durchschauen würde, als ein Gebilde der kleinen Vernunft, die den Dualismus von Leib und Geist erfunden hat, um die Moral als Herrschaftsinstrument einsetzen zu können, das die Menschen zu gefügigen Herdentieren macht, indem es jeden einzelnen an seiner Stelle in jenen Raum einsperrt, dessen Grenzen durch die Normen und Werte der abendländisch-christlichen Tradition abgesteckt sind. Der Wahnsinn nach der Tat besteht also darin, daß das von der kleinen Vernunft konstruierte Bild der Tat für die Tat selbst ausgegeben wird. Dadurch wird das ursprüngliche Tun, das in seiner komplexen Einheit und ungeschiedenen Vielfalt ein Vollzug des Leibes als großer Vernunft war, in das enge Schema der traditionellen Moralkategorien Gut und Böse gepreßt und als ein vernunftloses, durch die Begierden des Körpers getriebenes Agieren abqualifiziert. Diese Perversion eines ganzheitlichen Selbstvollzugs in ein bloß körperliches Getanwerden, das nach Zarathustra allenfalls im Sinne einer Ausnahme vorkommt – wenn ein tatsächlich Wahnsinniger bar jeglicher Vernunft agiert –, liegt dem Handlungsmodell der alten dualistischen Moral zugrunde.

Neben dem Wahnsinn *nach* der Tat konstatiert Zarathustra aber auch noch einen Wahnsinn *vor* der Tat, der darin besteht, daß man der Handlung ein vorgängiges Motiv unterschiebt. „So spricht der rothe Richter: ‚was mordete doch dieser Verbrecher? Er wollte rauben.'" Dem hält Zarathustra entgegen: „Seine Seele wollte Blut, nicht Raub: er dürstete nach dem Glück des Messers!" Zarathustra spricht hier metaphorisch, plädiert also nicht für diejenigen, die im juristischen Sinn Kriminelle und Mörder sind. Schon Kant hatte das Bild des Gerichtshofs der Vernunft verwendet[40], wobei die Vernunft sowohl als Angeklagte, wie als Ankläger, Verteidiger, Zeuge und Richter auftritt, um sich am Ende des Prozesses als reine praktische Vernunft vom Vorwurf ungerechtfertigter Geltungsansprüche freizusprechen und sich selbst in der Verkündigung des Urteils den unbedingten Vorrang ihrer normativen Forderungen vor denen anderer Instanzen zuzuerkennen. Dieses Bild des Gerichtshofs greift Zarathustra auf. Bei ihm befinden sich der bleiche Verbrecher und der rote Richter vis-à-vis, d. h. auf der Anklagebank sitzt als Missetäter der Leib als vernunftlose Triebmasse, während auf dem Richterstuhl die vom Leib abgespaltene kleine Vernunft sitzt und nach den Regeln der christlichen Moral ihr Urteil fällt. Zarathustra nun, der die neue, auf den Übermenschen verweisende Vernunft repräsentiert, schlüpft abwechselnd in die Rolle des Verteidigers und Anklägers und hebt letztlich das ganze Gerichtsverfahren auf, indem er den Nachweis erbringt, daß der Richter sich sein Amt unbefugterweise angemaßt hat und somit gar nicht berechtigt ist, Recht zu sprechen.

Dieser Richter also geht davon aus, daß man einen Angeklagten nur schuldig sprechen kann, wenn man ihm ein Motiv und eine

Absicht unterstellen kann. Die Vernunft suggeriert somit dem Leib, er habe rauben wollen und aus diesem Grund einen Mord begangen, wohingegen Zarathustra behauptet, daß der Leib kraft seiner Seele Blut und das Glück des Messers begehrt habe. Die der Handlung von der Vernunft unterschobene Finalität, der gemäß sie um eines bestimmten Zieles willen erfolgte, im vorliegenden Fall: um sich etwas widerrechtlich anzueignen oder um Rache zu üben, imponiert der Handlung eine Struktur, die sie von sich aus gar nicht hat. Wenn Zarathustra sagt, der Angeklagte dürstete nach Blut, so bedeutet dies, der Leib als große Vernunft ist wesentlich die Tätigkeit des sich selbst Organisierens nach Analogie des Blutkreislaufs. Der Blutkreislauf stellt ein in sich geschlossenes System dar, das keines Ziels außerhalb seiner bedarf. Blut, das rhythmisch pulsiert, ist Inbegriff von Lebendigkeit, und der Leib will nichts anderes als lebendig sein und seine Lebendigkeit im tätigen Wirken äußern. Die dem Leib integrale Vernunft steuert den Kreislauf jedoch nicht mechanisch bzw. instinktiv, sondern im Dienst eines Willens, der seine Potenz durch die Setzung immer schwerer zu erreichender Ziele ständig zu steigern bestrebt ist. Das Glück des Messers – ein Ausdruck, der auf den ersten Blick sadistische Assoziationen weckt – resultiert für einen Mann wie Zarathustra, der den Leib-Seele-Dualismus überwunden hat und aus der Einsicht in die polare Gegensatzstruktur alles Werdens heraus lebt, darin, daß er Tun und Leiden im richtigen Maß aufeinander zu beziehen weiß. Tun im Sinne der großen Vernunft des Leibes realisiert sich nur durch ständige Überwindung seines Gegenteils: des Leidens. So ist der Vollzug des Tuns an das Leiden gekoppelt und umgekehrt. Je mehr Leiden, desto mehr Tun, desto mehr Lebendigkeit, desto mehr Wille zur Macht im Sinne von Selbstmächtigkeit. Das Messer verursacht starkes Leiden, aber da das Messer im Dienst des Tuns steht, das das Messer führt und gegen sich richtet, um sich in seiner Aktivität zu steigern, handelt es sich um ein beglückendes Erleiden des eigenen Tuns. Das Glück des Messers ist nichts anderes als die Erfahrung der eigenen Lebendigkeit. In „Von den berühmten Weisen" heißt es später ergänzend: „Geist" – hier verstanden als große Vernunft – „ist das Leben, das selber in's Leben schneidet ... Und des Geistes Glück ist diess: gesalbt zu sein und durch Thränen geweiht zum Opferthier."[41] Auch dort wieder ein Bild für die Erfahrung der eigenen Stärke, die zugleich ein Tun und ein Leiden ist. Leben, das sich selber ins Leben schneidet: genau dies ist das Glück des Messers, das die Seele, die Blut will – sprich ihre Lebendigkeit fühlen –, ersehnt. Das Messer, dessen sie sich bedient, ist der scharfe Verstand, der – anders als „Ockhams Rasiermesser"[42], das im Sinne eines Sparsamkeitsprinzips die logischen Erkenntnisformen so weit wie möglich zu reduzieren versucht – im Materiellen Ordnung schafft, indem er alles Überflüssige wegschneidet, so daß am Schluß ein geformter Leib entsteht. Die Gewaltsamkeit dieses Tuns ist vergleichbar der des mit dem Hammer Philosophierens, dem es ebenfalls nicht um Zerstörung des Steins geht, sondern darum, aus dem Stein geformte Materie: ein Kunstwerk herauszuschlagen. Analog organisiert sich die große Vernunft vermittels der kleinen Vernunft (von Zarathustra als Seele, Ich, Verstand bezeichnet) zu einem schönen, in der Spannung seiner Gegensätze immer souveräner werdenden lebendigen Ganzen: dem Leib.

Kommen wir nun nach dieser Erläuterung des Tuns, das wie alles Werdende seine lebendige Aktivität einer von ihm selbst gewollten Polarität verdankt, wieder zum bleichen Verbrecher zurück, der nicht als ursprünglich Handelnder, sondern erst im Rückblick auf die geschehene Tat zum Verbrecher wird bzw. gemacht wird. Zarathustra spricht wiederholt von der armen Vernunft dieses Angeklagten, um anzudeuten, daß es nicht die große, dem Leib integrale Vernunft ist, sondern die materiell verarmte, vom Leib abgespaltene, in den Seinsgebilden ihrer Überwelt erstarrte kleine Vernunft, die sich zum Richter aufschwingt und dem Tun des Leibes alle Selbstmächtigkeit abspricht, indem sie es im Rahmen ihrer Rekonstruktion nach Maßgabe der alten moralischen Normen und Werte als rohe Triebtat deklariert: als Tat eines Wahnsinnigen, der nichts anderes im Sinn hat als zu rauben und zu morden – der vernunftlose Leib, dessen pure Sinnlichkeit den Geist verneinte und seiner Funktion beraubte. „Und er horchte auf seine arme Vernunft: wie Blei lag ihre Rede auf ihm, – da raubte er, als er mordete. Er wollte sich nicht seines Wahnsinns schämen./Und nun wieder liegt das Blei seiner Schuld auf ihm, und wieder ist seine arme Vernunft so steif, so gelähmt, so schwer./Wenn er nur den Kopf schütteln könnte, so würde seine Last herabrollen: aber wer schüttelt diesen Kopf?" Das Bild, das die durch die Handlungsmuster der alten Moral determinierte Vernunft dem Handelnden vor Augen hält, zeigt ihn als einen Verrückten, der im Wahn getötet hat. Um wenigstens einen letzten Rest von Vernunft für sich zu retten und die bedrückende Vorstellung einer Wahnsinnstat abzuschütteln, akzeptiert er das ihm von der Vernunft unterschobene Motiv, er habe getötet, um zu rauben. Denn so lag seinem Tun immerhin eine Absicht zugrunde, durch die es als zielgerichtete Tätigkeit erscheint und – da Finalität auf eine zwecksetzende Vernunft verweist – deshalb nicht völlig sinnlos sein kann. Nun aber, von der Last des Wahnsinns befreit, entsteht ein neuer Druck, insofern die Anerkennung einer bewußten Handlungsabsicht die Anerkennung von Zurechnungsfähigkeit impliziert. Durch die Qualifizierung des Tuns als Raub bekennt sich der Täter als schuldig Gewordener. Um sich von dieser Last der Schuld zu befreien, müßte er nur den Kopf schütteln, d. h. nein sagen zur Schuld, aber, so fragt Zarathustra, wer schüttelt diesen Kopf? Die vom Leib abgespaltene Vernunft vermag ihn nicht zu schütteln, weil sie ja bewegungsunfähig ist, eingesperrt in den Horizont zeitlos gültiger, dem Werden enthobener, übergeschichtlicher Werte. Und auch der von der Vernunft abgetrennte Leib ist nicht imstande, den Kopf zu schütteln, weil er ohne die Leitung der Vernunft weder bejahen noch verneinen kann. Nur wenn die Vernunft ihren Sitz wieder im Kopf eines ihr zugehörigen Leibes einnimmt, strömt das Blut zurück ins Gehirn. Die Blässe weicht einer Gesundheit und Lebendigkeit anzeigenden Röte. Nun ist ein Schütteln des Kopfes möglich, durch das die Schuld negiert und damit der Verbrecher entlastet wird bzw. nicht mehr als Verbrecher gilt.[43]

Solange das abendländisch-christliche Menschenbild die Vernunft bestimmt, wird der Mensch als Verbrecher gesehen, als einer, der sich gegen das Göttliche in ihm versündigt hat, indem er den Begierden des Leibes den Vorzug vor den Anforderungen des Geistes gab. „Was ist dieser Mensch? Ein Haufen von Krankheiten, welche durch den Geist in die Welt hinausgreifen: da wollen sie ihre Beute machen. / Was ist dieser Mensch? Ein Knäuel wilder Schlangen, welche selten beieinander Ruhe haben, – da gehn sie für sich fort und suchen Beute in der Welt." Die Krankheit, von der der Mensch aus der Sicht der christlichen Moral befallen ist, ist das

Böse, das darin besteht, daß der Mensch ursprünglich den Leib zum Maßstab seines Handelns gemacht hat. Dieses Böse wird durch das Handeln vervielfältigt, insofern der Leib den Geist gewissermaßen auf die Erfüllung körperlicher Bedürfnisse hin programmiert und der Geist dementsprechend die Mittel und Wege aufzeigt, die zum gewünschten Ziel führen. Der Leib will Beute machen, d. h. sich das Begehrte einverleiben. Auf seinen vom instrumentalisierten Geist gelenkten Beutezügen trägt der Leib das Böse in die Welt, infiziert alles, was mit ihm in Berührung kommt, mit dem Bösen. Der Leib ist dadurch böse, daß er keine vom Geist geordnete Vielfalt ist, sondern ein „Knäuel wilder Schlangen", ein Bündel unkoordinierter Triebe, von denen jeder auf seine Weise nach Befriedigung strebt. Aus christlicher Sicht stellt sich der Mensch mithin als ein reines Sinnen- und Genußwesen dar, das seine materiellen Ziele – „gierig" nach Lust – um jeden Preis, auch um den eines Mordes, zu erreichen sucht.

Zarathustra macht darauf aufmerksam, daß es nicht bloß *ein* Gutes und *ein* Böses gibt: „Es gab andre Zeiten und ein andres Böses und Gutes." Er verweist auf die Epochen, in denen Skepsis und Selbständigkeit als böse und entsprechend blinder Glaube und Unterwürfigkeit als gut galten. Wer an der Krankheit des Bösen litt, wurde als Ketzer bzw. als Hexe deklariert und verbrannt. Das Feuer sollte die Welt vom Bösen, vor allem von der Irritation des Bösen reinigen. Zarathustra weiß sehr wohl, daß es der christlichen Moral nicht behagt, wenn sie mit dem Faktum der Vielfalt und des historischen Wandels von Moralen mitsamt ihren Vorstellungen von Gut und Böse konfrontiert wird. Es schade ihren Guten, die an der christlichen Vorstellung eines ewig und unwandelbar Guten irre werden könnten. Zarathustra erklärt jedoch: „Vieles an euren Guten macht mir Ekel, und wahrlich nicht ihr Böses." Er wünscht ihnen einen Wahnsinn, an dem sie zugrunde gehen sollen wie der bleiche Verbrecher. Sie sollen das Glück des Messers begehren, auch wenn der christliche Glaube dadurch ins Wanken gerät und schließlich verlorengeht. „Wahrlich, ich wollte, ihr Wahnsinn hiesse Wahrheit oder Treue oder Gerechtigkeit: aber sie haben ihre Tugend, um lange zu leben und in einem erbärmlichen Behagen." Diese Anspielung auf den Typus des letzten Menschen, dem Zarathustra auch diejenigen zurechnet, die sich der christlichen

Moral verpflichtet wissen, macht den Abscheu Zarathustras gegenüber den sogenannten Guten verständlich. Ihre Tugend heißt sie, nichts zu wagen, die Moralgebote widerspruchslos zu befolgen und sich dadurch um das Gute verdient zu machen: Dieses Verhalten sichert ein risikofreies, gleichförmiges, bequemes Leben, ein langes, ja sogar das ewige Leben. Wer dagegen Wahrheit oder Treue oder Gerechtigkeit auf sein Panier erhebt, hat sich einer Sache verschrieben, um die es sich zu kämpfen lohnt, im Einsatz für die man vielleicht vorzeitig das Leben verliert. Aber man hat immerhin gelebt, Tun und Leiden aneinander gesteigert, anstatt sich „in einem erbärmlichen Behagen" zu beruhigen, das recht eigentlich verstanden ein ununterbrochenes Leiden ist, da der Tugendhafte die christliche Moral über sich hat entscheiden lassen, deren Gebote alle seine Handlungen a priori bestimmen.

Zarathustra schließt seine Rede mit einem Hinweis an seine Hörer: „Ich bin ein Geländer am Strome: fasse mich, wer mich fassen kann. Eure Krücke aber bin ich nicht. –" Dieses Bild veranschaulicht eindrucksvoll Zarathustras Selbstverständnis als Lehrer. Nachdem er den roten Richter als Repräsentanten der Priester und Tugendlehrer kritisiert hat, muß er dem Mißverständnis vorbeugen, seine Lehre vom Übermenschen sei nur eine neue Lehre, die an die Stelle des Christentums treten soll. Er will nicht einfach alte Gedanken durch neue ersetzen bei gleichbleibender Denkform. Vielmehr geht es ihm um eine Erneuerung des ganzen Kopfes, der als Kopf eines Leibes diesen als große Vernunft zu organisieren helfen will. Da diese Organisation nur als individuelle Selbst-Gestaltung möglich ist, als stets von neuem ansetzender, angestrengter Vollzug der Selbstüberwindung gemäß der Dialektik von Tun und Leiden, kann der Lehrer nur noch die Funktion eines Geländers am Strom haben. Zarathustra wählt auch hier wieder zur Veranschaulichung des lebendigen Tuns nicht das statische Bild des Weges, sondern das bewegliche Bild des Stromes. Dieses Bild soll jedoch nicht suggerieren, das Leben sei ein Prozeß, der sich in bereits vorhandenen Bahnen auf ein ebenfalls feststehendes Ziel zubewegt. Vielmehr steht der Fluß als tätiges Dahinfließen, als lebendiges Strömen, das sich seinen Weg dynamisch allererst bahnt und formt, für das, was jeder einzelne für sich selber zu leisten hat, um sich als große Vernunft zu verwirklichen. Zarathustra versteht sich als Geländer am

Strom, das einen gewissen Halt beim Vorwärtsgehen gibt und denjenigen als Orientierungshilfe dienen kann, die bezüglich des einzuschlagenden Weges noch unsicher sind. Man kann unterwegs auch stehenbleiben und über das Geländer den Fluß betrachten, um sich zu vergewissern, ob man noch auf dem rechten Weg ist. Aber wie das Geländer für den Strom als solchen keinerlei Bedeutung hat – denn fließen muß der Fluß allein –, so liefert auch Zarathustras Lehre keine das Leben des einzelnen verbindlich regulierenden Handlungsanweisungen. Jeder muß seinen eigenen Weg allein und aus eigener Kraft gehen. Nicht einmal als Gehhilfe will Zarathustra sich verstanden wissen: Eure Krücke bin ich nicht. Wer eine Krücke braucht, kann sich nicht selbständig, aus eigener Kraft fortbewegen wie einer, der beim Gehen hin und wieder die Hand nach einem Geländer ausstreckt. Deshalb kommt es Zarathustra darauf an, daß seine Schüler seine Lehre als Geländer benutzen, das sie eines Tages nicht mehr brauchen werden, wenn sie gelernt haben, über sich hinauszuschaffen und in ihrem Tun den Übermenschen als den Sinn der Erde zu realisieren. Ein Schüler, der Zarathustra als Krücke mißversteht, indem er seinen Lebensvollzug an dessen Beispiel ausrichtet, wird niemals auf eigenen Füßen stehen können, wenn es ihm nicht gelingt, sich vom Vorbild des Lehrers abzulösen und sich selbst aus den Gegensätzen *seines* Seins als große Vernunft zu verleiblichen.

„Vom Lesen und Schreiben": der tanzende Gott

Zarathustra knüpft unmittelbar an das über das Lehrer-Schüler-Verhältnis Gesagte an, hier nun übertragen auf das Verhältnis Autor-Leser. Der Autor soll den Leser nicht indoktrinieren, sondern durch sein Beispiel dazu anleiten, sich als autonomes Individuum hervorzubringen. „Von allem Geschriebenen liebe ich nur Das, was Einer mit seinem Blute schreibt. Schreibe mit Blut: und du wirst erfahren, dass Blut Geist ist." Was einer mit seinem Blut schreibt, das bezeugt er mit seinem Leib. Blut ist Inbegriff von Lebendigkeit und zugleich des Ureigensten, Intimsten, Individuellsten: je meines Leibes. Wer mit Blut schreibt, bringt eben damit den Geist als große Vernunft zum Ausdruck, da er über das Medium der Sprache nicht bloß intellektuelle Gebilde in Gestalt abstrakter Formeln und allgemeiner Begriffskonzepte mitteilt, sondern den Sinn eines gelebten Lebens. Aber dieser Sinn ist einzigartig, da von einem bestimmten Individuum durch die fortgesetzte Anstrengung *seiner* Selbstüberwindung hervorgebracht und deshalb für den Leser nicht ohne weiteres nachvollziehbar. „Es ist nicht leicht möglich, fremdes Blut zu verstehen: ich hasse die lesenden Müssiggänger." Wer verstehen will, was ein anderer mit seinem Blut, mithin aus der inneren Kraft einer gelebten Überzeugung heraus geschrieben hat, der darf kein lesender Müßiggänger sein, d. h. einer, der das Geschriebene als ein fertiges Ergebnis genießt oder bloß überfliegt, ohne es sich zu erarbeiten und existentiell anzueignen. „Wer in Blut und Sprüchen schreibt, der will nicht gelesen, sondern auswendig gelernt werden." Während der lesende Müßiggänger das Gelesene passiv rezipiert, so daß er beim Lesen untätig bleibt, verhält sich der auswendig lernende Leser aktiv. Er macht sich das Gelesene zu eigen, verleibt es sich buchstäblich ein und erfaßt im dynamischen Vollzug des eigenen Tuns zugleich das Tun des anderen; und über der Aneignung des fremden Tuns erschließt sich ihm der Sinn jenes Tuns als der Sinn seines eigenen Tätigseins. So wird der Leser unversehens zu einem, der selber mit seinem Blut zu schreiben vermag. Doch noch ist die Zeit solcher Leser, die das im geschriebenen Wort getrocknete Blut eines fremden Lebens im Kreislauf von Tun und Leiden des eigenen Sinnschaffens wieder lebendig zu machen vermögen, weit entfernt, wie Zarathustra sarkastisch anmerkt: „Wer den Leser kennt, der thut Nichts mehr für den Leser. Noch ein Jahrhundert Leser – und der Geist selber wird stinken." Der Autor, der mit seinem Blut schreibt, bedarf eines Lesers, der den Geist des Geschriebenen wiederbelebt und somit vor dem Stinken bewahrt, d. h. vor Sinnzerfall und Vergessen.

Man muß hier die Aktivitäten des Schreibens und Lesens nicht wortwörtlich verstehen, sondern kann sie ebenso wie die Tätigkeiten des Lehrens und Lernens als exemplarische Grundmuster der Mitteilung bzw. Aneignung einer existentiell verwirklichten Lebensform deuten. Dann meint der Ausdruck „mit seinem Blut schreiben" in einem erweiterten Sinn jedwede Tätigkeit, die den alten Dualismus von Leib und Geist zu überwinden und eben damit den

Übermenschen als real existierenden Sinn der Erde hervorzubringen trachtet. Auch Zarathustra, der ja nicht als Autor von Büchern, sondern als Redner hervortritt, ist so verstanden einer, der mit seinem Blut schreibt, indem er den Kreislauf des Werdens in Bildern und Sprüchen zu Wort kommen läßt, das er durch die Tat beglaubigt. Analog erweist sich der als Leser, der solches Sprechhandeln als Anspruch begreift und diesem Anspruch im eigenen Lebensvollzug entspricht.

Zarathustra führt das Fehlen geeigneter Leser auf die am *Common sense* orientierte Ausbildung der Massen zurück. „Dass Jedermann lesen lernen darf, verdirbt auf die Dauer nicht allein das Schreiben, sondern auch das Denken./Einst war der Geist Gott, dann wurde er zum Menschen, und jetzt wird er gar noch Pöbel." Was Zarathustra hier beklagt, ist der Verlust an Qualität durch Quantifizierung. Alles Große wird banalisiert, ja trivialisiert, wenn es dem Durchschnitt angepaßt und für jedermann erreichbar gemacht wird. Zarathustra will hier nicht unbedingt einer exklusiven Elite das Wort reden. Vielmehr soll die Degeneration des Geistes von Gott über den Menschen zum Pöbel darauf aufmerksam machen, daß dies der falsche Weg ist: ein Weg, der anstatt zum Übermenschen zum letzten Menschen führt. Einer, der in der Absicht schreibt, eine möglichst breite Leserschaft zu bekommen, wird mit der Zeit immer mehr Zugeständnisse an das Publikum machen. Er spricht dann nicht mehr wie Zarathustra als einzelner zum einzelnen, um diesen zur Selbstüberwindung und Erschaffung seines je höchst persönlich zu tätigenden Lebenssinns aufzufordern; vielmehr wird er sein ursprünglich auf das Individuum abzielendes Anliegen verallgemeinern und dadurch das Moment des Geistigen auf ein faßliches Mittelmaß nivellieren, auf eine abgeflachte griffige Lebensweisheit, die problemlos von jedermann angeeignet werden kann.

Dieser alles Große und Überragende einebnenden Verflachung des Geistes durch quantifizierende, popularisierende Verallgemeinerung hält Zarathustra seine Vorstellung einer existentiellen Kommunikation entgegen, die von den Kommunikationspartnern ein Höchstmaß an Kraft, Mut und Ausdauer verlangt. „Im Gebirge ist der nächste Weg von Gipfel zu Gipfel: aber dazu musst du lange Beine haben. Sprüche sollen Gipfel sein: und Die, zu denen gesprochen wird, Grosse und Hochwüchsige."" Autor und Leser sollen einander entsprechen wie die hohen Gipfel und die langen Beine, d. h. der adäquate Leser muß, um das Große der unzusammenhängenden, nicht durch die Logik eines *Systems* miteinander verbundenen Sprüche zu erfassen, die wie durch Täler getrennte Gipfel aufeinander folgen, an sich selbst Größe entwickeln, indem er den Schritt von Gipfel zu Gipfel wagt und dabei den jeweiligen Abgrund überwindet. „Die Luft ist dünn und rein, die Gefahr nahe und der Geist voll einer fröhlichen Bosheit: so passt es gut zu einander." In der Höhe ist der Geist in seinem Element, der dünnen, reinen Luft als dem klaren Medium, in dem der Geist leicht wird und heiter: „voll einer fröhlichen Bosheit", die anzeigt, daß er Distanz zu den schweren Dingen der Tiefe gefunden hat, über deren Abgründigkeit er sich nun ironisch zu erheben vermag – freilich immer in der Gefahr des Seiltänzers auf seinem Seil, den Überschritt nicht zu schaffen und abzustürzen. „Ich will Kobolde um mich haben, denn ich bin muthig. Muth, der die Gespenster verscheucht, schafft sich selber Kobolde, – der Muth will lachen." Mut ist eine ernste Angelegenheit und bedarf, um nicht in Verbissenheit umzuschlagen und damit über sein Ziel hinauszuschießen, des Lachens als seines polaren Gegensatzes. Auch der Kobold, den der Mutige sich erfindet, um über der Angestrengtheit des Selbst-Werdens das Lachen nicht zu verlernen, ist ein Geist, ein kleiner, munterer, polternder Hausgeist, der allerlei Unsinn treibt und sich über seine genialen Streiche vor Lachen ausschüttet. Das Christentum dämonisierte den Kobold und sah in ihm eine Verkörperung des Teufels, der in Gestalt eines Possenreißers – so wie Zarathustra ihn in der Vorrede bei der Begegnung mit dem Seiltänzer schildert – die Menschen in den Abgrund des Bösen reißt. Gespenst und Kobold: beide sind Ausgeburten des menschlichen Geistes, der in dem Bestreben, seine Gedankenkonstrukte und -projekte zu verleiblichen, um ihnen Realität zu verschaffen, seinen Ideen eine erdichtete Materie unterschiebt und auf diese Weise eine höherrangige Realität vortäuscht. Dies gelingt vor allem im Bereich des Moralischen deshalb besonders gut, weil die Moral nach traditioneller Vorstellung nicht ein Bereich des Seins, sondern des Sollens und das heißt des Noch-nicht-Seins ist, dessen mögliche Realität in die Zukunft projiziert wird. Zwischen dem Possenreißer als Inkarnation des Teufels und dem Kobold als personifiziertem zündendem Einfall besteht ein entscheidender Unterschied: Der christlich orientierte Geist hat in bezug auf ersteren auf der im Durchlaufen von polaren Gegensätzen sich vollziehenden Kreislaufbewegung des Werdens ein Element – das Element der Tiefe, Schwere, des Bösen – herausgenommen und isoliert für sich verleiblicht, darüber aber vergessen oder verdrängt, daß dem Teufel als personifiziertem Bösen keine wirkliche Realität zukommt; der Teufel ist vielmehr Produkt einer Extrapolation, die der Geist ursprünglich eher experimentell durchgeführt hatte in der Absicht, sich Klarheit über die Struktur des Werdensprozesses zu verschaffen, nun aber dazu benutzt, um mittels Angst und Furcht Druck auf diejenigen auszuüben, die Gut und Böse noch nicht als einen absoluten Gegensatz akzeptiert haben. In den Kobolden hingegen, die sich der Geist des Mutigen erfunden hat, nimmt der Mutwille Gestalt an, in der doppelten Bedeutung des Wortes: als mutiger Wille und als Übermut. Aber der solchermaßen Mutwillige weiß, daß die Kobolde ein Teil seiner selbst sind und keine eigenständige Realität besitzen. Sie vermögen ihm daher auch keine Angst einzujagen wie der Possenreißer dem Seiltänzer. Ihre Behendigkeit, ihr spielerisches Umgehen mit den Dingen, ihre geistvolle Neckerei, ihr unbändiges Lachen – das alles ist lebendiger Ausdruck dessen, was der Geist des Mutwilligen als Gegengewicht gegen den Ernst und die Gefährlichkeit seines Tuns in den Lebensvollzug hineinprojiziert, diese Projektion aber zugleich als solche durchschaut. Er erfindet sich das heitere Treiben der Kobolde – für Nietzsche sind die Kobolde seine Aphorismen –, um das Bedrückende und Einengende der überlieferten Vorstellungswelt aufzusprengen und die Schreckgespenster des alten Glaubens durch fröhliche, dem Leben aufgeschlossene Geister zu verjagen.

Zarathustra redet die von den tradierten Denk- und Verhaltensmustern Niedergedrückten direkt an: „Ich empfinde nicht mehr mit euch: diese Wolke, die ich unter mir sehe, diese Schwärze und Schwere, über die ich lache, – gerade das ist eure Gewitterwolke. / Ihr seht nach Oben, wenn ihr nach Erhebung verlangt. Und ich sehe hinab, weil ich erhoben bin." Auf den Anhängern der alten dualistischen Moral lastet das Gewicht des tradierten Moralkodex wie eine Gewitterwolke, aus der den Ungehorsamen in jedem

Augenblick ein Blitz treffen kann. Die ständige Bedrohung durch Sanktionen, das Gewicht einer von allen zu tragenden Schuld drückt die Menschen nieder. Wer den Kopf zu hoch reckt, den erwischt es; also gilt es, sich möglichst tief zu ducken, um nicht aus der Masse herauszuragen. Erhaben dünkt sich derjenige, der den Blick nach oben wendet, um für einen Moment jener Macht ansichtig zu werden, die ihm ihren Willen aufzwingt, als deren Vollzugsgehilfe er sich aber immerhin wähnen darf. Zarathustra lacht über die Anhänger der alten Moral, und er hat gut lachen, denn durch seine Überwindung des Dualismus hat er eine Position oberhalb des christlichen Himmels erreicht. Er hat sich durch Lachen von der Schwere und der Dimension der Tiefe befreit. Nun befindet er sich über den Wolken und braucht nicht mehr in die Höhe zu streben, um der Erhabenheit teilhaftig zu werden, er *ist* als Erhobener oben. Von dort überblickt er alles, was unter ihm ist, und er hat Grund, über „alle Trauer-Spiele und Trauer-Ernste" zu lachen, weil sie sich ihm als Selbstbetrug des Geistes entlarvt haben. Es ist der unterdrückende und als solcher bedrückende Geist, der Geist der Schwere – wie Zarathustra ihn nennt –, der den Menschen das Leben doppelt schwermacht, indem er sie zum einen unter das Diktat des Normensystems der alten Moral stellt und zum anderen mit der Schuld belastet, die daraus resultiert, daß sie sich dem Anspruch dieser Vorschriften nicht gewachsen zeigen. Der Klage der Menschen, daß das Leben so schwer zu ertragen sei, hält Zarathustra entgegen: „Aber so thut mir doch nicht so zärtlich! Wir sind allesamt hübsche lastbare Esel und Eselinnen." Der Esel ist ebenso wie das Kamel aus der Rede über die drei Verwandlungen ein Lasttier. Das Lasttier Mensch stöhnt zwar unter dem Gewicht dessen, was ihm auferlegt wird, aber andererseits liebt es seine Bürde; durch die Schwere der auf ihm ruhenden Lasten wird es „zärtlich" gestimmt und genießt diese in einer gleichsam erotischen Hingabe. „Was haben wir gemeinsam mit der Rosenknospe, welche zittert, weil ihr ein Tropfen Thau auf dem Leibe liegt?" – so fragt Zarathustra spöttisch unter Anspielung auf den Liebesakt, der zugleich Last und Lust ist. Zarathustra erinnert auch an die Haltungen, die eingeübt wurden, um das schwere Leben zu ertragen: „Wozu hättet ihr Vormittags euren Stolz und Abends eure Ergebung?" Stolz am Vormittag, wo die Kraft noch unverbraucht und der Last gewachsen ist, ist ebenso eine Form von Liebe wie die Ergebung am Abend, wenn die Müdigkeit dazu zwingt, eine Demutshaltung einzunehmen. Tun und Leiden in der Spielart von Stolz und Ergebenheit machen das schwer zu ertragende Leben erträglich – in den Augen derer, die dem dualistischen Denkmodell der christlichen Metaphysik verhaftet sind und entsprechend den Geist zum Beherrscher und Unterdrücker des Leibes machen, auf dem die ganze Last dessen liegt, was „immer schon" gegolten hat und letztlich als Willensäußerung eines Gottes aufgefaßt wird.

Zarathustra bemerkt zusammenfassend: „Es ist wahr: wir lieben das Leben, nicht, weil wir an's Leben, sondern weil wir an's Lieben gewöhnt sind." Alles was uns bedrückt, wird für uns erträglich, sobald wir es uns über das Paradigma der Liebe aneignen. Die Liebe ist die urvertraute Grundform jener menschlichen Aktivität, durch die Fremdes, ganz Anderes als Teil des eigenen Selbst erfahren und trotz seiner bleibenden, unaufhebbaren Verschiedenheit als Bedingung der Selbsterfüllung angenommen wird. Alles was sich nach Analogie mit der Liebe deuten läßt, wird als sinnvoll bejaht, so auch das Leben, unter dessen Schwere die Dualisten stöhnen. Zarathustra durchschaut jedoch diese Klage als eine versteckte Liebe zwischen Leib und Geist, die die Dualisten so radikal getrennt wissen wollen. In Wahrheit liebt der Leib das auf ihm ruhende Gewicht des Geistes, so wie der Geist es liebt, Druck auf den Leib auszuüben. Der Leib bedarf, um die ihm eigentümliche Schwere, seine Trägheit, zu überwinden, der vom Geist ausgehenden Impulse, deren Gewichtigkeit von anderer, immaterieller Art ist, gleichwohl aber die dem Gesetz der Schwerkraft unterstehende Masse zu formen und auf die höherrangige Stufe des organisierten Leibes zu erheben vermag. Der Geist umgekehrt bedarf, um sich nicht zu verflüchtigen, als Gegengewicht gegen seine Leichtigkeit des Leibes, an den und in dem er sich verströmt und dadurch allererst als Geist manifest wird. Das Verhältnis von Leib und Geist ist somit ursprünglich ein Liebesverhältnis, aus dem beide Partner erneuert hervorgehen und zugleich das Leben fortzeugen. Wenn Zarathustra resümiert: „Es ist immer etwas Wahnsinn in der Liebe. Es ist aber immer auch etwas Vernunft im Wahnsinn", so betont er das ekstatische Moment der Liebe, in dem sich Vernunft und

Wahnsinn auf eine Weise durchdringen, die Leib und Geist in gemeinsamer Entrücktheit über ihre Verschiedenheit erhebt und die Grenzen zwischen ihnen aufhebt. Hier sieht Zarathustra aber auch die Wurzel für das dualistische Denken. Der Geist, der nicht wahrhaben will, daß er in der Materie seine Erfüllung gefunden und den Wahnsinn mit ihr geteilt hat, zieht sich hochmütig auf die Vernunft zurück, die er für sich allein reklamiert. An die Stelle der ursprünglichen Liebesbeziehung setzt er das Verhältnis von Herrschaft und Knechtschaft, diesem zugeordnet die Tätigkeiten des Befehlens und Gehorchens. So wird der Geist zum Geist der Schwere, der den Leib unterjocht, anstatt sich mit ihm zu vereinen. Der unterwürfige Leib, stöhnend unter der Last der ihm vom Geist auferlegten Gebote, kann dennoch, in dumpfer Erinnerung an die ursprüngliche Liebesbeziehung mit dem Geist, nicht umhin, Lust unter dem Druck des Geistes zu empfinden, obwohl diese Lust schamvoll verdrängt wird und dem Gefühl der Erhabenheit weichen muß, das der Geist aus der Höhe der Vernunft von ihm fordert.

Zarathustra weiß, wovon er spricht, hat er doch die Phase des Dualismus selbst durchlebt, bevor es ihm gelungen ist, diesen als ein Selbstmißverständnis des Geistes zu durchschauen. Dem Geist der Schwere, der aus unerreichbarer Höhe den Leib zum Ernst und zur Trauer verurteilt, setzt Zarathustra das Lachen entgegen. Lachen entspannt und befreit vom Druck; Lachen erhebt und distanziert; Lachen läßt die Dinge aus der Sicht des über sie Erhabenen in einer anderen, alles Bedrückende relativierenden Dimension erscheinen. Zarathustras Lachen hat in „Kobolden" Gestalt angenommen, in seinen Aphorismen, die mit ihrem Witz, ihrer Ironie und ihren metaphorischen Anspielungen aus der Zwangsjacke des Systems [45] ausbrechen, das die traditionelle Philosophie und das Christentum in Form von allgemeingültigen und damit jedermann bindenden Denkschemata, Verhaltensmustern, Moralgesetzen etc. errichtet haben. Während die Sprache des Systems universalisierend ist, um alle Menschen dem Diktat gleichlautender Regeln und Gebote zu unterwerfen, zielt die Sprache des Aphorismus auf Vereinzelung, Individualität. „Muthig, unbekümmert, spöttisch, gewaltthätig – so will uns die Weisheit: sie ist ein Weib und liebt immer nur einen Kriegsmann." Zarathustra redet hier nicht der absoluten Willkür das Wort. Auch der Kobold ist ja ein (wenn auch luftiger) Geist, der dem Gespenst als dem Geist der Schwere, der im System sich objektiviert hat, seine Mißachtung zeigt, indem er das genaue Gegenteil von dem tut, was das System vorschreibt. An die Stelle der Trauer, des Ernstes, des Leidens setzt er seine Unbekümmertheit, seinen Spott, seine Gewalt-Tätigkeit. Der ins System zwingenden Weisheit einer allgemeinmenschlichen Vernunft hält er die erhebende und befreiende Weisheit des selbstkritischen einzelnen entgegen, dessen schöpferische Kraft demonstriert, wie die Liebe zum Leben fruchtbar werden, wie der Geist einen ihm angemessenen Leib schaffen kann. Die Kobolde, d. h. die Aphorismen sind *ein* Beispiel für einen solchen sich frei entfaltenden Leib. Aber Zarathustra nennt noch weitere Paradigmen: „Und auch mir, der ich dem Leben gut bin, scheinen Schmetterlinge und Seifenblasen und was ihrer Art unter Menschen ist, am meisten vom Glücke zu wissen. / Diese leichten thörichten zierlichen beweglichen Seelchen flattern zu sehen – das verführt Zarathustra zu Thränen und Liedern. / Ich würde nur an einen Gott glauben, der zu tanzen verstünde." Die Bewegungen des Fliegens und Flatterns künden für Zarathustra von einem Glück, das sich in der Überwindung des Systems der Schwerkraft einstellt. Das Glück der Schmetterlinge und Seifenblasen verweist auf die geglückte Verbindung von Geist und Materie in einem Leib, dem es gelungen ist, sich über das Trennende des alten Dualismus zu erheben und in der Bewegung des Schwebens die entgegengesetzten Kräfte zu vereinen. Die Verkörperung des Prinzips einer überschäumenden Freude und Lebendigkeit ist für Zarathustra der singende und tanzende Gott (Dionysos), in dessen Liedern und Tänzen sich das unbeschwerte, schwebende Glück der Schmetterlinge und Seifenblasen wiederholt.

Im Hinblick auf diesen tanzenden Gott, in dem Wahnsinn und Vernunft die zwei Seiten einer ekstatischen Liebe zum Leben bilden, verkehrt sich der Gott der Dualisten unversehens in sein Gegenteil: den Teufel: „Und als ich meinen Teufel sah, da fand ich ihn ernst, gründlich, tief, feierlich: es war der Geist der Schwere, – durch ihn fallen alle Dinge." Der Gott der Philosophen und der Christen, der das reine Vernunftprinzip verkörpert, schließt alles Nichtvernünftige als das Nichtseinsollende von sich aus, läßt es als etwas Verächtliches fallen. Anstatt die Materie zu erheben, zum Schweben zu bringen, drückt er sie noch zu Boden, um den Abstand zwischen ihr und sich selbst so groß wie möglich zu machen. Gerade dadurch aber wird er zum Geist der Schwere, der nur durch fortgesetzte Unterdrückung der Materie seine Erhabenheit unter Beweis stellen kann. Als Geist der Schwere nimmt er letztlich alle die Eigenschaften an, die ursprünglich die ihm verhaßte Materie charakterisierten: er wird selber schwerfällig („ernst", „feierlich") und ebenerdig („gründlich", „tief"). Das ist der Sündenfall Gottes, der der Materie zu entraten können glaubte und sich dadurch in den Teufel verwandelte, daß er in dem verzweifelten Versuch, die Dimension der Höhe zu verabsolutieren, nicht umhin konnte, sich zu materialisieren – um die Materie in Schach halten zu können. Auch wenn er die Prädikate des Ernsten, Gründlichen, Tiefen und Feierlichen zu positiven Eigenschaften seiner selbst umgewertet hat, vermag der Geist der Schwere doch nicht darüber hinwegzutäuschen, daß er mit der Materie sich selbst verraten und mit dem Prinzip des Werdens das Prinzip der Lebendigkeit preisgegeben hat. Der Sturz Gottes aus der Höhe in die Tiefe hat zur Folge, daß er auch alles andere zu Fall bringt, was sich zu erheben trachtet. Alle in die Höhe weisenden Tendenzen werden als zu leicht-sinnig, zu oberflächlich, zu wenig fundiert verworfen.

Den Geist der Schwere kann man nur durch eine radikal entgegengesetzte Bewegung „nach oben" negieren. Dazu fordert Zarathustra auf: „Nicht durch Zorn, sondern durch Lachen tödtet man. Auf, lasst uns den Geist der Schwere tödten!" Zorn schafft keine Distanz, sondern verstrickt den blindwütig Rasenden noch mehr in das, was ihn erregt. Lachen hingegen erhebt und macht leicht. Wer lacht und singt und tanzt, macht die Anstrengungen, die der Geist der Schwere unternimmt, um den Leib zu unterdrücken, zunichte. Den Geist der Schwere töten heißt: ihn ohn-mächtig zu machen durch Tätigkeiten, die den Gegensatz von Materie und Geist, den der Geist der Schwere gerade mit aller Macht festschreiben will, überwinden. Es ist der Freigeist, der sich dem kategorischen Imperativ der alten Vernunft und ihren den Leib demütigenden Herrschaftssystemen nicht fügt und, statt sich vorschreiben zu lassen, was er tun soll, selber autonom bestimmt, was er will. „Ich habe gehen gelernt: seitdem lasse ich mich laufen. Ich habe fliegen gelernt: seitdem will ich nicht erst gestossen sein, um von der Stelle zu kommen. / Jetzt bin ich leicht, jetzt fliege ich, jetzt sehe ich mich unter mir, jetzt tanzt ein Gott durch mich." Menschliche Lernprozesse beginnen, wie Zarathustra am Beispiel des Gehens und Fliegens veranschaulicht, notwendig heteronom. Wie ein Kind laufen lernt, indem man seine Versuche, sich aufzurichten und dem Fallen entgegenzuwirken, durch ein Laufgeschirr oder An-der-Hand-Halten unterstützt, so lernt ein Schüler mit Hilfe Zarathustras die Überwindung des Geistes der Schwere durch Anweisungen zum Tanzen. Aber Ziel der Unterweisung ist in jedem Fall das Selbstkönnen, die Fähigkeit, das Leiblich-Materielle ohne fremde Hilfe durch den Geist leicht zu machen und in jenen Schwebezustand zu versetzen, der für die menschliche Grundtätigkeit des Existierens schlechthin steht: das Leben als bewußtes Er-leben von Gegensätzen, die es in immer wieder neu zu entwerfenden Konstellationen aufeinander zu beziehen gilt. Zarathustra, der gehen gelernt hat und damit des Gehens im Sinne einer kontrollierten Fortbewegung mächtig ist, läßt nun *sich* laufen und stößt *sich* vom Boden ab, um zu fliegen. Er ist seiner selbst mächtig geworden durch ein Können, das ihn erhaben macht. Indem er sich über sich erhebt, vermag er von oben auf sich herabzublicken, d. h. er begreift, daß er sowohl der Überwinder als auch der Überwundene, Schaffender und Erschaffener ist. In dem Moment, in welchem „ein Gott durch mich (tanzt)", habe ich meine Identität als den Sinn meines Tuns gefunden. Das „durch mich" ist hier nicht im Sinne von ‚durch mich hindurch' zu verstehen; Zarathustra gebraucht das Verb tanzen an dieser Stelle vielmehr in transitiver Bedeutung: Der Gott tanzt mich, wenn er durch mich tanzt, und ich werde getanzt; er bedient sich meines Körpers, verleiblicht sich in mir, um zu tanzen. In dieser ekstatischen Bewegung fallen Aktivität und Passivität zusammen. Einerseits erleide ich das Getanztwerden durch den Gott; andererseits bin ich es selbst, der tanzend sich als Gott verwirklicht und sich selbst überschreitend Über-menschliches leistet. Ich bin dann Dionysos, der durch mich tanzt und als der ich tanze.

„Vom Baum am Berge": das Problem des Bösen

Wir erleben Zarathustra zum erstenmal nicht mehr monologisierend – sei es, daß er zu einem anonymen Publikum oder „zu seinem Herzen" spricht –, sondern im Dialog mit einem jungen Mann. Inhalt und Verlauf des Gesprächs geben Auskunft darüber, wie sich das, was Zarathustra am Ende der Rede über den bleichen Verbrecher und am Anfang der Rede über Lesen und Schreiben über das Lehrer-Schüler-Verhältnis geäußert hat, in der Praxis bewährt. Zarathustra hält sich wiederum in der Stadt mit dem Namen „die bunte Kuh" auf, die wir schon aus der ersten Rede über die drei Verwandlungen kennen. Gleich zu Beginn taucht das Symbol der Kreisbewegung auf, wenn es heißt, daß Zarathustra „allein durch die Berge gieng, welche die Stadt umschliessen". Auf seinem Spaziergang trifft er „im Gehen" auf einen Jüngling, der ihm schon früher aufgefallen war als einer, der „ihm auswich". Nun findet er eben diesen Jüngling, „wie er an einen Baum gelehnt sass und müden Blickes in das Thal schaute". Damit ist die Konstellation der Begegnung schon vorgezeichnet: auf der einen Seite Zarathustra in kreisförmiger Bewegung, d. h. auf dem Weg der Überwindung des Dualismus; auf der anderen Seite der junge Mann, in Ruhestellung, des Dualismus müde, aber noch nicht fähig, einen Ausweg aus dem Dilemma zu finden. Zarathustra hat erkannt, daß der Jüngling an jenem Punkt angelangt ist, an dem ihm das Alte fragwürdig geworden ist, ohne daß es ihm gelungen wäre, etwas Neues an dessen Stelle zu setzen. Auf diese Pattsituation, in der er hin- und hergerissen wird und gleichwohl wie gelähmt am Fleck verharren muß, spielt Zarathustra an, indem er zum Vergleich den Baum heranzieht, an welchem der Junge lehnt: „Wenn ich diesen Baum da mit meinen Händen schütteln wollte, ich würde es nicht vermögen. / Aber der Wind, den wir nicht sehen, der quält und biegt ihn, wohin er will. Wir werden am schlimmsten von unsichtbaren Händen gebogen und gequält." Was an den Menschen zerrt und sie, ohne daß sie sich dagegen wehren können, zum Handeln treibt, sind nicht ihre Begierden und Triebe, sondern etwas, das von außen auf sie einwirkt, wie der Wind auf den Baum. Es sind die Normen der traditionellen Moral, die die Menschen zu formen versuchen, nicht auf die Weise der Naturkausalität, sondern mit „unsichtbaren Händen", d. h. durch Beeinflussung des Geistes mittels Vernunftappellen und -geboten.

Der so von Zarathustra Angeredete reagiert bestürzt, hat er doch eben an Zarathustra gedacht. Zarathustra beruhigt ihn, indem er noch einmal auf das Bild des Baumes zurückkommt, nun aber in Vorbereitung seiner Lehre den Blick darauf lenkt, daß der Baum den fremden Einflüssen, denen er ausgesetzt ist, etwas entgegenzusetzen hat, eine eigenständige Tätigkeit: den Prozeß des Wachsens, in welchem er die sein Sein bestimmenden Gegensätze in einer gegenstrebigen Harmonie fruchtbar werden läßt: „Es ist mit dem Menschen wie mit dem Baume. / Je mehr er hinauf in die Höhe und Helle will, um so stärker streben seine Wurzeln erdwärts, abwärts, in's Dunkle, Tiefe, – in's Böse." Wie der Baum sein Höhenwachstum und seine den Winden trotzende gerade Gestalt der Kraft seiner Wurzeln verdankt, so bezieht der Mensch seine vitalen Antriebskräfte aus dem Leib, der gewissermaßen der Boden ist, aus dem der Geist sich entwickelt. Der Baum ist Produkt einer Aktivität, in der einander entgegengesetzte Strebeprozesse so zusammengespannt werden, daß sie ein Kraftsystem bilden, in welchem durch fortwährende Steigerung von Spannung und Gegenspannung nach Gleichmaß eine Höherentwicklung des organischen Ganzen vorangetrieben wird, und zwar in beiden Richtungen: Der Baum wächst in die Höhe und findet Halt nach Maßgabe der Kraft, mit der sich seine Wurzeln im Boden verankern. Analog „wächst" auch der Mensch über sich hinaus, wenn das Streben des Geistes und die Triebe des Leibes sich trotz ihrer gegensätzlichen Richtung als große Vernunft formieren: Je stärker der Geist seine Wirksamkeit entfaltet, desto stärker bilden sich auch die körperlichen Triebe als Gegengewicht heraus und umgekehrt. Keine Partei ist mächtig ohne die andere; nur im Wechselverhältnis ihrer gespannten Beziehung vereinigen sie sich in dem ihnen gemeinsamen Bestreben des Willens zur Macht.

Nun hat die traditionelle Moralphilosophie die Dimension der Höhe und des Lichts (der Vernunft), in der der Geist beheimatet ist, als das Gute deklariert und von dieser die Dimension der Tiefe, des Dunklen, Schmutzigen (der irrationalen Materie), in der der Körper zu Hause ist, als Inbegriff des Bösen radikal abgetrennt. Zarathustra hat mit seiner Rede vom Bösen genau das Problem getroffen, das den Jüngling umtreibt. Er ist überrascht, daß Zarathustra seine Seele entdeckt habe, was diesen belustigt, denn immerhin gab es hier eine Seele zu entdecken, während man bei manch einem eine solche niemals findet, es sei denn, man er-findet sie zuvor. Was die Dualisten als Seele bezeichnen, ist ja für Zarathustra etwas Fiktives, Erdichtetes, vom Leib angeblich losgelöst Existierendes. Im Verhalten des Jünglings hat er hingegen Anzeichen dafür gefunden, daß seine Seele sich mit seinem Leib auseinanderzusetzen beginnt, er also unterwegs ist, den Dualismus zu überwinden, aber – noch zu sehr verhaftet in den alten Denk- und Verhaltensmustern – über dem Versuch, neue Wege zu gehen, verzweifelt. Diese Verzweiflung klingt aus der Beschreibung seiner Fehlversuche deutlich heraus, denn durch diese ist er an sich selber irre geworden, ganz davon abgesehen, daß die anderen sein Tun mit Mißtrauen verfolgen. Es ist unverkennbar, daß Zarathustras Reden ihm die Augen für ein neues Ziel geöffnet haben; dieses Ziel befindet sich seiner Meinung nach „oben", und entsprechend will er „in die Höhe". In diesem Streben in die Höhe kündigt sich der Übermensch, das Überschreiten des dualistischen Menschenbildes christlicher Provenienz an. Die Erfahrung, die der junge Mann beim „Steigen" macht, ist jedoch zwiespältig. Zum einen spürt er die Verwandlung, die mit ihm geschieht, zum anderen wird ihm nachträglich in der Reflexion jeder Schritt, den er tut, aus der Perspektive der Tradition zutiefst fragwürdig, zu etwas Bösem. Zum einen empfindet er Genugtuung, wenn er den Aufschwung geschafft hat, zum anderen beklagt er die Einsamkeit, in die er sich versetzt hat; er hat sich vollständig isoliert und findet sich ohne Gesprächspartner auf sich allein zurückgeworfen. So fragt er sich schließlich: „Was will ich doch in der Höhe? / Meine Verachtung und meine Sehnsucht wachsen mit einander; je höher ich steige, um so mehr verachte ich Den, der steigt. Was will er doch in der Höhe?" Der Jüngling fühlt in sich den Drang, über sich hinauszukommen, aber am Ende findet er keine Befriedigung darin, seiner Sehnsucht zu folgen. Zwei Gründe bietet er zur Erklärung an. Die wiederholte Frage: „Was will ich doch in der Höhe?" läßt erkennen, daß er ein Ziel als das Woraufhin seines Strebens vermißt. Er stellt fest, daß er will, ohne zu wissen, was er will. Den anderen Grund für sein Scheitern sieht er darin, daß er den Weg nicht richtig zu gehen vermag: Er überspringt Stufen, gerät ins Stolpern und in der Hast des Weitereilens außer Atem wie einer, der blindlings auf der Flucht ist und des ziellosen Umherirrens schließlich müde wird. Kein klares Ziel vor Augen, die alten Ziele bereits verabschiedet habend, überdies unfähig, gleichmäßig und unbeirrt seines Weges zu gehen – so betrachtet wird sich der junge Mann, in dem Zarathustra unschwer sich selbst in jungen Jahren wiedererkennt, selber zum Gegenstand der Verachtung. Seiner Schilderung können wir entnehmen, daß sein Selbstverständnis noch durch die falsche Vorstellung einer Getrenntheit von Ziel und Weg geprägt ist. Erst wenn er begreift, daß das Ziel im Gehen des Weges besteht, nicht im Ankommen in der Höhe, um dort zu verharren, wird er seine Verzweiflung überwinden.

Zarathustra verweist wieder auf den Baum, dessen alles überragende Größe ihn vom Aufenthaltsort der Menschen und Tiere, der Dimension des Unten, so weit entfernt hat, daß er, könnte er sprechen, sich mit diesen nicht mehr verständigen könnte in Ermangelung einer gemeinsamen Erfahrungswelt. Zarathustra fährt fort: „Nun wartet er und wartet, – worauf wartet er doch? Er wohnt dem Sitze der Wolken zu nahe: er wartet wohl auf den ersten Blitz?" Zarathustra hat diese Frage durchaus provokativ gestellt, und der Junge fällt auch prompt darauf herein, indem er sich mit dem Baum und Zarathustra mit dem Blitz vergleicht: „Ja, Zarathustra, du sprichst die Wahrheit. Nach meinem Untergange verlangte ich, als ich in die Höhe wollte, und du bist der Blitz, auf den ich wartete! Siehe, was bin ich noch, seitdem du uns erschienen bist? Der *Neid* auf dich ist's, der mich zerstört hat!" An dieser Stelle wird das Mißverständnis eklatant. Zarathustra hatte mit dem Bild des hohen Baumes die Bewegung der Selbstüberwindung gemeint. Worauf es ihm ankommt, war das Dialektische dieses Prozesses, in welchem der Geist sich nur als und mit der Organisationskraft des Leibes in seiner Potenz zu entfalten und zu steigern vermag. Im Bild des Baumes gesprochen: Je höher er wächst, desto größer wird für ihn das Risiko. Er setzt sich der Gefahr des Blitzes aus, einer Gefahr, der er in der ruhigen Gewißheit des starken Halts, den ihm seine Wurzeln geben, begegnet. Der Mensch, der über sich hinauswachsen will, sucht die Gefahr bewußt; er braucht sie, um in der Auseinandersetzung mit fremder Macht das

Wechselspiel seiner leiblich-geistigen Kräfte herauszufordern und zu stärken. Wenn der Blitz in ihn fährt, d. h. wenn er von der Evidenz der Idee des Übermenschen überwältigt wird, wird sich erweisen, ob er ihr standzuhalten vermag, oder ob er an ihr zugrunde geht. Das Standhalten ist dann letztlich das Zu-Grunde-Gehen, denn wer über die Stufe des Menschen hinausgelangt, läßt diese ja hinter bzw. unter sich – sie geht unter. Wer Über-Mensch wird, geht als Mensch zugrunde, gründet sich auf etwas Neues, allem Vorhergehenden Überlegenes. Der Untergang des Alten ist somit der Aufgang von etwas Neuem, Unerhörtem.

Der Jüngling hat die Idee des Übermenschen in Zarathustra hineinprojiziert – das ist sein Fehler. Er hat noch nicht begriffen, daß Übermensch nicht der Name für eine Person, sondern für ein Tun ist, und zwar für das eigene, fortgesetzte Streben über sich hinaus. Das Mißverständnis des jungen Mannes besteht darin, daß er sich passiv verhält, insofern er das Warten auf den Blitz nicht als Phase der Sammlung und Anspannung aller Kräfte versteht, um aus der erwarteten Auseinandersetzung gestärkt hervorzugehen, sondern mehr kontemplativ der Dinge harrt, die da kommen werden, in der Hoffnung, daß etwas mit ihm geschehen werde. Als ihm dann Zarathustra begegnet, hält er ihn für den Übermenschen, der das kann, was er nicht kann: Tun und Leiden kraft Selbstüberwindung als der höchsten Form von Aktivität im Gleichgewicht zu halten. Wie gelähmt starrt der Jüngling auf Zarathustra, dem anscheinend das leichtfällt, was der Junge können möchte, aber nicht vermag, so daß ihn der Anblick Zarathustras mit Neid erfüllt und zum Weinen bringt.

„Zarathustra aber legte seinen Arm um ihn und führte ihn mit sich fort." Diese Reaktion ist bezeichnend. Die Gebärde des Umarmens signalisiert Verstehen und Trost, und die durch das Mit-sich-Fortführen veranlaßte Bewegung deutet den Übergang von der passiven Haltung des Abwartens in die Aktivität des Selbergehens an, wobei der Weg anfänglich noch durch den Begleiter bestimmt wird. Zarathustra bietet sich also als „Geländer" an, um den Jüngling zur Selbständigkeit anzulernen. Zarathustra hat nämlich das Problem des Jünglings erkannt, und indem er ihn erst einmal in Bewegung setzt, bereitet er ihn auf die Einsicht vor, die er in ihm erzeugen will. Er will ihm zeigen, daß das Leben eine fortgesetzte

Überwindung von Gegensätzen ist, daß es nicht damit getan ist, den Geist immer höher zu entwickeln, wenn dies mit einer immer größer werdenden Distanz vom Leib erkauft ist. Diese einseitige Ausrichtung hat jene eigentümliche Erstarrung des Geistes zur Folge, die den Jüngling gelähmt und verbittert hat: In der reinen Immaterialität findet der Geist keine Ziele und keine Befriedigung mehr. Darauf spielt Zarathustra an, wenn er sagt: „Noch bist du nicht frei, du *suchst* noch nach Freiheit. Übernächtig machte dich dein Suchen und überwach. / In die freie Höhe willst du, nach Sternen dürstet deine Seele. Aber auch deine schlimmen Triebe dürsten nach Freiheit. / Deine wilden Hunde wollen in die Freiheit; sie bellen vor Lust in ihrem Keller, wenn dein Geist alle Gefängnisse zu lösen trachtet."

Dieses Bild des Gefängnisses, in das der Mensch eingeschlossen ist, macht aus Zarathustras Sicht erneut den Irrtum der abendländischen Metaphysik, in deren Nachfolge der Jüngling noch steht, deutlich. Wie das Modell des Platonischen Höhlengleichnisses es zeigt, ist die Seele in den Körper eingesperrt, aus dem sie sich befreien muß, damit der Mensch ganz Mensch sein kann. Daß sie gezwungen ist, während des irdischen Lebens immer wieder in ihr Gefängnis zurückzukehren, ist ein Unglück, über das sie sich nur durch die Aussicht auf ein vom Körper endgültig befreites Leben nach dem Tod hinwegtrösten kann. Zarathustra hat das Problematische dieser Theorie durchschaut; für ihn ist nicht nur die Seele im Leib, sondern zugleich auch der Leib durch die Seele eingesperrt. Obwohl räumlich streng voneinander getrennt – die wilden Hunde im Keller, die blutleeren Gespenster als deren Herren im Obergeschoß –, teilen sich Kopf und Unterleib als Sitz des Geistes bzw. der Triebe doch in denselben Körper als ihr gemeinsames Gefängnis. Dadurch sind beide Parteien unaufhebbar aneinander gefesselt, und die Vorstellung, der Geist könne dieses Gefängnis ohne die Hilfe der Kräfte des Leibes verlassen, erweist sich als illusorisch. Zarathustras Lösung des Problems sieht nun keineswegs vor, daß Seele und Leib sich in ihrem Gefängnis miteinander arrangieren; vielmehr will er die Metapher des Gefängnisses als ein falsches Paradigma zur Interpretation des Leibes erweisen und jenes durch die Idee des Übermenschen ersetzen, die es erlaubt, den Leib als große Vernunft und das heißt: als freies Zusammenspiel der Trieb-

und Strebevermögen zu begreifen, durch die der Mensch ein lebendiger Organismus ist. Der erste Schritt in Richtung auf dieses neue Selbstverständnis ist ein Akt der Befreiung – nicht der Seele vom Leib, sondern von der traditionellen Vorstellung einer dualistischen Gespaltenheit in ein gutes, da geistiges Oben und ein böses, da materielles (und als solches zu unterdrückendes) Unten. Zarathustra lehrt seinen Adepten, daß es keine Freiheit des Geistes geben kann, die nicht auch zugleich die Freisetzung des Nichtgeistigen vorsieht. Die Befreiung der Triebe vom Druck des „Geistes der Schwere" bedeutet nun aber nicht, daß Zarathustra einer zügellosen, ausschweifenden Sexualität das Wort redet. Dies wäre eine ebenso einseitige Auffassung vom Lebensprinzip des Menschen wie die traditionelle, nur mit umgekehrtem Vorzeichen: das Leibliche bekäme das Übergewicht über das Seelische. Zwar bellen die wilden Hunde im Keller „vor Lust", wenn sie merken, daß ihr Herr im Obergeschoß sich anschickt, das Haus zu verlassen, aber diese Lust ist die in Erwartung des freien Herum- und Sichaustobenkönnens sich einstellende Vorfreude auf den Einsatz aller naturwüchsigen, ungebändigten Körperkräfte, die sich nach einer langen Zeit des Eingesperrtgewesenseins voll ausgeben wollen.

Zarathustra versteht die Aufhebung der Gefängnismetapher jedoch nicht so, daß Geist und Körper nach ihrer Befreiung jeder für sich und unabhängig vom anderen seine Freiheit genießt. Dies ist in einer Welt, deren Strukturprinzip – der Wille zur Macht – in der Dynamik von Gegensätzen seine Wirksamkeit entfaltet, gar nicht möglich. Entsprechend besteht die neu gewonnene Freiheit von Seele und Leib nicht in einer Freiheit *voneinander,* sondern in einer Freiheit *füreinander* und miteinander. Das Streben des Geistes findet seine Erfüllung im Arrangement der sinnlichen Triebe; diese wiederum finden ihre Befriedigung darin, daß ihnen in einem ständig wechselnden, auf die jeweilige Situation zugeschnittenen Arrangement ein Höchstmaß an Energie abverlangt wird, aus der wiederum der Geist die Kraft zur Erfindung neuer, besserer Arrangements schöpft. Auf diese Weise zeugt sich das Verhältnis von Seele und Leib schöpferisch fort – in fortwährender kreisförmiger Steigerung eines zu sich selbst befreiten Kräftespiels.

Zarathustra versucht dem Jüngling Mut zu machen und ihn auf das, was ihm noch bevorsteht, vorzubereiten. Bis jetzt hat er die

Notwendigkeit, sich von den Fesseln der alten dualistischen Moral zu befreien, begriffen und bereits den ersten Schritt zu seiner wirklichen Befreiung getan, aber den Weg in die Freiheit muß er erst noch zu Ende gehen. Dieser Weg führt über zwei Stufen. Die erste Stufe hat er mit seinem Streben nach oben in die Dimension des Geistes bereits erreicht, aber er ist immer noch ein Gefangener der traditionellen Wertvorstellungen, die ihn daran hindern, auch seine Triebe zu befreien. Zarathustra beschreibt die Seele eines solchen Menschen, der sich als Gefangenen durchschaut hat und auf Befreiung sinnt, als „klug" – „aber auch arglistig und schlecht". Ihre Klugheit zeigt sich darin, daß sie ihre Gefangenschaft als einen selbst verschuldeten Zustand erkennt, den sie durch eigene Kraft auch wieder verändern kann. Ihre Arglist und Schlechtigkeit rühren daher, daß sie nach Mitteln und Wegen sucht, dem Leib zu entkommen und sich selbst zu befreien, ohne diesen mit zu befreien. Aber die Triebe lassen sich nicht täuschen; sie wollen mit in die Freiheit, und so sieht sich die Seele – immer noch in einem Selbstmißverständnis befangen – zu Betrugsmanövern gezwungen, um die Triebe zurückzuhalten. Erst wenn die Seele begreift, daß sie mit ihrer Strategie, den Leib von sich wegzuhalten, den Druck auf diesen verstärkt und Freiheit gerade zunichte macht – soviel Freiheit sie aufwendet, um Unfreiheit zu bewirken, soviel Freiheit hebt sie kontraproduktiv in sich selber wieder auf –, dann erst begreift sie, daß sie nur im und mit dem Leib frei sein kann.

Mit dieser Einsicht erreicht sie die zweite Stufe des Weges in die Freiheit, die aber noch nicht die Endstufe darstellt. „Reinigen muss sich auch noch der Befreite des Geistes. Viel Gefängniss und Moder ist noch in ihm zurück: rein muss noch sein Auge werden." Dieses Zitat spielt wieder auf das Höhlengleichnis an, doch so, daß der mit dem Aufstieg aus der Höhle verbundene Prozeß der Reinigung nicht als eine Katharsis der Seele von den sinnlich-materiellen Bedürfnissen des Leibes aufgefaßt wird, sondern als die gemeinsame Befreiung der Seele *und* des Leibes von jenem Schmutz, der ihnen beiden im dualistischen Menschenbild anhaftet („Armut und Schmutz und ein erbärmliches Behagen"). Die Seele, die den Körper verachtet, wird selber zu etwas Verächtlichem, und erst wenn sie beginnt, den Körper zu achten, findet sie auch ihre Selbstachtung wieder. Aber dies geschieht nicht mit einem Schlag, sondern ist ein langwieriger Prozeß, in welchem sich „der Befreite des Geistes", der zugleich ein Befreier des Leibes ist, seine neue Lebensform aneignet, ständig in der Gefahr, in alte Wertvorstellungen zurückzufallen. Zwar hat er das alte, seinen Willen heteronom bestimmende Moralprinzip, das seine Gültigkeit einem göttlichen Willen oder einer transzendenten Idee verdankt, überwunden und an seine Stelle das Freiheitsprinzip gesetzt, aufgrund dessen er selber – autonom – bestimmt, was *er* will; doch sind mit der Überwindung des Prinzips der alten Moral nicht auch schon alle durch diese geprägten Denk- und Handlungsmuster im einzelnen mit überwunden. Diese haben sich durch lange Gewohnheit zum normativen Rückgrat seiner Praxis verfestigt und verlieren selbst bei einem fundamentalen Prinzipienwechsel nicht übergangslos ihre regulative Kraft. Die Lösung aus der Verhaftetheit mit den tradierten Wertvorstellungen geschieht als eine Selbstaufklärung: „rein muss noch sein Auge werden", d. h. wer fest dazu entschlossen ist, sich selbst in Freiheit neu zu schaffen, der muß klar sehen. Er muß alles, was mit einem normativen Anspruch an ihn herantritt, auf seinen Ursprung hin durchschauen, um sich in seinem gesamten Lebensbereich von der Herrschaft des christlich-abendländischen Moralkodex zu befreien.

Besonders konfliktträchtig ist dies – und daher greift Zarathustra hier zu beschwörenden Formeln – im Umgang mit den Mitmenschen, die fortfahren, ihn nach den alten Maßstäben zu beurteilen, von denen er sich gerade mit großer Mühe gelöst hat. Seine neue Haltung ist die eines „Edlen", der nur sich selbst verpflichtet und Rechenschaft schuldig ist. Als solcher stellt er sich jedoch außerhalb der Gemeinschaft, die den „Guten" (= Gehorsamen) als für jedermann in gleicher Weise verbindliches Vorbild fordert. „Neues will der Edle schaffen und eine neue Tugend. Altes will der Gute, und dass Altes erhalten bleibe." Der Edle, der sich auf der zweiten Stufe seines Weges in die Freiheit befindet, muß somit an zwei Fronten gegen denselben Feind kämpfen: Der eine Kampfplatz befindet sich in ihm selbst, wo er gegen seine eigenen Wertüberzeugungen angehen muß, um sie von den Relikten und Manifestationen der alten Moral zu befreien; der andere liegt im zwischenmenschlichen Bereich, wo er der Feindseligkeit derer ausgesetzt ist, die auf dem Boden der alten Moral stehend ihm „gram sind und böse Blicke senden". Sie werden kein Mittel scheuen, ihn auf diesen Boden des Altbewährten zurückzuholen und wieder zu einem der ihren, zu einem „Guten" zu machen.

Zarathustra fürchtet in dieser prekären Lage jedoch weniger den Sieg der Guten über den Edlen als die Gefahr der Hoffnungslosigkeit, durch die der Edle „ein Frecher, ein Höhnender, ein Vernichter" wird. Wer hin- und hergerissen zwischen den Ansprüchen der alten und der neuen Normen den Maßstab verliert und schließlich verzweifelt, der ist verloren. Er gibt es auf, sich Ziele zu setzen, und überläßt sich ganz dem Augenblick, lebt „in kurzen Lüsten". „‚Geist ist auch Wollust' – so sagten sie. Da zerbrachen ihrem Geiste die Flügel: nun kriecht er herum und beschmutzt im Nagen. / Einst dachten sie Helden zu werden: Lüstlinge sind es jetzt. Ein Gram und ein Grauen ist ihnen der Held." Wem der letzte Schritt in die Freiheit nicht gelingt, der scheitert ganz und gar, weil seine Hoffnungen auf existentielle Selbsterneuerung sich zerschlagen haben, er aber auch nicht mehr zu den alten Wertmaßstäben, die er bereits überwunden hatte, umstandslos zurückkehren kann. In dieser für ihn ausweglos scheinenden Situation verhöhnt er auch die Idee des Übermenschen, die ihm einst der Sinn des Lebens war, und macht sich dasjenige zum Maßstab, was ihm – wenn auch bloß kurz und vorübergehend – wenigstens momentan Befriedigung verschafft: den Genuß. Im Genießen der kurzen Lüste, die ihm der Augenblick bietet, tröstet er sich über seine gescheiterte Existenz hinweg und zieht selbst das Medium, das ihn einst nach hohen Zielen greifen hieß – den Geist –, auf die Ebene des Genusses herab: „Geist ist auch Wollust." Hindert man jedoch den Geist daran, sich in seinem Element aufzuhalten, in der Höhe der Gedanken, die weit in die Zukunft vorausblickend das Ziel ausmachen und dem Leib den Weg weisen, so ergeht es ihm wie einem Vogel, dem die Flügel zerbrechen, wenn man ihn der Luft beraubt und in ein kompaktes Element steckt. Der Geist, zu einer Spezies der Lust degradiert, vermag sich nicht mehr über das unmittelbare Begehren zu erheben, um diesem ein erstrebenswertes Ziel vor Augen zu halten. Wo die Lust zum Selbstzweck wird, erschöpft sich die Aktivität des Geistes in einer ihm völlig unangemessenen Tätigkeit: „nun kriecht er herum und beschmutzt im Nagen", d. h. er zieht sich selbst in den Dreck, wenn er sich ziel- und richtungslos im Element der Lust bewegt und, vereinnahmt von den sinnlichen, auf Genuß ausgerichteten Trieben, mit der Gebärde des Nagens schließlich in verkleinerter Form das Fressen nachahmt: das Sicheinverleiben von Materie um des Genusses willen.

Der Lüstling, so wie Zarathustra ihn charakterisiert, ist nicht das Gegenstück zum Guten, der die christliche Moral verinnerlicht hat, sondern äußerstes Zerrbild des Edlen, jenes Helden, der die christliche Moral in sich überwunden hat. Gegenstück des Guten wäre der Böse, der dem Dualismus der christlichen Anthropologie verhaftet bleibt und nur die Prioritäten umkehrt, indem er nicht den Geist über den Körper herrschen läßt, sondern den körperlichen Bedürfnissen den Vorrang vor den geistigen Ansprüchen gibt. Der Lüstling hingegen als Zerrbild des Edlen setzt an die Stelle des Übermenschen, der sich jenseits des alten, unversöhnbaren Gegensatzes von Gut und Böse eine neue, alle Gegensätze gleichgewichtig ausbalancierende Lebensform erkämpft hat, den Genußmenschen, der das Lustprinzip dem Prinzip der Selbstüberwindung vorzieht. Dem Lüstling ist die Idee des Übermenschen, an der er sich vergeblich versucht hat, ein „Gram und ein Grauen"; was ihm einst höchste Freude bereitete, die seine Erinnerung aufbewahrt hat, wird ihm nun zum Gegenstand des Ressentiments, und um zu vergessen, wie tief er gefallen ist, muß er den Geist, der die Erinnerung an sein früheres Ideal wachhält, seinem Element entfremden und ihn in die körperlichen Begierden einschließen, wo er, auf Lust reduziert, verkümmert. Auf diese Weise hat sich einer, der ausgezogen war, sich selbst zu befreien und in Freiheit er selbst zu sein, erneut in ein Gefängnis eingesperrt. Doch dieses Mal sind es nicht die Triebe, die in den Keller verbannt werden, während der Geist im Obergeschoß wohnt und sich so immerhin, wenn auch durch Mauern eingeschränkt, in der ihm eigenen Dimension der Höhe aufhält. Vielmehr besteht die Perversion, die der Lüstling vornimmt, darin, daß er den Geist in das Gefängnis seiner Begierden verbannt und ihn dort lustlos eine Ideologie der Lust verkünden läßt: „Geist ist auch Wollust." Zwar ist damit die strenge dualistische Trennung zwischen Körper und Geist aufgehoben, doch um den Preis des Geistes, der vollständig materialisiert wird, ohne daß er die Möglichkeit hätte, das Materielle zu vergeistigen und in den Dienst eines höheren, es über sich hinaus hebenden Ziels zu stellen.

Zarathustra schildert dem Jüngling diese Gefahr, um ihn einerseits sowohl vor dem Rückfall in die durch die Guten repräsentierte alte Moral als auch vor dem totalen Fall in die durch die Lüstlinge repräsentierte Perversion des Übermenschen zu warnen und ihn andererseits darauf aufmerksam zu machen, daß die Entscheidung in der Macht des Jünglings steht, es mithin von ihm allein abhängt, ob er sich als ganzen gewinnt oder verfehlt. Deshalb beschließt Zarathustra seine Ansprache mit einem eindringlichen Appell: „Aber bei meiner Liebe und Hoffnung beschwöre ich dich: wirf den Helden in deiner Seele nicht weg! Halte heilig deine höchste Hoffnung! –"

„Von den Predigern des Todes": Psychogramm der Lebensverneiner

Mit den Predigern des Todes sind die zuvor von Zarathustra als Verächter des Leibes Bezeichneten gemeint, hier vor allem die Priester und Verkünder des Christentums, die mit dem Leib das Leben abwerten und den Sinn der Welt in ein Sein nach dem Tod der Materie legen. Obwohl Zarathustra die Lehre vom ewigen Leben, die die Prediger des Todes unentwegt verkünden, als durch das Leben selbst widerlegt ansieht, billigt er ihr doch eine gewisse Nützlichkeit zu, insofern sie die Erde von den „Überflüssigen", den „Viel-zu-Vielen" befreit. „Möge man sie mit dem ‚ewigen Leben' aus diesem Leben weglocken!" Dieser zynisch klingende Wunsch ist nicht bevölkerungspolitisch zu verstehen, so als ob Zarathustra der Meinung sei, es gebe zu viele Menschen auf der Erde und die Lehre der Prediger des Todes sei ein probates Mittel, um die Menschenmassen durch eine Art kollektiven oder rituellen Selbstmords zu reduzieren. Die Überflüssigen sind für ihn vielmehr diejenigen, die nur dem Geist Lebendigkeit zusprechen und die Materie als etwas Totes betrachten. Wie Zarathustras Erfahrungen gezeigt haben, ist es unmöglich, die Masse zur Selbstüberwindung und Höherentwicklung zu bewegen. Es werden immer nur einzelne sein – wie der Jüngling in der vorigen Rede –, bei denen

Zarathustras Lehre vom Übermenschen auf fruchtbaren Boden fällt und die Kräfte mobilisiert, die nötig sind, um über die Stufe des christlich geprägten, Leib und Seele strikt voneinander trennenden Menschenbildes hinauszugelangen. Diese wenigen, denen es gelingen wird, ihre Lebensform umzuschaffen, werden eine höhere Stufe des Menschseins erreichen, von der aus die zurückgelassene, überwundene Stufe als überflüssig erscheint. Wie die Löwenstufe die Kamelstufe und die Kindstufe die Löwenstufe überflüssig macht, so wird durch die Befreiung des Geistes *und* des Körpers vom Gefängnis des Dualismus das Christentum obsolet. Zieht man das evolutionstheoretische Paradigma als Analogie heran, so wie Zarathustra es im 3. Kapitel der Vorrede getan hat, könnte man sagen: Wie in einer Welt ständigen Werdens nur der Tüchtigste überlebt, indem er sich den Gesetzen der Selektion und Anpassung bzw. des Artenwandels entsprechend fortentwickelt, während diejenigen Exemplare der Gattung, die in ihrer Entwicklung stagnieren, aussterben, so werden auch die Anhänger des christlichen Glaubens mit der Zeit aussterben, und da die Prediger des Todes, das Gesetz des Werdens ignorierend, auf Unveränderlichkeit und Ewigkeit dringen, beschleunigen sie geradezu den Untergang der Anhänger der alten Moral, die mit ihrer Für-tot-Erklärung der Materie auch das Leben, die vitalen Antriebskräfte des Organischen negieren und damit ihren eigenen Tod vorwegnehmen.

Zarathustra charakterisiert die Prediger des Todes als „Gelbe" und „Schwarze", um anzudeuten, daß ihre Gruppe sich aus Neidern und Pessimisten rekrutiert, aus den Schlechtweggekommenen, Ressentimentbeladenen und Schwarzsehern, die aus den unterschiedlichsten Gründen am Leben verzweifeln und, da ihnen zur Änderung ihrer Lage die Kraft fehlt, dem Leben die Schuld dafür zuschieben.

Zarathustra führt im folgenden sieben Typen von Predigern des Todes vor, um anhand exemplarischer Fälle die gesamte Bandbreite dieser Menschenart aufzuzeigen. Als *ersten* Typus zählt er „die Fürchterlichen" auf; das sind solche, die „in sich das Raubtier herumtragen" und „noch nicht einmal Menschen geworden" sind. Sie befinden sich auf einer vormenschlichen Stufe, auf der der Geist noch unterentwickelt ist und allein der Trieb regiert. Diese Menschen kennen nur ein Ziel: Beute machen, um sie zu zerfleischen und sich einzuverleiben. Nach Zarathustra laufen alle Formen einer animalischen Lustbefriedigung auf eine Selbstzerfleischung hinaus, da das Selbst sich in den Begierden mitverzehrt und zugrunde geht. Das Gegenstück zu den Fürchterlichen, die letztlich deshalb Abkehr vom Leben predigen, weil ihre Unersättlichkeit in ihm keine Befreiung findet, sind „die Schwindsüchtigen der Seele", die Zarathustra als *zweiten* Typus von Lebensverächtern anführt. Bei ihnen sind die Triebe nur schwach entwickelt, und entsprechend kraftlos ist auch ihr Geist: „kaum sind sie geboren, so fangen sie schon an zu sterben" – „diese lebendigen Särge", die einen konstitutionellen Hang zum Tod haben und „Lehren der Müdigkeit und Entsagung" favorisieren. Solchen Menschen ist das Leben ganz einfach zu anstrengend; sie fühlen sich überfordert, den Anforderungen des Daseins nicht gewachsen. Daher achten sie überall auf nichts anderes als das, was krank, alt oder gestorben ist, um ihre Überzeugung bestätigt zu sehen, daß das Leben widerlegt sei. Aber Zarathustra hält ihnen entgegen: „Nur sie sind widerlegt und ihr Auge, welches nur das Eine Gesicht sieht am Dasein." Weil sie nicht leben können, nehmen sie auch nur die Phänomene wahr, die das Leben in Frage stellen, und übersehen alle Anzeichen, die auf Kraft, Stärke, Vitalität hinweisen. Sie genießen ihre Schwermut und verübeln den Gesunden ihren Frohsinn. Was immer sie tun, ihre Grundeinstellung ist durch die Erwartung zu Ende gehenden Lebens geprägt, so daß sie ihr Leben lang nichts anderes tun, als mit zusammengebissenen Zähnen auf den Tod zu warten. Selbst dort, wo sie sich eine sinnliche Freude gönnen („nach Zuckerwerk" greifen), tun sie dies mit dem Ausdruck des Spotts; sie machen sich über sich selbst lustig, daß sie etwas genießen, obwohl sie eigentlich Trübsal blasen müßten, da der „Strohhalm Leben", an den sie sich klammern, jeden Augenblick abknicken kann. Was sie als ihre Weisheit ausgeben – „ein Thor, der leben bleibt, aber so sehr sind wir Thoren! Und das eben ist das Thörichtste am Leben!" –, soll nur die Tatsache kaschieren, daß sie im Grunde Angst vor dem Tod haben, dessen Erscheinungsformen sie allenthalben diagnostizieren. Ihre „Weisheit" ist in der Tat eine reine Torheit, denn sie sehen nicht den Widerspruch, der darin besteht, daß sie ihre Todesphilosophie nur deshalb verkünden können, weil sie selber leben und somit das Prinzip der Lebendigkeit immer schon voraussetzen, wenn sie es verneinen.

Zarathustra fährt fort mit seinem Psychogramm der Prediger des Todes, indem er noch weitere fünf Typen kurz charakterisiert. Zum *dritten* Typus gehören diejenigen, die das Leben als ein ununterbrochenes Leiden auffassen. Zarathustra fordert diese auf, doch die Konsequenz aus ihrer Lehre zu ziehen und Selbstmord zu begehen, damit ihr Leiden ein Ende habe. Wer davon überzeugt ist, daß das Leben nur Leiden und nichts außerdem ist, der kann sinnvollerweise nur noch sterben wollen – immer vorausgesetzt natürlich, daß der Tod, wenn er auch nicht das Gegenteil des Leidens herbeiführt, so doch wenigstens dessen Beendigung zur Folge hat. – Der *vierte* und *fünfte* Typus von Menschen, die den Tod propagieren, setzt sich aus denen zusammen, die sexuelle Enthaltsamkeit predigen, sei es weil sie die Wollust für eine Sünde halten, sei es weil ihnen das Gebären zu mühsam ist und man den Kindern Unglück erspart. Der Verzicht auf Zeugung und Fortpflanzung hat ebenfalls den Tod im Gefolge, insofern sich die Menschheit dadurch selber mit der Zeit ausrottet. — Zum *sechsten* Typus gehören die Mitleidigen, die ihren gesamten Besitz dahingeben wollen, um nicht an das Leben gebunden zu sein. Zarathustra weist sie auf die Inkonsequenz ihrer Haltung hin: Indem sie unter der Maske des Mitleids sich von all dem trennen, was sie dazu verführen könnte, das Leben als etwas Wertvolles zu schätzen, ketten sie die von ihnen Beschenkten um so stärker an das, was sie selber loswerden wollen; ihre Barmherzigkeit erweist sich demnach unter der Hand als pure Heuchelei. Hätten sie wirklich Mitleid mit ihresgleichen, „so würden sie ihren Nächsten das Leben verleiden. Böse sein – das wäre ihre rechte Güte". Die Haltung des Mitleids ist somit unredlich, wenn sie nur vorgetäuscht ist, um den Egoismus zu verschleiern. Wer sich dagegen egoistisch und bösartig gibt, um seinen Mitmenschen zu helfen, indem er ihnen das Leben ver-leidet, der erweist sich als wahrhaft Mit-leidender. – Als *siebten* und letzten Typus der Prediger des Todes schildert Zarathustra diejenigen, „denen die wilde Arbeit lieb ist und das Schnelle, Neue, Fremde". Sie wollen sich selber entfliehen und stürzen sich ungeduldig in tausend Beschäftigungen, um nicht die Leere ihres Lebens ertragen zu müssen. Zarathustra wirft ihnen vor: „Aber ihr habt zum Warten nicht genug Inhalt in euch – und selbst zur Faulheit nicht!" Warten- und Faulenzenkönnen setzt voraus, daß man in diesen Zuständen von Untätigkeit der Langeweile etwas entgegenzusetzen hat, daß man das Nichtstun als solches zu genießen und die Muße als eine Phase schöpferischer Rekreation aller Kräfte zu nutzen versteht, um für den er-warteten Kampf gerüstet zu sein.

Zarathustra hat mit seiner Typologie darlegen wollen, wie verbreitet die Meinung ist, daß das Leben an sich selber sinnlos ist, und wie viele Strategien erfunden worden sind, um der konstatierten Sinnlosigkeit zu begegnen. Die Stoßkraft dieser von den Predigern des Todes verkündeten und vorgelebten Strategien zielt darauf ab, den dem Leben abgesprochenen Sinn in ein Jenseits zu verlegen, in welchem ein durch keine Veränderung, keinen Anfang und kein Ende beeinträchtigtes „ewiges Leben" vollkommene Erfülltheit verheißt. Da der Tod das Ende des hiesigen, wertlosen Lebens ist und zugleich den Übergang in das eigentliche, allein lebenswerte Leben ermöglicht, werden von den Predigern des Todes alle jene Lebenseinstellungen und Praxisformen ausgezeichnet, die sich als Einübung in das Sterben, als Vorwegnahme vieler kleiner Tode im hiesigen Leben deuten lassen. Jede Strategie ist recht, wenn sie nur dazu beiträgt, den Mitmenschen wie sich selbst das Leben zur Hölle zu machen und in leuchtendem Kontrast dazu das jenseitige Leben als Trost und Gegenstand aller Hoffnung in den Himmel zu erheben. Zarathustra ist zwar davon überzeugt, daß diese Menschen sich in diesem ihrem einzigen Leben selbst um dessen Sinn betrügen, fordert aber ausdrücklich dazu auf, sie gewähren zu lassen. Das ist *seine* Strategie: die Masse nicht zu seiner Lehre vom Übermenschen zu bekehren – das wäre ein viel zu langwieriges und letztlich doch vergebliches Unterfangen –, sondern sie an ihrer eigenen Weltanschauung zugrunde gehen zu lassen. Die Lehre vom Tod als dem sinneröffnenden höchsten Ereignis des irdischen Lebens hat eine zuverlässige, absolut tödliche Breitenwirkung, und während der größte Teil der Menschheit sich wissentlich und willentlich zum Aussterben rüstet, kann die kleine Gruppe derer, die diese Stufe des Menschseins als überlebt betrachten, sich anschicken, dem Leben jenen Erdensinn zu ver-schaffen, den Zarathustra als den Über-Menschen bezeichnet.[46]

„Vom Krieg und Kriegsvolke": der Kampf des Löwen

Nach seiner Charakterisierung der Prediger des Todes, die aus Schwäche den Tod als das Alleinseligmachende, da zum ewigen Leben Führende verherrlichen, wendet sich Zarathustra denjenigen zu, die ein ganz anderes Verhältnis zum Tod haben, weil sie ihm Tag für Tag ins Auge schauen und ihm ihr Leben abtrotzen: den Kriegern. Er bedient sich der Krieger als Metapher, um die Gruppe derer zu beschreiben, die sich den Sinn ihres Lebens erkämpfen und dabei alles aufs Spiel setzen. Für sie hat der Tod einen anderen Stellenwert. Er ist kein unwiderrufliches Ende, sondern ein Übergang, der dialektische Widerpart des Lebens, dessen das Lebendige bedarf, um sich fortzuentwickeln und seine Kräfte zu steigern. Um Übermensch zu werden, muß die Stufe des Menschen überwunden werden – nicht einmal für immer, sondern in jedem Augenblick von neuem. Der Übermensch ist somit der Tod des Menschen, so wie einst der Mensch der Tod des Affen war und der Affe der Tod des Wurms. Dieser Tod ist nichts Endgültiges, nicht das Ende des Lebens, sondern dessen Gegenteil, aus dem neues Leben hervorgehen soll.

Um die Dynamik eines solchen, sich fortwährend gegen alle Widerstände durchsetzenden Lebens anschaulich zu machen, wählt Zarathustra die Metapher des Kampfes, die seine „Brüder im Kriege" unmittelbar anspricht. Er gibt sich als einer der ihren zu erkennen, der sie „von Grund aus liebt" und zugleich ihr „bester Feind" sei. Liebe von Grund aus kann sich gemäß Zarathustras Gegensatzlehre nur als Feindschaft äußern, denn Liebe von Grund aus bedeutet: jemanden aus dem heraus lieben, worin die Liebe gründet; und die Liebe gründet wie alle Formen des Strebens im Gegenteil ihrer selbst. Je größer die Liebe, desto größer der Haß und die Feindschaft, die es zu überwinden gilt. Zarathustras Liebe ist keine egoistische, durch die er sich Freunde zu gewinnen sucht. Sein ganzes Bestreben geht dahin, den anderen dazu herauszufordern, seine Kräfte an ihm zu messen. Nur die Vorstellung einer Auseinandersetzung mit Rivalen, ja Feinden bewirkt die Anspannung aller Kräfte, durch die einer über sich hinauszuwachsen vermag — und eben dazu herauszufordern, darin besteht der größte Freundschaftsdienst, den man seinen Mitmenschen erweisen kann. Zarathustra ist sich durchaus darüber im klaren, daß sein Tun von vielen mißverstanden wird, daß er Neid und Haß bei denen erregt, die wie der Jüngling in „Vom Baum am Berge" noch „nicht gross genug" sind, um den wahren „Grund" von Zarathustras Feind-seligkeit zu erfassen. Sie sind noch nicht „Heilige der Erkenntniss", die in Zarathustras Kriegserklärung ihr Heil erkennen und in seiner Feindschaft seine Freundschaft als innersten Beweggrund seines Handelns entdecken. Zarathustra fordert sie auf, sich wenigstens als „Kriegsmänner", die „die Gefährten und Vorläufer solcher Heiligkeit" seien, zu betätigen, denn indem sie kämpfen, üben sie sich bereits in die Tätigkeit ein, die ihnen den Weg zu ihrem Heil bereiten könnte: die Tätigkeit der Selbstüberwindung als Überwindung des Menschen im und durch den Übermenschen.

Damit die Kampfmetapher, die Zarathustra auf den Zweikampf beschränkt wissen will, nicht unzulässig ausgedehnt wird, grenzt er den Krieger negativ gegen den Soldaten ab. „Ich sehe viel Soldaten: möchte ich viel Kriegsmänner sehn! ‚Ein-form' nennt man's, was sie tragen: möge es nicht Ein-form sein, was sie damit verstekken!" Zarathustra wünscht sich eine große Zahl von Kriegern, die aber nicht – wie es die Uniformen der Soldaten signalisieren – ein Heer von Gleichförmigen bilden sollen, die durch die Befehlsgewalt eines Feldherrn zu einer Einheit von Gehorchenden zusammengefaßt sind, sondern eine Gruppe von Individuen, deren Gemeinsamkeit darin besteht, daß sie – aber jeder für sich – danach trachten, sich selbst einen Gegner zu suchen, den sie als Gradmesser ihrer Macht wählen, um ihre Kräfte zu erproben. Es steht somit nicht von vornherein fest, wer der Feind ist, noch wer die Befehle erteilt. Vielmehr muß jeder selber Ausschau nach dem für ihn bestgeeigneten Feind halten – dabei „giebt es einen Hass auf den ersten Blick" –, und jeder muß selbst über seine Kampftaktik entscheiden, ob er lieber angreifen oder sich verteidigen will. Daß Zarathustra hier nicht einen physischen Zweikampf im Sinn hat, sondern einen geistigen, geht daraus hervor, daß er sagt: „Euren Krieg sollt ihr führen und für eure Gedanken!" Die Auseinandersetzung soll demnach über die Lebensmaximen und die normative Orientierung der Praxis geführt werden, über die Moral und die durch sie sanktionierten Werte. „Und wenn euer Gedanke unterliegt, so soll eure Redlichkeit darüber noch Triumph rufen!" Wer im Wettstreit über das, was gilt und zu Recht gelten soll, eine Niederlage erleidet, hat keinen Grund, darüber beschämt zu sein; im Gegenteil: Seiner Redlichkeit ist es gelungen, ihn davon zu überzeugen, daß er sich bisher von falschen Normen und Wertvorstellungen hat leiten lassen, die nicht mit dem zusammenstimmen, was er in Wahrheit will. Viele solcher Niederlagen sind nach Zarathustra das beste Mittel, um den Redlichen, d. h. den an der Wahrheit als dem Sinn seines Lebens Interessierten, zu der Einsicht zu bringen, daß das von den Vertretern der alten Moral vermittelte dualistische Menschenbild ein Selbstmißverständnis ist und einer Korrektur bedarf, die zu einer neuen existentiellen Lebensform überleitet.

Es fällt auf, daß Zarathustra sich in seinem Appell an die Krieger einer imperativischen Sprechweise bedient. Er benutzt somit die Redeform der alten Moral, um sich denen verständlich zu machen, die — im Bild der Rede „Von den drei Verwandlungen" gesprochen: auf der Stufe des Löwen stehend – das heteronome Prinzip der alten Moral zwar bekämpfen und an dessen Stelle die autonome Willensbestimmung setzen wollen, aber noch nicht fähig sind, neue, ureigenste Werte zu schaffen. Um in dieser Übergangssituation, die noch wesentlich vom Kampf gegen das Alte bestimmt ist, den Blick für das Neue und damit verbunden die noch zu bewältigende Aufgabe zu öffnen, übernimmt Zarathustra die Rolle des Befehlenden: „Ihr sollt ...", „Ihr dürft ..."; aber er übernimmt diese Rolle nur stellvertretend für sie, die selber befehlen lernen sollen und – nachdem sie nur daran gewöhnt sind, fremden Befehlen zu gehorchen – ihren eigenen Befehlen Folge zu leisten. Seinen Handlungsanweisungen liegt daher das Freund-Feind-Schema zugrunde, das er am Anfang seiner Rede als den „red-lichen", den Legitimationsgrund seines provokativen die Wahrheit Sagens angeführt hat. Er fordert die Krieger dazu heraus, die von ihm mit einer neuen Bedeutung versehenen Normen und Werte eigenständig zu beurteilen und hinsichtlich ihrer regulativen Tauglichkeit im eigenen Lebensvollzug sinnkritisch zu überprüfen.

„Ihr sollt den Frieden lieben als Mittel zu neuen Kriegen." „Eure Arbeit sei ein Kampf, euer Friede sei ein Sieg!" „Ich sage euch: der gute Krieg ist es, der jede Sache heiligt." Der gute Krieg wird nach konventionellem Verständnis um einer guten Sache willen geführt, und die gute Sache, um die es dabei geht, ist der Friede: Krieg als Mittel zur Aufhebung des Krieges. Zarathustra dagegen betrachtet Krieg und Frieden aus seiner dialektischen Weltsicht heraus als zwei einander wechselweise bedingende Momente des Prozesses der Selbstüberwindung. Der gute Krieg ist dann stets Kampf und Friede in einem, ein ständiges sich von neuem Besiegen, ohne daß im Augenblick des Sieges die Waffen abgelegt würden. Ein endgültiger Sieg wäre eine ebenso endgültige Niederlage, ein ewiger Friede absoluter Stillstand, in welchem die auf höchster argumentativer Ebene geführte geistige Auseinandersetzung über moralische Angelegenheiten dazu verkommt, daß man nur noch „schwätzt und zankt". Wo die Gegensätze aufgehoben werden, wird alles klein und niveaulos. Als Beispiel zieht Zarathustra die christlichen Tugenden der Nächstenliebe und des Mitleids heran, denen er die kriegerischen Tugenden Mut und Tapferkeit gegenüberstellt. Während erstere das zwischenmenschliche Verhältnis als ein freundschaftliches gebieten, in dem einer des anderen Leid mitträgt und dadurch verringert, wollen letztere die Beziehung zu den Mitmenschen als eine kämpferische verstanden wissen, weil „grosse Dinge" nur aus großen Anforderungen entstehen, die zu bewältigen „die kleinen Mädchen" mit ihrer Schwäche für das, „was hübsch zugleich und rührend ist", überfordert wären. Die Anhänger einer kriegerischen Moral, denen es nicht genügt, sich im Bestehenden einvernehmlich einzurichten und das Tradierte unverändert zu bewahren, erscheinen wegen ihrer materialischen Einstellung zum Leben von außen – aus der Perspektive der kleinen Mädchen als typischer Vertreter der alten Moral – als „herzlos" und „hässlich". Aber Zarathustra attestiert ihrem Mut eine überschäumende Herzlichkeit und ihrer Tapferkeit eine Erhabenheit, die nur denen rücksichtslos und abstoßend vorkommen, die aufgrund ihrer Schwäche – Zarathustra spielt hier absichtlich auf das sogenannte schwache Geschlecht an – den Adel des Kampfes als Mittel zur Steigerung der Kraft und Prinzip alles Lebendigen nicht zu erkennen vermögen. Für Zarathustra zählt allein die Perspektive der höherrangigen Stufe und nicht das aus dem Ressentiment gegen diese gefällte Urteil aus der Sicht derer, die sich auf der zurückgebliebenen, überwundenen Stufe befinden.

Es ist jedoch darauf zu achten, daß Zarathustra nicht den Krieg als solchen verherrlicht und auch nicht die Hobbessche These eines Kampfes aller gegen alle vertritt, aus welchem der Stärkste als Sieger hervorgeht.[47] Dies würde ganz im Gegenteil einen Rückfall hinter das mit der Stufe des Menschen Erreichte bedeuten. Sein Ausgangspunkt ist vielmehr eben diese Stufe des Menschen mitsamt ihrer metaphysisch-christlichen Ideologie, gegen die er mit seiner Lehre vom Übermenschen zu Felde zieht, um deren Überlegenheit in einer für beide Seiten fruchtbaren geistigen Auseinandersetzung zu demonstrieren und existentiell wirksam werden zu lassen. Diese Überlegenheit der Idee des Übermenschen über das Gehorsamsprinzip der alten Moral zeigt sich darin, daß keiner als ein für allemal Unterlegener aus dem Wettstreit hervorgeht, sondern jeder an Kraft gewinnt.

Zarathustras Lehre vom Krieger knüpft wiederum an Heraklit an: „Krieg ist aller Dinge Vater, aller Dinge König. Die einen erweist er als Götter, die andern als Menschen – die einen lässt er Sklaven werden, die andern Freie." [48] Krieg ist demnach auch bei Heraklit eine Metapher für das kosmische Grundgesetz, dem gemäß sich alles Seiende als Gewordenes der spannungsvollen Beziehung von Gegensätzen verdankt. Ob einer ein Sklave (Kamelstufe), ein Freier (Löwenstufe) oder ein Gott (Kindstufe des Übermenschen) wird, hängt nach Zarathustras vom „kriegerischen" Einsatz des einzelnen ab, dessen Selbstmächtigkeit mit seinem Willen zur Macht wächst. Alles Lebendige befindet sich in einem dauernden Kriegszustand, zeugt sich in diesem und durch diesen fort. Wer – des Kampfes müde oder überdrüssig – der Auseinandersetzung aus dem Wege geht, stirbt ab, geht unter bzw. wird zum Sklaven, der auf seinen Machtanspruch verzichtet hat und sich einem fremden Willen unterwirft: Er trägt zur Vermehrung der Herde bei.

Nur dem Unwissenden blickt daher aus der Feind-seligkeit das herzlose und häßliche Antlitz des Krieges entgegen; dem Wissenden hingegen vermittelt sie den Eindruck von Kampfesmut, der ein tapferes Herz und eine über die Angst erhabene Größe erkennen läßt. „Und wenn eure Seele gross wird, so wird sie übermüthig, und in eurer Erhabenheit ist Bosheit. ... In der Bosheit begegnet sich der Übermüthige mit dem Schwächling. Aber sie missverstehen einander." Der edle Krieger, der sich nicht nur im Verhältnis zu seinen

Feinden, sondern auch im Verhältnis zu sich selbst, im Kampf seiner leiblichen und geistigen Geltungsansprüche um die Vorherrschaft, als tapfer erweist, zeichnet sich nicht durch große Körperkräfte aus, sondern durch eine große Seele, deren Größe und Erhabenheit daraus resultieren, daß er immerhin in einer Hinsicht sich überwunden hat und über sich hinaus ist, nämlich in bezug auf seinen Mut: er ist über-mütig. Überwindet der Mut die Angst, so der Über-mut den Mut, wozu nach Zarathustra Bosheit gehört, Bosheit hier verstanden als der Mut zum Bösen, der insofern eine Form von Übermut ist, als er über die traditionelle Ansicht hinaus ist, derzufolge Mut zur Bekämpfung des Bösen nötig ist. Zarathustra fordert hingegen das genaue Gegenteil: Mut zur Überwindung jenes Mutes, der das Böse bekämpft, also Übermut als Mut zum Bösen. Mut zum Bösen bedeutet, eben dasjenige, was die Vertreter der alten Moral als Inbegriff des Bösen verteufelt haben: die Materie, den Leib und dessen Begierden nicht als das zu vernichtende Gegenteil der Vernunft zu befehden, sondern als das Andere der Vernunft anzuerkennen, mit dem sie sich auseinandersetzen muß, um als Vernunft, als Geist, als Seele hervortreten zu können.

Ist es die Bosheit der Stärke, der Mut zum Bösen, durch den sich der Übermütige in der Bejahung des Leibes als Korrelat seiner Vernunft auszeichnet, so ist es das Ressentiment, das Gefühl der Ohnmacht des Unterlegenen, in dem die Bosheit des Schwächlings ihre Wurzel hat. Diese Form der Bosheit, die eine Bosheit aus Kraftlosigkeit ist, hat ihr Böses darin, daß sie das Große, Starke, Edle des Kriegers diffamiert. Zum Kämpfen zu schwach, deklariert sie die Vernunft als a priori überlegen und attestiert dem Krieger, der den Leib als ebenbürtigen Partner der Vernunft achtet, eben deshalb eine Schwäche der Vernunft als das eigentliche Übel. Krieger und Schwächling müssen einander in ihrer Bosheit mißverstehen, da die Bosheit der Stärke Kennzeichen der Selbstüberwindung ist, während die Bosheit der Schwäche aus Neid und Ranküne hervorgeht, die dem Kämpfer seinen Sieg über sich selbst mißgönnt und diesen zu einer Niederlage umlügt. Jeder sieht im anderen nur das Zerrbild der eigenen Lebensform und darin die Festschreibung eines Bösen, dessen Bedrohlichkeit für die eigene Existenz durch Bosheit beseitigt wird – durch Mut zum Bösen einerseits, durch Diffamierung des Bösen andererseits.

Der Schwächling ist für den Krieger keiner, mit dem es sich auseinanderzusetzen lohnt; sein Mangel an Mut macht ihn verächtlich. Zarathustra empfiehlt Feinde, „die zu hassen sind, aber nicht Feinde zum Verachten. Ihr müsst stolz auf euern Feind sein: dann sind die Erfolge eures Feindes auch eure Erfolge". Die Dialektik von Geist und Leib, der gemäß die Überlegenheit des einen Pols die des anderen nach sich ziehen muß, wird von Zarathustra auf das zwischenmenschliche Verhältnis übertragen. Nur ein Feind, der hassens*wert* ist – wobei Haß als der dialektische Gegenpol der Liebe aufzufassen ist –, erzeugt jene extreme Gegenspannung, deren Überwindung beide Kontrahenten zu höchsten Anstrengungen herausfordert. Auch wenn der Sieg des einen die Niederlage des anderen impliziert, bedeutet doch auch die Niederlage einen Sieg, insofern der Unterlegene im Überlegenen sich selbst erkennt als den, der er auch sein kann, wenn er seine Kraft noch mehr anspannt. Der wachsende Haß läßt das im echten Feind zu liebende Bild des Übermenschen als je meine Aufgabe immer deutlicher hervortreten und spornt zu immer höheren Leistungen an.

Daß die Lebensform des Kriegers noch eine Vorstufe zum Übermenschlichen darstellt, geht aus dem Schluß von Zarathustras Rede hervor, wo er die Krieger zur Auflehnung auffordert, Auflehnung aber zugleich als „die Vornehmheit am Sclaven" bezeichnet. „Eure Vornehmheit sei Gehorsam! Euer Befehlen selber sei ein Gehorchen!" Der Krieger, obwohl in der Dialektik des Kämpfens bereits eingeübt und damit über das dualistische Paradigma hinaus, ist noch wesentlich heteronom bestimmt. Er zieht das „du sollst" dem „ich will" noch vor; entsprechend erweisen sich die Befehle, die er sich selbst erteilt, als Ausdruck eines fremden Willens, dem er gehorcht. Dennoch handelt es sich nicht um jene Form von Heteronomie, wie sie durch die Kamelstufe signalisiert wird. Es sind nicht mehr die alten Werte und Normen der abendländischen Moral, die der Krieger als Vollzugsgehilfe eines göttlichen Willens oder einer gebieterischen Vernunft fraglos akzeptiert. Denen galt ja gerade seine Auflehnung, da sie auf ewig bedingungslose Unterwerfung verlangten und dadurch jede Weiter- und Höherentwicklung blockierten. Die Krieger haben somit die Stufe des Löwen erreicht, und ihre Heteronomie ist eine bloß vorübergehende, eine Vorstufe zur Stufe der Autonomie, auf der Befehlen und Gehorchen nicht mehr das Verhältnis zweier Willen zueinander konstituieren, sondern das dialektische Selbstverhältnis ein und desselben Willens ausmachen. Der Krieger, zur Selbstbestimmung noch nicht fähig, soll sich „erst noch befehlen lassen", und zwar von einem, der die Stufe des Kindes schon im Blick hat und wie Zarathustra eine Vorstellung davon hat, was es heißt, sein eigenes Spiel zu spielen, seinen eigenen Wettkampf zu bestreiten, kurz: was es heißt, zu leben. Obwohl die Krieger ihr Leben ständig aufs Spiel setzen, gebietet Zarathustra ihnen die Liebe zum Leben, denn schließlich setzen sie ihr Leben um des Lebens willen aufs Spiel. Leben aber ist ein Sichfortzeugen in Gegensätzen, die in ständig sich ändernden Konstellationen unvorhersehbar Neues hervorbringen. Zarathustra appelliert an die Krieger: „Eure Liebe zum Leben sei Liebe zu eurer höchsten Hoffnung: und eure höchste Hoffnung sei der höchste Gedanke des Lebens! / Euren höchsten Gedanken aber sollt ihr euch von mir befehlen lassen – und er lautet: der Mensch ist Etwas, das überwunden werden soll." Die Reihe: Liebe zum Leben – höchste Hoffnung – höchster Gedanke mündet in den Übermenschen als die fortgesetzte Tätigkeit der Selbstüberwindung, durch die sich das Leben qualitativ steigert. Diese Steigerung im Sinne einer Höherentwicklung hat kein Endziel, bei dem sie irgendwann einmal zum Stehen käme. Der Übermensch als der Sinn des Lebens ist ein um seiner selbst willen erfolgendes Tun, ein kreisförmiges Durchlaufen von Gegensätzen, das man sich – um den Gedanken der Höherentwicklung mit einzubringen – vielleicht am ehesten im Bild einer nach oben hin offenen Spirale als unendliche Bewegung eines in sich kreisenden Emporstrebens vorstellen kann.

Sokrates hat in der Platonischen „Politeia" das Modell eines gerechten Staates nach Analogie mit der gerechten Seele entwickelt, indem er den drei von ihm unterschiedenen Seelenteilen mitsamt den ihnen zugehörigen Tugenden – gemäßigter Teil: Besonnenheit, mutartiger Teil: Tapferkeit, vernunftmäßiger Teil: Weisheit – auf der Ebene des von ihm konstruierten Idealstaates drei Stände zuordnete: die Bauern und Handwerker, die Krieger und die Philosophen. Das kooperative Zusammenwirken aller drei Seelenteile bzw. Stände definierte er als Gerechtigkeit, der gemäß jeder das Seine tut und damit zum harmonischen Funktionieren des Ganzen – der Seele, des Staates – beiträgt.[49] Zarathustra hat auf der

Ebene des Geistes mit den Bildern des Kamels, des Löwen und des Kindes die sokratische Dreiteilung aufgegriffen und den Krieger ebenfalls durch Mut bzw. Tapferkeit charakterisiert. Und wie Platon verpflichtet auch Zarathustra die Krieger auf die Anordnung der Weisen, denen aufgrund ihrer Einsicht in den letzten und höchsten Sinn der Welt alle Befehlsgewalt zukommt. Den Bauern und Handwerkern schließlich entspricht bei Zarathustra die breite Masse des Volkes, dessen Herden- oder Kamelhaltung darauf hindeutet, daß es am weitesten entfernt ist von der Autonomie und Souveränität des Weisen. Die Hochachtung, die sowohl Sokrates als auch Zarathustra dem Krieger bezeugen, vermag jedoch nicht über einen grundlegenden Unterschied hinwegzutäuschen: Das sokratische Seelen- und Staatsmodell ist statisch konzipiert; die drei Seelenteile bzw. Stände sind feste, nicht aufeinander rückführbare Bestandstücke des Ganzen, nicht aber Momente oder Stufen eines unendlichen Prozesses. Gemäß der Anthropologie des Sokrates bringt jeder Mensch von Geburt an eine bestimmte Naturanlage mit, die ihn zum Bauern resp. Handwerker, zum Krieger oder zum Philosophen prädestiniert.[50] Mit welcher dieser Anlagen ein Kind ausgestattet ist, zeigt sich im Verlauf der Erziehung, die dann die jeweilige Anlage durch gezielte Lernprozesse zur vollständigen Entfaltung zu bringen trachtet. Zarathustra hingegen denkt Entwicklung nicht als Auswicklung eines bereits – wenn auch unentfaltet – vorhandenen Stücks Natur, sondern als ununterbrochenes Werden von etwas, das dem Werdensprozeß nicht schon vorgegeben ist, sondern in und mit ihm allererst entsteht und überwunden wird, um wieder einer Neuschöpfung Platz zu machen. Die Stufen, die sich in diesem Prozeß herauskristallisieren, sind nur da, um überschritten und neu gestaltet zu werden. Daher betrachtet Zarathustra anders als Sokrates, für den die drei Stände unveränderliche Endstufen sind, zwischen denen es keine Übergänge gibt, die durch Kamel (Volk) und Löwe (Krieger) symbolisierten Stufen als zu überwindende Durchgangsstufen zur Stufe des Kindes (Philosoph). Und auch die Stufe des Kindes bedeutet nicht Stillstand, sondern einen bewußten Vollzug der Dialektik des Werdens, ein freies Aufnehmen der Gegensatzstruktur als dem dynamischen Prinzip aller Dinge, dessen schöpferische Potenz eine unendliche Vielfalt von Konstellationen ermöglicht, von denen der

Mensch nur eine, aber nicht die absolut höchste und letzte ist, sondern nur die relativ höchste in der Formation Pflanze-Wurm-Affe-Mensch, deren Fortsetzung der Übermensch ist.

Für Sokrates besteht das Ethos des Kriegers darin, daß er ein immer besserer Krieger zu werden strebt und sich als Krieger vervollkommnet. Zarathustra hingegen liebt im Krieger die Vorstufe zum Übermenschen, auf die er sich hin vervollkommnen soll. „So lebt euer Leben des Gehorsams und des Krieges! Was liegt am Lang-Leben? Welcher Krieger will geschont sein! / Ich schone euch nicht, ich liebe euch von Grund aus, meine Brüder im Kriege! – / Also sprach Zarathustra." Nicht in der Quantität, im Lang-Leben hat das Leben seinen Sinn, sondern in der ins Unendliche steigerbaren Qualität einer bewußt, mit kämpferischen Mitteln vorangetriebenen Selbstentwicklung. Noch muß der Krieger sich in Gehorsam üben gegenüber den Befehlen, die ein Höherer ihm mit schonungsloser Strenge, aber doch in brüderlicher Verbundenheit erteilt. Eines Tages jedoch wird er die Hilfestellung von seiten eines fremden Willens nicht mehr benötigen und imstande sein, die Idee des Übermenschen als eine Norm zu durchschauen, die anzuerkennen und bedingungslos zu befolgen ihm sein eigener Wille gebietet. Dann wird der Krieger sich selbst überwunden haben; er geht zugrunde, und an die Stelle des Kampfes tritt das Spiel des Kindes, welches das erkämpfte Grundgesetz des Werdens zur Spielregel seiner unerschöpflichen Phantasie macht, aus der sich die Produktivität des Übermenschen speist.[51]

„Vom neuen Götzen":
Leviathan oder der Moloch Staat

Neben den alten Götzen in Gestalt eines Gottes ist ein neuer Götze getreten: der Staat. Ebenfalls aus einem Allmachtswahn geboren, erklärt Zarathustra ihn für „das kälteste aller kalten Ungeheuer" – Leviathan, der jüdische Drachengegengott. Mit ungeheuerlicher Kaltblütigkeit – das heißt für Zarathustra: mit bloßem Verstandeskalkül – hat sich der Staat des Volkes bemächtigt und die Lüge verbreitet: „Ich, der Staat, bin das Volk." Die Lüge, die diese Gleichsetzung von Volk und Staat behauptet, ergibt sich aus Zarathustras

Charakterisierung des Volkes. Das Volk ist eine natürlich gewachsene Gemeinschaft von Schaffenden, die durch die ‚Wärme' eines Glaubens und einer Liebe miteinander verbunden sind. Wenn Zarathustra positiv vermerkt: „Also dienten sie dem Leben", so meint er, daß der Glaube und die Liebe, die sie ebenso wie ihre Sitten und Rechte als ideologischen Überbau „über sich hin hängten", im Leben verwurzelt und von diesem nicht ablösbar sind. In seinen Wertvorstellungen schafft sich ein Volk den Sinnhorizont, in welchem sich seine Hochschätzung des Lebens zum Ausdruck bringt. Das Volk hat noch ein ursprüngliches Verständnis von Lebensqualität, das im normativen Gerüst seiner religiösen und sittlichen Überzeugungen seinen Niederschlag gefunden hat.

Im Unterschied zum Volk als organisch gewachsener, lebendiger Gemeinschaft ist der Staat ein künstliches Gebilde, ein vom Leben abgeschnittener Oberbau, durch den eine Menschenmasse zusammengehalten und beherrscht werden soll. Auf der sozialen Ebene konstatiert Zarathustra mithin das gleiche Phänomen wie auf der Ebene des Individuums: die dualistische Abspaltung der normativen Dimension des „Oben" (Geist, Vernunft bzw. deren Produkte: die Wertschöpfungen) von ihrer materiellen Basis als dem „Unten" (Leib bzw. dessen Begierden und Bedürfnisse). Der Abwertung des Leibes durch die verselbständigte Vernunft entspricht die Abwertung des einzelnen als Mitglied eines Volkes durch den Staat. Wie der Leib, als bloße Materie begriffen, zu einem Bündel von Trieben herabsinkt, die durch die Vernunft in Schranken gehalten werden sollen, so degeneriert das Volk zur Masse, die der Staat in Schach zu halten hat. „Vernichter sind es, die stellen Fallen auf für Viele und heissen sie Staat: sie hängen ein Schwert und hundert Begierden über sie hin." Der vom Staat künstlich errichtete ideologische Überbau demonstriert seinen Machtanspruch wie ehemals der Gott durch Sanktionen: Strafen und Belohnungen sind das Mittel, um die Masse gefügig, gutartig, einförmig, kurz: lenkbar zu machen.

Der Staat stellt somit für Zarathustra keine Höherentwicklung des Volkes dar, sondern ganz im Gegenteil dessen Perversion. „Wo es noch Volk giebt, da versteht es den Staat nicht und hasst ihn als bösen Blick und Sünde an Sitten und Rechten." Aus der Optik des Volkes sind Moral und Gesetz gruppenspezifisch – „jedes Volk spricht seine Zunge des Guten und Bösen: die versteht der Nachbar nicht" –; d. h. die geltenden Normen bilden sich jeweils geschichtlich und regional unterschiedlich im Kontext gemeinsamer Wertungen als Beurteilungsmaßstäbe von Handlungen heraus. Zarathustra geht sogar so weit zu behaupten, daß der Ursprung der Sprache in den normativen Setzungen eines Volkes zu suchen sei: „Seine Sprache erfand es sich in Sitten und Rechten". Sprache entstand demnach aus dem Bedürfnis, sich mit den anderen über Gut und Böse zu verständigen, in der Absicht, sich Klarheit darüber zu verschaffen, welche Dinge der andere für begehrenswert hält und entsprechend hochschätzt und welche nicht. Die Sprache, als die einzelnen Mitglieder eines Volkes übergreifendes Kommunikationsmittel erfunden, wurde zum Orientierungsnetz, das die individuell geäußerten Vorlieben und Abneigungen in verallgemeinerter Form festhielt und in Gestalt von Regeln (Sitten, Tabus, Gesetze etc.) als verbindliche Handlungsanweisungen festschrieb. Diese Regeln waren gelebte, nicht von außen aufgezwungene praktische Maßstäbe, durch die sich eine Handlungsgemeinschaft im Rahmen eines gemeinsamen Sinnverständnisses konstituierte.

Der Staat in seinem Bestreben, die geschichtlich entstandenen Schranken zwischen den Völkern zu beseitigen und die vielen Moralen auf eine einzige, allgemeingültige zu reduzieren, muß einen die Vielfalt übergreifenden, allgemeinste und abstrakteste Regeln umfassenden Sinnhorizont entwerfen, der als für jedermann schlechthin verpflichtend ausgegeben wird. Aus der Sicht des Volkes erscheint der Staat wie einer, der den „bösen Blick" hat, der die bestehenden Verhältnisse verhext, indem er alles das, was an ihnen gut und richtig ist, in sein Gegenteil verkehrt. Da es keine gewachsene Menschheitsmoral gibt, muß sie „von oben" konstruiert und den Völkern aufoktroyiert werden, wobei die Geltung der regional anerkannten Wertsysteme außer Kraft gesetzt wird. Die Folge dieses Gewaltaktes ist nach Zarathustra „Sprachverwirrung des Guten und Bösen". Wie der vom Geist abgetrennte Leib den „Bauch des Seins" reden hört, ohne ihn zu verstehen, so vermag auch das Volk die Sprache des Staates nicht zu verstehen, da sie ein von jeglicher Praxis losgelöstes, unabhängiges Gutes und Böses propagiert. Im Grunde wird dadurch viel mehr als eine Sprachverwirrung herbeigeführt, nämlich eine Sprachzersetzung, da sich der Staat die neuen Formeln des Guten und Bösen durch Lüge und

Betrug erschlichen hat: „Der Staat lügt in allen Zungen des Guten und Bösen ... – und was er auch hat, gestohlen hat er's./Falsch ist Alles an ihm; mit gestohlenen Zähnen beisst er, der Bissige. Falsch sind selbst seine Eingeweide." Die Redeweise in den Kategorien des Guten und Bösen hat der Staat dem Volk ebenso entlehnt wie die mit diesen verbundenen Sanktionen (das „Beißen"). Das Lügenhafte und Betrügerische des Staates besteht zum einen darin, daß er dem Volk suggeriert, er spreche seine Sprache, zum anderen in seinem Anspruch zu wissen, worin das wahrhaft Gute und Böse des Volkes zu sehen ist. Sowohl die Zähne als auch die Eingeweide des Staates sind falsch, d. h. die vorgeblich universal gültigen Normen sind so wenig mit der Praxis verbunden wie ein künstliches Gebiß mit den Zahnwurzeln. Diese Analogie ist ein besonders drastisches Beispiel für die Perversität der Anmaßung des Staates, der den Völkern ihre gesunden Naturzähne ausschlägt mit der Begründung, ein künstliches Gebiß könne besser kauen. Sind den Völkern die Zähne erst einmal gezogen, verkümmert das Raubtierhafte – das Weitergehen zur Stufe des Löwen wird auf diese Weise wirksam verhindert, und die Kamelstufe als Status quo bleibt erhalten.

Die Eingeweide des Staates sind ebenso fiktiv wie der Bauch des Seins, zu dem sich die vom Leib losgelöste Vernunft aufgebläht hat, um Macht über den Leib zu erlangen. Analog täuscht auch der Staat eine organisch gewachsene materiale Innerlichkeit vor, um den Mangel an Autorität wettzumachen, die seinen Forderungen aufgrund des Fehlens von anerkannten, über Generationen tradierten und bewährten Handlungsmustern abgeht. Um Macht über die Völker zu gewinnen, muß er diese unter Vorspiegelung einer empirisch möglichen idealen Gemeinschaft dazu bringen, sich mit dem Staat zu identifizieren und alle Rechte an ihn zu delegieren. Auch in den Vertretern sozialistischer und utilitaristischer Staatstheorien sieht Zarathustra Prediger des Todes, die in ihren Heils- und Glücksbotschaften die unterschiedslose Gleichheit aller verkünden, eine Gleichheit, die erkauft ist durch den Tod des Individuums und des Volkes, so wie der Sieg des Geistes mit dem Absterben des Leibes einherging. Begünstigt wurde nach Zarathustra die Entstehung des Staates durch die „Viel-zu-Vielen" und die „Überflüssigen". Zarathustra spielt hier nicht auf das Problem einer Überbevölkerung an, vielmehr konstatiert er es als eine Tatsache, daß allzu viele Menschen geboren werden, die ihr Leben lang nicht aus eigener Kraft zu schaffen vermögen, sondern dazu stets der Anleitung bedürfen und insofern der Kamelhaltung Vorschub leisten. Wo nur noch einige wenige ein Volk zu bilden imstande sind, wird dem Staat der Boden bereitet, der in Gestalt einer monströsen Kuh die Viel-zu-Vielen mit dem Versprechen des größten Glücks der größten Zahl „an sich lockt, ... schlingt und kaut und wiederkäut". Das Ergebnis dieses immensen Verdauungsprozesses ist eine uniforme, ununterscheidbare Masse.

Der Staat ist der neue Götze, der sich damit brüstet, das Größte auf der Erde und „der ordnende Finger ... Gottes" zu sein. Zarathustra beklagt, daß nicht nur „Langgeohrte und Kurzgeäugte" (Esel, die zu allem stets j-a sagen, und Kurzsichtige, die sich von dem blenden lassen, was vor ihren Augen glänzt) vor dem Moloch Staat das Knie beugen, sondern auch die, die es eigentlich besser wissen sollten, die „grossen Seelen", die bereits den alten Götzen überwunden haben. Sie haben sich im Kampf erschöpft und sind müde geworden, anfällig für die Verlockungen des neuen Götzen, der ein gewisses Gespür für sie entwickelt: „Er erräth die reichen Herzen, die gerne sich verschwenden./ Ja, auch euch erräth er, ihr Besieger des alten Gottes!" Das Interesse des Staates ist Beherrschung der Massen, die ihm aber nur unter der Voraussetzung gelingt, daß er sich Autorität zu verschaffen weiß, durch die er seinen Forderungen und Versprechen Nachdruck verleihen kann. Autorität aber ist etwas, das durch Über-sich-hinaus-Schaffen erworben wird. Da der Staat über sich hinaus nichts Höheres anerkennt, muß er sich den Anschein einer seit jeher bestehenden Überwelt geben, deren unantastbare Autorität durch einen Gott einerseits und eben jene gewährleistet wird, die sich als „Helden und Ehrenhafte" hervorgetan haben. Er ist durchaus bereit, für die von diesen geborgte Autorität, in deren Würde er sich gerne sonnt, zu bezahlen. „Alles will er *euch* geben, wenn *ihr* ihn anbetet, der neue Götze: also kauft er sich den Glanz eurer Tugend und den Blick eurer stolzen Augen." Alles wiederholt sich: Ein neuer Teufel führt die in Versuchung, die soeben das vom christlichen Versucher versprochene Jenseits als eine Fiktion durchschaut und den alten Gott in sich überwunden haben. Sie, die sich auf dem Weg zum Übermenschen befinden, lassen sich nun durch ein Gebilde des Diesseits täuschen, das nicht weniger künstlich, totalitär und lebensfeindlich ist als die christlich-metaphysischen Hinter- und Überwelten. Daß sie dieser Täuschung anheimfallen, hat nach Zarathustra seinen Grund in ihrer Müdigkeit und im Reichtum ihres Herzens. Des ständigen Kämpfens überdrüssig geworden, wollen sie nicht mehr immer bloß zerstören, sondern etwas konstruktiv Neues aufbauen, einen irdischen Menschen-Sinn schaffen. So fällt das Angebot des Staates, in seinen Diensten zu wirken, bei ihnen auf fruchtbaren Boden. Daß er sie lediglich als Köder für die Viel-zu-Vielen benutzt, entgeht ihnen. Ihr gutes Gewissen, ihre Tugend, ihren Stolz benutzt der Staat lediglich als Alibi für die Zerstörung der Völker und die Versklavung der Massen.

„Ja, ein Höllenkunststück ward da erfunden, ein Pferd des Todes, klirrend im Putz göttlicher Ehren!" Unter Anspielung auf das Trojanische Pferd, das den Tod in sich trug, macht Zarathustra das heimtückische Vorgehen des Staates anschaulich, der – geschmückt mit den beim Volk geachteten, ordenbehangenen Würdenträgern – nur darauf zu warten braucht, daß er von der Menge aufgenommen, ja als ein unerwartetes Geschenk freudig willkommen geheißen wird. Aber hinter den bloß vorgeschobenen Helden und Kriegern, die für das Leben im Sinne sich fortzeugender Selbstüberwindung stehen, verbirgt sich der Tod in Gestalt einer alle natürlichen Unterschiede einebnenden, das Individuum zerstörenden Staatsmacht. „Ja, ein Sterben für Viele ward da erfunden, das sich selber als Leben preist: wahrlich, ein Herzensdienst allen Predigern des Todes." Ausgerechnet die Kampferprobten, die den alten Gott getötet und das dualistische Menschenbild überwunden haben, werden nichtsahnend zum Wegbereiter für einen neuen Götzen und einen neuen Dualismus. Der einzige Unterschied besteht darin, daß das Ziel dieses Mal nicht der Tod des Leibes ist, wie er in der christlichen Metaphysik gepredigt wurde, sondern der Tod des Geistes. Ziel des Staates ist eine völlig verdummte, willenlose manipulierbare Masse, die um des versprochenen Glücks willen den Geist aufgegeben hat.

Die Masse, das sind „alle", und wo immer von allen die Rede ist, ist die Rede vom Staat. Das diesen „allen" Gemeinsame – ob sie nun Gute oder Schlimme heißen mögen – sieht Zarathustra darin, daß sie „Gifttrinker" sind, „sich selber verlieren" und in einem „langsamen Selbstmord" dahinvegetieren, in der Meinung, das Leben voll auszuschöpfen. War es einst die christliche Lehre, die sie sich mit dem in das Blut Jesu Christi verwandelten Wein einverleibten, so treibt ihnen nun der Weingeist der sozialistischen und utilitaristischen Staatstheorien, die ihre Sinne mit Gleichheits- und Glücksvorstellungen berauschen, den Geist aus. Ein Leben ohne Geist ist jedoch ein ebenso amputiertes Leben wie ein Leben ohne Leib. Es haben sich bloß die Akzente verschoben, während der Dualismus und mit ihm die Konzeption einer den Fluß des Lebendigen stauenden, ungeschichtlichen Überwelt erhalten geblieben ist.

Nach dieser allgemeinen Charakterisierung des Massenmenschen als eines Selbst-Mörders in dem Sinn, daß er sein Selbst tötet, indem er die Selbst-Reflexivität, das Selbst-Bewußtsein, seine geistige Beweglichkeit in dogmatischen Fixierungen erstarren läßt, greift Zarathustra einzelne Repräsentanten der von ihm als „Überflüssige" Bezeichneten heraus. Überflüssig sind sie in einem wortwörtlichen Sinn: Sie machen den Fluß zu voll und bleiben als feste Ablagerungen am Ufer liegen. Als erste Kategorie dieser Überflüssigen nennt Zarathustra *die Bildungsphilister*. „Sie stehlen sich die Werke der Erfinder und die Schätze der Weisen: Bildung nennen sie ihren Diebstahl – und Alles wird ihnen zu Krankheit und Ungemach!" Wer den Geist aufgegeben hat, hat sich damit aller Spontaneität und Kreativität beraubt. Er vermag keine Kunstwerke, keine technischen Erzeugnisse, keine philosophischen Erkenntnisse mehr hervorzubringen. Seine am Genuß orientierte Lebensform ist eine ausschließlich rezeptive geworden, so daß er auch geistige Produkte nur noch konsumieren, d. h. sich anbilden kann. Bildung als Ersatz für Einbildungskraft und schöpferische Phantasie täuscht Kenntnisse und Fertigkeiten vor, die als die eigenen ausgegeben werden, in Wirklichkeit aber den Schaffenden gestohlen wurden. Wie der Staat sich mit den Volkshelden schmückt, um seinen Mangel an Autorität zu kaschieren, so hat sich der Gebildete den Wissensschatz der schöpferisch Tätigen angeeignet, um seinen Mangel an Geist zu kaschieren. In beiden Fällen ist das Sichschmücken mit fremden Federn ein Zeichen von Krankheit, von niedergehendem Leben, das sich nicht mehr fortentwickelt, sondern stagniert, wobei in der anhaltenden Stagnation nicht einmal das Vorhandene in seiner Qualität bewahrt, sondern durch das Sprachrohr von „allen" immer mehr verwässert wird, bis am Ende nur noch die reine Quantität als Wert übrigbleibt.

Als zweite Kategorie von Überflüssigen führt Zarathustra *die Journalisten* an. „Krank sind sie immer, sie erbrechen ihre Galle und nennen es Zeitung. Sie verschlingen einander und können sich nicht einmal verdauen." Journalisten sind dieser bissigen Charakterisierung zufolge heruntergekommene Dichter und Schriftsteller, denen der Geist abhanden gekommen ist. Da sie es nicht zu eigenen Schreibkünsten bringen, den echten Wortkünstlern ihre Fähigkeit aber neiden – darauf deutet die gelbe Farbe der Galle hin –, ergießt sich ihr Ressentiment auf das Zeitungspapier: ein Medium, das wegen seiner Kurzlebigkeit ihren substanzlosen Schreibübungen durchaus angemessen ist; wer Galle erbricht, gibt nicht Unverdautes von sich, sondern in isolierter Reinform jenen Saft, der gerade das Fehlen des Speisebreis anzeigt, dessen Verdauung er ermöglichen soll. Die zum Typus Journalist Gehörenden neiden einander noch das Nichts an Originalität, das sie aus sich herauswürgen. Obwohl sie nicht einmal imstande sind, sich selbst schreibend zu offenbaren, spielen sie sich gegenüber den Machwerken ihrer Zunftgenossen als alles verreißende Kritiker auf. Ohne es zu merken, verurteilen sie sich gegenseitig am Maßstab ihrer eigenen Geistlosigkeit.

Zur dritten Kategorie von Überflüssigen zählt Zarathustra *die nach Macht Strebenden*. „Reichthümer erwerben sie und werden ärmer damit. Macht wollen sie, und zuerst das Brecheisen der Macht, viel Geld, – diese Unvermögenden!" Das Mißverständnis resultiert hier daraus, daß Macht zwar richtig mit Vermögen gleichgesetzt wird, Vermögen aber nicht verbal (vermögen) als Können (potentia), als seiner selbst mächtig Werden aufgefaßt ist, sondern in der Vorstellung von Reichtum materialisiert und quantifizierbar gemacht wird. Vermögen im Sinne von Reichtum ist ein Instrument der Macht, dem eine gewisse Gewaltsamkeit eignet, insofern Geld ein Mittel ist, das alle Widerstände bricht und demjenigen, der es besitzt, alles zu verschaffen vermag, was er begehrt. In Zarathustras Verständnis verkehrt sich das materielle Vermögen jedoch in sein genaues Gegenteil, in Armut und Unvermögen. Wer Reichtum begehrt, erstrebt die Bedingung, die alles weitere Streben überflüssig macht, da Geld die Befriedigung jedes materiellen Bedürfnisses a priori sicherstellt. So verstanden ist auch der Reiche ein Mächtiger, der jedoch bloß zu einem allenfalls noch quantitativ steigerbaren Letztziel gelangt, an dem jede qualitative Weiter- und Höherentwicklung ausgeschlossen ist. Reich an Geld, ist er doch arm an Schätzen des Geistes, da unvermögend, sich selbst zu überwinden und Neues zu schaffen. Er ist mächtig, ohne seiner selbst mächtig zu sein; er besitzt ein Vermögen, das sein Unvermögen nicht aufwiegt.

Nach dieser Beschreibung des Bildungsphilisters, des Journalisten und des Machthungrigen als typische menschliche Exemplare jener Geistlosigkeit, wie sie durch das Staatsklima erzeugt und gefördert wird, beschreibt Zarathustra im Bild der kletternden Affen noch einmal das sinnlose Tun der Massenmenschen. „Seht sie klettern, diese geschwinden Affen! Sie klettern übereinander hinweg und zerren sich also in den Schlamm und die Tiefe. / Hin zum Throne wollen sie alle: ihr Wahnsinn ist es, – als ob das Glück auf dem Throne sässe! Oft sitzt der Schlamm auf dem Thron – und oft auch der Thron auf dem Schlamme." Der Wahn, in welchem sich die Massenmenschen befinden und der alle ihre Sinne gefangen nimmt, ist das Glück, Glück hier vorgestellt als nicht mehr Klettermüssen, als ruhiges, beschauliches Sitzen auf einem erhöhten Thron.[52] Streben nicht um des Strebens willen, sondern damit das Streben ein Ende hat und in den ununterbrochenen Genuß des Glücks übergehe – dies ist die Massensuggestion, durch die sich die Menschen auf die Stufe des Affen zurückentwickeln, der für gut hält, was der andere für gut hält, und tut, was der andere tut. Nachahmungstrieb und ein blindes (geistloses) Begehren drängen sie dazu, rücksichtslos über alle die hinwegzusteigen, die ihnen im Weg stehen. Da sich auf diese Weise alle gegenseitig behindern, gelangt keiner ans Ziel. Je höher einer es schafft, über seine Artgenossen hinauszuklettern, desto tiefer ist der Sturz in den Schlamm. Schlamm ist eine zähe Masse, das Gegenteil von klarem fließendem Wasser. Letzteres bedeutet Leben, ersterer den Tod. Zarathustra verwendet das Bild des Schlammes für die träge, des Geistes beraubte Materie, auf den Menschen übertragen: für einen dumpf vor sich hin vegetierenden Leib, in dem alles auf sinnliche Bedürfnisbefriedigung fixiert ist. Der einem materialistischen Weltbild verhaftete Massenmensch kennt nur eine Skala zwischen Schlamm und Glück. Beide Enden dieser Skala sind materieller Natur und unterscheiden sich lediglich in quantitativer Hinsicht. Während Schlamm für Versinken, Untergehen, Verwesen von Materie steht, meint Glück einen Zustand sublimen, erhabenen, materiellen Wohlbefindens. Auf der Schlammseite ist es die Materie, die den Menschen vereinnahmt (Selbstauflösung), auf der Glücksseite ist es der Mensch, der die Materie vereinnahmt (Selbstgenuß). Zahllose Zwischengrade bilden den Übergang von der einen zur anderen Seite.

Aus der Sicht Zarathustras ist die gesamte materialistische Wertskala verfehlt, da sie *im Sinne eines umgedrehten Christentums* wiederum etwas verabsolutiert, das nur *ein* Moment eines dialektischen Selbstvollzugs ist und aus diesem nicht herausgenommen werden kann, ohne daß das Selbstverhältnis zusammenbricht. Daher fällt für Zarathustra die gesamte materialistische Skala unter die Kategorie Schlamm, denn auch die Vorstellung des Glücks als eines Zustands ununterbrochenen Genusses impliziert ein Ersticken des Geistes in der Materie und damit den Tod des Lebendigen, das nur in der Auseinandersetzung von Materie *und* Geist seine Dynamik entfaltet. Wenn Zarathustra meint, es spiele letztlich keine Rolle, ob der Schlamm auf dem Thron oder der Thron auf dem Schlamme sitze – denn in beiden Fällen wird etwas Materielles als schlechthin beherrschend gedacht –, so steht zu vermuten, daß er damit auf die Theorien des Hedonismus und des Eudämonismus anspielt. Im Hedonismus wird das Glück als Lust definiert, und wenn die Lust auf dem Thron sitzt, so heißt das, daß der sinnliche Genuß das Leben dominiert und eben dadurch in den Dreck zieht, insofern ein ausschließlich in den Kategorien der Sinnlichkeit geführtes Leben unter die Stufe des Menschlichen in die Animalität zurückfällt. Nicht viel besser bestellt ist es mit dem zweiten Fall, in welchem Glück als Eudämonie, d. h. als Tüchtigkeit (areté) und Erfolg definiert wird. Sitzt die Eudämonie auf dem Thron, so ist diese Position nur scheinbar eine erhabenere als die, die das Lustprinzip favorisiert, denn der Thron der Eudämonie steht laut Zarathustra auf dem Schlamm, und das bedeutet, auch die Eudämonie ist eine Form von Lust, die unter dem Deckmantel sittlicher Tüchtigkeit nur desto ungenierter ihre Begehrungen anmeldet und auf deren Erfüllung drängt. Wo die Lust offen oder verdeckt regiert, vermag sich der Leib nicht als große Vernunft zu organisieren; er degeneriert zu einem Haufen Materie, die sich in Ermangelung eines Willens zur Selbstmächtigkeit von innen heraus zersetzt.

Wie das Volk als Leib im großen ein Produkt der Schaffenden ist, so der Staat als Sinnlichkeit im großen (Masse) das Produkt der Viel-zu-Vielen. Zarathustra erkennt diese „Überheissen" an ihrem üblen Geruch, den sie – erhitzt durch ihr schweißtreibendes Klettern – ausströmen: es ist der Geruch einer Gier, die unaufhörlich schlingt und sich zum Verdauen keine Zeit läßt. Von ihnen gehen die Ausdünstungen eines Leibes aus, der permanent auf Lust aus ist, auf ständige Zufuhr von materiellen Gütern, durch die der Besitz (das „Vermögen") vermehrt wird. Besitz als Wohl*stand* ist etwas Statisches, eine nicht verbrauchbare Habe und daher nutzloser Überfluß einer aufschwemmenden Genußsucht, der die ausgleichende dialektische Gegenbewegung fehlt: die Verdauung und Ausscheidung der einverleibten Materie. Aber für Zarathustra stinken nicht nur die Götzendiener (die Lustverehrer), sondern auch „ihr Götze, das kalte Unthier". Der Staat, in dem alle so hitzig das Glück erstreben, ist die Summe der von allen zusammengerafften Besitztümer, die kalte abgelagerte Schlacke, der vor sich hin modernde Schlamm, der Fäulnis- und Verwesungsgerüche absondert – als Zeichen zu Ende gehenden Lebens.

Zarathustra wendet sich mit eindringlichen Worten an die Krieger und diejenigen, die noch etwas von der Ursprünglichkeit des Volkes in sich haben, sie sollten aus dem Staat und seinen Massen ausbrechen, um nicht „im Dunste ihrer Mäuler und Begierden" zu ersticken. „Geht fort von dem Dampfe dieser Menschenopfer!" Frische Luft ist nur dort, wo Wind weht, wo Bewegung ist und Leben, nicht jedoch in jenem Sumpf, wo der Mensch sich selbst dem Götzen Lust zum Opfer bringt und noch hinter die Stufe des Tieres zurückfällt, das immerhin einen Instinkt hat, der es vor dem Zuviel bewahrt. Unersättliche Gefräßigkeit als Grundzug einer eindimensionalen Lebensform eignet nur einem Wesen, das die Geistlosigkeit der Vernunft vorgezogen hat. Zarathustra nennt dies Wahnsinn: die Ausrichtung aller Sinne auf den Wahn namens Lust, der kein Maß mehr kennt außer das Aus- und Übermaß. Wenn Zarathustra seine Brüder anfleht, ins Freie zu springen, fortzugehen, den Staat zu verlassen, so ist dies nicht in einem räumlichen Sinn gemeint, etwa als die Aufforderung zum Auswandern oder zum Rückzug in die Abgeschiedenheit, auch wenn er davon spricht, daß noch genügend Raum auf der Erde sei für große Seelen: „Leer sind noch viele Sitze für Einsame und Zweisame, um die der Geruch stiller Meere weht." Zarathustra fordert vielmehr die Abkehr von der Masse vor allem in bezug auf das Selbstverhältnis, in welchem dem Lustprinzip als dem alleinigen Bestimmungsfaktor eine Absage erteilt werden soll. Der Anfang zur Freiheit liegt im einzelnen, der in sich selbst den Staat besiegen muß, indem er seinen Hang zu schrankenlosem Genuß, seine Gier nach immer mehr Glück bekämpft und sich selbst Ziele setzt, Ziele, die außerhalb des vom Lustprinzip beherrschten Gebietes materiellen Besitzes nicht in einem Haben, sondern in einem Tun liegen. Dieses Tun kann immer nur das Schaffen eines einzelnen sein, allenfalls von zweien, die einander wechselseitig herausfordern; mit dem Treiben der Masse hat es ebensowenig gemein wie der Geruch des Meeres mit stinkendem Schlamm. Der Schlamm hat die Selbstreinigungskraft, die das Meer besitzt, verloren. Die Gärungsprozesse, die sich in ihm abspielen, sind ein Bild für die Selbstzersetzung des Individuums in der Masse, die unter dem Diktat des Lustprinzips ihren eigenen Tod herbeiführt. Das stille Meer hingegen mit seinem würzigen Duft ist ein Bild für die Selbsterneuerung des lebendigen, schaffenden Individuums, das selbstgenügsam und mit richtigem Augenmaß dem Leib gibt, was des Leibes ist, ohne dem Geist zu nehmen, was des Geistes ist. „Wahrlich, wer wenig besitzt, wird um so weniger besessen: gelobt sei die kleine Armuth!" Während Reichtum zur geistigen Erschlaffung führt und *große* Armut die Befriedigung der elementarsten Bedürfnisse des Leibes zum Problem werden läßt, bildet die *kleine* Armut genau die richtige Mitte zwischen einem Zuviel und einem Zuwenig; der Besitz wird jeweils aufgezehrt und reicht gerade aus, um dem Leben seine materielle Basis zu sichern. So bleibt gewissermaßen nie etwas übrig, für dessen Erhalt Sorge zu tragen wäre. Die kleine Armut macht frei – frei von der Besessenheit, immer mehr besitzen zu wollen, und frei für das Schaffen eigener, neuer, höherer Ziele.

„Dort, wo der Staat aufhört, da beginnt erst der Mensch, der nicht überflüssig ist: da beginnt das Lied des Nothwendigen, die einmalige und unersetzliche Weise." Der Staat hört dort auf, wo die Vorherrschaft des Lustprinzips endet, und mit dieser endet auch der Massenmensch: *incipit individuum,* dessen Einmaligkeit und Unersetzlichkeit sich der Dialektik von Freiheit und Notwendigkeit verdankt, die dem Selbstwerdungsprozeß zugrunde liegt und ihn in Gang hält. Geist und Materie, Seele und Leib müssen in ein Wechselverhältnis gebracht werden, in welchem beide gleichberechtigte Partner mit gleichberechtigten Ansprüchen sind. Dieses dynamische Selbstverhältnis, vollzogen in der über Gegensätze erfolgenden Kreislaufbewegung, ist die notwendige Bedingung, unter der sich das Individuum als Individuum hervorbringt. Seine Freiheit zeigt sich in der Art und Weise, wie es den Gegensatz seines Selbst je und je in geschichtlicher Konkretion überwindet. „Dort, wo der Staat *aufhört,* – so seht doch hin, meine Brüder! Seht ihr ihn nicht, den Regenbogen und die Brücken des Übermenschen? –" Bezeichnenderweise ist es das Symbol für den Übermenschen, mit dem Zarathustra seine Rede ausklingen läßt. Der Regenbogen veranschaulicht jenen Weg der dialektischen Mitte, der durch die gelungene Zusammenwirkung von gegensätzlichen Kräften entsteht, die einander im Gleichgewicht halten. Der Regenbogen vereint in sich Himmel und Erde und hält sie zugleich als getrennte Dimensionen auseinander. An diesem Bild des Regenbogens lassen sich auch die beiden Fehlformen des menschlichen Selbstverhältnisses, gegen die Zarathustra immer wieder polemisiert, noch einmal herausstellen. Der schmale Weg der Selbstüberwindung führt nämlich zwischen der Skylla des alten Götzen und der Charybdis des neuen Götzen hindurch. Das Christentum hatte das himmlische Jenseits (Gott) verabsolutiert und den Geist die Verachtung des Leibes gelehrt.

Die Sozialisten und die Utilitaristen haben das irdische Diesseits (Staat) verabsolutiert und den Leib die Verachtung des Geistes gelehrt. In beiden Fällen geht das Individuum unter: in Gott wird es zum Nichts („Gespenst") und im Staat zur Masse („Schlamm"). Es kann nur es selbst werden, wenn es dem Regenbogen gleicht, der auf der Erde seinen Stand hat und doch über sie hinaus ist, sie überspannt und ihr dadurch allererst einen ihr eigenen, umgrenzten, begreifbaren Himmel verschafft. Analog soll das Individuum die den Menschen transzendierende Bewegung des Über-Menschen vollziehen, indem es die materiellen Begierden seines Leibes und die geistigen Ansprüche seiner Vernunft nicht einseitig – unter Bevorzugung entweder des Lustprinzips (Genießen) oder des Ichprinzips der kleinen Vernunft (Denken) –, also jeweils auf Kosten der entgegengesetzten Seite befriedigt, sondern indem es in höchster Anspannung handelnd den Bogen schlägt, der Materie und Geist zur Einheit seines Leibes verschmelzen läßt. Der Übermensch existiert nur als die brückenschlagende Bewegung des Hinüber und Herüber, die nicht die Aufhebung der den Menschen konstituierenden Gegensatzstruktur intendiert, sondern diese als seine bleibende Aufgabe übernimmt, für deren Erfüllung seiner Freiheit und Kreativität keine Grenzen gesetzt sind. Die reinen Spektralfarben des Regenbogens lassen sich zu unendlich vielfältigen Farbnuancen mischen, die unendlich viele Bilder zu malen gestatten.

„Von den Fliegen des Marktes": das gefährliche Gift der Neider

Nach den Anfechtungen, die das Leben im Staat für die großen Seelen mit sich bringt, behandelt Zarathustra nun die Gefahren, die der Markt, d. h. das öffentliche, gesellschaftliche Leben in sich birgt. Auch hier empfiehlt Zarathustra Distanz und Abstinenz. „Fliehe, mein Freund, in deine Einsamkeit! Ich sehe dich betäubt vom Lärme der grossen Männer und zerstochen von den Stacheln der Kleinen." Betäubung droht von seiten derer, die in der Öffentlichkeit den Ton angeben, die das Sagen haben; Vergiftung droht von seiten der Neider und Mißgünstigen. Diesen Gefahren entgeht nur, wer sich in sich selbst zurückzieht und sich in seiner ‚natürlichen' Umgebung aufhält, die ihn wie der Wald und der Fels schweigend lehrt, seine Sinne für den Sinn der Welt zu öffnen und diesen in der Stille wachsen zu lassen. „Gleiche wieder dem Baume, den du liebst, dem breitästigen: still und aufhorchend hängt er über dem Meere." Der dem Meer zugeneigte, lauschende Baum ist Sinnbild des einsamen, d. h. mit sich und seiner Umwelt eins seienden Menschen, der empfänglich wird für das unsichtbare Gesetz der Natur – insbesondere seiner eigenen Natur – und dieses als sein Lebensprinzip auf seine individuelle Weise für sich wiederholt.

Zwischen dem Leben des einzelnen und dem öffentlichen Leben

gibt es nichts Mittleres, keine Übergangssphäre: „Wo die Einsamkeit aufhört, da beginnt der Markt." Drei Kategorien von Menschen werden von Zarathustra den beiden unterschiedenen Lebensbereichen zugeordnet, der Einsamkeit das schaffende Individuum, dem Markt die großen und die kleinen Männer, die er mit redegewaltigen Schauspielern einerseits, mit giftigen Fliegen andererseits vergleicht. Der Markt – das sind die Nichtschaffenden, die Epigonen und Parasiten, die ohne die Schaffenden mit leeren Händen dastünden. „Um die Erfinder von neuen Werten dreht sich die Welt: – unsichtbar dreht sie sich." Diese sind gewissermaßen das Rotationsprinzip, durch das das öffentliche Leben in Bewegung gehalten und in seinen Wertvorstellungen geprägt wird. Doch wie die Erdrotation als solche nicht wahrgenommen wird, so merkt auch das Volk (wenn Zarathustra hier vom Volk spricht, so meint er das Staatsvolk, die Überflüssigen) nichts von der schöpferischen Tätigkeit der Schaffenden. Wenn es etwas Neues hochschätzt, dann schreibt es die Urheberschaft denen zu, die als Vermittler zwischen den Schaffenden und der Masse fungieren: den Schauspielern. „In der Welt taugen die besten Dinge noch Nichts, ohne Einen, der sie erst aufführt: grosse Männer heisst das Volk diese Aufführer. / Wenig begreift das Volk das Grosse, das ist: das Schaffende. Aber Sinne hat es für alle Aufführer und Schauspieler grosser Sachen." Für das Volk also dreht sich alles um die Schauspieler, die es für groß hält, weil es sie nicht als Schauspieler erkennt, die bloß Rollen spielen und fremde Texte vortragen, sondern ihnen Schöpferkraft zuschreibt. Die Schauspieler – das sind die in der Öffentlichkeit bekannten Personen: die Politiker ebenso wie die kirchlichen Würdenträger, die Repräsentanten der Wissenschaften, die Aristokraten und die übrigen, die aufgrund ihrer sozialen Rolle beim Volk Ansehen genießen. Zu Ansehen gelangt man durch Lärm, dadurch daß man Aufsehen erregt und sich Gehör beim Volk verschafft, das nur Sinn für das Laute, Auffällige, aus der Masse Herausragende hat. Zarathustra gesteht dem, der es versteht, sich öffentlich in Szene zu setzen, durchaus Geist zu, „doch wenig Gewissen des Geistes".

Die Gewissenlosigkeit des Schauspielers als öffentlicher Person besteht darin, daß er ein skrupelloser Opportunist ist, der seine Rollen ständig wechselt – um des Ruhms und Erfolgs willen.

„Rasche Sinne hat er, gleich dem Volke, und veränderliche Witterungen." Ihm geht es nicht darum, dem Volk wirkliche Werte zu vermitteln, sondern einzig und allein um die Aufrechterhaltung der Wertschätzung seiner Person, für die er sein Mäntelchen nach dem Wind hängt. Er hat eine Antenne für das, was beim Volk ankommt, und eben dies suggeriert er dann der breiten Masse als seine eigene Idee, für die er sich nach außen mit allen seinen Kräften einsetzt, obwohl sie ihm persönlich völlig gleichgültig ist. Was zählt, ist allein die Anerkennung von seiten des Volks, die Popularität. Dazu ist ihm jedes Mittel recht. „Umwerfen – das heisst ihm: beweisen. Toll machen – das heisst ihm: überzeugen. Und Blut gilt ihm als aller Gründe bester." Die bornierte Masse versteht keine Argumente. Um sie für sich zu gewinnen, bedarf es keiner Beweise für die Richtigkeit der Meinung, die man vertritt. Man muß die Leute umwerfen – mit Charme, Temperament, Draufgängertum, Pathos, Redegewalt, kurz: mit allem, womit man die meisten beeindrucken und unmittelbar in seinen Bann ziehen kann –, dann gilt man selbst als der lebende Beweis für die Wahrheit dessen, was man sagt. Man muß die Leute toll machen, d. h. sie zum Rasen bringen und in Begeisterungsstürme versetzen, dann sind sie davon überzeugt, daß man recht hat. Wenn man schließlich noch das Kostbarste, das man hat, sein Blut und damit sein Leben in den Dienst der propagierten Sache stellt, so wird man als Blutzeuge anerkannt und macht damit jede weitere Frage nach einer Begründung hinfällig. Die Strategie des schauspielernden Demagogen, der in nahezu allen öffentlichen Bereichen anzutreffen ist, wo es darum geht, der breiten Masse etwas als besonderen Wert einzuhämmern, zu suggerieren oder zu verkaufen, liegt auf der Hand: Da die Sache nicht wirklich den Wert hat, den sie angeblich haben soll, muß sie mittels Reklame- und Propagandamaßnahmen als derart wertvoll deklariert werden, daß für Zweifel kein Raum mehr bleibt. Das werbewirksamste Propagandainstrument in einer Gesellschaft, in der Personenkult und Starrummel als Ersatz für die eigene Selbst-losigkeit herhalten müssen, ist derjenige, der durch rhetorische Attitüde von der Wertlosigkeit der Sache abzulenken versteht und den Wert der eigenen Person als Qualitätsbürgen einsetzt. Zugleich verhindert er durch geschickte Täuschungsmanöver, daß jemand, dem es um die Wahrheit der Sache geht, mit seiner Meinung durchdringt. „Eine

Wahrheit, die nur in feine Ohren schlüpft, nennt er Lüge und Nichts. Wahrlich, er glaubt nur an Götter, die grossen Lärm in der Welt machen!" Was nicht in sein Konzept paßt oder die Wahrhaftigkeit seines Auftretens in Frage stellen könnte, das übertönt der Marktschreier mit großem Spektakel, getreu seiner Devise, daß bei einer tauben Menge die Lautstärke entscheidet. Beifall heischendes Imponiergehabe verbindet sich mit pseudoreligiösen Gebärden und rituellem Anstrich zu gekonnter Selbstdarstellung. „Voll von feierlichen Possenreissern ist der Markt", konstatiert Zarathustra. Sie werden vom Volk als die Herren der Stunde gerühmt, die zu jeder Zeit und in jeder Lebenslage für jedes Problem eine Lösung parat haben.

Die Herren der Stunde aber stehen unter ständigem Zeitdruck. Sie müssen sich immer wieder etwas Neues einfallen lassen, um ihr Publikum zu behalten, und da sie nicht zu den Schaffenden gehören, sondern sich nur auf die reproduzierende Kunst verstehen, sind sie auf die Erfinder neuer Werte angewiesen. Sie bedrängen sie, ihre Ideen preiszugeben, und zwar möglichst schnell, denn in einer Zeit, in welcher nur die Sensation des Augenblicks zählt, muß man, um aktuell zu sein, neue Trends schon aufspüren können, bevor sie sich im Bewußtsein der Masse bemerkbar machen. Zarathustra erinnert den Schaffenden daran, daß es keinen Sinn hat, sich drängen zu lassen: „Langsam ist das Erleben allen tiefen Brunnen: lange müssen sie warten, bis sie wissen, *was* in ihre Tiefe fiel." Das Entstehen von Neuem braucht eine gewisse Reifezeit, bis es seinen Wert zu erkennen gibt. Daher muß der Schaffende sich in Geduld üben und abwarten, d. h. den Entwicklungsprozeß der Ideen, die ihm ein-gefallen sind, buchstäblich er-leben, bis sich zeigt, was in ihnen enthalten ist und was sie wert sind. Auf dem Jahrmarkt der Eitelkeiten jedoch gilt nur das Sensationelle, und für Muße bleibt keine Zeit. In der Öffentlichkeit gilt nur die Redeweise des Ja *oder* Nein, nicht aber die des Für *und* Wider: „Und auch von dir wollen sie Ja oder Nein. Wehe, du willst zwischen Für und Wider deinen Stuhl setzen?"

Die öffentlichen Personen, von Zarathustra nun als die „Unbedingten" und die „Plötzlichen" bezeichnet, weil ihre Redeweise kategorisch-ausschließend ist und sie alles, was sie tun, überstürzt tun, verlangen auch von ihren Ideenlieferanten Material, das sich eindeutig als sinnlicher Wert (Glück) bejahen oder verneinen läßt. Etwas ist entweder wahr, oder es ist nicht wahr. Mit einer solchen, absolute Gegensätze statuierenden Alternative kann aber ein Jünger Zarathustras nichts anfangen, denn er denkt nicht mehr strikt dualistisch, sondern in konträren, relativen Gegensätzen, d. h. in Alternativen, bei denen sowohl das Für als auch das Wider seine Berechtigung hat. Trotz aller Betriebsamkeit und Hektik, die die Herren der Stunde entfalten, sind sie einer statischen Denkweise verhaftet, während die Schaffenden trotz ihrer geduldigen und ruhigen Lebensweise von höchster Dynamik sind. Der von den ersteren kategorisch erhobene Wahrheitsanspruch verfehlt den Sinn des Lebens, dessen Grundprinzip nicht das Ja *oder* Nein, sondern das Ja *und* Nein ist: Leib *und* Nichtleib; Geist *und* Nichtgeist. „Niemals noch hängte sich die Wahrheit an den Arm eines Unbedingten" – so tröstet Zarathustra den „Liebhaber der Wahrheit", der als echter Philosoph den Sinn des Lebens nicht im Besitz der Wahrheit, sondern im Streben nach ihr sieht. Um der Irritation durch die Öffentlichkeit zu entgehen, ist es am besten, sich aus ihr zurückzuziehen – in die Sicherheit und Vertrautheit der eigenen, individuellen Lebensform, die allein Wahrheit als je meine ermöglicht: „Abseits vom Markte und Ruhme begiebt sich alles Grosse: abseits vom Markte und Ruhme wohnten von je die Erfinder neuer Werthe." Neue Werte bilden sich ursprünglich nicht als allgemeinverbindliche heraus, sondern ausschließlich im Selbstvollzug des schaffenden Individuums. Für dieses sind die Maßstäbe des öffentlichen, gesellschaftlich-politischen Lebens destruktiv, da dort nur das zählt, was den Beifall der Menge hervorruft.

Zarathustra warnt nicht nur vor den Verführungskünsten der großen Männer, die das Tagesgeschehen beeinflussen und lenken, sondern auch vor der Menge, den „Fliegen des Marktes". „Fliehe in deine Einsamkeit! Du lebtest den Kleinen und Erbärmlichen zu nahe. Fliehe vor ihrer unsichtbaren Rache! Gegen dich sind sie nichts als Rache. / Hebe nicht mehr den Arm gegen sie! Unzählbar sind sie, und es ist nicht dein Loos, Fliegenwedel zu sein." Wenn man sich an das Bild des Schlammes aus der vorhergehenden Rede Zarathustras erinnert, so leuchtet ein, daß der abgestandene Schlamm den Nährboden für die trägen und bösartig summenden Schmeißfliegen abgibt. Auch im Sumpf der Lust gedeihen die menschlichen Schmeißfliegen, deren Blut nicht mehr zu fließen vermag, da es durch dauernden Genuß vergiftet worden ist und sich verdickt hat. Dickes Blut aber ist nicht nur Gift für das Leben, sondern macht auch giftig. Besonders reizbar sind sie durch jene, die – leicht und unbeschwert hoch über ihnen schwebend – eine diesen unerreichbare Lebensform demonstrieren. Ein großer Geist erzeugt in kleinen und erbärmlichen Geistern Ressentiments und Rachegefühle. Wenn sie schon nicht so sein können wie er, soll er wenigstens dafür büßen, daß er anders und besser ist als sie. Daher verfolgen sie ihn mit ihrer Rache, nichtsahnend, daß er sein Anderssein nicht einer Gunst der Natur verdankt, sondern seiner durch ununterbrochenes Schaffen bewerkstelligten Selbsterneuerung, die – dem lebendigen Fluß des Blutkreislaufs vergleichbar – der Menge exemplarisch vor Augen führt, was jeder einzelne von ihnen sein könnte, wenn er sich nicht dem Lustprinzip ergeben hätte. Kommt der Jünger Zarathustras der Menge zu nahe, so fühlt sie sich bedroht und fällt über ihn her. Er verbraucht seine ganzen Kräfte, um sie von sich abzuwehren, d. h. er muß zu seinem Schutz den Fliegenwedel spielen. Zwar schaden ihm vereinzelte Stiche nicht, aber eine Masse solcher Stiche könnte sein Blut sehr wohl mit dem Gift des Prinzips der Lust infizieren, so daß es nur eine Frage der Zeit ist, bis auch er zur Masse wird. „Unzählbar sind diese Kleinen und Erbärmlichen; und manchem stolzen Baue gereichten schon Regentropfen und Unkraut zum Untergange. / Du bist kein Stein, aber schon wurdest du hohl von vielen Tropfen. Zerbrechen und zerbersten wirst du mir noch von vielen Tropfen." Dieses Bild vom steten Tropfen, der den Stein höhlt, signalisiert die allmähliche Korruption des Geistes, dessen Substanz durch die von allen Seiten ständig auf ihn einwirkenden Einflüsse und Einflüsterungen immer mehr aufgeweicht wird, bis auch die letzten Reste in sich zusammengefallen sind und es nichts mehr gibt, was ihn von den anderen unterscheidet. Er hat die Fähigkeit zur Selbstüberwindung verloren und damit seine Individualität; so geht er in der gleichförmigen Masse unter, erschöpft „durch giftige Fliegen, blutig geritzt ... an hundert Stellen; ... Blut möchten sie von dir in aller Unschuld, Blut begehren ihre blutlosen Seelen – und sie stechen daher in aller Unschuld." Die menschlichen Schmeißfliegen stechen das große Individuum, nicht um es zu töten – sie wissen ja nicht, daß sie giftig sind, voller Rachsucht und Neid –, sondern um teilzuhaben an dessen Lebendigkeit, um mit dem unverbrauchten Blut des Schaffenden den eigenen, dickflüssigen Lebenssaft aufzufrischen und ihrer Seele einen lange entbehrten Genuß zu verschaffen, den Selbstgenuß. Unschuldig stechen sie zu, zu geistlos, um die fatalen Folgen für den Gestochenen vorhersehen zu können, der massiv unter Druck gesetzt in seiner Widerstandskraft so geschwächt wird, daß es ihm nicht mehr gelingt, Materie und Geist im Gleichgewicht zu halten; er sinkt hinab auf das Niveau derer, die sich in den Niederungen der Lust aufhalten, angesteckt von der allgemeinen Genußsucht. Je mehr dem Geist die Flügel beschnitten werden, desto nachdrücklicher pocht die Sinnlichkeit auf Befriedigung ihrer Begierden, und am Schluß ist es nur noch deren Stimme, die sich mit immer lauter vorgebrachten Forderungen Gehör verschafft.

Zarathustra warnt erneut davor, die Gefahren, die von der Menge ausgehen, zu unterschätzen. Zwar mag das Unrecht, das sie dem großen Individuum mit ihren Sticheleien zufügt, es nur oberflächlich verletzen, aber auf die Dauer leidet es doch darunter und beginnt sich unmerklich anzupassen. Die Möglichkeit, sich statt als Fliegenwedel als Fliegenklatsche zu betätigen, schließt Zarathustra aus: „Zu stolz bist du mir dafür, diese Naschhaften zu tödten." Sein Stolz verbietet es dem Schaffenden, sich der lästigen Parasiten zu entledigen, die weit unter ihm stehen; er will sich nur mit Ebenbürtigen im Kampf messen. Einzelne Exemplare der Masse zu besiegen, bedeutet für ihn keinen Gewinn und ist daher unter seiner Würde. Aber Zarathustra weiß um die schleichende Destruktivität ihrer Zermürbungstaktiken, die den Schaffenden nicht mit einem Hieb, sondern im Verlauf der Zeit zu Fall bringen. Zarathustra schildert drei solcher Strategien, die sich der Maske des Lobes, der Schmeichelei und der Liebenswürdigkeit als Lockmittel bedienen, um den Schaffenden dazu zu verleiten, sich zu den Schmeißfliegen herabzulassen, denn zu ihm hinauf können sie nicht. Sie können zwar fliegen, aber nur in geringer Höhe über dem Sumpf; sie haben mithin gerade so viel Geist als nötig ist, um die zur Befriedigung ihres Glücksverlangens erforderlichen Mittel und Wege auszukundschaften. Doch ihnen fehlt das Organ, um einen Geist zu verstehen, der sich sein Ziel nicht von der Sinnlichkeit vorgeben läßt, sondern selber seine eigenen Werte setzt, Werte, die aus einer Auseinandersetzung von Materie *und* Geist als ein Gebilde hervorgehen, in welchem sowohl der Leib über die Sinne als auch der Geist über die Vernunft etwas wiedererkennen, das sie hochschätzen – so wie der Regenbogen das Auge durch seine herrlichen Farben und den Geist durch seine vollendete Kreisform erfreut.

1. Strategie der Masse, um das Individuum zu ködern: das Lob. „Sie summen um dich ... mit ihrem Lobe: Zudringlichkeit ist ihr Loben. Sie wollen die Nähe deiner Haut und deines Blutes." Für Lob ist jeder bis zu einem gewissen Grad empfänglich, da es Anerkennung bezeugt und das Selbstbewußtsein hebt. Das Lob hat auszeichnende Funktion und spielt daher (ebenso wie sein Gegenteil: der Tadel) im intersubjektiven Beziehungsnetz einer Handlungsgemeinschaft eine nicht unerhebliche Rolle. Das Lob drückt nicht nur Zustimmung in bezug auf die Handlungsweise einer Person aus, sondern hebt diese zugleich als vorbildlich hervor. Wo immer Lob verteilt wird, geschieht dies in der doppelten Absicht, jemanden für sein Tun auszuzeichnen und dieses Tun den übrigen Mitgliedern der Interaktionsgemeinschaft als erstrebenswertes Handlungsmuster vorzuführen. Das Lob ist somit auch ein hervorragendes Erziehungsmittel, da es sowohl den, dem das Lob gespendet wird, als auch die anderen zur Wiederholung bzw. zur Nachahmung der lobend hervorgehobenen Handlung motiviert.

Anders verhält es sich mit dem Lob, das die Masse dem großen Individuum spendet, an dessen Leistung sie partizipieren möchte, ohne sich anstrengen zu müssen. Zu diesem Zweck und um zugleich ihre zudringlichen Absichten zu kaschieren, setzt sie das Lob als Lockmittel ein. Der Menge genügt es nicht, den vom Schaffenden hervorgebrachten Werten normative Kraft zuzubilligen und sie damit als das eigene Handeln verpflichtende Qualitätsmaßstäbe anzuerkennen. Denn dies würde voraussetzen, daß sie Handlungen zu vollbringen vermag, die sich an diesen Maßstäben auch tatsächlich messen lassen. Da dies im Rahmen ihrer durch das Lustprinzip abgesteckten Möglichkeiten ausgeschlossen ist, versucht sie die Distanz zum Individuum dadurch zu überbrücken, daß sie dieses durch eine List dazu veranlaßt, sich zu ihr herabzulassen. Der nach nichts anderem als nach Genuß strebende Massenmensch kann sich die Teilhabe an etwas Wertvollem nur als Einverleibung materieller Schätze vorstellen. Daher ist er so erpicht auf die körperliche Nähe, den Haut-, ja Blutkontakt mit dem Schaffenden, weil er davon überzeugt ist, daß dadurch etwas von dessen Größe auf ihn übergeht. Alle Bemühungen der Menge zielen mithin darauf ab, des großen Individuums habhaft zu werden, um mit Hilfe seines Renommees ein wenig über den Durchschnitt herauszuragen. Von dem Lob, das einer äußert, fällt immer auch ein Abglanz auf ihn selbst zurück.

2. Strategie: die Schmeichelei. „Sie schmeicheln dir wie einem Gotte oder Teufel; sie winseln vor dir wie vor einem Gotte oder Teufel. Was macht es! Schmeichler sind es und Winsler und nicht mehr." Schmeichelei ist subjektiv übertriebenes Loben, durch das man sich jemanden geneigt machen möchte, indem man ihm Vorzüge andichtet, die ihn als ein mächtiges, überirdisches Wesen erscheinen lassen, wobei es keinen Unterschied macht, ob dieses als Verkörperung des Guten oder des Bösen umworben wird. Entscheidend ist allein, daß der Umschmeichelte sich dazu herbeiläßt, dem Schmeichler seine Aufmerksamkeit zu schenken und sich vielleicht sogar mit ihm einzulassen. Damit ist das Ziel erreicht und der Verführte in Reichweite gelangt. Man wird selber groß, wenn es gelingt, das Große klein zu machen, d. h. auf das eigene Niveau herabzuziehen.

3. Strategie: die Liebenswürdigkeit. „Auch geben sie sich dir oft als Liebenswürdige. Aber das war immer die Klugheit der Feigen." Wer nichts wagt, weil er das Risiko scheut, wird verachtet und hat keine Chance, in die Nähe des wegen seiner Außerordentlichkeit gefürchteten, aber begehrten Objekts zu kommen. Es ist daher ein Gebot der Klugheit, sich liebenswürdig zu geben, um den Eindruck zu erwecken, man sei liebens*wert,* und damit über seine Feigheit hinwegzutäuschen.

Was steckt nun hinter diesen Verhaltensweisen, vor denen Zarathustra seine Adepten warnen will? Er wiederholt seine These, daß alle diese Strategien unterschwellig Rachekampagnen „enger Seelen" sind, denen alles bedenklich scheint, was sie zu vielem Nachdenken veranlaßt. Ständiges Nachdenkenmüssen über etwas, das den eigenen Horizont überschreitet, ist frustrierend und macht rachsüchtig. „Sie bestrafen dich für alle deine Tugenden. Sie verzeihen dir von Grund aus nur – deine Fehlgriffe." Einer bornierten

Mentalität ist jeder verdächtig, der mehr kann als man selbst. Die beste Methode, um wieder ein Gleichgewicht herzustellen, ist daher die Herabsetzung des Besseren, die Verächtlichmachung und Geringschätzung seiner Fähigkeiten. Nur wenn er Fehler macht, erkennen die Engstirnigen ihn als ihresgleichen an und entschuldigen seine Unfähigkeit. „Weil du milde bist und gerechten Sinnes, sagst du: ‚unschuldig sind sie an ihrem kleinen Dasein.' Aber ihre enge Seele denkt: ‚Schuld ist alles grosse Dasein.'" Der Schaffende ist tolerant. Er räumt ein, daß die Masse für ihr kleines Dasein, d. h. für den engen, durch Glück bzw. Lust begrenzten, auf die Erfüllung leiblicher Begierden eingeschränkten Horizont nicht verantwortlich ist, daß vielmehr eine ganze Reihe historischer, politischer, gesellschaftlicher, psychologischer und anderer Faktoren zur Entstehung des Massenmenschen beigetragen hat, für den umgekehrt jede Alternative eine Bedrohung seiner überschaubaren und berechenbaren Welt darstellt. Aus diesem Grund muß er im großen Dasein die Wurzel alles Übels sehen, denn es sprengt die Grenzen seines Sinnhorizonts und Selbstverständnisses und konfrontiert ihn mit dem Anspruch einer Existenzweise, die mit der seinen wenig gemein hat. Daher sein Bestreben, die bedrohliche, da die eigene und damit die Lebensform von jedermann in Frage stellende Gegenwelt dadurch zu vernichten, daß ihre Bewohner durch alle zur Verfügung stehenden Mittel dazu gebracht werden, sich in den Dienst der Masse zu stellen, die sie sich einverleibt, indem sie sie mitsamt den von ihnen geschaffenen Werten in das System des Staates integriert.

Die Menge schätzt die Toleranz der großen Seele nicht, weil sie die Überlegenheit desjenigen fühlt, der es sich leisten kann, Nachsicht gegenüber denen zu üben, die weit unter ihm stehen. Dies halten sie jedoch für Verachtung, weil es ihnen unvorstellbar ist, daß einer seine Überlegenheit nicht ausnutzt, um andere zu beherrschen. Also vergelten sie ihm das, was als „Wohlthat" gemeint war, mit „Wehthaten". Seinen „wortlosen Stolz" deuten sie als Arroganz, weil sie nicht begreifen können, daß einer groß ist, ohne Lärm zu machen und sich aufzuspielen. Daher registrieren sie es mit Genugtuung (sie „frohlocken"), „wenn du einmal bescheiden genug bist, eitel zu sein". Eitelkeit ist für sie ein Zeichen dafür, daß einer Beifall für sich erheischt, und es käme ihnen nie in den Sinn, daß jemand auch aus Bescheidenheit eitel sein könnte, d. h. obwohl er des Beifalls von seiten der ihm Unebenbürtigen nicht bedarf, sich dennoch um ihre Anerkennung bemüht.

Zarathustra fährt fort mit der Aufzählung von irritierenden Eigenschaften des schaffenden Individuums, die bei der Menge auf Unverständnis stoßen und ihr Ressentiment desto mehr entfachen. „Das, was wir an einem Menschen erkennen, das entzünden wir auch an ihm. Also hüte dich vor den Kleinen! / Vor dir fühlen sie sich klein, und ihre Niedrigkeit glimmt und glüht gegen dich in unsichtbarer Rache." Wir erkennen andere durch Vergleich mit uns selbst. Wenn ich auf jemanden stoße, dem Größe im Sinne von Persönlichkeit, Selbst-Mächtigkeit zuzugestehen ich mich genötigt sehe, gibt meine Einstellung diesem gegenüber Aufschluß auch über meine Selbsteinschätzung. Betrachte ich ihn, wie der Jünger Zarathustras, als einen Gegner, an dem ich meine Kräfte messen und – vielleicht – über mich hinauswachsen kann, so schreibe ich mir damit ebenfalls Größe zu. Sehe ich, wie die Menge, in der Größe eines anderen jedoch nur den Gradmesser meiner Kleinheit und Niedrigkeit, über die hinaus zu gelangen ich mich zu schwach fühle, so erfüllt mich dies mit Haß gegen den, der etwas erreicht hat, was ich auch brennend gern hätte, mir aber auf ewig versagt bleibt. Die unsichtbare Rache der kleinen Geister besteht darin, daß sie vermittels der bereits erwähnten Strategien hinterlistig und heimtückisch die vom Individuum geschaffenen Werte entwerten, indem sie sie ‚verstaatlichen‘, d. h. das, was die Einmaligkeit und Einzigartigkeit einer schöpferischen Tätigkeit ausmacht, vervielfältigen und zu einem Bestandteil des jedermann zustehenden und allgemein verfügbaren Glücks machen.

Zarathustra, der aus eigener Erfahrung weiß, daß das Ressentiment der Masse gar nicht ernst genug genommen werden kann, versucht seine Schüler unter Hinweis auf ihre eigenen Erlebnisse auf etwas aufmerksam zu machen, das ihnen in seiner Bedeutung bisher entgangen sein mag. Haben sie nie bemerkt, daß die Leute ihr Gespräch unterbrachen und verstummten, sobald einer zu ihnen trat, der das Prinzip des Willens zur Macht in sich trug und durch die Ausstrahlung seines Kraftpotentials bewirkte, daß „ihre Kraft von ihnen gieng, wie der Rauch von einem erlöschenden Feuer"? Das Bewußtsein der eigenen Ohnmacht angesichts einer solchen

Über-macht, die ohne spektakuläre Taten zu vollbringen allein durch ihre Präsenz alle mittelmäßigen und durchschnittlichen Fähigkeiten auf der Stelle zu nichts macht, ruft wiederum das Ressentiment auf den Plan. „Ja, mein Freund, das böse Gewissen bist du deinen Nächsten: denn sie sind deiner unwerth. Also hassen sie dich und möchten gerne an deinem Blute saugen." Unter seinesgleichen lebt der Massenmensch in der Gewißheit, daß zwischen ihm und den anderen eine allenfalls quantitative Verschiedenheit besteht, die aber kein Grund für Minderwertigkeitsgefühle ist, da in qualitativer Hinsicht einander alle gleich sind und keiner dem anderen etwas voraushat. *Für sie alle gilt das Glück als das letzte Um-Willen ihres Tuns,* und so kann jeder guten Gewissens tun, was er mag, wenn es nur der Beförderung des Glücks dient. Wird die Gültigkeit des Glücksprinzips jedoch durch ein großes Individuum außer Kraft gesetzt, das einfach kraft seiner eigenen Wertsetzungen eine Alternative schafft, so wird auch die Kompetenz des guten Gewissens zweifelhaft, wenn das Glück nicht mehr die Gewißheit des Guten in sich birgt.

Das große Individuum, das unbekümmert um den von allen anerkannten Wertmaßstab selbst bestimmt, was für es gelten soll, vermittelt dem Volk eine Ahnung davon, was es hätte sein können und wie groß die Diskrepanz zwischen Faktizität und Ideal ist. So erinnert das autonome, an seinen eigenen Werten orientierte Individuum an die verpaßte Möglichkeit eines höherrangigen Menschseins, und da diese Möglichkeit einmal eine durchaus reale Möglichkeit war, die durch eigene Entscheidung verpaßt wurde, repräsentiert der Schaffende das böse Gewissen der Massenmenschen. Wenn er fähig ist, neue Werte zu schaffen, dann besteht ein qualitativer Sprung zwischen seinem und ihrem Tun derart, daß das handlungsleitende Prinzip der Masse – Glück als Lust – entwertet und damit alle an diesem Prinzip orientierten Handlungen wertlos werden. Das gute Gewissen als die Gewißheit des Wissens um das Gute schlägt in ihr Gegenteil um: sie wird zur Gewißheit des Bösen und damit zum bösen Gewissen, d. h. zum Wissen darum, daß das Prinzip, das alle befolgen, böse ist, insofern es untermenschlich ist und diejenigen, die es gutheißen, erniedrigt, sie als einzelne in der Masse undialektisch untergehen läßt. Während ein gutes Gewissen bekanntlich ein sanftes Ruhekissen ist, kann man mit einem bösen Gewissen auf die Dauer nicht ruhig leben. Es ist wie der Stachel im Fleisch ein ständiges Ärgernis, und der Zorn aller richtet sich naturgemäß gegen den, der unbeabsichtigt ihre Ruhe stört, indem sein Schaffen der Spiegel ist, in welchem sie sich als die erblicken, die sie geworden sind: Durchschnittsmenschen – gleichförmige, geistlose, ununterscheidbare Masse. Anstatt nun alles daranzusetzen, um diesem unerträglichen Bild, das der Spiegel ihnen zeigt, immer weniger ähnlich zu sein, wollen sie den Spiegel und mit ihm ihr böses Gewissen eliminieren. Was vermag einer allein schon gegen unzählig Viele, so denken sie gemäß ihrer quantifizierenden Denkart und versuchen ihn in ihre Nähe zu locken, um ihn durch ihre Masse zu überwältigen und sein Blut durch zahllose kleine Stiche zu vergiften, bis er schließlich einer der ihren geworden ist: untereinander angepaßtes, friedliches, gehorsames Menschenvieh: die Herde.

„Deine Nächsten werden immer giftige Fliegen sein; Das, was gross an dir ist, – das selber muss sie giftiger machen und immer fliegenhafter." Das Individuum hat an der Masse den Gradmesser seiner Größe. Je giftiger sie auf ihn reagiert, je fliegenhafter sie sich gebärdet, d. h. aufgeregt und ziellos agiert – wie ein vom Aas aufgescheuchter, zornig brummender Fliegenschwarm –, desto größer ist der qualitative Abstand, den das Individuum zwischen sich und die Menge gelegt hat, desto mehr Größe kommt ihm zu, desto größer sind aber auch die Gefahren, die ihm von seiten der aufgebrachten Massenmenschen drohen. Daher beschwört Zarathustra seine Schüler noch einmal, nicht nur den qualitativen Abstand zwischen sich und der Menge zu vergrößern, sondern auch eine Art räumliche Distanz zu schaffen, um den Fliegen Gelegenheit zu geben, sich wieder auf dem Aas niederzulassen und sie damit vom Stechen abzuhalten. „Fliehe, mein Freund, in deine Einsamkeit und dorthin, wo eine rauhe, starke Luft weht. Nicht ist es dein Loos, Fliegenwedel zu sein. –" Der Jünger Zarathustras hat Besseres zu tun, als sich seine aufdringlichen Mitmenschen vom Leib zu halten und die ihrer Borniertheit entspringende Intoleranz zu ertragen. Es steht nicht zu erwarten, daß es ihm gelingt, die Masse vom Lustprinzip abzubringen. Der Rückzug in *seine* Einsamkeit, d. h. die Konzentration auf die individuelle Selbstübersteigerung im Schaffen, ist zugleich ein Rückzug auf ein Niveau, wo es keine Fliegen mehr gibt, weil dort eine rauhe und starke Luft weht. Der „Wind", den der Schaffende – die Natur als sein Vorbild vor Augen – durch seine Selbstüberwindung erzeugt, bietet einen Schutzschild gegen die, die sich in ihrer Trägheit lieber ungestört dem Genuß hingeben und sich kaum dorthin verirren werden, wo geistige Anstrengungen von ihnen verlangt werden.

„Von der Keuschheit": über die Unschuld der Sinne

Wer sich in seine Einsamkeit begibt, ist ausschließlich mit sich selbst beschäftigt und entzieht sich damit jener besonderen Lust, die bei der Masse eine dominierende Rolle spielt: der Sexualität, von Zarathustra als Brünstigkeit bezeichnet. „Ist es nicht besser" – so fragt er, „in die Hände eines Mörders zu gerathen, als in die Träume eines brünstigen Weibes?" Diese drastische Alternative, die dem Tod von Mörderhand den Vorzug vor jenem Sterben gibt, das dem widerfährt, der von einer geilen Frau als ihr Idealmann auserschen wird, hat ihre Pointe darin, daß derjenige, der von einem Mörder getötet wird, nur einmal stirbt, wohingegen das Opfer einer „brünstigen", auf sexuelle Befriedigung fixierten Frau immer wieder von neuem stirbt, wobei dieser sich wiederholende Tod eine ungleich größere Qual bedeutet, da keine Erlösung absehbar ist. Aber es gibt nicht bloß Frauen, sondern auch Männer, die nur auf sexuellen Lustgewinn aus sind und ihre Augen nur dazu benutzen, um lüsternen Blicks Ausschau nach willigen Bettgenossinnen zu halten. „Schlamm ist auf dem Grunde ihrer Seele" – so Zarathustras Urteil –; „und wehe, wenn ihr Schlamm gar noch Geist hat!" Schlamm auf dem Grund der Seele – das bedeutet: Die mittels der Geschlechtstriebs begehrte Lust überlagert das Fundament der Seele und hindert sie am Aufschwung in die Region des Geistes. Wo alles, selbst der Geist, in den Dienst der Befriedigung des Geschlechtstriebes gestellt wird, bleibt kein Raum mehr für erhabenere als fleischliche Gedanken. Sexualität als absolut gesetztes Lebensprinzip reduziert die Dialektik des Werdens auf die Vereinigung von Fleisch mit Fleisch um des Fleisches willen, auf einen Kreislauf der Lust, der untermenschlich ist, ja sogar noch unterhalb der Stufe der Animalität steht. „Dass ihr doch wenigstens als Thiere vollkommen wäret! Aber zum Thiere gehört die Unschuld." Die Vollkommenheit des Tieres besteht darin, daß seine Sexualität im Fortpflanzungstrieb beschlossen ist, durch den es, ohne es zu wissen, den Kreislauf des Werdens fortzeugt und damit eine Höherentwicklung von einzelnen Exemplaren seiner Gattung ermöglicht. Die Unschuld des Tieres ist Unwissenheit diesseits von Gut und Böse, wohingegen die Unschuld auf der Stufe des Kindes ein um sich selbst Wissen jenseits von Gut und Böse ist: bewußte Selbsterneuerung und -steigerung. Von diesen beiden Arten des Werdens, deren jede auf ihre Weise vollkommen ist, unterscheidet sich die Lebensform des seiner Sexualität verfallenen Menschen vollständig, da sie nicht nur jede Höherentwicklung verhindert, sondern alle Entwicklung am Modell der Wiederholung des Geschlechtsaktes festmacht. Da diese Fixiertheit nicht naturgegeben ist, sondern Resultat einer freien Wahl, fällt sie unter die Kategorien des Guten und Bösen, von denen her sie als böse Entscheidung und damit als Schuld beurteilt wird, weil Sexualität als absolutes, um seiner selbst willen gesetztes Prinzip nicht nur – wie das Lustprinzip im allgemeinen – alles Geistige ausschließt, sondern darüber hinaus auch die vielfältigen Möglichkeiten des Genusses von Lust auf eine einzige einschränkt, was eine Verarmung auch der Sinnlichkeit insgesamt mit sich bringt.

Zarathustra, der stets heftig gegen die Leibfeindlichkeit des Christentums und die Verteufelung der Sinne polemisiert hat, sieht sich nun im Zusammenhang mit seiner Kritik am Lustprinzip in dessen Version als Sexualität zu einer Klarstellung genötigt, die dem Mißverständnis vorbeugen soll, er sei letztlich doch auch ein Feind alles Sinnlichen. „Rathe ich euch, eure Sinne zu tödten? Ich rathe euch zur Unschuld der Sinne." Die Sinne als naturwüchsige Triebe sind unschuldig, insofern sie keine Wahl haben. Sie können nicht anders als auf Befriedigung ihrer Bedürfnisse drängen. Und sie begehren von Natur aus nicht mehr, als sie bedürfen; ursprüngliche Sinnlichkeit ist unvereinbar mit dem Maximierungsprinzip, sie geht einher mit dem Ökonomieprinzip. Die Unschuld der Sinne geht verloren, wenn die Sinnlichkeit zum Selbstzweck erhoben und ihr natürliches Maß durch die Forderung des immer Mehr verdrängt wird. Zarathustra empfiehlt als Gegenmaßnahme gegen die ausufernde Sinnlichkeit nicht eine rigorose Askese, sondern dem sinnlichen Begehren sein natürliches Maß zurückzugeben und damit seine Unschuld. Der Weg der Mitte zwischen Exzeß und Enthaltsamkeit ist der rechte Weg. Entsprechend rät Zarathustra auch niemandem zur Keuschheit, denn bei einigen ist sie eine Tugend – denen braucht man sie nicht zu empfehlen –, bei vielen aber ist sie ein Laster – denen sollte man sie erst recht nicht empfehlen. „Diese enthalten sich wohl: aber die Hündin Sinnlichkeit blickt mit Neid aus Allem, was sie thun." Wer seine Sinnlichkeit wie eine läufige Hündin an der kurzen Leine halten muß, damit sie nicht umherschweift und sich dabei noch den Anschein der Tugend gibt, ohne verhindern zu können, daß seine unterdrückte Begehrlichkeit allenthalben durchscheint und seine Enthaltsamkeit Lügen straft, dem gilt Keuschheit eigentlich als Laster. Viel lieber würde er seinen Trieben freien Lauf lassen, was jedoch mit seiner gesellschaftlichen Rolle nicht vereinbar ist – z. B. wenn er katholischer Priester ist und im Zölibat leben muß. Notgedrungen macht er flugs das zu seiner Tugend, was ihm eher ein Laster zu sein dünkt. Daher rührt die Falschheit und Verklemmtheit all derer, die Enthaltsamkeit üben und predigen und mit jedem neiderfüllten Blick, jeder Geste zu verstehen geben, daß sie im Grunde ihres Herzen das Gegenteil begehren. „Noch in die Höhen ihrer Tugend und bis in den kalten Geist hinein folgt ihnen diess Gethier und sein Unfrieden. / Und wie artig weiss die Hündin Sinnlichkeit um ein Stück Geist zu betteln, wenn ihr ein Stück Fleisch versagt wird!" Selbst ein sittenstrenges Leben und eine reine Verstandestätigkeit, die beide in höchstem Maße – auf ethisch-praktischem Gebiet einerseits, auf theoretischer Ebene andererseits – von der Sinnlichkeit abstrahieren, bieten keine Gewähr dafür, daß die Sinnlichkeit tatsächlich ausgeschlossen bleibt. Der Moralapostel kann ebensowenig wie der Mathematiker umhin, seine Sinne zu gebrauchen und seine körperlichen Bedürfnisse zu befriedigen, und dies sind die Kanäle, über die sich die Begierde nach Lust unvermerkt wieder einschleicht, um ihre Rechte zu fordern. Da nützt es auch nichts, wenn die fleischlichen Begierden zu geistigen sublimiert werden, es ist immer noch die Sinnlichkeit, deren Ansprüche – nur mit anderen Mitteln – erfüllt werden. So verbirgt sich hinter dem Namen Keuschheit oft eine ganz besondere Form von Lust, die sich tugendhaft und rational gibt, aber dennoch nicht darüber hinwegzutäuschen vermag, daß sie ihre Wurzeln im Sinnlichen und nicht im Geist hat.

Zarathustra wendet sich nun direkt an die „Keuschen", denen ihre Keuschheit nur ein Vorwand ist, um ihrer Sinnlichkeit ein Feld zu eröffnen, auf dem sie ihre unstillbare Gier nach immer mehr Lust auf tugendhafte und rationale, d. h. von jedermann gutgeheißene Weise ausleben können. „Ihr liebt Trauerspiele und Alles, was das Herz zerbricht? Aber ich bin misstrauisch gegen eure Hündin. / Ihr habt mir zu grausame Augen und blickt lüstern nach Leidenden. Hat sich nicht nur eure Wollust verkleidet und heisst sich Mitleiden?" Trauer und Mitleid als Ausdruck echten Mitgefühls und selbstloser Anteilnahme an fremdem Leid sind Zarathustra verdächtig, da sie sich allzuoft als Formen von Schadenfreude entlarven lassen, vermittels deren sich die unterdrückte Sinnlichkeit den Genuß verschafft, der ihr auf andere Weise verwehrt ist. Die Sinnlichkeit ist erfinderisch. Wenn ihr die natürlichen Wege, auf denen sie ihre Triebe abreagieren kann, versperrt werden, findet sie andere gesellschaftlich sanktionierte Möglichkeiten zur Abfuhr ihrer gewaltsam zurückgestauten Kräfte, die sich ebenso gewaltsam dort eine Bahn brechen, wo man sie gerade nicht vermutet: auf der Ebene der Moral, auf der starke Gefühle der Nächstenliebe nicht nur erlaubt, sondern geradezu geboten sind. Aber grausame Augen, lüsterne, schadenfrohe Blicke verraten die getretene Hündin Sinnlichkeit, die jeden erlittenen Fußtritt auf versteckte Weise heimzahlt und sich dabei insgeheim die Lust verschafft, deren Genuß ihr verboten ist. Zarathustra rekurriert immer wieder auf den Gesichtssinn als Kriterium dafür, wie es um die Sinnlichkeit eines Menschen bestellt ist. Wenn es etwas gibt am Menschen, das keiner Verstellung fähig ist, dann seine Augen. Sie geben durch alle Masken hindurch Auskunft über sein Verhältnis zur Sinnlichkeit. Der Gesichtssinn erweist sich damit als der Sinn, der die Art von Lust, für deren Genuß sich einer entschieden hat, unverfälscht widerspiegelt.

„Und auch dieses Gleichniss gebe ich euch: nicht Wenige, die ihren Teufel austreiben wollten, fuhren dabei selber in die Säue." Diese Umkehrung der biblischen Wendung bezieht ihre Komik daraus, daß man manchmal trotz Anspannung aller Kräfte das genaue Gegenteil von dem erreicht, was man eigentlich wollte, da man den Teufel mit dem Beelzebub ausgetrieben hat. Gemäß der Bibelstelle, auf die Zarathustra anspielt [53], triumphiert der Geist über die Anfechtungen der Sinnlichkeit, die am Schluß dorthin zu fliehen genötigt wird, wo sie beheimatet ist, in den Unterleib bzw. in die Sau, deren ganze Lust es ist, sich im Schlamm zu suhlen. Zarathustra hat jedoch schon zu viele gesehen, deren Geist über der Bekämpfung des inneren Schweinehundes selber zum Schwein geworden ist, weil er durch die ständige Konzentration auf die Sinnlichkeit, deren Unterdrückung sein ganzes Bestreben gilt, letztlich nur noch in den Kategorien des Sinnlichen zu denken vermag und darüber sich selbst aus den Augen verloren hat. Das Ergebnis ist jener Schweinestaat, den John Stuart Mill als die Gemeinschaft derer beschrieben hat, die sich dem unumschränkten Genuß sinnlicher Lüste verschworen haben.[54]

Zarathustra zieht folgendes Fazit: „Wem die Keuschheit schwer fällt, dem ist sie zu widerrathen: dass sie nicht der Weg zur Hölle werde – das ist zu Schlamm und Brunst der Seele." Enthaltsamkeit ist nicht jedermanns Sache; sie kann daher nicht allgemein empfohlen, geschweige denn geboten werden. Wer sich zur Keuschheit zwingen muß, gerät leicht in die Gefahr, ins andere Extrem zu fallen und die Lust, insbesondere die Sexualität, zum Sinn seines Lebens zu erklären. Für Zarathustra ist dies der Weg zur Hölle, weil die Seele im Sumpf der Lust versinkt bzw. in der Glut der Leidenschaften verbrennt und ihrer den Leib erhebenden, ihn zu einer höheren Organisationsform hinführenden Kraft verlustig geht. Daher ist es besser – so Zarathustras Rat –, dem Verlangen der Sinnlichkeit innerhalb der Grenzen ihres natürlichen Maßes nachzugeben, als ihr Beschränkungen aufzuerlegen, denen man dann letztlich nicht gewachsen ist. Wer sich gegen die Keuschheit entscheidet, wird ja nicht gleich zügellos leben, sondern die Lust mit Maßen genießen und ihr daher nicht verfallen.

„Rede ich von schmutzigen Dingen? Das ist mir nicht das Schlimmste. / Nicht, wenn die Wahrheit schmutzig ist, sondern wenn sie seicht ist, steigt der Erkennende ungern in ihr Wasser." Über Sexualität zu reden, galt dem Alltagsbewußtsein als schmutzig, d. h. als unanständig. Alles was mit dem Geschlechtstrieb zusammenhing, war im Grunde unaussprechlich und fiel als Tabu unter Redeverbot, weil schon das bloße Reden Vorstellungen und

Phantasien wachruft, die man besser verdrängt, um die stets läufige Hündin Sinnlichkeit unter Kontrolle zu halten. Für jemanden hingegen, dem es um Erkenntnis und Wahrheit der Dinge geht, ist deren Unanständigkeit kein Grund, ihn von der Suche nach der Wahrheit abzuschrecken. Zarathustra vergleicht den Erkenntnisakt mit dem Eintauchen ins Wasser, wobei das Wasser für die zu erforschende Wahrheit steht. Wem es allein um das Eintauchen zu tun ist, für den ist nicht die Qualität (Schmutzigkeit/Sauberkeit) des Wassers entscheidend, sondern seine Quantität (Tiefe): in seichten Gewässern kann man nicht zum Grund tauchen. Entsprechend ist der Erkennende an der Wahrheit einer Sache interessiert, unangesehen dessen, ob die Dinge, auf die sie sich bezieht, als anständig oder als unanständig gelten. Nicht interessiert ist der Erkennende an oberflächlichen Wahrheiten, wie die Menge sie schätzt, weil es ihr zu mühsam ist, eine Sache in ihrem Wesen zu durchdringen; sie nimmt nur das zur Kenntnis, was ihr der äußere Anblick bietet.

Der kurze Einschub über das Erkennen stellt die genau entgegengesetzten Erkenntnisinteressen der Schüler Zarathustras einerseits, der Menge andererseits heraus. Während letztere eine gewisse Berührungsangst in bezug auf eine gründliche Erörterung sexueller Probleme zeigt und sich mit oberflächlichen Ansichten begnügt, die die Wahrheit der Sache eher zudecken als erhellen, scheuen erstere gerade vor einer solchen oberflächlichen Betrachtung zurück und wollen das Phänomen der Sinnlichkeit in seiner ganzen Breite und Tiefe erfassen, um sich Klarheit über die lebenspraktische Bedeutung des Sinnlichen und den Stellenwert alles dessen, was damit zusammenhängt – Triebe, Begierden, Lust, Sexualität etc. – zu verschaffen.

Nach diesem Exkurs kommt Zarathustra noch einmal auf sein Ausgangsthema zurück und hält denen, die meinen, Keuschheit sei zwar eigentlich widernatürlich, aber gleichwohl eine Tugend, zu der man sich zwingen müsse, das Bild jener entgegen, die es in Wahrheit verdienen, als Keusche bezeichnet zu werden. „Wahrlich, es giebt Keusche von Grund aus: sie sind milder von Herzen, sie lachen lieber und reichlicher als ihr. / Sie lachen auch über die Keuschheit und fragen: ‚was ist Keuschheit! / Ist Keuschheit nicht Thorheit? Aber diese Thorheit kam zu uns und nicht wir zu ihr. Wir boten diesem Gaste Herberge und Herz: nun wohnt er bei uns,

– mag er bleiben, wie lange er will!"« Diese merkwürdige Beschreibung der Keuschheit als einer Eigenschaft, die nicht angeboren ist, die man aber auch nicht selbst gewählt oder sich erworben hat, sondern die sich wie ein Gast eingestellt hat und als solcher behandelt wird – er bekommt sogar das beste Zimmer im Haus (das Herz) und darf bleiben, solange er Lust hat –, versucht ein völlig ungezwungenes Selbstverhältnis zu umreißen, in welchem einer einen derart zwanglosen Umgang mit sich pflegt, daß er enthaltsam leben kann, weil es ihm so gefällt und ohne daß er seiner Sinnlichkeit Gewalt antun muß. Im Gegenteil: er lacht gern und viel; er ist tolerant und humorvoll. Er macht sich sogar über sich selbst lustig, wenn er zugibt, daß seine Enthaltsamkeit eigentlich eine Torheit ist – eine Torheit allerdings, die ihn heiter und lebensbejahend macht, nicht dumm und beschränkt oder gar zum Narren. Wenn es das Herz ist, von dem die Idee der Keuschheit Besitz ergreift, nachdem ihr der, dem sie in den Sinn gekommen ist, Gastrecht gewährt hat, so weist dies darauf hin, daß der ihr angemessene Ort nicht der Kopf ist, der dann restriktive Vorschriften für den Unterleib erläßt, sondern in der Mitte zwischen Kopf und Unterleib, im Zentrum des Lebens, von dem aus der Leib als Ganzes in seinen vielfältigen Funktionen gesteuert und organisiert wird. Ein keusches Herz entlastet den Kopf von der Notwendigkeit, Druck auf den Unterleib auszuüben, und diesen wiederum vom Druck des Kopfes. Eine solche freiwillige Enthaltsamkeit des Leibes ist demnach überhaupt keine Verzichtshaltung, die mit Askese und Selbstkasteiung verbunden ist, sondern eine Torheit in dem Sinn, daß sie für eine Lebensform einnimmt, die von außen betrachtet ihre Befriedigung darin findet, ein wesentliches körperliches Bedürfnis unbefriedigt zu lassen, von innen betrachtet jedoch als eine von jeglichem Zwang befreite Existenzweise empfunden wird. Das Zwanglose eines wahrhaft keuschen Selbstverhältnisses schließt ein, daß es jederzeit auflösbar ist, wenn der als Gast willkommen geheißene Besucher namens Keuschheit merkt, daß sein Zimmer im Herzen für Bewohner des unteren Stockwerks, die einen Eigenbedarf angemeldet haben, dringend gebraucht wird, und es ebenso selbstverständlich räumt, wie es ihm als Aufenthaltsort angeboten wurde.

„Von Grund aus" keusch zu sein, bedeutet demnach in Zarathustras Selbstverständnis, daß man Enthaltsamkeit nicht durch

Abtötung seiner Begierden erzwingt, sondern daß man Enthaltsamkeit begehrt und dieses Begehren sich selbst genug ist. Das Begehren von Keuschheit bewirkt, daß alle materialen Begehrungen sich zwanglos zurücknehmen und mit sich selbst befrieden – auch dies eine Form der „kleinen Armut", die vom Zwang des Habenwollens befreit.

„Vom Freunde": der Widerpart

Nachdem Zarathustra vor den Gefahren des Staates, der Menge und der Sexualität gewarnt und Möglichkeiten aufgezeigt hat, wie man ihnen durch Rückzug auf sich selbst und durch Enthaltsamkeit von jeglicher Masse entgehen kann, warnt er nun in der Rede vom Freunde, die das dialektische Gegenstück zu seinen Ausführungen über den Feind in der Rede „Vom Krieg und Kriegsvolke" bildet, vor den Gefahren der Einsamkeit. „‚Einer ist immer zu viel um mich' – also denkt der Einsiedler. ‚Immer Einmal Eins – das giebt auf die Dauer Zwei!' / Ich und Mich sind immer zu eifrig im Gespräche: wie wäre es auszuhalten, wenn es nicht einen Freund gäbe?" Wenn unter Keuschheit nicht bloß sexuelle Enthaltsamkeit zu verstehen ist, sondern im weitesten Sinn auch das Sichfernhalten von den Massenmenschen und dem, was sie umtreibt, verbunden mit dem Rückzug in die eigene Innerlichkeit, so konzentriert sich letztlich alles auf den Umgang des Individuums mit sich selbst. Drohte dem Ich im „Man" der Masse der *Selbstverlust,* so droht ihm nun in der Einsamkeit ein *Realitätsverlust,* da es in seiner Selbreflexion und Selbstgenügsamkeit ausschließlich mit sich zu tun hat und über dem Dialog, den es in Ermangelung eines Du mit sich führt, vergessen könnte, daß dieses „Selbst", vermittels dessen es sich seiner Identität vergewissert und seine Individualität begreift, keine reale Person ist, sondern ein abstraktes, vom Selbst reflexiv abgespaltenes und für sich gesetztes, unselbständiges Moment: das Ich. Das Ich ist Bewußtsein und als Bewußtsein immer auch Selbstbewußtsein. Diese unaufhebbare Selbstbezüglichkeit, durch die ich nicht nur dieses oder jenes weiß, sondern auch mich weiß als denjenigen, der dieses oder jenes weiß, kennzeichnet alle menschlichen Verrichtungen. Daher rührt der Eindruck des Einsiedlers – der doch gerade deshalb in die Einsamkeit gegangen ist, weil er eins, d. h. einer sein wollte –, daß immer einer zuviel um ihn herum ist, eine zweite Person, ungreifbar und dennoch überall vorhanden, wo auch er als ein denkendes Wesen ist, das mit dem Bewußtsein seiner selbst handelt. Auf die Dauer gewöhnt sich das Ich an seinen unsichtbaren ständigen Begleiter und führt angeregte Unterhaltungen mit ihm. Da jedoch sowohl die beiden Gesprächspartner als auch der Gegenstand des Gesprächs das Ich sind – ich rede mit mir über mich selbst –, kreist das Ich in sich selber, und alles Geschehen kreist um nichts anderes als das Ich.

Rettung vor einem Versinken in den Solipsismus und dem damit verbundenen Realitätsverlust bietet ein wirkliches zweites Ich, ein Freund, dessen leibhaftige Präsenz das Ich daran erinnert, daß es außer ihm selber noch etwas anderes gibt. „Immer ist für den Einsiedler der Freund der Dritte: der Dritte ist der Kork, der verhindert, dass das Gespräch der Zwei in die Tiefe sinkt. / Ach, es giebt zu viele Tiefen für alle Einsiedler. Darum sehnen sie sich so nach einem Freunde und nach seiner Höhe." Zarathustras Vergleich des Erkennens mit dem Netzfischen veranschaulicht sehr schön die Bedingungen, unter denen gehaltvolles, realitätserfülltes Wissen zustande kommt. Ein Netz ist eine geeignete Vorrichtung zum Fangen von Fischen, wenn das Netz tief genug im Wasser hängt und an seinen Enden durch Korken an der Wasseroberfläche festgehalten wird. Ohne den Halt der Korken würde das Netz auf den Grund des Gewässers sinken und wäre so zum Fischfang untauglich. Überträgt man dieses Bild, dann ist das Netz dem menschlichen Bewußtsein analog. Wie das Netz dadurch zu einem Fang gelangt, daß Fische in seine Maschen schlüpfen, so kommt das Bewußtsein dadurch zu Erkenntnissen, daß sich – kantisch ausgedrückt – anschaulich Gegebenes in einem kategorialen Begriffsnetz verfängt. Dem auf den Grund gesunkenen Netz entspricht ein Bewußtsein, das sich vollständig in sich selbst vertieft und über der Beschäftigung mit sich selbst – der Analyse seiner reflexiven Strukturen und seiner Ichhaftigkeit – seine eigentliche Aufgabe vergißt, nämlich sich wirklichkeitsbezogene, objektive Erkenntnisse zu verschaffen. Wie die Korken das Netz vor dem Absinken bewahren, so soll der Freund das Ich davor bewahren, sich völlig in sich selbst zu versenken und sich darin so zu verstricken, daß es den Bezug zur Realität verliert. Der Freund ist der gegenstrebige Pol, der – analog der Funktion des Korkens gegenüber dem Netz – dem Hang zur Tiefe ein beharrliches Festhalten an der Dimension der Höhe entgegensetzt und damit das zu ego-zentrischer Selbstumkreisung neigende Ich einerseits zur Wirklichkeitserkenntnis anhält und andererseits seinen Blick nach oben lenkt auf das unverrückbare Ideal: den Übermenschen, dem im Grunde seine ganze Sehnsucht gilt. „Unser Glaube an Andre verräth, worin wir gerne an uns selber glauben möchten. Unsre Sehnsucht nach einem Freunde ist unser Verräther." Zarathustra gebraucht hier die Ausdrücke „verrathen" und „Verräther" nicht in der üblichen negativen, sondern in einer positiven Bedeutung. Zwar wird auch durch unsere Sehnsucht ein Geheimnis preisgegeben, das Geheimnis unserer Ideale und Wertvorstellungen nämlich, aber da diese durch den „Verrath" unserer Sehnsüchte allererst aufgedeckt und uns als solche offenbar werden, haftet einer solchen Entbergung etwas Aufklärerisches an, zeigt sie doch, wer wir sind und woran es uns mangelt, um so zu sein, wie wir gerne wären. Wenn jemand sich nach einem Freund sehnt, so könnte dies ein Indiz dafür sein, daß er die Einseitigkeit eines ausschließlich auf sich selbst bezogenen Lebens erkannt hat und im Freund ein Gegengewicht sucht, das ihn von der reinen Idealität weg hin zur Realität zieht und ihn vom Weg der Selbstkonzentration auf den Weg der Selbstüberwindung bringt.

Hinter dem Wunsch nach einem Freund können sich jedoch auch ganz andere Interessen verbergen: „Oft will man mit der Liebe nur den Neid überspringen", d. h. man möchte jemanden zum Freund, weil er Eigenschaften besitzt, um die wir ihn im Grunde beneiden. Machen wir ihn uns zum Freund, so brauchen wir ihn nicht mehr zu beneiden, sondern können ihn um seiner von uns geschätzten Eigenschaften willen lieben. Aber unser eigentlicher Beweggrund bleibt doch der Neid, das Ressentiment, das dem anderen nicht gönnt, was man gern an sich selber fände. Oder: „Oft greift man an und macht sich einen Feind, um zu verbergen, dass man angreifbar ist." Auch dieser Strategie liegt Neid zugrunde, aber die Verschleierungstaktik, vermittels derer man von dem abzulenken versucht, was man an einem anderen begehrenswert findet, funktioniert im Fall des Angriffs genau entgegengesetzt wie bei der Liebe. Anstatt den anderen durch Zeichen von Bewunderung, Zuneigung,

Verehrung zum Freund zu gewinnen zu suchen – um sich auf der Ebene der Freundschaft als Gleichrangiger und Ebenbürtiger fühlen zu können –, wird ihm durch herausforderndes und aggressives Verhalten Feindschaft signalisiert, um Überlegenheit, Mut, Kampfkraft, kurz: lauter Eigenschaften vorzutäuschen, die man am anderen schätzt, bei sich selbst aber als fehlend konstatiert. So besteht die Gemeinsamkeit beider Strategien darin, daß sie Täuschungsmanöver sind, durch die Gefühle der Minderwertigkeit und Unterlegenheit kaschiert werden sollen, indem der entgegengesetzte Anschein erweckt wird.

Auf diese vom Neid diktierten Formen einer mißglückten persönlichen Beziehung folgt Zarathustras Dialektik von Freundschaft und Feindschaft. „„Sei wenigstens mein Feind!' – so spricht die wahre Ehrfurcht, die nicht um Freundschaft zu bitten wagt." Das aufrichtige und redliche Ich, das die Überlegenheit eines anderen Ich neidlos anerkennt, will die Distanz nicht mit Hilfe unlauterer Mittel zum Verschwinden bringen oder als nicht vorhanden behaupten. Es will vielmehr von seinem Gegenüber trotz des Abstands zwischen ihnen ernst genommen werden, und wenn das Gegenüber so beschaffen ist, daß es ihm Ehrfurcht und Hochachtung einflößt, dann ist es keine geringe Ehre, von diesem tatsächlich als Gegner ernst genommen zu werden. Aber auch echte Freundschaft enthält ein antagonistisches Moment: „Will man einen Freund haben, so muss man auch für ihn Krieg führen wollen: und um Krieg zu führen, muss man Feind sein *können*." Das Kriegführen-Wollen und Feindsein-Können beinhaltet nicht, was zunächst vielleicht nahe läge, sich dem Freund als Gefolgsmann zur Verfügung zu stellen im Krieg gegen dessen Feinde. Zarathustra meint vielmehr, man müsse um der Freundschaft willen dazu fähig sein, den Freund selber als Gegner zu betrachten, um dessen Kräfte für die Selbstüberwindung zu stärken. Daher solle man „in seinem Freunde noch den Feind ehren", um ihn beständig anzuspornen, über sich hinauszuwachsen. „Kannst du" – so Zarathustras Testfrage – „an deinen Freund dicht herantreten, ohne zu ihm überzutreten?" Auch bei noch so großer Nähe zwischen zwei Freunden muß ein endgültiger, als solcher unfruchtbarer Friede verhindert werden; die Distanz muß aufrechterhalten bleiben und damit der gegenseitige Respekt vor dem Bild des Übermenschen, das jeder von ihnen in sich trägt und auf seine individuelle Weise aus sich herausschaffen muß. Diese Bemühung durch wohlkalkulierte Provokationen zu unterstützen – darin liegt der tiefere Sinn der Freundschaft, deren Spannungsträger die Feindschaft ist. Eine derartig als Antagonismus von Streben und Widerstreben ausgetragene freundschaftliche Beziehung verbindet durch das Herz, das als Mitte zwischen Kopf und Bauch selber das beste Beispiel dafür abgibt, wie man Gegenstrebiges zum beiderseitigen Vorteil miteinander vereinigen kann. Freunde, die einander wahrhaft lieben, verhalten sich wie zwei edle Krieger, die miteinander kämpfen, um im anderen jeweils sich selbst zu besiegen.

Den größten Fehler sieht Zarathustra in dem Mißverständnis, Freundschaft bedeute Intimität. „Du willst vor deinem Freunde kein Kleid tragen? Es soll deines Freundes Ehre sein, dass du dich ihm giebst, wie du bist? Aber er wünscht dich darum zum Teufel! / Wer aus sich kein Hehl macht, empört: so sehr habt ihr Grund, die Nacktheit zu fürchten! Ja, wenn ihr Götter wäret, da dürftet ihr euch eurer Kleider schämen!" Was im Erotischen ein Genuß sein mag: der Anblick der oder des nackten Geliebten, und was im übertragenen Sinn als größtmöglicher Vertrauensbeweis erscheinen mag: jemandem unverstellt gegenüberzutreten und sich ihm rückhaltlos als den zu offenbaren, der man ist – das wäre für die Freundschaft höchst fatal und würde sie korrumpieren. Nach Zarathustras Meinung erweist sich einer gerade dadurch als Freund, daß er seine Schwächen bedeckt hält und seine Verletzlichkeit hinter einem Gestus der Stärke verbirgt, um den Freund nicht zum Mitleid zu verführen, sondern ihm mit gutem Beispiel auf dem Weg der Selbstüberwindung voranzugehen. Wenn Zarathustra die vertrauliche Selbsteröffnung eines Freundes empörend findet, so deshalb, weil er darin eine Zumutung sieht. Was sich für Götter ziemt, deren makellose Seinsweise es verdient, für jedermann als Ideal sichtbar zu sein, das verbietet sich für Menschen, die einander Vorbild sein wollen und ihre Unvollkommenheit hinter dem Ideal verbergen müssen, das sie erstreben. „Du kannst dich für deinen Freund nicht schön genug putzen: denn du sollst ihm ein Pfeil und eine Sehnsucht nach dem Übermenschen sein." Die Verschleierung der als solche eingesehenen Fehler und Schwächen ist ein Täuschungsmanöver in der Absicht, das Ideal desto reiner hervortreten zu lassen; diese ist so verstanden bereits der Anfang der Selbstüberwindung. Zarathustra redet hier also keineswegs der Vortäuschung falscher Tatsachen das Wort. Dorian Gray zum Beispiel, der Held des Romans „Das Bildnis des Dorian Gray" von Oscar Wilde, benutzt seine alterslose Schönheit als Maske, hinter der er um so ungestörter seinen Lastern nachgehen und ein ausschweifendes Leben führen kann. Nur sein Bild zeigt ihm die Veränderungen, die tatsächlich mit ihm vorgehen: die fortschreitende Verwüstung seines Antlitzes und den Zerfall seines Körpers. Zarathustra hingegen will gerade die Überwindung der vorhandenen Fehler und Schwächen, und der erste Schritt dazu besteht darin, daß man den anderen, speziell dem Freund, den Eindruck eines Pfeiles der Sehnsucht, d. h. eines über sich Hinausstrebenden vermittelt, der sich darum bemüht, seine Unvollkommenheiten hinter sich zurückzulassen.

Zarathustra bringt noch ein weiteres Bild für das Abstoßende des sich vollständig entblößenden, nackten Menschen: das Bild des Schlafenden. „Sahst du deinen Freund schon schlafen?" – so fragt er und betont das Erschreckende dieses Anblicks. Wer schläft, ist nicht er selbst; im Zustand der Inaktivität fehlt ihm die Bewegung des Pfeils, des Über-sich-Hinaus. Er erscheint entspannt, geistlos, beruhigt, kurz: ihm fehlen sämtliche dynamischen Merkmale, die auf den Übermenschen verweisen. Ist sein Gesicht sonst „dein eignes Gesicht, auf einem rauhen und unvollkommnen Spiegel", so ist es nun im Schlaf nur noch das Gesicht eines Menschen, und „der Mensch ist etwas, das überwunden werden muss". Im schlafenden Freund kann man sich nicht wiedererkennen; es fehlt das vollkommene Antlitz als der Spiegel, aus dem sonst, wenn auch noch stark vergröbert und unfertig, das eigene Gesicht entgegenblickt. Auch der Schlaf ist somit eine Form der Nacktheit, die das am Menschen enthüllt, was ohne sein Streben und Schaffen von ihm übrigbleibt: ein Tier, das in jedem Augenblick von neuem zu überwinden ist.

Im Verhältnis zwischen Freunden schaden Zudringlichkeit und Neugier ebenso wie vorbehaltlose Selbstmitteilung. Daher setzt Zarathustra an die Stelle des Wissenwollens das Erraten. Es gilt, sich in Gedanken auszumalen, was der Freund tun wird – immer von der Voraussetzung ausgehend, daß das Hervorbringen des

Übermenschen ihr gemeinsames Ziel ist, das sie dennoch voneinander trennt, da sie es nur zu erreichen vermögen, indem jeder von ihnen *sich* überwindet. Auf der Basis des ihnen gemeinsamen Ziels läßt sich auch erraten, ob der Freund Mitleid schätzt, oder ob er nicht vielleicht „an dir das ungebrochne Auge und den Blick der Ewigkeit" liebt, also einem vor Mitgefühl brechenden Auge und einem den vergänglichen Dingen zugewandten Blick unbeugsame Härte sowie feste Zuversicht in einen bleibenden Sinn vorzieht. „Das Mitleiden mit dem Freunde berge sich unter einer harten Schale, an ihm sollst du dir einen Zahn ausbeissen. So wird es seine Feinheit und Süsse haben." Zarathustra verbietet es nicht, mit dem Freund mitzuleiden, wie diese Stelle zeigt, aber das Mitleid darf sich nicht als solches zu erkennen geben, weil es den Freund schwächen oder verweichlichen könnte. Das Mitleid muß demnach so beschaffen sein, daß es – entgegen seiner Natur: der Anteilnahme – mit den Mitteln der Provokation und der Aggression dazu beiträgt, im Freund ein Spannungsfeld aufzubauen, das es ihm ermöglicht, sein Leid aus eigener Kraft zu überwinden.[55] Dies ist eine schwere Aufgabe; man muß sich einen festen Panzer zulegen, durch den das Mitleid nicht hindurchdringt und der auch dann noch standhält, wenn er einmal unerträglich wird und man alles daransetzt, um ihn aufzusprengen. Die Feinheit und Süße einer voll ausgereiften Frucht, die man gewissermaßen inwendig, eingeschlossen in der sie umgebenden Schale genießt, gleicht nach Zarathustra dem inneren Zustand desjenigen, der es fertiggebracht hat, sein Mitleid mit dem unglücklichen Freund so in sich einzukapseln, daß es sich in doppelter Weise fruchtbringend auswirkt: Zum einen macht es erfinderisch in bezug auf die geeignetsten Mittel, um den Freund dazu zu bringen, sich selbst von seinem Schmerz zu heilen; zum anderen besiegt der, der Mitleid empfindet, sich selbst, wenn es ihm gelingt, sein spontanes Mitgefühl um des Freundes willen in sich einzuschließen und ihn unter der Maske der Gefühllosigkeit auf sich selbst zurückzustoßen. Diese sich selbst verleugnende Form des Mitleids verlangt eine über-menschliche Anstrengung, durch die – wenn sie ihr Ziel erreicht – das Leid überwunden wird: sowohl das Leid des Freundes als auch das Leid des Mitleidenden, das darin besteht, daß er es gerade als solches verbergen muß.

Zarathustra fährt in seinem hohen Lied der Freundschaft fort, indem er fordert, man müsse dem Freund „reine Luft und Einsamkeit und Brod und Arznei" sein. Reine Luft und Einsamkeit verweisen auf die Dimension der Höhe, die das Element des Geistes ist; Brot und Arznei sind für die körperlichen Funktionen und die Behebung leiblichen Mißbefindens unerläßlich. Der Freund hat somit in gleicher Weise für das seelische *und* das leibliche Wohl des anderen Sorge zu tragen, um die Voraussetzungen zu schaffen, unter denen für diesen die Selbstüberwindung und damit der Übermensch möglich werden. „Mancher kann seine eignen Ketten nicht lösen, und doch ist er dem Freunde ein Erlöser." Vorbild für den Freund zu sein, enthält nicht schon die Garantie dafür, daß jedes gesetzte Ziel auch tatsächlich erreicht wird. Entscheidend ist vielmehr die Anspannung aller Kräfte, auch wenn dann am Ende ein Streben über sich hinaus scheitert. Wenn es einem trotz aller Bemühungen nicht gelingt, sich von den Zwängen, unter denen er leidet, zu befreien, so weisen seine fehlgeschlagenen Befreiungsversuche vielleicht dem Freund gerade den Weg zu dessen Freiheit. Selber unerlöst in der Unfreiheit bleibend, wird er doch zum Erlöser und Befreier des Freundes, dem er durch seine Anstrengungen den Blick für die Freiheit und für mögliche Wege zur Freiheit allererst öffnet. Der Sklave, der Freiheit begehrt und alles daransetzt, um sie zu gewinnen, hat sein Sklaventum überwunden, auch dann, wenn seine Selbstbefreiungsversuche de facto aufgrund äußerer Widerstände scheitern. „Bist du ein Sclave? So kannst du nicht Freund sein. Bist du ein Tyrann? So kannst du nicht Freunde haben." Wer als Sklave existiert, weiß nicht, was Freiheit ist. Das Grundmuster seiner Lebensform ist das Gehorchen, und einer, der nur ans Gehorchen gewöhnt ist, kann nicht Vorbild und deshalb auch in Zarathustras Sinn niemandes Freund sein, weil ihm das Streben über sich hinaus, die Selbstüberwindung abgeht. Sklave ist in übertragener Bedeutung jeder, der im Gewohnten verharrt; dessen ganzes Bestreben der Aufrechterhaltung des Ist-Zustandes gilt; der autoritätsgläubig, konservativ, dogmatisch ist und die Zwänge, denen er gehorcht, liebt, da er unfähig ist, sie als solche zu erkennen. Daß der Sklave nicht Freund *sein* kann, beinhaltet jedoch nicht, daß er nicht einen Freund *haben* kann, der sich wie einst Sokrates und jetzt Zarathustra darum bemüht, ihn über sein

Sklavendasein aufzuklären und zum Abschütteln der Fesseln zu veranlassen.

Genau umgekehrt wie mit dem Sklaven verhält es sich mit dem Tyrannen. Das Grundmuster seiner Lebensform ist das Befehlen, und einer, der anderen nur befiehlt, was sie tun sollen, kann unter den von ihm Beherrschten keine Freunde finden, denn einen Freund zu haben würde dazu führen, daß er über sich hinaus strebt und damit das Verhältnis von Herrschaft und Knechtschaft bzw. den Status des Tyrannen aufhebt. Die Lebensform des Tyrannen ist auf ihre Weise genauso statisch wie die des Sklaven; auch ihr fehlt die Dynamik des Über-sich-Hinaus, der Höherentwicklung. Von daher erweist sich auch der Tyrann als Sklave, da er abhängig ist von denen, die ihm gehorchen, und diese Abhängigkeit aufrechterhalten wissen will. Der Tyrann kann weder Freunde *haben* noch selbst Freund *sein;* aber er kann zum Freund *werden,* wenn er sich entschließt, sich von den Fesseln seiner Abhängigkeit und damit von dem Herrschaft-Knechtschafts-Verhältnis als solchem zu befreien. Über das neu gewonnene Selbstverhältnis ändert sich zugleich auch das Verhältnis zu den vormals von ihm Beherrschten, für die er nun dadurch zum Freund wird, daß er ihnen als Vorbild für die Befreiung vom Sklaventum dient. Man könnte in diesem Zusammenhang wiederum das alte dualistische Menschenbild als Beispiel heranziehen: die Seele als Tyrann des Leibes, der die Rolle des Sklaven zu spielen hat. Beide können sich nur gemeinsam von der Abhängigkeit des sie an das Schema des Befehlens und Gehorchens fesselnden Verhältnisses von Herrschaft und Knechtschaft lösen, indem sie dadurch einander „Freund" werden, daß sie sich wechselseitig zur Höherentwicklung antreiben.

Freundschaft, wie Zarathustra sie beschrieben hat, gibt es nur zwischen Männern, aber nicht zwischen Männern und Frauen. Die Möglichkeit einer Freundschaft zwischen Frauen kommt Zarathustra gar nicht erst in den Sinn. „Allzulange war im Weibe ein Sclave und ein Tyrann versteckt. Desshalb ist das Weib noch nicht der Freundschaft fähig: es kennt nur die Liebe." Zarathustra erörtert nicht die mit den patriarchalischen Herrschaftsstrukturen zusammenhängenden Gründe dafür, daß die Frau einerseits zur unterwürfigen Dienerin des Mannes erzogen wurde und andererseits den Mann beherrschen will, indem sie ihn liebt und von ihrer

Liebe abhängig zu machen sucht. So kann sie dem Mann weder Freund *sein* noch ihn zum Freund *haben,* da sie in der Liebe ihre Abhängigkeit von ihm ebenso festschreiben will wie seine Abhängigkeit von ihr. Sie ist weder bereit, dem Mann bei der Emanzipation seiner selbst behilflich zu sein, noch will sie sich selbst emanzipieren. Damit verhindert sie die Überwindung der versklavenden Liebe durch befreiende Freundschaft. Sie will in der Liebe den Mann an sich binden, so wie sie sich an ihn bindet. Immerhin behauptet Zarathustra nicht, die Frau sei *grundsätzlich* nicht zur Freundschaft fähig; er sagt, sie sei es *noch* nicht ... –

Was sich an der Liebe ändern muß, damit sie die Qualität der Freundschaft bekommt, erhellt aus Zarathustras Bemerkung: „In der Liebe des Weibes ist Ungerechtigkeit und Blindheit gegen Alles, was es nicht liebt." Im allgemeinen sagt man ja, Liebe mache blind für die Fehler des Geliebten, und Zarathustras Vorwurf geht auch in diese Richtung. Er kritisiert, daß das Verhalten der Frau einseitig und wenig differenziert sei: Was nicht in den Horizont ihrer Liebe fällt, das nimmt sie entweder gar nicht zur Kenntnis („Blindheit") oder duldet es nicht („Ungerechtigkeit"). Die Liebe ist somit selektiv; sie schließt unbewußt alles, was am Mann nicht liebenswert scheint, als *quantité négligeable* aus ihrer Welt aus, wohingegen sich die Freundschaft dem Freund als Ganzem zuwendet. Sie schließt das Liebenswerte ebenso wie das Nichtliebenswerte mit ein und erarbeitet auf der Basis ihrer umfassenden Kenntnis der Person des Freundes ein auf diesen zugeschnittenes Programm, durch das dieser beharrlich und beständig herausgefordert wird, sich zu seinem Besten und Höchsten zu entwickeln.

Zarathustra räumt zwar ein, daß es neben der blinden noch eine höhere Stufe von sehender Liebe gibt, die aber auch noch nicht fähig ist, den Partner gleichmäßig und kontinuierlich zur Selbstüberwindung anzuspornen: „Auch in der wissenden Liebe des Weibes ist immer noch Überfall und Blitz und Nacht neben dem Lichte." Das entscheidende Wort in diesem Zitat ist „neben". Licht bedeutet gleichmäßige Helligkeit, Durchsichtigkeit, Aufgeklärtheit, und dadurch zeichnet sich ein Wissen aus, das die Liebe hellsichtig macht für das, was der Geliebte einerseits ist und andererseits kann. Eine solche Liebe wäre der Freundschaft gleichrangig. Aber selbst bei Frauen, die einer hellsichtigen Liebe fähig sind, gibt es neben ihrem Wissen „Überfall und Blitz und Nacht", die als Störfaktoren auftreten und den klaren Blick für den Geliebten durch plötzlich einschießende Emotionen rot färben, blenden oder verdunkeln. Wenn es der Frau gelingt, beständig in ihrer Liebe zu sein und sich nicht mehr durch den Sklaven oder den Tyrannen in sich zu Handlungen hinreißen zu lassen, die das Ziel aus den Augen verloren haben – nämlich den Geliebten ununterbrochen dazu zu verlocken, über sich hinauszuwachsen –, erst dann wird ihre Liebe die Qualität der Freundschaft besitzen. Aber davon ist sie nach Zarathustras Meinung vorerst noch weit entfernt: „Noch ist das Weib nicht der Freundschaft fähig: Katzen sind immer noch die Weiber, und Vögel. Oder, besten Falles, Kühe." Diese wenig schmeichelhaften Vergleiche lassen die Frau als ein Wesen erscheinen, dessen Verhalten zum Mann ambivalent ist. Katzen sind anschmiegsame Tiere, die behaglich schnurren, aber auch überfallartig die Krallen ausfahren und kratzen können. Vögel sind eher flatterhaft, aber sie können auch wie der Blitz niederstoßen und Beute machen. Kühe schließlich sind sanfte und geduldige Wiederkäuer, aber ihre Dummheit ist sprichwörtlich. Aufgrund ihres widersprüchlichen Verhaltens sind die Frauen unberechenbar, sprunghaft und unzuverlässig – lauter Eigenschaften, die zur Freundschaft untauglich machen, da durch sie der Mann zugleich versklavt und tyrannisiert, in jedem Fall aber vom Weg des Übermenschen abgebracht wird.

Nach seinen Auslassungen über die Frauen wendet sich Zarathustra noch einmal den Männern zu, um festzustellen, daß die meisten von ihnen, wenn auch aus anderen Gründen, ebenfalls nicht zur Freundschaft fähig sind. „Oh über eure Armuth, ihr Männer, und euren Geiz der Seele! Wie viel ihr dem Freunde gebt, das will ich noch meinem Feinde geben, und will auch nicht ärmer damit geworden sein. / Es giebt Kameradschaft: möge es Freundschaft geben!" Sind die Frauen zu emotional und zu launisch für eine Freundschaft, so die Männer zu arm und zu geizig. Armut und Geiz der Seele zeigen sich darin, daß den Problemen des Freundes anstatt voller Aufmerksamkeit nur eine halbherzige Anteilnahme geschenkt wird, gerade so viel, daß man sich nicht allzusehr verausgabt. Die Furcht, man könnte durch freundschaftliche Zuwendung etwas verlieren, geht von der falschen Vorstellung aus, daß die Seele sich bei zu starker Beanspruchung ebenso erschöpfen könnte wie eine materielle Ressource, so daß für den Eigenbedarf nichts mehr übrigbliebe. Diese Vorstellung, die am Modell einer Kosten-Nutzen-Rechung orientiert ist, führt Zarathustra ad absurdum, indem er behauptet, das Maß an Fürsorge, das der Durchschnittsmann für einen Freund erübrige, das lasse er – Zarathustra – seinem Feind zukommen, und nicht einmal dadurch habe er eine Einbuße an seelischer Kraft erlitten. Um wieviel mehr müssen dann erst echte Freundschaftsdienste an persönlichem Gewinn mit sich bringen. Freundschaft, wie Zarathustra sie versteht, ist ja keine Beziehung, in der der eine nur gibt und der andere nur nimmt, so daß am Ende der eine arm und der andere reich geworden ist. Freundschaft ist vielmehr ein dialektisches Verhältnis, in welchem mit dem Einsatz der Kräfte für den Freund in gleichem Maß auch die eigene seelische Spannkraft wächst, so daß gar kein Verlust entsteht, der den Geiz rechtfertigen würde. Geiz gegenüber dem Freund ist ganz im Gegenteil auch Geiz gegenüber sich selbst: seelische Verarmung, die daran kenntlich ist, daß einer die geistigen Dinge ebenfalls als eine Art unveräußerlichen *Besitz* betrachtet, mit dem es sparsam Haus zu halten gilt, anstatt Seele und Geist aktivisch als eine *Tätigkeit* aufzufassen, ein organisierendes Tun, das seiner selbst immer sicherer und stärker wird, je öfter es ausgeführt wird. Auch Freundschaft ist ein solches Tun, das auf die Höherentwicklung des Freundes zielt, dabei aber in gleichem Maß zur Höherentwicklung des Schaffenden beiträgt.

Obwohl die meisten Männer von einer solchen Freundschaft noch weit entfernt sind, sieht Zarathustra doch in der Kameradschaft ein Zeichen dafür, daß sie möglich ist. Kameradschaft ist insofern eine Vorstufe zur Freundschaft, als Kameraden sich durch ein Gefühl der Solidarität miteinander verbunden fühlen und sich gegenseitig in der Not beistehen. Was zur Freundschaft noch fehlt, ist die Idee des Übermenschen. Für den Kameraden setzt man alles daran, daß es ihm gut geht. Für den Freund will man das Beste und Höchste, und dazu muß man ihn mit Geschick, Taktik und strategischem Gespür – lauter Fähigkeiten, die eine reiche und freigebige Seele voraussetzen – über sich hinaustreiben. So wie die Liebe der Frau wird die Kameradschaft des Mannes in der Freundschaft als der höchsten unter den zwischenmenschlichen Beziehungen überwunden.

„Von tausend und einem Ziele": über den Ursprung der Moral(en)

Thema dieser Rede ist die Vielzahl historisch gewachsener Moralen einerseits und die eine, sie zu einem organischen Ganzen zusammenbindende Über-Moral oder Menschheitsmoral andererseits. Zarathustra beginnt empirisch: viele Länder und Völker habe er gesehen und dabei ebenso viele Moralen kennengelernt. „Keine grössere Macht fand Zarathustra auf Erden, als gut und böse." In den Kategorien des Guten und Bösen bringen sich jene Werturteile zum Ausdruck, die Auskunft über das gemeinsame Sinnverständnis eines Volkes geben und damit über das, was es vermag. Was ein Volk vermag, darin zeigt sich seine Macht, und Gut und Böse sind die Gradmesser dieses Vermögens, das sowohl Macht über sich selbst als auch Macht über andere bedeutet, insofern mit Gut und Böse Geltungsansprüche verbunden sind, deren Mißachtung Sanktionen nach sich zieht. Die Macht der Moral bekommt der zu spüren, der gegen die geltenden Sitten und Tabus verstößt und sich dadurch selbst aus der Gemeinschaft ausschließt, die sich durch die gemeinsam anerkannten Wert- und Unwertvorstellungen herausgebildet hat.

Zarathustra deutet das Werten vermittels der Prädikate gut und böse als ein Schätzen, durch das bestimmte Handlungsmuster als verbindlich ausgezeichnet, andere als verwerflich gekennzeichnet werden. „Leben könnte kein Volk, das nicht erst schätzte; will es sich aber erhalten, so darf es nicht schätzen, wie der Nachbar schätzt. / Vieles, das diesem Volk gut hiess, hiess einem andern Hohn und Schmach. ... Vieles fand ich hier böse genannt und dort mit purpurnen Ehren geputzt. / Nie verstand ein Nachbar den andern: stets verwunderte sich seine Seele ob des Nachbarn Wahn und Bosheit." Leben als Prozeß fortgesetzter Selbstorganisation aufgefaßt ist kein blindes, da ziel- und richtungsloses Geschehen, sondern beruht auf einer Selektion, eben jenem Schätzen, durch das unter verschiedenen Handlungsalternativen die eine vorgezogen, die andere ausgeschlossen wird. Maßnahmen, von denen man überzeugt ist, daß sie die Lebensqualität erhalten, fördern, steigern, werden entsprechend hochgeschätzt, wohingegen dem Leben nicht dienliche Praktiken als völlig wertlos abqualifiziert werden. Was jedoch als Lebensqualität zählt, steht nicht a priori fest und ist auch nicht durch die Natur vorgegeben, sondern besteht einzig und allein in dem, was sich in einer Interaktionsgemeinschaft als allgemeine Ansicht über das, was schätzens*wert* ist, herauskristallisiert hat. Über das Schätzenswerte besteht daher kein Konsens unter den Völkern; was als gut und böse erachtet wird, variiert von Gruppe zu Gruppe und von Volk zu Volk. Dies hat nach Zarathustra seinen Grund darin, daß ein Volk sich nur dadurch als Gemeinschaft erhalten kann, daß es sich von seinen Nachbarn als den nicht dazu Gehörigen abgrenzt. Diese Abgrenzung erfolgt durch das Wertesystem, in welchem ein Volk über seine Hochschätzungen dokumentiert, was es vermag; und je mehr es vermag, desto größer sein Machtanspruch. Mit dem Machtanspruch wächst auch die Verschiedenheit von den benachbarten Völkern, die so weit gehen kann, daß der eine Moralkodex Handlungen *ge*bietet, die der andere *ver*bietet. Ein und dieselbe Tat kann bei den einen als verdienstvoll gelten und durch hohe Ehrungen ausgezeichnet werden, während sie bei den anderen nur Hohn und Schmähworte erntet.

Diese entgegengesetzten Ansichten über das Schätzenswerte resultieren nicht daraus, daß eine der Parteien den objektiven Wert der Dinge nicht zu erfassen mag – Dinge haben überhaupt keinen „objektiven" Wert, sondern gelten nur in dem Ausmaß, in dem sie von Subjekten geschätzt werden, als gut. Sie sind nicht an sich, sondern nur durch das Schätzen, wertvoll, d. h. durch jenen Akt des Vorziehens, der ihre Vorzüglichkeit begründet. Mit der Zeit gewöhnt man sich jedoch daran, das Verhältnis zwischen Schätzen und Wert umzukehren, und geht davon aus, daß man Dingen nicht deshalb Wert zuschreibt, weil man sie schätzt, sondern daß man Dinge schätzt, weil sie wertvoll sind. Auf der Basis dieser Umkehrung wird es vollends unbegreiflich, wie andere dazu kommen, etwas Wertvolles als wertlos auszugeben, und dies kann man sich nur erklären, indem man annimmt, der so Urteilende sei entweder in einem Irrtum befangen („Wahn") oder bösartig („Bosheit"). In

Wirklichkeit verhält es sich jedoch so, daß durch das Schätzen allererst Wert in die vorgezogenen Dinge gelegt wird, und da durch den Vorgang des Schätzens zugleich, wenn auch nicht bewußt, eine Trennungslinie zwischen dem eigenen Volk und fremden Völkern gezogen wird, entstehen vielfältige, regional verschiedene Moralen, nicht zuletzt auch deshalb, weil klimatische Einflüsse, geographische Verhältnisse, spezielle Bodenbeschaffenheiten, vorhandene oder fehlende Ressourcen etc. die Wertschätzungen mitbestimmen.

„Eine Tafel der Güter hängt über jedem Volke. Siehe, es ist seiner Überwindungen Tafel; siehe, es ist die Stimme seines Willens zur Macht. / Löblich ist, was ihm schwer gilt; was unerlässlich und schwer, heisst gut; und was aus der höchsten Noth noch befreit, das Seltene, Schwerste, – das preist es heilig." Man könnte sich zunächst fragen, inwiefern die Wertetafel, an der die allgemeine Praxis eines Volkes orientiert ist, die Summe der Überwindungen dieses Volkes darstellt, wenn sie doch das enthält, was jedermann hochschätzt und daher, so sollte man meinen, mit Freuden begehrt. Daß die Wertetafel über dem Volk hängt, deutet auf die Dimension der Höhe hin, auf die Bewegung des Über-sich-Hinaus. Als wertvoll werden Dinge ausgezeichnet, die nicht leicht zu haben sind, für die man sich anstrengen muß, und insofern trifft es zu, daß in einem Moralkodex die Selbstüberwindungen verzeichnet sind, durch die es einem Volk gelungen ist, über sich hinaus zu schaffen, sich höher zu entwickeln und seiner selbst mächtiger zu werden. An seinen Normen und Wertvorstellungen läßt sich ablesen, wozu es sich hat durchringen können und was es über sich vermag. Dabei unterscheidet Zarathustra drei Kategorien von Werturteilen über Handlungen, die sich durch den zunehmenden Schweregrad der in ihnen vollzogenen Überwindung unterscheiden: löbliche, gute und heilige Handlungen. Lob und Tadel auf der untersten Stufe sind Ausdruck der Anerkennung (bzw. bei Unterlassung: Ablehnung) von Handlungen, deren Ausführung nach allgemeiner Ansicht schwerfällt. Zarathustra bringt keine Beispiele, aber es läßt sich vermuten, daß einem Volk alle die Handlungen als schwer und somit als lobenswert gelten, die das materialistische Lustprinzip überwinden um einer höherrangigen Leib-Geist-Organisation willen, während einem anderen Volk die Überwindung der Abhängigkeit von Vorurteilen schwerfallen mag. Gut und Böse auf der mittleren Stufe der Werturteilsskala dienen zur Charakterisierung von Handlungen, die schwerfallen und unerläßlich sind, die auszuführen man daher verpflichtet ist. In seinen Pflichtenkatalogen faßt ein Volk diejenigen Handlungstypen zusammen, die für den Zusammenhalt der Gemeinschaft unverzichtbar sind und aus diesem Grund jedem ihrer Mitglieder die Überwindung eigener Interessen zugunsten der sozialen Erfordernisse gebieten. Auf der obersten Stufe des Heiligen schließlich findet sich das Exzeptionelle in Gestalt außerordentlicher Leistungen, die ein Höchstmaß an Selbstüberwindung, inklusive die Opferung des Lebens im äußersten Notfall, verlangen. Solche Handlungen heißen heilig, weil sie in Situationen äußerster Bedrängnis die Not wenden und das Heil bringen.

Trotz aller Vielfalt und Heterogenität der Moralen in bezug auf die Inhalte ihrer Normen und Werte hat Zarathustra in formaler Hinsicht bei allen Völkern die gleiche Dreigliederung der Werturteile gemäß den Kategorien des Lobenswerten, des Guten und des Heiligen angetroffen. Das spricht dafür, daß – über die Tatsache hinaus, daß die Moral als das aus gemeinsamen Erfahrungen hervorgegangene Sinnverständnis die zwischenmenschlichen Verhaltensweisen jeweils regelt – auch der Grundraster, über den der Wert von Handlungen bzw. der durch sie erzielten Wirkungen beurteilt wird, bei allen Völkern der gleiche ist. Die unterschiedliche Anwendung der Kategorien ‚lobenswert', ‚gut' und ‚heilig' hat, wie bereits erwähnt, außer in den je anderen Lebensbedingungen ihre Ursache in dem Rivalitäts- und Abgrenzungsbestreben, durch das ein Volk dem anderen seine Überlegenheit demonstrieren will. „Was da macht, dass es herrscht und siegt und glänzt, seinem Nachbarn zu Grauen und Neid: das gilt ihm das Hohe, das Erste, das Messende, der Sinn aller Dinge." Obwohl die inhaltliche Verschiedenheit der Wertsysteme eine Verständigung über Geltungsansprüche und ihre Berechtigung zwischen den Völkern verhindert, so versteht doch gleichwohl jedes Volk aufgrund seiner eigenen moralischen Praxis und der damit verbundenen Werturteilskategorien, daß ein herausragendes Volk seine Vorzüglichkeit seiner Moral als dem Maßstab verdankt, den es als „das Hohe, das Erste", d. h. als sinnschaffendes Prinzip seiner Praxis zugrunde legt.

Wenn also ein Volk es zu Macht, Überlegenheit und Ruhm bringt, so ist dies ein Zeichen für die regulative Kraft des Moralprinzips. Daß ein solches Volk den Neid der anderen erregt und ihnen zugleich Grauen einflößt, hat seinen Grund darin, daß sein Moralprinzip nicht nur ein Index seiner das Können der Nachbarn weit überbietenden Selbstmächtigkeit ist, sondern auch die Gefahr einer Übermächtigung derer heraufbeschwört, die es selber auf dem Weg der Selbstüberwindung noch nicht so weit gebracht haben und somit in ihrem Willen zur Macht von einem stärkeren bezwungen werden könnten. Dies würde den Untergang alles dessen, was dem fremden Volk als lobenswert, gut und heilig gilt, bedeuten. Mit seiner Moral würde es zugleich als Volk aufgehoben, denn, seines eigenen Wertmaßstabs beraubt, würde es die Orientierung und damit seine Identität verlieren. Wenn das Altvertraute und Gewohnte nicht mehr gilt und die neuen Geltungsansprüche losgelöst von dem Erfahrungshorizont, in dem sie entstanden sind, als sinnlose Forderungen erscheinen, hat das Handeln kein Ziel mehr. An die Stelle der Höherentwicklung durch Selbstüberwindung treten Chaos und Selbstzersetzung; daher rührt das Grauen, das die Vorstellung eines wegen seiner überragenden Sittlichkeit beneideten Volkes erweckt: Der Verlust der Identität eines Volkes käme seiner Selbstvernichtung gleich.

Man muß nach Zarathustra „eines Volkes Noth und Land und Himmel und Nachbar" gut kennen, um aus diesen Daten sein Moralprinzip als „das Gesetz seiner Überwindungen" errate zu können, „und warum es auf dieser Leiter zu seiner Hoffnung steigt". Die vier von Zarathustra aufgezählten Faktoren – Mangel, Boden, Klima, Grenzen – enthalten den Schlüssel zur Lösung des Rätsels der Moral, die sich unter dem Druck der Verhältnisse regional verschieden herausgebildet hat, und zwar als Ausdruck eines Sinnverlangens, das über die drangvolle Enge des Bestehenden hinaus eine höher geschätzte und als solche erstrebte Lebensform antizipatorisch vorwegnimmt. Zarathustra führt vier Beispiele für von ihm erratene Moralprinzipien an. Als erstes nennt er das der *Griechen:* „,Immer sollst du der Erste sein und den Andern vorragen: Niemanden soll deine eifersüchtige Seele lieben, es sei denn den Freund' – diess machte einem Griechen die Seele zittern: dabei gieng er seinen Pfad der Grösse." Tugend (areté) und Freundschaft (philia) – durch diese beiden moralbegründenden Tätigkeiten zeichneten sich nach Zarathustra die Griechen aus, wobei der edle Wettstreit um den Erwerb sittlicher Tüchtigkeit als eine Einübung in die Beherrschung der Leidenschaften verstanden wurde, während in der Freundschaft die Erotik, insbesondere der philosophische Eros, sich entfalten konnte. Das Streben nach Weisheit durch Tugend und Erotik war die „Leiter", auf der der Grieche zu seinem Ideal emporstieg, das ihn und sein Volk groß machte – von Platon im Linien- und Höhlengleichnis der „Politeia" sowie in der im „Symposion"[56] geschilderten Aufstiegsbewegung der Seele als ein vierstufiger Weg beschrieben, der nach mehrmaliger Selbstüberwindung in einen Zustand sittlicher Vollkommenheit mündet, dem so weit wie möglich sich anzunähern dem menschlichen Streben aufgegeben ist. Die Polis als Resultat dieser Bemühungen war ein schönes Abbild dieses Ideals sittlicher Größe.

Als zweites Beispiel führt Zarathustra das Moralprinzip der *Perser* an: „‚Wahrheit reden und gut mit Bogen und Pfeil verkehren' – so dünkte es jenem Volke zugleich lieb und schwer, aus dem mein Name kommt – der Name, welcher mir zugleich lieb und schwer ist." Wahrhaftigkeit und Kunstfertigkeit im Bogenschießen sind die beiden Grundwerte, die sich im kategorischen Imperativ der Perser finden und die nach Zarathustras Meinung den Aufstieg des mächtigen Perserreiches vorangetrieben haben. Zarathustras Seelenverwandtschaft mit den Persern zeigt sich darin, daß auch er durch seine Redlichkeit dem Wahrheitsanspruch gerecht zu werden versucht und sich ebenfalls als Bogenschütze betätigt, indem er mit seinen Reden Pfeile der Sehnsucht abschießt, die auf den Übermenschen zielen.

Als drittes Beispiel zieht Zarathustra das Moralprinzip der *Juden* heran: „‚Vater und Mutter ehren und bis in die Wurzel der Seele hinein ihnen zu Willen sein': diese Tafel der Überwindung hängte ein andres Volk über sich auf und wurde mächtig und ewig damit." Respekt und bedingungsloser Gehorsam gegenüber den Eltern als die Norm aller Normen haben das Volk der Juden als eine Sippengemeinschaft hervorgebracht, in der jeweils die älteste Generation das Sagen hat, und auch sie gehorcht keinen anderen Gesetzen als denen, die ihre Vorväter ihr auferlegt hat. Die Macht und die Ewigkeit des jüdischen Volkes gründet demnach in der fraglosen Übernahme und Weitergabe des seit jeher Geltenden, das in der Tradition unverändert erhalten bleibt und in jeder Generation neu sich bewährt.

In seinem vierten Beispiel rekurriert Zarathustra auf das Moralprinzip des *germanischen Volkes:* „,Treue üben und um der Treue willen Ehre und Blut auch an böse und fährliche Sachen setzen': also sich lehrend bezwang sich ein anderes Volk, und also sich bezwingend wurde es schwanger und schwer von grossen Hoffnungen." Auch der Wert der Treue hat das Bewahren zum Ziel. Wer sich selbst und den Seinen die Treue hält um jeden Preis – selbst um den Preis des Lebens und unter Inkaufnahme einer Berührung mit dem Bösen jede Gefahr auf sich nimmt, um die verletzte Ehre wiederherzustellen –, der ist fest davon überzeugt, daß Selbsterneuerung und Höherentwicklung nur gelingen, wenn man dabei sich selbst treu bleibt, d. h. dasjenige in sich durch alle Widerfahrnisse des Lebens hindurch hochhält, was die Eigentümlichkeit des Selbst wie des Volkes ausmacht. Treue als das Moralprinzip des germanischen Volkes berechtigte dieses zu der Hoffnung, daß seine Lebensart die Zeit überdauern und sich immer mehr festigen werde.

Zarathustra hat diese vier Beispiele großer Völker aus einem doppelten Grund herangezogen. Zum einen sollen sie seine Behauptung illustrieren, daß es ganz unterschiedliche Wertvorstellungen sind, die den Moralprinzipien der Völker ihre inhaltliche Bestimmtheit gegeben haben, so daß die verschiedenen Moralen ebenso viele Wege der Höherentwicklung durch Selbstüberwindung aufzeigen. Zum anderen dienen Zarathustra die Moralprinzipien der Griechen, Perser, Juden und Germanen als Nachweis für seine – wie er meint: empirisch belegbare – These, daß das Moralprinzip eine menschliche Setzung ist, durch die ein gemeinsam anerkannter Grundwert als jedwede Praxis verpflichtender Urteilsmaßstab etabliert wird. „Wahrlich, die Menschen gaben sich alles ihr Gutes und Böses. Wahrlich, sie nahmen es nicht, sie fanden es nicht, nicht fiel es ihnen als Stimme vom Himmel." Zarathustra räumt mit allen Ursprungsmythologien, die erfunden wurden, um die normative Kraft der Moral zu erklären, rigoros auf. Die erkenntnis- und handlungsleitenden Wertvorstellungen stammen weder aus der außermenschlichen Natur, noch werden sie in der menschlichen Natur vorgefunden. Sie lassen sich also nicht am kosmischen Geschehen teleologisch ablesen, was voraussetzte, daß Naturprozesse einen ihnen immanenten Sinn haben, der es erlaubt, sie als einen Zweckzusammenhang aufzufassen. Wenn wir in der Natur zweckmäßige Abläufe entdecken, dann deshalb, weil wir die Natur unter dem Gesichtspunkt der Zweckmäßigkeit als einen teleologischen Kontext interpretieren, nicht aber, weil die Natur selber nach Zwecken handelt, denn damit würde man der Natur an sich selber Subjektcharakter zuschreiben, was aber im Widerspruch zu unserer Erfahrung der Natur steht. Wertvorstellungen können somit nicht aus der Natur stammen; vielmehr werden sie genau umgekehrt vom Menschen zum Zweck der Deutung in die Natur hineingelegt, und nur wenn man diese ursprüngliche Übertragung des teleologischen Interpretationsschemas auf die Natur vergißt, kann man fälschlicherweise annehmen, die Natur sei ontologisch an sich selber ein Wertekomplex, an welchem sich die Menschen orientieren sollen.

Die zweite Möglichkeit, die Herkunft der moralischen Wertmaßstäbe zu begreifen, besteht darin, daß man sagt, sie seien angeboren, also gewissermaßen mit der menschlichen Natur mitgeliefert worden. Diese Annahme eines angeborenen Wertbewußtseins ist jedoch im Hinblick auf die verschiedenen Inhalte dieses Wertbewußtseins ebenfalls nicht haltbar. Wären die Werte tatsächlich ein Bestandteil der menschlichen Natur als solcher, dann könnte es keine Moralen geben, sondern nur einen einzigen Moralkodex, dessen Geltungsansprüche für jeden Menschen unangesehen seiner Volkszugehörigkeit in gleicher Weise als verbindlich anerkannt würden.

Eine dritte Möglichkeit, nämlich die Wertvorstellungen auf eine göttliche Offenbarung zurückzuführen, lehnt Zarathustra ebenfalls ab. Ihr liegt die gleiche Täuschung zugrunde wie schon der teleologischen Naturerklärung, die ebenfalls auf einem Übertragungsfehler beruht. Die „Stimme vom Himmel" ist, wie wir wissen, nichts anderes als der „Bauch des Seins", aus dem verschleierte menschliche Machtinteressen sich zu Wort melden.

Nachdem die traditionellen Versuche einer Erklärung der Herkunft des Moralprinzips gescheitert sind – ihr Fehler liegt darin, daß sie Werte als etwas Vorgegebenes, unabhängig von Menschen und ohne ihr Zutun immer schon Entstandenes auffassen –, bekräftigt Zarathustra erneut seine These, daß Werte nur aus einem menschlichen Willen hervorgehen, der durch sein Wollen das Begehrenswürdige aus der Mannigfaltigkeit des Seienden heraushebt und damit als etwas bestimmt, das sein *soll*. Werte gibt es nicht an sich; sie existieren nur im und durch das Handeln. „Werthe legte erst der Mensch in die Dinge, sich zu erhalten, – er schuf erst den Dingen Sinn, einen Menschen-Sinn! Darum nennt er sich ‚Mensch‘, das ist: der Schätzende." Das Tier, so könnte man sagen, schätzt nicht. Wenn es dort, wo mehrere Möglichkeiten bestehen, eine bestimmte vorzieht, so nicht deshalb, weil es sie höher schätzt als die übrigen, sondern weil es seinem Instinkt folgt, der sein Verhalten determiniert. Der Mensch hingegen betrachtet sich als Selbstzweck und taxiert unter dem Gesichtspunkt seiner Selbsterhaltung das Vorhandene und ihm Zuhandene daraufhin, inwieweit es ein nützliches, gutes oder gar ein hervorragendes Mittel im Dienst des Willens zur Macht sein könnte. Zarathustra reduziert alle menschlichen Tätigkeiten auf die eine, ihn als Menschen auszeichnende Grundtätigkeit des Schätzens, durch das etwas, das bloß da ist, eine neue Qualität erhält: ihm wird Wert und damit ein Sinn zugesprochen, den es von sich aus nicht hat, sondern nur in der Relation zu jener Tätigkeit des Schätzens, vermittels derer ein menschlicher Wille sich Lebensqualität verschafft. „Schätzen ist Schaffen: hört es, ihr Schaffenden! Schätzen selber ist aller geschätzten Dinge Schatz und Kleinod. / Durch das Schätzen erst giebt es Werth: und ohne das Schätzen wäre die Nuss des Daseins hohl. Hört es, ihr Schaffenden!" Zarthustra appelliert hier eindringlich an diejenigen, die schon Schaffende sind, aber sich noch nicht mit genügender Klarheit zum Bewußtsein gebracht haben, was sie eigentlich tun: daß sie durch ihr Schaffen Schätze produzieren, aber nicht Schätze abseits von den Dingen, sondern in den Dingen, die eben dadurch, daß ihnen ein Wert zuerkannt wird, mit Sinn erfüllt werden – vergleichbar einer Nuß, deren Schale hohl ist und die erst durch das Schätzen einen Kern erhält.

Zarathustra will das Irrige der *Common sense*-Meinung herausstellen, die davon ausgeht, daß Werte losgelöst von den menschlichen Handlungen für sich existieren, so daß Handlungen und Dinge nur wertvoll sein können, wenn sie auf irgendeine Weise an diesen Werten partizipieren. Dieser Ansicht des *Common sense* hält Zarathustra seine Auffassung entgegen, der gemäß Werte nur im Akt des Wertens, des Schätzens existent sind und außerhalb des Schaffens zu abstrakten Entitäten gerinnen, die ohne Bezug auf ein Handeln eigentümlich unproduktiv bleiben. Werte sind nichts Statisches, sondern entstehen in und mit der Dynamik einer Aktivität. Das Schaffen als Schätzen, Werten ist die wertsetzende Instanz schlechthin, ohne die nichts in der Welt einen Sinn hätte. Daher erinnert Zarathustra die Schaffenden daran, daß sie es sind, die Dichter, Philosophen, Wissenschaftler, Künstler, Lehrer usf., die durch ihr Schaffen die Sicht der Dinge zu bestimmen und zu verändern vermögen, da sie die eigentlichen Erfinder der Wertmaßstäbe sind, an denen sich das Schätzenswerte bemißt. Sie sollen nicht aufhören mit ihrer Tätigkeit, weil nur so eine Erneuerung und damit eine Höherentwicklung möglich ist. „Wandel der Werthe, – das ist Wandel der Schaffenden. Immer vernichtet, wer ein Schöpfer sein muss." Für einen kreativen Menschen kann das Schaffen und Hervorbringen nie aufhören, auch wenn es nur um den Preis der Destruktion des bereits Geschaffenen seinen Fortgang nehmen kann. Man stelle sich vor, ein Künstler müsse sein gerade geschaffenes Kunstwerk jeweils zerstören, um aus den gleichen Materialien ein neues, schöneres zu kreieren. So ergeht es dem, der neue Maßstäbe setzt: Der neue Maßstab, sofern er ein höherrangiges Selbst- und Weltverständnis ermöglicht, beansprucht absolute Gültigkeit und setzt dadurch die alten Maßstäbe außer Kraft. Diese haben dann nur noch historische, aber keine regulative Bedeutung mehr. Auch die Geschichte der außer Kraft gesetzten Wertmaßstäbe ist eine Geschichte der Selbstüberwindungen, deren Motor die Schätzenden sind; ihr beständiges Streben, sich neue Werte abzuringen und nach deren Maßgabe das Antlitz der Erde zu erneuern, erfüllt die Welt mit Sinn, läßt sie als etwas Kostbares durch menschliche Kraft immer wieder neu entstehen.

Zarathustra rekonstruiert nun im folgenden die Genese des Individuums aus dem Volk analog der Emanzipation des Ich aus dem Leib als großer Vernunft. „Schaffende waren erst Völker und spät erst Einzelne; wahrlich, der Einzelne selber ist noch die jüngste Schöpfung." Wie sich der Leib das Ich als den Koordinator und Organisator seiner vielfältigen Triebe geschaffen hat, so ist das Individuum als einzeln Schaffendes aus der Gemeinschaft der

Schaffenden hervorgegangen. Ursprünglicher als das Individuum ist daher das Volk, das „Liebe, die herrschen will, und Liebe, die gehorchen will", zum Moralprinzip erhob. Liebe ist hier am Anfang jedweder menschlichen Sozietät der Name für das die Gemeinschaft und ihren Zusammenhalt ermöglichende Bindeelement. Die Norm ‚Du sollst deine Mitmenschen lieben' konstituiert demnach allererst ein Volk als Volk und kann daher als der erste, ursprünglichste und älteste Wert, der aus einer gemeinsamen Willensbildung hervorgegangen ist, behauptet werden. Liebe als gemeinschaftlich gesetzter Maßstab alles Schätzens(-werten) wird damit zum herrschenden Prinzip, dem jeder gehorchen will, da es ja ein Ge-setz des Allgemeinwillens ist. Das Individuum existiert nicht als autonomes Ich, sondern ausschließlich als Repräsentant des Allgemeinwillens. „Älter ist an der Heerde die Lust, als die Lust am Ich: und so lange das gute Gewissen Heerde heisst, sagt nur das schlechte Gewissen: Ich."

Anfangs, als allein das Gruppeninteresse maßgebend war, zählte nur die Lust (der Nutzen) als das von allen begehrte Gut. Nach Lust streben konnte jeder guten Gewissens, da er damit auf eine von allen sanktionierte Weise nach Sinnerfüllung auslangte. Eine von der Wir-Erfahrung der Gemeinschaft losgelöste Ich-Erfahrung tritt nur in negativer Form auf: als schlechtes Gewissen, das sich einstellt, wenn eine Handlung vom Üblichen und Gewohnten, generell Sanktionierten abweicht und damit gegen den als gutes Gewissen verinnerlichten Maßstab der Heerde verstößt. Gegenüber dieser negativen, da nicht sein sollenden und mithin als Schuld empfundenen Selbsterfahrung des Ich stellt die positive Bejahung des Ich, „die Lust am Ich", eine neue Stufe menschlicher Selbstverwirklichung dar, durch die der Maßstab der Wir-Erfahrung in seiner Gültigkeit aufgehoben wird. „Wahrlich, das schlaue Ich, das lieblose, das seinen Nutzen im Nutzen Vieler will: das ist nicht der Heerde Ursprung, sondern ihr Untergang." Das lieblose, egoistische Ich, dessen Schläue darin besteht, daß es Lust im Sinne von allgemeinem Nutzen nicht mehr um aller willen, sondern um seiner selbst willen begehrt, hat mit seiner Außergeltungsetzung des Maßstabs der Liebe als des Moralprinzips das Fundament der Gemeinschaft zerstört; die Heraufkunft des Individuums und seiner autonomen Moral bringt die Auflösung des Herdendenkens und damit einer Moral mit sich, deren Normen ausschließlich am Allgemeinwohl (der „Liebe") orientiert sind. Zarathustra, der seinem eigenen Bekunden zufolge weitgereist und viel in der Welt herumgekommen ist, hat zahlreiche Moralen kennengelernt, deren Gut und Böse er als „Werke der Liebenden" bezeichnet: gut ist das, was allen nützt, böse das, was allen schadet. „Feuer der Liebe glüht in aller Tugenden Namen und Feuer des Zorns." In diesem feurigen Charakter aller ursprünglichen Moralen fand Zarathustra die größte Macht auf Erden. Das normative bzw. präskriptive Element der moralischen Gebote hat etwas Anfeuerndes: Wer so handelt, wie es der Volkswille vorschreibt, drückt damit seine Liebe zum Volk aus, und seine Verdienste um die Beförderung des Allgemeinwohls werden von seiten des Volkes entsprechend durch Liebeserweise (Lob, Auszeichnung etc.) honoriert. Wer aber gegen die Gebote und Verbote des geltenden Regelsystems verstößt und sich durch seine Gleichgültigkeit gegen das Allgemeinwohl als lieblos zu erkennen gibt, der wird mit Liebesentzug bestraft; er bekommt das Fegefeuer der Empörung des Volkes zu spüren, in welchem er entweder geläutert oder vernichtet wird. „Wahrlich, ein Ungethüm ist die Macht dieses Lobens und Tadelns. Sagt, wer bezwingt es mir, ihr Brüder? Sagt, wer wirft diesem Thier die Fessel über die tausend Nacken? / Tausend Ziele gab es bisher, denn tausend Völker gab es. Nur die Fessel der tausend Nacken fehlt noch, es fehlt das Eine Ziel. Noch hat die Menschheit kein Ziel. / Aber sagt mir doch, meine Brüder: wenn der Menschheit das Ziel noch fehlt, fehlt da nicht auch – sie selber noch?" Das Ungetüm mit den tausend Nacken ist ein überaus anschauliches Bild für die Desorganisation und Zerrissenheit der Völker. Was sie vereint – was gewissermaßen den Körper des Ungetüms ausmacht –, das ist das Streben nach Erfüllung ihrer Bedürfnisse (das Begehren von Lust, Nutzen im Sinne des Allgemeinwohls). Was sie trennt – die tausend Köpfe des Ungetüms –, sind die Moralen (die inhaltlichen Wertsysteme und -maßstäbe). Anstatt mit vereinten Kräften einem ihnen allen gemeinsamen Ziel zuzustreben, zersplittern sie sich aufgrund ihrer unterschiedlichen Vorstellungen von Gut und Böse, bekämpfen und vernichten einander gegenseitig, ohne daß daraus insgesamt eine Höherentwicklung hervorgeht. Eine solche kann nach Zarathustra nur durch einen übergeordneten Willen erreicht werden, der die tausend Willen unter *ein* Joch zwingt, indem er sie alle auf dasselbe Ziel ausrichtet, so daß die tausend Kräfte sich zu einer einzigen vereinen. Paradoxerweise ist dieser gewalttätige Akt der Überwindung der tausend Moralen – von Zarathustra im Bild der Fessel als Unterjochung beschrieben – eine Befreiungstat, denn durch die Ausrichtung aller Strebeprozesse auf das eine Ziel des Übermenschen wird den Menschen ein völkerübergreifendes und völkerverbindendes Moralprinzip vor Augen gehalten, das sie vom Druck der Normen ihrer jeweiligen Binnenmoral befreit und ihnen den Blick für den eigentlichen Wert aller Werte eröffnet.

Nun könnte man aber meinen – und hier gilt es, ein Mißverständnis abzuwehren –, daß Zarathustra mit der Zähmung des tausendköpfigen Untiers genau das erreicht, was er ständig kritisiert: eine Gesamtherde namens Menschheit; die einzelnen Völker werden durch eine Massenmoral zu einer Ganzheit zusammengefaßt und gehorchen *in toto* und unterschiedslos demselben Moralprinzip. Dies stünde allerdings im krassen Widerspruch zu allem, was Zarathustra bisher an Polemik gegen den Massenmenschen und seine Geistlosigkeit vorgebracht hat. Dieses Problem löst sich jedoch, wenn man darauf achtet, wie sich das eine Ziel des Übermenschen von den tausend Zielen der Völker unterscheidet. Übermensch ist nicht ein Ziel, das so umfassend ist, daß es alle anderen Ziele in sich integriert. Wenn man das Bild der Fessel für die tausend Nacken noch einmal heranzieht, so wird dadurch angedeutet, daß die unterschiedlichen, von den vielen Moralen erhobenen Geltungsansprüche restringiert und einem Geltungsanspruch untergeordnet werden sollen, der nicht die Verwirklichung eines bestimmten, inhaltlich festumrissenen Ziels gebietet, sondern die Bedingung bzw. den Ermöglichungsgrund angibt, unter dem ein Ziel allererst als erstrebenswertes Telos gelten kann. So ist Übermensch nicht ein Ziel, das die Reihe der bisher von den Moralen ausgezeichneten Ziele fortsetzt; vielmehr ist es ein Ziel, das alle anderen Ziele erst als solche qualifiziert.

„Übermensch" heißt ja: sich das Gehen des Weges zum Ziel zu setzen, d. h. radikale Selbstüberwindung zu üben, nicht bloß eine auf ein feststehendes Ziel bezogene Selbstüberwindung. Die vielen Moralen gebieten Selbstüberwindung unter Berufung auf einen zwar historisch gewachsenen, aber dann unverrückbar und untangierbar ein für allemal gültigen Wertmaßstab als Moralprinzip. Zarathustra hingegen propagiert den Übermenschen als den Sinn der Erde und gebietet im Hinblick auf diesen die Überwindung auch noch der geltenden Moralprinzipien. Die Selbstaufhebung der Moralen soll durch Außerkraftsetzen der ihnen zugrunde liegenden Wertmaßstäbe erfolgen; nicht um einen neuen Wertmaßstab zu installieren, der sich von den vorhergehenden nur dadurch unterscheidet, daß er von einem breiteren Konsens, dem der vielen Völker getragen ist. Es soll vielmehr diese Art von quantifizierend schätzenden Wertmaßstäben überhaupt gänzlich eliminiert werden, d. h. alle Herden-Moralprinzipien, die jedes Mitglied der Gemeinschaft unangesehen seiner individuellen Besonderheiten als Adressaten eines Sollens betrachten, das an alle in unterschiedslos gleicher Weise ergeht, sollen außer Geltung gesetzt werden. Die Überwindung dieser tradierten Moralprinzipien führt nicht in Willkür, Chaos und Anarchie, sondern setzt das Individuum als ein autonomes allererst frei. Nicht mehr der Volkswille oder in quantitativ erweiterter Form: der Wille aller Völker soll die beherrschende Rolle bei der moralischen Regelung menschlicher Verhaltensweisen spielen. Der einzelne muß von nun an, auf sich allein gestellt, seine eigenen Werte und Maßstäbe für sein Handeln schaffen. Die Individualität seines Wollens prägt von nun an sein gesamtes Tun.

Der Übermensch als das einzige Ziel, das nicht überwunden werden kann, ohne daß es zugleich als Ziel wieder gesetzt wird, eröffnet ein völlig neues, geschichtliches Freiheitsbewußtsein, das sich nach rückwärts als Freiheit von der Verpflichtetheit gegenüber den alten, quantifizierend verallgemeinernden Moralprinzipien begreift und nach vorwärts als Freiheit für die Setzung eigener Maßstäbe, die ausschließlich für den sich überwunden Habenden gelten, also keinen die Individualität übersteigenden Anspruch auf Verbindlichkeit erheben. Unter dem Gesichtspunkt des Übermenschen gibt es ebenso viele autonome Moralen, als es Individuen gibt, die den Weg der Selbstüberwindung beschreiten und dabei originäre Werte hervorbringen. Die Menschheit als das noch ausstehende Ziel des Übermenschen ist demnach das genaue Gegenteil von unterschiedsloser Masse. Menschheit in Zarathustras Verständnis ist überhaupt kein quantitativer, sondern ein qualitativer Begriff, durch den eine Gemeinschaft von Individuen als ein loser Verband gedacht wird, der trotz des Fehlens von universalen Prinzipien – einem lebendigen Organismus vergleichbar – ein sinnvolles Ganzes darstellt, da die Gemeinsamkeit der die Menschheit schaffenden Individuen darin besteht, daß jedes einzelne von ihnen auf seine einmalige und unvertretbare Weise sich die Selbstüberwindung zum Gesetz seiner Freiheit gemacht hat. Wo die Fessel der tausend Nacken aufhört, ein von außen auferlegter Zwang zu sein, weil jeder Kopf angesichts des Übermenschen als das allein erstrebenswerte Ziel des Menschen auf den allgemeinen Gültigkeitsanspruch des Moralprinzips, dessen Repräsentant er ist, verzichtet und die Autonomie an die Mitglieder der Gemeinschaft abtritt, dort beginnt die Menschheit als das Reich der Freiheit, in dem keiner des anderen, sondern jeder nur noch sich selbst Maß ist.

„Von der Nächstenliebe": der schaffende Freund als exemplarischer Über-mensch

Zarathustra hat in der vorigen Rede die Liebe als den Ursprung der Moral aufgewiesen. Diese Liebe war anfänglich als echte Nächstenliebe die Basis, auf der man sich miteinander über das zu Schätzende bzw. über Gut und Böse verständigte. Daran anknüpfend erörtert Zarathustra nun die Ambivalenz der Nächstenliebe in der Übergangsphase von der Wir-Erfahrung zur Ich-Erfahrung. In dieser Phase ist das Wir resp. das Du noch die maßgebende und normsetzende Instanz für jegliches Verhalten. Wenn das aus dem Wir-Verband sich zu lösen beginnende Ich anfängt, eigene Geltungsansprüche zu erheben, muß es diese hinter Formen der Nächstenliebe verbergen, da ihnen die gesellschaftliche Sanktionierung fehlt. „Das Du ist älter als das Ich; das Du ist heilig gesprochen, aber noch nicht das Ich: so drängt sich der Mensch hin zum Nächsten." Nächstenliebe, wie das Christentum sie predigt und die utilitaristische Ethik sie unter dem Namen Altruismus als höchste Tugend preist, ist in Zarathustras Augen nur ein Surrogat für eine nicht ausgelebte Selbstliebe: „Eure Nächstenliebe ist eure schlechte Liebe zu euch selber." Eine gute Liebe zu sich selbst wäre eine souveräne Ichbezogenheit, die des Du nicht mehr als Maske bedarf, die aber das Du auch nicht ausschließt, sondern als ebenbürtigen Partner betrachtet, der seinen Maßstab ebenso in sich selbst hat wie das Ich. Solange das Ich sich noch dem Wir verpflichtet fühlt, ist es dazu gezwungen, das Du hochzuschätzen und die Hochschätzung, die es für sich selbst empfindet, entweder zu unterdrücken oder zu sublimieren bzw. zu ignorieren. „Ihr flüchtet zum Nächsten vor euch selber und möchtet euch daraus eine Tugend machen: aber ich durchschaue euer ‚Selbstloses'." Nächstenliebe gilt weithin als Selbstlosigkeit, d. h. den Bedürfnissen der Mitmenschen wird absolute Priorität zuerkannt, unter Hintanstellung eigener Interessen. Diese Definition von Nächstenliebe als Selbstverleugnung oder -verachtung machen sich diejengen zu eigen, denen es zu schwierig oder auch lästig ist, die Hochschätzung für das Ich zur Basis eines autonomen Selbstverhältnisses zu machen, das sich jenseits von Altruismus und Egoismus als die Potenz schöpferischer, sich selbst je und je neu schaffender Individualität konstituiert. Zarathustra hat erkannt, daß Nächstenliebe für viele ein Refugium ist, in das sie sich flüchten können, um der Mühsal des Selbstwerdens zu entgehen. Ihr Verständnis von Selbstlosigkeit entlarvt er als Selbst-losigkeit, d. h. als eine Ichbeziehung, in der das Ich aus vorgeblich moralischen Gründen, in Wirklichkeit aber aus uneingestandener Schwäche auf eigene Geltungsansprüche verzichtet.

Anstatt zur Nächstenliebe rät Zarathustra seinen Anhängern zur „Nächsten-Flucht und zur Fernsten-Liebe". Die Abkehr vom Nächsten bedeutet, mit dem Herdenmaßstab und dem seit altersher Geltenden den „Menschen" hinter sich zu lassen. Die Überwindung des traditionellen Menschenbildes geht einher mit dem von Zarathustra als Fernsten-Liebe bezeichneten Streben nach dem Übermenschen, dessen Realität vorerst noch utopisch ist – in ferner Zukunft liegt –, der man sich schrittweise annähern muß, bis der Übermensch der Nächste geworden ist und die Fernsten-Liebe in eine qualitativ andere Art von Nächstenliebe übergeht, die zugleich echte Selbstliebe ist. Doch es ist ein beschwerlicher Weg, das alte Menschenbild aus dem Bewußtsein zu verbannen und dem neuen eine konkrete Gestalt zu geben. „Höher als die Liebe zum Nächsten ist die Liebe zum Fernsten und Künftigen; höher noch als die Liebe zu Menschen ist die Liebe zu Sachen und Gespenstern. / Diess Gespenst, das vor dir herläuft, mein Bruder, ist schöner als du; warum giebst du ihm nicht dein Fleisch und deine Knochen? Aber du fürchtest dich und läufst zu deinem Nächsten." Die von Zarathustra gegenüber der Menschenliebe höher bewertete Sach- und Gespensterliebe hat sich eine höherrangige Sache zum Objekt ihres Begehrens gemacht: die Idee des Übermenschen, die als solche ein reines Gedankending, ein Gespenst ist, das noch des Fleisches und der Knochen, d. h. der empirischen Realität ermangelt. Anders als die Gespenster, von denen Zarathustra im Zusammenhang seiner Kritik an den starren, unveränderlichen, immateriellen Jenseitsgebilden des vom Leib abstrahierenden Geistes gesprochen hat [57], ist dieses Gespenst, von dem nun die Rede ist, alles andere als ein ungeschichtliches und materieabweisendes Gebilde. Es ist im Gegenteil höchst dynamisch, läuft es doch als eine schönere und begehrenswertere Ausgabe meiner selbst vor mir her und fordert mich dazu auf, es einzufangen und mir einzuverleiben. So weist auch der Anspruch, den die Idee des Übermenschen erhebt, voraus auf eine Zukunft, die jeder als je seine verwirklichen soll, indem er den vollkommeneren Vorentwurf seiner selbst in sich und durch sich konkretisiert. Das Gespenst einholen und je durch mich verkörpern heißt jedoch nicht: es zum Stehen zu bringen und ihm in mir Realität zu verschaffen, meinen Leib als die Materie zu benutzen, in der die Vorstellung des Übermenschen schöpferisch umgesetzt wird und konkrete Gestalt einnimmt – sondern es heißt: weiterzulaufen und die ins Unendliche hin offene Zukunft als Raum zu betrachten, der mit dem Sinn des Übermenschen erfüllt wird – einem Sinn, der je meiner ist, da ich ihn verkörpere und durch mein Schaffen immer wieder neu hervorbringe. Furcht ist es, die die meisten Menschen davon abhält, vorwärts auf das Ziel des Übermenschen hinzulaufen, und sie statt dessen zum Nächsten laufen, d. h. mit nach rückwärts auf tradierte Wertsysteme gerichtetem Blick gleichsam auf der Stelle treten läßt.

Mit der Bosheit desjenigen, der es psychologisch meisterhaft versteht, die wahren Motive von konventionellen Handlungsmustern aufzudecken, zeigt Zarathustra anhand einer Reihe von Beispielen, daß Nächstenliebe in vielen Fällen bloße Versuche einer Selbstaufwertung oder Ablenkungsmanöver sind, die dazu dienen, die eigene Erbärmlichkeit hinter der Maske wohlwollender Teilnahme zu verstecken. „Ihr haltet es mit euch selber nicht aus und liebt euch nicht genug: nun wollt ihr den Nächsten zur Liebe verführen und euch mit seinem Irrthum vergolden." Wer sich selbst nicht zu lieben vermag oder gar geringschätzt, der kann es auf die Dauer mit sich selbst nicht aushalten, da ihm ohne etwas, das er hochschätzt, alles sinnlos zu sein scheint. Um dieses Sinndefizit auszugleichen, täuscht er einem anderen Menschen Hochachtung und Liebe vor in der Hoffnung, daß dieser Gleiches mit Gleichem vergelten werde, ohne zu merken, daß er hinters Licht geführt und gar nicht um seiner selbst willen geschätzt wird, sondern als Mittel zum Zweck der Selbstaufwertung eines anderen dient. Zarathustra kommentiert diese Strategie, sich unter dem Vorwand der Nächstenliebe jene Hochschätzung zu verschaffen, die man für sich selbst nicht aufzubringen vermag, mit den Worten: „Ich wollte, ihr hieltet es nicht aus mit allerlei Nächsten und deren Nachbarn; so müsstet ihr aus euch selber euren Freund und sein überwallendes Herz schaffen."

Zarathustras Wunsch, man möge es mit seinen Nächsten – den Menschen also, die zum Familien- und Bekanntenkreis gehören – nicht aushalten, geht dann in Erfüllung, wenn sich herausstellt, daß auch sie das nicht besitzen, was wir bei uns vergeblich gesucht haben: etwas Schätzenswertes und Sinnverbürgendes. Auf sich selbst zurückgeworfen, wird dann das Ich bei seiner verzweifelten und sehnsüchtigen Suche nach Sinn vielleicht dazu getrieben, sich in der Vorstellung ein ideales Du zu schaffen, einen Freund, dessen Herz vor echter Liebe überfließt. Allein die Vorstellung eines solchen liebenswerten Du, von dem man wiedergeliebt wird, vermag zu bewirken, daß man sich anstrengt, diesem Idealbild ein kongenialer Partner zu werden, der es verdient, die Liebe eines solchen überaus schätzenswerten Menschen zu erringen.

Auch die zweite von Zarathustra geschilderte Strategie, sich Selbstachtung zu verschaffen, beruht auf einem Betrug. „Ihr ladet euch einen Zeugen ein, wenn ihr von euch gut reden wollt; und wenn ihr ihn verführt habt, gut von euch zu denken, denkt ihr selber gut von euch." Ein Moralkodex, der die Nächstenliebe zur Grundtugend erklärt, macht das Selbstwertgefühl des einzelnen von einem guten Leumund abhängig. Man ist also dazu gezwungen, die anderen dazu zu bringen, gut von einem zu reden, um über den Umweg der Hochschätzung von seiten der Mitmenschen zur Selbstschätzung zu gelangen. Da einem nur der Wert zukommt, den die anderen einem zusprechen, muß man diese durch gezielte Maßnahmen, die Nächstenliebe vortäuschen sollen, dazu provozieren, sich lobend oder gar ehrerbietig über einen zu äußern. Hierzu bemerkt Zarathustra verallgemeinernd: „Nicht nur Der lügt, welcher wider sein Wissen redet, sondern erst recht Der, welcher wider sein Nichtwissen redet. Und so redet ihr von euch im Verkehre und belügt mit euch den Nachbar." Lügen bedeutet in der Regel: wider besseres Wissen behaupten, etwas sei der Fall, wovon man weiß, daß es nicht der Fall ist, oder umgekehrt.

Noch schlimmer findet Zarathustra die Art des Lügens, die darin besteht, daß man ohne zu wissen, was der Fall ist, etwas als wahr behauptet. Wenn man in Kenntnis des wahren Sachverhalts lügt, weiß man immerhin, was wahr ist. Wenn man aber in Unkenntnis des wahren Sachverhalts einfach etwas als wahr behauptet, zeigt sich darin eine völlige Gleichgültigkeit gegenüber der Wahrheit. Auf diese Weise wird jede Äußerung zur Lüge, durch die aber nicht nur der Kommunikationspartner, sondern auch der Sprecher selber getäuscht wird, da ja auch er die Wahrheit nicht weiß. Was er über sich und von sich mitteilt, dient allein dem Bestreben, sich beliebt zu machen und zu gefallen, um als einer anerkannt zu werden, der sich um die Tugend der Nächstenliebe verdient gemacht hat. Insofern er jedoch sich selbst nicht kennt und daher nicht weiß, was sein Ich in Wahrheit will – nämlich die Überwindung der alten Moral mitsamt ihrem fundamentalen Prinzip der Nächstenliebe –, gerät ihm all sein Denken, Fühlen und Handeln zur Lebenslüge, die nicht eigentlich nur die seine ist, sondern eine kollektive, durch das Prinzip der Nächstenliebe vorprogrammierte, strukturelle Lebenslüge, die darin besteht, daß man das Wir als Maßstab jedes Ich behauptet, ohne zu wissen, was das Ich ist, und ohne sich darum zu kümmern, was es will.

Das Resultat ist ein kompletter Nonsens: „Also spricht der Narr: ‚der Umgang mit Menschen verdirbt den Charakter, sonderlich wenn man keinen hat!'" Wer Charakter hat, hat immerhin etwas Selbsterworbenes zu verlieren, wenn er sich auf die Handlungsmuster der traditionellen Moral einläßt; er riskiert den Verlust seiner Eigenständigkeit, seines Ichbewußtseins, das seinen Charakter geprägt hat. Wer hingegen keinen Charakter hat, hat auch nichts zu verlieren. Er ist kein Ich, das im Wir zersetzt werden kann, aber der Charakterlose ist insofern schlimmer dran, als er in Ermangelung eines Ichbewußtseins nicht einmal weiß, was ihm fehlt, und somit noch weiter vom Ziel der Selbstüberwindung entfernt ist als der, dessen Charakter verdorben ist.

Zarathustra resümiert das Ergebnis seiner Aufdeckung der wahren Motive für die Nächstenliebe: „Der Eine geht zum Nächsten, weil er sich sucht, und der Andre, weil er sich verlieren möchte. Eure schlechte Liebe zu euch selber macht euch aus der Einsamkeit ein Gefängniss." Tatsächlicher Beweggrund für die Hinwendung zum Du ist nach Zarathustra einzig und allein das Ich, ganz gleich ob es im Du seine Selbstbestätigung sucht oder das Du als willkommenes Instrument zur Selbstverleugnung, die als die eigentliche Tugend gilt, betrachtet. In beiden Fällen dient das Du als Mittel zum Zweck des Ich, und dies ist das genaue Gegenteil dessen, was christliche und altruistische Moral unter Nächstenliebe verstanden wissen wollen. Zarathustra will nun keineswegs das traditionelle Moralprinzip restaurieren. Nachdem das Ich einmal aus dem Wir-Verband herausgetreten ist, kann es sich ohne Selbstwiderspruch weder zurücknehmen noch alle Autorität dem Du als Repräsentanten des Wir zugestehen. Vielmehr muß es auf der Grundlage seiner als neue Möglichkeit entdeckten Autonomie lernen, sich selbst auf die richtige Weise zu lieben, d. h. die Bedingung seines Selbstwertes nicht mehr in der Beziehung zu einem Du zu sehen, sondern allen Wert aus sich selbst, aus der Bejahung und Hochschätzung, die es sich selbst zuteil werden läßt, zu schöpfen. Es muß zuallererst lernen, die reine Selbstbezüglichkeit des Ich ohne Rekurs auf ein Du nicht als einen Isolationsvorgang zu empfinden, durch den sich das Ich vereinzelt und in sich selbst einschließt wie in ein Gefängnis, aus dem kein Weg mehr heraus in die Gemeinschaft führt. Gerade in der richtig verstandenen Selbstliebe wird die Einsamkeit, das Auf-sich-selbst-gestellt-Sein des Ich zur Voraussetzung für Kreativität und damit für Individualität als jenes Kunstwerk, das jeder aus eigener Kraft und Phantasie mit Hilfe seiner Leiblichkeit schaffen soll.

Zarathustra macht in einer sarkastischen Bemerkung darauf aufmerksam, daß das gesellige Zusammensein mit anderen nicht nur nichts Kreatives hervorbringt, sondern in der Gehässigkeit des Redens über Abwesende etwas Vernichtendes hat. „Die Ferneren sind es, welche eure Liebe zum Nächsten bezahlen; und schon wenn ihr zu fünfen mit einander seid, muss immer ein sechster sterben." Der Nächste, so scheint es, ist immer gerade der, mit dem man mehr oder weniger zufällig zusammentrifft, um mit diesem verbal über alle die herzufallen, die im Moment nicht so nahe dabei sind, daß man ihnen Liebe bezeugen muß. Hier bestätigt sich noch einmal die Verlogenheit einer Gemeinschaft, die die Nächstenliebe auf ihr Panier geschrieben hat und unter dem Deckmantel dieser Liebe nichts lieber tut als dem Wehrlosen, der sich aufgrund seiner Abwesenheit nicht verteidigen kann, den Dolch in den Rücken zu stoßen. „Ich liebe auch eure Feste nicht: zu viele Schauspieler fand ich dabei, und auch die Zuschauer gebärdeten sich oft gleich Schauspielern." Was dem Schauspieler, der von Berufs wegen Rollen spielt, erlaubt ist – nicht er selbst zu sein –, das verbietet sich im zwischenmenschlichen Umgang, in dem sich das Ich als Ich behaupten und nicht hinter Masken verstecken soll. Wo letztlich nur noch Schauspieler miteinander kommunizieren, wird die Grenze zwischen Rolle und Person aufgehoben, und das Ergebnis ist wiederum, in Ermangelung eines Wahrheitskriteriums, totale Verlogenheit als Grundform des gesellschaftlichen Umgangs.

Dieser setzt Zarathustra erneut die Freundschaft entgegen. „Nicht den Nächsten lehre ich euch, sondern den Freund. Der Freund sei euch das Fest der Erde und ein Vorgefühl des Übermenschen." Der Freund ist als Du nicht Repräsentant eines Wir, sondern ebenfalls ein unverwechselbares, nach Autonomie strebendes individuelles Ich. Keines anderen bedürfend, geht er den Weg der Selbstüberwindung und lebt so den Übermenschen *in individuo* vor. Wenn Zarathustra den Freund als „Fest der Erde" preist, so bedeutet dies, daß auf diesem Fest die Geburt bzw. die ständige Wiedergeburt des Übermenschen als der Sinn der Erde gefeiert wird. Wer dabei als Zuschauer zugegen ist – und zugelassen sind nur Freunde –, erlebt bei dieser Selbstwerdung kein Schauspiel, denn der Freund spielt ja nicht die Rolle des Übermenschen, sondern verkörpert diesen und verleiht ihm durch sein Schaffen seine konkrete Gestalt. Wer dies miterlebt, der erlebt demnach einen gelingenden, daher zu feiernden Selbstwerdungsprozeß, der ihm eine Ahnung von dem vermittelt, was auch er kann, wenn er sich nur auf die rechte Weise will.

„Ich lehre euch den Freund und sein übervolles Herz. Aber man muss verstehn, ein Schwamm zu sein, wenn man von übervollen Herzen geliebt sein will." Der Freund, der sich selbst auf die rechte Weise liebt, hat noch ein übervolles Herz zu verschenken; er ist von seinem sinnschaffenden Tun so erfüllt, daß diese Fülle auch denen zuteil wird, die nach Sinn lechzen und diesen in sich aufnehmen wie ein trockener Schwamm Wasser aufsaugt. Dieses rein rezeptive Auffangen von Sinn, den ein anderer existentiell hervorgebracht hat, ist die Vorstufe zum Übermenschen. Erst wenn es nicht mehr fremder Sinn ist, den man sich aneignet, sondern wenn man selbst anfängt, Sinn zu schaffen, ist die Stufe des Übermenschen erreicht, auf der man kann, was der Freund schon konnte: sich erneuern durch Selbstüberwindung.

„Ich lehre euch den Freund, in dem die Welt fertig dasteht, eine Schale des Guten – den schaffenden Freund, der immer eine fertige Welt zu verschenken hat." Der erste Teil dieses Zitats macht deutlich, daß zwischen dem Schaffenden und der von ihm geschaffenen Welt kein Unterschied besteht; er ist selber in seiner Person das Kunstwerk, das er durch sein Schaffen hervorgebracht hat: das Individuum als eine fertige Welt, d. h. ein in sich abgeschlossenes, vollendetes Ganzes, das vollkommen in sich ruht und so, wie es ist, gut ist. Der statische Eindruck, den die Bilder der fertigen Welt und der Schale des Guten im Sinn eines Zu-Ende-gekommen-Seins vermitteln, wird aufgehoben durch den Hinweis auf das „Verschenken". Der Schaffende behält das von ihm Geschaffene nicht als einen bleibenden Besitz, sondern verschenkt es. Er gibt den von ihm durch sein Leben bezeugten Sinn an die weiter, die fähig und willens sind, die von ihm bereits überwundene Stufe zum Ziel ihres eigenen Schaffens zu machen. Während der Schaffende vorausblickend die Welt wieder neu und umzuschaffen versucht, faßt er zurückblickend sein er-lebtes Menschen- und Weltbild in Worten und Bildern zusammen und fängt darin sein Sinnverständnis ein, um, wie Zarathustra, den Gleichgesinnten paradigmatisch vor Augen zu führen, wie sich der Weg des Übermenschen aus der Sicht von einem, der ihn gegangen ist, darstellt.

„Und wie ihm die Welt auseinander rollte, so rollt sie ihm wieder in Ringen zusammen, als das Werden des Guten durch das Böse, als das Werden der Zwecke aus dem Zufalle." Das Bild der Ringe greift die zyklische Bewegung von Adler und Schlange (Kreisen, Sichringeln) und des Kindes (das aus sich rollende Rad) wieder auf, die zusammen mit der Gegensatzstruktur alles Werdens die Form der Selbstüberwindung beschreibt, durch die das Individuum sich selbst als Mensch transzendiert. Dieses Ineinander und Zugleich von zyklischer und linearer Form erschließt sich dem Übermenschen als das dynamische Sinnprinzip der Welt, die im Kreislauf des Werdens evolviert und dabei die in ihr involvierte Mannigfaltigkeit so aus sich hervorgehen läßt, daß sie sich nicht verliert, sondern auf ihren Ursprung zurückbezogen bleibt. Der Übermensch ist sich selbst in seiner Tätigkeit der Schlüssel zum Verständnis der Welt. So wie er im Ausgang von sich selbst und in der Rückkehr zu sich selbst beständig um sein Selbst als seinen sich mit ihm verändernden Mittelpunkt kreist, so sieht er auch die Entwicklung der Dinge als ein fortgesetztes Sichüberschreiten und Wieder-auf-sich-Zurückkommen in veränderter Gestalt. Wie die Selbstüberwindung durch Gegensätze erfolgt, so auch der Fortschritt in der Natur. Wenn Zarathustra behauptet, das Gute entstehe durch das Böse, so bedeutet dies, daß die nächsthöhere Stufe, die gegenüber der ihr vorhergehenden die bessere ist, nicht ohne diese, die schlechtere, möglich ist. Der Übermensch als das Gute ist nur möglich durch Überwindung des Menschen, der relativ zum Übermenschen als das Böse zu begreifen ist. Analog entsteht auch der Zweck als das Höherrangige aus dem Zufall. Zufall ist blinde, richtungslose Kausalität, während Zweck eine planmäßige Kausalität beinhaltet, die auf eine bestimmte, beabsichtigte Wirkung abzielt. Aber der Zufall ist die Voraussetzung dafür, daß irgendwann einmal aus einer Ursache eine Wirkung hervorgegangen ist, die sich im Nachhinein als geplantes Geschehen deuten ließ, und von da an war es möglich, den Zufall durch zweckmäßiges Tun zu überwinden.

Wenn Zarathustra das Prinzip des Werdens durch Überwindung von Gegensätzen (den Willen zur Macht) als ein Auseinander- und Zusammenrollen von Ringen beschreibt, dann wird das Deutungsschema, für das der Übermensch das Modell abgibt, noch einmal besonders anschaulich. Ein Ring, der auseinanderrollt, wird zur Geraden, d. h. die Kreisfigur, die die in sich geschlossene, vollkommene Einheit (eine „fertige Welt") symbolisiert, faltet sich in die Zweiheit polarer Gegensätze auseinander, deren Spannung das Werden im Sinne von über sich hinaus Wachsen und Höherentwicklung erzeugt. Reflektiert man hingegen – von der Figur der Geraden ausgehend, deren beiden Enden einen Gegensatz bilden – auf das Produkt des Werdens, d. h. auf dasjenige, was als gemeinsam hervorgebrachtes Resultat der gegeneinander gerichteten Tätigkeiten neu entsteht, so stellt sich dieser Vorgang als ein Zusammenrollen (der Geraden) in Ringen dar; der Kreis schließt sich wieder über die Gegensätze, die nun diagonal in ihm eingeschlossen sind, zu einer höheren dynamischen Einheit, die sich wiederum in eine neue Zweiheit auseinanderlegt usf. Was Zarathustra als Dialektik des Auseinanderrollens und Zusammenrollens von Ringen anschaulich werden läßt, ist der erst im Schaffen des Übermenschen zum Bewußtsein gelangende und von da an mit Bewußtsein steuerbare Prozeß des Willens zur Macht, der sich im Auslangen nach etwas Begehrenswertem transzendiert (sich auseinanderrollt), um beim Erreichen des Begehrten mit diesem in sich zurückzukehren (sich wieder einzurollen). Dieser sich selbst reflex und seiner selbst mächtig gewordene Wille, der sein eigenes Bewegungsprinzip durchschaut und dieses in der gesamten Natur wiedererkennt, vermag seine Kraftanstrengungen ins Über-menschliche zu steigern, denn er ist das Aktionszentrum, welches, je nachdem ob man ihn vom linearen Modell her als Mittelpunkt der Geraden oder vom zyklischen Modell her als Mittelpunkt des Kreises denkt, seine Dynamik einerseits im Aufbau eines durch Gegensätze konstituierten Spannungsfeldes und andererseits in der gegenstrebigen Vereinigung und Aufhebung der Gegensätze entfaltet. Dieser sich potenzierende und sich in seiner Selbstmächtigkeit begreifende Wille ist ein Letztes, Höchstes, Unüberbietbares, das nicht mehr überwunden werden kann, da er als Wille aus jeder gelungenen Selbstüberwindung neu gestärkt und mächtiger hervorgeht.

Noch einmal rät Zarathustra zur Fernsten-Liebe. „Die Zukunft und das Fernste sei dir die Ursache deines Heute: in deinem Freunde sollst du den Übermenschen als deine Ursache lieben." Zarathustra kehrt die gewöhnliche Auffassung, der gemäß die Zukunft aus der Gegenwart hervorgeht, um: die Zukunft soll als Ursache der Gegenwart begriffen, die Gegenwart also als Wirkung von etwas realisiert werden, das noch gar nicht existiert. Indem die Idee des Übermenschen je jetzt als Handlungsregulativ wirksam wird, rückt die Zukunft (das Fernste) ein Stückchen näher an die Gegenwart heran, bis sie sich berühren und Ursache und Wirkung zusammenfallen. Solange jedoch der Übermensch noch aussteht und die Selbstüberwindung noch eines Maßstabs von außen bedarf, soll der Freund als solcher angesehen und um dieser seiner Maßstabfunktion willen geliebt werden. Der Freund, bereits ein Stückchen weiter voraus auf seinem Weg und doch näher als das ferne Ziel, gibt das beste Vorbild für die Tätigkeit des sich Um- uud Neuschaffens ab, so daß über die Liebe zum Freund auch für den, der sich in das Schaffen erst einüben muß, die Idee des Übermenschen immer konkreter und handlungsbestimmender wird, bis sie im gelingenden Vollzug der Selbstüberwindung aufgeht.

„Vom Wege des Schaffenden": zur Emanzipation des Ich aus dem Wir

Zarathustra wendet sich erneut direkt an einen Schüler, vielleicht an denselben jungen Mann, den er in „Vom Baum am Berge" angesprochen hatte und den er nun einer Art Test unterzieht, um ihn herausfinden zu lassen, wie weit er es gebracht hat in seinem Können, seiner Selbstmächtigkeit, und was noch vor ihm liegt. Die Schwierigkeit auf dem Weg in die Einsamkeit, der ja der Weg zu einer autonom sich selbst gestaltenden Individualität ist, steht am Anfang in der Ablösung von der Gemeinschaft und von deren im Gemeinwohl verankerten Werturteilen, die zu respektieren seit langem eine selbstverständlich gewordene Gewohnheit ist. „‚Wer sucht, der geht leicht selber verloren. Alle Vereinsamung ist Schuld': also spricht die Heerde. Und du gehörtest lange zur Heerde." Vom Standpunkt der Herdenmoral aus kann es so etwas wie einen Individualwillen und nicht verallgemeinerbare Geltungsansprüche überhaupt nicht geben. Wenn jemand trotz der vorgegebenen, vom Allgemeinwillen gesetzten und jedermanns Handlungen verbindlich bestimmenden Wertordnung nach einer Regel für sein Handeln sucht, dann kann mit ihm etwas nicht in Ordnung sein. Denn dort noch nach etwas suchen, wo bereits ein allgemeiner Konsens darüber besteht, daß es nichts mehr zu suchen gibt, weil man eben schon eine für alle gültige Lösung gefunden hat, bedeutet entweder, daß einer nicht weiß, was er tut – daher die Warnung, er könnte aufgrund mangelnder Orientierung in die Irre gehen und mit dem Herdenmaßstab, der seine Identität als *animal sociale* verbürgt, sich selbst verlieren –, oder aber, daß er weiß, was er tut und deshalb sucht, weil er keine Befriedigung in dem findet, was die Herde will – in diesem Fall wird ihm sein Bestreben, sich zu isolieren, als Schuld ausgelegt. Wer sich wissentlich und willentlich vom Boden des von allen als wertvoll Erachteten entfernt, um sich eine neue „Optik" zu verschaffen, drückt damit seine Mißachtung des generell für gut und böse Gehaltenen aus und wird im Gegenzug konsequent schuldig gesprochen. Wo das Allgemeinwohl als letztes Umwillen jeglichen Tuns geboten ist, hat niemand ein Recht, etwas für sich selbst zu wollen oder gar nach einem eigenen Maßstab für Gut und Böse zu suchen.

Schwerer noch als der Schuldspruch der Gemeinschaft wiegt die eigene Verurteilung: „Die Stimme der Heerde wird auch in dir noch tönen. Und wenn du sagen wirst: ‚ich habe nicht mehr Ein Gewissen mit euch', so wird es eine Klage und ein Schmerz sein. / Siehe, diesen Schmerz selber gebar noch das Eine Gewissen: und dieses Gewissens letzter Schimmer glüht noch auf deiner Trübsal." Die geltende Moral, in Erziehungsprozessen angeeignet und verinnerlicht, hat ihren Niederschlag im Gewissen gefunden. Wir halten die Stimme unseres Gewissens für einen unbestechlichen Richter, der uns unparteiisch und vorurteilsfrei sagt, was wir zu tun bzw. zu lassen haben. Doch Zarathustra macht darauf aufmerksam, daß selbst das, was wir für unsere ureigenste Natur, für die in uns angelegte höchste moralische Instanz halten, nichts anderes als die internalisierte Stimme des Volkes ist. Für den, der dies durchschaut und bestrebt ist, nach der geltenden Moral auch deren im Gewissen fest verwurzelten Maßstab zu überwinden, ist dieser Akt des sich Losreißens mit einer Klage und mit einem Schmerz verbunden, denn es ist ja im Grunde man selbst, sein ganzes bisheriges Leben, dem man zurückblickend allen Sinn abspricht. Das Schmerzliche und Beklagenswerte dieses Umbruchs (Stufe des Löwen,

Phase des Nihilismus) hat seine Ursache in einer doppelten Sinnlosigkeit. Zum einen löst sich mit der Infragestellung der alten Moral die sinnverbürgende Instanz auf, der man bisher vertraut hat. Zum anderen ist an die Stelle des alten Sinns noch kein neuer getreten, so daß der erste Schritt der Selbstüberwindung in der Tat ins Nichts, in die totale Entwertung und damit in einen desolaten Zustand geführt hat, dessen Leere mit Trauer erfüllt. Aber Zarathustra weist tröstend darauf hin, daß es keinen Grund gibt, Trübsal zu blasen, da die Trübsal lediglich ein Indiz dafür ist, wie sehr man noch den alten Denkformen und Beurteilungskriterien verhaftet ist, aus deren Sicht der Selbstwerdungsversuch des Ich als ein gewissen-loses Tun verurteilt und für sinnlos erklärt wird. Es ist noch das alte, seiner moralischen Kompetenz verlustig gegangene Gewissen, dessen Qualen im Inneren nachhallen.

Zarathustra fordert nun von dem, der entschlossen ist, den Weg zu sich selber konsequent weiterzugehen, den Nachweis, daß er dazu sowohl berechtigt als auch fähig ist. „Bist du eine neue Kraft und ein neues Recht? Eine erste Bewegung? Ein aus sich rollendes Rad? Kannst du auch Sterne zwingen, daß sie um dich sich drehen?" Es ist gewaltig, was Zarathustra hier von einem verlangt, der gerade erst unter Schmerzen sein altes, wir-bestimmtes Ich von sich gestoßen hat und sich plötzlich mit Ansprüchen konfrontiert sieht, die er – wenn überhaupt – erst erfüllen kann, wenn sich ihm eine konkrete Möglichkeit eröffnet, ein neues, seinem Sinnverlangen entsprechendes Ichbewußtsein zu entwerfen. Dann *hat* er nicht mehr wie früher ihm von anderen verliehene Kräfte und Rechte, sondern *ist* „eine neue Kraft und ein neues Recht", weil er aus der selbst-sicheren Macht seines eigenen Wollens heraus autonom festsetzt, was für ihn gelten soll. Diese autonome Selbstsetzung des Ich ist ein selbstursprünglicher Akt – eine erste Bewegung, da das Ich in ihm allererst als ein Individuum entsteht, das sein ganzes Sein ausschließlich sich selbst verdankt. Das Ich – ein aus sich rollendes Rad – ist das sich selbst gebärende Kind, das damit in den Kreislauf des Werdens eintritt, in welchem das Ich Anfang und Ende aller Bewegung ist, das rollende Rad und die Antriebskraft, die es beständig rollen läßt.[58]

Aber Zarathustra ist noch nicht damit zufrieden, daß das Ich um sich selbst zu kreisen vermag in unaufhörlichen Neuschöpfungen und Wiedergeburten; es soll darüber hinaus noch fähig sein, die Umlaufbahn der Sterne so zu bestimmen, daß sie gezwungen sind, sich um es zu drehen. Dies erinnert an Aristoteles, in dessen metaphysischem Weltbild der ewig in sich kreisende Fixsternhimmel das Bindeglied zwischen dem Gott war, der als reine *Energeia* in seliger Selbstbetrachtung versunken unaufhörlich sich selbst tätigt, und dem Menschen, der am Himmel ein sichtbares Abbild jener vollkommenen göttlichen Tätigkeit vor Augen hat, die er zum Zweck seiner Selbstvollendung nachahmen soll – im Vollzug der Theoria als jener höchsten Form von Praxis, in der der Mensch zu seinem Ursprung zurückkehrt und sich als aus diesem Ursprung hervorgegangen begreift.[59] Zarathustra läßt allerdings das Ich die Stelle Gottes einnehmen, der den Sternen ihre Bahn vorschreibt. Der Aristotelische Gott, der pure Selbsttätigkeit ist, wird von Zarathustra in den Übermenschen transponiert, dessen *Energeia* nicht eine ewig sich gleich bleibende Kraft, sondern Wille zur Macht ist, der durch immer wieder von neuem erzwungene Selbstüberwindung immer stärker wird und schließlich seine Tätigkeit als den Maßstab jeder vollkommenen, kreisförmig in sich geschlossenen Bewegung begreift. So sieht er sich als den Mittelpunkt auch der Sterne, die in Ermangelung eines sie in ihrer Bewegung steuernden Ichzentrums gar nicht anders können als jener Kraft zu gehorchen, die im Übermenschen als sich selbst durchsichtig gewordener Wille zur Macht wirksam ist. In einer weiteren Bedeutung können die Sterne aber auch für Individuen stehen, die bereits hoch aus der Masse des Volkes herausragen und dennoch nicht mächtig genug sind, um sich einem stärkeren Willen zu widersetzen, der ihr Ich aus ihrem Mittelpunkt zu verdrängen vermag.

Nach diesen Hinweisen auf das, was der Schüler können muß, wenn er den Weg des Übermenschen wählt, warnt Zarathustra vor einem falschen Verständnis von Größe, vor der „Lüsternheit nach Höhe" und den „Krämpfe(n) der Ehrgeizigen", die sich auf alle möglichen Weisen winden, um ein ‚Star' zu werden, ohne jedoch sich selbst überwinden zu wollen. Dieses großspurige Gehabe, dieses Auslangen nach einer Größe, die den Beifall der Masse erheischt, ist bloß eine der alten Strategien, die dazu dienen, das eigene Selbstwertgefühl durch den Applaus möglichst vieler zu steigern. Zarathustra bemerkt hierzu spöttisch: „Ach, es giebt so viel grosse Gedanken, die thun nicht mehr als ein Blasebalg: sie blasen auf und machen leerer." Manch einer, der Großes, die Menge Beeindruckendes von sich gibt, erweist sich bei näherem Hinsehen als ein aufgeblasener Tropf, der es versteht, viel Wind um nichts zu machen. Großartige Worte und glänzende Ideen täuschen substantielle Fülle vor, sind aber nichts weiter als sinnleere Gebilde eines Geistes, der zur Selbstüberwindung nicht fähig ist.

Auch Freiheit läßt Zarathustra nicht undifferenziert als anzuerkennende Eigenschaft des durch Überwindung der alten Moral herbeigeführten Zustands gelten. „Frei nennst du dich? Deinen herrschenden Gedanken will ich hören und nicht, dass du einem Joche entronnen bist." ‚Freiheit von' ist nur negative Freiheit im Sinne eines Nicht-Determiniertseins durch andere(s). Die Befreiung von äußeren Fesseln und inneren Zwängen ist ein destruktiver Akt, der Freiheit in positiver Bedeutung als Autonomie zwar ermöglicht, aber nicht selbst schon hervorbringt. Dazu bedarf es eines (je deines) „herrschenden Gedanken(s)", eines selbst gesetzten Maßstabs, durch den der Freiheit ein Inhalt und ein Ziel gegeben wird. Aber nicht jeder ist fähig zur Autonomie. „Es giebt Manchen, der seinen letzten Werth wegwarf, als er seine Dienstbarkeit wegwarf." Wer den alten Normen den Gehorsam aufkündigte, ohne an ihre Stelle einen eigenen Wertmaßstab setzen zu können, hat gar nichts mehr, woran er sich halten kann. In einem solchen Fall ist Heteronomie nach Zarathustra dem Zustand der nur negativen Freiheit vorzuziehen, weil die Unterwerfung unter fremde Maßstäbe immerhin ein gewisses Maß an Selbstüberwindung voraussetzt und insofern einen Wert darstellt, während durch negative Freiheit bloß die alten Wertvorstellungen negiert, aber keine neuen geschaffen werden. Die Selbstüberwindung bleibt unproduktiv; ohne erfüllenden Sinn schlägt sie leer in sich zurück, ihre Selbst-losigkeit anzeigend. Entscheidend ist daher für Zarathustra nicht die Frage „frei wovon?", sondern die: „frei *wozu?* / Kannst du dir selber dein Böses und dein Gutes geben und deinen Willen über dich aufhängen wie ein Gesetz? Kannst du dir selber Richter sein und Rächer deines Gesetzes?" ‚Freiheit zu' ist positive Freiheit, ist Autonomie.

Zarathustras Ausdrucksweise erinnert an Kants stehende Rede vom Gerichtshof der Vernunft. Kant vergleicht das kritische Verfahren zur Überprüfung von Geltungsansprüchen mit einem Gerichtsprozeß, dessen Besonderheit darin besteht, daß es jedesmal die Vernunft ist, die die Rollen der am Prozeß Beteiligten übernimmt, d. h. die Vernunft tritt sowohl als Klägerin wie als Angeklagte, als Verteidigerin, Zeugin, Richterin, Gesetzgeberin und Urteilsvollstreckerin auf, je nachdem ob sie in ihrer Eigenschaft als empirische Vernunft, als Verstand, sittliche Vernunft, ethisch-praktische Vernunft oder als Urteilskraft betroffen ist. Etwas von dieser Personalunion, als die sich die sich selbst kritisch auseinanderdividierende Vernunft darstellt, schwingt auch in Zarathustras Autonomieverständnis mit, allerdings mit dem entscheidenden Unterschied, daß er an die Stelle der allgemeinen, für jedermann in gleicher Weise als höchste normative Instanz fungierende Vernunft das individuelle Ich setzt, das ausschließlich für sich selber kraft seines Willens Gesetze erläßt, seine Handlungen am eigenen Maßstab von Gut und Böse überprüft und Verstöße gegen die selbst erlassenen Gesetze ahndet. Nicht die Vernunft *schlechthin* und *überhaupt,* sondern *mein* Wille ist es, der bestimmt, was *ich* tun soll, und der mich bestraft, wenn ich mich nicht an meine eigenen Gebote gehalten habe.

Zarathustra warnt, daß dies keine leichte Aufgabe ist. „Furchtbar ist das Alleinsein mit dem Richter und Rächer des eigenen Gesetzes. Also wird ein Stern herausgeworfen in den öden Raum und in den eisigen Athem des Alleinseins." Schon in der alltäglichen Gerichtspraxis empfindet der Angeklagte eine gewisse Furcht vor dem Richter, von dessen Urteil das Strafmaß für sein Vergehen abhängt. Da der Richter in den seltensten Fällen einen vollständigen Überblick über alle Aspekte der Tat hat und in keinem Fall einen vollständigen Einblick in die Psyche und das tatsächliche Ausmaß der Schuld des Angeklagten haben kann, mag dieser berechtigterweise auf ein mildes Urteil hoffen. Diese Hoffnung gibt es jedoch für das autonome Ich nicht, das über alle Beweggründe seiner selbst voll informiert ist und jede Verletzung des selbst gegebenen Wertmaßstabs unnachsichtig nach vollkommener Gerechtigkeit bestraft. Darin liegt das Furchtbare des Alleinseins mit sich selbst, daß vor dem eigenen Richter keine Ausflüchte und keine Entschuldigungen geltend gemacht werden können. Er durchschaut von vornherein alle Täuschungsmanöver und Verschleierungstaktiken, so daß es ein hoffnungsloses Unterfangen ist, ihn milde stimmen zu wollen; durch das Ich dazu autorisiert, kann er nicht anders als vollkommen Recht zu sprechen.

Das Ich, das sein eigenes Gesetz bricht, ist sich selbst ein unerbittlicher Richter, und eingeschlossen in sich selbst mit diesem Richter muß es die Strafe, die er ihm auferlegt und gleich an ihm vollzieht, widerspruchslos ertragen: Es ist zugleich sein eigenes Gefängnis. Die radikale Einsamkeit eines solchen Selbstverhältnisses, in welchem das Ich allein auf sich selbst gestellt es ausschließlich mit sich selbst zu tun hat – als wertsetzende Instanz gibt es seiner Freiheit einen Inhalt und ein Ziel vor und eröffnet sich damit einen Sinnhorizont, in dem es sich selbst verwirklichen kann; die Grenzen dieses Horizonts verwandeln sich jedoch unverzüglich in die Mauern eines Gefängnisses, sobald das Ich seinem eigenen Anspruch nicht gerecht wird und den auf dem Boden seiner Freiheit errichteten Sinnhorizont zu verlassen sucht –, vergleicht Zarathustra mit einem in die Öde und Kälte des Weltraums geschleuderten Stern: Das autonom gewordene Individuum hat sich im Akt seiner Selbstbefreiung von seinen Mitmenschen isoliert, aber die neu gewonnene Freiheit ist erkauft um den Preis der Geborgenheit und Wärme, die das Ich als Mitglied der Gemeinschaft zuvor in der „Heerde" gefunden hat. Dies mag ihm anfangs noch unproblematisch erscheinen. „Heute noch leidest du an den Vielen, du Einer: heute noch hast du deinen Muth ganz und deine Hoffnungen. / Aber einst wird dich die Einsamkeit müde machen, einst wird dein Stolz sich krümmen und dein Muth knirschen. Schreien wirst du einst ‚ich bin allein!'" Was dem, der endlich einen Weg zu sich selbst gefunden hat, auf den er allen Mut und alle Hoffnung konzentriert, und der die Menge nur noch als Störfaktor empfindet, zunächst als ein großes Glück erscheint, wird ihn mit der Zeit ermüden und ihm schließlich zur Qual werden, wenn er merkt, wie problematisch es ist, es immer nur mit sich selbst zu tun zu haben – eine Gesellschaft, der man sich nicht entziehen kann wie der Gemeinschaft der vielen. Es fehlen die Abwechslung und die Ablenkung, die das Ich im Zusammensein mit anderen erfuhr. Jetzt muß es sich ganz allein ertragen – zuweilen zähneknirschend und mit erzwungenem Stolz, zuweilen seine Einsamkeit verzweifelt aus sich herausschreiend.

Zarathustra läßt nicht locker in seiner abschreckenden Beschreibung der Qualen, die das Ich durchleidet und es an sich selber irre werden lassen, nachdem es alle Brücken hinter sich abgebrochen hat, auf seinem neuen Weg aber der sicheren Orientierung noch ermangelt und oft fehlzugehen droht. „Einst wirst du dein Hohes nicht mehr sehn und dein Niedriges allzunahe; dein Erhabnes selbst wird dich fürchten machen wie ein Gespenst. Schreien wirst du einst: ‚Alles ist falsch!'" Dem Ich, das es ausschließlich mit sich selbst zu tun hat, gehen die Vergleichsmaßstäbe verloren. Nur am Abstand zur Menge kann es seine Höhe ermessen; aber nachdem es aufgehört hat, sich um die Menge und deren gemeinsame Wertvorstellungen zu kümmern, fehlt ihm der Bezugspunkt, im Hinblick auf den es die Höherrangigkeit seines selbst gesetzten Wertmaßstabs beurteilen könnte. Und vergleicht es sich mit seinem eigenen Wertmaßstab, so sieht es nur sein Niedriges, seine Unzulänglichkeit, diesem hohen Anspruch angemessen zu entsprechen. Was es einmal hochschätzte und als sein Erhabenes betrachtete, das zu erstreben seine Größe ausmachte – der Entwurf seiner selbst als über sich hinaus schaffendes Individuum –, das tritt ihm nun als Gespenst entgegen, vor dem es sich fürchtet, weil es begreift, daß es seinem eigenen Anspruch nicht gerecht geworden ist: Es ist ihm nicht gelungen, der Idee des Übermenschen seine Haut und seine Knochen, sein Fleisch und sein Blut zu geben, d. h. sein Ideal zu verwirklichen. Das Ich erkennt, daß es versagt hat, und in der ständigen Konfrontation mit seiner Idealvorstellung wächst die Angst, es könnte auch in Zukunft versagen, weil das Ziel, das es sich gesetzt hat, sein Können vielleicht übersteigt. Dieser radikale Zweifel an den eigenen Fähigkeiten und die daraus resultierende Verzweiflung über die Vergeblichkeit des Auslangens nach einem alles erfüllenden Sinn finden ihren Ausdruck in dem erschütternden Aufschrei: „Alles ist falsch!" War schon die Einsamkeit des Ich eine bittere Erfahrung, so wird diese nun noch durch die Feststellung potenziert, daß alle Anstrengungen umsonst waren und dadurch das Ich mitsamt seinen hohen Erwartungen radikal in Frage gestellt ist.

Zarathustra zählt noch weitere Anfechtungen auf, mit denen das Ich fertig werden muß, wenn es zur Selbstüberwindung fähig sein soll. „Es giebt Gefühle, die den Einsamen tödten wollen; gelingt es ihnen nicht, nun, so müssen sie selber sterben! Aber vermagst du das, Mörder zu sein?" Wenn sich das Ich von mitmenschlichen Gefühlen wie Liebe, Freundschaft, Zuneigung überwältigen läßt, wird ihm seine Einsamkeit, in der es nur sich selbst als Partner hat, unerträglich. Diese Gefühle muß es in sich abtöten; andernfalls würde es, wenn es dem Verlangen nach menschlicher Wärme nachgäbe, hinter die von ihm bereits überwundenen Stufen zurückfallen und seine mühsam erworbene Autonomie preisgeben.

Wer es geschafft hat, alle mitmenschlichen Regungen in sich abzutöten, hat damit jedoch nur einen Teilsieg errungen, denn selbst wenn es einem gelingt, sich von der Menge zu distanzieren, ist damit noch keineswegs sichergestellt, daß ihn deren Verhalten ihm gegenüber in keiner Weise mehr tangiert. „Kennst du, mein Bruder, schon das Wort ‚Verachtung'? Und die Qual deiner Gerechtigkeit, Solchen gerecht zu sein, die dich verachten?" Nicht nur keine Hochschätzung zu erfahren, wo diese wirklich verdient ist, sondern das genaue Gegenteil, nämlich Verachtung ertragen zu müssen, stellt das Gerechtigkeitsempfinden auf eine harte Probe. Was jedoch subjektiv als eine schreiende Ungerechtigkeit erscheint, stellt sich aus der Sicht der Menge als durchaus folgerichtige und angemessene Haltung dar, denn wie soll sie jemanden tolerieren oder gar schätzen können, der ihre Lebensform, die lange Zeit auch die seine war, kompromißlos ablehnt. „Du zwingst Viele, über dich umzulernen; das rechnen sie dir hart an. Du kamst ihnen nahe und giengst doch vorüber; das verzeihen sie dir niemals." Was Zarathustra hier beschreibt, ist die Entstehung des Ressentiments. Wenn einer die Gemeinschaft verläßt, aus alten und bewährten Bindungen ‚aussteigt', um für sich allein eine alternative Lebensform zu finden, wird dieser Bruch wie eine verschmähte Liebe als eine Art Verrat aufgefaßt. Man legt dem Aussteiger die Überwindung des Wir-Maßstabs als Verächtlichmachung des von allen als schätzenswert Anerkannten aus und zahlt es ihm mit Verachtung zurück.

Aber – und das ist eine weitere Facette des Ressentiments – auch Neid ist mit im Spiel. „Du gehst über sie hinaus: aber je höher du steigst, um so kleiner sieht dich das Auge des Neides. Am meisten aber wird der Fliegende gehasst." Zarathustra überträgt die optische Erfahrung, daß ein Gegenstand um so kleiner erscheint, je weiter er vom Auge entfernt ist, auf das Verhältnis der vielen zu dem einen, der sich aus ihrer Gemeinschaft gelöst hat: Je größer die Distanz wird, desto kleiner machen sie ihn durch Verunglimpfung seiner Person. Doch wie allgemein bekannt ist, daß Sonne und Mond in Wirklichkeit unendlich viel größer sind, als sie dem Auge erscheinen, weiß auch jeder um die Größe und Überlegenheit des Außer-Ordentlichen, den sie mit allen Mitteln schlechtzumachen suchen. Sie wissen, daß er etwas kann, was sie nicht können, und darum hassen sie ihn. Er kann nämlich aus eigener Kraft und sogar gegen ihren erbitterten Widerstand „fliegen". Auch wir sagen ja heute ironisch oder verächtlich – je nachdem – von jemandem, der sich nach unserem Verständnis in seinem privaten oder beruflichen Leben leicht tut, er sei ein Überflieger. Unterschwellig neidet man es den Aussteigern und Überfliegern, daß sie mit Leichtigkeit etwas vollbringen, was der Durchschnittsmensch nicht einmal unter großen Anstrengungen vermag, selbst wenn er es wollte. Andererseits verübelt man es ihnen, daß sie sich den üblichen Anforderungen und Verpflichtungen gegenüber der Gemeinschaft entziehen und Dinge tun, die niemandem außer ihnen selber nützen. Zarathustra kennt den Schutzmechanismus des Ressentiments, den die Menge gegen den entwickelt, der fliegen kann, dem es ohne abzustürzen gelungen ist, sich über den Durchschnitt zu erheben und sein Leben nach selbst gesetzten Maßstäben einzurichten. „‚Wie wolltet ihr gegen mich gerecht sein!' – musst zu sprechen –, ich erwähle mir eure Ungerechtigkeit als den mir zugemessnen Theil. / Ungerechtigkeit und Schmutz werfen sie nach dem Einsamen: aber, mein Bruder, wenn du ein Stern sein willst, so musst du ihnen desshalb nicht weniger leuchten!"

Die Gerechtigkeit der Menge besteht darin, Gleiches mit Gleichem zu vergelten. Daher können sie nicht anders, als den, der aus ihrer Sicht ihre Moral mit Füßen tritt, dadurch zu bestrafen, daß sie ihn in den Dreck ziehen. Um der Gerechtigkeit und des Gleichheitsprinzips willen soll keiner etwas können, was im Prinzip nicht jeder andere auch kann. Wer sich nicht an diese Regel hält, verstößt gegen das Wir-Gefühl, dessen Rache er zu spüren bekommt. Zarathustra hält es für wichtig, sich die Gründe für das Ressentiment der Menge klarzumachen, damit der, der sich von ihr abgesetzt hat, begreift, daß ihre Verachtung kein Qualitätsurteil ist, das vielleicht doch eine fundamentale Schwäche seiner neuen Lebensweise trifft, was ihn zutiefst verunsichern würde. Wenn er durchschaut hat, daß die Verachtung, die dem emanzipierten Ich von seiten des Wir entgegengebracht wird, dem Ressentiment entspringt, das anderen nicht gönnt, was es selber gern hätte – allerdings ohne den dafür erforderlichen Preis der Selbstüberwindung zu zahlen –, wird er die Ungerechtigkeit der Menge hinnehmen als das, was sie ihm *ihrem* Maßstab entsprechend zumißt, wobei dieses ihm Zugemessene nur ihm ungerecht scheint, denn sie können das Unangemessene ihres Messens nicht erkennen, da ihnen der dazu erforderliche Maßstab fehlt. Das einzig Angemessene, was das autonome Individuum für die tun kann, die es verachten, besteht darin, ihnen allen Anfeindungen zum Trotz als Vorbild zu dienen *und* nicht aufzuhören, ihnen den Weg zum Übermenschen zu zeigen.

Ganz besonders warnt Zarathustra vor der extremen Ungerechtigkeit und Unbarmherzigkeit derer, die nach den Maßstäben des alten Moralkodex zu den Ausgezeichneten und sittlichen Hochstehenden gehören: „Und hüte dich vor den Guten und Gerechten! Sie kreuzigen gerne Die, welche sich ihre eigne Tugend erfinden, – sie hassen den Einsamen." Es sind die Moralisten und die Pharisäer, deren Selbstgerechtigkeit mit Intoleranz gegenüber denjenigen gepaart ist, die es wagen, sich an selbst gesetzte Maßstäbe zu halten, und damit dem seit altersher Geltenden die Anerkennung verweigern. Die Einsamen, die autonomen Individuen stellen eine Gefahr für eine Moral dar, deren fundamentaler Wert das Wir und deren Grundtugend die Nächstenliebe ist. Daher wachen die Moralapostel eifersüchtig darüber, daß die allgemeinverbindlichen Normen eingehalten werden, und sorgen dafür, daß die arroganten Sittenverderber und Moralzersetzer – wie einst Sokrates und Jesus Christus – ihre gerechte Strafe finden: Sie müssen ihren Frevel an den traditionellen Werten mit dem Leben bezahlen.

Des weiteren droht dem großen Individuum Gefahr von den Einfältigen. „Hüte dich auch vor der heiligen Einfalt! Alles ist ihr unheilig, was nicht einfältig ist; sie spielt auch gerne mit dem Feuer – der Scheiterhaufen." Wie die Guten und Gerechten nur ihresgleichen dulden, so auch die Einfältigen, das sind die Frommen und Religiösen, die dogmatisch fixiert sind auf das, was die Kirche sagt, und jeden verketzern, der ihre festgefügte Ordnung durch ein anderes Weltbild ins Wanken bringt. Das Heilmittel, das sie für solche Irregeleiteten parat haben, ist das Feuer, dessen reinigende Kraft einen Läuterungsprozeß in Gang setzt. Es ist bezeichnend, daß gerade der Ein-fältige, der jede Vielfalt haßt, in seiner Torheit gern mit dem Feuer spielt; er will alles wegbrennen, was zuviel ist und seinen engen Horizont zu sprengen droht. So soll Hus (oder Hieronymus) auf dem Scheiterhaufen beim Anblick eines Bäuerleins, das voller Eifer Holzscheite herbeischleppte, der Ausruf entfahren sein: O *sancta simplicitas!* [60]

Um aufdringliche Menschen auf Distanz zu halten, rät Zarathustra, ihnen nicht die Hand, sondern nur die Tatze zu geben; „und ich will, dass deine Tatze auch Krallen habe." Das Raubtierhafte des Löwen sollen die zu spüren bekommen, die unter Vortäuschung von Freundschaft und unter Ausnutzung der Situation des Einsamen, der unter gelegentlichen „Anfällen (von) Liebe" zu leiden hat, diesen wieder auf die Kamelstufe zurückholen wollen, in den Schoß der Herde, die sein Bedürfnis nach Wärme und Liebe zu stillen verspricht. Die Waffe des Einsamen, durch die er sich selbst vor Rückfällen in längst Überwundenes schützen muß, sind seine Krallen, sprich seine boshaften, spitzen Bemerkungen, vermittels deren er den Umgang mit denen, die ihm zu nahe treten, verletzend gestaltet, so daß sie Distanz halten. Aber Zarathustra betont es noch einmal: Die größte Bedrohung für die Selbstverwirklichung als Übermensch geht nicht von der Menge aus, auch nicht von den Repräsentanten der Moral, des Rechts und der Kirche, sondern vom einzelnen selbst: „Aber der schlimmste Feind, dem du begegnen kannst, wirst du immer dir selber sein; du selber lauerst dir auf in Höhlen und Wäldern." Der andere, überwundene Teil des Ich, das aufgrund seiner Herkunft aus der Gemeinschaft der vielen deren Wertvorstellungen vertritt, das alte Ich also ist keineswegs ein für allemal untergegangen. Es hat sich in die Höhlen und Wälder des Bewußtseins – vielleicht könnte man sagen: ins Unterbewußte – zurückgezogen, und dort liegt es in Lauerstellung, um dem neuen Ich bei Anzeichen von Schwäche in den Rücken zu fallen und ihm nach den Regeln der alten Moral Vorhaltungen über sein ungebührliches Tun zu machen. Zwar ist nach Zarathustra der Sieg über sich selbst, d. h. über sein altes, herdengebundenes Ich, ein Sieg auch über die Menge, aber dieser Sieg muß immer wieder von neuem errungen werden, insofern das alte Ich Teil einer immerwährenden Geschichte ist, die niemals vollständig und unwiderruflich Vergangenheit sein wird. Nur in einem linearen Geschichtsmodell ist es denkbar, daß das Vergangene endgültig vergangen ist und keine Rolle mehr für das Jetzt und die Zukunft spielt. In Zarathustras zyklischem Modell hingegen kehrt das Vergangene in jedem Augenblick wieder und muß von neuem überwunden werden. So bleibt auch die jeweils überwundene Stufe des Selbst mitsamt dem sie konstituierenden Ich-Bewußtsein als überwundene erhalten und kann daher jederzeit die alten Geltungsansprüche wieder ins Bewußtsein rufen und auf deren Erfüllung drängen. So gesehen ist die Selbstüberwindung eine bleibende Aufgabe, die sich nicht in einem einmaligen Akt erschöpft.

„Einsamer, du gehst den Weg zu dir selber! Und an dir selber führt dein Weg vorbei, und an deinen sieben Teufeln! / Ketzer wirst du dir selber sein und Hexe und Wahrsager und Narr und Zweifler und Unheiliger und Bösewicht." Auch diese paradoxe Wegbeschreibung, der zufolge das Ich auf dem Weg zu sich selbst an sich selbst vorbeigehen muß, wird nur im Zusammenhang mit Zarathustras zyklischer Geschichtsauffassung verständlich. Zunächst sind es drei Ich-Begriffe, die wir zu unterscheiden haben: 1. das Ich, zu dem der Weg in die Einsamkeit hinführen soll, d. h. der Übermensch; 2. das Ich, an dem der Weg zum Übermenschen vorbeiführt, das ist das durch die alte Moral bestimmte Herden-Ich; 3. schließlich das Ich, das den Weg und mit jedem Schritt nach vorn das alte Ich in das neue hinein überwindet. Aus dieser Konstruktion erhellt auch, daß das Ich nie Übermensch *sein,* sondern immer nur Übermensch *werden* kann, und daß es nie aufhören kann, Mensch zu sein, da das Ich gewissermaßen immer nur auf dem Sprung zu sich selbst ist. Sobald es bei sich angekommen ist, wird das soeben geschaffene Selbst wieder zum Ausgangspunkt für eine neue Selbstüberwindung. Das dynamische, schaffende Ich bleibt in der Antithetik von Mensch und Übermensch, die es unaufhörlich im Kreis herumtreibt und ständig zur Selbsterneuerung anhält. Die Schwierigkeiten, mit denen es sich dabei auseinanderzusetzen hat, personifizieren sich in den sieben Teufeln, die das alte Ich im Gefolge der traditionellen Moral sich selbst in den Weg gestellt hat, um das Tun des schaffenden Ich zu verteufeln, ihm Angst einzujagen und es durch Einschüchterungsversuche zum Stehenbleiben zu veranlassen, auf daß es sich wieder auf den Wert des Altbewährten zurückbesinne.

Sieben Todsünden sind es, deren die sieben Teufel des Ich dieses nacheinander anklagen, und für die allesamt die Todesstrafe vorgesehen ist: Der Übermensch wird zum Tode verurteilt, damit der Mensch bleiben kann, was er ist. Wer vom Glauben der vielen abfällt und Gott für tot erklärt, gilt als Ketzer. Wer Umgang mit höllischen Mächten und Dämonen pflegt, gilt als Hexe. Wer über die Zukunft und das Fernste spricht, ohne als Prophet ausgewiesen zu sein, gilt als unseriöser Wahrsager. Wer in Bildern und Gleichnissen redet, die niemand versteht, redet Unsinn und gilt als Narr. Wer die alten Moralprinzipien kritisch in Frage stellt, gilt als Zweifler. Wer das von allen zuhöchst Geschätzte radikal abwertet, gilt als Unheiliger. Und wer schließlich das von jedermann für gut Gehaltene, das Allgemeinwohl mit Füßen tritt, gilt als Bösewicht. Das Teuflische dieser sieben Todsünden liegt darin, daß ja das Ich selbst es ist, das diese Vorwürfe gegen sich erhebt und damit alles das, was es sich an neuem Sinn geschaffen hat, eigenhändig zunichte zu machen droht. Erliegt es einem der sieben Teufel, so stirbt der Übermensch, und alles war umsonst. Das Ich vermag die sieben Teufel in sich nur zu überwinden, indem es deren Strategie gegen sie selber wendet und sie zum Tod verurteilt, d. h. sein altes Ich mitsamt seinen Werturteilsmaßstäben verbrennt. „Verbrennen musst du dich wollen in deiner eignen Flamme: wie wolltest du neu werden, wenn du nicht erst Asche geworden bist!" Nicht der Übermensch soll den Flammen des Hasses zum Opfer fallen, die die Menge über ihren Handlanger, das Herden-Ich, im Ich zu entzünden versucht, sondern das Ich soll sich auf seinem Weg zum Übermenschen durch die Kraft des Feuers von seiner Vergangenheit reinigen und läutern, um in erneuerter Gestalt wie Phönix aus seiner Asche emporzusteigen. Dieses Feuer der Sehnsucht, der Liebe zum Übermenschen löscht die Erinnerung an alles andere, was das Ich je hochgeschätzt und für begehrenswert gehalten hat, aus und macht es empfangsbereit für den allumfassenden Sinn, den es selber in sich und durch sich hervorbringt. „Einsamer, du gehst den Weg des Schaffenden: einen Gott willst du dir schaffen aus deinen sieben Teufeln!" Die sieben Teufel verwandeln sich in ihr Gegenteil, einen Gott – den Übermenschen –, sobald das schaffende Ich die Perspektive wechselt und die sieben Teufel als das durchschaut, was sie sind: Mythologisierungen des Übermenschen *sub specie* der alten Moral, die sich selbst zu erhalten bestrebt ist und naturgemäß alles verteufelt, was ihr ihre Kompetenz streitig macht. Das schaffende Ich macht die Abschreckungsstrategien der Moral, deren Repräsentant sein vergangenes Ich ist, dadurch zunichte, daß es die sieben ihm vorgeworfenen Todsünden der Reihe nach als seine Taten bekennt und – anstatt sie zu bereuen – noch einmal willentlich bekräftigt: ich will Ketzer, Hexe, Wahrsager, Narr, Zweifler, Unheiliger, Bösewicht sein. Das Ich, das alles dies entschieden sein will, und zwar bezogen auf die alte Moral sein will, befindet sich auf dem Übergang von negativer zu positiver Freiheit. Hat es zunächst nur das Wir-Prinzip als Bestimmungsgrund seines Willens negiert, so stellt das ‚Ich will Ketzer, Hexe etc. sein' eine erste positive Setzung dar, in der sich das Ich als das bejaht, was die alte Moral radikal verneint. Die Stufe der positiven Freiheit ist schließlich erreicht, wenn das Ich die Bezeichnungen Ketzer, Hexe etc. als negative Wendungen für den Übermenschen begreift und diesen als den positiven Sinn seines Schaffens ausdrücklich setzt. Damit ist die Ablösung von der alten Moral geglückt. Das verteufelte Ich hat gemäß der Dialektik des Werdens durch Gegensätze die sieben Teufel in sich bejaht und im Übermenschen überwunden. Über das Teuflische hat es sich zum Gott umgeschaffen, zu einem Gott freilich, der immer und unausweichlich das Über-sich-Hinaus eines Menschen ist.

Der Weg zum Übermenschen, der immer Weg und Ziel zugleich bleiben wird, ist – wie Zarathustra sich ausdrückt – der „Weg des Liebenden: dich selbst liebst du und desshalb verachtest du dich, wie nur Liebende verachten. / Schaffen will der Liebende, weil er verachtet!" Die Selbstliebe spaltet das Ich in ein geliebtes und ein verachtetes Ich, deren spannungsgeladenes und konfliktträchtiges Verhältnis der Nährboden ist, aus welchem das schaffende Ich seine Kraft schöpft. Alle Liebe gilt dem übermenschlichen Ich, das als Ideal einer dynamischen, sich potenzierenden und für alles Neue aufgeschlossenen Lebensform in die Zukunft weist. Gegenstand der Verachtung ist das einstmals ebenfalls geliebte dualistisch gespaltene, in Konventionen und Traditionen erstarrte Herden-Ich, das der Vergangenheit als dem Inbegriff des seit jeher und für immer

Geltenden zugewandt ist. Das lebendige Ich, mit diesen beiden divergierenden Vorstellungen seiner selbst konfrontiert, kann seinen Selbstwiderspruch nur mittels jener Tätigkeit ertragen, die Zarathustra terminologisch als Schaffen bezeichnet. Das Selbst ist als schaffendes immer zugleich geschaffenes und zu schaffendes. Daher ist das Schaffen kein Erschaffen, sondern ein ständiges Um- und Bessergestalten von etwas, das bereits vorhanden ist, doch so, wie es ist, den Anforderungen des Ideals nicht genügt. Dieses Ungenügen daran, daß das geschaffene Ich stets eine fertige, in sich abgeschlossene, buchstäblich abgelebte Welt ist, bewirkt jene Verachtung, die das Selbst für alles Unlebendige, an ein Ende Gekommenes empfindet, und die Verachtung wiederum initiiert das erneute Schaffen. So wechseln Hochachtung und Verachtung in der Selbstliebe des Ich einander ab und halten das Schaffen in Gang.

Noch einmal fordert Zarathustra das Ich dazu auf, sich unbeirrt durch das Unverständnis und die Ungerechtigkeit der Menge in sich selbst zurückzuziehen und ganz auf das eigene Tun konzentriert seine Selbstüberwindung zu betreiben: „und spät erst wird die Gerechtigkeit dir nachhinken." Später erst, d. h. wenn die Zeit reif geworden ist und andere Generationen aus größerer Distanz die herausragende Leistung eines Individuums richtig einzuschätzen vermögen, dann erst wird ihm Gerechtigkeit zuteil werden in Form jener Anerkennung seines Schaffens, die ihm seine Zeitgenossen versagt haben. „Mit meinen Thränen gehe in deine Vereinsamung, mein Bruder. Ich liebe Den, der über sich selber hinaus schaffen will und so zu Grunde geht." Ein letztes Mal appelliert Zarathustra an den Schaffenden, die Qualen des mit sich Allein- und auf sich Gestelltseins auf sich zu nehmen, ohne Hoffnung auf Achtung oder wenigstens auf Toleranz von seiten seiner Mitmenschen, und den Weg zu gehen, den er gehen muß, um er selbst zu werden, den Weg der Selbstüberwindung. Man weiß nicht genau, sind es Tränen der Rührung, die Zarathustra ihm mit auf den Weg gibt, oder Tränen des Mitleids, vielleicht sogar der Trauer angesichts dessen, was ihm alles bevorsteht? Auf jeden Fall sind sie ein Zeichen der Anteilnahme, das von einem kommt, der weiß, was es heißt, über sich hinaus zu schaffen und dabei zugrunde zu gehen, d. h. immer wieder von neuem sich selbst hervorzubringen, um das fertige Kunstwerk anschließend immer wieder zu zerstören.

„Von alten und jungen Weiblein":
über das Kind im Manne

Es folgt ein kleines, amüsantes Kabinettstück, in welchem das Verhältnis der Geschlechter zueinander, insbesondere das Wesen der Frau auf eine heiter-ironische Weise zur Sprache gebracht wird. Zarathustra wird unterwegs von einem Gleichgesinnten angetroffen, der sich über Zarathustras auffälliges Benehmen verwundert. Dieser schleicht nämlich scheu durch die Dämmerung, behutsam etwas unter seinem Mantel verbergend, was den Schüler zu der Frage veranlaßt: „,Ist es ein Schatz, der dir geschenkt? Oder ein Kind, das dir geboren wurde? Oder gehst du jetzt selber auf den Wegen der Diebe, du Freund der Bösen?'" Diese Frage ist scherzhaft gemeint, denn es ist von vornherein klar, daß alle drei angebotenen Möglichkeiten auf Zarathustra nicht passen. Daß sich einer, der die kleine Armut predigt, einen Schatz schenken läßt, ist ebenso undenkbar wie die Annahme, daß einer, der keinen Umgang mit Frauen hat, Vater geworden sein könnte. Daß schließlich einer, der völlig unaufwendig und selbstgenügsam lebt, sich auf Diebestour begeben haben sollte, ist ebenfalls ausgeschlossen. Und doch sind alle drei Erklärungsmöglichkeiten für das seltsame Gebaren des Zarathustra genau auf ihn zugeschnitten, wenn man einmal auf die Bezeichnungen achtet für das, was Zarathustra da verstohlen wegtragen könnte: Schatz, Kind, Diebesgut. Alle drei Ausdrücke sind Bilder für den Übermenschen, die beiden ersten aus der Sicht Zarathustras, der die Idee des Übermenschen stets als Maßstab alles Schätzenswerten und die Tätigkeit der Selbstüberwindung als einen radikalen Neubeginn im Sinne eines selbstursprünglichen Anfangs charakterisiert. Das Bild des Diebesgutes kennzeichnet die Frucht der Tätigkeit des schaffenden Ich aus der Sicht der vielen, die jede auf Kosten des Allgemeinwohls ausgeführte, den Gesamtnutzen nicht meßbar vergrößernde Handlung als Diebstahl am Volkseigentum betrachten.

Zarathustra geht auf den scherzhaften Ton seines Schülers ein und greift in seiner Antwort die Bilder des Schatzes und des Kindes wieder auf. In der Tat sei es ein Schatz, der ihm geschenkt wurde, eine kleine Wahrheit, die ungebärdig und vorlaut sei wie ein Kind; daher müsse er ihr den Mund zuhalten, weil sie sonst überlaut schreien würde. Bevor er nun diese ihm kostbare kleine Wahrheit preisgibt, erzählt er, wie er zu ihr gekommen ist. Auf seinem abendlichen Spaziergang ist er einer alten Frau begegnet, die ihn bat, doch einmal über ein Thema zu reden, das er noch nie angeschnitten hat: über die Frau. Zarathustra wehrt zunächst ab: „‚Über das Weib soll man nur zu Männern reden!'" Er begründet dies nicht näher, aber daraus ist nicht zu schließen, Zarathustra halte die Frauen für zu dumm oder zu unreflektiert, um zu verstehen, was „man" über sie sagt.[61] Wenn dies der Fall wäre, dann wären die Frauen auch für die sonstigen Reden Zarathustras kein geeignetes Publikum, da diese ja ein Höchstmaß an Selbstreflexion voraussetzen. Es heißt aber ausdrücklich, Zarathustra spreche häufig auch zu Frauen, nur eben nie *über* die Frau. Wenn nun Zarathustra dieses Thema nur unter Männern behandeln will, so scheint ein Grund dafür der zu sein, daß es sich nicht schickt, vor Frauen das Wesen der Frau zu erörtern. Denn über die Frau reden heißt für Zarathustra: über Sexualität zu reden, und mit einer Angehörigen des anderen Geschlechts über Sexualität zu reden, galt seit jeher als obszön. Die alte Frau scheint Zarathustras Beweggründe richtig verstanden zu haben, denn sie bittet ihn: „‚Rede auch zu mir vom Weibe ...; ich bin alt genug, um es gleich wieder zu vergessen.'" Die Selbstironie dieser weisen Alten ist fühlbar. Sie hat in einem langen Leben genügend Erfahrung über sich und ihresgleichen gesammelt, um Zarathustras Ausführungen über das Wesen der Frau folgen und überprüfen zu können; andererseits ist sie zu alt, um daraus für sich irgendeinen Nutzen ziehen zu können. Ihr Alter nimmt dem Thema Sexualität das Anstößige, so daß Zarathustra sich getrost unbefangen äußern kann. Ein weiterer Grund dafür, daß Zarathustra die weibliche Sexualität nur mit seinesgleichen diskutieren will, könnte der sein, daß er dabei einen gemeinsamen Erfahrungshorizont unterstellen kann, einen durch die männliche Optik geprägten kategorialen Rahmen, der eine direkte Verständigung ermöglicht.

Er beginnt mit einer Feststellung über das, was ihm der Schlüssel für alles Weibliche zu sein scheint: „Alles am Weibe ist ein Räthsel, und Alles am Weibe hat Eine Lösung: sie heisst Schwangerschaft." Zarathustra hat sich hier sehr weit vorgewagt. Hätte er einschränkend gesagt: Vieles oder manches am Weibe ist rätselhaft und nur verstehbar, wenn man es unter dem Gesichtspunkt der Schwangerschaft betrachtet, dann wäre diese Aussage empirisch nicht ohne weiteres falsifizierbar, vor allem wenn man bedenkt, daß die Frauen seit Menschengedenken dazu erzogen wurden, das Kind als ihren Lebenszweck aufzufassen. Durch die Formulierung „Alles am Weibe" und „Eine Lösung" hat Zarathustra jedoch das gesamte Verhalten der Frau ohne jede Einschränkung auf ihre Geschlechtlichkeit reduziert, und dies ist zum mindesten insofern anfechtbar, als Zarathustra nicht jene Einschränkung mitreflektiert, die dadurch gegeben ist, daß er das Wesen der Frau aus der Sicht des Mannes beschreibt und nur aus dieser Perspektive beurteilen kann. Von daher erscheint alles, was die Frau an unverständlichen Dingen tut – und sie tut offensichtlich nur Dinge, die dem Mann wesensfremd sind –, dadurch bedingt zu sein, daß sie etwas kann, was der Mann nicht kann: gebären. Mit dem gleichen Recht könnte man aus der Sicht der Frau so argumentieren, daß man sagt: Alles am Mann ist (für die Frau) ein Rätsel, und alles am Mann hat nur *eine* Lösung: sie heißt Geschlechtstrieb. Mit ein bißchen Boshaftigkeit ließe sich noch hinzufügen: Alles, was Zarathustra den Männern vorbehält – die Selbstüberwindung, den Übermenschen –, ist nur ein Surrogat dafür, daß der Mann sich nicht durch Gebären erneuern kann und sich aus diesem Grund nach einer anderen Möglichkeit umsehen muß, um fruchtbar zu werden. Wie dem auch sei – beide Betrachtungsweisen stellen eine Simplifikation dar, insofern man davon ausgeht, daß die Frau bzw. der Mann durch das Verhältnis zum anderen Geschlecht erschöpfend bestimmt sei und in seinem Sein vollständig darin aufgehe.

Doch Zarathustra geht es, wie das folgende zeigt, gar nicht so sehr darum, das Wesen der Frau an sich selbst zu bestimmen, sondern sie in ihrem Verhältnis zum Mann vom Mann her gesehen zu verstehen. „Der Mann ist für das Weib ein Mittel: der Zweck ist immer das Kind." Auch hier sieht es wieder so aus, als könnte die Frau aufgrund ihrer weiblichen Natur nichts anderes wollen, als Kinder zu gebären; da sie dieses Ziel nicht ohne Mithilfe des Mannes erreichen kann, bedient sie sich seiner als Mittel. Der Mann ist demnach für die Frau niemals Zweck an sich selbst, sondern immer bloß Mittel zum Kind. Dagegen ließe sich aus heutiger – und nicht nur aus feministischer – Sicht ebenfalls vieles einzuwenden, aber man kann Zarathustra insofern recht geben, als gemäß der traditionellen Rollenverteilung der Mann für den Lebensunterhalt sorgt, während die Frau ihre Daseinsberechtigung durch Gebären und Aufziehen von Kindern unter Beweis stellt. Da ihr gesellschaftlicher Status und damit ihr Lebensglück von Kindern abhängt, wer will es ihr verdenken, daß ihre Bemühungen vorrangig diesen gelten und nicht dem Mann, dem dies zweifellos auch nicht unbequem ist, verschafft es ihm doch einen gewissen Freiraum für seine eigenen, rein männlichen Interessen.

Der Mann ist für die Frau – so Zarathustra – also nur Mittel zum Zweck und nicht Selbstzweck. Was aber bedeutet umgekehrt dem Mann die Frau? „Zweierlei will der ächte Mann: Gefahr und Spiel. Desshalb will er das Weib, als das gefährlichste Spielzeug." Abenteuerlust und Spieltrieb des Mannes werden in der Beziehung zur Frau gleichermaßen befriedigt. Der echte Mann sucht die Gefahr, da er über sich hinaus wachsen und sich in die Selbstüberwindung einüben will. Er liebt aber auch das Spiel, in welchem er probeweise das autonome Mit-sich-selbst-Umgehen des Übermenschen vorwegnimmt. So betrachtet ist auch die Frau für den Mann, wenn sie als dessen gefährlichstes Spielzeug bezeichnet wird, Mittel zum Zweck, Mittel zum Zweck des Übermenschen nämlich. Beide verhelfen einander zum Kind, einmal im biologischen Sinn, zum anderen im Sinne des Erreichens der Kindstufe. „Im ächten Manne ist ein Kind versteckt: das will spielen. Auf, ihr Frauen, so entdeckt mir doch das Kind im Manne!"

Diese mittlerweile in Zitatensammlungen zur Banalität verkommene Aufforderung Zarathustras an die Frauen ist ein Appell an ihre Intelligenz und Tatkraft; sie sollen im Mann den potentiellen Übermenschen erkennen und alles daransetzen, ihn auf seinem Weg der Höherentwicklung zu unterstützen, d. h. anstatt ihn zu Gefahren zu verführen, die ihn von seinem Weg ablenken, sollen sie die Abenteuerlust des Mannes analog wie der Freund durch individuell angepaßte Strategien auf das eine Ziel ausrichten, die Selbstüberwindung. Und anstatt den Spieltrieb des Mannes einzuengen oder gar lächerlich zu machen, sollen die Frauen im Gegenteil alles Spielerisch-Kreative in ihm fördern – ebenfalls um ihn seinem Ziel, dem Übermenschen, näher zu bringen. Wenn Zarathustra meint, der Mann müsse zum Krieger erzogen werden und die Frau zur Erholung des Kriegers, so bedeutet auch dies, daß beide – er unmittelbar, sie mittelbar – um des Übermenschen willen tätig sein sollen; der Krieg ist die Auseinandersetzung auf dem Schlachtfeld des Selbst, das über sich den Sieg davontragen möchte und in Phasen der Ermüdung von der Frau neu aufgebaut und immer wieder an sein hohes Ziel erinnert werden soll. „Ein Spielzeug sei das Weib, rein und fein, dem Edelsteine gleich, bestrahlt von den Tugenden einer Welt, welche noch nicht da ist." Zarathustra sieht also in der Frau mehr als eine bloße Gespielin für den Mann. Auch sie, obwohl sie nicht fähig oder nicht dazu prädestiniert ist, das Ideal des Übermenschen *in concreto* zu verwirklichen, steht dennoch im Dienst dieses Ideals bzw. stellt sich in seinen Dienst und macht sich selbst zu dessen Spiegel; sie veredelt sich selbst und macht sich dem Manne auf eine besondere Weise kostbar, indem sie in ihrem Verhältnis zu ihm Gefahr und Spiel bewußt so miteinander kombiniert, daß dadurch in ihm jene Tugenden gefördert werden, die ihn zur Selbstüberwindung tauglich machen und zum Übermenschen hinführen.

Zarathustra kann sich immerhin so weit in die Frau hineinversetzen, daß er das Unbefriedigende ihrer Situation sieht: Das Ideal des Übermenschen vor Augen, ist es ihr doch verwehrt, dieses für sich und durch sich selbst zu realisieren. Zarathustra gibt keinerlei Begründung für diese Annahme, aber es steht zu vermuten, daß er davon ausgeht, die Frau sei durch Geburt und Aufzucht von Kindern sowie durch ihre Hingabe an den Mann so in Anspruch genommen, daß sie nicht auch noch an ihrer eigenen Selbstüberwindung arbeiten kann. Entsprechend sucht er sie zu entschädigen: „Der Strahl eines Sternes glänze in eurer Liebe! Eure Hoffnung heisse: ,möge ich den Übermenschen gebären!'" Etwas mitfühlender heißt es im Nachlaß: „Meine Brüder, ich weiss keinen Trost für das Weib als ihr zu sagen: ,auch du kannst den Übermenschen gebären!'"[62] Glaube, Hoffnung und Liebe konzentrieren sich bei der Frau auf das Kind, dem sie das Leben schenkt, sowie auf das Kind im Mann. Durch die Geburt von Söhnen schafft sie im rein biologischen Sinn die Voraussetzung für künftige Übermenschen, während sie bei ihrem Mann als Geburtshelferin fungiert, die ihn bei der Entbindung von seinem Übermenschen mit all ihren Kräften unterstützt. Die Frau, sofern sie unter dem Stern des Übermenschen steht, ist mithin nach Zarathustras Meinung durch ihre Liebe zu den männlichen Familienmitgliedern (von Töchtern ist nicht die Rede) so vollständig ausgefüllt, daß ihr darüber hinaus nichts anderes mehr als begehrenswert erscheint.

Zarathustra ermuntert die Frauen, sich durch nichts in ihrer Liebe beirren oder einschüchtern zu lassen, ihre Liebe als Waffe gegen ihre Furcht vor dem Stärkeren einzusetzen, auch sich nicht zu scheuen, als erste ihre Liebe zu erkennen zu geben und sich nichts daraus zu machen, daß ihre Liebe stets größer ist als die Gegenliebe. Tapferkeit und Ehre nennt Zarathustra jene beiden Eigenschaften, durch die sich die Liebe der Frau auszeichnet, und die braucht sie offensichtlich auch, wenn sie darin Erfüllung finden soll. Zarathustra warnt aber auch den Mann vor der Liebe und dem Haß der Frau gleichermaßen. Das Furchtbare ihrer Liebe liegt in der Bedingungslosigkeit ihrer Liebe, für die sie jedes Opfer bringt – im Extremfall sogar den Übermenschen preisgibt, um den Mann für sich allein zu besitzen. Nicht weniger furchtbar ist aber auch der Haß: „denn der Mann ist im Grunde der Seele nur böse, das Weib aber ist dort schlecht." Diese merkwürdige Charakteristik läuft darauf hinaus, daß beim Mann die Seele im Bösen gründet, d. h. ihre Wurzeln in den Trieben des Leibes hat, aus denen sie die Kräfte zum Guten schöpft. Wie das Böse zum Guten, so ist der Haß das Gegenstück zur Liebe, und diese Polarität bedingt, daß der Mann sowohl im Lieben wie im Hassen gleich stark ist. Bei der Frau hingegen ist die Wurzel dadurch verdorben, daß ihr Haß in Ressentiment umschlägt und damit dem Haß alles Große und Starke genommen wird. Die Schlechtigkeit ihres Hasses zeigt sich im Unterschied zur Bosheit des männlichen Hasses darin, daß sie die Spannung zum Gegenstand ihres Hasses nicht bis zum Zerreißen austrägt, sondern diesen so lange erniedrigt, verkleinert und lächerlich macht, bis die Spannung erloschen und unfruchtbar geworden ist. „Wen hasst das Weib am meisten? – Also sprach das Eisen zum Magneten: ‚ich hasse dich am meisten, weil du anziehst, aber nicht stark genug bist, an dich zu ziehen.'" Mit anderen Worten: Wo die Frau sich als die Stärkere erweist, nimmt sie es dem Mann übel, daß seine Anziehungskraft nicht ausreicht, sie in seinen Bann zu ziehen. Sie will seine Überlegenheit und haßt ihn wegen seiner Unfähigkeit, ihr seinen Willen aufzuzwingen. Nach

Zarathustra vermag sie nur den zu lieben, der sie überwindet und damit andeutet, daß die Möglichkeit zum Übermenschen in ihm angelegt ist. „Das Glück des Mannes heisst: ich will. Das Glück des Weibes heisst: er will." Wenn der Mann befiehlt und die Frau „aus ganzer Liebe gehorcht", ist für sie die Welt vollkommen. Diese Vollkommenheit rührt daher, daß die beiden Tätigkeiten des Befehlens und Gehorchens im Hinblick auf ein und dasselbe Ziel aufeinander abgestimmt sind und mit vereinten Kräften auf seine Verwirklichung hin arbeiten. Indem die Frau will, was der Mann will, setzt sie seinem Ziel kein eigenes Ziel entgegen, sondern macht das seine zu dem ihren und findet ihre Erfüllung in seinem Glück.

Zarathustra kann es sich nicht verkneifen, in einer letzten Differenzierung die quantitative Größe der Frau gegen die qualitative des Mannes abzugrenzen. „Und gehorchen muss das Weib und eine Tiefe finden zu seiner Oberfläche. Oberfläche ist des Weibes Gemüth, eine bewegliche, stürmische Haut auf einem seichten Gewässer. / Des Mannes Gemüth aber ist tief, sein Strom rauscht in unterirdischen Höhlen: das Weib ahnt seine Kraft, aber begreift sie nicht." Der Gegensatz von Oberflächlichkeit und Tiefe bezieht sich nicht auf den Intellekt und auch nicht auf das Gefühl, sondern auf das „Gemüth". Das Gemüt, so könnte man sagen, ist jenes Zentrum im Menschen, durch das er sich seelisch, geistig und körperlich im Gleichgewicht hält und dem er seine Stabilität verdankt. Gemäß Zarathustras Vergleich mit einem seichten Gewässer bzw. einem unterirdischen Strom ist das Gemüt der Frau oberflächlich und durch zahlreiche Einflüsse von außen erheblichen Schwankungen unterworfen. Die leichte Erregbarkeit der Frau wird laut Zarathustra durch das Gehorchen beruhigt, das ihr einen festen Halt und – sofern sie den Gehorsam als Haltung verinnerlicht – eine gewisse Tiefe gibt. Anders als bei der Frau hat das Gemüt des Mannes seinen Sitz tief im Inneren, wo es in sich selbst ruhend, unbeeinflußt durch äußere Faktoren und den Blicken entzogen, seine Kräfte nicht zerstreut, sondern sammelt und konzentriert. Das Vorhandensein dieses unterschwelligen Kraftpotentials des Mannes spürt die Frau wohl, aber sie kann es nach Zarathustra nicht begreifen, weil es sich aufgrund seiner Verschlossenheit von außen nicht erfassen läßt.

Damit enden Zarathustras Ausführungen über die Frau, die auf einen kurzen Nenner gebracht nichts anderes im Sinn hat, als schwanger zu werden, sich oft von niedrigen Instinkten leiten läßt, wenig von Ehre versteht und oberflächlich ist. Das Heilmittel für diese Eigenschaften, durch die die Frau benachteiligt ist, ist der Mann, dessen Willen sich unterzuordnen ihr die Liebe gebietet. Durch diese auf Gehorsam gegründete Liebe qualifiziert sie sich als Spielzeug für den Mann, und wenn es ihr gelingt, bei dessen Selbstüberwindung als erfolgreiche Geburtshelferin tätig zu werden, wird sie dadurch in ihrem Sein als Frau aufgewertet. Man könnte dazu sagen: Wenn das alles ist, was Zarathustra über das Wesen der Frau zu sagen weiß, hätte er besser daran getan zu schweigen, anstatt alteingewurzelte männliche Vorurteile aufzuwärmen und das gewohnte patriarchalische Strickmuster mitsamt seinen Klischees zur Charakterisierung der Frau aufzufahren. Wenn man jedoch genauer hinsieht, dann fällt auf, daß Zarathustra gar keine empirisch gewonnenen Aussagen über die Frau macht – damit hätte er sich in der Tat lächerlich gemacht –, sondern daß er einfach ein Kontrastbild zum Mann entworfen hat. Wenn der Mann ständig Krieg führen, sich als Übermensch hervorbringen, spielen will, ein tiefes Gemüt besitzt etc., so gilt eo ipso für die Frau das alles nicht bzw. das genaue Gegenteil. Zarathustra macht sich somit nicht bloß über die Frau, sondern auch über den Mann lustig; indem er die Frau karikiert, karikiert er zugleich auch den Mann, dessen simplifiziertes Selbstverständnis ja die Folie für den Kontrast abgibt.

Dies geht auch deutlich aus der Reaktion der alten Frau hervor, vor der Zarathustra seinen Vortrag über die Frauen gehalten hat. „Vieles Artige sagte Zarathustra und sonderlich für Die, welche jung genug dazu sind", mokiert sie sich. Es ist natürlich alles andere als artig und galant, was Zarathustra über das Verhältnis der Geschlechter zueinander geäußert hat, und beide wissen es. Für die alte Frau zumal, die nicht mehr gebärfähig und nicht mehr Spielzeug ist, war nichts dabei, was sie hätte betreffen können. Ironisch fährt sie fort: „Seltsam ist's, Zarathustra kennt wenig die Weiber, und doch hat er über sie Recht! Geschieht diess desshalb, weil beim Weibe kein Ding unmöglich ist?" Im Klartext gesprochen heißt das: Zarathustra hat keine Ahnung von Frauen, und wenn er trotzdem etwas Richtiges über sie gesagt hat, so liegt dies nicht an seinem Scharfsinn oder an seiner guten Beobachtungsgabe, sondern an der schier unerschöpflichen Vielseitigkeit der Frauen, bei denen anscheinend wie bei Gott alles möglich ist. Daher wird an allem, was man über sie sagt, immer etwas Zutreffendes sein.

Als Dank nun für seine Ausführungen bietet die alte Frau – und das ist der Gipfel der Ironie – Zarathustra eine kleine Wahrheit an, klein hier im Sinne von jung, kindlich zu verstehen, d. h. die unfruchtbare Frau hat aus dem Schatz ihrer Weisheit ein Kind geboren, vor dem sie Zarathustra warnt, daß es überlaut schreie und er ihm deshalb den Mund zuhalten müsse, weil es ihn sonst in Verlegenheit bringen könnte. Damit ist die Wahrheit, die die alte Frau ihm zum Geschenk machen will, als naseweis, vorlaut, frech und ein bißchen frivol charakterisiert, aber über ihr liegt der Schleier der Unschuld, da sie ja noch klein und unausgereift ist. Zarathustra möchte diese Wahrheit haben, und so teilt die alte Frau sie ihm mit: „Du gehst zu Frauen? Vergiss die Peitsche nicht!"

Dieser berühmte Ausspruch ist häufig kommentiert worden [63], meistens in der Weise, daß der Mann der Herr und die Frau der Sklave ist, den man durch körperliche Züchtigung bzw. durch dressurmäßiges Abrichten stets an seine Gehorsamspflichten erinnern muß; der Frau werden dabei gewisse sadomasochistische Neigungen unterstellt, denen zufolge sie es liebt, auf diese Weise gezüchtigt zu werden. Mir scheint, daß diese Deutung einige feinere Nuancen des Kontextes übersieht. Erstens ist es nicht Zarathustra, der den Ausspruch tut, sondern eine weise alte Frau. Zweitens handelt es sich um einen Satz, dessen Wahrheit noch unreif ist und der Entwicklung bedarf. Wenn man dies im Auge behält, dann wird die Botschaft, die sie enthält, ganz klar. Adressat dieser Botschaft ist Zarathustra; und auf den ersten Blick scheint sie nur ein Resümee dessen zu sein, was Zarathustra in seiner Rede über die Frau ausgeführt hat: Im Verhältnis von Mann und Frau soll der Mann dominieren und den Gehorsam der Frau notfalls mit Gewalt erzwingen. Aber – und das ist das Entscheidende – selbst wenn an dieser normativen Aussage zugestandenermaßen etwas Wahres ist, enthält sie doch nicht die ganze Wahrheit. Um diese herauszufinden, muß man warten können, bis sie sich vollständig entfaltet hat.

Wenn die alte Frau Zarathustra auffordert, diese ihre kleine Wahrheit zu verbergen und ihr den Mund zuzuhalten, so beinhaltet diese Aufforderung, er solle sich in Zukunft mit Reden über die Frauen zurückhalten und lieber schweigen, solange er nur Vorlautes und Unausgegorenes zu sagen wisse. Zarathustra befolgt ihren Rat, was einem Eingeständnis seiner mangelnden Kompetenz auf diesem Gebiet gleichkommt. Er trägt die kleine Wahrheit, die sowohl das Kind der alten Frau als auch das seine ist, insofern die Frau nichts anderes ausspricht, als was sie von Zarathustra empfangen hat, unter dem Mantel verborgen wie einen Schatz nach Hause, um ihr Gelegenheit zur Entwicklung, gleichsam zum Erwachsenwerden zu geben.

„Du gehst zu Frauen? Vergiss die Peitsche nicht!" Der Rat ist doppeldeutig: Er kann bedeuten: Vergiß nicht, die Peitsche mitzunehmen, wenn du eine Frau besuchst. Er kann aber auch bedeuten: Wenn du eine Frau besuchst, denk daran, daß *sie* eine Peitsche hat. Es gibt ein von Nietzsche arrangiertes Foto, auf dem er zusammen mit seinem damaligen Freund Paul Rée vor einen Karren gespannt zu sehen ist; Lou Salomé sitzt derweil auf dem Gefährt und schwingt die Peitsche.[64] Die Peitsche in der Hand der Frau besagt banal interpretiert, daß letztlich sie die Überlegene ist und die Kraft des Mannes ausnutzt, um dorthin zu gelangen, wohin *sie* will. In übertragener Bedeutung kann aber auch gemeint sein – und dies schwang ja in Zarathustras Rede über die Frau durchaus mit –, daß es ihr aufgegeben ist, dafür Sorge zu tragen, daß der Mann das Ziel des Übermenschen nicht aus dem Auge verliert, und in dem Fall ist die Peitsche ein Symbol für die Selbstüberwindung. Eine dritte Deutungsmöglichkeit könnte man noch darin sehen, daß der Mann die Peitsche mitnimmt, wenn er zu einer Frau geht, aber nicht, um sie zu schlagen, sondern um sich selbst stets an sein hohes Ziel zu erinnern und über der Sinnlichkeit nicht sein Ideal zu vergessen. Wie dem auch sein mag: Wer im Verhältnis von Mann und Frau die Peitsche zu welchem Zweck schwingt und was die Peitsche symbolisiert – das wird derjenige erfahren, der sich in Geduld übt und mit der kleinen Wahrheit wächst, bis er über sie hinausgewachsen ist.

„Vom Biss der Natter":
über die Gerechtigkeit von Grund aus

Den eigentlichen Ausführungen Zarathustras wird eine Geschichte vorausgeschickt, in der berichtet wird, wie Zarathustra von einer giftigen Schlange gebissen wird, als er einmal, von der Hitze ermüdet, unter einem Feigenbaum eingeschlafen war. Vor Schmerz schreiend fährt er hoch, und als die Schlange ihn an den Augen erkennt, versucht sie sich schnell davonzumachen. Zarathustra aber hält sie zurück mit den Worten: „‚Nicht doch . . .; noch nahmst du meinen Dank nicht an! Du wecktest mich zur Zeit, mein Weg ist noch lang.' / ‚Dein Weg ist noch kurz', sagte die Natter traurig; ‚mein Gift tödtet'. Zarathustra lächelte. ‚Wann starb wohl je ein Drache am Gift einer Schlange?' – sagte er. ‚Aber nimm dein Gift zurück! Du bist nicht reich genug, es mir zu schenken.' Da fiel ihm die Natter von Neuem um den Hals und leckte ihm seine Wunde."
Von seinen Jüngern (so werden hier seine sonst als Brüder oder Schüler bezeichneten Gefährten jetzt genannt) nach der Moral dieser Geschichte befragt, gibt Zarathustra ironisch zur Antwort, sie habe keine bzw. sie sei unmoralisch – aus der Sicht derer, die in ihm den „Vernichter der Moral" sehen; gemeint ist natürlich die christliche Moral. Bevor wir Zarathustras Erläuterungen heranziehen, müssen wir zu deren besserem Verständnis zunächst auf die Bilder eingehen. Schlange und Drachen kennen wir bereits, erstere aus der Vorrede als eines der Tiere Zarathustras, das zusammen mit dem Adler die geglückte Leib-Geist-Synthese symbolisiert. Der Drache ist uns in der Rede „Von den drei Verwandlungen" als jenes goldfunkelnde Ungetüm begegnet, das die Werte der alten Moral verkörpert. Hier nun haben beide Tiere ihre Rollen getauscht: Die Schlange repräsentiert die alte Moral, während der Drache für die neue Moral steht, wie sie in Zarathustra Gestalt angenommen hat. Man könnte auch sagen, die Schlange als Prinzip der christlichen Moral ist die kleine Vernunft, die sich vom Leib gelöst hat und diesen mit ihrem Gift abzutöten versucht – mit Erfolg, wie uns die jahrtausendelange Agonie der Sinnlichkeit lehrt. Das Gift des über den Leib triumphierenden Geistes ist tödlich, aber es erweist sich als unwirksam, wenn es in einen starken Leib gelangt, in eine große Vernunft, deren Überlegenheit sich darin zeigt, daß der Angriff der

kleinen Vernunft zwar schmerzt, aber das Wechselspiel von Leib und Seele nicht aus dem Gleichgewicht zu bringen vermag. Die Drachenmoral des Übermenschen hat die Schlangenmoral des Christentums überwunden und ist daher durch diese nicht mehr verwundbar. Man könnte die Geschichte mithin so deuten, daß Zarathustra im Schlaf, d. h. in einer Phase, während der die Kontrolle des Bewußtseins nur eingeschränkt funktioniert, von der alten Moral attackiert wird, die – aus seinem Unterbewußtsein aufsteigend – wieder Macht über seinen Willen zu erlangen trachtet, indem sie ihn mit dem Gift ihres Ressentiments lähmt. Aber Zarathustra erwacht und setzt seinen Willen gegen den seines früheren Ich. Wenn Zarathustra die Schlange auffordert, ihr Gift zurückzunehmen, und sie dieser Aufforderung nachkommt, indem sie sich um seinen Hals ringelt und die Wunde leckt, könnte man dies so deuten, daß im Fall Zarathustras die kleine Vernunft ihre Unterlegenheit gegenüber der großen anerkennt und deren Anordnungen Folge leistet. Daß sie sich um Zarathustras Hals ringelt, ist ein Zeichen dafür, daß sie gleichsam die Demutshaltung einnimmt und die Bereitschaft signalisiert, sich wieder in das organische Ganze integrieren zu lassen, aus dem sie sich abgesetzt hatte. Es ist ja bezeichnend, daß die Schlange, obwohl ein Teil von Zarathustras Bewußtsein, diesen nicht erkennt. Dies hat seinen Grund darin, daß die alte Moral keine Individuen kennt. Ihre leibfeindlichen, auf deren Vernichtung abzielenden Gebote gelten für alle unterschiedslos in gleicher, allgemeiner Weise. Erst als Zarathustra erwacht und die Augen aufschlägt, d. h. als er seiner selbst wieder bewußt wird, erkennt ihn die Schlange an seinem stärkeren Willen. Aus Furcht, er könnte Gleiches mit Gleichem vergelten, versucht sie sich davonzustehlen (wieder ins Unterbewußte zu verschwinden), aber Zarathustras unerwartete Reaktion heißt sie bleiben und seinen Dank entgegenzunehmen. Zarathustra bedankt sich für den ihm zugefügten Schmerz, der ihm wieder zu Bewußtsein gebracht hat, daß er nicht stehenbleiben und sich ausruhen darf – dann wird er als Schlafender wieder nur Mensch, und ihn suchen die Gespenster seiner Vergangenheit heim –, sondern daß sein Ziel immer vor ihm liegt und jeder Schritt eine erneute Selbstüberwindung erfordert. Der Schmerz des Schlangenbisses hat Zarathustra wieder an seine Aufgabe erinnert, und dafür stattet er ihr seinen Dank ab, obwohl beide sich darüber im klaren sind, daß dies nicht in der Absicht der Schlange gelegen hatte. Genau darin aber ist die Moral seiner Geschichte zu sehen, die er seinen Jüngern zu erklären versucht. „So ihr... einen Feind habt, so vergeltet ihm nicht Böses mit Gutem: denn das würde beschämen. Sondern beweist, dass er euch etwas Gutes angethan hat." Jemanden, der einem übel will, durch Großmut oder Güte beschämen, wie es die christliche Moral vorschreibt, würde nach Zarathustras Verständnis bedeuten, den Betreffenden herabzusetzen und seine Handlung klein erscheinen zu lassen; die Folge wären Ressentiment-Gefühle. Wenn man hingegen statt dessen glaubhaft machen kann, daß man die Handlung durchaus als eine feindliche Attacke empfindet, ihre Folgen für einen selbst aber gleichwohl positiv zu beurteilen genötigt ist, dann ist dies für den Angreifer befriedigend, weil er sein Gesicht wahren und an seiner feindlichen Absicht festhalten kann.

Auch wenn eine Handlung keinerlei Gutes für den von ihr Betroffenen bewirkt, sondern ihm nur schadet, soll dieser auf keinen Fall beschämen wollen, sondern lieber zornig reagieren: „Und wenn euch geflucht wird, so gefällt es mir nicht, dass ihr dann segnen wollt. Lieber ein Wenig mitfluchen!" Zarathustra plädiert also für Vergeltung dessen, was einem an Üblem angetan wird, zwar nicht entsprechend dem Motto „Auge um Auge, Zahn um Zahn" – man soll ja nur „ein wenig" mitfluchen –, aber doch immerhin in dem Maß, daß man auf die Beleidigung des Kontrahenten so weit reagiert, als dies zur Aufrechterhaltung und gleichzeitigen Neutralisierung des Spannungsfeldes zwischen den beiden Kontrahenten dienlich scheint. „Und geschah euch ein grosses Unrecht, so thut mir geschwind fünf kleine dazu! Grässlich ist Der anzusehn, den allein das Unrecht drückt. / Wusstet ihr diess schon? Getheiltes Unrecht ist halbes Recht. Und Der soll das Unrecht auf sich nehmen, der es tragen kann!" Zarathustra vertritt eine ungewöhnliche Gerechtigkeitstheorie, der zufolge minus mal minus gleich plus ergibt, d. h. die Waage der Gerechtigkeit wird nach Meinung Zarathustras ewig unausgeglichen bleiben, wenn man bei erlittenem Unrecht auf Wiedergutmachung beharrt, oder es still erduldet, anstatt es dem Verursacher mit niedrigerer Münze heimzuzahlen, so daß der Unterschied zwischen dem, der Unrecht tut, und dem, der Unrecht erleidet, aufgehoben wird: Indem beide sich in das Unrecht(-Tun und -Leiden) teilen, hat keiner mehr dem anderen gegenüber einen Rechtsanspruch, und damit ist die Gerechtigkeit wieder hergestellt; geteiltes Unrecht ist auch geteiltes (halbiertes) Recht. Da nach Zarathustras These der, der Unrecht *tut,* in der schwächeren Position ist, fällt es dem, der Unrecht *erleidet,* leichter, damit fertig zu werden. Er kann großzügig sein und den Täter von einem Teil seines Unrechts entlasten. „Vornehmer ist's, sich Unrecht zu geben als Recht zu behalten, sonderlich wenn man Recht hat. Nur muss man reich genug dazu sein." Wahre Nächstenliebe, die zugleich echte Feindesliebe ist – „Liebe mit sehenden Augen" –, ist daran kenntlich, daß der, der im Recht ist, freiwillig Unrecht auf sich nimmt, um für ausgleichende Gerechtigkeit zu sorgen. In Verkehrung aller traditionellen Gerechtigkeitstheorien [65], die durch Bestrafung des Täters dem durch das Unrecht Betroffenen Genugtuung verschaffen wollen, plädiert Zarathustra aus Gründen der Humanität – „Eine kleine Rache ist menschlicher, als gar keine Rache" – für eine Gerechtigkeit, die das Ungleichgewicht zwischen Täter und Opfer dadurch ausbalanciert, daß das Opfer sich ebenfalls schuldig macht und straffällig wird. „So erfindet mir doch die Liebe, welche nicht nur alle Strafe, sondern auch alle Schuld trägt! / So erfindet mir doch die Gerechtigkeit, die Jeden freispricht, ausgenommen den Richtenden!" Recht soll das Opfer sprechen, doch so, daß es sich selbst ins Unrecht setzt und schuldig spricht, um seine Solidarität mit dem Täter zu bekunden und seine Tat gewissermaßen zu rechtfertigen. Wo alle Unrecht tun, hat niemand das Recht für sich allein auf seiner Seite. Überdies – und das wird im traditionellen Strafrecht meist übersehen – zeugt so manche Tat, durch die einem anderen Unrecht zugefügt wird, von Größe, der Achtung gebührt. Daher moniert Zarathustra: „Wenn die Strafe nicht auch ein Recht und eine Ehre ist für den Übertretenden, so mag ich euer Strafen nicht. ... Ich mag eure kalte Gerechtigkeit nicht; und aus dem Auge eurer Richter blickt mir immer der Henker und sein kaltes Eisen." Gerechtigkeit in traditionellem Verständnis ist für Zarathustra kalt, d. h. lieblos und unmenschlich gegenüber dem Täter, insofern sein Tun durch das Urteil verächtlich gemacht und er durch die Strafe erniedrigt wird. Wer es auf sich nimmt, geltendes Recht zu brechen und Gesetze zu übertreten, hat sich wenigstens dahingehend ein Anrecht auf Anerkennung erworben, daß auch das Unrechttun als ein bewußtes und willentliches Handeln nicht ohne Selbstüberwindung möglich ist und insoweit eine gewisse Achtung verdient. Dieser Respekt vor seiner Individualität ist die Bedingung für seine Rehabilitation und der Ausgangspunkt für den im Sinne Zarathustras „von Grund aus" Gerechten, der Unrecht nicht aus der nach rückwärts gewandten Perspektive des Henkers, sondern aus der nach vorn ausgerichteten Sehweise des Menschen-Freundes beurteilt. Während der Henker aus der kalten Distanz des Neutralen für begangenes Unrecht immer ein Stück Leben fordert – er will Blut sehen, mindestens in der Form von Scham, am liebsten aber durch die Hinrichtung mit dem Stahl des Beils – und damit die künftige Selbstüberwindung des Täters einschränkt, ja im Extremfall unmöglich macht, trägt der gerechte Menschenfeind durch die Übernahme eines Teils der Schuld dazu bei, daß der Täter sein Unrecht überwindet und in Kenntnis der Stärke seines Opfers andere Mittel und Wege sucht, um sich mit ihm zu messen.

Gemäß der Platonisch-Aristotelischen Gerechtigkeitslehre geht es im Staat wie im zwischenmenschlichen Bereich dann gerecht zu, wenn jeder das Seine erhält, das ihm nach Maßgabe seiner Leistung Zustehende. Gegen diese Theorie des *suum iustum* wendet Zarathustra ein: „Aber wie wollte ich gerecht sein von Grund aus! Wie kann ich Jedem das Seine geben! Diess sei mir genug: ich gebe Jedem das Meine." Für Zarathustra ist Gerechtigkeit wie alle anderen Tugenden keine soziale Tugend und das, was durch sie erworben bzw. verteilt wird, kein kollektives Gut. Von Grund aus gerecht sein kann nur der einzelne, der sich nicht stellvertretend für andere überwinden kann, sondern auf seinem „Grund", auf der Operationsbasis seines Selbstverhältnisses das für ihn Rechte tun muß. Wo der einzelne nur sich selbst Maßstab seines Handelns ist, kann niemand dem anderen „das Seine" geben, denn das würde bedeuten: ihm seine freie Selbstbestimmung geben zu wollen. So ist es nur konsequent, wenn Zarathustra sagt, daß das Äußerste, was ich einem anderen geben kann, das Meine ist. Das Meine ist mein je Überwundenes, das einem anderen als Orientierungshilfe dienen kann, als ein Wegweiser zu seiner eigenen, nur durch ihn und für ihn realisierbaren Gerechtigkeit.

Zarathustra beschließt seine Rede mit der Warnung an seine Brüder, sich davor zu hüten, einem Einsiedler Unrecht zu tun. Er begründet dies folgendermaßen: „Wie könnte ein Einsiedler vergessen! Wie könnte er vergelten! / Wie ein tiefer Brunnen ist ein Einsiedler. Leicht ist es, einen Stein hineinzuwerfen; sank er aber bis zum Grunde, sagt, wer will ihn wieder hinausbringen?" Einsiedler – erinnern wir uns daran – ist jemand, der sich in sich selbst zurückgezogen hat, um sein Leben an einem singulären, statischen, metaphysisch oder religiös verankerten Prinzip auszurichten. Das Bild des tiefen Brunnens fängt das Statische, Unveränderliche dieser in sich ruhenden Lebensform ein. Fügt man einem solchen Menschen ein Unrecht zu, so wird er auf ewig darunter leiden, da er weder vergessen noch vergelten kann. Für ihn verwandelt sich alles Geschehen in ewige Präsenz, und da sein Verhalten durch Passivität gekennzeichnet ist, vermag er sich für ein Unrecht ebensowenig zu revanchieren, wie der Brunnen den Stein von seinem Grund hochschleudern kann. Einen Einsiedler zu verletzen, ist somit eine sinnlose Tat – für das Opfer, das sich nicht wehren kann, aber auch für den Täter, der mangels einer Reaktion von seiten seines Opfers nicht auf seine Kosten kommt. Daher empfiehlt Zarathustra seinen Brüdern, wenn sie doch einmal versehentlich einen Einsiedler beleidigt hätten, sollten sie ihn auch noch töten. Dieser barbarische Rat kann nicht wörtlich gemeint sein im Sinne eines Mordes. Den Einsiedler töten bedeutet vielmehr: ihn seiner Lebensform berauben, d. h. das Prinzip zerstören, auf dem er seine Existenz aufgebaut hat. Bringt man den Einsiedler dazu, die Geschichtlichkeit alles Lebendigen anzuerkennen, hat er sein Einsiedlertum überwunden und den ersten Schritt in Richtung auf den Übermenschen getan. Indem er nicht mehr ein in sich abgeschlossenes Sein sein will, sondern sich auf die Dynamik des Werdens einläßt, beginnt er zu schaffen und das Schaffen zum Prinzip seines neuen Selbstverständnisses zu machen.

„Von Kind und Ehe": sich fort- und hinauf-pflanzen

Es ist wieder eine Testfrage, mit der Zarathustra an einen Schüler herantritt, um die Tiefe seiner Seele auszuloten: „Du bist jung und wünschest dir Kind und Ehe. Aber ich frage dich: bist du ein

Mensch, der ein Kind sich wünschen *darf?*" Für Zarathustra hängt es offensichtlich von der Tiefe der Seele ab, ob einer berechtigt ist, zu heiraten und Kinder zu zeugen, denn die Sexualität bedarf eines starken Gegengewichts auf der Seite des Geistes, damit das Leib-Seele-Verhältnis stabil und ausgeglichen bleibt. Nur wer sich schon als „der Siegreiche, der Selbstbezwinger, der Gebieter der Sinne, der Herr (seiner) Tugenden" erwiesen hat, ist den Weg der Selbstüberwindung bereits erfolgreich gegangen, und es steht daher zu erwarten, daß aus seinem Wunsch nach Frau und Kindern weder „das Thier" oder „die Nothdurft", noch „Vereinsamung" oder „Unfriede" mit sich selbst spricht. Diese vier Beweggründe machen deshalb zur Ehe untauglich, weil aus ihnen hervorgeht, daß die Autonomie noch fehlt. Ob ein natürliches Bedürfnis oder animalische Begierde dazu drängen, den Geschlechtstrieb auf eine gesellschaftlich sanktionierte Weise zu befriedigen, oder ob die Unerträglichkeit des mit sich Alleinseins bzw. des mit sich Entzweitseins den Ausschlag für eine Heirat geben – in jedem Fall ist es ein Mangel, der den Entschluß zur Ehe herbeiführt, und nicht der Überfluß des seiner selbst Mächtigen. Eine Ehe, die nur der Kompensierung der eigenen Ohnmacht dient, erfüllt ihren Zweck nicht: die Nachkommen in die Idee des Übermenschen einzuüben. Wie soll einer, der unfähig ist, seine Sexualität zu kontrollieren, ohne sie zu unterdrücken, imstande sein, Kindern den Leib als eine große Vernunft vorzuleben? Oder wie soll einer, der des Selbst ermangelt, so daß alle seine Bemühungen, über sich hinaus zu schaffen, fruchtlos bleiben, als Vorbild für die Selbstüberwindung fungieren?

Allein der seiner selbst Mächtige hat sonach das Recht, sich zu vermehren, denn er hat unter Beweis gestellt, daß er nicht nur potent ist im biologischen Sinn (fortpflanzungsfähig), sondern auch im ideellen Sinn (werteschaffend). „Ich will, dass dein Sieg und deine Freiheit sich nach einem Kind sehne. Lebendige Denkmale sollst du bauen deinem Siege und deiner Befreiung. / Über dich sollst du hinausbauen. Aber erst musst du mir selber gebaut sein, rechtwinklig an Leib und Seele." Der Wunsch nach einem eigenen Kind aus Fleisch und Blut stellt sich zwanglos ein bei demjenigen, der selber die Kindstufe erreicht hat und aufgrund seiner Überwindung des alten Menschenbildes um das Gesetz des Werdens, das Prinzip des Lebendigen weiß. Dieses Wissen ist es, das in ihm den Wunsch erweckt, sich über das Geistige hinaus auch leiblich fortzupflanzen, um der Idee des Übermenschen über die Zeitspanne eines Menschenlebens hinaus Dauer zu verleihen. Kinder, die nicht mehr den Ballast des christlichen Idealismus und des utilitaristischen Materialismus mitschleppen müssen, profitieren vom natürlichen Sieg über die traditionellen Leib-Seele-Dualismen, insofern sie die Chance haben, die Selbstüberwindung ohne vorhergehende Deformation durch hypostasierte Geist- und Leibgebilde zu lernen. Sie werden „lebendige Denkmale" sein, keine toten – in Stein gehauenen oder in Erz gegossenen – Kunstwerke, sondern solche, die selber wiederum lebendige Kunstwerke zu schaffen vermögen. So zeugt sich das Über-menschliche über die Generationen hinweg fort und erhält Unsterblichkeit im Lebendigen durch das Lebendige. Diese Form der Unsterblichkeit ist weder die der abstrakten, vom Hier und Jetzt absehenden Jenseitsvorstellungen, noch die der unverändert und untangierbar tradierten Wertvorstellungen. Übermensch ist gerade kein ein für allemal feststehender ideeller Sachverhalt, der in Gestalt einer Formel oder Norm weitergegeben werden kann; vielmehr ist Übermensch ein Tun, ein Sich-selbst-Schaffen und in diesem Schaffen Sich-selbst-Transzendieren: also ein ständiges Überschreiten und Erneuern des Selbst aus eigener Kraft. Ein solches Tun kann man nicht mitteilen oder tradieren, sondern nur tätigen, eben er-leben und vor-leben. Was Zarathustra für seine Schüler ist, das soll ein Vater für seine Kinder sein: Vor-bild im Schaffen. Daher muß, wer Ehemann und Vater werden möchte, die Bedingung der „Rechtwinkligkeit" an Leib und Seele erfüllen. Den gesunden, vollkommenen, den rechtwinkligen Leib als Bild für den Übermenschen kennen wir schon aus der Rede „Von den Hinterweltlern". Damit der Leib als große Vernunft gelingt, muß er rechtwinklig „gebaut" werden, d. h. der sich selbst als Kunstwerk hervorbringende Künstler muß sein Handwerk verstehen: Er muß imstande sein, den Bedürfnissen seines Körpers und den Ansprüchen seines Geistes gleichermaßen gerecht zu werden, indem er sie gleichgewichtig so aufeinanderprallen läßt, daß sie sich einen Moment lang gewaltsam vereinigen, um dann in einem Ausfallwinkel von 90 Grad wieder auseinanderzustreben. Wenn Zarathustra sagt: „Nicht nur fort sollst du dich pflanzen, sondern hinauf! Dazu helfe dir der Garten der Ehe!" – so kommt die Rechtwinkligkeit hier in der horizontalen Bewegung des „fort" (Körper) und in der vertikalen Bewegung des „hinauf" (Geist) zum Ausdruck, die ein dynamisiertes Koordinatensystem bilden; je gleichmäßiger die beiden Koordinaten in ihre jeweilige Richtung tendieren, desto kreisähnlicher wird der Bogen zwischen ihnen und desto schöner wird das innerhalb dieses Kräftefeldes „Gebaute" bzw. „Gepflanzte". Im Bild der Rechtwinkligkeit läßt sich unschwer das Bild des gespannten Bogens wiedererkennen, dessen straff gezogene Sehne ebenfalls einen rechten Winkel bildet, so daß der Pfeil („der Sehnsucht") – die Kraft von beiden Seiten aufnehmend – das Ziel in der Mitte nicht verfehlen kann. Diese Bilder für das Über-sich-Hinaus des Menschen als Übermensch machen noch einmal das Angespannte dieses Strebens anschaulich, das aus der Rechtwinkligkeit seine Triebkraft bezieht. Wie der Pfeil nicht fliegt, wenn die Sehne schlaff ist, so erschlafft auch der Mensch, wenn er seine Seins-Koordinaten des rechten Winkels (als Zentrum des Willens zur Macht) beraubt und sich ausschließlich auf die horizontale Körperkoordinate (Materialismus) oder die vertikale Geistkoordinate (Idealismus) konzentriert. Das Resultat sind die letzten Menschen auf der einen, die Gespenster auf der anderen Seite, beide als Fehlformen eines eindimensionalen Menschenbildes aufgefaßt, eines Mangels an Spannung und Gegenspannung, durch die allein das Leben sich fortzeugt. Einem alten griechischen Axiom folgend, dem gemäß Gleiches nur durch Gleiches erzeugt werden kann – ein Mensch zeugt einen Menschen, heißt es bei Aristoteles [66] –, knüpft Zarathustra für seine Schüler die Fortpflanzung an die Bedingung der Selbstüberwindung durch den Willen zur Macht. Nur wer sich selbst als einen „höheren Leib ...", eine erste Bewegung, ein aus sich rollendes Rad" zu realisieren vermag, der vermag auch „einen Schaffenden" zu schaffen: ein Übermensch zeugt einen Übermenschen.

Aber zur biologischen Fortpflanzung gehören zwei. Es genügt also nicht, daß einer imstande ist, sein Leib-Seele-Verhältnis als große Vernunft zu organisieren; auch die Ehe muß „rechtwinklig" sein, d. h. Mann und Frau müssen ein Koordinatensystem bilden, in dessen Spannungsfeld – als dem „Willen zu Zweien" – ein Drittes entsteht, „das mehr ist, als die es schufen". Dies setzt jedoch voraus, daß der Mann eine ihm ebenbürtige Frau findet –

eine, die in ihm das über-menschliche Streben ehrt und dieses durch einen starken Gegenwillen zu potenzieren hilft.

Diesem Ideal einer Ehe, deren Ziel der Übermensch ist – und zwar sowohl in ideologischer wie in biologischer Hinsicht –, stellt Zarathustra mit bissigen Worten die Durchschnittsehe als „Armuth der Seele zu Zweien", als „Schmutz der Seele zu Zweien", als „erbärmliche(s) Behagen zu Zweien" gegenüber. Die geforderte Rechtwinkligkeit ist zur einseitig materialistischen Lebensform verkommen, die durch den sexuellen Genuß bestimmt ist. Es ist die Lebensform des letzten Menschen, deren Armut, Schmutz und Erbärmlichkeit für Zarathustra ein Indiz für den Mangel an Geist, die fehlende Bewegung des „hinauf" ist, die aufgrund der Verabsolutierung des Lustprinzips verkümmert. Wo sich in der Ehe alles um die Steigerung der Lust dreht, kann von Höherentwicklung nicht mehr die Rede sein, obwohl von vornherein der Anschein von Höhe erweckt werden soll mit der Floskel, diese Ehen „seien im Himmel geschlossen". Zarathustra „mag ihn nicht, diesen Himmel der Überflüssigen! Nein ich mag sie nicht, diese im himmlischen Netz verschlungenen Thiere! / Ferne bleibe mir auch der Gott, der heranhinkt, zu segnen, was er nicht zusammenfügte!" Zarathustra widert die Verlogenheit dieser dem Lustprinzip Verfallenen an, die der Sexualität höhere Weihen zu geben versuchen, indem sie sich zur Rechtfertigung ihres Tuns auf einen Gott berufen, der der Ehe seinen Segen erteilt. Aus Zarathustras Sicht handelt es sich um einen hinkenden Gott [67], einen Gott also, der nicht richtig laufen kann, geschweige denn zu tanzen vermag. Es ist ein ohnmächtiger Gott, dem die Synthese seines Seins ebensowenig gelingt wie den Menschen, denen er als Legitimationsgrund dient. So überflüssig wie die Fiktionen von Himmel und Gott, so überflüssig sind für Zarathustra auch diejenigen, die dieser vorgetäuschten Dimension eines Oben bedürfen, um ihrem unkontrollierten animalischen Geschlechtstrieb den Anstrich des Erhabenen zu geben. Überflüssige, die wiederum nur Überflüssige produzieren, formieren sich zur Masse der „Viel-zu-Vielen", von denen keinerlei Höherentwicklung zu erwarten ist und die daher vom Standpunkt des Übermenschen her gesehen verzichtbar sind.

So lächerlich die meisten Ehen sich de facto ausnehmen, so wenig bieten sie für Zarathustra einen Anlaß zum Lachen. „Welches Kind hätte nicht Grund, über seine Eltern zu weinen?" Wie soll es über sich selbst hinausgelangen, wenn Vater und Mutter auf der Ebene des letzten Menschen miteinander verkehren? Besonders erbost es Zarathustra, wenn er einem Mann begegnet, den er als „reif für den Sinn der Erde" erachtete, um dann nach Bekanntschaft mit dessen Frau resigniert feststellen zu müssen, daß die Erde wohl eher „ein Haus für Unsinnige" ist. „Ja, ich wollte, dass die Erde in Krämpfen bebte, wenn sich ein Heiliger und eine Gans mit einander paaren." Die Erde hat nur Sinn durch das Tun des Übermenschen, der die Erde analog zu seinem Leib als einen großen Organismus betrachtet, dessen Vitalität und Selbstmächtigkeit von der Fähigkeit zur Überwindung des Gegensätzlichen abhängt. Aber die gegensätzlichen Kräfte müssen verhältnismäßig, ebenbürtig sein, um ein organisches Gleichgewicht herzustellen, sonst stellen sich im Leib Krämpfe ein – ein Indiz dafür, daß eine Störung vorliegt, verursacht durch einen Fremdkörper. Mit einem solchen Fremdkörper vergleicht Zarathustra eine dem Mann nicht ebenbürtige Frau. Die Unverhältnismäßigkeit einer zwischen einem Heiligen und einer Gans geschlossenen Ehe besteht darin, daß ihr die Rechtwinkligkeit fehlt, weil das Paar keinen polaren Gegensatz bildet und daher keine gemeinsame Mitte hat. Der Heilige – ganz den himmlischen Dingen zugewandt – erhebt anbetend seinen Geist zu Gott, während seine Frau – schwerfällig watschelnd und dummes Zeug daherschnatternd – ganz und gar bodenständig dem Irdischen verhaftet ist. Das einzige Verbindende zwischen ihnen sind die Körperkoordinate bzw. die Sinnlichkeit, die für sich allein kein tragfähiges Fundament einer Ehe sind.

Auch die nachfolgenden, nicht weniger drastischen Beispiele eines Mißgriffs bei der Wahl der Ehepartnerin belegen die schlichte Tatsache, daß jemand, der zur Selbstüberwindung imstande ist, eben dadurch nicht auch schon ein richtiges Augenmaß für die geeignete Partnerin hat. Des Umgangs mit den Mitmenschen, insbesondere mit dem weiblichen Geschlecht entwöhnt, ist er für krasse Fehleinschätzungen nahezu prädestiniert. So ist einer, der nichts als die Wahrheit im Sinn hat, trotzdem nicht gegen „eine kleine geputzte Lüge" gefeit, die er als seine Ehefrau heimführt, außerstande, hinter der Maske der Liebenswürdigkeit die Falschheit der Person zu erkennen. Ein anderer, der – „spröde im Verkehre" – nur

Umgang mit ausgewählten Personen führte, verdarb sich „mit Einem Male ... für alle Male seine Gesellschaft". Ein Dritter schließlich „suchte eine Magd mit den Tugenden eines Engels. Aber mit Einem Male wurde er die Magd eines Weibes, und nun thäte es Noth, dass er darüber noch zum Engel werde". Anstatt einer sanftmütigen, ergebenen Dienerin hat er sich das genaue Gegenteil eingehandelt: eine herrische Frau, die ihn zu unterwerfen trachtet, und nun bedarf er nach dem unvorhergesehenen Rollentausch der Engelsgeduld.

Zarathustra verwundert sich über die Torheit der Männer, die bei allen ihren sonstigen Erwerbungen List und Verstand einsetzen, um sich das Bestmögliche zu verschaffen. „Aber seine Frau kauft auch der Listigste noch im Sack." Die Leidenschaft – Zarathustra charakterisiert sie als „viele kurze Thorheiten" – macht die meisten Männer blind für den Mangel an Qualitäten jenseits des Sinnlichen, und so gerät ihre Ehe „als Eine lange Dummheit". „Eure Liebe zum Weibe und des Weibes Liebe zum Manne: ach, möchte sie doch Mitleiden sein mit leidenden und verhüllten Göttern! Aber zumeist errathen zwei Thiere einander." Wo die pure Sinnlichkeit den Ausschlag gibt, reagiert sexuelle Begierde auf sexuelle Begierde, gewissermaßen unter Ausschluß alles dessen, was den Menschen über das Tier erhebt. Die Dominanz des Geschlechtstriebs bedeutet eine Rückkehr zum Animalischen und stellt einen Verrat nicht nur der Idee des Übermenschen, sondern auch des Menschen dar, der immerhin das Sexuelle soweit überwunden hatte, daß er es dem Geistigen unterordnete – wenn auch auf die falsche Weise, indem er alles Animalische radikal unterdrückte. Anstatt einander als Tiere zu erraten, sollen Mann und Frau einer im anderen den leidenden und verhüllten Gott erraten: den Übermenschen, der als solcher noch nicht hervortreten konnte. Um diesen – der anders als die naturwüchsigen Triebe nicht je schon aktiv ist, sondern durch Selbstüberwindung vom Zustand des Leidens in den des Tuns überführt werden muß – zu aktivieren, bedarf es des Mit-leidens. Wer in Zarathustras Sinn mit einem anderen Menschen mitleidet, verhält sich nicht passiv, sondern wird höchst aktiv, insofern er nach Mitteln und Wegen sucht, um dem anderen dazu zu verhelfen, seine Unvollkommenheit zu überwinden und das über-menschliche Potential in ihm freizusetzen. „Aber auch noch eure beste Liebe ist nur ein verzücktes Gleichniss und eine schmerzhafte Gluth. Eine Fackel ist sie, die euch zu höheren Wegen leuchten soll." Zarathustra läßt keinen Zweifel daran, daß die Liebe für ihn kein Selbstzweck ist, sondern ein Mittel zur Selbstüberwindung. Jeder liebt im anderen den, der er sein *kann,* aber letztlich nur durch sich selbst zu werden vermag. Darin liegt das Schmerzhafte der Liebe, daß sie nur Glut, nur Fackel ist, die das unverrückbare Ziel des Übermenschen als schlechthin liebenswert beleuchten, ohne es für den Geliebten realisieren zu können. Die Liebe wird nie mehr sein als ein „verzücktes Gleichniss" für den Übermenschen, d. h. je intensiver sie ist (Glut), desto leuchtender weist sie über sich hinaus (Fackel) auf das, was jeder nur allein aus sich selbst und für sich selbst zu erringen vermag: seine Selbstmächtigkeit. Die Liebe gleicht dem Akt der Selbstwerdung darin, daß auch sie eine Aufhebung von Zweiheit in eine dialektische Einheit ermöglicht; aber jene letzte und höchste Identität, die nur durch Überwindung des Leib-Seele-Dualismus erreicht wird, liegt außerhalb ihrer Möglichkeiten beim einzelnen, der aus dem Zentrum *seines* Willens zur Macht herausstrebend den Kreis *seiner* Identität um *sich* ziehen muß, um in immer neuen überraschenden, individuellen Variationen die Rechtwinkligkeit *seines* Leibes und *seiner* Seele geschichtlich zu konkretisieren.

„Über euch hinaus sollt ihr einst lieben! So *lernt* erst lieben! Und darum musstet ihr den bittern Kelch eurer Liebe trinken. / Bitterniss ist im Kelch auch der besten Liebe: so macht sie Sehnsucht zum Übermenschen, so macht sie Durst dir, dem Schaffenden!" Die rechte Liebe, die es nach Zarathustra zu lernen gilt – gleichsam als Vorübung zur Selbstüberwindung – ist jene Wechselbeziehung zwischen einander Ebenbürtigen, durch die jeder im anderen Erfüllung findet, doch so, daß diese Erfüllung zugleich den Blick öffnet für einen noch höheren Sinn, an den die Liebe jedoch nicht hinanreicht. Dies ist der Grund für ihre Bitterkeit, daß sie sich nicht selbst genügt, sondern ein Verlangen erweckt, in dem sie zugrunde geht. Sobald die Liebe im anderen den Übermenschen entdeckt, hört sie auf, geschlechtlich bestimmte Liebe zu sein, und verwandelt sich in das Streben nach Selbstmächtigkeit. Das Ziel des Übermenschen trennt und verbindet die Liebenden von nun an auf eine ganz neue Weise, insofern es jeden auf sich selbst stellt und doch einem im anderen den Gradmesser seiner durch Selbstüberwindung gewonnenen Kraft vorhält. Noch einmal bekräftigt Zarathustra abschließend seine Eingangsthesen, daß nur der zur Heirat und Kindererziehung berechtigt ist, der Liebe und Ehe als Mittel zum Übermenschen will. Ein solcher Wille gilt Zarathustra als heilig, da er den Sinn der Erde stiftet. Er vermag nicht nur über sich hinaus zu schaffen, sondern versteht es auch, Strategien zu erfinden, die zur Höherentwicklung anderer beitragen. Das macht ihn tauglich zur Erziehung von Kindern.

Diese Rede läßt erkennen, daß Zarathustra seit seiner Rede „Von alten und jungen Weiblein" Fortschritte gemacht und die kleine Wahrheit der alten Frau Früchte getragen hat. Zarathustra hat nämlich erkannt, daß zur Fortpflanzung, die zugleich an der Idee des Übermenschen orientiert ist, nicht irgendeine Frau genügt, wenn nur der Mann ein Schaffender ist. Vielmehr sind Liebe und Ehe nur dann wirksame Instrumente zur Beförderung der Selbstüberwindung, wenn auch der Frau zugestanden wird, daß sie fähig ist, über sich hinaus zu streben und dem Mann eine ebenbürtige Partnerin zu sein. Ohne diese Voraussetzung käme die von Zarathustra propagierte Rechtwinkligkeit in der Ehe überhaupt nicht zustande, und die Vorstellung einer Generation von Kindern, die es aufgrund günstigerer Ausgangsbedingungen leichter hätten, sich mit dem Ideal der Selbstüberwindung vertraut zu machen, wäre von vornherein zum Scheitern verurteilt.

„Vom freien Tode":
Sterben als heiliges Nein-sagen

Zarathustras Rede vom Tod ist ebenso vieldeutig wie seine Lehre vom Leben. Daher steht es nicht schon von vornherein fest, daß Zarathustra mit dem freien Tod den Selbstmord meint[68]; die Selbsttötung ist nur ein Aspekt unter vielen.

Wenn Zarathustra seine Rede mit der Bemerkung beginnt, daß viele zu spät, einige zu früh sterben, und das Gebot verkündet: „Stirb zur rechten Zeit", so geht daraus hervor, daß nach Zarathustras Meinung der Mensch über seinen Tod frei zu verfügen vermag, daß er den Zeitpunkt seines Todes selbst bestimmen kann. Diese These scheint nicht weiter verwunderlich, wenn wir uns daran erinnern, daß Leben und Tod für Zarathustra keine kontradiktorischen, sondern polare Gegensätze sind. Ein Schüler Zarathustras, dem es ernst ist mit der Selbstüberwindung, hat in seinem Über-sich-hinaus-Schaffen schon so viele Tode durch-lebt, während andere (die Prediger des Todes, die Verächter des Leibes, die Fliegen des Marktes) so viele Leben durchgestorben sind, daß dem Eingeweihten Zahathustras Aufforderung, zur rechten Zeit zu sterben, nichts Fremdes beinhaltet. Wer wie Zarathustra das alte Menschenbild in sich verbrannt und seine Asche zu Berge getragen hat, weiß, wovon die Rede ist. Und wer Zarathustras Reden über die Idealisten, die den Tod des Leibes propagieren, und die Materialisten, die den Tod des Geistes preisen, verstanden hat, der weiß ebenfalls, wovon die Rede ist. Aber wie verhält es sich mit dem physischen, dem biologischen Tod; gilt auch für ihn das „Stirb zur rechten Zeit"?

Zarathustra rekurriert zunächst wiederum zur Abgrenzung auf das Common sense-Verständnis der „Überflüssigen", denen es verwehrt ist, zur rechten Zeit zu sterben, weil sie nie zur rechten Zeit gelebt haben. Für die Verächter des Leibes kann es eine „rechte Zeit" gar nicht geben, weil Zeit eine konstitutive Bedingung für das schlechte Diesseits ist und mit diesem vom Ideal eines ewigen Jenseits her als defizient ausgegeben wird. Aber auch die dem Leibe Verfallenen kennen keine „rechte Zeit", denn für sie ist jeder Augenblick recht, um sinnliche Bedürfnisse zu befriedigen und das Glück zu genießen. Die einen wie die anderen verstehen es also nicht, richtig zu leben und erst recht nicht, richtig zu sterben, weil sie den Faktor Zeit einesteils ignorieren, andernteils überbetonen. Paradoxerweise sind es daher die Leibverächter, die den Tod in jedem Augenblick herbeisehnen, während die Leibanhänger ihn so weit wie möglich verdrängen. All diesen „Überflüssigen", die weder zu leben noch zu sterben wissen, „rät" Zarathustra, sie möchten doch nie geboren sein – ein merkwürdiger Ratschlag, da ihn niemand befolgen kann, es sei denn, man versteht das Geborensein nicht im wörtlichen, sondern im übertragenen Sinn als jene Grundentscheidung, durch die einer geworden ist, was er ist. Die Mehrheit hat sich nicht selbst bestimmt – sich nicht selbst geboren –, sondern sich in dem, was sie will, von einem fremden Willen bestimmen lassen. Damit wurden die Weichen gestellt für eine wesentlich ungeschichtliche Lebensform, die keinen rechten Zeitbegriff hat, da sie gleichsam ‚von Geburt an' undialektisch entweder auf das Sterben oder auf das Leben fixiert ist – unfähig, den Gegensatz fruchtbar zu machen und aus beiden Polen Kräfte zur Höherentwicklung und zur Steigerung der Selbstproduktivität zu erzeugen.

Obwohl die Masse den Tod wichtig nimmt – „auch die hohlste Nuss will noch geknackt sein", bemerkt Zarathustra bissig unter Anspielung darauf, daß der Tod generell als etwas Gewaltsames betrachtet wird, dem der Mensch ausgeliefert ist wie die Nuß dem Nußknacker, auch wenn es sich für diesen mangels Kern, sprich Seele, kaum lohnt, die harte Schale aufzubrechen –, hat er für sie ein ganz anderes Gewicht als für Zarathustra. In das Sterben muß man sich einüben; nur dann wird der Tod zum Fest. Es handelt sich um ein ganz besonderes Fest, dessen Schönheit und Weihe daraus resultieren, daß der Gefeierte sich zum unwiderruflich letzten Mal überwindet. „Den vollbringenden Tod zeige ich euch, der den Lebenden ein Stachel und ein Gelöbniss wird." Zarathustra will das Sterben aktivisch verstanden wissen, als Voll-bringen des Lebens bzw. als Er-leben des Todes. Auch der Tod ist etwas, das überwunden werden muß, nicht in der Hoffnung auf ein ewiges Leben unter transempirischen Bedingungen. Der Sterbende hat vielmehr sein Leben vollendet und kann zurückblickend sagen: Es ist vollbracht. Aber das Vollbringen des Todes ist nicht nur Zu-Ende-Bringen eines Lebens, das damit endgültig abgeschlossen wird; es erschließt auch wie jede Selbstüberwindung Zukunft, zwar nicht mehr für den Sterbenden, aber doch für die Lebenden, die als Festteilnehmer durch dieses Sterben angestachelt werden, das Erbe des Toten anzutreten. Entsprechend geloben sie feierlich, ihr Leben in den Dienst der Idee des Übermenschen zu stellen und diese damit über den einzelnen Tod hinaus lebendig zu erhalten.

Zarathustra erinnert an Sokrates, wenn er sagt: „Seinen Tod stirbt der Vollbringende, siegreich, umringt von Hoffenden und Gelobenden. / Also sollte man sterben lernen; und es sollte kein Fest geben, wo ein solcher Sterbender nicht der Lebenden Schwüre weihte!" Zwar teilt Zarathustra nicht die Sokratische Meinung, daß die Seele nach dem Tod fortexistiert, aber er ehrt an Sokrates, daß sein Sterben die letzte Konsequenz seines Lebens war. Er hat sich für diesen Tod, dem er hätte entgehen können, frei entschieden, weil ihm die „rechte Zeit" dafür gekommen schien. So vollbrachte er denn seinen Tod im Kreis seiner Schüler. Er überwand sein Leben und blieb doch Sieger über den Tod, da seine Lehre in seinen Schülern weiterlebte, die ihm Gefolgschaft über seinen Tod hinaus schworen: Guten Mutes und voller Hoffnung, es ihm gleichtun zu können, schauten sie in die Zukunft – willens, sich zeitlebens in das Sterben einzuüben. Vielleicht ist Seele ja nichts anderes als der Sinn eines erfüllten Lebens, und wenn dieser Sinn von anderen weitergelebt wird, könnte man in der Tat von einer unsterblichen Seele reden.

Die beste Art zu sterben ist nach Zarathustra mithin ein gleichsam als Feier des Übermenschen inszenierter Tod. Die Kreisfigur als Symbol für den Übermenschen wird bereits sichtbar in der Anordnung der Gleichgesinnten, die den Sterbenden *umringen* und damit andeuten, daß sie die im Vollbringen dieses Todes letztmalig praktizierte Selbstüberwindung als Prinzip ihres eigenen Lebens anerkennen. „Also zu sterben ist das Beste; das Zweite aber ist: im Kampfe zu sterben und eine grosse Seele zu verschwenden." Auch wer kämpfend stirbt, findet den Tod durch Selbstüberwindung – weil er es so will. Mit jedem Versuch, über sich hinaus zu schaffen, riskiert er sein Leben, nicht um es zu verlieren, sondern um es in erneuerter Form zurückzugewinnen, wohl aber darum wissend, daß er in der Gefahr umkommen kann. Wer also im Kampf sein Leben verliert, vollbringt in Zarathustras Sinn seinen Tod, aber er stirbt nicht zur rechten Zeit, und dies ist der Grund, warum Zarathustra diese Todesart nur als die zweitbeste gelten lassen will. Eine große Seele, die noch ungeahnte Kräfte hätte entwickeln können, hat ihrem Schaffensdrang ein vorzeitiges Ende gesetzt – aus Zarathustras Sicht eine bedauerliche Verschwendung eines noch steigerungsfähigen Kraftpotentials.

Das Auszeichnende des vollbringenden Todes besteht jedoch in jedem Fall darin, daß er ein Freiheitsakt ist: „Aber dem Kämpfenden gleich verhasst wie dem Sieger ist euer grinsender Tod, der heranschleicht wie ein Dieb – und doch als Herr kommt. / Meinen Tod lobe ich euch, den freien Tod, der mir kommt, weil *ich* will." Der Tod, wie er im *Common sense*-Verständnis vorgestellt wird –

als ein grinsendes Knochengerippe ohne Fleisch und Blut, das ganz und gar unlebendig und doch mit einer Macht ausgestattet ist, der der Mensch nichts entgegenzusetzen hat –, ist für Zarathustra ein unwürdiger Gegner, da er den Menschen, anstatt ihn zum Kampf herauszufordern, hinterrücks anschleicht und umbringt. Dieser Vorstellung vom Sterben als einem unabwendbaren, unvorhersehbaren Ereignis setzt Zarathustra den frei gewählten, kraft eigenen Willensentschlusses vollzogenen Tod entgegen, der nicht kampflos erlitten, sondern unter Demonstration höchster Selbstmächtigkeit aktiv ausgeführt wird. Der Tod als je meine Tat stößt mir nicht mehr ungewollt zu: Er ist selbstermächtigt und nicht mehr selbstübermächtigend. „Und wann werde ich wollen?" – so fragt Zarathustra; wann ist die rechte Zeit gekommen, um zu sterben? Seine Antwort lautet: „Wer ein Ziel hat und einen Erben, der will den Tod zur rechten Zeit für Ziel und Erben. / Und aus Ehrfurcht vor Ziel und Erben wird er keine dürren Kränze mehr im Heiligthum des Lebens aufhängen." Das Ziel ist der Übermensch und der Weg dorthin die Selbstüberwindung. Jede gelungene Selbstüberwindung schafft etwas Neues („Kränze") zum Ruhme des Lebens. Aber die menschliche Schaffenskraft ist endlich; wenn sie aufgrund des körperlichen Verfalls anfängt nachzulassen, ist nach Zarathustra der rechte Augenblick gekommen, um ein Leben abzuschließen, das dem Prinzip des Willens zur Macht nicht mehr zu entsprechen vermag. Ein nutzlos gewordenes Leben um des Lebens willen zu opfern, ist eine heilige Pflicht für den, dem die Anstrengung des Über-sich-Hinaus nicht mehr gelingt, so daß er, um die Idee des Übermenschen nicht zu entweihen, auf dem Höhepunkt seines Schaffens freiwillig auf eine Fortsetzung seines Lebens verzichtet, zumal andere, Jüngere („Erben") schon bereitstehen, um ihre ganze Kraft für das Streben nach dem Höchsten einzusetzen.

Zarathustra spricht mit großer Verachtung von all denen, die ihr Leben so lange wie möglich bis zum natürlichen Tod hinauszuziehen trachten, indem sie wie die Seildreher „ihren Faden in die Länge (ziehen) und ... dabei selber immer rückwärts" gehen. In der griechischen Mythologie sind es die Nornen, die den Lebensfaden spinnen, den der Sterbliche in der ihm bemessenen Lebensspanne gleichsam aufspult, bis der Faden abreißt und die Spule aufhört, sich zu drehen. In Zarathustras Selbstverständnis spinnt jeder seinen Faden selber, indem er aus dem Chaos seines Kräftepotentials sein Leben als einen ununterbrochenen Schaffensprozeß hervorgehen läßt, als eine bunte Abfolge von Weiter- und Höherentwicklungen – bis zu dem Punkt, an welchem der Vorausentwurf in die Zukunft spannungslos in sich zusammenzufallen droht. An diesem Punkt ist für den Jünger Zarathustras der rechte Augenblick gekommen, den Faden zu kappen, um seinem Lebensprinzip treu zu bleiben. Es wäre kleinlich und armselig, sich nicht von einem Leben trennen zu wollen, in welchem nicht nur der Leib schwach wird, sondern auch der Geist keine Höhenflüge mehr unternehmen kann, weil ihm der Widerpart fehlt, aus dessen Überwindung er zuvor die Kraft zum Transzendieren gewonnen hat. Das Bild des Seildrehers veranschaulicht das Verächtliche eines Festhaltens am Leben über die rechte Zeit hinaus: Anstatt den Lebensfaden gleichsam nach vorn in die Zukunft zu spinnen und ihn dabei immer dicker, immer stärker zu machen, zieht derjenige, der den Zenit seines Lebens überschritten hat, den Faden in die Länge, so daß er immer dünner wird, bis er schließlich von selbst reißt. Dabei geht er jedoch nicht mehr vorwärts, sondern rückwärts, d. h. er entfernt sich immer mehr von seinem Ziel; den Blick nach vorn auf den Übermenschen gerichtet, geht er doch immer weiter auf die Stufe des Menschen zurück und macht damit die Anstrengungen eines ganzen Lebens zunichte.

Zarathustra bringt eine Reihe von Beispielen, um zu erläutern, was es bedeutet, zur unrechten Zeit noch leben zu wollen. „Mancher wird auch für seine Wahrheiten und Siege zu alt; ein zahnloser Mund hat nicht mehr das Recht zu jeder Wahrheit." Wo Theorie und Praxis nicht mehr übereinstimmen, wird auch der unglaubwürdig, der ein Leben lang seine Worte durch Taten beglaubigt hat. Einer, der nicht mehr beißen kann, sollte nicht die Vorzüge harten Brotes preisen; ebensowenig sollte einer die Lehre vom Übermenschen verkünden, der die Kraft, sich selbst zu überwinden, verloren hat. Ruhm – so Zarathustra – wird nur dem zuteil, der „bei Zeiten" auf Ehrungen verzichtet und sich aus der Welt verabschiedet, bevor sein Lebenswerk Schaden nimmt und durch dürftige Altersprodukte an Wert verliert. „Man muss aufhören, sich essen zu lassen, wenn man am besten schmeckt: das wissen

Die, welche lange geliebt werden wollen." Die voll ausgereifte Frucht hat den besten Geschmack, an den man sich stets gern erinnert. Auch einen Menschen behält man am liebsten so in Erinnerung, wie man ihn in seinen besten Augenblicken erlebt hat. Dies gelingt um so leichter, wenn einer „die schwere Kunst" beherrscht, „zur rechten Zeit zu – gehn". Nun weiß Zarathustra natürlich auch in bezug auf das Alter sehr wohl zu differenzieren zwischen denen, die spät, anderen, die früh, und solchen, die überhaupt nicht reif werden. „Saure Äpfel giebt es freilich, deren Loos will, dass sie bis auf den letzten Tag des Herbstes warten: und zugleich werden sie reif, gelb und runzelig. / Andern altert das Herz zuerst und Andern der Geist. Und Einige sind greis in der Jugend: aber spät jung erhält lang jung." Diese an der Natur abgelesenen Wachstums-, Reifungs- und Alterungsprozesse sollen darauf aufmerksam machen, daß die rechte Zeit für den vollbringenden Tod nicht ein feststehendes Datum ist, das für jeden exakt ermittelbar und in gleichem Maß verbindlich ist. Einer mag früh vollendet sein, während ein anderer bis ins hohe Alter die Selbstüberwindung zu praktizieren vermag. Entscheidend ist für den richtigen Zeitpunkt nicht das tatsächliche Alter, sondern die Steigerungsfähigkeit der Spannkraft zwischen Kopf und Herz, Seele und Leib. Die Jugendlichkeit der Kind-Stufe, auf der der Übermensch sich verwirklicht, hängt somit nicht von der Anzahl der Jahre ab, sondern ausschließlich von der Anzahl der geglückten Selbstüberwindungen. Deren Quantität und Qualität bildet den individuellen Maßstab für die Bestimmung des Lebensendes.

Oft erreichen die Früchte am Baum des Lebens ihren vollen Reifegrad gar nicht, weil sie von innen heraus verdorben sind. „Manchem missräth das Leben: ein Giftwurm frisst sich ihm an's Herz. So möge er zusehn, dass ihm das Sterben um so mehr gerathe. / Mancher wird nie süss, er fault im Sommer schon. Feigheit ist es, die ihn an seinem Aste festhält." Neid und Feigheit sind Untugenden, die den befreienden Akt des Über-sich-hinaus-Schaffens verhindern. Neid und Feigheit lähmen die Willenskraft; der Neid, weil er fruchtlos etwas begehrt, das andere schon erreicht haben, die Feigheit, weil sie Angst vor den Gefahren der Selbstüberwindung erzeugt. Daher ist es eher unwahrscheinlich, daß die, deren Zeit längst gekommen ist, sich freiwillig dazu durchringen, den Baum des Lebens von ihrer Last zu befreien und ihren Platz für Nächstkommende, vielleicht Erfolgreichere zu räumen. „Viel zu Viele leben und viel zu lange hängen sie an ihren Ästen. Möchte ein Sturm kommen, der all diess Faule und Wurmfressne vom Baume schüttelt! / Möchten Prediger kommen des *schnellen* Todes!" Wenn die überzähligen Früchte nicht von selbst abfallen, kann sich der Baum des Lebens nicht mehr regenerieren. Ihm muß von außen ein Sturm zu Hilfe kommen, der alles Überflüssige, sich ans Leben Anklammernde hinwegfegt. Eine solche Naturgewalt, die alles Lebensunfähige hinwegrafft, gibt es jedoch im Bereich des Menschlichen nicht, da das Humanum dadurch charakterisiert ist, daß alle Willensakte eine sich selbst reflexe Geistkomponente enthalten, mithin durch ein Bewußtsein vermittelt sind. Daher wünscht sich Zarathustra „Prediger des *schnellen* Todes", die all die sinnlos am Leben Klebenden davon zu überzeugen vermögen, daß es sich lohnt, möglichst rasch zu sterben. Diese Ideologen des Selbstmords müßten die Selbsttötung geradezu als Pflicht deklarieren, und zwar mit Gründen, die die Neider und Feigen so überwältigen, daß sie keinen anderen Ausweg als den Tod mehr sehen. Allerdings sieht Zarathustra die Schwierigkeit eines solchen Unterfangens, denn die vorherrschende Meinung ist die der Richtigkeit eines langsamen Todes: „Aber ich höre nur den langsamen Tod predigen und Geduld mit allem ‚Irdischen'. / Ach, ihr predigt Geduld mit dem Irdischen? Dieses Irdische ist es, das zu viel Geduld mit euch hat, ihr Lästermäuler!" Die alltägliche Redewendung ‚Was lange währt, wird endlich gut' ist auch der Grundtenor der christlichen Lehre, die das irdische Leben als Bewährungsprobe für das Leben nach dem Tode betrachtet. Der Mensch – schwach und dem Bösen verfallen – muß sich in Geduld üben, bis der natürliche Tod ihn erlöst. Zarathustra beschimpft die Prediger des Christentums, die den langsamen Tod verkünden, als Lästermäuler, da sie das Leben bzw. das ihm immanente Prinzip des Willens zur Macht lästern, indem sie das irdische Dasein als etwas passiv zu Ertragendes ausgeben, das man geduldig über sich ergehen lassen muß. Für Zarathustra ist dies eine perverse Haltung, insofern genau umgekehrt das Irdische, Erdhafte das Leben spendet und sogar jene duldet, die dem Leben jeglichen Wert absprechen. Die Befürworter des langsamen, ein Leben lang währenden Todes berufen sich auf Jesus Christus, von dem Zarathustra sagt: „Wahrlich, zu früh starb jener Hebräer, den die Prediger des langsamen Todes ehren: und Vielen ward es seitdem zum Verhängniss, dass er zu früh starb." Dies scheint nun allerdings ein Widerspruch zu sein: Wie kann jemand, der sein Leben zu früh beendet hat, zum Begründer der Lehre vom langsamen Tod avancieren? Offenbar hält Zarathustra dies für ein Mißverständnis der Nachfolger Christi, die in diesem einen Verächter des Leibes sahen, einen Leidenden, der das Leben geduldig ertrug, bis es ihm von einem höheren Willen wieder genommen wurde. Zarathustra ist in bezug auf „den Hebräer" anderer Meinung. „Noch kannte er nur Thränen und die Schwermuth des Hebräers, sammt dem Hasse der Guten und Gerechten, – der Hebräer Jesus: da überfiel ihn die Sehnsucht zum Tode. / Wäre er doch in der Wüste geblieben und ferne von den Guten und Gerechten! Vielleicht hätte er leben gelernt und die Erde lieben gelernt – und das Lachen dazu!" Kein Wort davon, daß Christus der Sohn Gottes war; für Zarathustra war er ein vielversprechender, zum Über-sich-hinaus-Schaffen fähiger junger Mann, der jedoch nicht zur rechten Zeit gestorben ist. Er wählte einen zu frühen Zeitpunkt für seine letzte Selbstüberwindung; im Alter von 30 Jahren hat man nach Zarathustra erst die Stufe des Löwen erreicht, das ist die Stufe der Verzweiflung über das Jammertal namens Erde, die Stufe des Nihilismus, der Absage an alte Werte. Jesus war noch zu jung, um zu begreifen, daß es an ihm lag, die Erde durch sein Werte-Schaffen zu erneuern, bis die durch die Moral der Guten und Gerechten festgeschriebene Wüste wieder zum Paradies geworden sein wird. Jesus blickte noch nicht weit genug voraus; er blickte zurück und wurde darüber schwermütig. Erst auf der Stufe des Kindes lernt man zu vergessen und zu spielen und damit: zu leben, zu lieben und zu lachen, denn dort ist Sinn und Erfüllung. Zarathustra appelliert erneut an seine Jünger: „Glaubt es mir, meine Brüder! Er starb zu früh: er selber hätte seine Lehre widerrufen, wäre er bis zu meinem Alter gekommen. Edel genug war er zum Widerrufen! / Aber ungereift war er noch. Unreif liebt der Jüngling, und unreif hasst er auch Mensch und Erde. Angebunden und schwer ist ihm noch Gemüth und Geistesflügel." Zehn Jahre mehr an Reife, und Jesus hätte vielleicht lange vor Zarathustra die Lehre vom Übermenschen verkündet – anstatt den Gottmenschen, der der Erde abstirbt. Er hätte gesehen, daß es für sein Leiden am Menschen noch eine andere Lösung gibt als den Tod, nämlich das Leben als fortgesetzte Überwindung des Bestehenden als eines beklagenswerten Ist-Zustandes – auch des Menschen.

Zarathustra ist fest davon überzeugt, daß Jesus als Vierzigjähriger seinen Lebensüberdruß überwunden und seine Lehre von der Nichtigkeit des Erdendaseins widerrufen, d. h. durch die Lehre vom Übermenschen widerlegt hätte. Zarathustra stützt diese seine Überzeugung auf die Erfahrung, die er mit sich selbst gemacht hat. Wie wir aus der Rede „Von den Hinterweltlern" wissen, hat auch er als junger Mann an der Welt gelitten; auch er hat am eigenen Leib jene Müdigkeit erlebt, „die mit Einem Sprunge zum Letzten will, mit einem Todessprunge" in ein besseres, vollkommeneres Jenseits. Zarathustra versteht somit die Beweggründe, die Jesus zum Sterben veranlaßt haben, doch er bedauert den vorzeitigen Tod eines edlen Jünglings, der wie Zarathustra sich noch hätte umschaffen können – wenn er sich die erforderliche Zeit genommen hätte. Für Zarathustra ist es ein Zeichen von Unreife, etwas für unüberwindlich zu halten und aus Verzweiflung darüber dem Leben den Rücken zu kehren, um Trost in einem ‚anderen Leben' zu suchen. Der Jüngling nimmt etwas für endgültig, das nur eine Durchgangsstufe ist auf dem Weg der Selbstbefreiung. Die für sein Alter typische Schwermut und Todessehnsucht verstellt seinem auf das Faktische fixierten Blick die Zukunftsperspektive. So scheinen ihm „Gemüth und Geistesflügel" auf ewig „angebunden", und er verliert die Lust an einem Leben, das ihm hassenswert dünkt, weil es ihm keinen Freiheitsspielraum gibt.

Daß er sich diesen Spielraum für seine Freiheit selber schaffen muß, nachdem er erkannt hat, daß er selbst es war, der sich in seinem Denken und Fühlen mit der Bindung an das Geltende, bloß Faktische angebunden hat – dies ist eine Einsicht, die erst allmählich heranreift und erst im Mannesalter Früchte trägt: „Im Manne ist mehr Kind als im Jünglinge, und weniger Schwermuth: besser versteht er sich auf Tod und Leben." Wer wie einst Jesus den Tod wählt, bevor er die Stufe des Kindes erreicht hat, hat nie erfahren, was Autonomie, was positive Freiheit ist: Freiheit, die selbsttätig das schafft, was sie in der Welt vermißt, und damit der Erde jenen irdischen Sinn gibt, den Zarathustra als Übermensch bezeichnet.

Nur wer sich auf das Leben versteht, versteht sich auch auf den Tod und weiß – anders als Jesus –, wann der richtige Zeitpunkt für das Sterben gekommen ist, dann nämlich, wenn die Kraft zum Sinnschaffen nicht mehr ausreicht. Der Tod wird jedoch in diesem Fall nicht wegen der Unerträglichkeit der Minderwertigkeit des Lebens, aus Überdruß, weggeworfen, sondern gerade deshalb, weil man will, daß es Sinn haben *soll*. „Frei zum Tode und frei im Tode, ein heiliger Nein-Sager, wenn es nicht Zeit mehr ist zum Ja: also versteht er sich auf Tod und Leben." Dieses heilige Neinsagen des reifen Mannes, der absieht, wann es ihm nicht mehr gelingen wird, über sich hinaus zu schaffen und damit des Lebens Sinn zu verbürgen, ist eine Absage an das Leben um des Lebens willen. Das heilige Nein ist nur die letzte Konsequenz eines grundsätzlichen heiligen Ja zum Leben und zu seinem Prinzip des Werdens durch Gegensätze.

Zarathustra ermahnt seine Schüler: „Dass euer Sterben keine Lästerung sei auf Mensch und Erde, meine Freunde: das erbitte ich mir von dem Honig eurer Seele." Im Tod das Leben hochhalten und ihm seine Würde erhalten – dies läßt die Inszenierung des vollbringenden Sterbens zu einer grandiosen Demonstration des Willens zur Macht geraten. In dieser allerletzten Selbstüberwindung soll der Sterbende das, was er freiwillig zurückläßt, nicht schmähen und verunglimpfen („Lästerung"); vielmehr soll er süße Worte („Honig" der Seele, d. h. der Weisheit), zum Lob und zur Rechtfertigung des Lebens finden, die zugleich seinen Tod als eine dem Leben dienliche Maßnahme rechtfertigen: Der Untergang des einen ermöglicht den Aufgang des anderen. „In eurem Sterben soll noch euer Geist und eure Tugend glühn, gleich einem Abendroth um die Erde". Zarathustra verwendet in den Bildern der untergehenden Sonne und des um die Erde erglühenden Abendrots das Kreissymbol für den Übermenschen gleich zweifach. Sonne und Erde erzeugen in der periodischen Wiederkehr einer in sich abgeschlossenen kreisförmigen Bewegung jenes schöne Dritte, das Abendrot, das am Ende eines Tages noch einmal für einen Moment das Licht der Sonne und das Dunkle der Erde in der Farbe der Liebe vereint; sein Erlöschen kündigt die Nacht, d. h. den Aufgang der Erde an, dem schließlich – durch das Morgenrot angekündigt – ein neuer Sonnenaufgang und damit ein neuer Tag folgen wird.

Wie Sonne und Erde sich am Abend trennen, nachdem sie in einer letzten Begegnung im Abendrot ihre Kräfte noch einmal voll ausgeschöpft haben, so sollen auch Geist und Materie, Seele und Körper sich am frei gewählten Ende eines Lebens voneinander trennen, nachdem sie – dem Abendrot vergleichbar – zum letzten Mal ein gemeinsames Werk vollbracht haben, das von einer großen Vernunft, die Leib geworden ist, zeugt. Zwar wird im frei gewählten Tod dieses Individuum nach seinem Untergang nicht mehr auferstehen, aber sein Bewegungsprinzip ist auf andere Individuen übergegangen, die den Kreislauf des Werdens fortsetzen werden.

Auch Zarathustra möchte, wenn für ihn die Zeit gekommen ist, sein Leben im Kreis seiner Schüler vollenden und also sterben, „dass ihr Freunde um meinetwillen die Erde mehr liebt; und zur Erde will ich wieder werden, dass ich in Der Ruhe habe, die mich gebar". Wenn sich für ihn der Kreis schließen und er in seinen Ursprung zurückkehren wird, sollen die daran teilnehmen, die den Sinn seines Sterbens als den Sinn ihres Lebens wiederzugewinnen vermögen. Zarathustra meint mit „Erde" mehr als nur seinen materiellen Ausgangs- und Endpunkt im Sinne des Aus-Staub-Entstandenseins und Wieder-zu-Staub-Werdens. Erde ist vielmehr in umfassender Bedeutung jener Stoff, der Zarathustra für den Sinn seines Lebens empfänglich gemacht hat; sie ist das unerschöpfliche materielle Reservoir, an dem er seinen Geist bewähren, seine Schöpferkraft ermessen konnte. Erde ist alles Form- und Gestaltbare; Erde ist auch der menschliche Leib als Betätigungsfeld Zarathustras für das ununterbrochene Sichumschaffen zum Übermenschen. Zarathustras Wunsch, nach seinem Tod wieder zu Erde zu werden, ist Ausdruck von Dankbarkeit: Er will der Erde zurückerstatten, was sie ihm einst gab, seinen Leib, den er zeit seines Lebens durchgeistigt und als große Vernunft organisiert hat. Indem er die Erde sich diesen Leib aneignen läßt, bestätigt er noch einmal den Sinn der Erde, der seinem Leben das Ziel gab und selbst im Tod seine Gültigkeit behält.

„Wahrlich, ein Ziel hatte Zarathustra, er warf seinen Ball: nun seid ihr Freunde meines Zieles Erbe, euch werfe ich den goldenen Ball zu." Der goldene Ball – Abbild der Sonne, deren auf- und untergehende Bewegung durch das In-die-Höhe-Werfen und Auffangen des Balles wiederholt wird – steht für das Ziel, das Zarathustra sich gesetzt hat: den Übermenschen. Der Ball ist eine Objektivation des Über-sich-hinaus-Schaffens und wieder Auf-sich-zurück-Kommens, jenes kreisförmigen Weges also, der durch Selbstüberwindung immer wieder von neuem beschritten werden muß. Nicht der Ball als solcher ist demnach das Ziel, sondern die Bewegung des Über-sich-hinaus-Werfens und Auffangens als geglückter Selbst-Entwurf. Das Selbst ist es, das im Streben über sich hinaus und in der Rückkehr zu sich selbst sich zum Ball rundet, d. h. jene Vollkommenheit erlangt, die ein Zeichen von Selbstmächtigkeit ist. Zarathustra hat für sich ein Ziel erreicht; er ist den Weg des Schaffenden gegangen und hat Anhänger gefunden, denen er seinen Ball in Gestalt seiner Lehre vom Übermenschen zugespielt hat.

Zarathustra hat sein letztes Ziel jedoch erst erreicht, wenn feststeht, daß seine Schüler sein „Erbe" nicht als eine bloße Theorie in Besitz nehmen, sondern imstande sind, für ihre eigene Person die Selbstüberwindung zu praktizieren. Dies ist der Grund dafür, daß Zarathustra nicht schon jetzt aus dem Leben scheidet, sondern sich erneut in die Einsamkeit zurückzieht, um nach seiner Rückkehr zu sehen, wie weit es seine Schüler ohne seine Hilfe gebracht haben. „Lieber als Alles sehe ich euch, meine Freunde, den goldenen Ball werfen! Und so verziehe ich noch ein Wenig auf Erden: verzeiht es mir!" Zarathustra erweckt hier den Eindruck, als stünde sein „Verziehen" auf Erden, für das er das „Verzeihen" seiner Schüler erbittet, im Widerspruch zu seinen Ausführungen über den freien Tod. Es klingt jedenfalls so, als wolle er sein Leben noch etwas hinziehen, um das Schaffen der Freunde zu erleben, und als bitte er um Nachsicht dafür, daß er seinen Tod noch eine Weile hinauszögert. Aber eine solche Schwäche wäre unverzeihlich und würde in der Tat alles über den Sinn des freien Todes Gesagte unglaubwürdig machen. Wenn Zarathustra noch ein wenig auf Erden *verziehen* will, so kann dies nur bedeuten, daß für ihn die rechte Zeit zum Sterben noch nicht gekommen ist; er ist noch jung genug und besitzt noch genügend Kraft zur Selbstüberwindung, so daß er mit Recht noch dem Leben den *Vorzug* gibt. Doch Zarathustra hat diese Rede mit Bedacht gehalten, denn mit ihr bereitet er einen kleinen Tod vor: Er nimmt Abschied von seinen Schülern, *entzieht* sich ihnen, indem er sich in die Einsamkeit *zurückzieht,* um seine Weisheit, die sich erschöpft hat, zu regenerieren und abzuwarten, ob es ihm gelungen ist, seine Lehre vom Übermenschen an die weiterzugeben, die er als seine Schüler ausersehen hat. Es ist demnach nur ein vorläufiger, noch kein endgültiger Abschied, den Zarathustra in seiner vorletzten Rede ankündigt. Er wird wiederkommen und mit denen, die sich dann als ebenbürtig erwiesen haben werden, den „grossen Mittag" feiern.

Hat Zarathustra in dieser Rede vom freien Tod ein Plädoyer für den Selbstmord gehalten? Ja und Nein. Ja, insofern Zarathustra den natürlichen Tod als freiwilliges Lebensende ablehnt. Nein, insofern er nicht das im Auge hat, was man gemeinhin unter Selbstmord versteht: die Tötung von eigener Hand. Dies wird schon durch die beiden Beispiele deutlich, die er zur Erläuterung heranzieht: Weder Sokrates noch Jesus Christus sind von eigener Hand gestorben, sie wurden umgebracht. Und dennoch haben sie nach Zarathustra ihren Tod frei gewählt, der erste zum rechten, der zweite zum unrechten Zeitpunkt. Daraus geht hervor, daß Zarathustra keineswegs jene Form der Selbsttötung meint, die in einer scheinbar ausweglosen Situation unter dem Druck unerträglicher Verhältnisse ausgeführt wird. In einem solchen Fall würde Zarathustra nicht von einem „vollbringenden Tod" sprechen, weil das Moment der Freiwilligkeit fehlt und die Einsicht in den Sinn dieses Todes. Wer aus Verzweiflung über die Sinnlosigkeit des Lebens die Sinnlosigkeit des Todes als das kleinere Übel wählt, vollzieht sein Sterben nicht als einen autonomen Akt, der wissentlich und willentlich um der Bewahrung des lebendigen Sinnes willen erfolgt, sondern unterwirft sich dem Verdikt fremder Mächte, die ihm das Leben verleiden und denen sein Wille nichts Eigenes entgegenzusetzen hat, so daß er letztlich kapituliert.

Nun ist aber doch abschließend zu fragen, wie sich Zarathustra denn die „technische Seite" der Durchführung des freien Todes vorstellt. Eine Möglichkeit läßt sich an den beiden Fällen von Freitod ablesen, auf die Zarathustra anspielt (Sokrates und Jesus): Wer Übermenschliches leistet, wird in der Gesellschaft, in der er lebt, meistens zum Außenseiter. Zarathustra hat es ganz zu Beginn seiner Tätigkeit als Lehrer im Zusammenhang mit der Seiltänzer-Episode selbst erlebt, wie man die Masse provozieren und gegen sich aufbringen kann. Um wieviel wirksamer das Mittel der Provokation eingesetzt werden kann von jemandem, der zum Tod entschlossen ist, läßt sich daran ohne weiteres ermessen. Aber es hat nicht den Anschein, als ob Zarathustra die Aufstachelung der Menge als das probate Mittel ansieht, um zum vorgesehenen Zeitpunkt durch Gewalt von fremder Hand zu Tode zu kommen. Wenn Zarathustra den Tod im Kreis der Erben seiner Lehre als den schönsten erachtet, so drängt sich, wie schon erwähnt, die Beschreibung Platons vom Tod des Sokrates auf: Sokrates, der – von seinen Schülern umringt – nach einem Gespräch über die Unsterblichkeit den Giftbecher leert. Die Gelassenheit und Heiterkeit, mit der er dies tut, lassen fast vergessen, daß an ihm nach einem ordentlichen Gerichtsverfahren ein Todesurteil vollstreckt wird. Sokrates nimmt diesen Tod ganz bewußt und ohne jegliches Bedauern an, so als hätte er ihn selbst gewählt. Es steht zu vermuten, daß auch Zarathustra ein solches Sterben durch Gift vorschwebt, allerdings mit dem entscheidenden Unterschied, daß dieser Tod voll und ganz aus eigenem Antrieb erfolgt.

„Von der schenkenden Tugend": Aufbruch zum großen Mittag

In seiner Rede „Vom freien Tode" hat Zarathustra seine Schüler bereits auf den Abschied vorbereitet. Zwar ist es noch kein endgültiger Abschied, denn Zarathustra will ja „noch ein wenig auf Erden verziehen", aber seine Abwesenheit wird dennoch schon wie ein kleiner Tod sein. Es sind vor allem zwei Gründe, die Zarathustra bewegen, den Ort zu verlassen, an dem er seine Lehrtätigkeit ausgeübt hat – jene Stadt mit dem Namen „die bunte Kuh", in der er sich wohlgefühlt hat. Der erste Grund ist ein subjektiver: Zarathustras Weisheit ist erschöpft; er hat in immer wieder neuen Anläufen seine Lehre vom Übermenschen als dem Sinn der Erde vorgetragen; unermüdlich hat er Bilder und Gleichnisse erfunden, die zur Selbstüberwindung als dem Über-hinaus des immer wieder zu erbringenden menschlichen Seins- und Selbstvollzugs aufrufen. Zarathustras Untergang ist vollendet, und um seine Kreativität zu regenerieren, bedarf er der Muße. Es beginnt der Aufstieg und damit der Rückzug in die Einsamkeit des Geistes. Der Kreis schließt sich. Der zweite Grund für Zarathustras Abschied ist ein pädagogischer: Seine Schüler sollen den Selbst-Stand erproben. Sie haben die Lehre vom Übermenschen vernommen und müssen nun – jeder für sich und ohne fremde Hilfe – an ihrer Selbstüberwindung arbeiten.

Diese letzte und längste Rede Zarathustras ist in drei Kapitel unterteilt. In Kapitel 1 wird zunächst berichtet, daß Zarathustra in Begleitung seiner „Jünger" die Stadt verläßt; an einem Kreuzweg angelangt, bedeutet er ihnen, daß er von hier an allein weitergehen möchte, „denn er war ein Freund des Alleingehens". Zum vorläufig letzten Mal führt Zarathustra seinen Schülern vor, was sie können müssen: allein gehen; in Sachen Autonomie ist jeder ein Einzelgänger, da das zu überwindende Selbst immer nur das eigene sein kann. An dem Kreuzweg scheiden sich die Wege. Während Zarathustra den von der Stadt wegführenden Weg benutzt und wohl wieder die Richtung nach oben, in die Höhe wählen wird, kehren seine Schüler in die Stadt zurück, um sich in das von Zarathustra Gelernte einzuüben. Bevor auch sie imstande sind, allein zu gehen, müssen sie ihrer selbst mächtig werden. Gehen kann nur einer, der seinen Körper beherrscht; seinen Körper aber beherrscht nur der, der sich der Schwerkraft so weit zu widersetzen vermag, daß er sich aus eigener Kraft dorthin bewegen kann, wohin er will. Entsprechend ist derjenige seiner selbst mächtig, dem es gelingt, mit dem Geist der Schwere die traditionelle Moral und ihr Gehorsamsprinzip zu überwinden, um seine Ziele und die Wege dorthin selbst zu bestimmen.

Zarathustra bekommt von seinen Schülern einen Stab als Abschiedsgeschenk überreicht, „an dessen goldnem Griffe sich eine Schlange um die Sonne ringelte. Zarathustra freute sich des Stabes und stützte sich darauf". Sonne und Schlange symbolisieren durch ihre Kreisfigur das Lebensprinzip und in der fortgesetzten Bewegung des Auf- und Untergehens bzw. des Sichringelns die ewige Wiederkehr des Gleichen: die stets von neuem zu wiederholende Selbst-überwindung. Durch dieses Geschenk geben die Schüler Zarathustra zu erkennen, daß seine Lehre bei ihnen auf fruchtbaren Boden gefallen ist. Zarathustra zeigt seine Freude darüber, indem er sich auf den Stab stützt und damit zum Ausdruck bringt, daß es eben dieses Prinzip des Willens zur Macht ist, auf das sich seine Lehre vom Übermenschen stützt.

Zarathustra nimmt das ihm wertvolle Geschenk seiner Schüler zum Anlaß, ein letztes Mal das Wort an sie zu richten. „Sagt mir doch: wie kam Gold zum höchsten Werthe? Darum, dass es ungemein ist und unnützlich und leuchtend und mild im Glanze; es schenkt sich immer." Es sind zwei negative und zwei positive Bestimmungen, durch die Zarathustra den Wert dieses als das kostbarste und edelste unter den Metallen geltende chemische Element begründet sieht: Gold ist erstens „ungemein", d. h. kein gemeines, gewöhnliches, häufig vorkommendes Metall, wie z. B. Eisen oder Aluminium. Zweitens ist es „unnützlich" und hat somit keinen Gebrauchs- oder Nutzenwert; im Bereich des Pragmatischen, Zweckdienlichen hat es keinen Ort. Es ist drittens „leuchtend und mild im Glanze": Obwohl lichtvoll, blendet sein Strahl nicht, sondern lädt das Auge ganz im Gegenteil zum Verweilen ein. Und viertens schließlich „schenkt [es] sich immer", d. h. es verströmt seine Leuchtkraft aus der Überfülle seiner Natur – ohne Ziel und ohne Zweck. Gerade deshalb eignet es sich auch als Ge-schenk. Der hohe Wert des Goldes resultiert also kurz gefaßt aus seiner Seltenheit, seiner Zweckfreiheit, seiner Schönheit und seiner Überflüssigkeit.

Im Grunde sind es ästhetische Kriterien, durch die Zarathustra den Wert des Goldes bestimmt sieht, das wie ein Kunstwerk rein um seiner selbst willen gefällt und von keinerlei praktischem Nutzen ist. Dennoch hat dieser Wert eine ethische Bedeutung, denn Zarathustra stellt ausdrücklich eine Analogie zur Tugend her, deren Bedingungen sich in abgeleiteter Weise in den dem Gold zugeschriebenen Eigenschaften wiederfinden.[69] „Nur als Abbild der höchsten Tugend kam Gold zum höchsten Werthe. Goldgleich leuchtet der Blick dem Schenkenden. Goldes-Glanz schliesst Friede zwischen Mond und Sonne." Die Tugend ist demnach der gemeinsame Bezugspunkt, im Hinblick auf den das Gold, der Schenkende und der Beschenkte sowie Sonne und Mond vergleichbar werden. Der leuchtende Blick des Frei-gebigen, der alles herschenkt, was er hat, ohne dabei etwas oder gar sich selbst zu verlieren; Sonne und Mond – als heißes, helles und kaltes, unerleuchtetes Gestirn einander feindlich, im überquellenden Licht, das von der Sonne gespendet wird, vereint –, ihnen allen ist das „Goldgleiche" gemeinsam, dieses jedoch weniger im Sinne einer Farbqualität aufgefaßt, sondern als Kennzeichen einer letztlich grund-losen, grenzenlosen Überfluß offenbarenden Tätigkeit, die nicht produktiv ist, um das Produzierte oder dessen Gegenwert zu behalten; vielmehr verschwendet sie sich im „Schenken" als jenem Können, das Ausdruck der schöpferischen Potenz des Willens zur Macht ist.

Was das Gold für Zarathustra so überaus schätzens-wert macht, ist eben die ihm *per analogiam* unterstellte „Tugend", die sich als Leuchtkraft manifestiert. „Ungemein ist die höchste Tugend und unnützlich, leuchtend ist sie und mild im Glanze: eine schenkende Tugend ist die höchste Tugend." Die dem Gold zugeschriebenen Prädikate bezeichnen demzufolge nicht Eigenschaften, die primär und ursprünglich diesem als das wertvollste anerkannten Metall zukommen, wohingegen sie von der höchsten Tugend nur sekundär und abgeleitet ausgesagt würden. Es verhält sich ganz im Gegenteil genau umgekehrt: Die Tugend ist das Primäre, und ihre Wertschätzung wird auf das Gold übertragen. Was aber ist es, wodurch sich die höchste Tugend in Zarathustras Augen auszeichnet? Als „ungemeine" ist sie erstens nicht jedermanns Tugend, kein allgemein verbindliches, vorbildliches, als solches aber auf den Durchschnitt, das Mittelmaß zugeschnittenes Verhaltensmuster, sondern eine unvergleichliche, singuläre, mit dem Herdenmaßstab nicht erfaßbare Tätigkeit. Aus diesem Grund ist sie zweitens auch „unnützlich", da sie keinem allgemein anerkannten Zweck dient und insofern keinerlei praktischen Nutzen für das Allgemeinwohl hat. Daß sie drittens „leuchtend ist" und „mild im Glanze", weist darauf hin, daß sie unter den gewöhnlichen Tugenden hervorsticht, aber gleichwohl kein glänzendes Laster ist, sondern ein sich selbst erhellendes Können, das zur Begründung seiner moralischen Qualität keines anderen – keiner ihm vorgegebenen und von außen an es herantretenden Ziele, Motive, Normen, Zwecksetzungen bedarf. Die höchste Tugend hat ihren Wert in sich selbst und aus sich selbst, und nur darum heißt sie viertens eine „schenkende Tugend", weil sie durch nichts gezwungen sich aus völliger Freiheit tätigt und verausgabt.

Wenn Zarathustra die schenkende Tugend als die höchste preist, so nicht deshalb, weil sie von allen Tugenden die ranghöchste wäre;

vielmehr ist sie *die* Tugend schlechthin bzw. dasjenige, was an einer Tugend das Tugendhafte ausmacht. Das Schenken ist es, wodurch sich eine Tätigkeit als Tugend auszeichnet, denn im Schenken bringt sich jene souveräne Selbstverfügung zum Ausdruck, die auf eine ihrer selbst mächtige Freiheit verweist.

Für Zarathustra steht es außer Frage, daß seine Schüler ebenso wie er selber nach der schenkenden Tugend streben, und daß dieses Streben sich grundlegend von einem naturwüchsigen Begehren unterscheidet, dem es um bloße Bedürfnisbefriedigung geht. „Was hättet ihr mit Katzen und Wölfen gemeinsam?" fragt Zarathustra mehr rhetorisch. Katzen und Wölfe schreien aus Mangel, dem durch Befriedigung des Geschlechtstriebs oder durch Sättigung des Hungers abgeholfen wird. Zarathustra und seine Schüler dagegen streben aus einem selbst erzeugten Mangel nach der schenkenden Tugend. Sie begehren nicht die Stillung eines angeborenen und als solches der freien Verfügung entzogenen Bedürfnisses; sie wollen keine Erfüllung, in der das Streben aufhört, sondern eine Überfülle, nicht um sie zu behalten, sondern um sie weiterzugeben an die, die ihrer bedürftig sind. Damit die schenkende Tugend immer aus dem Vollen schöpfen kann, darf sich das Streben nach Dingen, die es wert sind, verschenkt zu werden, niemals beim Erreichen eines gesteckten Ziels beruhigen und mit dem gewonnenen Besitz zufriedengeben. Wer wahrhaft frei-gebig ist, hat bzw. erzeugt unaufhörlich Bedarf an verschenkenswürdigen Gütern und sorgt auf diese Weise dafür, daß sein Streben nie zur Ruhe kommt. „Das ist euer Durst, selber zu Opfern und Geschenken zu werden: und darum habt ihr den Durst, alle Reichthümer in eure Seele zu häufen. / Unersättlich trachtet eure Seele nach Schätzen und Kleinodien, weil eure Tugend unersättlich ist im Verschenken-Wollen." Nicht Hab- und Besitz-Gier ist es, die die Seele zur Weisheit treibt, sondern ein Durst, der deshalb unstillbar ist, weil ihm das Getränk, das ihn löschen könnte, vorenthalten und unverzüglich an die Verdurstenden weitergereicht wird. Was jedoch auf den ersten Blick wie ein Verzicht, ein Opfer aussieht, erweist sich bei näherer Betrachtung als höchste Sinnerfüllung. Die Seele verlangt ja kraft der schenkenden Tugend nach „Reichthümern", „Schätzen" und „Kleinodien" – lauter Namen für die Werte, die der Schaffende durch Selbstüberwindung ursprünglich hervorbringt. Das Wertvolle dieser Werte besteht darin, daß sie Geschenke sind, d. h. der Schaffende schafft neue Werte nicht um ihrer selbst willen – als bleibenden, die Zeit überdauernden, in seiner Kostbarkeit unveränderlichen Gewinn (vgl. das Bild des goldstarrenden Drachens in der Rede „Von den drei Verwandlungen" [70]) –, sondern um des Schenkens willen. Die Tugend des Schaffenden zeigt sich mithin darin, daß er Werte schafft, um sie zu verschenken. Aber auch der Beschenkte soll sie nicht behalten, sondern muß sie weitergeben. Dies ist nun nicht so zu verstehen, als ob die Werte weitergegeben würden wie ein kostbarer Gegenstand; das wäre wiederum ein objektivistisches Mißverständnis. Denn der eigentliche Wert ist die schenkende Tugend als solche; sie ist ein wertschöpferisches Tun oder Können, das sich durch fortwährendes Verschenken des Geschaffenen ununterbrochen aktualisiert. Auch die Beschenkten haben nur dadurch Anteil am Wert des Geschenks, daß sie selber tätig und damit wertschöpferisch werden, um wiederum andere zu beschenken. So hat Zarathustra die Lehre vom Übermenschen als den höchsten Wert seines Schaffens an seine Schüler weitergegeben, und es bleibt abzuwarten, ob es jedem einzelnen von ihnen gelingt, sich selbst zu überwinden und sich in die schenkende Tugend einzuüben.

„Ihr zwingt alle Dinge zu euch und in euch, dass sie aus eurem Borne zurückströmen sollen als die Gaben eurer Liebe. / Wahrlich, zum Räuber an allen Werthen muss solche schenkende Liebe werden; aber heil und heilig heisse ich diese Selbstsucht." Es ist eine seltsame Spielart des Egoismus, die Zarathustra hier beschreibt. Wer mit Gewalt alles Wertvolle an sich rafft und darum bemüht ist, seinen Reichtum zu mehren, der gilt als Räuber am Allgemeingut; aus moralischer Sicht wird ihm krasse Selbstsucht aus übertriebener Selbstliebe als Motiv unterstellt. Nun raubt dieser Räuber aber gar nicht aus Eigennutz, da er ja nichts für sich behält und überdies auch gar kein Räuber im eigentlichen Sinn ist, denn er bereichert sich nicht an fremdem Eigentum, sondern an selbst geschaffenen Werten, die freilich auch Momente der „Dinge" in sich enthalten, die in den Sog der Selbstüberwindung mit hineingerissen und dadurch dem Allgemeingut gewissermaßen entfremdet wurden. Da nun das aus der Sicht der Allgemeinheit Geraubte dieser wieder zugute kommt, könnte dies den Anschein erwecken, es handle sich bei dem Räuber um eine Art Robin Hood, der den Reichen ihr widerrechtlich angeeignetes Vermögen wegnimmt, um es den Armen und Bedürftigen zukommen zu lassen. Auch diese Vorstellung eines gerechten Rächers, der aus Nächstenliebe die Besitztumsverhältnisse einander anzugleichen sucht, wäre falsch. Die heilige Liebe, von der Zarathustra spricht, ist weder Selbst- noch Nächstenliebe, da der Akt des Schenkens nicht auf die Befriedigung des Schenkenden und auch nicht auf die Freude des Beschenkten abzielt, sondern einzig und allein auf den Vollzug der Selbstüberwindung und damit auf die Wirklichkeit des Übermenschen.

Gegen diese Selbstsucht, die sich als eine Form von Verschwendungssucht erwiesen hat, grenzt Zarathustra den gewöhnlichen Egoismus ab, der um des *Besitzes* von Gütern willen begehrt und um des in solchem Besitz erstrebten Selbstgenusses willen. „Eine andre Selbstsucht giebt es, eine allzuarme, eine hungernde, die immer stehlen will, jene Selbstsucht der Kranken, die kranke Selbstsucht. / Mit dem Auge des Diebes blickt sie auf alles Glänzende; mit der Gier des Hungers misst sie Den, der reich zu essen hat; und immer schleicht sie um den Tisch der Schenkenden." Wie alles Eindimensionale, Undialektische diagnostiziert Zarathustra auch das materialistische Selbstverhältnis als Krankheit, ja sogar als „Entartung", insofern derjenige, dessen ganzes Begehren sich in der Befriedigung seiner Bedürfnisse erschöpft, hinter die Menschen-Art auf die Stufe des Tieres zurückfällt, das immerhin der Erhaltung seiner Art dient, indem es seinen natürlichen Antrieben folgt, während der Egoist das Menschliche verfehlt, wenn er nur haben, aber nicht geben will. Die „diebische Gier" macht seinen Leib „siech", da ihm „die schenkende Seele fehlt", die dafür sorgt, daß das zuviel Erworbene wieder verausgabt wird. Dies ist jedoch nicht so zu verstehen, als ob die Seele die leiblichen Begierden zügelt; ganz im Gegenteil: sie spornt sie an, damit sie immer mächtiger und stärker werden. Der entscheidende Unterschied zur materialistischen Selbstsucht liegt darin, daß der Leib nicht zum Selbstzweck erhoben wird, sondern sich in den Dienst der schenkenden Tugend stellt, die gewiß eine Tauglichkeit der Seele, zugleich aber auch eine Tauglichkeit des Leibes ist, insofern einerseits die Seele nichts zu verschenken hat ohne das durch die Anstrengungen des Leibes Erworbene, andererseits der Leib keine echten Schätze zu erwerben versteht ohne die wertorientierende Leitung der Seele. Leib und Seele wachsen an- bzw. miteinander, steigern ihre Kräfte im Hinblick auf das gemeinsame Ziel: das Schenken, das ein Können, eine überströmende und im Überfluß sich tätigende Selbstmächtigkeit ist, aus der etwas qualitativ Höherrangiges hervorgeht.

„Aufwärts geht unser Weg, von der Art hinüber zur Über-Art. Aber ein Grauen ist uns der entartende Sinn, welcher spricht: ‚Alles für mich.'" Der entartende Sinn ist unfruchtbar, so wie die Erde unfruchtbar wäre, wenn sie begierig allen Samen in sich aufnähme, diesen jedoch, anstatt ihn wachsen zu lassen, für sich behielte. Die Folge wäre, daß im Boden alles verfaulte und die Erde vermoderte: ein Analogon für den siechen Leib, dessen Sinne durch die Gier nach bloß Leiblichem übersatt und schließlich zu träge werden, um Sinn zu produzieren. Die entartete Sinnlichkeit zersetzt sich selbst, und dieser Prozeß der Selbstauflösung hat für den Jünger Zarathustras etwas Grauenhaftes, weil nicht nur jede Höherentwicklung unmöglich gemacht wird, sondern nicht einmal das auf der Stufe des Menschen in der Festschreibung des Leib-Seele-Dualismus Erreichte bewahrt wird. Für den, der sich dem Übermenschen verschrieben hat und innerhalb der Gattung „Lebewesen" mit der Stufe des Menschen seine Art überwinden will, ist der letzte Mensch als äußerstes Gegenstück zum Übermenschen eine entsetzliche Vorstellung, zeigt sie doch, wie tief der Mensch fallen, von sich selbst abfallen kann. Der letzte Mensch – das ist der Sündenfall des Menschen, der nach dem Sinn der Erde auslangte, dabei jedoch die Sinnlichkeit in der Materialität des von ihr Begehrten erstickte, anstatt sie sich sinn- und wertschöpferisch betätigen zu lassen. Weit davon entfernt, über sich hinaus zu schaffen, läßt sich der letzte Mensch in die Lust seiner Begierden fallen, und sein ganzes Streben konzentriert sich einzig und allein auf die Steigerung der Lustempfindung in einem möglichst ununterbrochenen Genuß.

Dem Sündenfall des seinem Leib verfallenen letzten Menschen hält Zarathustra die Vorstellung einer Sinnlichkeit entgegen, die durch den Geist beflügelt wird und dadurch über sich hinauszuwachsen vermag. „Aufwärts fliegt unser Sinn: so ist er ein Gleichniss unsres Leibes, einer Erhöhung Gleichniss. Solcher Erhöhungen Gleichnisse sind die Namen der Tugenden." In der Doppeldeutigkeit des Ausdrucks „Sinn" kündigt sich die innere Dynamik des

Leib-Geist-Verhältnisses an, denn Sinn ist zum einen die alle fünf Sinne in sich begreifende Sinnlichkeit, durch die Welt ersehen, erhört, erfühlt, erschmeckt, ertastet – d. h. einverleibt wird; zum anderen ist Sinn ein Gebilde des Geistes, der einer Sache Bedeutung zuschreibt. Wenn Zarathustra von einem aufwärts fliegenden Sinn als Gleichnis des Leibes spricht, so soll dieses Bild eine Bewegung nach oben veranschaulichen, die mittels der Sinne nicht erfaßbar, aber dennoch nicht unsinnlich ist, weil die Sinnlichkeit insgesamt über das bloß Materielle erhoben wird (so wie es im 10. Kapitel von Zarathustras Vorrede das Bild des mit der Schlange um den Hals kreisenden Adlers andeutete).[71] Ein Leib, der in sich bleibt, der in der materiellen Befriedigung seiner Begierden und Bedürfnisse aufgeht, ein solcher Leib taugt nichts. Tugend kann man nur einem Leib zusprechen, der es vermag, die Grenzen seiner im Materiellen verhafteten Selbstbezogenheit zu transzendieren, indem er sein sinnlich-materielles Streben nach Erfüllung auf einen höheren immateriellen Sinn ausrichtet. „Also geht der Leib durch die Geschichte, ein Werdender und ein Kämpfender. Und der Geist – was ist er ihm? Seiner Kämpfe und Siege Herold, Genoss und Wiederhall." Der Geist als dem Leib immanente, nicht von ihm abgespaltene Vernunft begleitet und unterstützt seine Bemühungen, über sich hinauszuwachsen, indem er die Akte der Selbstüberwindung verkündet, kommentiert, interpretiert, d. h. als Geschichte dieses Leibes erzählt, von dem der Geist ein Teil ist, und zwar jener Teil, der das an sich selber sprachlose Tun des Leibes mittels der Sprache erhellt und als eine große Vernunft im Vollzug sichtbar macht. Der Geist spricht aus, was der Leib tut, und beurteilt zugleich die Qualität dieses Tuns durch die Kategorien des Guten und Bösen. Er bedient sich dieser Kategorien jedoch nicht in direkter Weise, um eine geglückte bzw. mißglückte Selbstüberwindung anzuzeigen, sondern zieht Gleichnisse – Analogien und Bilder – heran, die besser geeignet sind, der Vielfalt und Individualität, d. h. der Geschichtlichkeit leibgebundenen Handelns gerecht zu werden als die auf Einheitlichkeit und Allgemeinheit abzielenden traditionellen Moralprädikate. „Gleichnisse sind alle Namen von Gut und Böse; sie sprechen nicht aus, sie winken nur. Ein Thor, welcher von ihnen Wissen will." Die gleichnishafte Rede ist indirekt; ihre metaphorische Verschlüsselung gibt nur Hinweise – „Winke" – auf die Tauglichkeit des Leibes, ein Wissen hingegen erlaubt sie nicht. Wer „wissen" will, wozu der Leib taugt, ist ein Tor, insofern er meint, das Tun des Leibes sei eindeutig und ließe sich auf den Begriff (des Guten / Bösen) bringen. Das Reden des Geistes in Gleichnissen ist ein Indiz dafür, daß die Tugend des Leibes nicht abstrakter Gegenstand einer bloßen Theorie sein kann; vielmehr muß der Geist sich mittels der Phantasie selber verleiblichen, seine Begriffe versinnlichen, um auf der Ebene der Sprache ein angemessenes Analogon für das zu finden, was auf der Ebene der Geschichte durch den Leib je und je neu geschaffen wird. „Achtet mir, meine Brüder, auf jede Stunde, wo euer Geist in Gleichnissen reden will; da ist der Ursprung eurer Tugend."

Mit zunehmender Emphase erfindet Zarathustra selbst Bilder für den Willen zur Macht als jenem spannungsvollen Können, aus dem alle Tauglichkeit als Tüchtigkeit des Leibes bzw. als große Vernunft hervorgeht, und noch viermal ertönt das eindringliche „da ist der Ursprung eurer Tugend". Der Geist, der auf Begriffe verzichtet und metaphorisch redet, spricht vom Leib, und zwar vom „erhöhten", „auferstandenen", mit Sinn erfüllten Leib, der nicht mehr verachtet und unterdrückt wird, sondern als erneuerter und nunmehr seiner selbst mächtiger eine ursprüngliche Kraft ahnen läßt, die den Geist derart entzückt, „daß er Schöpfer wird und Schätzer und Liebender und aller Dinge Wohlthäter". Der Geist stellt fest, daß er sich in dem von toter Materie auferstandenen, über sich hinausgewachsenen Leib wohlfühlt. In diesem Leib entdeckt er seine Aufgabe und seinen Sinn, nämlich Werte zu schaffen, die dem Leib bei der Organisation seines Kraftpotentials als Orientierungshilfe dienen und zugleich den Beurteilungsmaßstab für das durch die gemeinsamen Anstrengungen Erreichte abgeben. In dieser neuen, produktiven Liebe des Geistes zum Leib, den er als Voraussetzung und Ziel seines Wirkens schätzen gelernt hat, entsteht die Tugend, die Zarathustra seine Schüler lehren will, eine Tugend, die sich darin zeigt, daß sie wohl-tut. Entgegen der traditionellen Moral, die gebietet, das (als solches ein für allemal feststehende) Gute zu tun und das Böse zu lassen, fordert Zarathustra zum Wohl-tun auf, d. h. zur Herausforderung der Antriebskräfte des Leibes durch die Sinnentwürfe des Geistes und umgekehrt. Worin das Wohl besteht, ist nicht a priori entscheidbar, sondern stellt sich erst im Prozeß der wechselseitigen Überwindung von Leib und Geist je und je geschichtlich heraus.

Am Wohl-tun der Tugend, an der Sinnschaffung sind nicht nur Leib und Geist, sondern auch Herz und Wille beteiligt. Ein überquellendes, sich in seiner Liebe verströmendes Herz ist „ein Segen und eine Gefahr den Anwohnenden", insofern es die angrenzenden Körperregionen, insbesondere Kopf und Unterleib mit seiner Liebe überzieht, d. h. voll durchblutet, eben damit aber auch alle Unterschiede zwischen den Kontrahenten in einer umfassenden, alle Grenzen überschwemmenden Vereinigung aufzuheben droht. Wenn Zarathustra auch hier wieder beschwörend ausruft: „da ist der Ursprung eurer Tugend", so will er daran erinnern, daß das Herz insofern Ursprung, Quelle alles Lebens ist, als es der Motor des Blut*kreis*laufs ist, der den gesamten Organismus durchströmt und seine Vitalität bedingt. So soll auch der Jünger Zarathustras mit seiner selbstursprünglichen schenkenden Tugend andere lebendig machen, indem er sie mitreißt und zum Schaffen bewegt. Wer freilich nicht imstande ist, selber schöpferisch tätig zu werden, den wird die Lehre vom Übermenschen überrollen und unfruchtbar zurücklassen.

Hat die Tugend nach traditionellem Verständnis ihren Ursprung im Gehorsam gegenüber dem überlieferten Moralkodex, in welchem sich der Wille der Herde Anspruch auf Geltung verschafft, so entspringt die schenkende Tugend „eines Liebenden Wille", der weder autoritär ist (durch die Härte von „Lob und Tadel" ein angepaßtes Verhalten erzwingt) noch antiautoritär (durch ein regelloses *laisser faire* der Verweichlichung Vorschub leistet); dieser Wille vermag vielmehr kraft der Autorität der Liebe „allen Dingen [zu] befehlen", und wer diesen Befehl richtig – nämlich als „Geschenk" – versteht, gehorcht letztlich keinem fremden, sondern seinem eigenen Willen, da es sich um das Gebot der Selbstüberwindung handelt, das zu befolgen im ureigensten Interesse der Individualität liegt. „Wenn ihr Eines Willens Wollende seid und diese Wende aller Noth euch Nothwendigkeit heisst: da ist der Ursprung eurer Tugend." Das Kriterium der schenkenden Tugend ist ihre Selbstursprünglichkeit, ihre Autonomie. Unter sinnlich-leiblichem Aspekt erscheint diese Autonomie als Liebe, die nichts anderes als sich selbst begehrt. Unter intellektuell-geistigem Aspekt nimmt die Autonomie die Form der Notwendigkeit an, von Zarathustra als „Wende aller Noth" umschrieben. Es ist die Not des dualistisch gespaltenen *animal rationale* als Leib-Geist-Wesen, dessen innere Zerrissenheit durch *einen* Willen überwunden werden soll, durch einen Willen, der das Widerstrebende eint, ohne es in seiner Gegensätzlichkeit aufzuheben – vergleichbar wiederum dem Liebesakt. Dieser Wille zur Einheit ist die notwendige Bedingung jener Tugend, die die unerschöpfliche Selbstproduktivität des Schaffenden auszeichnet. Die Bedingung ist notwendig, um die Not des heteronom bestimmten Herdentiers Mensch zu wenden, und insofern erweist sie sich als Bedingung der Freiheit. Es handelt sich nicht um eine gesetzlose Freiheit, deren Prinzip die Willkür ist. Vielmehr setzt sie als ihrer selbst mächtige Freiheit „ein neues Gutes und Böses" als ihren Maßstab, ein Gut und Böse, dessen Gegensätzlichkeit nicht mehr konventionell als kontradiktorische aufgefaßt wird – wodurch ja gerade menschliches Handeln radikal zweigeteilt wurde –, sondern als eine polare Entgegensetzung, deren Spannung für das Über-sich-hinaus-Streben fruchtbar gemacht wird. „Macht ist sie, diese neue Tugend; ein herrschender Gedanke ist sie, und um ihn eine kluge Seele: eine goldene Sonne, und um sie die Schlange der Erkenntniss." Den symbolischen Gehalt des Geschenks seiner Jünger noch einmal aufgreifend, hält Zarathustra resümierend fest, was seine Lehre vom Übermenschen beinhaltet: (1) einen herrschenden Gedanken, i. e. die Vorstellung der Selbst-Hervorbringung durch Selbst-Überwindung, die im Denken absolute Priorität hat; (2) eine kluge Seele, deren Klugheit darin besteht, daß sie sich einen Leib geschaffen hat, der das (entsprechend dem herrschenden Gedanken) neu geschaffene Selbst verkörpert; (3) das dialektische Spiel zwischen großer und kleiner Vernunft, die sich wechselseitig herausfordern und dabei einen autonomen Leib schaffen, einen „runden" Leib, der seine vollendete Form durch die koordinierten Bewegungen des In-sich-Kreisens und des Umkreisens erhält; (4) die Tugend der Selbstmächtigkeit, durch die die Koordination der unterschiedlichen Kreisbewegungen geleistet wird derart, daß sie den Leib durch den herrschenden Gedanken beseelt und zur Tätigkeit antreibt, während sie zugleich dafür Sorge trägt, daß der herrschende Gedanke sich nicht verselbständigt in einer bloßen *Theorie* des Übermenschen: Die Reflexivität der Vernunft soll nicht um ihre eigenen Gebilde, sondern ausschließlich um den Leib kreisen, dessen Tun sie immanent erhellt, indem sie es mit seinem Mittelpunkt – der Idee des Übermenschen – als je neu festzusetzendem Anfangs- und Zielpunkt des Handelns ver-mittelt.

Im zweiten Kapitel von Zarathustras Schlußrede schlägt sein Enthusiasmus in Sorge um. Nachdem er seinen Jüngern den Ursprung ihrer Tugend als jenen Freiheitsakt ins Gedächtnis gerufen hat, durch den sie die Gegensätze ihres Seins als Mensch überwinden können, warnt er nun vor den Gefahren, die mit diesem Können verbunden sind. Wenn es heißt, daß Zarathustra seine Jünger „mit Liebe" betrachtete, so ist dies ein Hinweis darauf, daß er befürchtet, das Geschenk seiner Lehre, die nur wiederum das Schenken als ein Selberkönnen lehren will, könne im Sinne einer bloßen Theorie mißverstanden werden. Daher ruft er beschwörend aus: „Bleibt mir der Erde treu, meine Brüder, mit der Macht eurer Tugend! Eure schenkende Liebe und eure Erkenntniss diene dem Sinn der Erde!" Es ist nicht damit getan, die Lehre des Übermenschen intellektuell nachzuvollziehen. Ihrer selbst mächtig wird die Tugend nur in der tätigen Organisation des Leibes, in der Treue zur Erde, die nur dann fruchtbar wird und Sinn hervorgehen läßt, wenn ihr Liebe zuteil wird, d. h. wenn Leib und Geist sich wechselseitig befruchten und in gemeinsamer Anstrengung jenes Kind erzeugen, das Übermensch heißt. Die Gefahr, daß die Tugend sich vom Irdischen abwendet und davonfliegt, um „mit den Flügeln gegen ewige Wände [zu] schlagen", ist groß. „Ach, es gab immer so viel verflogene Tugend!" – klagt Zarathustra. Wenn die Tugend *davon*fliegt und sich dabei *ver*fliegt, so ist dies ein Zeichen dafür, daß sie ihr Können, anstatt es in den Dienst der Vermittlung von Leib und Geist zu stellen, nur noch dem Geist zuteil werden läßt. Aber der Geist braucht, um fliegen zu können, ein Medium, das durchlässig ist und ihn zugleich trägt. In einer reinen Luft, die keinen Widerstand bietet, würde er ebenso zugrunde-gehen wie in einer völlig dichten, undurchdringlichen Atmosphäre, deren Widerstand unüberwindlich wäre. Zarathustra hat also noch einmal all die „Verächter des Leibes" und „Prediger des Todes" im Sinn, die einen falschen Idealismus propagieren, wenn sie meinen, jenes Denken sei erhabener, das sich mit immateriellen Gegenständen befaßt. Sie verkennen nämlich, daß durch die Abkehr vom Sinnlich-Leiblich-Empirischen der Reflexion eben der Widerstand entzogen wird, durch dessen Überwindung sie allein zu gehaltvollen Begriffen gelangt.

Reines Denken hat keine Begriffe, geschweige denn Gegenstände, und schlägt leer in sich zurück. Der Versuch, etwas Ewiges, unabhängig von Raum-Zeit-Bedingungen Wesendes zu denken, scheitert nach Zarathustra daran, daß es sich hinter undurchdringlichen „Wänden" befindet, d. h. hinter jenen Grenzen, die der endliche, diskursive, auf die Empirie angewiesene Verstand des Menschen nicht zu überschreiten vermag, ohne sich selbst zu negieren. Zarathustra, der diesen Irrweg aus eigener Erfahrung kennt, weiß, daß auch seine Jünger ihn gehen müssen, um zu begreifen, daß er in die Irre führt; aber sie sollen ihre „verflogene Tugend zur Erde zurück[führen] – ja, zurück zu Leib und Leben: dass sie der Erde ihren Sinn gebe, einen Menschen-Sinn!" Nachdem die Tugend ihre Potenz im vergeblichen Auslangen nach einem überirdischen, jenseitigen Sinn erschöpft hat, kommt alles darauf an, daß sie sich umwendet und zu ihrem Ausgangspunkt zurückkehrt; so wie einst Sokrates seine Seele umwendete und in die Höhle zurückkehrte, als er seinen Aufstieg beendet hatte. Sokrates wurde nicht weniger als Zarathustra von seiner Tugend bewogen, zum Ausgangspunkt des Weges zurückzukehren, um dort Aufklärung zu betreiben. Während jedoch Sokrates seine Schüler aufforderte, den Aufstieg zu den immateriellen, ewigen Ideen zu wagen, deklariert Zarathustra diesen Weg als falsch. Aber man muß ihn einmal gegangen sein, um zu erkennen, daß es keinen bereits vorhandenen überirdischen Sinn gibt, an dem man durch Wesensschau teilhaben kann. Anders als Sokrates, der der Tugend die Aufgabe zuwies, den bleibenden, am überhimmlischen Ort ewig präsenten Sinn in der Menschenwelt zu verwirklichen, hat Zarathustra entdeckt, daß der Weg hinauf zu einem Endziel für Menschen nicht gangbar ist. Daraus folgt aber, daß es für sie Sinn nicht je schon gibt, sondern daß er ursprünglich allererst geschaffen werden muß. Tugend ist entsprechend für Zarathustra die Kraft, die eingesetzt wird, um einen „Menschen-Sinn" zu erzeugen, einen Sinn also, der vom Menschen gemacht ist und durch den das zum Menschsein unabdingbar hinzugehörige Leiblich-Materielle Wert zugesprochen erhält. Tugend ist somit die Tauglichmachung des Leibes für das Ziel des Übermenschen. Der Übermensch als der Sinn des Menschen ist kein transzendentes Ziel, das nur durch Überschreiten der Leibgebundenheit erreicht werden kann. Diese Annahme lag der metaphysischen Fabel von der wahren Welt zugrunde. Nach Zarathustras Lehre ist der Übermensch ein Ziel, das nur im und durch den Menschen verfolgt werden kann. Der Mensch kann nur über sich hinaus, wenn er sich dabei zugleich mitnimmt – und zwar als ganzen, d. h. als geistiges *und* leibliches Wesen. Im Vollzug der Kreisfigur dieser immanenten Selbsttranszendenz macht er die Erfahrung, daß er sein Ziel desto besser vor Augen hat, je tauglicher er den Leib für das Gehen des Weges macht, bis er schließlich feststellt, daß das Ziel letztlich in nichts anderem als in der Tauglichmachung des Leibes besteht, der den Sinn des Übermenschen auf immer angemessenere Weise aus sich heraus zu schaffen vermag und darüber sich selbst verändert, immer selbstmächtiger wird – ein autonomes Kunstwerk, vergänglich zwar, aber in seinem Wert einzigartig und unverwechselbar.

Wir sind die Erben eines jahrtausendealten Selbstmißverständnisses, das unser Denken und Handeln („Geist wie Tugend") nachhaltig geprägt hat. Am Ende eines langen Irrweges des Geistes liegt es jetzt an uns, die verwüstete Erde neu zu beleben und Sinn zu stiften in dem, was als Inbegriff des Wertlosen ausgegeben wurde: im Leib. Aber auch von der Einsicht in den Irrtum bis zur sinnschöpferischen Tat ist es ein weiter Weg. Denn „in unserm Leibe wohnt jetzt noch all dieser Wahn und Fehlgriff: Leib und Wille ist er da geworden". Die Verachtung und Unterdrückung des Prinzips Sinnlichkeit – damit verbunden aller materiellen Qualitäten, Bedürfnisse, Objekte – ist für den Leib nicht folgenlos geblieben. Er hat das abwertende Urteil des Geistes über alles Nichtgeistige verinnerlicht und ist unter seiner Minderwertigkeit verkümmert. Da er dem Diktat des Geistes nichts entgegenzusetzen hatte, wurde er zum Gehorsam gegenüber einem Willen gezwungen, der sich anmaßte, über die wahren Bedürfnisse des Leibes besser Bescheid zu wissen als der Leib selber. Solchermaßen untauglich gemacht, glaubte der Leib schließlich selber, daß er zu nichts tauge, da er seine Unfähigkeit, der von ihm abgespaltenen

Vernunft auf ihren Höhenflügen zu folgen, auf schmerzliche Weise zu fühlen bekam. Um die Sinnlosigkeit der vorgeblichen Idealgebilde der kleinen Vernunft durchschauen zu können, hätte er der Vernunft bedurft, die sich aber ja gerade von ihm losgesagt hatte. „Ja, ein Versuch war der Mensch. Ach, viel Unwissen und Irrthum ist an uns Leib geworden! / Nicht nur die Vernunft von Jahrtausenden – auch ihr Wahnsinn bricht an uns aus. Gefährlich ist es, Erbe zu sein."

Das Experiment Mensch, durchgeführt als Verfahren von Versuch und Irrtum, ist mißlungen. Der Selbstversuch, bei dem der Mensch sowohl Experimentator als auch Ergebnis des Experiments ist, ging von der falschen Voraussetzung aus, aller Sinn liege in einem überirdischen Jenseits beschlossen, zu dem die Vernunft einen exklusiven Zugang habe. Der Wahn-Sinn dieser Hypothese, auf der Generationen vor uns ihre Lebensanschauung und -praxis aufgebaut haben, wird erst an uns offenbar, die wir uns im absoluten Gegenteil des uns einst verheißenen Paradieses vorfinden: in einer von uns selbst ihres Wertes beraubten Wüste, in der uns einzurichten wir uns weigern. Wir müssen das Experiment Mensch von neuem wagen, dieses Mal im Ausgang von der Hypothese des Übermenschen, durch die der Fehlschlag des Selbstversuchs unserer den Sinn außerhalb des Menschlichen ansiedelnden Vorväter korrigiert werden soll. Doch bis wir so weit sind, wird noch viel Zeit vergehen. Zarathustra konstatiert: „Noch kämpfen wir Schritt um Schritt mit dem Riesen Zufall, und über der ganzen Menschheit waltete bisher noch der Unsinn, der Ohne-Sinn." Zufall ist die Negation von Sinn. Wo der Zufall regiert, herrschen Zweck- und Sinnlosigkeit. Der Zufall ist unberechenbar; er entzieht sich dem Wissen und läßt den Menschen auf gut Glück handeln. Um Sinn schaffen zu können, muß der Mensch zuvor den Zufall besiegen. Hatte die alte Metaphysik gemeint, den Zufall dadurch besiegen zu können, daß sie ihn als blindes Ungefähr in den Bereich des Werdens verbannte, in welchem die materiellen Dinge gemäß dem Prinzip des Zufalls – dem Kausalmechanismus – entstehen und vergehen, und allen Sinn in einem ewigen, unveränderlichen, göttlichen Sein angesiedelt, so erscheint Zarathustra aus seiner veränderten Sicht der Dinge die Aufteilung des Kosmos in zwei unversöhnliche Gegensätze als eine un-sinnige Hypothese, durch die die

Sinnlosigkeit gerade in alle Ewigkeit festgeschrieben wird. Wenn der Bereich ewigen Seins als eine Fiktion, eine grundlose Setzung der verabsolutierten kleinen Vernunft durchschaut ist, verlieren auch die mit diesem verknüpften Sinnansprüche ihre Berechtigung, und übrig bleibt nur noch der traditionell verächtlich gemachte Bereich des Werdens, dem Zarathustra seine Unschuld wiedergeben will. Zarathustra kämpft mithin an zwei Fronten gegen den „Riesen Zufall": Zum einen muß er die dualistische Zweiweltentheorie als ein Selbstmißverständnis entlarven; zum anderen muß er zeigen, in welcher Weise in seiner Lehre vom Übermenschen das Problem des Zufalls gelöst ist. Er darf also seiner eigenen Hypothese zufolge den Zufall nicht aus dem Sinnschaffen ausschließen und als das ganz andere des Sinns isolieren, vielmehr gilt es, den Zufall in den Prozeß der Selbstüberwindung zu integrieren, wie es Zarathustra im Bild des spielenden Kindes versucht hat. Im Spiel wird mit dem Zufall gespielt, und der Sinn dieses Tuns liegt im Spielen selber: Es wird um des Spielens willen gespielt. Der Zufall als Name für das Überraschende, unvorhersehbar Neue, Originelle, Einmalige und Besondere wird so verstanden zu einem wesentlichen Faktor des Spiels und kennzeichnet die sinnschöpferische Freiheit (= die „schenkende Tugend") des seiner selbst mächtig gewordenen Individuums.

Zarathustra und seine Jünger haben die Stufe des Kindes immerhin bereits im Blick, befinden sie sich doch an der Schwelle zur Stufe des Löwen, der sich zum Herrn jener Wüste aufschwingt, die ihm das Kamel hinterlassen hat. Zarathustra fordert daher seine Anhänger zum Kampf und zum Schaffen auf. Sie sollen die überlieferten, der Fiktion einer jenseitigen Welt verhafteten Sinnsetzungen, die das Diesseits zur sinnentleerten Wüste gemacht haben, bekämpfen, d. h. die Denk- und Handlungsmuster, denen sie sich einst verpflichtet fühlten, in ihrer Verbindlichkeit negieren, um damit den Boden für das Schaffen neuen Sinns – des Sinns der aus der Wüste wiederzugewinnenden Erde – vorzubereiten: „Aller Dinge Werth werde neu von euch gesetzt!" Eine Katharsis ist nötig, um sich vom Schmutz der alten Metaphysik zu befreien, die das Leiblich-Materielle in den Dreck gezogen hat. „Wissend reinigt sich der Leib; mit Wissen versuchend erhöht er sich; dem Erkennenden heiligen sich alle Triebe; dem Erhöhten wird die Seele fröhlich." Noch einmal spielt Zarathustra auf Platons Höhlengleichnis an, in welchem die Aufstiegsbewegung ebenfalls als eine Katharsis beschrieben wird, allerdings als eine Katharsis der Seele, die sich in zunehmender Selbsterkenntnis vom Schmutz des Empirischen, d. h. von der Sinnlichkeit des Leibes reinigt, indem sie sich von der Wahrnehmung materieller Gegenstände ab- und dem Denken reiner – mathematischer, logischer, ideeller – Objekte zuwendet; dem entspricht auf der Handlungsebene die Tugend des Verzichts auf körperliche Genüsse.[72] Zarathustra verkehrt diese aus seiner Sicht verkürzte und pervertierte Deutung des menschlichen Lebenssinns in ihr genaues Gegenteil. Der Leib ist es nun, der sich „wissend" reinigt. Es ist die stets von neuem zu erkämpfende Weisheit des postmetaphysischen Philosophen, die vom Zwang des dualistischen Welt- und Menschenbildes befreit und damit die Integrität des Leibes wiederherstellt, der – von der Vorstellung des Schmutzes, mit dem er aus metaphysisch-christlicher Sicht wegen seiner „unreinen" Triebhaftigkeit jahrtausendelang behaftet war, erlöst – sich von nun an auf die der Seele einwohnende Vernunft stützen kann, deren Vorentwürfe ihn mittels immer höherrangiger Organisationsformen in einem existentiellen *trial-and-error*-Verfahren stetig über sich hinaus wachsen lassen. So wird der Leib durch das, was ihn einst krank gemacht hat, geheilt: durch die Seele. Und die Seele wird dabei „fröhlich", kann sie doch nun die Gesamtheit ihrer geistigen Kräfte voll Freude einsetzen, um aus dem Leib das Beste zu machen und in diesem sich selbst zu übertreffen, anstatt als „Geist der Schwere" ein repressives, alles Sinnlich-Leibliche bedrückendes Klima zu erzeugen. Dieses Bild einer hausgemachten Krankheit suggeriert in einem die Möglichkeit der Selbstheilung. „Arzt, hilf dir selber: so hilfst du auch deinem Kranken noch. Das sei seine beste Hülfe, dass er Den mit Augen sehe, der sich selber heil macht." Das Arzt-Patient-Verhältnis wird hier von Zarathustra in einer eigentümlichen Weise herangezogen, um das Lehrer-Schüler-Verhältnis zu erläutern. Die Krankheit, um die es an dieser Stelle geht (ein durch ein selbst verschuldetes Nichtwissen verursachtes Leiden am Leib-Seele-Dualismus), kann nicht durch die Verabreichung von Medikamenten geheilt werden (durch die Weitergabe von fertigen Informationen bzw. einer Theorie); vielmehr soll der Arzt offenlegen, daß er an der gleichen Krankheit leidet wie sein Patient, und diesem die Möglichkeit der Selbstheilung exemplarisch vorleben (so wie der Lehrer Zarathustra seinen Schülern den Weg der Selbstüberwindung weist, indem er ihn selbst geht). Der Heilungs- als Lernprozeß besteht in der Einübung in ein Selberkönnen, das letztlich auf keine fremde Hilfe mehr angewiesen ist.

Zarathustras Lehre ist dadurch, daß sie den einzelnen auf sich selbst und sein durch ihn selbst zu erbringendes Können aufmerksam machen will, in gewissem Sinn eine Lehre für Individualisten. Es ist nicht *ein* Weg für alle, der die große Gesundheit über die Selbstheilung verheißt, sondern es handelt sich um „tausend Pfade, ... tausend Gesundheiten und verborgene Eilande des Lebens", die es noch zu entdecken gilt. „Unerschöpft und unentdeckt ist immer noch Mensch und Menschen-Erde." All die Anthropologien und Kosmologien, die die abendländische Philosophie entwickelt hat, sind über das Individuum Mensch und seine Lebenswelt hinweggegangen. Über der Reflexion auf das Sein des Seienden insgesamt ist den alten Metaphysikern die wertschöpferische Potenz des seiner selbst Mächtigen, der allein alle Sinnkompetenz für sich zu beanspruchen berechtigt ist, aus dem Blick wie überhaupt aus den Sinnen geraten. „Wachet und horcht, ihr Einsamen!" – fordert daher Zarathustra seine Schüler auf. „Von der Zukunft her kommen Winde mit heimlichem Flügelschlagen; und an feine Ohren ergeht gute Botschaft." Ein neuer Geist kündigt sich von ferne an: der Übermensch. Es ist nicht der ewig präsente, in unveränderlichen Jenseitsvorstellungen erstarrte Geist eines denkenden Subjekts überhaupt, sondern der lebendige, geschichtliche Geist des auf sich selbst gestellten Individuums, das – sein eigenes Können antizipierend – den Sinn seines Lebens er-hört. Obwohl die Botschaft des Übermenschen eine geheime und bislang un-erhörte ist, ist sie dennoch für feine Ohren vernehmlich, da je mein Wille es ist, der mir aus ihr entgegenklingt. Nicht mehr der „Bauch des Seins" redet mit gestohlener bzw. vorgetäuschter Stimme von übersinnlichen Gegenständen, sondern der Leib hat seine eigene Sprache wiedergefunden, die Sprache der großen Vernunft, die wesentlich ein Handeln, ein kreativer Akt ist. Diese Stimme vermag nur derjenige zu vernehmen, der – angeleitet durch Zarathustras Reden – sich in sich selbst zurückzieht und in sich hineinhorcht, bis er den lebendigen Sinn erfaßt hat, der im Leib als eine Möglichkeit angelegt ist und der Verwirklichung harrt.

Obwohl jeder einzelne nur je für sich durch *seine* Selbstüberwindung den Übermenschen in seiner Person hervorzubringen vermag, spricht Zarathustra dennoch von einer Gemeinschaftsleistung, durch die der Übermensch als der Sinn der Erde in einer die Individuen übergreifenden Bedeutung Realität erlangen soll: „Ihr Einsamen von heute, ihr Ausscheidenden, ihr sollt einst ein Volk sein: aus euch, die ihr euch selber auswählt, soll ein auserwähltes Volk erwachsen: – und aus ihm der Übermensch." Kein Gott, kein fremder Wille bestimmt, wer zum Volk der Auserwählten gehört.[73] Allein das Individuum, das sich selbst aus der Herde ausgrenzt und damit aus dem Verband derer, die der dualistischen Moral gehorchen, ausscheidet, läßt eben durch diese Selbstisolierung erkennen, daß es sich selbst gewählt hat, daß es selbstmächtig seinen Willen über das allgemein Geltende gestellt hat. Es ist diese Gesellschaft der ihrer selbst mächtig Gewordenen, von der sich Zarathustra eine Erneuerung der Erde im ganzen erhofft. Der Übermensch existiert ja nicht anders als im Vollzug des über sich Hinausschaffens, und je mehr Individuen es gelingt, sich um- und neuzuschaffen, desto mehr kommt Sinn in die Welt. „Wahrlich, eine Stätte der Genesung soll noch die Erde werden! Und schon liegt ein neuer Geruch um sie, ein Heil bringender, – und eine neue Hoffnung!" Nicht nur das Gehör, sondern auch der Geruchssinn erahnt eine Welt, in der das Erdhafte, das man brachliegen und vermodern ließ, nicht mehr stinkt, sondern den frischen Duft der fruchtbaren Natur verbreitet: Geheilt von den Irrlehren der christlichen Metaphysik, geben die Selbsterwählten in Zarathustras eschatologischer Vision der Erde ihre Unschuld zurück. Für Menschen gibt es nur diese eine Welt, die die unsere ist. Und sie hat nur Sinn, sofern wir ihn – in und mit ihr – hervorbringen. Eine Vernunft, die meint, ihr Leibapriori ignorieren zu können, schneidet sich damit von ihren Wurzeln ab und verfehlt sich *ab ovo*. Eine Vernunft, die sich widerspruchslos in ihre Leibgebundenheit fügt, verfehlt sich und ihren Sinnanspruch ebenfalls. Die Alternative kann nicht lauten: entweder Leib *oder* Vernunft. Zarathustras Lehre zielt auf Leib *und* Vernunft in gemeinsamer, wenn auch antagonistischer Sinnproduktivität.

Noch ein letztes Mal richtet Zarathustra – im dritten Kapitel seiner Schlußrede – das Wort an seine Jünger. Nach der euphorischen Zukunftsvision einer der Idee des Übermenschen gerecht werdenden menschlichen Gemeinschaft, die im großen das verkörpert, was jeder einzelne für sich lebt – einen vernünftig organisierten, autonomen Leib –, kommen ihm nun, da er die kleine Schar seiner Anhänger überblickt, Zweifel daran, ob sich seine Lehre so bald in die Tat umsetzen läßt und Praxiswirksamkeit erlangt. Seine Skepsis bezieht sich nicht auf die Vorstellung vom Übermenschen als solche, auch nicht auf den utopischen Vorentwurf einer dieser Vorstellung entsprechenden elitären Gesellschaft; was Zarathustra befürchtet, ist die Möglichkeit des Scheiterns seiner Utopie an eben jenen, durch die sie allein verwirklicht werden kann. Nicht daß er seinen Schülern den guten Willen zur Erreichung des gemeinsamen Ziels abspricht, aber seine Besorgnis geht dahin, daß er für sie noch zu sehr die Funktion einer „Krücke" hat und nicht die eines „Geländers am Strom"; er sieht die Gefahr, daß sie ihm blindlings vertrauen und nicht zum Selbst-Stand kommen. Dies ist der tiefere Grund dafür, daß er sie verläßt. Sie müssen, und zwar jeder für sich allein, die ihnen von Zarathustra durch Bilder und Gleichnisse vermittelte Botschaft existentiell umsetzen und die Lehre von der Selbstüberwindung buchstäblich am eigenen Leib praktizieren. „Allein gehe ich nun, meine Jünger! Auch ihr geht nun davon und allein! So will ich es." Das zweimalige „allein", von Zarathustra kraft seiner Autorität als Lehrer nachdrücklich hervorgehoben, ergeht an seine Schüler als die Aufforderung, selbst – ohne fremde Hilfe – nach dem individuell richtigen Weg zu suchen. Jeder hat in sich selbst das Kriterium des richtigen Lebens: *seinen* Willen zur Macht, und dessen Urteilsspruch ist allein maßgeblich. Zarathustra fordert seine Anhänger sogar auf, das von ihm Gesagte und exemplarisch Vorgelebte nicht einfach vorbehaltlos anzunehmen, sondern es der Prüfinstanz ihres Willens zu unterziehen. „Wahrlich, ich rathe euch: geht fort von mir und wehrt euch gegen Zarathustra! Und besser noch: schämt euch seiner! Vielleicht betrog er euch." Widerstand und Scham sowie die Hypothese des Betrugs sind die notwendige Voraussetzung, um Distanz zu der übermächtigen Gestalt des Lehrers zu gewinnen und zu einem eigenen Standpunkt zu gelangen. Dies ist um so wichtiger, als es ja nicht um die Verifikation oder Falsifikation irgendeiner wissenschaftlichen These geht, sondern um eine Lebensform, die man selbst existentiell ausfüllen muß. Alle diesbezüglichen Handlungsvorschläge müssen daher, auch wenn sie von einer geachteten Persönlichkeit kommen, einer radikalen Kritik unterzogen werden. Zarathustra weiß, wie schwer es ist, einen Lehrer, von dessen Kompetenz und Aufrichtigkeit man überzeugt ist, kritisch in Frage zu stellen, eben weil damit die hochgeschätzte Person als ganze ihrer Glaubwürdigkeit beraubt wird. Dennoch empfiehlt Zarathustra – hierin Descartes nicht unähnlich –, den Zweifel auf die Spitze zu treiben und sich unter der Annahme einer betrügerischen Absicht mit der Person des Lehrers und seiner Lehre auseinanderzusetzen. Vielleicht – und darin besteht Zarathustras Hoffnung – wird es dem einen oder anderen seiner Schüler dann so ergehen wie einst dem zweifelnden Descartes, der feststellte, daß nicht einmal die Hypothese eines durch und durch bösartigen Wesens, das seine Allmacht dazu benutzt, um die Menschen überall zu täuschen,[74] jene Selbstgewißheit zunichte machen kann, daß immer und in jedem Fall ich es bin, der/die da in die Irre geführt und um die Wahrheit betrogen wird. Ich bin mir meiner selbst als dieses möglicherweise um alle Wahrheitserkenntnis betrogenen Subjekts bewußt; aber eben dieses Bewußtsein ist meine unumstößliche Wahrheit. Ohne dieses Ich bzw. die Reflexivität eines Selbstbewußtseins ist die Hypothese vom Betrüger nicht möglich. Wenn Zarathustra zu einer List greift und seine Schüler zum radikalen Zweifel auffordert, so soll auch hier am Ende ein seiner selbst sicheres Ich stehen, das Zarathustras nicht mehr bedarf, um es selbst zu werden; es hat in seinem Willen den Maßstab seines ureigensten Handelns entdeckt: Ich will, also bin ich, und ich bin ein meiner selbst mächtiges Ich.

Die Überwindung der Abhängigkeit von Zarathustra ist somit ein erster Schritt in Richtung auf den Übermenschen. Zarathustra muß zum Gegner gemacht werden. „Der Mensch der Erkenntniss muss nicht nur seine Feinde lieben, sondern auch seine Freunde hassen können." Hier klingt noch einmal Zarathustras Gegensatzlehre an, die nicht ein ausschließendes ‚Entweder-Oder', sondern ein ‚Sowohl-Als auch' als Anreiz jeglicher Höherentwicklung behauptet. Entsprechend wird die Liebe zum Freund durch ihr polares Gegenteil, den Haß, intensiviert, wobei sich der Haß gegen dasjenige am Freund richtet, was noch der Überwindung bedarf. Da der Mensch prinzipiell ein Werdender ist und über jedes erreichte Ziel wieder hinauswachsen muß, gibt es ausnahmslos niemanden, an dem sich nicht etwas Hassenswertes entdecken ließe, zu dessen Selbstüberwindung ihn zu provozieren die bleibende Aufgabe des Freundes ist. Dies gilt auch für Zarathustra. Zwar mag er seinen Schülern ein Stück weit voraus sein, aber dieser Vorsprung ist nicht substantiell, denn wenn es keinen letztgültigen Endzustand gibt, in welchem die fortgesetzte Anstrengung des Unterwegsseins aufhört, dann bedarf auch Zarathustra eines Freundes, der sein Hassenswertes und als solches zu Überwindendes bekämpft.

„Man vergilt einem Lehrer schlecht, wenn man immer nur der Schüler bleibt. Und warum wollt ihr nicht an meinem Kranze rupfen?" Zarathustra will den Mythos vom Lehrer zerstören, dem gemäß dieser dem Schüler wie ein mit Lorbeer bekränzter Held vorkommt, der um seiner außerordentlichen Leistungen willen ausgezeichnet wurde. Zarathustras Aufforderung, an seinem Kranze zu rupfen, gibt zu erkennen, daß er die Distanz zwischen Unvollkommenem und Vollkommenem nicht in alle Ewigkeit festgeschrieben wissen will, sondern daß er seine Schüler als Ebenbürtige will, denn um den Lehrer kritisieren zu können, muß man einen eigenen, unabhängigen Standort beziehen, von dem aus weniger das vom Lehrer bereits Geleistete als vor allem das noch zu Leistende beurteilbar wird. Erst im Licht des eigenen autonomen Könnens zeigt sich das Können des Lehrers als das, was es wirklich vermag. Der Schüler ist dem Lehrer ebenbürtig geworden, wenn es ihm gelingt, sich als Schüler und damit zugleich auch den Lehrer zu überwinden. Zarathustra will als Lehrer überwunden werden, um sich mit Freien und Gleichberechtigten messen zu können. Daher lehnt er für sich den Status eines Denkmals ab, weil dadurch der Abstand zwischen Lehrer und Schüler unaufhebbar zementiert würde. „Ihr verehrt mich; aber wie, wenn eure Verehrung eines Tages umfällt? Hütet euch, dass euch nicht eine Bildsäule erschlage!" Der überehrfurchtsvolle Jüngling, der von einer umstürzenden Götterstatue erschlagen wird,[75] dient Zarathustra als Sinnbild für eine blinde, distanzlose Verehrung, die keinen anderen Maßstab kennt als den der angebeteten fremden Autorität.

Gerät dieser Maßstab eines Tages ins Wanken, so verliert auch derjenige, der sich ausschließlich auf diesen Maßstab gestützt hat, den festen Boden unter den Füßen und stürzt, jeder Orientierung beraubt, ins Nichts, da er nichts Eigenes hat, woran er Halt finden könnte. Wahre Verehrung ist daran kenntlich, daß sie unter Zugrundelegung des Maßstabs der eigenen Selbstmächtigkeit im anderen das ehrt, was ihn auszeichnet: seine Fähigkeit, über sich hinaus zu schaffen.

„Ihr sagt, ihr glaubt an Zarathustra? Aber was liegt an Zarathustra! Ihr seid meine Gläubigen: aber was liegt an allen Gläubigen!" Kümmert euch nicht um Sokrates, kümmert euch um die Wahrheit – dies hatte schon Sokrates am Tag seiner Hinrichtung seinen trauernden Schülern zum Abschied zugerufen.[76] Und auch Zarathustra, der im Begriff ist, seine Schüler – wenn auch noch nicht für immer – zu verlassen, ermahnt sie, anstatt an ihn an sich selbst zu glauben, auf ihr eigenes Können zu vertrauen und sich von der Figur des Lehrers unabhängig zu machen. Auch Gläubige haben – wie die Schüler – meistens noch keinen Selbst-Stand und müssen ihre Heteronomie, ihre Unterwerfung unter einen fremden Willen, erst noch überwinden. „Ihr hattet euch noch nicht gesucht: da fandet ihr mich. So thun alle Gläubigen; darum ist es so wenig mit allem Glauben." Glaube – ob naiver Art, ob ideologischer oder religiöser Natur – ist für Zarathustra eine unselbständige Haltung, die der Kamelstufe im Entwicklungsgang des Geistes entspricht. Glaube ist unkritisches Fürwahrhalten aller Meinungsäußerungen einer anerkannten Autorität und insofern ein selbst-loses Verhalten. Zarathustras ganze Lehre zielt auf ein *Sich*-Verhalten; daher fordert er die Überwindung des Glaubens. Ein Glaube kann immer nur Vorstufe zum Selbstbewußtsein und zum autonomen Handeln sein. Anders als die traditionellen Glaubensprediger, die den nach Wahrheit Suchenden in ihrer Person eine fertige Antwort bieten, stößt Zarathustra die an ihn glaubenden Schüler von sich ab, indem er sie auf sich selbst zurückverweist und sie auf vielfältige Weise darauf aufmerksam macht, daß alle Wahrheit und aller Sinn nur in ihnen selbst gesucht und gefunden werden kann. Dem Menschen als endlichem, werdendem Wesen erscheint das Leben nur dann als lebenswert, wenn es einen Sinn hat. Insofern sind wir alle unterwegs auf der Suche nach einer unverbrüchlichen Wahrheit, einer unüberbietbaren Sinnfülle. Diese läßt sich jedoch nicht „finden"; sie ist überhaupt nichts Vorfindliches, Vorhandenes, wie es die Prediger des Glaubens glauben machen wollen, um beherrschbare Gefolgsleute an sich heran zu ziehen. Sinn muß *gemacht* werden und kann nur vom einzelnen gemacht werden, der sich selbst macht und sich in diesem dynamischen, aktiven Selbst ein Bewußtsein von sich sowohl als Sinnproduzent wie als produziertem Sinn verschafft.

Der Kontrast zwischen Zarathustras Sinnauffassung und derjenigen des Christentums tritt am Beispiel der biblischen Erzählung von Jesu Verleugnung durch Petrus noch einmal in aller Schärfe hervor. Petrus hatte Jesus versichert, daß er ihn nicht verleugnen würde, selbst wenn dies seinen Tod bedeuten sollte.[77] Aber wie Jesus es vorausgesagt hatte,[78] verleugnete ihn Petrus noch in derselben Nacht dreimal.[79] Darüber weinte er, wohl wissend, daß er mit Jesus allen Sinn negierte, dessen ein Mensch teilhaftig werden kann.[80] Damit hatte er zugleich sich selbst negiert, denn Jesus hatte ja verkündet: „Wer mich bekennt vor den Menschen, den will ich bekennen vor meinem himmlischen Vater. Wer mich aber verleugnet vor den Menschen, den will ich auch verleugnen vor meinem himmlischen Vater."[81] Zarathustra fordert von seinen Anhängern das genaue Gegenteil: „Nun heisse ich euch, mich verlieren und euch finden; und erst, wenn ihr mich Alle verleugnet habt, will ich euch wiederkehren." Was aus christlicher Sicht ein schuldhaftes Vergehen ist, durch das sich einer aus der Gemeinschaft des auserwählten Volks Gottes ausschließt und damit jeden Sinnanspruch verliert, das deklariert Zarathustra geradezu als unumgängliche Voraussetzung aller Selbst- und Sinnproduktion. Die Verleugnung Zarathustras als Inbegriff von Sinnhaftigkeit ist ein notwendiger Akt der Loslösung, in welchem die Trennung vom Schülerstatus vollzogen und der erste Schritt in die Selbständigkeit getan wird. Zarathustra knüpft seine Wiederkehr an die Bedingung, daß seine Schüler die Kamelstufe verlassen und sich selbsttätig auf den Weg des Übermenschen begeben haben, denn Zarathustra will nicht als Lehrer zu ihnen zurückkehren, sondern als Gleicher unter Gleichen. Während Jesus von den Toten wiederauferstanden ist, um die Unzerstörbarkeit des göttlichen Sinns zu demonstrieren und das Heil des Gottgläubigen zu verbürgen, kehrt

Zarathustra zurück, um mit seinen ehemaligen Schülern auf einer höheren Stufe, der Stufe des Löwen, ihrer aller Verwandlung Rechnung tragend, nach höheren Zielen zu streben. „Wahrlich, mit andern Augen, meine Brüder, werde ich mir dann meine Verlorenen suchen; mit einer anderen Liebe werde ich euch dann lieben." Mit anderen Augen und einer anderen Liebe wird Zarathustra dann denen begegnen, die er als seine Schüler verloren, als seine „Brüder" wiedergefunden haben wird. Er wird sie als ihm ebenbürtig Gewordene betrachten und als Blutsverwandte im Geiste lieben, verbunden durch den gemeinsamen Wunsch, die jenseitsgerichteten christlichen Moralvorstellungen in sich zu überwinden, um Platz zu schaffen für die Verwirklichung des Sinns der Erde.

Nachdem Zarathustra mit seinen Brüdern auf der Stufe des Löwen den Kampf mit dem goldenen Drachen [82] erfolgreich beendet und damit die zweite der in seiner allerersten Rede verkündeten drei Verwandlungen des Geistes vollzogen haben wird, wird er sich erneut in die Einsamkeit zurückziehen, um sich und seinen Mitstreitern Gelegenheit zu geben, neue Kräfte für die dritte und entscheidende Verwandlung zum Kinde zu sammeln. „Und einst noch sollt ihr mir Freunde geworden sein und Kinder Einer Hoffnung: dann will ich zum dritten Male bei euch sein, dass ich den grossen Mittag mit euch feiere." Schüler (Gläubige) – Brüder (Kampfgenossen) – Freunde (Auserwählte): so sieht Zarathustra das auf den Stufen des Kamels, des Löwen und des Kindes sich wandelnde Verhältnis zwischen ihm und denen, die sich der Aufgabe des Übermenschen verschrieben haben. Der Weg führt von der Heteronomie über den Nihilismus zur Autonomie des seiner selbst mächtig gewordenen Willens. Wenn Zarathustra auf der Stufe des Kindes zum dritten und letzten Mal wiederkehrt, gilt es ein Fest zu feiern: den „grossen Mittag". Dieses Fest ist sowohl eine Totenfeier als auch eine Geburtstagsfeier. Gefeiert wird einerseits der Tod des alten Gottes,[83] der nun endgültig begraben ist, und andererseits die Geburt des Übermenschen, dessen Ankunft der Beweis dafür ist, daß die Saat in der Erde des Menschen aufgegangen ist und Früchte getrieben hat. „Und das ist der grosse Mittag, da der Mensch auf der Mitte seiner Bahn steht zwischen Thier und Übermensch und seinen Weg zum Abende als seine höchste Hoffnung feiert: denn es ist der Weg zu einem neuen Morgen. / Alsda wird sich der Untergehende selber segnen, dass er ein Hinübergehender sei; und die Sonne seiner Erkenntnis wird ihm im Mittage stehn. / ‚*Todt sind alle Götter: nun wollen wir, dass der Übermensch lebe.*‘ – diess sei einst am grossen Mittage unser letzter Wille! – / Also sprach Zarathustra." Mit diesen grandiosen Schlußworten, die einerseits den Bogen zurück zur ersten Rede Zarathustras und andererseits voraus zur Sinnfülle der Verheißung des großen Mittags schlagen, beendet Nietzsche den ersten Teil des „Zarathustra". Dieses Kind, dessen Ankunft am Fest des großen Mittag gefeiert wird, ist jedoch nicht der Höhe- und Schlußpunkt der Entwicklung des Menschen, sondern erst der Anfang. Wie das Kind wachsen und er-wachsen werden muß, so muß der Übermensch gelebt und er-lebt werden im immer wieder neuen Durchlaufen der zyklischen Bahn, deren fließende Übergänge durch die Tageszeiten markiert sind. Im großen Mittag beginnt das Rad des Lebens aus sich heraus zu rollen[84], in Gang gesetzt durch einen sich selbst bejahenden Willen. Zarathustra wählt das Bild der Mittagszeit als Beginn für die triumphale Wiederauferstehung des Fleisches, weil sich damit die Vorstellung einer beweglichen Mitte und Einheit verbinden läßt. Die im Zenit senkrecht stehende Sonne läßt alles Körperlich-Materielle mit seinem Schatten verschmelzen und als mit sich identisches Ganzes erscheinen. Analog erfährt sich der Mensch im Augenblick höchster Klarheit und Bewußtheit als ein nicht mehr dualistisch gespaltenes, sondern in seiner Gegensätzlichkeit aufgehobenes Wesen: Leib und Seele bilden im Zenit des Willens zur Macht eine differenzlose Einheit. Wie die Sonne weiterwandert und aus verändertem Winkel die Dinge wieder Schatten werfen läßt, um nach ihrem Untergang nur noch Dunkelheit übrigzulassen, in der die Dinge konturlos verschwinden, so wird auch der Mensch durch die Dynamik seines Wollens aus der Identität seiner Mitte herausgetrieben; seine Leiblichkeit und seine Geistigkeit fallen wieder auseinander. Dennoch hat sich durch die Vision des großen Mittags sein Menschenbild verändert. Als erste Konsequenz aus dem Geschauten begreift er, daß beide Aspekte seiner Menschennatur untrennbar zusammengehören und, anstatt auseinandergerissen zu werden, ineinander integriert werden müssen. Als zweites durchschaut der solchermaßen über sich selbst Aufgeklärte den Fehler der metaphysisch-christlichen Dualisten. Diese haben die Dreiheit von Sonne, Gegenstand und Schatten als Gott, Seele und Körper gedeutet: Das göttliche Licht bescheint die Seele, die als abgefallene, befleckte Seele einen körperlichen Schatten wirft; je reiner und lichtähnlicher sie durch Reflexion ihres Ursprungs wird, desto mehr verschwindet der Körper. Dem Jünger Zarathustras dagegen sind im großen Mittag die Augen aufgegangen. Er entdeckt, daß die Sonne für den Willen zur Macht, der Gegenstand für den Leib und der Schatten für den Geist (die Seele, die Vernunft) steht: Der Wille zur Macht ist das bewegende Prinzip des Leibes und dessen Reflex der Geist. Im großen Mittag wird das Zusammenfallen dieser drei Momente als Ausgangspunkt der eigentlichen Menschwerdung des Menschen angedeutet, und zugleich signalisiert dieser Ausgangspunkt das Ziel: nämlich nach dem Verlassen der Einheit, dem Durchlaufen der Zweiheit und Vielheit immer wieder auf die am Beginn des Selbstwerdungsprozesses stehende Vorstellung von Einheit zurückzukommen, ja den Weg durch die Zweiheit und Vielheit mit dem Bild der ursprünglichen Einheit im Gedächtnis zurückzulegen und entsprechend alle Vielfalt durch die Einheit eines Sinns zu organisieren.

Der große Mittag, so könnte man zusammenfassend sagen, ist die sich selbst hell gewordene große Vernunft, die sich als leibhaft gewordener Geist will und bejaht. Der Mensch ist hier an einen Wendepunkt gekommen: Blickt er zurück in die Vergangenheit, zeigt sich ihm der Weg, den er vom Tier zum Menschen zurückgelegt hat, als ein Irrweg. In dem Bestreben, das Tier in sich zu überwinden, hat er eine Leibfeindlichkeit kultiviert, die dazu führte, daß er sich als Mensch verfehlte. Blickt er nun voraus in die Zukunft, so eröffnet sich ihm ein Weg vom Menschen zum Übermenschen, ein Weg „zum Abende als seine höchste Hoffnung", auf dem die bei der Menschwerdung des Tieres unterlaufene Perversion des Menschlichen vermieden wird, so daß die eigentliche Menschwerdung des Menschen erst durch die Überwindung des pervertierten Menschenbildes im Über-menschen erfolgt. Die sich hell gewordene große Vernunft, als die sich der leibgewordene Wille zur Macht materialisiert hat, wirft ihr Licht voraus und weist dem Menschen den Weg über sich hinaus. Wie die Sonne am Abend untergeht, um am Morgen ihre aufsteigende Kreisbahn erneut zu durchlaufen, so findet auch eine periodische Selbsterneuerung des Menschen statt. Während er in der Zeit vom Mittag bis zum Abend nach Mitteln und Wegen sucht, um die im großen Mittag gewonnene Einsicht schaffend umzusetzen, sammelt er vom Abend bis zum Morgen seine Kräfte, um vom Morgen bis zum Mittag den vorentworfenen Sinn schaffend hervorzubringen. Am Mittag als dem Zeitpunkt der Besinnung wird wiederum rückblickend das Geschaffene kritisch beurteilt und vorausblickend die Konkretisierung des Sinnkonzepts überlegt. Die ununterbrochen zu wiederholenden Bewegungen des Untergehens (= der Tod des Menschen, der im Übermenschen untergeht) und Aufgehens (= die Geburt des Übermenschen, der im Menschen aufgeht), lassen im kreisförmigen Prozeß fortgesetzten Werdens etwas entstehen, das der Sonne gleicht, die auf ihrer zyklischen Bahn selber rund wird und als dieses vollkommene, in sich geschlossene und doch überströmende Produkt einer in sich ruhenden höchsten Tätigkeit Sinn-Bild jener „schenkenden Tugend" ist, von der Zarathustra im ersten Teil seiner letzten Rede gesprochen hat. Es ist die Tugend des sich aus der Spannung des Materie-Geist-Gegensatzes immer wieder neu zeugenden und kraft des Willens zur Macht von neuem gebärenden Menschen, die die als großer Mittag erfahrene Einheit konkretisiert, indem sie sie je und je schafft – Fleischwerdung des Übermenschen in einer ewigen Wiederkehr des Gleichen. Menschwerdung ist nichts anderes als „hinübergehen", d. h. vom großen Mittag ausgehen und zu ihm zurückzukehren. Die Gebärde des Segnens, nun nicht mehr von einem Gott, sondern vom autonom gewordenen Menschen selber vollzogen, weist darauf hin, daß der neugeborene Mensch sein eigenes Tun gutheißt und dazu keines fremden Maßstabs mehr bedarf. Der große Mittag, in welchem sich die Erkenntnis des Übermenschen sowohl als gegeben wie als aufgegeben darstellt, ist von nun an der selbst gesetzte Durchgangspunkt alles Denkens und Handelns, der Ausgangs- und Zielpunkt des seiner selbst mächtigen Menschen.

Der große Mittag steht noch aus. Zarathustra hat vorausschauend ein Ereignis beschrieben, dessen Heraufkunft nicht nach naturgesetzlichen Regeln vorhersagbar ist; vielmehr muß es durch den Willen herbeigeführt werden, eben jenen Willen, den Zarathustra als letzten Willen bezeichnet. Dieser ist zum einen „letzter Wille" in der Bedeutung, daß über diesen Willen hinaus keine andere sinnschaffende Instanz mehr vorstellbar ist: es ist der höchste Wille, der sich selber bejaht – *in individuo*. Zum anderen meint Zarathustra mit dem Ausdruck „letzter Wille" aber auch das Testament und Vermächtnis derjenigen, die gemeinsam das Fest des großen Mittags begehen und mit ihrer Wiedergeburt nicht nur ihre individuelle Menschwerdung, sondern auch eine Staatsgründung feiern: die des auserwählten Volks. Der letzte Wille ist die Beitrittsbedingung, um Mitglied dieses Volks zu werden: der Wille, „dass der Übermensch lebe". Diese Bedingung erfüllt nur der, der schon seinen eigenen großen Mittag erlebt hat und hellsichtig geworden ist für das neue Ziel. Der Zusammenschluß dieser hellsichtig Gewordenen dient keinem anderen Zweck als demjenigen, die durch den Tod der Götter von falschen Sinnerwartungen befreite Erde mit neuem Sinn zu erfüllen. Eigentlich können Götter gar nicht sterben, es sei denn, sie erweisen sich als Sinngebilde der fehlgeleiteten Vernunft, die in dem verzweifelten Versuch, dem ständigen Werden etwas diesem Entzogenes, Unzerstörbares, Unsterbliches entgegenzusetzen, Götter erdachte. Diese werden im großen Mittag als Fiktionen durchschaut und „getödtet", d. h. bezüglich ihres Sinnanspruchs negiert. Damit ist der Boden bereitet für den neuen Sinn des Übermenschen. Der Übermensch soll *leben* – das ist die Devise, die Zarathustra für die Zukunft ausgibt. Der Übermensch wird im kleinen in der sinnschöpferischen Tätigkeit der Selbstüberwindung der Individuen lebendig werden; im großen in der Gemeinschaft dieser Sinn-Schaffenden. Eine neue Kirche wird diesen Sinn verkörpern, eine Kirche, die nicht mehr der Leib Christi[85] ist, sondern der fleischgewordene Übermensch als der endlich zu sich selbst gekommene Mensch.

SCHLUSS:
DIE EWIGE WIEDERKEHR
DES GLEICHEN

Mit dem Abschied von seinen Schülern ist Zarathustras Untergang vollendet, und der erste Kreis auf seinem Weg der Selbstüberwindung hat sich geschlossen. Dabei hat er verschiedene Phasen durchlaufen, in denen er sich verändert hat. Er war von der Höhe seines Berges mit dem fertigen Konzept seiner Lehre vom Übermenschen herabgestiegen, in der Absicht, diese zu verbreiten. Getragen von der naiven Überzeugung, daß seine Lehre bei der Masse ankommt, trat er als Redner unter das Volk, mußte aber gleich im ersten Anlauf das Scheitern seines Vorhabens erleben. Niemand versteht ihn; die Masse nicht, weil sie materialistisch eingestellt ist und die Bewegung des Über-sich-Hinaus nur quantitativ im Sinne eines Besitzzuwachses oder einer Gewinnmaximierung aufzufassen vermag; die Intellektuellen nicht, weil sie auf dem Boden der christlichen Metaphysik in idealistischer Manier das unbeständige Diesseits auf ein unveränderliches Jenseits hin überschreiten wollen. Nach diesem Schock gleich zum Auftakt der Verkündigung seiner vermeintlichen Heilsbotschaft ändert Zarathustra seine Strategie. Er macht sich auf die Suche nach geeigneten Schülern, denen er in gleichnishafter Verschlüsselung seine „Theorie" des Willens zur Macht vorträgt, als ein Postulat, dessen Rechtfertigung nur im praktischen Lebensvollzug erbracht werden kann. Wenn das Unternehmen Erfolg hat, werden Zarathustras Schüler wiederum Schüler haben und so fort, so daß vielleicht in der Abfolge von Generationen das gelingen wird, was einer allein während einer Generation nicht zu bewerkstelligen vermag: die Einübung möglichst vieler in die Lebensform des Übermenschen, dessen unerschöpfliche Kreativität immer wieder neue Sinngebilde hervorbringt.

Wie Zarathustra in seiner ersten Rede über die drei Verwandlungen bereits ausgeführt hat und dies in seiner letzten Rede über die schenkende Tugend noch einmal bekräftigt, geschieht die Selbstverwirklichung des Menschen als Menschen nicht mit einem Schlag, im Vollzug eines einzigen Aktes. Vielmehr ist die Über-Mensch-

Werdung ein geschichtlicher Prozeß, der in der Zeit verläuft. In einem ersten Anlauf gilt es, das traditionelle dualistische Menschenbild (Kamelstufe) als Irrtum zu durchschauen (großer Mittag). In einem zweiten Anlauf muß die durch die Negation des Dualismus entstandene Sinnleere durch ein neues Sinnprojekt überwunden werden (Löwenstufe; Abend). Im dritten Anlauf schließlich muß das neue Sinnprojekt in die Tat umgesetzt werden (Kindstufe; Morgen), und zwar nicht nur einmal, sondern in fortgesetzter Wiederholung des ganzen Geschehens. Auch die griechischen Metaphysiker hatten die Selbstbewegung der Seele als eine Kreisbewegung beschrieben[1], aber als ungeschichtliche, „ewige" Wiederholung eines immer schon Gewesenen und seit jeher Gültigen, während Zarathustra die ewige Wiederkehr des Gleichen geschichtlich verstanden wissen will: Analog wie die verschiedenen Tageszeiten sich wiederholen, soll auch der Selbstwerdungsprozeß durch wiederholte Selbstüberwindung immer wieder von neuem vollzogen werden.

Es ist viel über Nietzsches Lehre von der ewigen Wiederkehr des Gleichen geschrieben worden. Man hat daran herumgerätselt, ob der Ausdruck „das Gleiche" im Sinne der Identität zu verstehen ist und somit eigentlich „das Selbe" bedeutet. Diese These ließe sich durch den dritten „Zarathustra" durchaus stützen, wo Zarathustra in der zentralen Rede „Vom Gesicht und Räthsel" den Zwerg fragt, ob „diese langsame Spinne, die im Mondscheine kriecht, und dieser Mondschein selber, und ich und du im Thorwege", sowie dieser heulende Hund – ob nicht dies alles schon einmal dagewesen sei und ewig wiederkommen müsse.[2] Unendliche Wiederholung desselben? Oder Wiederholung als identische Grundfigur alles Werdens, wobei dasjenige, was da wird, ein je anderes, gleichwohl analog Selbiges ist? Letztere These hat *Gilles Deleuze* vertreten: „Die ewige Wiederkunft ist nicht das Verharren Ein-und-Desselben, ist weder ein Gleichgewichtszustand noch die Dauer des Identischen. In der ewigen Wiederkunft kehrt nicht Ein-und-Dasselbe zurück, sondern die Wiederkunft ist selbst das Eine, das allein vom Diversen und von dem sich Unterscheidenden ausgesagt wird"[3]. „Nicht das Sein kehrt wieder, sondern die Wiederkehr selbst macht das Sein aus, insoweit dieses im Werden und im Vergehenden sich bejaht"[4]. *Pierre Klossowski* hat diese Kreisfigur mit dem Gedanken vom Tod Gottes zusammengebracht: „der Kreislauf der ewigen Wiederkehr spricht sich als Gott aus, als Gott des Kreislaufs. Dieser Gott, der den Kreislauf nötig hat und nötig macht, aber ist Dionysos Zagreus: der zerstückelte Gott, der aus jedem Tod neugeboren wird, der Mysteriengott der ewigen Erneuerung, des ewigen Sterbens und ewigen Werdens"[5]. Wie also ist die Wiederkehr des *Gleichen* im Sinne Zarathustras zu deuten?

Ganz davon abgesehen, daß die Wiederholung eines *Identischen* undenkbar ist,[6] ist darauf zu achten, wie Zarathustra in der Rede „Vom Gesicht und Räthsel" gegenüber seinem Gesprächspartner, dem Zwerg, der den Geist der Schwere, die kleine Vernunft also verkörpert, argumentiert. Beide halten sich an einem Torweg auf, an dem oben der Name angeschrieben steht: „Augenblick". Dazu bemerkt Zarathustra: „Von diesem Thorwege Augenblick läuft eine lange ewige Gasse *rückwärts:* hinter uns liegt eine Ewigkeit. / Muss nicht, was laufen *kann* von allen Dingen, schon einmal diese Gasse gelaufen sein? Muss nicht, was geschehn *kann* von allen Dingen, schon einmal geschehn, getan, vorübergelaufen sein? / Und wenn schon Alles dagewesen ist: was hältst du Zwerg von diesem Augenblick? Muss auch dieser Thorweg nicht schon – dagewesen sein? / Und sind nicht solchermassen fest alle Dinge verknotet, dass dieser Augenblick *alle* kommenden Dinge nach sich zieht? *Also* – – sich selber noch? / Denn, was laufen *kann* von allen Dingen: auch in dieser langen Gasse *hinaus – muss* es einmal noch laufen! –" Der Torweg namens „Augenblick" ist offenbar ein anderes Bild für den großen Mittag, überschattet jedoch von einem Verdacht, den Zarathustra seinen „abgründlichen Gedanken" nennt, der ihn vernichten könnte, insofern durch ihn die Lehre vom Übermenschen radikal in Frage gestellt wird. Wenn es tatsächlich zutreffen sollte, daß das Vergangene immer als dasselbe unverändert wiederkehrt, dann führte Zarathustras Lehre allerdings in den Abgrund. Während die Griechen immerhin der Meinung waren, die Seele wiederhole in der Geschlossenheit ihrer Kreislaufbewegung einen seit Ewigkeit geltenden identischen Sinn, würde in Zarathustras Lehre die Wieder-holung des Vergangenen die Sinnlosigkeit des verfehlten Übergangs vom Tier zum Menschen in alle Ewigkeit festschreiben. Dies ist eine Konsequenz, die Zarathustra in der Euphorie des großen Mittags nicht gesehen hat und an der die Lehre vom Übermenschen nun ihre Bewährungsprobe zu bestehen hat. Nur wenn es ihm gelingt, auch diesen „abgründlichen Gedanken" zu überwinden, kann der Übermensch zu Recht als der Sinn der Erde behauptet werden.

Es ist zunächst zu klären, wie die entsetzliche Vorstellung einer ewigen Wiederkehr des Sinnlosen entstehen konnte. Zarathustra hatte angesichts des Torbogens, der die Zäsur zwischen dem in ihm ankommenden Weg aus der Vergangenheit und dem von ihm fortführenden Weg in die Zukunft bemerkt: „Sie widersprechen sich, diese Wege; sie stossen sich gerade vor den Kopf". Auf seine Frage: „Glaubst du, Zwerg, dass diese Wege sich ewig widersprechen?" erhält er zur Antwort: „,Alles Gerade lügt', murmelte verächtlich der Zwerg. ,Alle Wahrheit ist krumm, die Zeit selber ist ein Kreis.'" Das verächtliche Murmeln zeigt an, daß Zarathustras Rätsel für den Verstand eine Bagatelle bedeutet. Der geometrisch geschulte Kopf weiß, daß eine nach beiden Richtungen unendliche Linie einen Kreis bildet und entsprechend der Torweg mitsamt der nach rückwärts und vorwärts überblickbaren Strecke in Wirklichkeit keine Gerade, sondern gewissermaßen die Momentaufnahme eines winzigen Ausschnitts aus der Peripherie eines Kreises ist. Zarathustra versetzt diese an sich korrekte Antwort jedoch in Zorn: „Du Geist der Schwere! ... mache dir es nicht zu leicht! Oder ich lasse dich hocken, wo du hockst, Lahmfuss – und ich trug dich *hoch!*" Zarathustras Zorn rührt daher, daß es *seine* Vernunft ist, die ihm diese glatte Lösung anbietet, *sein* Geist, der mit ihm über ihn hinausgewachsen ist und als große Vernunft des Leibes eigentlich wissen sollte, daß das Über-sich-hinaus-Schaffen nicht problemlos auf eine rationale Begriffsstruktur abgezogen werden kann. Der Zwerg löst das Problem des Torwegs mit den Mitteln der Verstandeslogik, indem er den von Zarathustra aufgewiesenen Widerspruch zwischen den beiden Wegen als einen scheinbaren abtut: Die Wege laufen nicht in alle Ewigkeit immer weiter auseinander, sondern gehen im Unendlichen ineinander über. Diese „zwergenhafte" Lösung der kleinen Vernunft, die das Problem dadurch verschwinden läßt, daß sie den Widerspruch in einer übergeordneten Identität aufhebt (die Gerade im Kreis, die Zeit in der Ewigkeit), macht Zarathustra so zornig, weil sie eine Lösung ist, die unter Absehung vom Leib konstruiert wurde –

eine ungeschichtliche Lösung, die die hier und jetzt, im „Augenblick" geforderte Auseinandersetzung zwischen Vergangenem und Zukünftigem zwar nicht in einem transzendenten Jenseits, aber doch in einer fernen Unendlichkeit, einer ewig gegenwärtigen Präsenz entschieden sein läßt,[7] für die das Endliche als solches, als das je jetzt Gegenwärtige letztlich keine Rolle spielt. Es ist *immer schon* im Unendlichen aufgehoben und bildet daher keinen echten Gegensatz zum Unendlichen.

Aber Zarathustras Problem ist damit nicht gelöst, und es ärgert ihn, daß ausgerechnet er selbst sich diese bequeme, logisch völlig korrekte und rational überzeugende Lösung ausgedacht hat. Dagegen wehrt sich seine große Vernunft, die ihm in einer Art Traumgesicht die verschlüsselte Botschaft einer angemesseneren Lösung vor Augen hält. Es ist festzuhalten, daß Zarathustra den Torweg gerade nicht als Bild für eine im fortgesetzten Ineinanderübergehen von Vergangenheit und Zukunft *verschwindende Gegenwart* verstanden wissen will, sondern für eine Gegenwart, die als Resultat eines *Zusammenstoßes* von Vergangenem und Zukünftigem aufzufassen ist: „Sie stossen sich gerade vor den Kopf". Dieses Zusammenprallen der Köpfe signalisiert, daß der Torweg von beiden Seiten her *gleichzeitig* betreten wird, d. h. also, daß zwei Willen sich den Weg gegenseitig streitig machen: Der eine will das Prinzip des seit jeher Geltenden durchsetzen und kann sich dazu nach rückwärts blickend auf seine Herkunft berufen, die den Anfang, die ἀρχή einer bewährten Geschichte bildet; der andere will das Prinzip eines Neuanfangs durchsetzen – im Namen einer vorausprojizierten Geschichte, deren Ankunft tätig herbeigeführt werden soll.

Der Zusammenstoß der beiden gegeneinander gerichteten Willen, von denen jeder auf Kosten des anderen die Vormacht erstrebt, führt zu einem Kampf auf Leben und Tod, wie Zarathustras Traumgesicht es enthüllt: „*Da lag ein Mensch!* ... wahrlich, was ich sah, desgleichen sah ich nie. Einen jungen Hirten sah ich, sich windend, würgend, zuckend, verzerrten Antlitzes, dem eine schwarze schwere Schlange aus dem Munde hieng. / Sah ich je so viel Ekel und bleiches Grauen auf Einem Antlitze? Er hatte wohl geschlafen? Da kroch ihm die Schlange in den Schlund – da biss sie sich fest." Vergeblich versucht Zarathustra, dem Hirten die

Schlange aus dem Schlund zu reißen. Er schreit ihm zu, zuzubeißen, und der Hirt befolgt seinen Rat: „Er biss mit gutem Bisse! Weit weg spie er den Kopf der Schlange –: und sprang empor. – / Nicht mehr Hirt, nicht mehr Mensch, –ein Verwandelter, ein Umleuchteter, welcher *lachte!* Niemals noch auf Erden lachte je ein Mensch, wie *er* lachte!" Der Kopf der Schlange und der Kopf des Hirten – die beiden feindlichen Prinzipien – haben sich ineinander verbissen, und die Schlange ist im Begriff, den jungen Hirten zu ersticken. Ihrer Beschreibung nach („schwarz", „schwer") gehört sie zum Typus der Drachenschlange, die – sei es unter materialistischem, sei es unter idealistischem Vorzeichen – das Prinzip des Altbewährten, seit jeher Geltenden, jeglichen Fortschritt Verhindernden verkörpert, während der Hirt ein *Mensch* ist, d. h. einer, der die Tierstufe in sich überwunden glaubte und nun vom Tier in ihm wieder eingeholt worden ist. Er hat „geschlafen", in der Meinung, daß es genügt, die Stufe des Menschen *einmal* erreicht zu haben, um von dann an unverlierbar und für immer Mensch zu *sein*. Während des Schlafs hat seine Herde sich zerstreut, sie ist zu einem unorganisierten Haufen geworden. Dieser Fehler, stehengeblieben zu sein, anstatt weiterzugehen und immer wieder von neuem Mensch *werden* zu wollen, hätte ihn fast das Leben gekostet bzw. er selbst wäre, von seiner Vergangenheit überwältigt, auf die Tierstufe zurückgefallen und seines Menschen-Sinns verlustig gegangen. Jeder Versuch einer Rettung von außen schlägt fehl, denn der Kampfplatz der beiden Prinzipien ist in mir, in meinem Willen und kann daher nicht durch einen fremden Willen entschieden werden. Zarathustra, der in dem jungen Hirten sich selbst wiedererkennt und voller Grauen, Haß, Ekel und Mitleid das Kampfgeschehen verfolgt, rät (sich selbst) das einzig Richtige: der Schlange den Kopf abzubeißen. Die lebensrettende Maßnahme resultiert aus der Einsicht, daß der Kopf der Schlange den Zähnen des Hirten schutzlos ausgeliefert ist. Der Hirt besitzt somit eine Waffe, durch die er sich als der Schlange überlegen erweist; es ist sein Prinzip des Übermenschen, das über allem Beharrenden, in einer materiellen oder ideellen Substanz sich Festbeißenden die Dialektik des sich Fortzeugens und Neuschaffens über Gegensätze zuschnappen läßt. Das Zubeißen ist ein besonders drastisches Bild für den Akt der Selbstüberwindung, vor allem wenn man bedenkt, daß die Schlange nicht eine mich von außen bedrohende Macht, sondern ein Teil meiner selbst ist, meiner vergangenen Geschichte. Die kopflos gewordene Schlange hat mit der radikalen Negation des Prinzips einer ewigen Präsenz ihre Macht verloren über den, der sich aus eigener Kraft höher – über sich hinaus – und damit von ihr fort zu entwickeln vermag. Der Akt der gelungenen Selbstbefreiung des Jünglings deutet sich durch die Bewegung des Emporspringens und sein Lachen an. Nichts hält seinen Leib mehr am Boden fest, und nichts hindert ihn mehr, seiner überschießenden Freude in einem Lachen Ausdruck zu verleihen, das alle Qual, allen Ekel und alle Depression weggefegt hat. Der da lacht, ist nicht mehr Hirt (einer Herde), nicht mehr Mensch (gemäß dem dualistischen Menschenbild), sondern ein rundum Erneuerter, dessen selbst errungene leibliche und geistige Beweglichkeit Indizien für seine Selbstmächtigkeit sind. Der da lacht, ist der über sich als Mensch Hinausgelangte: der Übermensch.

Zarathustra hat über diesem Traumgesicht, das ihm die Lösung seines Problems anschaulich macht, alles um sich herum vergessen: den Zwerg, den Torweg, seinen abgründlichen Gedanken und alles, was damit zusammenhängt. Nur das Lachen des Übermenschen klingt ihm noch in den Ohren und hat in ihm eine unstillbare Sehnsucht geweckt: sich so seines Lebens freuen zu *können* wie dieser. Doch dazu ist er noch nicht fähig; obwohl ihm die Vision des Kampfes zwischen Schlange und Hirt den Schlüssel für die Lösung des Rätsels der ewigen Wiederkehr des Gleichen geliefert hat, ist ihm diese Lösung noch unerträglich. Zarathustra hat nämlich zum ersten Mal seine Lehre von den Gegensätzen in ihrer vollen Tragweite begriffen. Es wird niemals für Menschen eine Stufe geben, auf der sie so über sich hinaus sind, daß ein Rückfall auf die Stufe des Menschen oder gar des Tieres ausgeschlossen ist. Durch Selbstüberwindung kann alles überwunden werden – bis auf eines: Die Bedingung, unter der allein die Selbstüberwindung vollzogen werden kann, kann nicht überwunden werden, ohne daß dadurch auch die Selbstüberwindung unmöglich wird. Diese Bedingung ist die polare Gegensatzstruktur alles Werdens. Aus dieser folgt, daß mit jedem Akt des Über-sich-hinaus-Schaffens nicht nur der Übermensch ensteht, sondern notwendig und unaufhebbar auch dessen Gegenteil mitgesetzt wird: der

Mensch, und zwar der Mensch in allen Spielarten des Scheiterns, die die Geschichte der fehlgeschlagenen Menschwerdung des Tieres aufweist – angefangen von den letzten Menschen, die ganz dem sinnlichen Genuß verfallen sind (ewiges Glück), bis hin zu den Verächtern des Leibes, die auf ein übersinnliches Sein (ewige Werte) fixiert sind. Je über-menschlicher die Leistung des Schaffenden, desto größer der Kontrast zu denen, die sich auf der Stufe des Menschlichen in alle Ewigkeit eingerichtet haben. Aber auch dieser Kontrast ist bloß von außen gesehen: als der Gegensatz zwischen dem Typus Übermensch einerseits und dem Typus Mensch andererseits. Das eigentlich Ekelerregende, das für Zarathustra seinen abgründlichen Gedanken so unerträglich macht, ist die Einsicht, daß es das Tierische und Untermenschliche je *meiner* Vergangenheit ist, die Geschichte *meiner* mißlungenen Menschwerdung, die ich in alle Ewigkeit nicht als abgeschlossene Phase meiner Entwicklung hinter mir zurücklassen kann. Im Gegenteil: Je mehr ich über mich hinauszuwachsen bestrebt bin, desto schärfer tritt der Gegensatz zwischen dem, was ich war, und dem, was ich bin, hervor und verhindert, daß ich mich in einer durchgehenden Identität mit mir selber zusammenschließe. In jedem Augenblick meines Lebens werde ich den Gestalten meiner Vergangenheit begegnen, denn diese Gestalten sind die Voraussetzung der Selbstüberwindung, insofern ich *mich* in jedem Augenblick von neuem überwinden muß, sei es als „diese langsame Spinne, die im Mondscheine kriecht" (auf der Suche nach der in ihren Netzen gefangenen Beute, die sie sich einverleiben will: Typus letzter Mensch)[8], sei es als heulender Hund im Vollmond (der vor Angst winselnd an Gespenster glaubt: Typus des gottes*fürchtigen*, leidenden und Mitleid fordernden Christen); sei es als „ich und du im Thorwege, zusammen ... von ewigen Dingen flüsternd" (die große und die kleine Vernunft im Streitgespräch der Seele mit sich selbst: Typus Zarathustra auf der Suche nach seiner Identität).[9] All dies, was gewesen ist, wird wiederkommen; unausweichlich wird es gerade und nur für den wiederkommen, der über sich hinaus will und sich eben deshalb mit dem konfrontieren muß, was das äußerste Gegenteil des Übermenschen ist. Je höher er auf der einen Seite steigt, desto tiefer fällt er auf der anderen; eins bedingt das andere. Es genügt nicht, der Schlange einmal den Kopf abzubeißen. Der Kopf wächst immer wieder nach und muß mit jedem Schritt nach vorn von neuem abgebissen werden – ein Leben lang. Dieser Aspekt seiner Gegensatzlehre ist es, der Zarathustra an ihrem Sinn irre werden läßt: die Erkenntnis, daß sie sich nicht überwinden läßt, außer um den Preis des Übermenschen. Wer den Übermenschen will, muß auch den Menschen in all seinen Fehlformen wollen. Indem ich mich als Schaffenden bejahe, bejahe ich im selben Atemzug auch den letzten Menschen in mir. Dem Übermenschen wird das Lachen vergehen, sobald er einen Moment im Schaffen anhält und im Rückblick auf sein Werk immer wieder der Schlange ansichtig wird, die sich daraus erhebt. Seine Rettung ist der Blick nach vorn und der Wille zur erneuerten Selbstüberwindung. „War *das* das Leben? Wohlan! Noch einmal!"

Nun läßt sich der abgründliche Gedanke von der ewigen Wiederkehr des Gleichen, den Zarathustra zwar zu denken, aber noch nicht im Schaffen seiner selbst zu realisieren vermag, zusammenfassend charakterisieren. Der Gedanke wird über drei Modifikationen entwickelt.

(1) Ausgangspunkt ist Heraklits Vorstellung eines ewigen Kreislaufs der Dinge, die nach einem Gleichmaß entstehen und vergehen. Das, was wird, zeigt eben durch sein Werden, daß es nicht ewig ist, sondern endlich und vergänglich. Ewig und unvergänglich ist nur das Prinzip des Werdens, insofern es sich kraft seiner Geltung durch alle Prozesse des Entstehens und Vergehens in der Spannung der Gegensätze als das ursprünglich Bewegende durchhält.[10]

(2) In der platonischen Metaphysik wird der Kreislauf der Dinge vom Kreislauf des Gültigen strikt getrennt. Während ersterer nur ein unvollkommener, nach kausal-mechanischen Prinzipien erfolgender Prozeß der Umwandlung von Materie ist, besteht die Vollkommenheit des letzteren darin, daß die Seele in der von ihr selbst erzeugten Bewegung des Umkreisens der ewigen Ideen selber ideenähnlich wird und sich damit dem Sein des schlechthin Gültigen annähert.

(3) Die Version des Zwerges bietet eine Verwissenschaftlichung der Problematik von Werden und Sein, Genesis und Geltung, derzufolge der Kreislauf des Werdens von einem Standpunkt außerhalb – dem Standpunkt des Verstandes – als eine logische Form durchschaut wird, die immer dieselbe ist und nur aus der ver-

kürzten Perspektive der sinnlichen Wahrnehmung als eine je andere erscheint.

Allen drei Modellen ist die Annahme gemeinsam, daß sich der Kreislauf des Werdens durch Wiederholung einer in vielfältiger Weise gebrochenen, identischen Grundstruktur herstellt. Ist diese identische Struktur als das zugrunde liegende Apriori („Ewige") einmal erkannt, so wird das sich Wiederholende als solches bedeutungslos. Dies ist genau der Punkt, an welchem Zarathustras Metaphysikkritik ansetzt. Sein Bild vom Torweg als Knotenpunkt der zwei nach links und rechts ins Unendliche verlaufenden Gassen soll nicht wiederum das Apriori einer ewigen Struktur veranschaulichen, sondern dieses im Gegenteil destruieren. Das Bild ist in der Tat als Momentaufnahme einer dynamisierten Struktur aufzufassen [11], d. h. für Zarathustra kehrt sich das metaphysische und das wissenschaftliche Verständnis des Verhältnisses vom Apriori der ewigen (zeitlos gültigen) Struktur und dem Aposteriori des prozessualen Nacheinanders bzw. Werdens um, und zwar derart, daß die Priorität beim Werden liegt, in bezug auf das alle begrifflich und wissenschaftlich eruierbaren Strukturmomente nur nachträglicher, abgeleiteter sowie hypothetischer Art sind. Dieses „Ewige" gilt nur, wenn es sich gewissermaßen wieder verflüssigen, in die Dynamik des Werdens zurückübersetzen läßt. Verflüssigt man dem entsprechend das Bild vom Torweg, so wird deutlich, daß der Mensch nicht auf einer vorgegebenen Bahn läuft und jeweils nach einer zurückgelegten Runde wieder bei dem Tor als seinem festen, unverrückbaren Ausgangs- und Zielpunkt ankommt. Der Mensch ist vielmehr selber das Tor [12], aber wiederum nicht als eine feststehende Größe gedacht, so als ob nun der Weg, die Kreisbahn sich von sich aus vollzieht, während der Mensch stillsteht. Die Dynamisierung des Bildes vom Torweg besteht darin, daß der Mensch nicht im Augenblick *ist,* sondern den Augenblick *macht.* Das Tor entsteht allererst und wird erst dadurch zum Knotenpunkt von Vergangenheit und Zukunft, daß der Schaffende den Augenblick erzeugt, indem er sich auf sich zurückwendet in der Absicht, sich zu überwinden. In dieser zugleich nach rückwärts und vorwärts gerichteten Bewegung bringt sich das Selbst in der *Gleichzeitigkeit* seines Vergangenen und seines Zukünftigen für einen Augenblick zum Stehen: der Torweg als der festgehaltene

Moment einer gelungenen Selbstüberwindung. Dieser Stillstand ist jedoch ein bloß scheinbarer. Der Augenblick rückt im gleichen Moment, da er durch die Eigendynamik des sich in seinem Wollen bejahenden Selbst erzeugt wird, in die Vergangenheit ein und stellt sich als ein erneut zu Überwindendes dar. Der Torweg muß in einer ununterbrochenen Folge von Selbstüberwindungen im gleichzeitigen – Gegenwart herstellenden – Rückgriff und Vorgriff jedesmal von neuem hervor- und zum Verschwinden gebracht werden.

Im Bild des Torwegs versinnlicht Zarathustra das Ereignis einer *coincidentia oppositorum,* durch die „man wird, was man ist". Nicht von ungefähr heißt dieser Torweg „Augenblick", wenn man diesen Ausdruck als Bezeichnung für den Gesichtssinn bzw. den Akt des Sehens nimmt: Augen-Blick. Es sind ja zwei Augen, von denen jedes für sich wahrnimmt. Aber erst durch die Zusammenschau des getrennt Wahrgenommenen entsteht ein einheitliches, dreidimensionales Bild des Er-blickten, dessen Zusammenhang und Kontinuität durch die Aufeinanderfolge von Augen-Blicken gewährleistet ist. Durch das Sehen als Aktivität des Zusammenschauens wird Welt geschaffen, und die Bilder der Welt, die in Augen-Blicken produktiv hervorgebracht werden, gehen nicht verloren, sondern werden im Gedächtnis aufbewahrt. Das jeweils im Augen-Blick Geschaute verdankt sich nicht nur dem unmittelbaren Wahrnehmen, sondern auch einem Vergleich des Wahrgenommenen mit den im Gedächtnis bewahrten und durch die Erinnerung wieder präsent gemachten Bildern eines früher Erblickten. Dieses komplexe Zusammenschauen des durch den äußeren Gesichtssinn und das innere Auge Er-sehene, durch das die Wirklichkeit immer wieder von neuem und immer wieder neu hergestellt wird, ist ein Analogon für den schaffenden Menschen, der als Augen-Blick zum einen die Zweiheit seines Leib-und-Geist-Seins im Hervorbringen seines Selbst als einer Ganzheit überwindet und zum anderen die überwundenen, dem Bestand an Resultaten vergangener Selbstwerdungsprozesse hinzugefügten, abgelebten Gestalten seiner selbst in die Neuschöpfung kritisch distanziert einbezieht. So ist die Selbstüberwindung der fortgesetzte Versuch einer Identitätsstiftung durch Bejahung eines Nichtidentischen, einer Heterogenität, die alle Identität immer wieder in Frage stellt.

Dies ist Nietzsches Version der ewigen Wiederkehr des Gleichen – nicht im Sinne einer Iteration einer unveränderlich sich gleichbleibenden Struktur, sondern im Sinne einer unaufhörlichen Selbst-Wiederholung, die zugleich eine Selbst-Erneuerung ist.[13] Was Zarathustra an diesem Gedanken so entsetzt, ist die Einsicht, daß er zwar der Erde ihren Sinn zurückgegeben hat, indem er allen Sinn im Diesseits verankerte bzw. im kreativen Prozeß des Werte schaffenden, Geschichte „machenden" Willens der Individuen entstehen ließ, daß er für die Negation der apriorischen Struktur eines ewig präsenten Sinns jedoch einen hohen Preis bezahlen muß. Im Augenblick der Sinnschöpfung ist der prospektiv eingestellte Wille unaufhebbar mit seinen retrospektiv einzubeziehenden vergangenen Sinngebilden konfrontiert, die als zu überwindende nun keinen Anspruch auf Sinn mehr erheben können. Wo es keinen ewigen Sinn mehr gibt, verfällt mit jedem Augenblick, in welchem ein neuer Sinn hervorgebracht wird, zugleich ein Stück geschaffener Sinn: die Sinnschöpfung geht Hand in Hand mit einer Sinnvernichtung. So erzeugt jeder Sinn in seinem Rücken unvermeidbar Unsinn; begreift sich der Wille zur Macht als ein zugleich ohn-mächtiger [14], und der Ekel, den Zarathustra angesichts dieser Wiederkehr auch des gleichen Unsinns empfindet, mag dem Ekel der Moralphilosophen vergleichbar sein, die begriffen haben, daß auf dem Boden der Freiheit das Gute nicht ohne das Böse zu haben ist. Aber das ist kein Grund, das Gute zu verabschieden, ebensowenig wie Zarathustra seine Lehre vom Übermenschen aufgibt, weil dieser nicht ablösbar ist von seinem Gegentypus, dem letzten Menschen einerseits und dem Verächter des Leibes andererseits. Entscheidend ist das Rollen des Rades, das seine Dynamik aus der ganzen Kraft des Abstoßes bezieht und im Kreislauf seine Freiheit genießt.[15]
„Wohlan! Noch einmal!"

Mit diesem „Wohlan! Noch einmal!" wird die Wiederkehr des Widerspruchs gewollt und damit der Kreis als die Grundform bejaht [16], in der sich das Sterbliche vollendet. Wer der Schlange den Kopf abgebissen hat, negiert jeden absoluten Anfang und setzt an seine Stelle den Augenblick als Gesetz des Widerspruchs. Dieses durch den Willen selbst gesetzte Gesetz ist auch eine Absage an jegliche Transzendenz; ebensowenig wie es einen absoluten Anfang gibt, gibt es ein absolutes Ziel. Mit der Bejahung des Kreises wird ein in sich geschlossener Sinnhorizont abgesteckt, in welchem nichts anderes als das Sichwollen des Willens als seiner selbst mächtiger gilt. Diese um ihrer selbst willen erstrebte Selbstmächtigkeit existiert nur, indem sie errungen wird. In jedem Augenblick, in welchem sich der Wille bedingungslos als selbstmächtiger will, tritt er als Gesetzgeber auf und gibt sich das Gesetz der ewigen Wiederkehr des Gleichen als Prinzip seiner Selbsterhaltung und Selbstübersteigerung. Er selbst ist es, der im Kreislauf des Werdens wiederkehrt und sich als wiederkehrenden will. Alle Transzendenz wird zurückgebogen in die Immanenz eines geschlossenen Sinnhorizonts, in dem scheinbar nichts Neues geschehen kann. Das Mögliche – „was laufen *kann* von allen Dingen" – ist nur unter denselben Voraussetzungen realisierbar wie das Gewesene: unter den Bedingungen eines unbedingt sich selbst wollenden endlichen, gleichwohl freien Willens. Dieser Wille bejaht sich nach rückwärts gewandt in *allen* seinen Schöpfungen als ihr Urheber; auch wenn er rückblickend erkennt, daß er im Gewesenen den Sinn und damit sich verfehlt hat, war er es doch, der so gewollt hat. Dies anerkennend, unter gleichzeitiger Verneinung der Gültigkeit aller den Willen heteronom bestimmenden Prinzipien – symbolisiert durch das Abbeißen und Wegspeien des Schlangenkopfes –, setzt der Wille als sich vergegenwärtigender seinen eigenen Sinnhorizont, indem er um sich selbst die Linie seines Gesetzes zieht, das von nun an ausnahmslos gelten soll: das Gesetz, das die unaufhörliche Selbstüberwindung gebietet. Es ist die über die Erzeugung von Gegensätzen sich aktualisierende Kraft des Willens zur Macht, die von nun an – und in alle Ewigkeit, d. h. ein Menschenleben lang – die Dinge zusammenhalten soll, indem sie allen Dingen, den schäbigsten ebenso wie den erhabensten, den Leiden wie den Freuden, den Ort zuweist, der ihnen nach Maßgabe des sie alle vereinenden „Sinns der Erde" zukommt.

Zarathustra, „der Fürsprecher des Lebens, der Fürsprecher des Leidens, der Fürsprecher des Kreises"[17], hat in seiner Lehre vom Übermenschen durch sein ‚Vorsprechen' seinen Schülern den Weg gewiesen. Sein ‚Versprechen', wiederzukommen und mit ihnen den großen Mittag zu feiern, beinhaltet zugleich das Versprechen, sich selbst um- und neuzuschaffen und in seiner Person den Sinn der Erde zu verwirklichen.

Anmerkungen

Nietzsches Schriften werden zitiert nach der Kritischen Studienausgabe, hg. v. Giorgio Colli und Mazzino Montinari:

    A) Sämtliche Werke, 14 Bde., München 1980,
    B) Sämtliche Briefe, 8 Bde., München 1976.

Vorwort

1 Briefe, 8, 597. Dieser Briefentwurf war an Paul Lanzky gerichtet, einen Schriftsteller, den Nietzsche als schwachsinnig und eitel bezeichnete: „das ist ein Litterat zehnten Ranges..." (Briefe, 8, 118 f.).
Peter Gast alias Heinrich von Köselitz hat in seiner „Einführung in den Gedankenkreis von ‚Also sprach Zarathustra'" (Friedrich Nietzsche, Werke, hg. v. A. Baeumler, 4. Bd., Leipzig 1930, XV–LV) bemerkt: „Zu einem Kommentar zu ‚Also sprach Zarathustra' (wie er von mir gewünscht wurde), ist mit diesen Zeilen kaum der Anfang gemacht. Ein solcher Kommentar müßte dem Werke Vers für Vers folgen und könnte, in Anbetracht der ungeheuren Prägnanz und Sinnfülle dieser Verse und der Unendlichkeit ihrer Anspielungen und sonstigen Voraussetzungen, leicht nach Art einiger indischen Kommentare zu einer Bibliothek anwachsen. Für solche Zarathustra-Kommentare von fremder Hand ist die Zeit noch nicht gekommen; aber sie *wird* kommen: auch dem Zarathustra werden Kommentare ‚nicht erspart bleiben' (sie wollen vulgarisieren!): auch Zarathustra wird, gleich den andern heiligen Büchern und als das heiligste aller heiligen Bücher, eine Flut von Glossarien, Exegesen, ‚Widerlegungen', Lobes- und Schmähschriften durch die Jahrhunderte nach sich ziehen. Mag das Buch dadurch an Autorität gewinnen: an ‚Publizität' schwerlich. Es will Blutsverwandte; es stößt jeden Unzugehörigen von sich; es *darf* nur wenigen verständlich sein" (L).
2 Die ersten drei Teile, erschienen 1883/84 in Chemnitz bei Schmeitzner, verkauften sich so schlecht (je 60–70 Exemplare), daß Nietzsche den vierten Teil 1885 bei Naumann in Leipzig auf eigene Kosten drucken lassen mußte. Gedruckt wurden lediglich vierzig Exemplare, die nur an wenige Freunde und Bekannte, aber nicht in die Öffentlichkeit gelangten.
3 „Vom Zarathustra sind nicht hundert Exemplare verkauft (und diese

fast nur an Wagnerianer und Antisemiten!!)" – Brief vom Dezember 1885 an Franz Overbeck; Briefe, 7, 118). Nietzsche beklagt sich, daß seine Bücher bei Schmeitzner „in diesem Antisemiten-Loch" begraben lägen (ebd., 117) und „überall unter die ‚antisemitische Literatur' gerechnet" würden (ebd.). Am 26. Oktober 1886 notiert Nietzsche in einem Briefentwurf: „Im Grunde habe ich nur drei Leser, nämlich Bruno Bauer, J. Burckhardt, Henri Taine, und von denen ist der Erste todt." (Briefe 7, 270) – Zum Thema Nietzsche und der Nationalsozialismus vgl. M. Montinari: Nietzsche zwischen Alfred Baeumler und Georg Lukàcs, in: Nietzsche lesen, 169 ff.

4 Vgl. Briefe 6, 353; Ecce homo, Werke 6, 335.
5 Vgl. Briefe 8, 492.
6 Vgl. Briefe 6, 327.
7 Vgl. Ecce homo, Werke 6, 305.
8 Vgl. Briefe 6, 245.
9 Vgl. Briefe 7, 237. In einem Brief an die Schwester vom 7. Mai 1885 heißt es ausdrücklich: „Glaube ja nicht, daß mein Sohn Zarathustra *meine* Meinungen ausspricht. Er ist eine meiner Vorbereitungen und Zwischen-Akte" (Briefe 7, 48).
10 Vgl. Briefe 6, 366: „Heute lernte ich zufällig, *was* ‚Zarathustra' bedeutet: nämlich ‚Gold-Stern'. Dieser Zufall machte mich glücklich. Man könnte meinen, die ganze Conception meines Büchleins habe in dieser Etymologie ihre Wurzel: aber ich wußte bis heute nichts davon" (Brief vom 23. April 1883 an Heinrich von Köselitz). Nietzsche hat sich den alten Zarathustra so vorgestellt, wie es das Selbstbildnis Leonardo da Vincis in der Rötel-Reproduktion von Ongania in Venedig darstellt (vgl. G. Naumann, Zarathustra-Commentar, 25; M. Montinari, Nietzsche lesen, 140).
11 Vgl. Ecce homo, Werke 6, 345.
12 Vgl. Ecce homo, Werke 6, 374.
13 Vgl. Ecce homo, Werke 6, 343.
14 (A) Gustav Naumann: Zarathustra-Commentar, 2 Bde., Leipzig 1889/1900; Kommentar zu Vorrede und erstem Teil: Bd. 1, S. 93–216. Dieser älteste und ausführlichste Kommentar wurde für die sozialistischen Arbeiterbildungsvereine geschrieben. Er besteht überwiegend aus einer Paraphrase des Originals, bietet aber in den Anmerkungen wertvolle Hinweise auf Vergleichsstellen in anderen Schriften Nietzsches. Problematisch sind gelegentlich die biographischen Anspielungen, die so weit gehen, daß z. B. mit Bezug auf Zarathustras helles und reines Auge konstatiert wird, „gut verbürgt ist das ungewöhnliche Leuchten von Nietzsches eigenem Blick" (1, 96; vgl. auch 104). Naumann charakterisiert sein eigenes Vorgehen folgendermaßen: „Er hat erstens die Lebenskunde und zweitens das Gesammtwerk Nietzsches ... zur Erklärung des Zarathustra herangezogen" (1, 6). Er räumt allerdings selbst ein, daß seine biographischen Anspielungen „der

Neugier des schwatzhaften Kammerdieners zuweilen nicht ganz unähnlich erscheinen" (1, 7). Obwohl *philosophisch* unergiebig, ist dieser Kommentar doch insofern interessant und hilfreich, als er noch zu Lebzeiten Nietzsches entstanden ist und eine große historische Nähe zum Zeitgeist vor der Jahrhundertwende dokumentiert.

(B) Otto Gramzow: Kurzer Kommentar zum Zarathustra, Berlin 1907, 36 S. Der Autor listet Ausdrücke, Begriffe und Bilder, die im „Zarathustra" häufiger vorkommen, alphabetisch auf und erläutert kurz den jeweiligen Kontext. Es handelt sich weniger um einen Kommentar als um ein Register.

(C) Hans Weichelt: Zarathustra-Kommentar, Leipzig 1922 (¹1910); Kommentar zu Vorrede und erstem Teil: S. 1–61. Schon der Titel läßt erkennen, daß der Autor sich auf den Kommentar von Naumann (A) stützt und diesen in verkürzter Form – manchmal wortwörtlich – wiedergibt, unter Verzicht auf die vergleichenden Hinweise.

(D) August Messer: Erläuterungen zu Nietzsches Zarathustra, Stuttgart 1922; Kommentar zu Vorrede und erstem Teil: S. 5–58. Der Autor geht den Text kursorisch durch, ohne sich mit Detailfragen aufzuhalten. Es finden sich Ansätze zu philosophischen Überlegungen, die jedoch eher pauschal ausfallen und auf dem Boden einer Wertethik präsentiert werden, die dem Rassismus Vorschub leistet (vgl. z. B. 19: „Wie viel reicher ist unser Werterleben verglichen mit dem eines Australnegers!").

(E) Eugen Roth-Bodmer: Schlüssel zu Nietzsches Zarathustra. Ein interpretierender Kommentar zu Nietzsches Werk ‚Also sprach Zarathustra', Diss. Meilen 1975; Kommentar zu Vorrede und erstem Teil: S. 9–67. Der Verfasser hat wenig Erhellendes zu bieten, was über eine bloße Paraphrase und die Beiziehung von Textstellen aus dem übrigen Werk Nietzsches hinausgeht. Ohne Naumann zu nennen, bewegt er sich in dessen Fahrwasser. Von einer Interpretation, zumal einer solchen, die das Werk (auch philosophisch) aufschlüsselt, kann keine Rede sein.

(F) Giorgio Colli und Mazzino Montinari: Kommentar zu ‚Also sprach Zarathustra', in: Friedrich Nietzsche, Sämtliche Werke/Kritische Studienausgabe, Bd. 14, München 1980, S. 279–344; Kommentar zu Vorrede und erstem Teil: S. 279–295. Im Sinne eines philologischen Kommentars werden fast ausschließlich Textvarianten und Bibelanspielungen verzeichnet.

(G) Laurence Lampert: Nietzsche's Teaching. An Interpretation of *Thus Spoke Zarathustra*, New Haven/London 1986; Kommentar zu Vorrede und erstem Teil: S. 13–82. Unter dem Gesichtspunkt der Erziehung wird Zarathustras Lehre in ihren wesentlichen Gedankengängen zusammengefaßt und erläutert. Der für das Textverständnis unverzichtbare philosophische Hintergrund bleibt unerörtert.

(H) Joachim Köhler: Zarathustras Geheimnis. Friedrich Nietzsche und seine verschlüsselte Botschaft, Nördlingen 1989; Kommentar zu Vorrede und erstem Teil: S. 414-456. Ausgehend von der Vermutung, daß Nietzsche homosexuell war, sucht der Verfasser im Text nichts anderes als Indizien zur Stützung seiner Annahme. Dabei muten seine Funde oft eher kurios an. Ein Beispiel für viele: „Noch in den zweideutigen Worten ‚vom anderen Ufer' und den ‚Sternen', vom ‚Pfeil der Sehnsucht' und vom fallenden ‚Blitz', der leckt und vernichtet, schwingt das Bild vom nackten Gott nach, das Nietzsche unterdrückte" (422). Aus voyeuristischer Perspektive in einem flapsigen Stil geschrieben, trägt das Buch zur Klärung des philosophischen Gehalts der Lehre Zarathustras nichts bei.

15 P. Klossowski: Nietzsche, Polytheismus und Parodie, in: Nietzsche aus Frankreich, 20.
16 P. Klossowski: Nietzsche und der Circulus vitiosus deus, 158.
17 G. Deleuze: Nietzsche und die Philosophie, 207.
18 B. Pautrat: Nietzsche, medusiert, in: Nietzsche aus Frankreich, 120.
19 M. Heidegger: Wer ist Nietzsches Zarathustra?, in: Vorträge und Aufsätze, 116.
20 W. Müller-Lauter: Nietzsche. Seine Philosophie der Gegensätze und die Gegensätze seiner Philosophie, 138, 186 ff.
21 C. A. Scheier: Nietzsches Labyrinth, 152.
22 R. Löw: Nietzsche. Sophist und Erzieher, 182.
23 H. Ottmann: Philosophie und Politik bei Nietzsche, 373 ff.
24 V. Gerhardt: Hundert Jahre nach Zarathustra, in: Pathos und Distanz, 188.
25 W. Kaufmann: Nietzsche. Philosoph-Psychologe-Antichrist, 231.
26 A. Verrecchia: Zarathustras Ende. Die Katastrophe Nietzsches in Turin, 164, 105. Dieses Buch eines dilettierenden Psychologen ist ausgesprochen niveaulos und wimmelt von dümmlichen Platitüden; geschrieben ist es in einem sich humorvoll vorkommenden hämischen, ja geradezu gehässigen Jargon. Der Verfasser meint: Wenn schon verrückt, dann doch wenigstens so sympathisch wie Hölderlin oder so tragisch wie Strindberg, aber nicht so kümmerlich wie dieser ständig jammernde „Supercäsar" (223), der „keine eigenen und originellen Gedankengänge hatte" (349).
27 A. Messer: Erläuterungen zu Nietzsches Zarathustra, V.
28 Ebd., 8.
29 Ebd., 7. f.
30 Damit schließen wir uns M. Montinari an: „Kein Bild, kein Wort, auch kein Interpunktionszeichen ist bei Nietzsche zufällig" (Nietzsche lesen, 4).
31 Nietzsche plante sogar noch einen fünften und sechsten Teil. Vgl. Briefe 6, 557.
32 Am 17. April 1883 schreibt Nietzsche an Heinrich von Köselitz: „Ich lerne eigentlich jetzt erst Zarathustra kennen. Seine Entstehung war

eine Art *Aderlaß*, ich verdanke ihm, daß ich nicht erstickt bin" (Briefe 6, 361).
33 Vgl. Briefe 7, 224.
34 Nietzsche berichtet in Ecce homo, daß ihm „der Ewige-Wiederkunftsgedanke" und damit die Grundkonzeption des ‚Zarathustra' schon im August 1881 während eines Spaziergangs am Silvaplaner See eingefallen sei (Werke 6, 335).
35 Ecce homo, Werke 6, 343.

Einleitung

1 „Nur wer sich wandelt, bleibt mir verwandt!" (Einsiedlers Sehnsucht, in: Briefe 6, 564). Vgl. auch ebenda, 510: „Und gewiß ist Dies: ich will die Menschheit zu Entschlüssen drängen, welche über die ganze menschliche Zukunft entscheiden, und es *kann* so kommen, daß einmal ganze Jahrtausende auf meinen Namen ihre höchsten Gelübde thun. – Unter einem ‚Jünger' würde ich einen Menschen verstehn, der mir ein unbedingtes Gelübde machte –, und dazu bedürfte es einer langen Probezeit und schwerer Proben" (Brief an Malwida von Meysenbug vom Juni 1884).
2 Ecce homo, Werke 6, 255–374. Nach M. Montinari ist ‚Ecce homo' „Nietzsches beste und zuverlässigste Biographie" (vgl. Nietzsche lesen, 33).
3 Max Nordau bezeichnete den ‚Zarathustra' als Werk eines Verrückten (Entartung, Berlin 1892, Bd. 2, 257–272). Der Nervenarzt J. Möbius versucht in seiner Schrift: Über das Pathologische bei Nietzsche (Wiesbaden 1902) den Nachweis zu führen, daß der ‚Zarathustra' bereits im Zustand paralytischer Erregung geschrieben worden sei. Vgl. auch A. Verrecchia, Zarathustras Ende, 7 ff. Selbst Thomas Mann wertet Nietzsches Einschätzung des „Zarathustra" als „hektische, von entgleitender Vernunft zeugende Ausschreitung(en) des Selbstbewußtseins" (Nietzsches Philosophie im Lichte unserer Erfahrung, in: Schriften und Reden zur Literatur, Kunst und Philosophie, Bd. 3, Frankfurt 1968, 26).
4 Vgl. Vorwort, Anmerkung 4.
5 Ecce homo, Werke 6, 263.
6 Ebd., 259.
7 Vgl. Briefe 8, 60; 551.
8 Vgl. A. Stifter: Der Nachsommer, München 1966 (¹Pest 1857).
9 L. A. Seneca: De tranquillitate animi, Neapel 1475. Gemeint ist die von den griechischen Skeptikern gepriesene Ataraxie, i. e. die Unerschütterlichkeit und Gelassenheit, die sich einstellt, wenn auf unerfüllbare absolute Geltungsansprüche verzichtet wird.
10 Der Fall Wagner, Werke 6, 37.

11 Werke 11, 317.
12 Ecce homo, Werke 6, 259.
13 Vgl. Ecce homo, Werke 6, 330 f. Vgl. auch „Morgenröthe", Werke 3, 11–331.
14 Ecce homo, Werke 6, 260.
15 Ebd., 260 f.
16 Werke 11, 53. Zur Vorgeschichte des ‚Zarathustra' vgl. M. Montinari: Zarathustra vor *Also sprach Zarathustra*, in: Nietzsche lesen, 79–91. Zum historischen Zoroaster vgl. H. Weichelt, Zarathustra-Kommentar, 291–294; W. Hinz: Zarathustra, Stuttgart 1961.
17 Werke 4, 298.
18 Götzen-Dämmerung, Werke 6, 80 f.
19 Erst die Verbindung der Lehre vom Übermenschen mit dem Gedanken der ewigen Wiederkehr des Gleichen wird sich als unüberholbar herausstellen, weil sie es erlaubt, das Prinzip einer Höherentwicklung mit dem Zirkelprinzip zusammenzudenken, etwa in Form einer nach oben offenen Spirale, und damit allem Geschehen eine dynamische Struktur zu geben.
20 Ecce homo, Werke 6, 343.
21 Ebd., 345.
22 Ebd., 343.
23 Ebd., 343 f.
24 Vgl. A. Bennholdt-Thomsen: Nietzsches ‚Also sprach Zarathustra' als literarisches Phänomen, 3: „Die begriffliche Durchdringung der Gedanken ist, wenn überhaupt, rudimentär, die logisch-rationale Gedankenentwicklung fehlt, und der Zusammenhang der Gedankengänge wird nicht ausgewiesen, sondern muß erst entschlüsselt werden. Der Text bedarf daher in besonderem Maße der Deutung." Vgl. auch G. Colli, Nachwort zum ‚Zarathustra' (Werke 4, 412): „Eine Philosophie besteht in der Regel aus Manipulation von Begriffen, welche der Ausdruck von sinnlich wahrnehmbaren Objekten sind, während hier Bilder und Begriffe weder Begriffe noch konkrete Dinge ausdrücken; sie sind Symbole für etwas, das kein Antlitz hat, sie sind keimende Ausdrucksformen."
25 Vgl. L. Wittgenstein: Tractatus logico-philosophicus, Frankfurt 1969, 115: „Meine Sätze erläutern dadurch, daß sie der, welcher mich versteht, am Ende als unsinnig erkennt, wenn er durch sie – auf ihnen – über sie hinausgestiegen ist. (Er muß sozusagen die Leiter wegwerfen, nachdem er auf ihr hinaufgestiegen ist.) Er muß diese Sätze überwinden, dann sieht er die Welt richtig." (6.54)

Zarathustras Vorrede

1 Ecce homo, Werke 6, 343.
2 Die Lobpreisung der Sonne enthält unüberhörbare Anspielungen auf Sonnen- und Höhlengleichnis in Platons „Politeia". Vgl. dort 508a–509b; 514a–517b. Aber auch „eine leise Erinnerung an den alt-persischen Sonnen- und Feuerkult" (G. Naumann, Zarathustra-Commentar 1, 95) ist sicher nicht von der Hand zu weisen.
3 Vgl. hierzu M. Heidegger, Sein und Zeit, Tübingen 1963, 153: „Dieser Zirkel des Verstehens ist nicht ein Kreis, in dem sich eine beliebige Erkenntnisart bewegt, sondern er ist der Ausdruck der existenzialen *Vor-struktur* des Daseins selbst." Man versteht immer nur innerhalb eines bereits vorentworfenen Sinnhorizonts, den es wiederum im Akt des Verstehens je neu zu bestimmen gilt. Vgl. auch H.-G. Gadamer: Wahrheit und Methode, Tübingen 1965, 250 ff.
4 Heraklit wird nach der Übersetzung von B. Snell zitiert: Heraklit, Fragmente, München/Zürich 1986: B 6; A 22; B 49a; B 8; B 51; B 60; B 80; B 103.
5 Siehe Anmerkung 2.
6 Politeia 509b.
7 Nach H. Ottmann hat Nietzsche einen Agon (Wettkampf) mit Platon ausgetragen, nicht weniger heftig und ehrgeizig als mit Paulus. Vgl. Philosophie und Politik bei Nietzsche, 196. Nietzsche hat selbst zu seiner äußersten Verwunderung festgestellt, *„wie sehr* Zarathustra πλατονίζει" (Brief an Franz Overbeck vom 22. Oktober 1883; Briefe 6, 449).
8 Vgl. Platon, Phaidon 64a ff.
9 Vgl. Ps. 69, 31: „Ich will den Namen Gottes preisen im Liede, ich will ihn hoch ehren mit Lobgesang."
10 Vom Tode Gottes ist zum ersten Mal in einem Kapitel von „Die fröhliche Wissenschaft" die Rede, das überschrieben ist *„Der tolle Mensch"* (Werke 3, 480–482). Dort heißt es: „Wir haben ihn *getödtet*, – ihr und ich! Wir Alle sind seine Mörder." – Zum Problem des Todes Gottes insgesamt vgl. E. Biser: ‚Gott ist tot'. Nietzsches Destruktion des christlichen Bewußtseins, München 1962. Vgl. auch M. Heidegger: Nietzsches Wort ‚Gott ist tot', in Holzwege, 193–247.
11 Der Mensch „ist durchaus keine Krone der Schöpfung, jedes Wesen ist, neben ihm, auf einer gleichen Stufe der Vollkommenheit..." (Der Antichrist, Werke 6, 180).
11a Heraklit, Fragment B 82/83.
12 Vgl. G. Naumann, Zarathustra-Commentar 1, 53: „Zarathustra lehrt den Uebermenschen als den direkten Fortentwickelungstypus des Organischen in der Richtung Pflanze, Wurm, Affe, Mensch ... verstehen, also darwinistisch." Anders dagegen A. Messer, Erläuterungen zu Nietzsches Zarathustra, 8: „Nein, es handelt sich hier nicht um eine

naturnotwendige Entwicklung im Sinne Darwins, sondern um ein geistig-sittliches Höherstreben, das vom Willen des Menschen abhängt."
13 Vgl. „Anti-Darwin", in: Götzen-Dämmerung, Werke 6, 120 f.; vgl. auch Die fröhliche Wissenschaft, Werke 3, 598.
14 Ecce homo, Werke 6, 300.
15 Vgl. z. B. Jenseits von Gut und Böse, Werke 5, 165: „Es ist eine bescheidene und gründlich mittelmässige Art Mensch, diese utilitarischen Engländer, und, wie gesagt: insofern sie langweilig sind, kann man nicht hoch genug von ihrer Utilität denken."
16 Vgl. z. B. Jenseits von Gut und Böse, Werke 5, 121–123.
17 Götzen-Dämmerung, Werke 6, 80 f.
18 Zur Geschichte des Begriffs ‚Übermensch' vgl. H. Ottmann: Philosophie und Politik bei Nietzsche, 382 ff. Ursprünglich im Griechischen (hyperanthropos) zur Kennzeichnung des Heros und Gottmenschen gebraucht, machte das Wort über die Häretiker und Gnostiker bis hin zu Goethes Faust-Dichtung Karriere.
19 Vgl. Werke 10, 277: „das aristokratische Princip sich selber steigernd erfindet immer eine höhere Art unter den Höheren. Der Mächtige wird immer mehr zu dem *Seiner-selber-Mächtigen*, Kraftausströmenden: man sieht, daß die Vornehmheit viele Grade hat – und etwas im Einzelnen Menschen selbst *Wachsendes* ist."
20 So lautet noch heute die Übersetzung von Übermensch ins Englische. Vgl. L. Lampert: Nietzsche's Teaching, 20 ff.
21 „Hazar" = das 1000jährige Reich.
22 In den Nachgelassenen Fragmenten (November 1882 bis Februar 1883; Werke 10, 168) findet sich die folgende Notiz: „(der letzte Mensch: eine Art Chinese)". Nietzsche hat verschiedentlich „den Chinesen" – für europäische Augen der Inbegriff eines gleichförmigen Menschentypus: kenntlich an den schweren Lidern, dem verhangenen Blick – als Bild für den letzten Menschen herangezogen. Im 5. Buch der „Fröhlichen Wissenschaft" heißt es: „wir halten es für schlechterdings nicht wünschenswerth, dass das Reich der Gerechtigkeit und Eintracht auf Erden gegründet werde (weil es unter allen Umständen das Reich der tiefsten Vermittelmässigung und Chineserei sein würde)" (Werke 3, 629). Vgl. auch Werke 9, 73: „Ein kleines, schwaches, dämmerndes Wohlgefühlchen über alle gleichmässig verbreitet, ein verbessertes und auf die Spitze getriebenes Chinesenthum, das wäre das letzte Bild, welches die Menschheit bieten könnte?".
23 Vgl. Nachgelassene Fragmente, Werke 10, 160: „Der Mensch bestimmt stehen zu bleiben, als der Überaffe, Bild des letzten Menschen, der der einzige ist." Dagegen Zarathustra: „Der Mensch sei der Ansatz zu etwas, das nicht mehr Mensch ist! Arterhaltung wollt ihr? Ich sage: Art-Überwindung!" (Werke 10, 202).
24 Die Figur des Possenreißers hat unterschiedliche, zum Teil abstruse Deutungen erfahren, die sich m. E. vom Kontext her in keiner Weise

stützen lassen. Naumann meint, der Possenreißer sei an dieser Stelle als „der utopische Philosoph ..., der den Zustand der Gegenwart ohne Weiteres überspringen möchte", aufzufassen (Zarathustra-Commentar 1, 107). A. Messer deutet den Possenreißer als „Vertreter gewissenloser Demagogie"; er gehöre zur Spezies jener „aufhetzenden und radikalen Agitatoren ..., denen kein Fortschritt schnell genug geht, die sich und anderen einreden, das Vollkommene könne mit einem Schlag, am einfachsten durch Gewalt erreicht werden" (Nietzsches Zarathustra, 15). E. Roth-Bodmer versteigt sich zu der These, es sei Eduard von Hartmann, der in der Gestalt des Possenreißers Arthur Schopenhauer (qua Seiltänzer) überspringe, wodurch die Überwindung des Pessimismus durch die Philosophie des Unbewußten angedeutet werde (Schlüssel zu Nietzsches Zarathustra, 18). J. Köhler schließlich deutet in die Figur des Possenreißers Richard Wagner hinein, der den Seiltänzer – Nietzsche – als „Schleichhändler" und damit als „Päderasten" beschimpfe. „In den Turm mit den Knabenschändern!" (Zarathustras Geheimnis, 427). Mir scheint unsere These, daß es der Teufel ist, der in Gestalt des Possenreißers den Seiltänzer auf dem Weg der Selbstüberwindung an sich selber irre werden läßt, am plausibelsten zu sein. Der Teufel in der Maske des Narren will die über-menschliche Anstrengung des Seiltänzers lächerlich machen und durch das Überspringen zugleich eine Macht demonstrieren, die ihre Effektivität aus dem Common sense-Vorurteil bezieht, daß es größer sei, andere zu überwältigen, als sich selbst zu überwinden. Wenn Zarathustra am Ende des 9. Kapitels der Vorrede verkündet, daß nun umgekehrt er auf dem Weg zu seinem Ziel „über die Zögernden und Saumseligen ... hinwegspringen" will (27), so bedeutet dies nicht, daß Zarathustra in die Rolle des Possenreißers schlüpfen will: „Es giebt vielerlei Weg und Weise der Überwindung ... Aber nur ein Possenreisser denkt: ‚der Mensch kann auch *übersprungen* werden'" (Von alten und neuen Tafeln: 3. Buch; 4). Zarathustra weiß, daß man die Stufe des Menschen nicht dadurch auf den Übermenschen hin überschreiten kann, daß man einfach über sich oder die anderen hinwegspringt. Aber wer auf dem Weg der Selbstüberwindung von anderen aufgehalten oder behindert wird, hat das Recht, über diese Ignoranten hinwegzugehen, d. h. ihre Ansprüche, durch die sie die Stufe des Menschen zu konservieren trachten, als nichtig zu erachten.

25 Die Deutung des Seiltänzers als Bild für den Gottmenschen mag auf den ersten Blick überraschen. Diese These scheint jedoch auch rückblickend schlüssig zu sein. Wenn der sterbende Seiltänzer sich selbst charakterisiert „als ein Thier, das man tanzen gelehrt hat, durch Schläge und schmale Bissen" (22), so suggeriert dies die Vorstellung eines dressierten Affen, der durch gewaltsame Mittel dazu abgerichtet wird, das zu tun, was ein Mächtigerer von ihm verlangt. Er tanzt: nicht weil er es will, sondern weil er gehorchen muß. Aber der Affe

gewinnt Gefallen an seinem Tanzen. Er wagt sich eigenmächtig aufs Seil und wächst aus eigener Kraft über sich hinaus. Damit befreit er sich von seinem Herrn, der wiederum seine ganze Macht aufbietet, um den Ungehorsamen zu bestrafen. – Auch Christus war nur der gehorsame Sohn seines mächtigen Vaters, der ihm keine Wahl ließ und ihn schließlich in den Tod trieb. „Gott hat Gott getödtet" (Werke 10, 30).

Nietzsche hat sich vor allem in „Der Antichrist" mit der Gestalt des Jesus von Nazareth auseinandergesetzt. In einer gewissen Weise gilt ihm Jesus als Vorläufer von Zarathustra, insofern er „jede Kluft zwischen Gott und Mensch geleugnet (hat), er *lebte* diese Einheit von Gott und Mensch als *seine* ‚frohe Botschaft'" (Werke 6, 215). Paulus sei es gewesen, der „die *Lüge* vom ‚wiederauferstandenen' Jesus" verbreitet habe, die „grosse Lüge von der Personal-Unsterblichkeit" (ebd. 216 f.). Für Nietzsche steht fest, daß Jesus ausschließlich um seiner selbst willen lebte und starb. „Dieser heilige Anarchist, der das niedere Volk, die Ausgestossnen und ‚Sünder', die *Tschandala* innerhalb des Judenthums zum Widerspruch gegen die herrschende Ordnung aufrief . . ., war ein politischer Verbrecher, so weit eben politische Verbrecher in einer *absurd-unpolitischen* Gemeinschaft möglich waren. Dies brachte ihn an's Kreuz: der Beweis dafür ist die Aufschrift des Kreuzes. Er starb für *seine* Schuld, – es fehlt jeder Grund dafür, so oft es auch behauptet worden ist, dass er für die Schuld Andrer starb. –" (Ebd., 198).

26 Zum Bild vom Regenbogen vgl. 1. Mos. 9, 12–17, wo es heißt, daß Gott den Regenbogen als Zeichen des Bundes zwischen ihm und der Erde gesetzt habe; als Erinnerung an die Sintflut und das Versprechen, daß es keine solche mehr geben wird. Im Alten Testament ist das Bild vom Regenbogen eine Demonstration göttlicher Macht, die Himmel und Erde, Leben und Tod umfaßt, während für Zarathustra der Regenbogen Sinnbild ist für den Weg, den der sterbliche Mensch aus eigener Kraft hervorbringt.

27 Einige nachgelassene Fragmente aus den Jahren 1882–84 mögen Zarathustras Gegensatz- und Kreislehre verdeutlichen. „Nur bei der falschen Annahme eines unendlichen Raums, in welchen sich die Kraft gleichsam verflüchtigt, ist der letzte Zustand ein *unproduktiver, todter*. Der einfachste Zustand ist zugleich – und +" (Werke 10, 15). „Wir dürfen nicht *Einen* Zustand wollen, sondern müssen *periodische* Wesen *werden wollen* = *gleich* dem Dasein" (Werke 10, 28). „Fürchtet euch nicht vor dem Fluß der Dinge: dieser Fluß kehrt in sich selber zurück: er flieht sich selber nicht nur zweimal. / Alles ‚es war' wird wieder ein ‚es ist'. Allem Zukünftigen beißt das Vergangene in den Schwanz" (Werke 10, 139). „Die *andere* Bewegung: meine Bewegung: ist umgekehrt die Verschärfung aller Gegensätze und Klüfte, Beseitigung der Gleichheit, das Schaffen Über-Mächtiger" (Werke 10, 244).

„Und ewig gleich des Rings Durst, ist auch mein Durst nach mir: sich wieder zu erreichen, dreht und ringt sich jeder Ring" (Werke 10, 417). „... die höchste Spannung der Vielheit von Gegensätzen zur Einheit zu bringen – *Ziel*" (Werke 10, 547). „*Alle* Wesen nur *Vorübungen* in der *Vereinigung Einverleibung von Gegensätzen*" (Werke 10, 593). „Ganz Meer, ganz Mittag, ganz Zeit ohne Ziel / Ein Kind, ein Spielzeug / Und plötzlich werden Eins zu Zwei / Und Zarathustra gieng an mir vorbei" (Werke 10, 157).

Zarathustras Reden

1 Vgl. Matth. 4, 1–11.
2 Vgl. Nachgelassene Fragmente, Werke 10, 213: „Man muß nicht nur das Kind, sondern auch die Gebärerin sein: als der Schaffende." Vgl. auch den Hinweis von Colli / Montinari (Werke 14, 286): Angelus Silesius, Cherubinischer Wandersmann I, 37: „Nichts ist daß dich bewegt, du selber bist daß Rad, / Daß auß sich selbsten laufft, und keine Ruhe hat."
3 Die Stadt mit dem Namen „die bunte Kuh" wird später in der Rede „Vom Baum am Berge" als von Bergen umschlossen beschrieben (51). G. Naumann meint, es handle sich um Genua: „Unter grauem Wolkenschleier grauen freilich Genuas Dächer und kahle Höhen; doch unter offenem Himmelsauge färbt sich auch Genua bunt, sehr bunt, und dann wird auch in ihm Nietzsches Lust an italienischem Farbenzauber gesättigt worden sein" (Zarathustra-Commentar 1, 34). Als Vorbild für „die bunte Kuh" käme auch Basel in Frage, wie E. Salin vorgeschlagen hat (vgl. Vom deutschen Verhängnis, 131, 145). Diese Vermutung ließe sich nicht nur geographisch stützen, sondern auch durch die Assoziation der Schweiz mit Kühen. Nietzsche bezeichnet einmal zwei Basler Schriftsteller, die sich über seine Werke geäußert haben, als „schweizerisches *Hornvieh*" (Briefe 8, 408). In einem Brief an Köselitz vom 25. Juli 1884 beklagt er sich, er habe in Basel „wie unter *Kühen*" gelebt (Briefe 6, 515). Obwohl Nietzsche unter dem Basler Klima gelitten und eine *„Basileophobie"* entwickelt hat (vgl. Briefe 5, 402–409), hat er doch die Deutschschweizer den Deutschen vorgezogen (vgl. Briefe 5, 237) und nichts auf seine braven Basler kommen lassen. – C.-A. Scheier bemerkt: „Basel – Basilia – BASILEIA – BOOOPIS POTNIA HÄRÄ: die ‚Kuhäugige'" (Nietzsches Labyrinth, 170).
Vielleicht gibt auch rein äußerlich betrachtet Nizza das Modell für „die bunte Kuh" ab. Vgl. den Brief aus Nizza vom 29. Januar 1887 an Franz Overbeck (Briefe 8, 9): „Der Winter ist hart, auch hier; statt Schnee haben wir tagelangen Regen; die näheren Berge sind seit län-

gerer Zeit *weiß* (was in der bunten und farbensatten Landschaft wie eine Koketterie der Natur aussieht –)."
4 Vgl. z. B. Platon, Protagoras, 316a ff.
5 Vgl. Aristoteles, Nikomachische Ethik, 5. Buch, Kap. 6–9.
5a Nietzsche, zunächst Student in Bonn, dann in Leipzig, schildert dem Freund Erwin Rohde in Kiel die Zustände an der Bonner Universität aus der Sicht eines ehemaligen Verbindungsbruders: Das philologische Seminar sei „vollständig herabgesunken"; talentlose, maßlos eitle, unfähige und unerträglich weitschweifige Professoren hätten zum Niedergang des Fachs beigetragen (Brief vom 6. Juni 1868; Briefe 2, 287). Ähnliche Klagen führt Nietzsche dann später auch als junger Professor in Basel über seine Philologie-Kollegen, die allesamt ihre Verpflichtungen nicht oder nicht ernsthaft wahrnähmen (vgl. Brief vom 16. Juli 1869 an Rohde; Briefe 3, 16). Die einzigen, die er schätzt, sind der Historiker Jacob Burckhardt (vgl. Briefe 3, 155) und der Theologe Franz Overbeck (vgl. Briefe 4, 140). Im übrigen beschimpft er „die ganze deutsche Professorenbande" als „Flachköpfe" und „gelehrtes Hornvieh" (vgl. Briefe 5, 44; Ecce homo, Werke 6, 300). Ständig überarbeitet und erschöpft durch die Doppelbelastung, die die Tätigkeit an der Basler Universität und am Pädagogium mit sich brachte, machte Nietzsche es sich gelegentlich auch etwas leichter im Unterricht, auf den er sich normalerweise äußerst gewissenhaft vorbereitete: „... ich strenge mich ... nicht an und habe ein paar alte fromme Pferdchen meinen Studenten vorgeführt, die ich halb im Schlafe reiten kann" (Brief vom 16. Mai 1876 an Rohde; Briefe 5, 157).
6 Vgl. Matth. 5, 3–10; 5,1: „Selig sind, die da geistlich arm sind; denn ihrer ist das Himmelreich."
7 Vgl. Platon, Phaidon, 64a–70a.
8 Vgl. Nachgelassene Fragmente, Werke 10, 30: „Gott hat Gott getödtet." Werke 10, 87: „‚Die Liebe Gottes zu den Menschen ist *seine* Hölle' – sagte der Teufel. ‚Wie kann man sich aber auch in die Menschen verlieben!'"
9 Vgl. auch Nachgelassene Fragmente, Werke 10, 129: „Das Gewissen ist ein Bauch-Redner, wenn es spricht, glauben wir nicht mehr, daß seine Stimme aus uns komme."
10 Vgl. R. Descartes, Principia philosophiae I, 10.
11 R. Descartes, Meditationes de prima philosophia III, 1: „Ich bin ein denkendes Wesen, d. h. ein Wesen, das zweifelt, bejaht, verneint, weniges versteht, vieles nicht weiß, das will, nicht will, auch vorstellt und empfindet."
12 Vgl. R. Descartes: Traité de l'homme, in: Oeuvres (hg. v. Ch. Adam / P. Tannery), XI, 180.
13 Platon, Phaidon, 81a
14 Ebd., 81c–d.
15 Vgl. I. Kant: Kritik der reinen Vernunft, B 197.

16 Man stelle sich also ein Koordinatensystem vor, bei dem die Vertikale als die Geist- und die Horizontale als die Leibkoordinate fungiert. Je weiter sie auseinanderstreben, desto größer muß die Kraft sein, die aufzuwenden ist, um den rechten Winkel der beiden Koordinaten aufrechtzuerhalten.
17 Vgl. J. G. Fichte: Grundlage der gesamten Wissenschaftslehre (1794), 1. Teil, § 1.
18 Vgl. I. Kant: Kritik der reinen Vernunft, Die transzendentale Ästhetik (B 33–73); Die transzendentale Logik (B 74–169).
19 Vgl. G. W. F. Hegel, Die Vernunft in der Geschichte, hg. v. J. Hoffmeister, 63.
20 A. Schopenhauer: Die Welt als Wille und Vorstellung I, Stuttgart u. Frankfurt 1961, 170.
21 Ebd., 161.
22 Ebd., 176.
23 Ebd., 214.
24 Ebd., 216 ff.
25 Ebd., 240. Vgl. auch 220: „Denn da jeder Körper als Erscheinung eines Willens angesehen werden muß, Wille aber notwendig als ein Streben sich darstellt; so kann der ursprüngliche Zustand jedes zur Kugel geballten Weltkörpers nicht Ruhe sein, sondern Bewegung, Streben vorwärts in den unendlichen Raum, ohne Rast und Ziel." Auch Schopenhauers Zeitvorstellung findet sich in den Bildern Nietzsches wieder: „Wir können die Zeit einem endlos drehenden Kreise vergleichen: die stets sinkende Hälfte wäre die Vergangenheit, die stets steigende die Zukunft; oben aber der unteilbare Punkt, der die Tangente berührt, wäre die ausdehnungslose Gegenwart: wie die Tangente nicht mit fortrollt, so auch nicht die Gegenwart..." (386).
26 Ebd., 380.
27 Ebd., 466.
28 Ebd., 480.
29 Ebd., 494.
30 Ebd., 510.
31 Ebd., 532.
32 Ebd., 557.
33 Vgl. Platon, Protagoras, 319a ff.
34 Vgl. B. de Spinoza, Die Ethik, 4. Teil, Definition 8. Nietzsche hat in Spinoza „ganz erstaunt, ganz entzückt" einen Vorgänger entdeckt, in dessen Lehre er sich „in fünf Hauptpunkten" wiedererkennt: „dieser abnormste und einsamste Denker ist mir gerade in diesen Dingen am nächsten: er leugnet die Willensfreiheit –; die Zwecke –; die sittliche Weltordnung –; das Unegoistische –; das Böse –;" (Brief an Franz Overbeck vom 30. Juli 1831; Briefe 6, 111).
35 Werke 10, 169.
36 Werke 10, 95.

37 Vgl. K. Jaspers, Der philosophische Glaube angesichts der Offenbarung, München 1962, 206 ff.
38 Morgenröthe, Werke 3, 109.
39 Genealogie der Moral, Werke 5, 279.
40 Vgl. I. Kant, Metaphysik der Sitten, 1. Teil, 3. Hauptstück, § 36; vgl. auch Kritik der reinen Vernunft, B 767.
41 Werke 4, 134.
42 Vgl. H. Hahn, Überflüssige Wesenheiten (Occams Rasiermesser), Wien 1930.
43 Albert Camus hat in seiner Erzählung *L'Etranger* (dt.: Der Fremde, in: Das Frühwerk, Düsseldorf 1967, 9–110) in der Gestalt des Meursault eine Figur geschaffen, die den Typus des bleichen Verbrechers verkörpert. Dieser ist ein Außenseiter, der nach seinen eigenen Vorstellungen lebt und sich damit einer Beurteilung auf dem Boden gesellschaftlicher Maßstäbe (Moralkodex, christliche Normen etc.) vollständig entzieht. Er hat bei der Beerdigung seiner Mutter nicht geweint, kann nicht erklären, warum er einen Araber getötet hat, zeigt keine Reue über seine Tat. So unterstellt man ihm Gefühllosigkeit, Kaltblütigkeit, einen vorsätzlichen Mord. Er wird zum Tode verurteilt, obwohl er sich keiner Schuld bewußt ist. Die Schüsse auf den Araber waren in der glühenden Mittagshitze unbeabsichtigt abgefeuert worden. Der Fremde hatte kein Motiv und keinen Vorsatz; er fühlt sich unschuldig: „die Schuld an allem hätte die Sonne" – sagt er (94). Bis zuletzt wehrt er sich dagegen, seine Tat mit den Augen der Masse zu sehen und zu beurteilen. „Dem Tod so nahe, ... wurde ich angesichts dieser Nacht voller Zeichen und Sterne zum ersten Mal empfänglich für die zärtliche Gleichgültigkeit der Welt. Als ich empfand, wie ähnlich sie mir war, wie brüderlich, da fühlte ich, daß ich glücklich gewesen war und immer noch glücklich bin. Damit sich alles erfüllt, damit ich mich weniger allein fühle, brauche ich nur noch eines zu wünschen: am Tag meiner Hinrichtung viele Zuschauer, die mich mit Schreien des Hasses empfangen" (110). Meursault wird mit dem Fallbeil hingerichtet – sein Glück des Messers, durch das er sich in seiner Lebensanschauung bestätigt sieht.
44 Vgl. auch Nachgelassene Fragmente, Werke 10, 605: „Du gehst den Weg der Größe: nun ist für dich Abgrund und Gipfel in Einem beschlossen."
45 Im Nachlaß heißt es: „Philosophische Systeme sind die bescheidenste Form, in der Jemand von sich selber reden kann – eine undeutliche und stammelnde Form von Memoiren." (Werke 10, 62). Die aphoristische Fragmentarisierung verweist auf das Einzelne, Besondere, Individuelle, auf den Mythos des Dionysos Zagreus, der von den Titanen zerstückelt und von Zeus wieder neu erzeugt wurde.
46 Nietzsche karikiert hier gewiß auch Schopenhauers Lehre von der Erlösung vom Leiden durch die Verneinung des Wollens zum Leben,

welche auch den Verzicht auf die Sexualität miteinschließt. Für Schopenhauer „sind die Genitalien der eigentliche *Brennpunkt* des Willens und folglich der entgegengesetzte Pol des Gehirns, des Repräsentanten der Erkenntnis" (Die Welt als Wille und Vorstellung I, 452). Der griechischen Phallos-Verehrung setzt Schopenhauer „die Möglichkeit der Auflehnung des Wollens, der Erlösung durch Freiheit, der Überwindung und Vernichtung der Welt" entgegen (ebd., 453).
47 Vgl. Th. Hobbes, Leviathan, 1. Teil, Kap. 13.
48 Heraklit, Fragment B 53.
49 Vgl. Platon, Politeia, 4. Buch, 427a–445e.
50 Vgl. ebenda, 414b–415d.
51 Vgl. Heraklit, Fragment B 52: „Die Zeit ein Kind – ein Kind beim Brettspiel; ein Kind sitzt auf dem Throne."
52 J. Bentham beginnt sein Werk „Introduction to the Principles of Morals and Legislation" (London 1789; dt.: Eine Einführung in die Prinzipien der Moral und der Gesetzgebung) mit den Worten: „Die Natur hat die Menschheit unter die Herrschaft zweier souveräner Gebieter – *Unlust* und *Lust* (resp. Leid und Freude; engl. pain and pleasure) gestellt. ... Sowohl der Maßstab für Richtig und Falsch als auch die Kette der Ursachen und Wirkungen sind an ihrem Thron festgemacht."
53 Vgl. Matth. 8, 31–32.
54 Vgl. J. St. Mill: Der Utilitarismus, Stuttgart 1976, 18: „Es ist besser, ein unzufriedner Mensch zu sein als ein zufriedengestelltes Schwein ... Und wenn ... das Schwein anderer Ansicht [ist], dann deshalb, weil [es] nur die eine Seite der Angelegenheit" kennt.
55 Nietzsche polemisiert hier vor allem gegen Schopenhauer, der das Mitleid als „uneigennützige Liebe gegen andere" empfohlen hat. Aus der Erkenntnis fremden Leidens folgt „die reine Liebe (ἀγάπε, caritas), die ihrer Natur nach Mitleid ist ...: alle wahre und reine Liebe ist Mitleid, und jede Liebe, die nicht Mitleid ist, ist Selbstsucht" (Die Welt als Wille und Vorstellung I, 511).
56 Vgl. Platon, Politeia, 509c–518b; Symposion, 209e–212c.
57 Vgl. auch Nachgelassene Fragmente, Werke 10, 231: „Metaphysik als im Zusammenhang mit Geister- und Gespensterglauben".
58 Die Gefahr eines alles zersetzenden Nihilismus beschreibt Nietzsche im Nachlaß folgendermaßen: „Der Löwe in ihm zerriß das Kind in ihm: und endlich fraß der Löwe sich selber." Wenn sich das radikale Nein auch auf die Idee des Übermenschen erstreckt, entzieht sie sich selbst den Boden und hebt die Möglichkeit von Sinn überhaupt auf.
59 Vgl. Aristoteles, Nikomachische Ethik, X, 7; Metaphysik, XII, 9.
60 Vgl. G. Naumann: Zarathustra-Commentar 1, 191.
61 Vgl. ebd., 193.
62 Werke 10, 144.
63 Vgl. H. Weichelt, Zarathustra-Kommentar, 50; A. Messer, Nietzsches Zarathustra, 52.

64 Das Bild findet sich u. a. in L. Andreas-Salomé, Friedrich Nietzsche in seinen Werken (1894), Dresden 1924.
65 Vgl. Platon, Politeia, 1. Buch, 331e–336a.
66 Aristoteles, Metaphysik, VII, 8.
67 Colli/Montinari verweisen (Werke 14, 294) auf den griechischen Mythos des Gottes Hephaistos. Dieser, Sohn von Zeus und Hera, war lahm geboren und ein geschickter Schmied. Als er erfährt, daß seine Frau Aphrodite ihn mit Ares betrügt, fertigt er ein magisches Bronzenetz an, das die beiden an ihr Liebeslager schmiedet, auf dem Hephaistos sie dem Spott der Götter preisgibt.
68 Vgl. G. Naumann, Zarathustra-Commentar 1, 202; H. Weichelt, Zarathustra-Kommentar, 57; O. Gramzow, Kurzer Kommentar zum Zarathustra, 137.
69 Vgl. hierzu den Mythos über die Herkunft der drei Stände (Platon, Politeia 414b–415d), dem gemäß der Gott den späteren Philosophenkönigen bei der Geburt Gold, den Militärs Silber und den Bauern und Handwerkern Erz beigemischt habe. Das jeweilige Metall steht für die Tugend der Weisheit, der Tapferkeit und der Besonnenheit.
70 Werke 4, 30.
71 Werke 4, 27.
72 Vgl. Platon, Politeia, 517b ff. Vgl. auch Phaidon, 67c–d.
73 Vgl. 1. Pet. 2,9: „Ihr aber seid das auserwählte Geschlecht, das königliche Priestertum, das heilige Volk, das Volk des Eigentums, daß ihr verkündigen sollt die Tugenden dessen, der euch berufen hat von der Finsternis zu seinem wunderbaren Licht".
74 Vgl. R. Descartes: Meditationes, 1. Meditation, 12. Kap.
75 Vgl. Aristoteles, Poetik 1452a. Dort geht es um den Charakter des Wunderbaren, der nach Aristoteles besonders deutlich zutage tritt, wo zufällige Ereignisse so passieren, als läge ihnen eine Absicht zugrunde. Als Beispiel führt er die Mitys-Statue in Argos an, „die den Mörder des Mitys tötete, indem sie sich auf ihn stürzte, während er sie betrachtete".
76 Vgl. Platon, Phaidon, 91b–c.
77 Vgl. Matth. 26, 35.
78 Vgl. ebd., 26, 34.
79 Vgl. ebd., 26, 69–75.
80 Vgl. Joh. 6, 47: „Wahrlich, wahrlich, ich sage euch: Wer an mich glaubt, der hat das ewige Leben." Vgl. auch 14,6: „Ich bin der Weg und die Wahrheit und das Leben; niemand kommt zum Vater denn durch mich."
81 Matth. 10, 32–33.
82 Vgl. Werke 4, 30.
83 K. Schlechta, Nietzsches großer Mittag (Frankfurt 1954), weist darauf hin: „Alle drei Synoptiker stimmen darin überein, daß Christi Hinrichtung um die Mittagszeit stattgefunden habe" (17).

84 K. Schlechta, Nietzsches großer Mittag, kann nicht zugestimmt werden, wenn er behauptet: „Der große Mittag ist nicht stets wiederkommender Höhepunkt einer kreisförmig verlaufenden Bewegung, sondern einmaliger Anfang eines nunmehr notwendig linearen Geschehens" (51). Der große Mittag ist zwar in der Tat nicht Höhepunkt, sondern Neuanfang und Durchgangspunkt, der aber gleichwohl immer wieder durchlaufen werden muß. Es verhält sich genau umgekehrt als Schlechta annimmt: Das lineare Geschichtsmodell des Christentums wird erst durch den Gedanken des Übermenschen zu einem zyklischen, insofern allererst die in wechselnden Lebenskontexten immer wieder von neuem zu vollziehende Bewegung des Über-sich-Hinaus vom Menschen ausgeht und auf ihn zurückkommt. Wie sehr Schlechta Nietzsches Anliegen mißverstanden hat, zeigt die folgende Stelle: „Zarathustras Mensch und Welt hebt an mit der Götter Tod; aber was kommt, ist kein irdisches Paradies, sondern eine säkularisierte Hölle" (66) – eine Welt, „die in der Tat nach Erbrochenem riecht" (65). Zarathustra geht es um einen durch und durch menschlichen Sinn, der jenseits aller idealistischen und materialistischen Glücksvorstellungen ein Gut ist, das der Mensch ganz aus sich allein hervorbringen kann. Die Qualen, die Zarathustra im dritten Buch durchleidet, resultieren nicht unmittelbar aus der Einsicht des großen Mittag, sondern aus den Konsequenzen, die er im Hinblick auf die Menschheit aus dem Gedanken der ewigen Wiederkehr zu ziehen genötigt ist (siehe das Schlußkapitel).
85 Vgl. 1. Kor. 12, 27: „Ihr aber seid der Leib Christi und seine Glieder". Vgl. auch ebd. 12,12–26.

Schluß: Die ewige Wiederkehr des Gleichen

1 Vgl. z. B. Platon, Nomoi, 896a ff.
2 Werke 4, 200 („Vom Gesicht und Räthsel" Kap. 2. Ebd. 199–202).
3 G. Deleuze, Nietzsche und die Philosophie, 53. Vgl. auch 54: „Was ist das Sein dessen, was wird, was weder beginnt noch aufhört zu werden? *Wiederkehren ist dies Sein des Werdenden.*"
4 Ebd., 55.
5 P. Klossowski, Nietzsche und der Circulus vitiosus deus, 446.
6 Vgl. H. Ottmann, Philosophie und Politik bei Nietzsche, 365: „Eine Wiederkehr des Individuellen und Einmaligen ist eine contradictio in adiecto."
7 Vgl. hierzu auch M. Heidegger, Nietzsche, I, 296: „... in einer unendlichen Zeit ist der Lauf einer endlichen Welt notwendig schon vollendet."
8 An anderer Stelle steht die Spinne für den Typus des idealistischen Philosophen, der glaubt, das Empirisch-Leiblich-Materielle in den Net-

zen reiner Vernunftbegriffe einfangen zu können. Vgl. hierzu im dritten „Zarathustra": „Vor Sonnen-Aufgang" (Werke 4, 209): „Oh Himmel über mir, du Reiner! Hoher! Das ist mir nun deine Reinheit, dass es keine ewige Vernunft-Spinne und -Spinnennetze giebt".
W. Groddeck vertritt die These, daß der bisher von Philosophen à la Kant mit metaphysischen Gebilden bestückte, Ehrfurcht gebietende „bestirnte Himmel über mir" nun gereinigt ist und damit der Blick freigegeben wurde für die dort erscheinende, sichtbar gewordene Gestalt des Übermenschen. „Wer so ‚hinaufsieht', gewahrt als ‚Zeichen' das Sternbild eines Heroen, eines Übermenschen, der als Säugling die Milchstraße verursacht hat und der als Held die Last des ganzen Himmels zu tragen vermag. [Gemeint ist der Halbgott Herkules] Dieses ‚Zeichen' repräsentiert den kosmischen Tropus im Dithyrambus, die Bejahung der Wiederkunft durch die Imagination des Übermenschen im Schweigen des Kosmos. Das ist die letzte Fortschreibung der Kantischen Wendung: der Blick zum ‚Himmel über mir' und die Niederkunft des Übermenschen, des Menschen ‚über mir', werden, am Ende von Nietzsches bewußtem Schaffen, tautologisch" („Oh Himmel über mir". Zur kosmischen Wendung in Nietzsches Poetologie, in: Nietzsche-Studien, Bd. 18, 1989, 490–508; 508).

9 Ich gehe davon aus, daß Zarathustra mit Spinne, Hund und Zwerg nicht „Individualia" meint (gegen H. Ottmann, Philosophie und Politik bei Nietzsche, 366), sondern Menschen-Typen. Nur so ergibt der Begriff der Wiederkehr – eben des Gleichen und nicht des Selben (das Selbst als zugleich identisches und verändertes) – einen Sinn. Wenn H. Weichelt (Zarathustra-Kommentar, 356) die ewige Wiederkehr als „Fatalismus schlimmster oder ... ödester Art" beurteilt, so hat er nur die eine Seite gesehen, die Determination durch die Vergangenheit, dabei aber die andere Seite, die Überwindung des Vergangenen durch das Setzen eines neuen Anfangs übersehen. „Ich habe keinen freien Willen; nichts geschieht, weil ich es will und weil ich es so will, sondern alles kommt, wie es kommen muß, weil es früher schon unendlich oft so geschah und jeder neue Weltenlauf nur ein peinlich getreues Abbild des früheren ist" (ebd.).

10 G. Colli macht in seinem „Nachwort" zum „Zarathustra" auf den Zusammenhang zwischen Nietzsches Lehre von der ewigen Wiederkehr und Thesen der Vorsokratiker aufmerksam. „Als Wurzel der Vision von der ewigen Wiederkunft suche man weniger das Nachklingen doxographischer Berichte über eine alte pythagoreische Lehre oder wissenschaftliche Hypothesen des 19. Jahrhunderts als vielmehr das Wiederauftauchen kulminierender Momente der vorsokratischen Spekulation, die auf eine Unmittelbarkeit hingewiesen haben, die in der Zeit wieder auffindbar ist, jedoch aus ihr hinausführt und so ihre nicht umkehrbare Eingleisigkeit aufhebt. Wenn man zurückgeht bis zu diesem nicht mehr Darstellbaren, so läßt sich nur sagen, daß das Unmittelbare

außerhalb der Zeit – die ‚Gegenwart' des Parmenides und das ‚Aion' des Heraklit – in das Gewebe der Zeit eingeflochten ist, so daß in dem, was vorher oder nachher wirklich erscheint, jedes Vorher ein Nachher und jedes Nachher ein Vorher ist und jeder Augenblick ein Anfang" (Werke 4, 416).

11 Vgl. hierzu die beiden folgenden nachgelassenen Fragmente aus der Zeit Ende Frühjahr 1886 – Frühjahr 1887: „Dem Werden den Charakter des Seins *aufzuprägen* – das ist der höchste *Wille zur Macht.*" „*Daß Alles wiederkehrt*, ist die extremste *Annäherung einer Welt des Werdens an die des Seins: Gipfel der Betrachtung*" (Werke 12, 312).

12 Vgl. hierzu auch M. Heidegger, Nietzsche, I, 312: „was künftig wird, ist gerade Sache der Entscheidung, der Ring schließt sich nicht irgendwo im Unendlichen, sondern der Ring hat seinen ungebrochenen Zusammenschluß im Augenblick als der Mitte des Widerstreits; was wiederkehrt – wenn es wiederkehrt – darüber entscheiden der Augenblick und die Kraft der Bewältigung dessen, was in ihm an Widerstrebendem sich stößt."

13 Vgl. hierzu W. Müller-Lauter, Nietzsche, 182: „Nietzsche denkt den Kreis alles Geschehens von der Reihe her, die auf etwas hinausläuft; die Reihe erfährt ihre Rechtfertigung durch den Kreis, der alles wiederbringt." „Hat die Reihe den Primat vor dem Kreisgang, oder verschlingt der Kreisgang die Reihe?" (Ebd., 186). Weder – noch: Reihe und Kreis bedingen einander wechselseitig.

14 Vgl. H. Ottmann, Philosophie und Politik bei Nietzsche, 360: „Statt die *Beständigkeit* des Wechsels hervorzuheben, kann der den höchsten Willen zur Macht noch übertreffende höchste Wille zur ‚Wiederkehr' den *Wechsel* des Beständigen noch mitbedenken. Der Machtwille, dem dies gelänge, wäre einer, der sich nicht nur zu seiner Macht, sondern zugleich zu seiner Ohnmacht bekennen würde."

15 Vgl. B. Bueb: Nietzsches Kritik der praktischen Vernunft, 151: „Unbedingtheit ist ... die Qualität eines Willens, der sich im Setzen eines höchsten Widerstandes die Bedingung seiner höchsten Selbst-Überwindung schafft. Einen solchen höchsten Widerstand schafft sich ein Wille im Wollen der ewigen Wiederkehr. Dieser ‚schwerste Gedanke' ist des Willens ‚höchstes Hindernis', weil darin das Wollen sich vernichtet in seinem Charakter als über sich hinausschaffende Kraft; denn die Einsicht in die Notwendigkeit des eigenen Wollens läßt jede Willenssetzung, jede Selbstüberwindung, jedes Schaffen, zum gleichgültigen Moment im Ganzen absinken und macht damit Freiheit unmöglich, welche in der Autonomie einer Selbstüberwindung liegt. Dieser Fatalismus wäre die Vollendung des Nihilismus im Sinne bloßer Aufhebung aller sich in der Autonomie eines Willens rechtfertigenden Freiheit, wenn der Wille in diesem vollendeten Nihilismus nicht seinen höchsten Widerstand überwinden wollte (in der Liebe zum Fatum) und darin auch den Nihilismus überwände. Dieser amor fati findet in

der Einsicht des Gedankens der ewigen Wiederkehr seinen ‚vernünftigen' Ausdruck und seine vermittelnde ‚Objektivität': ein Mensch wird in der Reflexion auf seine Fatalität seiner selbst gewiß als ewig wiederkehrend. In dieser Einsicht und Selbst-Gewißheit, die immer die Selbstauslegung einer ‚geschichtlichen Subjektivität' bleibt, vollzieht sich das Zu-sich-Kommen des Willens als Vernunft. Der Gedanke der ewigen Wiederkehr ist daher der reflexive Ausdruck des freien Selbstbesitzes der Vernunft, der Unbedingtheit des Geistes in der leibhaftindividuellen Aktualität des Lebens."
Zur Thematik der ewigen Wiederkehr bei Nietzsche insgesamt vgl. K. Löwith, Nietzsches Philosophie der ewigen Wiederkehr des Gleichen.

16 Vgl. hierzu M. Ackermann: Das Kreissymbol im Werk Nietzsches, 159: „Auf die kürzeste Formel gebracht lautet Nietzsches Auslegung des Augenblicks: Er ist Wiederkehr der Wiederkehr." „Ewige Wiederkehr als Gesetz ist selbst gesetzt und festgemacht. Es ist die ‚Wahrheit', die sich in ihrem Wahrheits-Charakter bewußt wird. Insofern ist sie grundsätzlich von der wissenschaftlichen Wahrheit unterschieden" (184).

17 „Der Genesende" 1 (Werke 4, 271). Vgl. hierzu Lou Andreas-Salomé, die die „in sich zurücklaufende, niemals stillstehende Bewegung" als Kennzeichen „der ganzen Geistesart Nietzsches" bezeichnet hat und den Kreis als „Symbol und Geheimzeichen" in seinem Werk (Friedrich Nietzsche in seinen Werken, 49 f.).

Literatur

Bibliographie zu „Also sprach Zarathustra"

Werkausgaben

Erstdruck:	Chemnitz	1883	(1. und 2. Teil)
	Chemnitz	1884	(3. Teil)
	Leipzig	1885	(4. Teil, Privatdruck)
Ausgaben:	Leipzig	1930	(hg. v. A. Baeumler)
	Leipzig	1931	(Nachwort v. K. Hildebrandt)
	München	1956	(in: Bd. 2 der Werke in drei Bänden, hg. v. K. Schlechta)
	Frankfurt	1976	(mit einem Essay v. Thomas Mann)
	München	1980	(in: Bd. 4 von Sämtliche Werke. Kritische Studienausgabe in 15 Bänden, hg. v. G. Colli u. M. Montinari)
	Stuttgart	1985	
	München	1987	(Nachwort v. P. Pütz)

Kommentare

G. Colli / M. Montinari: Kommentar zu ‚Also sprach Zarathustra', in: Friedrich Nietzsche, Sämtliche Werke. Kritische Studienausgabe, Bd. 14, München 1980, S. 279–344.

O. Gramzow: Kurzer Kommentar zum Zarathustra, Berlin 1907.

J. Köhler: Zarathustras Geheimnis. Friedrich Nietzsche und seine verschlüsselte Botschaft, Nördlingen 1989.

L. Lampert: Nietzsche's Teaching. An Interpretation of „Thus Spoke Zarathustra", New Haven / London 1986.

A. Messer: Erläuterungen zu Nietzsches Zarathustra, Stuttgart 1922.

G. Naumann: Zarathustra-Commentar, 2 Bde., Leipzig 1889/1901.

E. Roth-Bodmer: Schlüssel zu Nietzsches Zarathustra. Ein interpretierender Kommentar zu Nietzsches Werk ‚Also sprach Zarathustra', Diss. Meilen 1975.

H. Weichelt: Zarathustra-Kommentar, Leipzig 1922.

Ausgewählte Literatur zum ‚Zarathustra'

D. J. van Bemmelen: Zarathustra, Stuttgart 1975.

A. Bennholdt-Thomsen: Nietzsches ‚Also sprach Zarathustra' als literarisches Phänomen. Zur Revision, Frankfurt 1974.

P. Gast: Einführung in den Gedankenkreis von ‚Also sprach Zarathustra‘, in: Friedrich Nietzsche, Werke, 4. Bd., hg. v. A. Baeumler, Leipzig 1930, S. XV–LV.
W. Happ: Nietzsches ‚Zarathustra‘ als moderne Tragödie, Frankfurt u. Bern 1984.
M. Heidegger: Wer ist Nietzsches Zarathustra?, in: Vorträge und Aufsätze, Pfullingen 1954, S. 101–126.
K. Löwith, Nietzsches Philosophie der Ewigen Wiederkunft des Gleichen, Stuttgart ²1956.
H. Morawa: Sprache und Stil von Nietzsches ‚Zarathustra‘. Ein Beitrag zur Erkenntnis seines geistig-seelischen Ausdrucksgehalts, Berlin 1958.
M. Paronis: ‚Also sprach Zarathustra‘. Die Ironie Nietzsches als Gestaltungsprinzip, Bonn 1976.
K. Schlechta: Nietzsches Großer Mittag, Frankfurt 1954.
S. Vitens: Die Sprachkunst Friedrich Nietzsches in ‚Also sprach Zarathustra‘, Bremen 1951.

Sonstige Literatur

G. Abel: Nietzsche. Die Dynamik der Willen zur Macht und die ewige Wiederkehr, Berlin / New York 1984.
M. Ackermann: Das Kreissymbol im Werk Nietzsches, München 1968.
L. Andreas-Salomé: Friedrich Nietzsche in seinen Werken, Wien 1894.
H. P. Balmer: Freiheit statt Teleologie. Ein Grundgedanke von Nietzsche, Freiburg/München 1977.
W. Bartuschat: Nietzsche. Selbstsein und Negativität. Zur Problematik des sich selbst wollenden Willens, Heidelberg 1964.
E. Biser: ‚Gott ist tot‘. Nietzsches Destruktion des christlichen Bewußtseins, München 1962.
B. Bueb: Nietzsches Kritik der praktischen Vernunft, Stuttgart 1970.
G. Deleuze: Nietzsche und die Philosophie, Frankfurt 1985.
J. Derrida: Éperons. Les styles de Nietzsche, Venedig 1979.
M. Frank: Der kommende Gott, Frankfurt 1988.
J. Frenzel: Nietzsche mit Selbstzeugnissen und Bilddokumenten, Reinbek 1986.
V. Gerhardt: Pathos und Distanz. Studien zur Philosophie Friedrich Nietzsches, Stuttgart 1988.
G.-G. Grau: Christlicher Glaube und intellektuelle Redlichkeit, Frankfurt 1958.
ders., Ideologie und Wille zur Macht. Zeitgemäße Betrachtungen über Nietzsche, Berlin/New York 1984.
A. Guzzoni (Hrsg.): 90 Jahre philosophische Nietzsche-Rezeption, Königstein 1979.
W. Hamacher (Hrsg.): Nietzsche aus Frankreich, Frankfurt 1986.
M. Heidegger: Nietzsche, 2 Bde., Pfullingen 1961.

C. P. Janz: Friedrich Nietzsche. Biographie, 3 Bde., München 1981.
K. Jaspers: Nietzsche, Berlin ³1950.
W. Kaufmann: Nietzsche, Darmstadt 1982.
F. Kaulbach: Nietzsches Idee einer Experimentalphilosophie, Köln / Wien 1980.
ders.: Sprachen der ewigen Wiederkunft. Die Denksituationen des Philosophen Nietzsche und ihre Sprachstile, Würzburg 1985.
P. Klossowski: Nietzsche und der Circulus vitiosus deus, München 1986.
T. Kunnas: Nietzsche ou l'esprit de contradiction, Paris 1980.
R. Löw: Nietzsche. Sophist und Erzieher, Weinheim 1984.
Th. Mann: Nietzsches Philosophie im Lichte unserer Erfahrung, in: Schriften und Reden zur Literatur, Kunst und Philosophie, Bd. 3, Frankfurt 1968, S. 21–49.
M. Montinari: Nietzsche lesen, Berlin / New York 1982.
W. Müller-Lauter: Nietzsche. Seine Philosophie der Gegensätze und die Gegensätze seiner Philosophie, Berlin / New York 1971.
H. Ottmann: Philosophie und Politik bei Nietzsche, Berlin / New York 1987.
P. Pütz: Friedrich Nietzsche, Stuttgart 1967.
G. Rohrmoser: Nietzsche und das Ende der Emanzipation, Freiburg 1971.
W. Ross: Der ängstliche Adler. Friedrich Nietzsches Leben, Stuttgart 1980.
E. Salin: Vom deutschen Verhängnis, Reinbek 1959.
C.-A. Scheier: Nietzsches Labyrinth. Das ursprüngliche Denken und die Seele, Freiburg / München 1985.
B. H. Taurek: Nietzsche und der Faschismus. Eine Streitschrift über Nietzsches politische Philosophie und ihre Folgen, Hamburg 1989.
A. Verrecchia: Zarathustras Ende. Die Katastrophe Nietzsches in Turin, Wien / Köln / Graz 1986.
K.-H. Volkmann-Schluck: Leben und Denken. Interpretationen zur Philosophie Nietzsches, Frankfurt 1968.

Register

Personen

Ackermann, M. 403
Angelus Silesius 394
Aristoteles 128, 290, 317, 321, 395, 398 f.

Bauer, B. 385
Bennholdt-Thomsen, A. 389
Bentham, J. 398
Biser, E. 390
Bueb, B. 402
Burckhardt, J. 385, 395

Camus, A. 397
Colli, G. 386, 389, 394, 399, 401
Darwin, Ch. 48 f.
Deleuze, G. 8, 372, 387, 400
Descartes, R. 138 f., 361, 395, 399

Fichte, J. G. 151, 396
Förster-Nietzsche, E. 385
Fritzsch, E. W. 10

Gadamer, H.-G. 390
Gerhardt, V. 9, 387
Goethe, J. W. v. 11, 391
Gorgias 128
Gramzow, O. 386, 399
Groddeck, W. 401

Hahn, H. 397
Hartmann, E. v. 392
Hegel, G. W. F. 49, 124, 153, 396
Heidegger, M. 8, 387, 390, 400, 402
Heraklit 26, 34 f., 37, 47, 101, 213, 379, 390, 398, 402
Hieronymus 298
Hinz, W. 389
Hobbes, Th. 213, 398

Hölderlin, F. 387
Hus, J. 298

Jaspers, K. 170, 397
Jesus Christus 17, 19, 21, 25, 41, 45, 79, 81, 86–88, 93 f., 106, 113 f., 141, 224, 297, 334–336, 339, 364, 393

Kant, I. 22, 146 f., 152, 176, 291, 395–397, 401
Kaufmann, W. 9, 387
Klossowski, P. 8, 372, 387, 400
Köhler, J. 386, 392
Köselitz, H. v. (= P. Gast) 384 f., 387, 394

Lampert, L. 386, 391
Lanzky, P. 384
Leonardo da Vinci 385
Löw, R. 8, 387
Löwith, K. 403

Mann, Th. 388
Messer, A. 10, 386 f., 390, 392, 398
Meysenbug, M. v. 388
Mill, J. St. 248, 398
Möbius, J. 388
Montinari, M. 385–389, 394, 399
Müller-Lauter, W. 8, 387

Naumann, G. 385, 390, 392, 394, 398 f.
Nordau, M. 388

Ockham, W. 178
Ottmann, H. 9, 387, 390 f., 400–402

Overbeck, F. 385, 390, 394–396

Parmenides 402
Paulus 390, 393
Pautrat, B. 8, 387
Petrus 19, 364
Platon 21–23, 25, 34–36, 72, 143, 198, 216 f., 268, 317, 357, 379, 390, 395 f., 398–400
Protagoras 128
Pythagoras 144, 401

Rée, P. 312
Rohde, E. 395
Roth-Bodmer, E. 386, 392

Salin, E. 394, 403
Salomé, L. 312, 399
Scheier, C.-A. 8, 387, 394
Schiller, F. 49
Schlechta, K. 399 f.
Schopenhauer, A. 154 f., 392, 396–398
Seneca, L. A. 15, 388
Shakespeare, W. 11
Sokrates 21, 35 f., 39, 61 f., 73, 81, 128, 131, 143 f., 147, 163, 216–218, 258, 297, 328, 339 f., 353, 363
Spinoza, B. de 168, 396
Stifter, A. 15, 388
Strindberg, A. 387

Taine, H. 385

Verrecchia, A. 9, 387 f.

Wagner, R. 15, 388, 392
Weichelt, H. 386, 389, 398 f., 401
Wilde, O. 256
Wittgenstein, L. 28, 389

Zoroaster 20, 389

Sachen

Abendrot 336 f.
Adler 31 f., 49, 95–97, 99, 104, 107, 111, 285, 313, 348
Affe 46–51, 53 f., 56, 62–64, 111, 209, 226
Aphrodite 399
Ares 399
Asche 37 f., 103, 125, 133 f., 300
Augenblick 373, 375, 381
Autonomie 113, 121, 125, 215–217, 282 f., 291 f., 295, 319, 335, 341, 350 f., 365, 402
Autorität 112, 115, 120, 222, 282, 362 f.

Bauch des Seins 136–138, 147, 149, 220 f., 270, 358
Baum 85–88, 194, 196, 231, 332 f.
blinzeln 71, 73, 128

Blitz 27, 60 f., 68 f., 79, 187, 196 f., 260
Blut 141, 146, 177–179, 182–184, 233, 236 f., 242, 317
Böse, das 84, 167, 180, 186, 194 f., 214, 269, 308
Bosheit 213 f., 279
Brücke 65, 91 f.
Brunnen 17, 234, 318

Chaos 70 f., 78, 160, 331
Christentum 21, 26, 57 f., 74, 86 f., 101, 131, 133, 141, 146, 230, 245, 364

Décadent 18
Dieb 40, 303
Dionysos/dionysisch 7, 15, 27, 45, 106, 190, 192, 373, 396

Drache 119 f., 122–125, 134, 313, 345, 365

Egoismus 207, 278, 345 f.
Ehe 318 ff.
Einheit 24, 75, 96, 103, 106 f., 145, 154, 160, 231, 286, 325, 351
Einsiedler 86, 93 f., 251 f., 317 f.
Evolution 46–48

Feind 201, 210, 214 f., 253–255, 315
Feindesliebe 117, 316, 361
Fernstenliebe 278, 286
Fliegen 232, 235–237, 243
Freiheit 67, 119, 121 f., 155, 198–201, 229 f., 258, 277, 291, 293, 301, 329, 335, 344, 351, 382
Freund 251 ff., 280, 283 f., 287, 361
Freundschaft 260–262, 267 f., 283, 295
Friede 150, 154 f., 211 f., 254

Geburt 124 f., 283, 365, 368
Gefängnis/Kerker 116, 198–200, 203, 282, 293
Gegenwart 287, 375, 381, 396
Gegensätze 24, 26, 32–34, 47, 49, 52, 91, 95 f., 99, 102, 172 f., 178, 377
–, kontradiktorische 44, 327
–, polare 43, 76, 91, 101, 186, 235, 286, 327
Gegensatzmodell/-struktur 25, 101, 107, 177, 231, 393
Geist 16, 18, 37, 49, 53 f., 58, 60, 84, 88, 95, 97, 99 f., 103, 105–107, 111, 113, 116, 118, 120, 135, 141, 143, 148, 152, 154, 156, 168, 188 f., 202, 348, 396
–, der Schwere 187, 189–191, 341, 357, 373 f.

Genealogie 47, 49, 54, 63, 67, 70, 111
Genuß 58, 84, 202 f., 224, 227, 229, 237 f., 245, 247 f., 347, 378
Gerechtigkeit 59, 216, 292, 295 f., 302, 313 ff.
Geschichte 23, 85, 111, 114
Gespenst 51 f., 55, 57, 59, 117, 122, 133 f., 185, 279, 294, 321, 398
Gewissen 130, 223, 242 f., 273, 288 f., 395
Gewitter 68 f., 79
Gleichnis 8, 10, 27 f.
Glück 32 f., 59 f., 71 f., 79, 93 f., 105, 130, 135, 141–144, 176–178, 180, 222 f., 226 f., 229, 240–242, 309, 378, 396
Götter 135, 145, 255
Gott 19, 39 f., 44, 55, 86 f., 94, 114, 117–119, 123, 132 f., 138, 143–145, 147, 184, 188, 190–192, 213, 290, 300 f., 322, 324, 334, 367, 392 f., 395
Gut und Böse 59, 78, 133, 165 f., 180, 219–221, 245, 263 f., 266, 269, 274, 277, 285, 288, 291 f., 348 f., 351

halkyonisch 14 f., 27 f., 45, 70, 95, 106
Haß 209 f., 215, 241, 300, 308, 362
Hazar 20 f., 23, 63
Heilige, der 37, 39–43, 98, 103–107, 323
Hephaistos 300
Hera 399
Herde 72, 89–91, 93, 150 f., 154, 163, 243, 273, 287 f., 298, 376
Herdenmoral 50, 175, 276, 350
Herz 67, 78, 80, 255, 350
Heteronomie 113, 119, 121, 124 f., 211, 215, 363, 365, 383
Hinterwelt 132, 135 f., 141

Höhe 16 f., 24, 39, 95 f., 98, 103 f., 106, 108, 111, 185, 187, 189, 191, 194–196, 200, 294, 341
Höhle 31 f., 39, 62, 116, 298
Höhlengleichnis 21, 35, 198, 200, 268, 357, 390
Hund 83, 165 f., 198 f., 246 f., 372, 401

Ich 138 f., 141, 145, 149, 151–153, 156–161, 164, 168–170, 251 f., 272 f., 277 f., 282 f., 289, 293–295, 298–302, 361
Imitation 48, 50 f.
Individualität 77, 276, 278, 282, 287, 317
Individuum 45, 183 f., 221, 230, 232, 236 f., 241 f., 251, 272 f., 284, 293, 297, 314, 356, 369

Kamel 111 f., 114 f., 118–124, 134, 217, 298, 356, 372
Keuschheit 244 ff.
Kind 38, 111, 124 f., 217 f., 285, 303, 305–307, 311 f., 318 ff., 334, 356, 365 f., 372, 398
Klugheit 97–99, 128, 163, 200, 351
Kobolde 185 f., 189 f.
Kopf 67, 75, 78, 140 f., 178 f., 181, 187, 249, 350, 376
Krankheit 18, 115, 136, 141 f., 157, 179 f., 224, 346, 357
Kreis 8 f., 11, 25, 34, 42, 96, 99, 101 f., 105, 107, 125, 148, 154, 160 f., 286, 299, 336 f., 351, 372, 374, 382 f., 390, 396, 402 f.
-modell/-struktur 25, 35, 55, 393
Kreislauf des Werdens 33–35, 44, 53, 61, 101–103, 140, 155, 186, 285, 289, 337, 380
Krieg 150 f., 154, 167, 209–213, 218, 254, 306 f.
Kuh, die bunte 126, 193, 340, 394

lachen 73, 185, 187, 189, 191, 249, 377

Leben 14, 17 f., 24 f., 44, 65, 155 f., 159, 176, 178, 181, 188, 192, 197, 204–208, 216, 326–328, 330, 335, 350
Lehrer 19 f., 68, 88, 108, 181 f., 193, 360–364
Leib 16, 52, 54, 57–60, 76, 87, 90, 99 f., 116, 136–139, 141–144, 146 f., 149–151, 153 f., 156–161, 165 f., 170, 178, 180, 182, 188 f., 195, 200, 219, 319, 325, 348 f., 352, 357, 359, 367, 396
Leib-Seele-Dualismus 59, 63, 75, 85, 90, 94, 134, 142 f., 145, 183, 320, 347, 351, 357
Leiden 118, 132 f., 135 f., 155 f., 177, 181, 207
Leiter 24 f., 28, 31, 267 f., 389
Leser 7, 12, 20, 182–185
Liebe 169, 188, 209, 253, 260, 262, 273 f., 277–280, 295, 307–309, 316, 324–326, 346, 350, 365
Löwe 60, 111, 118 f., 121–124, 134, 211, 215, 217, 288, 298, 356, 365, 372, 398
Lust 58, 158, 180, 198 f., 202, 227 f., 235, 240, 242, 244–246, 248 f., 273, 322, 347, 398
-prinzip 203, 229, 230 f., 243, 265, 322

Mann 304–311, 321, 323 f., 326
Markt 45, 231 ff.
Masse/Menge 184, 204, 208, 222, 230, 232–236, 238, 240, 242 f., 251, 274, 296 f.
Materie 18, 34, 37, 39, 49, 53, 58, 60, 84, 88, 96 f., 103, 105–107, 111, 118, 120, 123, 141, 143, 148, 151, 158, 191, 226 f.
Meer 39, 59, 66, 229, 231
Mensch 14, 16, 33, 46–48, 51, 53–56, 59, 61–67, 75, 111, 143, 197, 209, 369, 376
–, der letzte 69–72, 77, 79, 128, 180, 321 f., 347, 378, 382, 391

Metaphysik 16, 26, 57 f., 87, 100, 188, 223, 355 f.
Mitleid 59, 155, 207, 212, 257, 398
Mittag, großer 95, 339 ff., 365–369, 373
Moral 89, 92, 116–118, 120 f., 124, 171 f., 176, 179, 185–187, 193, 200, 211, 263 ff.
–, christliche 77, 112 f., 119, 122, 130, 179, 181, 273, 275, 297 f., 301, 313, 349
Morgenröte 90, 336
Mut 185 f., 212, 214 f.

Nächstenliebe 117, 212, 277–283, 316
Neid 196 f., 210, 214, 237, 253 f., 295, 332
Nihilismus 124, 156, 168, 171, 289, 334, 365, 398, 402

Peitsche 311 f.
Pfeil der Sehnsucht 66 f., 70, 255
Pflanze 46, 51–56, 59, 62 f., 111
Phönix 37 f., 125, 300
Possenreißer 73, 76, 81–83, 85, 185, 391
Priester 89, 93, 131, 137 f., 181, 204
Prophet 14, 17, 20, 23 f., 69

Rad 124 f., 173, 285, 289, 321, 394
Rechtwinkligkeit 147 f., 319–323, 325 f.
Redlichkeit 138–141, 145, 147–149, 211, 268
Regenbogen 90–94, 148, 230, 238, 393
Ressentiment 203, 205, 212, 214, 236, 241 f., 295 f., 297, 308, 314 f.
Richter 170 f., 173, 181, 292 f., 316
Ring 96, 285 f., 402

schätzen 263 f., 271 f.
schaffen 46 f., 89, 125, 138 f., 143, 154, 162, 168, 272, 284, 287, 302, 350
Schlaf/schlafen 126–132, 256, 314, 376
Schlamm 226–228, 230, 235, 244, 248
Schlange 31 f., 49, 95 f., 98 f., 104, 107, 120, 285, 313–315, 341, 348, 351, 375–383
Schönheit 93 f., 148
Schüler 19, 108, 182, 193, 338, 341, 362–365
Seele 16, 57–60, 76 f., 87, 139, 144, 149 f., 195, 200, 216, 259, 268, 308, 319, 325, 328, 346, 367
Seil 63–65, 75
Seiltänzer 45 f., 61–64, 73–77, 79, 81–87, 91, 105 f., 185, 392
Selbst 152 f., 156–158, 160–162, 164 f., 168, 170, 224, 251, 299, 338, 351
Selbstmächtigkeit 18, 50, 111 f., 174, 177, 267, 287, 325, 330, 363, 374, 383
Selbstmord/-tötung 169, 204, 207, 326 ff.
Selbstüberwindung 11, 20, 66, 75, 83, 95, 99, 111, 155 f., 181, 212, 236, 253, 256, 265, 267, 269, 272, 275, 277, 284 f., 287, 291, 294, 302, 306, 312, 314, 324 f., 330, 371
Sexualität 199, 244 f., 248 f., 304, 319, 322, 324, 398
Sinn 76, 79 f., 120, 134, 137 f., 143, 150, 272, 289, 329, 339, 353–356, 358 f., 363 f., 376 f., 381, 402
– der Erde 52, 55–58, 60, 78 ff., 80, 87, 90, 135–142, 147, 182, 276, 279, 284, 326, 337, 353, 356, 359, 365, 382 f.
Sinnlichkeit 70, 80, 84, 98, 152,

178, 228, 237, 245–247, 249, 348, 354
Sklave 213, 258 f.
Sonne 32–36, 92, 95, 97, 103, 336 f., 341 f., 351, 366–368
Sozialismus 71, 224, 230
Spiel 124 f., 218, 306 f., 356
Spinne 372, 378, 400 f.
Sprache 26–28, 80, 220
Staat 216–221, 223, 228–230, 317
Sterben 36, 43, 74, 144, 147, 158 f., 208, 223, 327 f., 330, 336, 339
Stern 70, 289 f., 292, 307
Stolz 97–99, 113, 123, 140 f., 187 f., 223
Strom 59, 181 f.
Sünde 60, 77, 113, 145 f., 191, 347
System 185, 189 f., 396

Tanz/tanzen 15 f., 38, 42, 70, 76, 106–108, 190, 192, 322, 393
Tapferkeit 128, 212, 216 f., 308
Teufel 73–77, 82–84, 86, 113 f., 185 f., 190, 299–301, 392, 395
Tiefe 16–18, 24, 33, 39, 95 f., 106, 185–187, 191, 194, 309
Tod 33, 36, 44, 57, 76, 80, 124 f., 131 f., 135 f., 147, 159, 162, 169, 171, 205 f., 208 f., 223, 226, 300, 326–330, 332–337, 340
– Gottes 41, 43 f., 93, 365 f., 373, 390
Torheit 32, 98–100, 112 f., 206, 249 f.
Totengräber 83–85, 90 f., 93
Tradition 84, 92, 111–114, 154, 269
Triebe 194, 198–200, 203, 205 f., 247, 249
Tugend 59 f., 126, 129–132, 163, 165–170, 223, 267, 340 ff., 368

Übermensch 8 f., 11, 21, 23 f., 45–47, 52 f., 55–57, 59, 62–69, 72, 77, 79 f., 87, 90–95, 97 f., 107, 111, 134 f., 143, 155, 170, 172, 197, 209, 216, 218, 275 f., 279, 283, 285–287, 290, 294, 299–301, 306–308, 319–321, 324, 326, 329 f., 351, 358 f., 365 f., 368 f., 377, 382, 389, 391
Unschuld 124, 244 ff., 311, 354, 359
Untergang 33 f., 106, 108, 336, 340, 371
Utilitarismus 49, 71, 224, 230, 277, 320

Verbrecher 89, 171–173, 178 f.
Vergangenheit 84, 88, 92, 121, 299, 367, 373–376, 380 f., 396
Vernunft 22, 60 f., 67, 95, 122, 178 f., 188, 292, 359
–, große 22, 35, 151 f., 155 f., 168, 170, 177, 181, 198, 313, 320, 348 f., 351, 367, 374 f., 378
–, kleine 151 f., 154, 156 f., 168, 175 f., 313 f., 351, 355 f., 373 f., 378
Volk 218–221, 223, 263–265, 267, 273

Wahnsinn 60 f., 135, 145, 178–180, 188 f., 228, 355
Wahrheit 11, 24, 38, 87–90, 114–116, 233–235, 248 f., 303 f., 311 f., 326, 361, 363
Weib/Frau 259–262, 303 ff., 321, 323 f., 326
Weisheit 31 f., 35–38, 43, 90, 104, 106, 112 f., 130, 189 f., 206, 216, 340, 344
Welt der Ideen 21, 36, 144
Welt, wahre 21–25, 27
Werte 17, 89, 91, 119–122, 124 f., 138, 165, 172, 179, 232–234, 238, 241, 263 f., 270–274, 276, 282, 334, 342, 344 f., 378
Wiedergeburt 38, 93, 283, 290, 369

Wiederkehr, ewige 8, 11, 23, 341, 368, 372, 377, 379, 382, 388 f., 400–403

Wille zur Macht 11, 14, 17 f., 24, 27, 35, 43, 45, 56, 63, 96 f., 101, 111–113, 117, 124, 151, 153, 159, 162, 174, 194, 241, 265, 285 f., 290, 321, 325, 330, 343, 349, 366, 368, 371, 382, 402

Wollust 57 f., 202 f., 247

Wüste 118 f., 121–125, 167 f., 334, 355

Wurm 46, 48–54, 56, 62 f., 111, 209

Zeit 326–332, 334, 402

Zeus 399

Zufall 285, 355 f.

zugrundegehen 66 f.

Zukunft 74, 85, 88, 92, 121, 279, 286 f., 299, 301, 329, 331, 335, 358, 367, 369, 375, 380, 396

Zweck 65, 270, 285

Zwitter 14, 17, 51 f., 55, 59

Ergänzungen zur Neuausgabe

Anmerkungen (384 ff.)

Zarathustras Vorrede (390 ff.)

22, 391   Kurzsichtigkeit (Myopie) wurde früher auch als „Blinzelkrankheit" bezeichnet. Das Blinzeln der letzten Menschen könnte demnach auch ein Hinweis darauf sein, daß diese blind für die Ferne (Zukunft) sind und nur noch im Nahbereich scharf sehen.

Zarathustras Reden (394 ff.)

3, 394f.   *Bunte Kuh* hieß auch das berühmte Flaggschiff der Hanse, das im Kampf gegen den im Jahr 1401 in Hamburg hingerichteten Seeräuber Klaus Störtebeker eingesetzt wurde.

Literatur (404 ff.)

Bibliographie zu „Also sprach Zarathustra" (404 ff.)

Werkausgaben (404)

Ausgaben: Berlin / New York 1968   (in: Bd. VI/1 von Werke. Kritische Gesamtausgabe, hg. v. G. Colli u. M. Montinari)

          Zürich   2000   (Nachwort v. A. Pieper)

Kommentare (404)

V. Gerhardt (Hrsg.): Friedrich Nietzsche: Also sprach Zarathustra, Berlin 2000.
Ch. Niemeyer: Friedrich Nietzsches ‚Also sprach Zarathustra', Darmstadt 1997.
P. Villwock (Hrsg.): Nietzsches ‚Also sprach Zarathustra'. 20. Silser Nietzsche-Kolloquium 2000, Basel 2001.

Ausgewählte Literatur zum ‚Zarathustra' (404 f.)

M. Fleischer: Der ‚Sinn der Erde' und die Entzauberung des Übermenschen, Darmstadt 1993.

P. Gasser: Rhetorische Philosophie. Leseversuche zum metaphorischen Diskurs in Nietzsches ‚Also sprach Zarathustra', Bern 1992.

M.-L. Haase / M. Montinari: Nachbericht zum ersten Band der sechsten Abteilung: Also sprach Zarathustra, Berlin / New York 1991 (= Bd. VI/4 von Werke. Kritische Gesamtausgabe, hg. v. G. Colli u. M. Montinari).

A. Honneth: Das Paradox des Augenblicks. ‚Zarathustras Vorrede' und Nietzsches Theorem der ‚ewigen Wiederkunft des Gleichen', Würzburg 2004.

Sonstige Literatur (405 f.)

G. Bataille: Wiedergutmachung an Nietzsche, München 1999.

W. Groddeck: Friedrich Nietzsche: ‚Dionysos-Dithyramben', 2 Bde., Berlin / New York 1991.

B. Himmelmann: Freiheit und Selbstbestimmung. Zu Nietzsches Philosophie der Subjektivität, Freiburg / München 1996.

K. P. Liessmann: Philosophie des verbotenen Wissens. Friedrich Nietzsche und die schwarzen Seiten des Denkens, Wien 2000.

A. Nehamas: Nietzsche. Leben als Literatur, Göttingen 1996.

J.-C. Wolf: Zarathustras Schatten. Studien zu Nietzsche, Fribourg 2004

Annemarie Pieper, Juni 2010

Schwabe reflexe **Die neue geisteswissenschaftliche Reihe im Schwabe Verlag**

reflexe 1
Eduard Kaeser
Pop Science. Essays zur Wissenschaftskultur
2009. 179 Seiten. Broschiert
ISBN 978-3-7965-2607-7

Die Wissenschaft in den Zeiten der Popkultur

reflexe 2
Carl J. Burckhardt
Erinnerungen an Rilke und Hofmannsthal
2009. 93 Seiten. Broschiert
ISBN 978-3-7965-2608-4

Zwei der schönsten Porträts des großen Europäers

reflexe 3
Heinrich Wölfflin
Renaissance und Barock
Eine Untersuchung über Wesen und
Entstehung des Barockstils in Italien
Mit 18 Abbildungen und 16 Tafeln
2009. 170 Seiten. Broschiert
ISBN 978-3-7965-2609-1

Ein Klassiker der Kunstwissenschaft

reflexe 4
Paracelsus
Werke. Studienausgabe in fünf Bänden
Besorgt von Will-Erich Peuckert
2010. LVI, 2450 Seiten. Broschiert im Schuber
ISBN 978-3-7965-2610-7
(nur geschlossen beziehbar)

Die Standardausgabe zum Sonderpreis!

reflexe 5
Wolfgang Rother
Verbrechen, Folter, Todesstrafe
Philosophische Argumente der Aufklärung
Mit einem Geleitwort von Carla Del Ponte
2010. 141 Seiten. Broschiert
ISBN 978-3-7965-2661-9

«Die Todesstrafe ist etwas physisch, politisch Unerträgliches.»
Michel Foucault

Schwabe reflexe **Die neue geisteswissenschaftliche Reihe im Schwabe Verlag**

reflexe 6
Martin Buber
Recht und Unrecht
Deutung einiger Psalmen
Mit einer Nachbemerkung und
Anmerkungen sowie einem Nachwort
von Thomas Reichert
2010. 87 Seiten. Broschiert
ISBN 978-3-7965-2662-6

Der wahre Mensch im Einklang mit Gott

reflexe 8
Wolfgang Rother
Lust
Perspektiven von Platon bis Freud
2010. 152 Seiten. Broschiert
ISBN 978-3-7965-2691-6

Eine kleine Kulturgeschichte der Lust

reflexe 9
Heinrich Füßli
Aphorismen über die Kunst
Übersetzt und herausgegeben von Eudo C. Mason
Mit einem Essay zur Neuausgabe von Beat Wyss
2011. Ca. 192 Seiten mit ca. 5 Abbildungen. Broschiert
ISBN 978-3-7965-2692-3
(in Vorbereitung)

Das umfassendste Denkporträt des großen Malers

reflexe 10
Christian Morgenstern / Max Knight
**Galgenlieder und andere Gedichte /
Gallows Songs and Other Poems**
Ausgewählt, übertragen und mit einem Nachwort von Max Knight
Herausgegeben sowie mit einem Nachnachwort versehen von Niklaus Peter
2010. 194 Seiten, 5 Abbildungen. Broschiert.
Deutsch / Englisch
ISBN 978-3-7965-2693-0

Morgensterns Galgenlieder kongenial übertragen

Beiträge zu Friedrich Nietzsche (BFN)

Quellen, Studien und Texte zu Leben, Werk und Wirkung Friedrich Nietzsches
Herausgegeben von David Marc Hoffmann und Dani Berner

Band 1
Albert Vinzenz
Friedrich Nietzsches Instinktverwandlung
1999. 245 Seiten. Gebunden
ISBN 978-3-7965-1097-7

Band 2
Andreas Urs Sommer
Friedrich Nietzsches «Der Antichrist»
Ein philosophisch-historischer Kommentar
2000. 783 Seiten. Gebunden
ISBN 978-3-7965-1098-4

Band 3
Andrea Bollinger / Franziska Trenkle
Nietzsche in Basel
Mit einem Geleitwort von Curt Paul Janz
2000. 100 Seiten mit 31 Abbildungen und einem
Basler Stadtplan aus dem Jahr 1845. Gebunden
ISBN 978-3-7965-1099-1

Band 4
William H. Schaberg
Nietzsches Werke
Eine Publikationsgeschichte und kommentierte Bibliographie
Aus dem Amerikanischen von Michael Leuenberger
2002. 328 Seiten mit 54 Abbildungen
ISBN 978-3-7965-1100-4 (Gebunden)
ISBN 978-3-7965-1874-4 (Broschiert)

Beiträge zu Friedrich Nietzsche (BFN)

Quellen, Studien und Texte zu Leben, Werk und Wirkung Friedrich Nietzsches
Herausgegeben von David Marc Hoffmann und Dani Berner

Band 5
Eduard His
Friedrich Nietzsches Heimatlosigkeit
Hans Gutzwiller
Friedrich Nietzsches Lehrtätigkeit am Basler Pädagogium 1869–1876
Reprint aus der Basler Zeitschrift für Geschichte
und Altertumskunde 1941 und 1951
2002. 120 Seiten. Gebunden
ISBN 978-3-7965-1587-3

Band 6
Nietzsches «Also sprach Zarathustra»
20. Silser Nietzsche-Kolloquium 2000
Im Auftrag der Stiftung Nietzsche-Haus in Sils-Maria
herausgegeben von Peter Villwock
Mit einem Vorwort von Karl Pestalozzi
2001. 241 Seiten mit 15 Abbildungen. Gebunden
ISBN 978-3-7965-1745-7

Band 7
Hauke Reich
Nietzsche-Zeitgenossenlexikon
Verwandte und Vorfahren, Freunde und Feinde,
Verehrer und Kritiker von Friedrich Nietzsche
2004. 248 Seiten mit zahlreichen Abbildungen
und zwei beigelegten Stammbäumen
ISBN 978-3-7965-1920-8 (gebunden)
ISBN 978-3-7965-1921-5 (broschiert)

Beiträge zu Friedrich Nietzsche (BFN)

Quellen, Studien und Texte zu Leben, Werk und Wirkung Friedrich Nietzsches
Herausgegeben von David Marc Hoffmann und Dani Berner

Band 8
Nietzsche im Christentum
Theologische Perspektiven
nach Nietzsches Proklamation des Todes Gottes
Herausgegeben im Auftrag des Kollegs Friedrich Nietzsche
der Stiftung Weimarer Klassik und Kunstsammlungen
von Daniel Mourkojannis und Rüdiger Schmidt-Grépály
2004. 158 Seiten. Gebunden
ISBN 978-3-7965-1922-2

Band 9
Thomas Mann
Nietzsches Philosophie im Lichte unserer Erfahrung
Vortrag am XIV. Kongress des PEN-Clubs
in Zürich am 3. Juni 1947
Gedruckter Text und Tonaufnahme auf CD
2005. 43 Seiten. Gebunden
ISBN 978-3-7965-2180-5

Band 10
Lukas Labhart
«M e i n e Art Natur»
Individualität – Landschaft – Stil bei Friedrich Nietzsche
2006. 180 Seiten. Gebunden
ISBN 978-3-7965-2220-8

Beiträge zu Friedrich Nietzsche (BFN)

Quellen, Studien und Texte zu Leben, Werk und Wirkung Friedrich Nietzsches
Herausgegeben von David Marc Hoffmann und Dani Berner

Band 11
Georg Brandes
**Vorlesungen über Friedrich Nietzsche (1888)
Aristokratischer Radicalismus (1889/90)**
Dänisch-deutsche Ausgabe
Nach den Vorlesungsmanuskripten und dem Erstdruck
herausgegeben und kommentiert
von Per Dahl und Gert Posselt
Ca. 330 Seiten mit ca. 10 Abbildungen. Gebunden
ISBN 978-3-7965-2229-1
(in Vorbereitung)

Band 12
Sören Reuter
**An der «Begräbnissstätte der Anschauung»
Nietzsches Bild- und Wahrnehmungstheorie**
in *Ueber Wahrheit und Lüge im aussermoralischen Sinne*
2009. 367 Seiten. Gebunden
ISBN 978-3-7965-2435-6

Band 13
Carlo Gentili
**Nietzsches Kulturkritik
zwischen Philologie und Philosophie**
Aus dem Italienischen von Leonie Schröder
2010. 336 Seiten. Gebunden
ISBN 978-3-7965-2436-3

Beiträge zu Friedrich Nietzsche (BFN)

Quellen, Studien und Texte zu Leben, Werk und Wirkung Friedrich Nietzsches
Herausgegeben von David Marc Hoffmann und Dani Berner

Band 14
Mattia Riccardi
«Der faule Fleck des Kantischen Kriticismus»
Erscheinung und Ding an sich bei Nietzsche
2009. 243 Seiten. Gebunden
ISBN 978-3-7965-2571-1

Band 15
Martin Liebscher
«was sich immer selber überwinden muss»
Überlegungen zu Nietzsche und Jung
Ca. 256 Seiten. Gebunden
ISBN 978-3-7965-2716-6
(in Vorbereitung)

Nietzscheana im Schwabe Verlag Basel

Barbara von Reibnitz
Ein Kommentar zu Friedrich Nietzsche,
«Die Geburt der Tragödie
aus dem Geiste der Musik» (Kap. 1–12)
1992. 414 Seiten. Gebunden
ISBN 978-3-7965-1989-5

David Marc Hoffmann
Das «Basler Nietzsche-Archiv»
Katalog der Ausstellung
Universitätsbibliothek Basel 1993
1993. 102 Seiten mit 18 Abbildungen. Broschiert
ISBN 978-3-7965-1478-4

David Marc Hoffmann (Hrsg.)
Nietzsche und die Schweiz
Katalog der Ausstellung im Strauhof Zürich 1994
1994. 224 Seiten mit 109 Abbildungen. Leinen mit Schutzumschlag
ISBN 978-3-7965-1430-2

Brigitta Klaas Meilier
Hochsaison in Sils-Maria
Meta von Salis und Friedrich Nietzsche
Zur Geschichte ihrer Begegnung
2005. 436 Seiten mit 29 Abbildungen. Gebunden
ISBN 978-3-7965-2104-1

Julia Rosenthal / Peter André Bloch / David Marc Hoffmann (Hrsg.)
Friedrich Nietzsche
Handschriften, Erstausgaben und Widmungsexemplare
Die Sammlung Rosenthal-Levy im
Nietzsche-Haus in Sils Maria
2009. 274 Seiten mit 180 Faksimiles und
2 Abbildungen. Leinen mit Schutzumschlag
ISBN 978-3-7965-2575-9

Das Signet des 1488 gegründeten
Druck- und Verlagshauses Schwabe
reicht zurück in die Anfänge der
Buchdruckerkunst und stammt aus
dem Umkreis von Hans Holbein.
Es ist die Druckermarke der Petri;
sie illustriert die Bibelstelle
Jeremia 23,29: «Ist nicht mein Wort
wie Feuer, spricht der Herr,
und wie ein Hammer, der Felsen
zerschmettert?»